D1727060

Handbuch und Planungshilfe

Raumbildender Ausbau

Prof. Dr. Uta Pottgiesser
seit 2004 Professorin für Baukonstruktion und Baustoffe an der Hochschule Ostwestfalen-Lippe / Detmolder Schule für Architektur und Innenarchitektur; dort Sprecherin des Forschungsschwerpunkts (FSP) ConstructionLab sowie Mitglied des FSP PerceptionLab und Studiengangsleitung des englischsprachigen Masterprogramms »International Facade Design and Construction (IFDC)« sowie Mitorganisatorin der jährlich stattfindenden Konferenzen facade2000x; Architekturstudium von 1984–1991 und Diplom an der Technischen Universität Berlin (TU Berlin); Lehrtätigkeit am Institut für Baukonstruktion an der Technischen Universität Dresden (TU Dresden) bei Prof. Dr. Bernhard Weller von 1998–2004, dort 2002 Promotion über »Mehrschalige Glaskonstruktionen«; seit 1998 freischaffende Architektin in Berlin; multidisziplinärer Hintergrund in Architektur, Bauingenieurwesen und Innenarchitektur, verschiedene Forschungsprojekte auf nationaler und internationaler Ebene in Kooperation mit unterschiedlichen Industriepartnern; zahlreiche Veröffentlichungen von Artikeln und Büchern, Konferenzbeiträge zu baukonstruktiven Themen; Mitglied des DOCOMOMO International Scientific Committee of Technology (ISC-T); internationale Lehr- und Forschungsaufenthalte am Getty Conservation Institute (GCI), Los Angeles, an der University of Florida, an der University of North Dakota, Fargo USA sowie an der Istanbul Technical University (ITÜ), Istanbul, Türkei, der Universidade Federal de Minas Gerais (UFMG), Belo Horizonte, der Universidade de Valle do Rio dos Sinos (UNISINOS), Porto Alegre, Brasilien.

Dipl.-Ing. Katharina König
seit 2006 wissenschaftliche Mitarbeiterin in Lehre und Forschung an der Hochschule Ostwestfalen-Lippe / Detmolder Schule für Architektur und Innenarchitektur (HS OWL); Koordinatorin des Forschungsschwerpunktes PerceptionLab; Tischlerlehre, Auslandsaufenthalt in der Schweiz, Studium der Innenarchitektur; 2005 Diplom bei Prof. Dr. Uta Pottgiesser an der Hochschule Ostwestfalen-Lippe / Detmolder Schule für Architektur und Innenarchitektur (HS OWL) und dort Projektleitung in der Forschung; derzeit Promotionsstudentin an der Universität Paderborn am Lehrstuhl für Kognitionspsychologie bei Prof. Dr. Ingrid Scharlau mit dem Thema der Architekturwahrnehmung; interdisziplinärer Forschung im Bereich Human Centred Design, Wahrnehmung von Gebäuden und Räumen sowie der Interaktion zwischen gebauten Umwelten und dem Nutzer.

Prof. Dipl.-Ing. Carsten Wiewiorra
seit 2010 Professor für Ausbaukonstruktion und Werkstoffe an der Hochschule Ostwestfalen-Lippe / Detmolder Schule für Architektur und Innenarchitektur, Leiter der Materialbibliothek; Architekturstudium von 1987–1995 und Diplom an der RWTH Aachen, Meisterschüler an der Kunstakademie Düsseldorf, DAAD-Stipendiat an der University of Washington, Seattle, USA; Lehrtätigkeit als wissenschaftlicher Mitarbeiter an der Universität Hannover am Institut für Entwerfen und Konstruieren sowie an der Abteilung Bauen im Bestand, Experimentelles Entwerfen und Konstruieren an der Universität Hannover bei Prof. Zvonko Turkali und Prof. Han Slawik von 1999–2004; seit 1999 eigenes Büro in Berlin, seit 2004 in Partnerschaft mit Anna Hopp unter dem Namen wiewiorra hopp Gesellschft von Architekten mbH; Mitglied der Berliner Architektenkammer, im Bund Deutscher Architekten (BDA Berlin) und im Deutschen Werkbund. Lehraufträge für Entwerfen und Gebäudelehre an der Beuth Hochschule für Technik Berlin (2009/2010), Internationale Lehraufenthalte an der University of Nebraska, Lincoln und am Illinois Institute of Technology Chicago, an der University of Minnesota, Minneapolis, USA, an der University of Sciences in Hué, Vietnam sowie an der Huazhong University of Science & Technology-School of Architecture and Urban Planning, Wuhan, China.

Dipl.-Ing. Anna Tscherch
seit 2011 wissenschaftliche Mitarbeiterin in Lehre und Forschung an der Hochschule Ostwestfalen-Lippe / Detmolder Schule für Architektur und Innenarchitektur (HS OWL) im Fach Ausbaukonstruktion und Werkstoffe bei Prof. Carsten Wiewiorra, Betreuung der Materialbibliothek der Hochschule; Studium an der Technischen Universität Berlin (TU Berlin) und an der Ecole d'Architecture de Paris-Belleville, DAAD-Stipendium in Ecuador, Projekt »Studenten Bauen in Lateinamerika« bei Prof. Ingrid Goetz; 2005 Diplom der Architektur bei Prof. Wouter Vanstiphout an der Technischen Universität Berlin (TU Berlin); seit 2006 Anstellung bei wiewiorra hopp Gesellschaft von Architekten mbH in Berlin, Projektleitung im Innenarchitektur- und Hochbaubereich.

Handbuch und Planungshilfe

Raumbildender Ausbau

Uta Pottgiesser
Carsten Wiewiorra

Inhalt

1
Einleitung

2
Bauphysik und Bauökologie

6
Deckenbekleidungen und Unterdecken

7
Böden

11
Einbauten und Einbaumöbel

12
Projekte

3

Material

4

Fügung

5

Wände

8

Türen

9

Treppen, Rampen und Erschließungssysteme

10

Bäder und Sanitär

Anhang

Vorwort

»Interior designers and interior architects determine the relationship of people to spaces based on psychological and physical parameters, to improve the quality of life.«

IFI DFIE Interiors Declaration © IFI 2011

Zur Notwendigkeit und Benutzung des Buchs

Seit den Siebziger- und Achtzigerjahren des letzten Jahrhunderts – mit der Gründung der ersten Fachhochschulen – hat sich der Fachbereich Innenarchitektur in Deutschland als eigene akademische Disziplin etabliert. Bereits davor haben einzelne Institutionen ihre Ausbildungen, Studien- und Lehrpläne mit dem Titel »Innenarchitektur« oder »Innenausbau« versehen. An der Vorgängerinstitution der Detmolder Schule für Architektur und Innenarchitektur, der Tischler-Fachschule Detmold, wurde 1922 erstmalig eine Innenarchitekturprüfung abgelegt und 30 Jahre später in dieser Form wieder aufgenommen. 1954 wurde in Detmold schließlich der Bund Deutscher Innenarchitekten (BDIA) gegründet. Auf internationaler Ebene haben einige wenige Institutionen die akademische Ausbildung im Bereich der Innenarchitektur vorangetrieben: 1904 führte Frank Alvah Parsons den Studiengang »Interior Design« an der New York School of Fine and Applied Art ein, die 1941 nach ihm in »Parsons« unbenannt wurde. In Paris blickt die École nationale supérieure des Arts Décoratifs (EnsAD) auf eine lange Tradition als Institution zurück – der noch heute bestehende Studiengang »Architecture Intérieure« gehörte bereits kurz nach dem Zweiten Weltkrieg zum Angebot der Universität. In vielen anderen europäischen Städten blieb der Disziplin Innenarchitektur lange eine akademische Verankerung verwehrt. Erst seit 2000, als eine Neuorientierung der Studiengänge im Rahmen des Bologna-Prozesses stattfand, ist eine Akademisierung und ein gewisser Grad der Zunahme an Studienangeboten festzustellen. Auch werden nur wenige Veröffentlichungen den Entwicklungen auf dem Gebiet dieser Disziplin gerecht. Dabei geht es heute weniger um die Darstellung von Objekten im Raum, als vielmehr um die Vermittlung eines umfassenden Verständnisses von Raumbildung durch Ausbau. Die vorliegende Publikation soll als Lehrbuch didaktischen Anforderungen genügen, indem es Materialien und Elemente für den Ausbau visuell, systematisch und nachvollziehbar darstellt. In direkter Verbindung mit erläuternden Texten werden Vor- und Nachteile bewertet, um eine bewusste Auswahl und Anwendung einzelner Konstruktionen zu ermöglichen. Schlussendlich soll dieses Buch aber vor allem Inspirationsquelle sein, für Studierende und Praktizierende, Ausführende und Interessierte sowie ein erweitertes Verständnis für die Bedeutung und die Verantwortung bei der Gestaltung von Innen- und Lebensräumen vermitteln.

Einleitung

1.1 Entwicklung und Geschichte
1.2 Raumkonzepte und Raumwahrnehmung
1.3 Elemente des raumbildenden Ausbaus
1.4 Zukünftige Herausforderungen für das Bauen
1.5 Human Centered Design
1.6 Digitale Planung und Fabrikation

Einleitung

»Good design is not about color, style or trends – but instead about thoughtfully considering the user, the experience, the social context and the impact of an object on the surrounding environment.«

Inhabitat – Green Design Will Save the World 2011

Der monumentale, konstruktiv anspruchsvolle Entwurf für die Nationalbibliothek von Étienne-Louis Boullée aus dem Jahre 1785 ist ein frühes Beispiel für die neuen öffentlichen Bauaufgaben, die den Beginn der polytechnischen Ausbildung bilden – der 1889 erbaute Eiffelturm ist eines der bekanntesten Ergebnisse der Entwicklungen dieser Zeit.

1.1 Entwicklung und Geschichte

Als »Raumbildende Ausbauten« werden »die innere Gestaltung oder Erstellung von Innenräumen ohne wesentliche Eingriffe in Bestand oder Konstruktion« in §3 (7) der Honorarordnung für Architekten und Ingenieure (HOAI) bezeichnet und definiert. Die Definition zielt in diesem Fall darauf ab, die Tätigkeitsfelder und Leistungsbilder der Innenarchitektur von denen der Architektur abzugrenzen. Beide Disziplinen setzen ein Hochschulstudium voraus, sind als Berufsbezeichnungen gesetzlich geschützt und in Deutschland im Architektengesetz geregelt. Dabei ist die Innenarchitektur als akademische Disziplin noch relativ jung im Vergleich zu den klassischen Studiengängen wie Architektur und Bauingenieurwesen.

Die Architekturausbildung war historisch zumeist künstlerisch orientiert und an den Kunsthochschulen oder Kunstakademien angesiedelt – in Berlin seit 1696 an der Berliner Kunstakademie und in Paris seit 1648 an der Académie royale de peinture et de sculpture. Mit dem Einsetzen der Industrialisierung im späten 18. Jahrhundert etablierte sich auch die Bauingenieurausbildung – so seit 1748 an der École Nationale des Ponts et Chaussées (ENPC) und seit 1794 auch an der École Polytechnique in Paris. Parallel hierzu wurde in Berlin 1799 die Bauakademie gegründet, um Baumeister mit erweitertem technischen Verständnis auszubilden. Diese Bauakademie ging schließlich 1879 in der Technischen Hochschule Berlin auf, in der die Architekten- und Bauingenieurausbildung nach dem polytechnischen Vorbild aus Frankreich fortgesetzt wurde. Diesem Prinzip sind alle Ende des 19. Jahrhunderts konstituierten technischen Hochschulen in Deutschland und auch in vielen englischsprachigen Ländern gefolgt. Die künstlerisch orientierte Architekturausbildung verfolgte hingegen andere Ideale als das polytechnische Lehrkonzept, das vor allem eine Reaktion auf die zunehmenden öffentlichen und industriellen Bauaufgaben darstellte. Der Schweizer Architekt und Professor für Entwurf und Konstruktion an der Hochschule für Technik und Wirtschaft (HTW) in Chur Ulrich Pfammatter weist in seinem Buch »Die Erfindung des modernen Architekten« auf die Gründe der veränderten Ausbildungswege hin, nämlich »[...] ein radikaler Wandel in der theoretischen Sichtweise des Bauwesens, ein neues Praxisverständnis als Reaktion auf die veränderten und neuartigen Aufgabenstellungen sowie ein innovatives Unterrichtsmodell«.

Historische Entwicklung der relevanten Berufsfelder bis Ende des 18. Jahrhunderts

Zeit	Handwerk	Kunsthandwerk	Kunst + Bildhauerei	(Bau) Ingenieurwesen	Architektur	Innenarchitektur	Design
3000 v. Chr. – 1000 v. Chr.	Möbelmacher Ägypten Zimmerer Griechenland + Rom						
900 – 1200	Schnitzler, Kistler, Kontormacher Mitteleuropa Tischler (Zunftwesen: Lehrling, Geselle, Meister)						
1563 **1593**			Accademia delle Arti del Disegno, Florenz Accademia di San Luca, Rom				
1648			Académie royale de peinture et de sculpture, Paris				
1667 **1671**			Manufacture nationale des Gobelins, Paris		Académie royale d'architecture, Paris		
1696			Kurfürstliche Akademie für Maler, Bildhauer, Architektur und Kunst, Berlin		Kurfürstliche Akademie für Maler, Bildhauer, Architektur und Kunst, Berlin		
1747				École Nationale des Ponts et Chaussées (ENPC), Paris			
1767		École Royale Gratuite de Dessin, Paris					
1771			Académie des Arts, Stuttgart				
1794				Conservatoire National des Arts et Métiers (CNAM), Paris			
1797		École spéciale de peinture, de sculpture et d'architecture, Paris		École Polytechnique (X), Paris	École Nationale Supérieure des Beaux-Arts (ENSBA), Paris		
1799				Bauakademie, Berlin			

Historische Entwicklung der relevanten Berufsfelder bis Ende des 19. Jahrhunderts

Zeit	Handwerk	Kunsthandwerk	Kunst + Bildhauerei	(Bau) Ingenieurwesen	Architektur	Innenarchitektur	Design
1802–1818				Militärakademie West Point, New York			
1810	Gewerbefreiheit in Preußen als Folge der Stein-Hardenbergschen Reformen (Ende der Zünfte, freie Berufswahl)						
1821		Gewerbeakademie, Berlin					
1825				Karlsruher Polytechnikum			
1829				École Centrale Paris des Arts et Manufactures, Paris			
1846		Staatliche Kunstgewerbeschule, Hamburg					
1848	Einrichtung von Handelskammern in Preußen (ab 1924 Industrie- und Handelskammern)						
1851 1855	1. Weltausstellung London 2. Weltausstellung Paris						
1855				Eidgenössisches Polytechnikum Zürich (ETH)	1855–1870 Sempers Bauschule, Zürich		
1867		Kunstgewerbemuseum und -schule, Berlin					
1868–	Gründung zahlreicher Gewerbe- und Kunstgewerbeschulen in Deutschland, Großbritannien und Nordamerika						
1869	Gewerbeordnung des Norddeutschen Bundes (Übernahme der Gewerbe- und Berufsfreiheit in ganz Deutschland)						
1877–1879		École Nationale supérieure des Arts Décoratifs, Paris (Umstrukturierung der École de peinture) Rhode Island School of Design (RISD), Providence / USA		Technische Hochschule Berlin			
1884	Home Arts and Industries Association (HAIA, heute: Art Workers Guild), London (trat als Gegenbewegung für die Einheit der Künste ein)						
1896		Central School of Arts and Crafts, London					
1897	Handwerkergesetz zur Ordnung des Handwerks mit 71 Handwerkskammern in Deutschland eingeführt						

Historische Entwicklung der relevanten Berufsfelder bis Ende des 20. Jahrhunderts

Zeit	Handwerk	Kunsthandwerk	Kunst + Bildhauerei	(Bau) Ingenieurwesen	Architektur	Innenarchitektur	Design
1904 1920					Chase School, New York New York School of Fine and Applied Art		
1907	Deutscher Werkbund (DWB) in München von Hermann Muthesius gegründet						
1908		Großherzogliche Sächsische Kunstgewerbeschule, Weimar (Vorläufer Bauhaus)					
1915	Design & Industries Association (DIA), Großbritannien						
1919–1933		Staatliches Bauhaus Weimar, ab 1925 in Dessau				Staatliches Bauhaus Weimar, ab 1925 in Dessau	
1925		École nationale Supérieure des Arts Décoratifs (EnsAD), Paris				Architecture d' intérieure	
1949						EnsAD, Paris	
1953–1968							Hochschule für Gestaltung, Ulm (HfG)
1954						Fachschule für Holzbetriebstechnik und Innenarchitektur, Detmold	
1962							EnsAD, Paris
1968					Écoles nationale supérieure d'architecture (ENSA), Paris		
1970							Hochschule für Gestaltung, Offenbach
1971–	Gründung der Fachhochschulen in Deutschland (Ziel: industrienahe und praxisorientierte Ausbildung in Natur- und Ingenieurwissenschaft + Gestaltung)						

Historische Entwicklung der Ausbildungswege sowie der akademischen Disziplinen in den Bereichen Kunst, Bauen und Produktgestaltung.

Einleitung

Die Londoner Industrieausstellung des Jahres 1851 im Kristallpalast von Joseph Paxton wurde vom Initiator, dem britischen Gewerbeverein (Society of Arts), als ideale Plattform für weltweiten Handel gesehen.

In Frankreich wurde die Mehrheit der Architekten an den Écoles nationales supérieures des beaux-arts (Schulen für Bildende Künste) genannten staatlichen Einrichtungen mit künstlerischem Schwerpunkt ausgebildet – seit 1968 in ihrer eigenen Institutionsform als Écoles nationales supérieures d'architecture. Im Vergleich zu den Architektur- und Ingenieurhochschulen hatte die Ausbildung zum Innenarchitekten nicht nur einen vielschichtigen Hintergrund, sondern auch andere Schwerpunkte, die im Bereich des (Kunst-)Handwerks, der Kunst und Architektur und in den Anfängen des industriellen Designs, dem Kunstgewerbe, liegen. Die Lehre der Innenarchitektur wurzelt in speziellen Kursen der Möbel- und Tischlerfachschulen und der Zeichen- und Kunstgewerbeschulen, wie sie im Kontext der Industriellen Revolution in ganz Europa und in den USA seit Mitte des 19. Jahrhunderts abgehalten wurden. Ziel der Ausbildung war es damals die Fertigung und die Qualität der Produkte mithilfe genauerer zeichnerischer Vorlagen zu optimieren. Mit diesem Prozess einher ging allerdings auch die damals als negativ beschriebene Trennung von *Entwerfen* und *Herstellen,* wie sie im Handwerk zu dieser Zeit gänzlich unüblich war. Der Grund dafür war die eine immer stärkere Spezialisierung erzwingende Industrialisierung, die letztlich zu der von der Arts & Crafts Bewegung so vehement kritisierten Entfremdung zwischen Künstler und Produkt führte. Die damit verbundene Arbeitsweise, die wie William Morris kritisierte, eine »[...] Überfülle billiger Kunstprodukte für die Arbeiter [...]« hervorrief, stieß in weiten Kreisen auf Ablehnung. Erstmals einer breiten Öffentlichkeit vorgestellt wurden diese »Kunstprodukte« im Rahmen der Londoner Industrieausstellung im Jahre 1851, die, von der Royal Society of Arts organisiert, als erste Weltausstellung in die Geschichte einging. Während die industrielle Überformung von Hand- und Kunsthandwerk überall heftig diskutiert und kritisiert wurde, stellte Gottfried Semper in einem 1854 in London gehaltenen Vortrag »Über das Verhältnis der dekorativen Künste zur Architektur« die Behauptung auf: »Unsere Architektur ist ohne Originalität und hat ihren Vorrang vor den anderen Künsten verloren. Sie wird nur dann wieder aufleben, wenn durch moderne Architekten dem gegenwärtigen Zustand unserer Kunstindustrie mehr Aufmerksamkeit geschenkt werden wird. Der Impuls [werde] vom Kunsthandwerk ausgehen.« Damit nahm Gottfried Semper mehr als 50 Jahre vor Gründung des Deutschen Werkbunds 1907 das sich dort manifestierende Programm vorweg. Der Werkbund hatte eine gemeinsame Annäherung von Kunst, Architektur und serieller Produkten zum Ziel, um einen höheren Kunststandard im Design zu erreichen. In England wurde 1915 eine vergleichbare Organisation, die Design and Industries Association (DIA) gegründet. Die vorangegangenen Zitate von William Morris und Gottfried Semper machen jedoch deutlich, dass Anfang des 20. Jahrhunderts, weder Design noch Innenarchitektur als eigenständige Tätigkeits- und Berufsfelder definiert waren. Vielmehr waren es die »Zeichner«, die als Entwerfer der neuen Industrieprodukte fungierten, die »dessinateurs«, wie sie etwa seit 1767 an der École Royale Gratuite de Dessin in Paris und an anderen Zeichenschulen insbesondere in Deutschland und Großbritannien ausgebildet wurden. Daneben übernahmen Handwerker, Maler, Bildhauer oder Architekten diese Aufgabe.

Die Trennung von Entwurf und Produktion, die einfache maschinelle Reproduzierbarkeit und die Formgebung beliebiger Materialien entfachten eine neuerliche Diskussion über die ästhetische Qualität der Produkte und den Geschmack der Gesellschaft. Nach Gottfried Semper stellte »[...] der Überfluß an Mitteln [...]« eine Gefahr für die Formgebung dar. Die Royal Society of Arts versuchte gegen dieses Argument anzukämpfen, indem sie etwa Preise für diejenigen Entwürfe vergab, die den Allgemeingeschmack verbessern würden. Auch ihre bereits 1849 erstmals publizierte Zeitschrift »Journal of Design« hatte das Ziel, den Geschmack von Herstellern und Konsumenten in eine positivere Richtung zu lenken. Um diesem Ziel möglichst nahe zu kommen, begann man unter anderem mit der Errichtung von Kunstgewerbemuseen – zu nennen ist allen voran das South Kensington Museum, das heutige Victoria and Albert Museum in London. Für Gottfried Semper nahm die Architektur im Kunstgewerbe ebenfalls eine besondere Stellung ein: »Die Gesetze der Schönheit und des Stils, welche wir im Kunsthandwerk und in der Kunst im Allgemeinen kennen lernen, wurden durch Architekten zuerst fixiert und systematisch geordnet.« Mit der Entwicklung des Kunstgewerbes ging auch die Herausbildung einer wohlhabenden neuen Gesellschaftsschicht einher sowie die Förderung der Auseinandersetzung mit Fragen der Einrichtung und der Gestaltung von Wohnraum. Anne Massey weist in ihrem Buch darauf hin, in welch engem Zusammenhang die Inneneinrichtung mit den wohldurchdachten Verhaltensregeln zum korrekten gesellschaftlichen Umgang stand. Die Regeln darüber, wie Gäste zu empfangen und zu bewirten oder wie Empfänge mit und ohne

Sofa (1856) und Kabinett (1851) aus der Sammlung des Victoria and Albert Museums zeigen die Möglichkeiten der maschinellen Reproduzierbarkeit und Formgebung auf.

Die typische viktorianische Einrichtung vermittelte durch die Dominanz dekorativer Oberflächen und Accessoires, in enger Verbindung mit sozialen Verhaltensregeln, den Eindruck von Gemütlichkeit und Reichtum.

Einleitung

Das Haus Steiner von Adolf Loos aus dem Jahre 1910 in Wien steht seit 1996 unter Denkmalschutz. Es ist Ausdruck der vom Architekten geforderten Entfernung des dekorativen Ornaments aus der Gestaltung von Gebäuden und Räumen. Der 4 × 12,6 m große Wohnraum vereint Musik-, Sitz- und Esszimmer. Zahlreiche Einrichtungsgegenstände wurden von Adolf Loos selbst entworfen.

Personal zu organisieren seien, wurden zu dieser Zeit in zahlreichen Ratgebern über die Haushaltsführung niedergelegt. Die überbordende, bis zur Beliebigkeit gehende, dekorative Repräsentation des neuen Wohlstands wurde zur primären Funktion der Wohnungseinrichtung. Widerstand gegen diese reich verzierte, stilistische Formenvielfalt kam etwa von Adolf Loos, der in seinen Zeitungsbeiträgen zwischen 1897–1900 postulierte: »[...] eine neue dekorative Kunst [...]«, die dominiert und sich allein um die Frage des richtigen Stils dreht: »Die alten Stile sind tot, es lebe der neue Stil!« Wie Adolf Loos weiter bemerkt »[...] kann man seiner nicht froh werden. Es ist nicht unser Stil [da er nicht] aus unserer Zeit herausgeboren [ist]«. Mit dieser ablehnenden Haltung griff Adolf Loos bereits der von ihm propagierten puristischen »ornamentfreien« Gestaltung von Bauwerken und Räumen vor, die in seiner bekannt gewordenen Schrift »Ornament und Verbrechen« 1908 formuliert ist: »Da das Ornament nicht mehr organisch mit unserer Kultur zusammenhängt, ist es auch nicht mehr der Ausdruck unserer Kultur. [...] Ich habe folgende Erkenntnis gefunden und der Welt geschenkt: Evolution der Kultur ist gleichbedeutend mit dem Entfernen des Ornaments aus dem Gebrauchsgegenstande«. Diese von Adolf Loos kritisierte Formenvielfalt als architektonische Ausdrucksweise stieß in weiten Kreisen zunehmend auf Ablehnung. Gleichzeitig führten aber auch die Verneinung der dekorativen Auswüchse und die damit verbundene Diskussion dazu, dass die Gestaltung von Wohn- und Innenraum immer mehr in den Fokus der Architektur rückte: »Ich glaube an die vollständige Einheit von Architektur, Dekor und Einrichtung. Die Einrichtung soll geradlinig sein, das Ornament quadratisch.«, so Joseph Hoffmann.

Seit Beginn des 20. Jahrhunderts waren insbesondere die Architekten des Art Nouveau, des Jugendstils und der Wiener Secession mit der ganzheitlichen Gestaltung aller Gebäudeelemente von der Fassade bis zum Möbelstück befasst.
In vielen Projekten wurden nun auch neue Materialien und Technologien eingesetzt sowie eine innovative zeitgemäße, reduzierte und moderne Formensprache entwickelt. In diesem Zusammenhang entstand auch das Berufsfeld »Interior Decoration«, die Innendekoration beziehungsweise Raumausstattung – ein auch heute noch existierender Ausbildungsberuf in Deutschland. Ausgehend von den Anfängen im Wohnungsbau hat sich das Verständnis der Innenraum- und Möbelgestaltung seit den Zwanzigerjahren weiter verändert. Die Gestaltung von

Gebäuden und Innenräumen sollte nicht nur neuen formalen Anforderungen genügen, sondern auch die Bedürfnisse der Nutzer nach einem lebenswerten Wohn- und Arbeitsumfeld erfüllen. Auf der Suche nach neuen Wohnkonzepten entwarf Maragarete Schütte-Lihotzky die radikal minimierte Frankfurter Küche. Die Einrichtung entstand aufgrund von Bewegungsstudien und verfolgte das Ziel, die Wege zu verkürzen, um die Hausarbeit ökonomischer und ergonomischer zu gestalten. Hierzu gehörte vor allem eine funktionale Proportionierung der Räume im »Raumplan«, wie in Adolf Loos' Enwürfen und die Möglichkeit des freien Grundrisses, dem »plan libre«, wie bei Le Corbusier. Der Innenraum wurde nun als flexibles und damit veränderbares Raumkontinuum konzipiert, das durch Farben in Flächen gegliedert und verschiebbare Elemente in einzelne kleinere Bereiche getrennt werden konnte. Die Luftigkeit der Wohnräume wurde durch die großzügige Verglasung noch intensiviert, die Grenze zwischen Innen- und Außenraum aufgehoben. Auch die Ausbildung veränderte sich zu Beginn des 20. Jahrhunderts, indem der Begriff »Interior Decoration« aus den Hochschulen verbannt und durch die Bezeichnung »Interior Design« und »Interior Architecture« ersetzt wurde. Auf internationaler Ebene haben einige Institutionen die akademische Ausbildung vorangetrieben: 1904 führte Frank Alvah Parsons den Studiengang »Interior Design« an der New York School of Fine and Applied Art ein, die 1941 nach ihm in »Parsons« umbenannt wurde. In Paris blickt die École nationale supérieure des Arts Décoratifs (EnsAD) auf eine lange Tradition als Institution zurück: Der heutige Studiengang »Architecture intérieure« war dort nach dem Zweiten Weltkrieg bereits fixer Bestandteil der Einrichtung. In Deutschland hingegen wurde das Fach Innenarchitektur als akademische Disziplin erst mit der Gründung der Fachhochschulen in den späten Siebziger- und frühen Achtzigerjahren eingeführt. Bereits davor haben jedoch einzelne Vorgängereinrichtungen ihre Studien- und Lehrpläne mit dem Titel »Innenarchitektur« oder »Innenausbau« versehen. In vielen anderen europäischen Ländern blieb der Disziplin lange eine akademische Verankerung verwehrt. So schreibt Stanley Abercrombie im Vorwort seines Buchs »A Philosophy of Interior Design«, dass er noch 1990 an der Columbia University mit dem Argument konfrontiert wurde, Innenarchitektur könne wegen ihres Mangels an Theorie nicht als Beruf angesehen werden. Diese Behauptung entsprach und entspricht weder der berufsständischen Realität, noch wurde es der an vielen Hochschulen praktizierten Lehre gerecht.

Das »Maison de Verre« von Pierre Charreau in Paris (1931) zeigt einen freien Grundriss im Wohnbereich und kleine Nebenräume. Bekannt wurde es durch die vollständige Verglasung der Fassade mit Glasbausteinen.

Einleitung

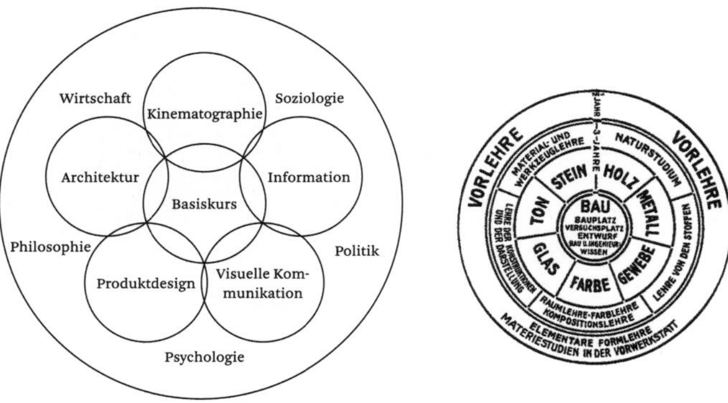

Das Übermittlungsschema der Hochschule für Gestaltung (HfG) Ulm war durch eine gemeinsame Grundlehre charakterisiert, wie sie auch am Bauhaus praktiziert wurde. Darauf aufbauend fand die Spezialisierung in der jeweiligen Disziplin statt.

Das Studium der Innenarchitektur ist heutzutage an Kunstakademien und in gemeinsamen Fakultäten mit Architektur- und Designstudiengängen an Hochschulen angesiedelt. Die wissenschaftliche Verankerung fand parallel zu der Entwicklung des Designs als akademische Disziplin statt, wobei das Designstudium wiederum auf die Ideen und Programme des Deutschen Werkbunds aufbaut, als eine Form der Lehre über die angewandte Kunst, die ab 1919 durch das von Walter Gropius in Weimar gegründete Bauhaus weiter entwickelt wurde. Unterstützt durch die Emigration vieler »Bauhäusler« verbreiteten sich von dort die Lehransätze in ganz Europa und Nordamerika. Im Jahre 1953 wurden die programmatischen Grundsätze, welche die zukünftige Entwicklung der Designausbildung bestimmten, von der Hochschule für Gestaltung (HfG) Ulm wieder aufgenommen. Hier wurden bereits damals grundlegende Designdisziplinen angeboten, wie sie auch heute noch unterrichtet werden – etwa Produktdesign, visuelle Kommunikation, Informationsdesign, Film und Architektur. Wie schon in den Dreißigerjahren die »Bauhäusler«, übten nun die Absolventen der HfG Ulm einen entscheidenden Einfluss auf die Weiterentwicklung der Designausbildung im 20. Jahrhundert aus. In den letzten Jahren, insbesondere mit der Einführung von Bachelor-/Masterstudiengängen und der zunehmenden Forschung in der Planung und Gestaltung, nahm der theoretische Überbau in der Innenarchitektur und im Design signifikant zu. Vorreiter waren hier besonders die englischsprachigen Hochschulen, die im Gegensatz zu denen im deutschsprachigen Raum eine stärkere Verankerung in der Forschung erzielen konnten. Mittlerweile hat sich dies klar geändert, denn neben den vorgenannten Konzepten in der Lehre haben sich Designforschung und -wissenschaft in ganz Europa und damit auch in Deutschland etabliert. Eine aktuelle Veröffentlichung der Universität Kassel betont, dass »[...] die stetig anwachsende Zahl der Design-Promotionen [zeigt], dass Design immer häufiger nur mit wissenschaftlichem Hintergrund eine ernstzunehmende und zukunftsorientierte Profession sein kann«. Es wird also deutlich, dass sich die Schnittstellen der gestalterischen und planerischen Disziplinen in Bezug auf Theorie und Methodik wie auch die gleichzeitige Vernetzung mit den Sozial- und Geisteswissenschaften vermehren. Im Sinne des Design-Thinking geht es folglich darum, Lösungsansätze für aktuelle, komplexe menschliche Anliegen und Bedürfnisse durch eine sinnvolle Gestaltung zu generieren. Diesem Denken liegt ein gemeinsames Wert- und

Methodenverständnis zugrunde, vor allem aber Kreativität, Teamwork, Neugier, Nutzerorientierung und Innovationsfähigkeit. Die Innenarchitektur nimmt hierbei eine Sonderrolle im Bereich des Human-Centered-Design ein, als eine Disziplin, die den direkten Lebensraum des Menschen – den Innenraum – am unmittelbarsten berührt.

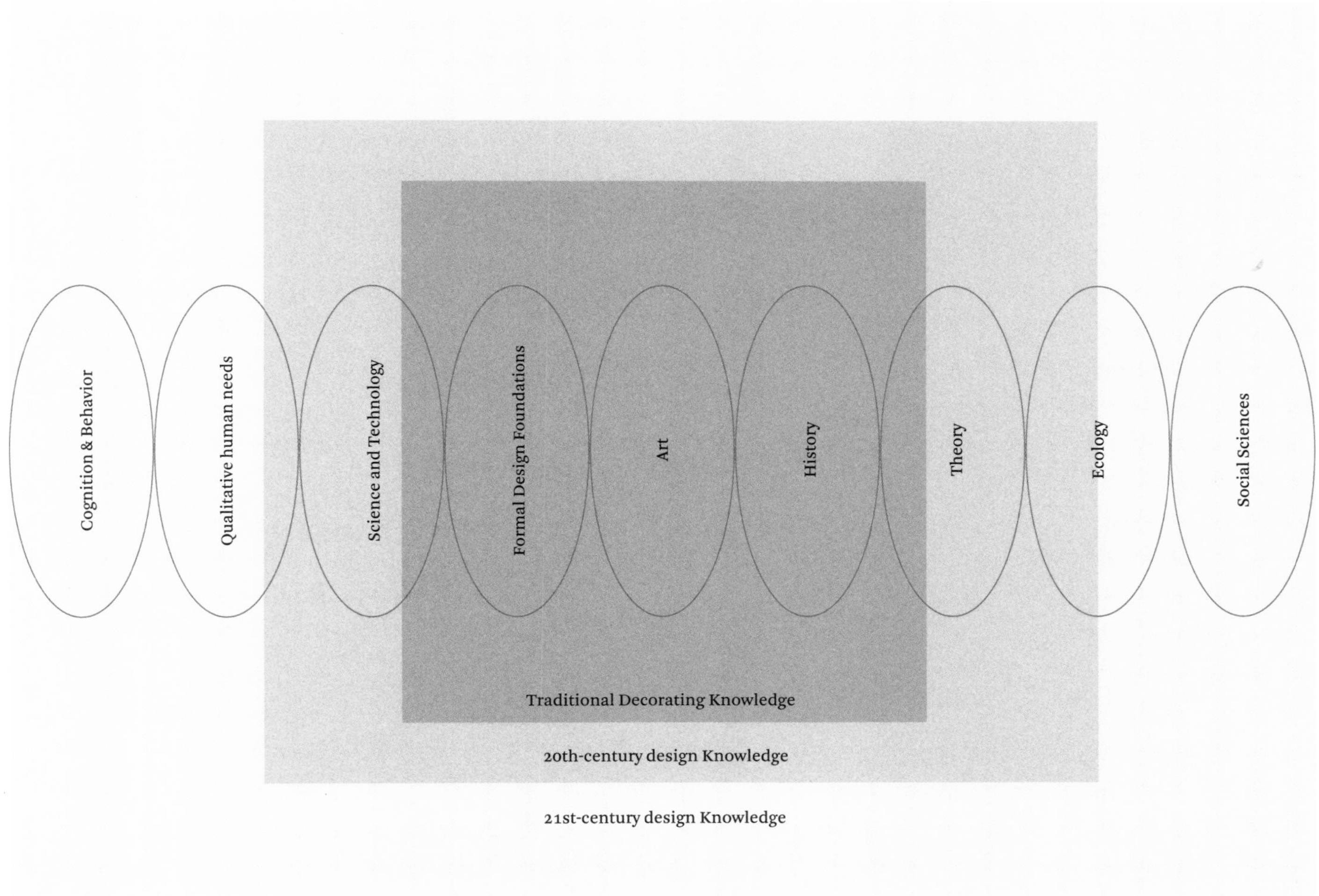

Design Thinking Skills:
Creative / Technical / Analytical / Communication / Business / Social / Cultural / Worldly

Vor dem Hintergrund der zunehmenden baulichen Verdichtung unserer Städte stehen Innenarchitektur und Design in einer besonderen Verantwortung für die Gestaltung der gebauten Umwelt (nach Shashi Caan).

> »Das erlebte Haus ist keine leblose Schachtel. Der bewohnte Raum transzendiert den geometrischen Raum.«
>
> Gaston Bachelard

1.2 Raumkonzepte und Raumwahrnehmung

Im Zentrum der Innenarchitektur und des raumbildenden Ausbaus steht im Gegensatz zur Architektur nicht die gebaute Masse, die Kubatur, sprich das Gebäude, sondern der vom Menschen bewohnte und benutzte Raum. Materialien und Elemente des Innenausbaus sind nicht primärer Gegenstand und Ziel des raumbildenden Ausbaus, sondern sie sind die Mittel dazu, um unterschiedlichste räumliche Konzepte und Atmosphären qualitätsvoll umzusetzen. In den Sozialwissenschaften existieren verschiedene Definitionen des sozialen Raums. So bemerkt Jens Dangschat, dass zwischen Ort und Raum unterschieden werden muss. Für ihn besitzt ein Ort feste Grenzen und ist eine empirische Konkretisierung von Raum; der Raum selbst ist seiner Ansicht nach ein theoretisches Konstrukt. Nach Bernhard Schäfers ist Raum ein Gestaltungsmerkmal sozialer Interaktion, dem die Aufgabe zukommt, die Identität des Menschen durch Markierungen von Grenzen zu bestimmen, sodass Bereiche als intim, privat oder öffentlich gekennzeichnet werden. Die Gestaltung des Innenraums setzt demnach unbedingt die Kenntnis der unterschiedlichen Raumkonzepte sowie ihre Wirkung auf den Menschen und seine Handlungen voraus. In der Psychologie existieren verschiedene Wahrnehmungstheorien, die jedoch nicht explizit auf den Raum bezogen sind. Traditionelle Wahrnehmungstheorien gehen davon aus, dass der Mensch den Reizen seiner Umwelt passiv ausgesetzt ist. Ein anderes Konzept vertritt beispielsweise James Gibson mit seiner ökologisch orientierten Wahrnehmungspsychologie: Er geht davon aus, dass die Wahrnehmung aus der aktiven Aufnahme von Informationen aus der Umwelt und deren Bewertung und Deutung besteht. Welche Informationen der Organismus beziehungsweise der Mensch dabei aus dem vorhandenen Reizangebot extrahiert, ist abhängig davon, welche er zur Orientierung oder zum zielgerichteten Handeln benötigt. In Bezug auf die Architektur macht es also Sinn, die Interaktion von Wahrnehmung und Handlung zu betrachten. Eine wesentliche Aufgabe bei der Gestaltung von Raum ist es, den Nutzer in seinen Handlungen in ihm und damit im sozialen Kontext zu unterstützen.

Die meisten Informationen über unsere Umwelt erhalten wir über unser visuelles System. Eine innere Repräsentation der Wirklichkeit wird aber von allen fünf Sinnen gemeinsam gebildet. Dieses Bild wird mit den Gegebenheiten der Umwelt abgeglichen und gemäß unserer Handlungsziele ausgewertet.

James Gibson betonte, dass alle Informationen in der Umwelt enthalten sind und der Mensch sich lediglich entscheidet diese weiter zu verarbeiten oder aber zu ignorieren. Zentral für den Selektionsprozess ist, dass der Mensch mit seiner Entscheidung sein Handlungsziel erreicht. Die Wahrnehmung ist nach James Gibson also nicht, wie bisher angenommen, eine abstrakte Abbildung von Reizmustern, sondern ein konkretes Bild mit handlungsrelevanten Merkmalen. James Gibson vertrat sogar die These, dass keine weiteren kognitiven Verarbeitungsschritte notwendig sind, weil alle Informationen bereits im Umweltreiz enthalten sind. Aktuelle Wahrnehmungsforscher sehen das anders. Sie gehen davon aus, dass die Informationen von außen erst überhaupt eine Bedeutung erhalten, indem sie durch Erfahrungen und Wissen ergänzt werden. Der erste Schritt des Wahrnehmungsprozesses kann daher unabhängig vom zweiten stattfinden. Erst durch diesen zweiten Schritt, nämlich die Deutung des Wahrgenommenen, können die Ergebnisse des Wahrnehmungsprozesses zur Generierung von Handlung beziehungsweise zur Orientierung in der Umwelt eingesetzt werden. Ein Problem bei der Handlungsgenerierung tritt dann auf, wenn das Wahrgenommene nicht gedeutet oder in bereits vorhandenes Wissen eingeordnet werden kann.

Die Wahrnehmung der Umwelt ist also stark subjektiv geprägt und von dynamischer Natur. Das betrifft nicht nur die Abhängigkeit von der Intention des Nutzers, sondern auch die Lage des Objekts (Gegenstands) in Abhängigkeit von der Position des Menschen im Raum. Erst über die Beziehung des Körpers zum Objekt können Handlungen fehlerfrei ausgeführt werden. Das heißt, der Gegenstand wird in ein Bezugssystem eingeordnet, das dem Menschen die Information vermittelt, ob es sich etwa in Augenhöhe oder in Greifnähe befindet. Auch hier ist der Reiz nicht an sich verhaltenswirksam, sondern wird es erst durch Bezug auf gespeicherte Bezugs-Systeme. Die Erkenntnisse der Wahrnehmungsforschung machen also deutlich, dass eine isolierte Betrachtung von Objekten wenig Sinn macht. Es geht vielmehr um die Wirkung des Gegenstands in seiner Umwelt, denn eine Erkennungsleistung ist immer auch eine Unterscheidungsleistung. So muss neben dem Gegenstand auch das Gegenstands-System untersucht werden. Und das beschreibt auch das Anliegen der Innenarchitekten: Ihnen geht es um die Gestaltung der Räumlichkeiten, folglich werden Objekte immer in ihrem räumlichen Kontext behandelt.

Der Innenraum wird durch die Benutzung des Menschen definiert, interpretiert, geformt und verändert. Das zentrale Treppenhaus des Seminargebäudes der Detmolder Schule für Architektur und Innenarchitektur ist Bewegungs- und Kommunikationsraum.

Der Vorhang stellt eine einfache Markierung des Orts im Raum dar, der in einen privaten und öffentlichen Bereich unterteilt wird.

Einleitung

Die Forschung versucht mit unterschiedlichen Methoden Raumwirkung mess- und nachvollziehbar zu machen. Das PerceptionLab der Detmolder Schule für Architektur und Innenarchitektur vergleicht hierzu auch reale und virtuelle Räume.

Die Möbel der Serie Log von Naoto Fukasawa fordern den Nutzer durch die Art ihrer Rundungen intuitiv zu bestimmten Handlungen auf.

Bisher liegen nur wenige wissenschaftliche Ergebnisse über die Wirkung räumlicher Zusammenhänge auf den Menschen vor. Das Thema ist ein zentraler Ansatzpunkt der Forschung in der Innenarchitektur, um auch neue Gestaltungs- und Planungsansätze zu finden beziehungsweise bestehende Theorien zu bestätigen oder zu widerlegen.

Zunächst erscheinen die vorgestellten Ergebnisse relativ abstrakt. Es fehlt an Übersetzungen, um sie auf Gestaltungsbereiche anwenden zu können. Ein Beispiel für die Anwendung der wahrnehmungspsychologischen Erkenntnisse zeigt sich in den Entwürfen des japanischen Industriedesigners Naoto Fukasawa. Er arbeitet etwa mit dem von James Gibson geprägten Begriff der »Affordanzen«. Objekte werden danach nicht neutral wahrgenommen, sondern in Bezug auf unsere Handlungsmöglichkeiten (»Affordanzen«) bewertet. Es besteht also eine Beziehung zwischen Mensch und Umwelt, beziehungsweise dem Objekt, denn ein Objekt wird immer im Kontext seiner Umgebung wahrgenommen und ist damit ein dynamisches Element. Der Mensch nimmt diejenigen Objekte am ehesten wahr, die ihm am meisten Unterstützung bieten, seine Handlungen durchzuführen und sein Ziel zu erreichen.

Anders als James Gibson regt Naoto Fukasawa den Benutzer zu bestimmten Handlungen an. Der japanische Industriedesigner gestaltet Objekte, die durch ihre spezifische Beschaffenheit in Material, Oberfläche und Form latente Handlungsaufforderungen enthalten. Ein Beispiel dafür ist ein Teebeutel, an dessen Ende ein farbiger Ring befestigt ist. Wenn der Tee die optimale Ziehzeit erreicht hat, stimmt die Farbigkeit des Rings mit der Färbung des Tees überein. Da wir ein intuitives Wissen über die mit einem Objekt verbundenen Handlungsmöglichkeiten in uns tragen, können die von Naoto Fukasawa gestalteten Objekte benutzt werden, ohne dass man zusätzliche Informationen benötigt. Das Objekt erklärt sich quasi (von) selbst. Die Inspiration für seine Entwürfe entnimmt Naoto Fukasawa der Umwelt, indem er gezielt beobachtet, welche Objekte dem Menschen fehlen, um bestimmte Handlungen fehler- und störungsfrei ausführen zu können. Beim Entwurf eines Reiskochers sah er etwa auf dem Deckel einen Steg vor, auf dem der Reislöffel abgelegt werden kann. Dieser Steg fordert den Nutzer unbewusst – nur durch sein bloßes Vorhandensein – zu einer Handlung auf. Wahrscheinlich fand diese Handlung auch vorher statt, wurde aber dadurch gestört, dass Reisreste auf dem Kocher zurückblieben und anschließend entfernt werden mussten. Naoto Fukasawa beobachtet Handlungsabläufe und generiert daraus seine Entwürfe, er selbst spricht in solchen Fällen von »unthinking activities«. Ziel seiner Entwürfe ist es, natürliche Handlungsabläufe zu unterstützen. Und das bedeutet auch, die Entwürfe nicht isoliert, sondern immer im Umgebungskontext zu betrachten. Das Prinzip lässt sich auch auf die Architektur übertragen: Donald Norman propagierte etwa das Prinzip des »natural mapping«, das zu einer intuitiveren Nutzung gebauter Umgebungen führt. Entscheidender Punkt ist hierbei, dass der Nutzer in seinen Handlungen unterstützt und nicht irritiert wird. Das kann beispielsweise die Öffnungsrichtung einer Tür sein, die den Bewegungsfluss des Nutzers durch das Gebäude unterstützt.

Das Restaurant des Hotel Ellington in Berlin regt durch die großen Tische bewusst die Kommunikation unter den Gästen des Hotels an.

> »Über die Grundlage von Raumgröße und -form hinaus tragen weitere Faktoren zum Raumcharakter bei. Die wichtigsten dabei sind die Flächen, die den Raum abgrenzen.«

Stanley Abercrombie

1.3 Elemente des raumbildenden Ausbaus

Im Gegensatz zu den tragenden Elementen des Gebäudes, die vor allem dem Zweck dienen, Lasten in den Baugrund abzuleiten, übernehmen die Elemente des Ausbaus in der Regel keine tragenden Funktionen. Raumbildende Ausbauten erfüllen nutzungs- und nutzerspezifische Aufgaben, indem sie vor allem die Raumzuordnung und -proportionen mit vertikalen und horizontalen Raumbegrenzungen – Wände, Decken, Einbauten und Möbel – definieren und gestalten. Die Konkretisierung des Tätigkeitsfelds findet sich auch in den Bewertungsmerkmalen wieder, die in §34 (2+3) der HOAI zwischen den Leistungen bei Gebäuden und bei raumbildenden Ausbauten unterscheiden:

HOAI §34 (2) Leistungen bei Gebäuden	HOAI §34 (3) Leistungen bei raumbildenden Ausbauten
Anforderungen an die Einbindung in die Umgebung	Anforderungen an die Raum-Zuordnung und Raum-Proportion
Anzahl der Funktionsbereiche	Funktionsbereich
gestalterische Anforderungen	Anforderungen an die Lichtgestaltung
konstruktive Anforderungen	Farb- und Materialgestaltung
technische Ausrüstung	technische Ausrüstung
Ausbau	konstruktive Detailgestaltung

Raumbildung ist die bestimmende Zielgröße. Daneben wird Raum in seiner gestalterischen Qualität und Wirkung durch Materialität und Oberflächenbeschaffenheit, Farbigkeit, sowie Belichtung und Beleuchtung wesentlich charakterisiert. Weiters ist Raumkomfort als bauphysikalische und baubiologische Kenngröße messbar und durch alle fünf Sinne – visuell, akustisch, haptisch, olfaktorisch und gustatorisch – wahrnehmbar.

Hotelzimmer stellen auf geringer Grundfläche hohe Anforderungen an die Elemente des raumbildenden Ausbaus. Geringfügige Veränderungen in der Anordnung der Gegenstände sowie der Beleuchtung können Funktion und Raumeindruck des Gästezimmers nachhaltig verändern.

Konstruktive Detailgestaltung und die Aufnahme von Installationen und Gebäudeausrüstung sind geeignete Hilfsmittel, um die gewünschte Raumwirkung herzustellen. Neben ästhetisch-gestalterischem Wissen ist die genaue Kenntnis über Materialien, Oberflächen und Bauelemente, ihre Konstruktions- und Fügungsprinzipien sowie über technische Medien eine Voraussetzung für die bewusste, angemessene und nachhaltige Gestaltung von Innenräumen. Die Auswahl geeigneter Materialien spielt schon seit jeher eine zentrale Rolle in der Architektur, der Innenarchitektur und im Design. Während die klassische Baustoff- und Materialkunde vor allem die technisch-konstruktiven Eigenschaften von Werkstoffen betrachtet und vergleicht, sind für die gestalterischen Disziplinen die ästhetischen Eigenschaften als gleichwertig anzusehen. Die Wirkung von Oberflächen und Materialien auf den Menschen ist hierbei von besonderer Bedeutung. So beschäftigten sich bereits im 19. Jahrhundert Gottfried Semper und Adolf Loos mit der Frage, ob ein Imitat etwa auch als solches wahrgenommen wird. Der geeigneten Materialwahl kommt heutzutage wieder eine herausragende Stellung zu, wenn man bedenkt, wie viele Wahlmöglichkeiten uns gerade im Innenausbau durch die Entwicklungen der letzten 20 Jahre zur Verfügung stehen. Die Auswahl erfordert heute eine noch genauere Beschäftigung mit den Eigenschaften und der Verarbeitung der Materialien, da diese im Vergleich zu traditionellen Bau- und Werkstoffen noch nicht so lange am Markt sind und es dahingehend erst wenig Erkenntnisse über Alterung und Langzeitverhalten gibt. In diesem Zusammenhang sind auch Materialscouts und -berater entstanden, auf die Planer bei der Beschaffung von Informationen zurückgreifen können. Auch für die Ausbildung ist der direkte Kontakt mit den Produkten sehr wichtig, bereits zahlreiche Hochschulen besitzen daher eine eigene Materialbibliothek.

Die Kenntnis über die Materialien selbst ist jedoch nur ein Baustein für die zielführende Gestaltung des Innenraums. Wesentlich für die konstruktive Detailgestaltung ist das Wissen über die korrekte Fügung der Materialien, die Schnittstellen und die Bauprozesse. Mit der Entwicklung maßlich angepasster, genormter und modularer Bauelemente ist bereits im Zuge der Industrialisierung eine zunehmende Vereinfachung und Rationalisierung der Bau- und Planungsabläufe im Hoch- und Innenausbau eingetreten. Diese konnten orts-, gebäude- und nutzungsübergreifend eingesetzt werden.

Die Wirkung von Materialien und Oberflächen auf den Menschen kann in 1:1-Szenarien sowie in dreidimensionalen Visualisierungen vergleichend untersucht werden.

Materialbibliotheken vermitteln durch ihre Anschaulichkeit eine bessere Kenntnis über die Vielfalt der Produkte.

Einleitung

Der Prozess der Rationalisierung und Vereinfachung von Produkten wurde durch den 1917 gegründeten »Normenausschuß der deutschen Industrie« (NADI) weiter vorangetrieben. Durch die Festlegung von vergleichbaren Prüf- und Analyseverfahren sorgen Normen im Allgemeinen für Gebrauchstauglichkeit, Qualität, Gesundheit und Sicherheit im Sinne des Verbraucher- und Umweltschutzes. Der »Normenausschuß der deutschen Industrie« beabsichtigte eine Vergleichbarkeit der Produkte, erzeugte damit jedoch auch eine deutliche Vereinheitlichung. Vergleichbare Institutionen sind die 1898 in den Vereinigten Staaten gegründete »American Society for Testing and Materials« (ASTM) und die 1901 in Großbritannien etablierte »British Standards Institution« (BSI).

Ab dem Zeitpunkt der Normierung konnten viele Produkte, ob Materialien oder Bauelemente, flexibel eingesetzt werden, was die Verbreitung einzelner Technologien und Bauweisen vereinfachte. Anfang des 20. Jahrhunderts setzte sich das elementierte Bauen insbesondere im Wohnungsbau durch. Der Grund dafür war allen voran der Wohnungsmangel nach dem Ersten Weltkrieg. Die standardisierten Elemente ermöglichten eine schnelle und vor allem kostengünstige Errichtung von Wohnraum für die wachsende und ärmere Bevölkerung. Viele experimentelle Konstruktionen für Wände, Decken und Fußböden sind in dieser Zeit entwickelt worden. Der zunehmende Gebrauch von weitspannenden Stahlbeton- und Stahlskelettkonstruktionen anstelle von Mauerwerk führte daneben dazu, dass auch im Wohnungsbau vorgefertigte leichte Wand- und Ausbaukonstruktionen zum Einsatz kamen. Typisch waren transparente Glas- und Glasbausteinwände, Gipsdielen- und später auch Trockenbauwände. Zahlreiche der damals entwickelten Materialien, Bauweisen und Technologien setzten sich insbesondere in Räumen mit oft anstehenden Nutzungsänderungen und Mieterwechseln, wie dies etwa im Büro- und Verwaltungsbau der Fall ist, als Standards durch. Dass Elementierung und Vorfertigung nicht gleichzusetzen sind mit Gleichförmigkeit, sondern dass bei der richtigen Planung, Raumteilung und Materialkombination individuelle Lösungen möglich sind, haben zahlreiche Case-Study-Houses gezeigt.
Zu Beginn des 20. Jahrhunderts war das Bevölkerungs- und Städtewachstum in Mitteleuropa und Nordamerika der Motor vieler innovativer Entwicklungen im Bauwesen. Heutzutage steht das Bauen hingegen weltweit vor der Herausforderung Ressourcen und Energie zu sparen. Dieser sozio-ökonomische

Wandel brachte bereits in den letzten Jahren extreme Verbesserungen der Bauprodukte und Konstruktionen im Hinblick auf den baulichen Wärmeschutz mit sich. Die Zertifizierung von Gebäuden und die Betrachtung der Lebenszykluskosten in Verbindung mit steigenden Baupreisen führte dazu, dass im Wohnungs- und Gewerbebau heutzutage großformatige Bauelemente und ein hoher Vorfertigungsgrad Stand der Technik sind. Zunehmend kommen auch vorgefertigte Holzmodule zum Einsatz, die energieeffizient und kosteneffektiv sind. Daneben gibt es Verbundbaustoffe, die mit dem Ziel eingesetzt werden, die unterschiedlichsten bauphysikalischen, mechanischen und funktionalen Anforderungen miteinander zu verbinden. Es stellt sich die Frage wie bauliche, kulturelle und individuelle Identität in Zukunft zusammen finden können, welchen Trends, Anforderungen und Restriktionen diese unterliegen ...

Das Tragwerk des 1949 errichteten Eames House (Architekt Charles Eames) besteht als Experimentalhaus (Case-Study-House Nr. 22) vollständig aus Standardbauelementen aus dem Sortiment von Metallhändlern.

Das Bailey House (Case-Study-House Nr. 21) von Pierre Koenig aus dem Jahre 1959 zeigt eine freiliegende Stahlkonstruktion, die sich durch klare und selbstverständliche Details auszeichnet.

»Die Existenz der Stadt liegt im wahren Sinne nicht in der organischen Vermehrung ihres Häuserbestandes, sondern in den Beziehungen der Menschen untereinander. Wenn die Häuser erst einmal so dichtgedrängt stehen oder wenn das Areal eine solche Ausdehnung erreicht hat, daß das Beieinandersein der Menschen erschwert wird, so ist der Komplex nicht länger eine Stadt zu nennen.«

Lewis Mumford

1.4 Zukünftige Herausforderungen für das Bauen

Bereits 1924 äußerte sich Lewis Mumford in seiner »Studie über die amerikanische Architektur und Zivilisation« kritisch über deren bauliche, soziale und wirtschaftliche Entwicklung und wurde damit zu einem der bedeutendsten Kritiker einer, auf Spekulation gegründeten Fortschritts- und Wachstumsgläubigkeit. Heute im 21. Jahrhundert ist diese Kritik nicht nur genauso berechtigt, sondern die Herausforderungen an unsere Umwelt sind global gesehen sogar vielfältiger und widersprüchlicher denn je. Während ein Teil der Welt mit der Überalterung und Schrumpfung der Gesellschaft konfrontiert wird, kämpfen große Teile der Bevölkerung in Städten und auf dem Land um existenzielle Lebens- und Arbeitsbedingungen. Wenn Lebensqualität in allen Teilen der Welt und für alle gesellschaftlichen Schichten und Altersklassen garantiert werden soll, sind die planerisch-gestalterischen und ingenieurtechnischen Disziplinen aufgefordert, Lösungsansätze mit human- und geisteswissenschaftlicher Unterstützung zu den individuell besten Lösungen zu entwickeln. Es bleibt die von Lewis Mumford in seiner Studie aufgeworfene Frage, wie das menschliche Zusammenleben geplant und organisiert werden soll, wie sozialer Frieden aufrechterhalten werden kann und wie zufriedenstellende Lebens-, Wohn- und Arbeitsbedingungen für die Mehrheit der Menschen hergestellt werden können.

In diesem Zusammenhang muss der Disziplin der Innenarchitektur neue Relevanz beigemessen werden, die weit über ihre Wurzeln, der Möbelgestaltung und der Inneneinrichtung, hinausgeht. Vielmehr soll nun die psychologisch-soziale Dimension und Verantwortung der Profession in den Vordergrund rücken, die umso mehr die akademische Verankerung in Lehre und Forschung rechtfertigt. Denn der Beruf ist unmittelbar mit der Herstellung des menschlichen Wohlbefindens im innenräumlichen Kontext verbunden. Die Auseinandersetzung mit der individuellen Umgebung des Menschen ist die traditionelle und essentielle Aufgabe, die auch weiterhin zentraler Teil der Ausbildung ist und die das Wissen über physisches, psychisches und soziales Wohlbefinden des Menschen voraussetzt. Humanfaktoren werden bei der Veränderung von Modellen des privaten Wohnens bis hin zu der Entwicklung neuer Formen des gemeinschaftlichen Zusammenlebens zunehmend an Bedeutung gewinnen – für die alternde Gesellschaft ebenso wie für die sich verdichtenden Lebensräume in den Megacities.

Rang	Name	Einwohner (2010)	Land, Kontinent
1.	Tokio-Yokohama		Japan, Asien
2.	Mexiko-Stadt		Mexiko, Nordamerika
3.	New York		USA, Nordamerika
4.	Sudogwon (Seoul)		Südkorea, Asien
5.	Mumbai (Bombay)		Indien, Asien
6.	São Paulo	20.831.000	Brasilien, Südamerika
7.	Manila	20.654.000	Philippinen, Asien
8.	Jabotabek (Jakarta)	19.232.000	Indonesien, Asien
9.	Delhi	18.917.000	Indien, Asien
10.	Shanghai	18.573.000	China, Asien
11.	Los Angeles	18.014.000	USA, Nordamerika
12.	Kansai (Osaka, Kobe, Kyoto)	17.410.000	Japan, Asien
13.	Kairo	16.429.000	Ägypten, Afrika
14.	Kolkata (Kalkutta)	15.644.000	Indien, Asien
15.	Moskau	14.927.000	Russland, Europa
16.	Buenos Aires	14.598.000	Argentinien, Südamerika
17.	Istanbul	14.350.000	Türkei, Europa / Asien
18.	Dhaka	14.327.000	Bangladesh, Asien
19.	Lagos	13.722.000	Nigeria, Afrika
20.	London	13.377.000	Großbritannien, Europa

Die 20 größten Metropolregionen der Welt 2010 (nach World Gazetteer, http://bevoelkerungsstatistik.de)

Farbe	Einwohner (in Millionen)
■	36.5
■	20 - 22
■	18 - 20
■	16 - 18
■	13 - 16

Farbe	Einwohner (in Millionen)
■	11 - 13
■	9 - 11
■	7 - 9
■	6 - 7
■	5 - 6

Eine extreme Konzentration der Metropolen findet in Asien, insbesondere in Indien statt.

Wie kann ein gemeinschaftliches Miteinander und Zusammenleben in den sich verdichtenden Lebensräumen der Megacities aber auch in bevölkerungsarmen ländlichen Regionen gesichert werden?

Einleitung

Der kommerzielle Druck und die Einbeziehung von Corporate Design in die Gestaltung von Städten und Gebäuden sind für privates sowie öffentliches Bauen zu einem wichtigen Thema geworden.

Heute, 100 Jahre nach Beginn der Moderne, stellt sich erneut die Frage nach zukünftigen Wohn- und Arbeitskonzepten, die Flexibilität und Wandelbarkeit von Räumen und Einrichtungen ermöglichen und dennoch Individualität und Identität erlauben. Rem Koolhaas schreibt hierzu im Bezug auf Lewis Mumford: »Vom einstmals breiten Formenrepertoire bleiben sozusagen nur noch der Wolkenkratzer und die Hütte übrig. Und diese reduzierte Bandbreite an baulichen Formen wird von chaotischen Entwicklungen im Städtebau begleitet.«

Globalisierung und Medialisierung der letzten Jahrzehnte führten dazu, dass Corporate Design heute ein nicht mehr weg zu denkender Teil des Geschäftslebens und der Unternehmenskultur ist. Veränderungen des urbanen Raums sind die Folge, weil sich Unternehmen und auch Privatpersonen immer mehr über Gebäude, Fassaden, Inneneinrichtungen, Ambiente und Veranstaltungen repräsentieren. Die Entwicklung digitaler Entwurfs- und Planungstools sowie digitaler Produktionsketten, erfordern von den Planungsdisziplinen eine zunehmende Spezialisierung und vor allem ein gezieltes Wissensmanagement. Durch die Beschleunigung des Wissenszuwachses und neuer technologischer Einflussfaktoren erhält die permanente Weiterbildung in diesem Bereich eine zunehmende Bedeutung. Die beschriebenen Entwicklungen erfordern auf allen Ebenen der Planung ein Nachdenken über das Verhältnis von Öffentlichkeit und Privatsphäre, die (Lebens-)qualität von Wohn- und Arbeitsräumen und Energie- und Kosteneffizienz von Neubauten sowie von Baumaßnahmen im Bestand. Die folgenden Themen betreffen den raumbildenden Ausbau und sind hierfür von besonderer Bedeutung.

Wohnblock und Parkpalette als Beispiel der Verdichtung

»Wir machen Raumwirkung messbar.«

PerceptionLab, HS OWL

1.5 Human Centered Design

Heutzutage verbringt der Mensch einen Großteil seiner Zeit in Innenräumen. So hält sich der durchschnittliche Mitteleuropäer zu etwa 90 Prozent der Zeit in den eigenen vier Wänden oder in einem externen Arbeitsraum auf. Für die Wohnnutzung stehen ihm etwa 40–80 m² zur Verfügung.

Im Unterschied dazu leben insbesondere in den afrikanischen und asiatischen Entwicklungs- und Schwellenländern zwischen 30–70 Prozent der Bevölkerung in Slums. Der Begriff Slum nach UN-HABITAT umfasst dabei »[...] ein breites Spektrum von provisorischen, informellen und überalterten Behausungen [...]«, die sich durch »[...] schlechte Lokalisierung (im öffentlichen Raum, an steilen Hängen, große Entfernung zu den Jobs), fehlender Schutz vor klimatischen Bedingungen, temporäre Bauweise und gravierende konstruktive Mängel, geringe Wohnfläche und Überbelegung der Räume, fehlende Infrastruktur (insbesondere Wasser und sanitäre Einrichtungen), fehlender rechtlicher Schutz und auch durch zu hohe Kosten [...]« auszeichnen. Die weltweite Verdichtung der Städte hat zur Folge, dass in Afrika und Asien bereits über 50 Prozent der städtischen Bevölkerung nicht ausreichend Wohnfläche zur Verfügung haben und so zu zweit in einem beengten Raum leben müssen – etwa 30 Prozent leben hier sogar zu dritt in nur einem Wohnraum. Zudem arbeiten die Menschen in diesen Städten in der Regel auch noch in dunklen und baulich unzureichenden Räumlichkeiten.

Es ist daher wesentlich, dass Innenräume eine ausreichende Lebensqualität gewährleisten und dass der Mensch sich darin wohlfühlt. Um das zu erreichen, sollten Gestaltungskonzepte und daraus abgeleitete Entscheidungen im Sinne des Human Centered Design vom Menschen ausgehen und so angelegt sein, dass diese auch unter dem zeitlichen und finanziellen Druck, den die Verstädterung und Verslumung ausübt, realisierbar sind. Es gibt dazu unterschiedliche theoretische Ansätze, die bisher jedoch nur unzureichend in Gestaltungs- und Planungsdisziplinen übertragen wurden. Die eingeführten Konzepte waren auch nur zum Teil erfolgreich, weil im Fokus der Überlegungen nicht der eigentliche Nutzer stand, sondern vielmehr der Gegenstand, den derselbe benötigt, um sich in einem Gebäude wohlzufühlen. Die Planer und Architekten bezogen den Menschen zwar gedanklich in ihre Entwürfe mitein,

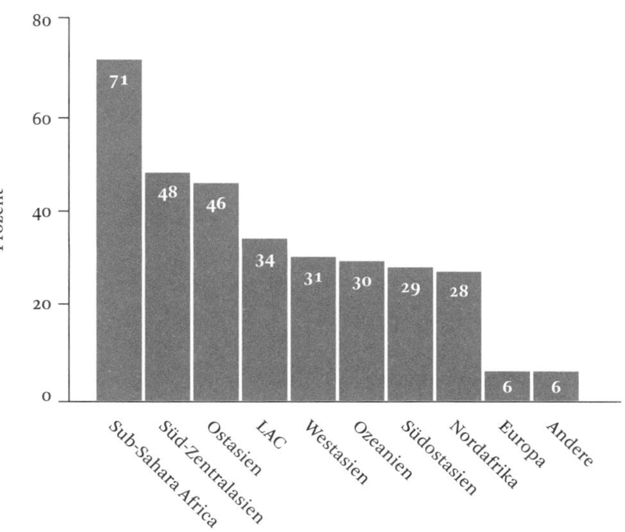

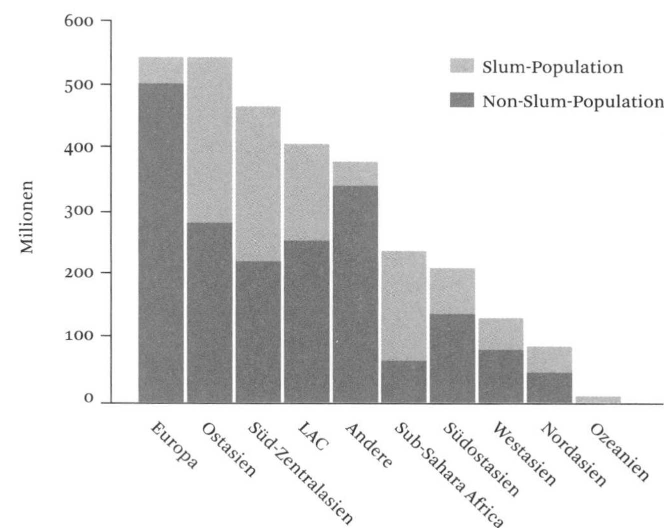

Der Anteil der Slum-Bevölkerung liegt in Asien und Afrika zwischen 30 und 70 Prozent, das sind in etwa 50–300 Millionen Menschen.

Wohnraum und Überbelegung
Ausreichende Wohnfläche der Städtischen Bevölkerung, 2003

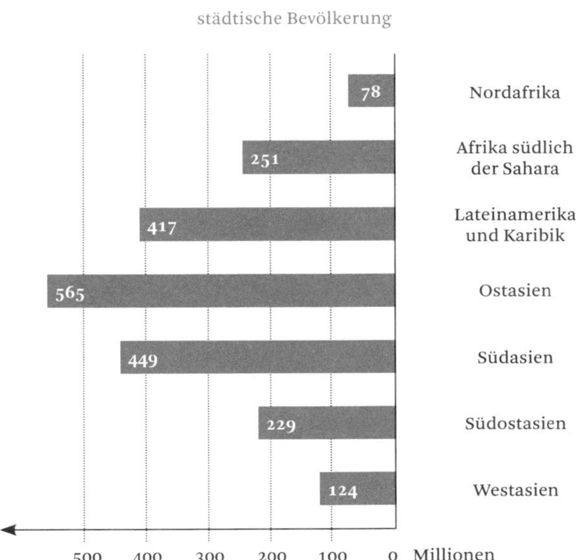

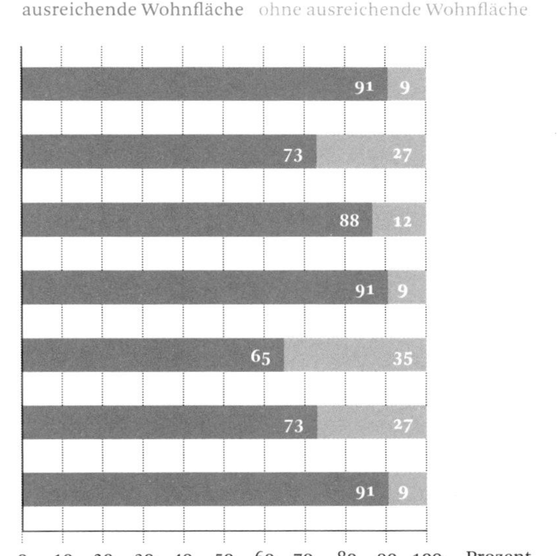

Überbelegung ist dadurch definiert, dass mehr als drei Personen in einem Raum leben.

Einleitung

Die Wohnsiedlung Pruitt-Igoe (1953–72) verfolgte verschiedene soziale Ziele und Ideale im Geiste der Moderne, die in der Realität jedoch nicht umgesetzt werden konnten. In jedem dritten Geschoss waren beispielsweise Laubengänge vorgesehen, welche die Bewohner als Hauswirtschafts- und Gemeinschaftsfläche nutzen sollten.

überprüften die Lösungsansätze jedoch selten an der Realität und den Bedürfnissen der Menschen. Eine methodische Nutzeranalyse im Vorfeld, wie sie aus dem Design bekannt ist, fand nur sehr selten statt. Die Folge waren Fehlplanungen, wie etwa bei der städtischen Wohnsiedlung Pruitt-Igoe, die als sozialer Wohnungsbau in St. Louis (USA) in den Fünfzigerjahren errichtet, ein bis heute viel diskutiertes Projekt darstellt. Obwohl die Wohnsiedlung nach dem Konzept des Architekten Minoru Yamasaki anfangs mit zahlreichen Architekturpreisen ausgezeichnet wurde, begann man 1972 mit dem Abriss dreier Wohnblöcke, da die Wohnverhältnisse in den insgesamt 33 Bauten der Siedlung schon nach kurzer Zeit so katastrophal waren, dass die Mieter auszogen und die Gebäude leer standen. Anstelle herkömmlicher Apartmenthäuser sah der US-amerikanische Architekt hier ein neues Modell des öffentlichen Raums vor, die sogenannten »horizontalen Nachbarschaften«. In jedem dritten Geschoß sollte ein verglaster Laubengang den Mietern Gelegenheit für soziales Miteinander bieten. Um sich eine Nutzung durch die Bewohner zu sichern, bediente der Aufzug – es gab nur einen pro Gebäude! – ausschließlich diese Laubengänge. Die restlichen Wege führten durch unbelichtete Treppenhäuser, die aufgrund von Vandalismus und Kriminalität kaum nutzbar waren und wie die Laubengänge verwaisten.

Bei der Formulierung von Gestaltungs- und Planungsgrundsätzen ist es – wie bei jeder Optimierung – notwendig, die Gründe für das Scheitern eines Projektes genauer zu betrachten und zu dokumentieren. Das vorgenannte Projekt lässt vermuten, dass trotz positiver Ambitionen von Planer und Nutzern, die Abstimmung sowie die Verständigung zwischen den beiden nicht funktioniert beziehungsweise nicht zum gewünschten Ergebnis geführt hat. Eine eingehende Analyse der emotionalen und funktionalen Nutzerbedürfnisse und die nachgeordnete Evaluation der tatsächlichen Nutzung sind deshalb von großer Wichtigkeit. In der englischsprachigen Sozial- und Planungswissenschaft sind diese Analysen, unterteilt in »User-Needs-Analyses (UNA)« und »Post-Occupancy-Evaluation (POE)«, unter dem Begriff der »building performance evaluation« zusammengefasst. Für die Untersuchungen werden psychologische und sozialwissenschaftliche Erkenntnisse und Methoden herangezogen, die im Einzelfall der konkreten Situation angepasst werden. Auch die aus der Wahrnehmungspsychologie bekannten Ansätze (siehe Raumkonzepte und Raumwahrnehmung), die aufzeigen, wie Menschen in der

Erreichung ihrer Handlungsziele unterstützt werden können, sind ein weiterer methodischer Ansatzpunkt, dem bislang zuwenig Interesse geschenkt wurde. Human Centered Design wird hier als Oberbegriff für weitere Prinzipien gesehen, wohl wissend, dass die meisten Begriffe im englischen und deutschen Sprachgebrauch sowie im amerikanischen, asiatischen und europäischen Kulturkreis unterschiedlich definiert und verwendet werden. Dazu gehören:

- Nutzerorientierte Gestaltung (User-centered Design),
- Barrierefreiheit (Barriere-free Design / Accessible Design),
- Design für Alle (Design for All),
- Universelles Design (Universal design / Inclusive design).

Während die nutzerorientierte Gestaltung die zielgruppenspezifische Gebrauchstauglichkeit von Produkten in den Vordergrund stellt, verfolgen die anderen Prinzipien einen zielgruppenübergreifenden Ansatz. Hier geht es darum, durch universelle Nutzbarkeit von Produkten und Räumen eine weitgehende gesellschaftliche Teilhabe zu erzielen. Dieser ganzheitliche Ansatz soll die Lebensbedingungen von allen im Alltag erleichtern. Es wird nicht für eine spezielle Ziel- oder Randgruppe gestaltet, sondern jedem die Nutzung ermöglicht – unabhängig von kultureller Herkunft, Geschlecht sowie körperlichen und geistigen Fähigkeiten. Am weitesten verbreitet ist mittlerweile – zumindest in den Industrienationen – der Begriff Universelles Design – aufgrund des demografischen Wandels und der damit einhergehenden Überalterung der Gesellschaft. Wie die große Anzahl der Menschen mit unterschiedlichen körperlichen und geistigen Fähigkeiten, blieb die Gruppe der älteren Generation bei der Gestaltung von Objekten und Räumen bisher nur unzureichend berücksichtigt. Einer der bekanntesten Vetreter, der sich bis zu seinem Tod im Juni 1998, 28 Jahre lang dem Universellen Design widmete, ist der Architekt Ron L. Mace. Er, der selbst nach einer Polio-Erkrankung im Rollstuhl saß, gründete das Center of Universal Design an der North Carolina State University. Folgende Gestaltungsregeln, die heute als Prinzipien des Universellen Designs verstanden werden, wurden dort von ihm und einem Kreis von Architekten, Forschern, Produktgestaltern und Ingenieuren formuliert:

1. Breite Nutzbarkeit: Das Design soll für Menschen mit unterschiedlichen Fähigkeiten nutzbar und marktfähig sein.

Logos und bildhafte Darstellungen, die vom zielgruppenübergreifenden Universellen Design (Universal Design / Inclusive Design) verwendet werden.

Einleitung

Eine universell gestaltete Übersichtskarte in Tokio, in der die Landkarte um Braille-Lettern und eine Tonausgabe für sehbehinderte Menschen ergänzt ist. (oben)
Das Bad verfügt über tiefer liegende Objekte, damit es auch für Menschen im Rollstuhl ungehindert nutzbar ist. (unten)

2. Flexibilität in der Benutzung: Das Design unterstützt eine breite Palette individueller Vorlieben und Möglichkeiten.
3. Einfache und intuitive Benutzung: Die Benutzung des Designs ist leicht verständlich, unabhängig von Erfahrung, Wissen, Sprachfähigkeiten oder der momentanen Konzentration der Nutzer.
4. Sensorisch wahrnehmbare Informationen: Das Design stellt dem Benutzer notwendige Informationen effektiv zur Verfügung, unabhängig von der Umgebungssituation oder der sensorischen Fähigkeiten der Benutzer.
5. Fehlertoleranz: Das Design minimiert Risiken und die negativen Konsequenzen von zufälligen oder unbeabsichtigten Aktionen.
6. Niedriger körperlicher Aufwand: Das Design kann effizient und komfortabel mit einem Minimum an Ermüdung benutzt werden.

In Verbindung mit diesen Gestaltungsprinzipien gewinnen die umgebungsunterstützenden Technologien (ambient assisting technologies – AAT) weiter an Bedeutung. Das Spektrum dabei ist weit: Es reicht von einer einfachen Sehhilfe oder einem Rollstuhl bis hin zu ganz speziellen technischen Einrichtungen in Alten- und Pflegeheimen. All diese die Nutzung erleichternden Hilfsmittel müssen in die Raum- und Gebäudegestaltung integriert werden. Wünschenswert ist, dass sich die verschiedenen Ansätze zu einer ganzheitlichen Wohn- oder Arbeitsumgebung ergänzen. Zahlreiche Objekte, die zunächst als unterstützende Technologien geplant waren, werden heute im Alltag von allen Gruppen genutzt und gelten als Universelles Design-Element. Die Rede ist hier etwa von abgesenkten Bürgersteigen, erhöhten Toiletten oder automatischen Garagentoren.

Die Einbindung der universell gestalteten Objekte und Technologien in räumliche Situationen blieb bisher vor allem auf die formale Einhaltung der Bauteil-Abmessungen beschränkt. Der universellen Nutzbarkeit von Räumen und Gebäuden wurde hingegen, auch in atmosphärischer und funktionaler Hinsicht, nur wenig Beachtung geschenkt. Die Innenarchitektur kann hier die Vermittlerfunktion zwischen den beteiligten Fachgebieten übernehmen sowie Produktideen raum- und gebäudebezogen weiterentwickeln.

Vorreiter bei der Integration der Disziplinen (Barrierefreies Design, Universelles Design, Unterstützende Technologien) ist der Bereich des altersgerechten Wohnens, der hohen Wert auf Wohnlichkeit, Sicherheit und Identifikation legt. Neben den außerordentlichen funktionalen Anforderungen an die Räumlichkeiten ist hier auch die emotionale Qualität der Gestaltung zu betonen. Die Gebäude sollten nach Möglichkeit mehrere Lebensphasen der Nutzer gleichzeitig abdecken und so geplant sein, dass sie mit wenig Aufwand jederzeit umgestaltet werden können. Wichtig ist, die Unabhängigkeit und Eigenständigkeit der Nutzer so lange wie möglich zu erhalten. Heutzutage unterliegen alle Planungen von öffentlichen Gebäuden den Kriterien universeller Gestaltung. Zu den Pionieren hierbei zählt Frank Lloyd Wright, der mit seinem Entwurf für das Guggenheim Museum in New York im Jahre 1959 der Welt vor Augen führte, wie Universelles Design in der Architektur angewandt werden kann. Frank Lloyd Wright schrieb dazu in einem Brief an die Baronin Hilla Rebay, die Solomon Robert Guggenheim bei der Einrichtung des Museums beriet: »Das Museum soll von oben bis unten ein einziger, weiter, großzügiger, wohlproportionierter, treppenloser Raum sein, der sich mit dem Rollstuhl leicht in allen Richtungen befahren lässt. Keinerlei Barrieren und nur dort Unterteilungen des prachtvollen von oben beleuchteten Raums, wo Ihrer Meinung nach für Bildergruppen oder Einzelbilder erforderlich wäre. Das Ganze soll lichtdurchflutet sein und je nachdem hellere oder dunklere Bereiche enthalten, der ganze Bau soll Ruhe und Großzügigkeit ausstrahlen.« Der im Rollstuhl sitzende Fernsehreporter John Hockenberry bezeichnete dieses Museum in einem Interview mit der New York Times als das öffentliche Gebäude, das geradezu der Inbegriff des barrierefreien Bauens und nicht bloß gelungene Architektur sei.

Um- und Weiterbau im Bestand

Die bauliche Anpassung des Bestands hat sich zu einem zentralen Kriterium für die Zukunftsfähigkeit unserer Städte und Stadtregionen entwickelt. Aktuell findet der Großteil aller Bauaufgaben in Mitteleuropa im Bestand statt, da immer mehr Gebäude saniert oder umgenutzt werden. Die Auseinandersetzung mit einer vorgegebenen Hülle oder einer bestehenden Struktur ist die übliche Praxis in der Innenarchitektur und wird immer mehr alltägliche Aufgabe im Hochbau. Wer sich mit dem Bauen im Bestand beschäftigt, für den ist das Thema raumbildender Ausbau unumgänglich.

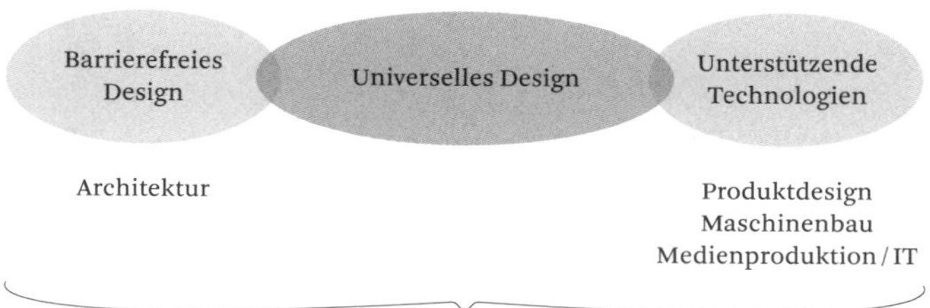

Zusammenwirken der gestalterischen Disziplinen im Human Centered Design

Der Innenraum des Guggenheim Museums in New York (1959) ist ein frühes Beispiel universeller Gestaltung.

Einleitung

Die Umnutzung von innerstädtischen Industriebrachen dient dem Ziel integrierte Wohn- und Arbeitswelten zu schaffen, die aufgrund der Funktionsüberlagerung zudem mit geringer individueller Mobilität auskommen.

Die Wandelbarkeit bestehender Industriegebäude innerhalb der tragenden Struktur bietet Raum für innovative Gestaltungslösungen.

Derzeit findet eine starke Überlagerung dieser beiden, sich eigenständig entwickelten Disziplinen, nämlich Architektur und raumbildender Ausbau statt. Vor der Industrialisierung war die möglichst lange Nutzungsdauer eines Gebäudes sowie die permanente Umnutzung der Bausubstanz aufgrund des hohen technischen und zeitlichen Aufwands zur Gebäudeerrichtung wirtschaftlich notwendig und kulturell selbstverständlich. Anstatt leer stehende, nicht mehr benötigte Gebäude abzureißen, wurden diese durch Um- und Anbauten immer wieder den Anforderungen der Zeit angepasst und mit neuen Nutzungen gefüllt. War dennoch ein Abriss erforderlich, setzte man auf die Wiederverwertung der einzelnen Bauteile und -materialien, da diese nur begrenzt vorhanden und Transporte zur Baustelle sehr aufwändig waren. Erst mit der Industrialisierung in der Mitte des 19. Jahrhunderts wurde Stadtumbau zu einer öffentlichen Aufgabe und »Abriss und Neubau« zum dominierenden Leitbild. Die Wertschätzung des Alten beschränkte sich auf klassische Baudenkmäler wie Schlösser, Kirchen und Burgen. Die Moderne propagierte schließlich völlig neue städtebauliche und architektonische Konzepte, die auf den Abriss der überkommenen Strukturen und den Neubau ausgelegt waren. Dieses Konzept wurde bis in die Sechzigerjahre des 20. Jahrhunderts verfolgt und prägt das Bild der europäischen Städte bis heute.

Seit den Siebzigerjahren sinkt das Neubauvolumen im Vergleich zu den Umbauten im Bestand. Im Fokus stehen seitdem Schlagwörter wie Denkmalschutz oder Stadtbildpflege, deren Ziele unter anderem die Erhaltung von Altstadtkernen und die Schaffung von innenstadtnahen Wohnquartieren des 19. Jahrhunderts sind. Mit der Ausweitung der Bauaufgaben im Bestand auf Dörfer, Großsiedlungen oder Industrie- und Verkehrsbrachen der Neunzigerjahre, dem Wandel von der Industrie- zur Dienstleistungsgesellschaft, dem Beginn der Nutzung ehemals militärisch genutzter Komplexe nach der Wiedervereinigung in Deutschland und dem Ende des Kalten Kriegs, wurden auch die Umnutzungsaufgaben vielfältiger. Weil 70 Prozent des heutigen Baubestands in Deutschland in den letzten 50 Jahren errichtet wurden, ist die Behandlung der »Nachkriegsbauten« heute zudem eine besondere Aufgabe. Der Neubau als Königsklasse wird in Mitteleuropa aktuell abgelöst durch Bauaufgaben, die einen innovativen Umgang mit dem Bestand eingehen. Die Wandelbarkeit bestehender Bauten übt einen besonderen Reiz auf die Planer aus und fordert diese hinsichtlich ihrer architektonischen Gestaltungsmöglichkeiten. Verstärkt wird der Wunsch nach einer Um- oder Weiternutzung bestehender baulicher Anlagen in Mitteleuropa auch durch die Tatsache, dass der historische Bestand eine starke Identifikation für den Menschen bedeutet. Diese Erkenntnis ist gerade in Zeiten der Schrumpfung und Überalterung vieler Städte besonders wichtig. Aber auch in Bezug auf den wirtschaftlichen Wandel von der einstigen Industrie- zur heutigen Dienstleistungsgesellschaft und dem damit einhergehenden Funktionsverlust vieler Gebäude sowie ganzer Stadtteile sind Konzepte im Bestand und im Kontext des Bestands gefragt. Innerstädtische Wohnanlagen mit funktionierendem Wohnumfeld in Form von Versorgungs- und Gemeinschaftseinrichtungen gewinnen vor diesem Hintergrund wieder an Bedeutung. Die Stadt Berlin erlebt etwa gerade eine Zuwanderungswelle älterer Menschen über 60, die in zentraler Lage mit guten Anschlussmöglichkeiten an den öffentlichen Verkehr leben möchten. In den gewünschten innenstadtnahen Gebieten stehen in der Regel nur wenige freie Grundstücke zur Verfügung. An Bedeutung gewinnt hier auch die Umnutzung von Gewerbe-, Büro- und Industrieanlagen für Wohnzwecke oder kombinierte Wohn- und Arbeitseinheiten.

Neben diesen sozialen und wirtschaftlichen Faktoren existieren weitere Gründe für bauliche Veränderungen, die direkt in den gestalterisch-funktionalen Mängeln der Bausubstanz vieler bestehender Gebäude zu suchen sind. Für die Umnutzung des baulichen Bestands sind oft neue Nutzungskonzepte mit entsprechenden Innenausbauten und gezielten Veränderungen an der Gebäudehülle – wie etwa der Verbesserung des Wärme- und Feuchteschutzes und der Schaffung von definierten Freiräumen wie Balkonen, Loggien und Terrassen – nötig. Konstruktive Mängel treten vor allem im Bereich des Schall-, des Feuchte- und Brandschutzes auf. Auch tragende Bauteile können durch Schädigung von Mauerwerk oder Holz betroffen sein, sodass bei solchen Mängeln oft starke Eingriffe in die Bausubstanz zu erwarten sind. Baurechtliche Anpassungen, die von den Behörden verlangt werden, sind eher selten der Grund für bauliche Maßnahmen. Häufiger werden sie in Folge gestalterisch oder konstruktiv bedingter Eingriffe erforderlich, im Zuge dieser bestimmte Bauteile verändert werden müssen. Oft ist aber auch die rein wirtschaftliche Aufwertung das Ziel, die durch eine bauliche Anpassung in Verbindung mit einer Umnutzung erreicht werden kann.

Üblicherweise bleiben die Tragstrukturen des baulichen Bestands erhalten, um den Gesamtraumeindruck und die Identität des Bauwerks zu betonen. Ergänzt werden Erschließungselemente (Treppen, Galerien, Aufzüge, ...) und Maßnahmen zur Verbesserung des Schall- und Wärmeschutzes sowie der Raumakustik.

Einleitung

Typisch für die Addition ist der Erhalt der vorhandenen Tragstruktur, die sich entweder sichtbar von den Einbauten absetzt oder wo nötig aus gestalterischen oder brandschutztechnischen Gründen verkleidet wird.

Der Umbau des Neuen Museums in Berlin erfolgte mit Elementen der Addition und der Transformation.

Das Bauen im Bestand findet in verschiedenen Formen statt. Ein Gebäude oder Raum kann auf einfache Weise durch Ein- oder Anbauten, Aufstockungen oder Einhausungen (Addition) ergänzt und verändert werden. Dabei bleibt Altes und Neues in der Regel sichtbar. Erfolgt hingegen eine Veränderung der Gestalt, Form oder Struktur des Gebäudes (Transformation) verschwindet diese Trennung von Alt und Neu. Beide Ansätze erfordern jedoch die klare Definition der konzeptionell-formalen und der baulich-materiellen Schnittstellen. Darüber hinaus stellen sie erhöhte Anforderungen an Planer und Bauausführende: Der durch die aufwändige Ausführungs- und Detailplanung entstehende Mehraufwand schlägt sich in der Honorarordnung für Architekten und Ingeniere (HOAI) in einem bis zu 80-prozentigen Zuschlag nieder. Im Bereich der Denkmalpflege ist mit höheren Unkosten zu rechnen.

Allen Baumaßnahmen, die im Bestand zum Einsatz kommen, ist jedoch gemein, dass sie die sorgfältige Kenntnis der ursprünglich verwendeten Materialien und Konstruktionen voraussetzen. Nur so kann durch den Umbau die Entstehung neuer Bauschäden vermieden werden. Des Weiteren wird der Charakter eines Gebäudes wesentlich durch Materialität und Konstruktion geprägt – beides Faktoren, die in der Summe die Grundlage für unsere Baukultur und damit die kulturelle Identifikation bilden. Auch wenn diese Haltung jeder Gestaltung und Planung zugrunde liegen sollte, so erfordert sie bei der Sanierung, Modernisierung oder Umnutzung von denkmalgeschützten Gebäuden besondere Beachtung. Denn hier steht der Erhalt des kulturellen Erbes und die Authentizität von Oberflächen, Techniken und räumlicher Wirkung im Zentrum der Arbeit. Die Charta von Venedig von 1964 ergänzt hierzu in Artikel 11: »Die Beiträge aller Epochen zu einem Denkmal müssen respektiert werden: Stileinheit ist kein Restaurierungsziel. Wenn ein Werk verschiedene sich überlagernde Zustände aufweist, ist eine Aufdeckung verdeckter Zustände nur dann gerechtfertigt, wenn das zu Entfernende von geringer Bedeutung ist, wenn der aufzudeckende Bestand von hervorragendem historischen, wissenschaftlichen oder ästhetischen Wert ist und wenn sein Erhaltungszustand die Maßnahme rechtfertigt.« Das Bauen im Bestand – in Wohnungs-, Büro- und Gewerbebauten – erfordert außerdem die Optimierung und Rationalisierung der Bauprozesse, da hier, anders als im Neubau, fast immer beschränkte Lager- und Logistikflächen zur Verfügung stehen. Der Ab- und Antransport von alten und

Die ehemaligen Schlachthöfe »Abasto de Buenos Aires« aus dem Jahre 1934 wurden bereits 1998 in eines der größten Shopping Center Südamerikas umgebaut. Die denkmalgeschützte Gebäudehülle sowie die Tragstruktur blieben im Zuge des Umbaus erhalten, der ehemals leere Innenraum wurde dabei vollständig und kleinteilig ausgebaut.

neuen Baustoffen muss demzufolge reibungslos in den Bauprozess integriert werden. Teilweise werden Immobilien sogar noch im laufenden Betrieb oder bei partieller und temporärer Nutzung saniert. In diesem Falle ist man als Planer dazu angehalten, Lärm- und Schadstoffbelastungen so weit als möglich zu reduzieren und bei Bedarf nach speziellen konstruktiven Lösungen zu suchen.

Die Sanierung des Neuen Museums in Berlin zeichnet sich durch die Erhaltung und Sichtbarmachung unterschiedlicher historischer Zustände aus.

Einleitung

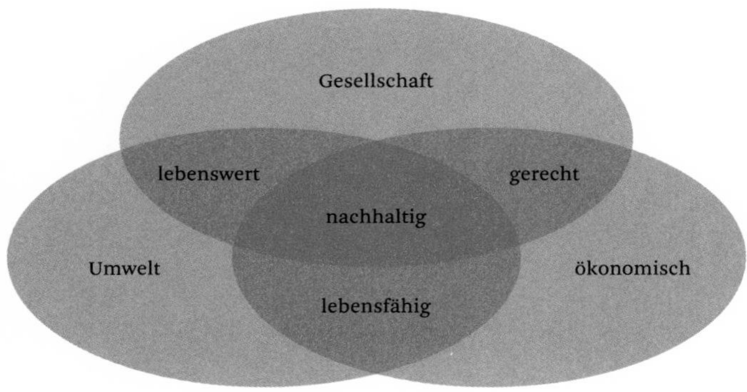

Die drei Dimensionen der Nachhaltigkeit beschreiben die Grundvoraussetzungen für eine zukunftsfähige und verantwortungsvolle Entwicklung.

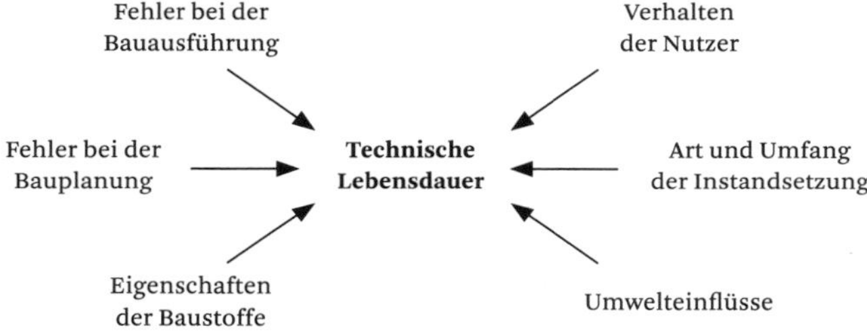

Einflüsse auf die technische Lebensdauer von Bauteilen im Lebenszyklus eines Gebäudes.

Nachhaltigkeit
Der Nachhaltigkeitsgedanke existiert in der Forstwirtschaft bereits seit dem Mittelalter und wird dort als die nachhaltende und beständige Nutzung der Wälder zugunsten der Nachkommenschaft beschrieben. Internationale Aufmerksamkeit erlangte das Leitbild der Nachhaltigkeit jedoch erst mit der Brundtland-Kommission von 1987 sowie der Klimakonferenz von Rio de Janeiro des Jahres 1992.

Ziel dabei ist es, den nachfolgenden Generationen dieselben Lebensgrundlagen in Bezug auf natürliche, wirtschaftliche und gesellschaftliche Ressourcen zur Verfügung zu stellen, wie sie die heutige Generation besitzt. Nachhaltiges Denken und Handeln bezieht kurz-, mittel- und langfristige Konsequenzen heutigen Handelns mitein und will den anhaltenden Raubbau an der Natur bekämpfen. Der Begriff »Nachhaltigkeit« hat in den vergangenen Jahren in fast allen Bereichen von Politik, Wirtschaft und Gesellschaft Einzug gehalten und damit eine gewisse sprachliche Normalisierung erfahren. Das Konzept der Nachhaltigkeit beinhaltet im Wesentlichen drei Dimensionen:

- **Ökologische Nachhaltigkeit** orientiert sich am stärksten an dem ursprünglichen Gedanken, keinen Raubbau an der Natur zu betreiben.

- **Ökonomische Nachhaltigkeit** zielt auf eine umweltverträgliche betriebs- und volkswirtschaftliche Entwicklung ab.

- **Soziale Nachhaltigkeit** behandelt die sozialen Aspekte der Nachhaltigkeit – anfangs nur im Zusammenhang mit dem Umweltschutz, zunehmend werden aber auch Fragen wie Armut, Partizipation und Entwicklung miteinbezogen.

Im Bauwesen wird Nachhaltigkeit durch den erstmals im Jahre 2001 erschienenen »Leitfaden Nachhaltiges Bauen« des Bundesministeriums für Verkehr, Bau und Stadtentwicklung (BMVBS) beschrieben. In diesem »[...] sollen ganzheitliche Grundsätze zum nachhaltigen Planen und Bauen, Betreiben und Unterhalten sowie zur Nutzung von Liegenschaften und Gebäuden umgesetzt werden.« Der Leitfaden gilt in diesem Sinne für die Bauten des Bundes, besitzt darüber hinaus aber eine richtungsweisende Bedeutung, da durch den Bund auch zahlreiche Pilotprojekte realisiert werden, die als Modelle für öffentliche und private Bauherren fungieren. Zudem stellt die ganzheitliche Betrachtung des gesamten Lebenszyklus von Gebäuden (Neubau, Unterhaltung, Abriss) ein wichtiges Handlungsfeld im Rahmen des nachhaltigen Wirtschaftens dar. Bundesweit sind dem Bauen jeweils etwa ein Drittel des Energie- und Materialverbrauchs sowie wichtige Schadstoffemissionen zuzurechnen. Hinzu kommen Bauabfälle, die in etwa 40 Prozent des Gesamtabfallaufkommens ausmachen sowie die Inanspruchnahme und die Versiegelung von Siedlungs-, Erschließungs- und Verkehrsflächen. In die Zertifizierung und Beurteilung von Bauwerken fließen die Bewertung und Beschreibung von Materialströmen, die Lebensdauer eines Gebäudes und die Inanspruchnahme von Ressourcen mitein. Vom Umweltbundesamt (UBA) werden die umweltgerechte Sanierung im Bestand mit dem Ziel den Kohlenstoffdioxid-Verbrauch zu minimieren, die Ökologisierung der Musterbauordnung und die verstärkte Ausstellung von Gebäudepässen sowie Energiebedarfsausweisen als besonders wichtig deklariert. Daneben erfährt die Bewertung der Innenraumqualität von Materialien und Bauweisen erhöhte Bedeutung.

Bauteile – Rohbau	Jahre	Bauteile – Ausbau	Jahre	Installationen	Jahre
Außenwände massiv, bewittert	80	Textile Bodenbeläge	10–12	Kochherd	20
Außenwände massiv, bekleidet	100	Parkett	40	Kühlschrank	12
Fundament Beton	100	Tonplatten	25	Geschirrspüler	15
Hartholz bewittert	70	Kunststeinplatten	50	Mikrowellengerät	15
Hartholz bekleidet	100	Natursteinplatten, Schiefer	30	Waschmaschine	15
Holzdachstühle	120	Natursteinplatten, Granit	50	Bedienungsarmaturen	20
Abdichtung nichtdrückendes Wasser	40	Kunststoffbeläge (PVC, ...)	25	Duschtasse, keramisch	50
Außenanstrich Dispersionsfarbe	20	Dispersion, Mattfarbanstrich	10	Duschtasse, Guss, Stahl	50
Außenanstrich Kalkfarbe	7	Tapeten, mittlere Qualität	10	Duschtasse, Emaillierung	20
Zementputz (Kalkzementputz)	40	Holzverkleidung	30	normale Radiatorenventile	20
Kunststoffputz	30	Kunststoffrolladen	20	Steckdosen	15
Wärmedämmverbundsystem	30	Holzrolladen	25	ISDN-Telefonanschluss	10
Wärmedämmung belüftet	30	Fugendichtungen / Kittfugen	8	Decken-und Wandleuchten	20

Lebenserwartung unterschiedlicher ausgewählter Bauteile in Jahren als mittlerer Durchschnittswert.

»Es gilt, die Formen zu finden, die den Charakter der neuen Technologie treffen und nicht, sie zu verschleiern.«

Peter Behrens

1.6 Digitale Planung und Fabrikation

Seit mehreren Jahrzehnten hat der Computer und damit die digitale Planung Einzug in die Büros aller gestalterischen Disziplinen gehalten. Auch wenn derzeit die Prozesskette bei den meisten Projekten nur die Visualisierung des Entwurfs betrifft, wird es in Zukunft auch im Bauwesen so sein, dass die Schnittstellen zur Produktion Teil des Leistungsumfangs werden. Derzeit ist es noch üblich, die Digitalisierung und Parametrisierung spezialisierten Büros zu übertragen, welche die Datensätze für die Produktion von Schalungen, Fassadenelementen, Wandverkleidungen oder Möbeln übernehmen. Schon lange setzt die industrielle Produktion das Prinzip »file-to-factory« um – das Massachusetts Institute of Technology (MIT) warb sogar einige Zeit damit, dass das Geschirr für das Mittagessen eigens im Verfahren des Rapid Manufacturing gedruckt wird. Heute ist es auch für Studierende üblich, die Modelle ihrer Entwürfe digital produzieren zu lassen – einzige Einschränkung bilden derzeit noch die Herstellungskosten. Die Möglichkeit der digitalen Fabrikation verändert nicht nur die Arbeitsweisen und Tätigkeitsfelder, sondern bietet gleichzeitig neue Gestaltungs- und Konstruktionsmöglichkeiten. Bereits heute haben sich viele Möbeltischlereien auf die Fertigung individueller Einzelstücke spezialisiert. Mit dem Einsatz von CNC-Fräsen ist es möglich, das Design auf die speziellen Nutzerwünsche und -anforderungen abzustimmen. Unter dem Begriff »Mass Customization«, auf Deutsch auch als »Individualisierte Massenfertigung« bekannt, werden künftig Bauteile seriell gefertigt oder direkt für ein Bauvorhaben entwickelt und produziert. Es wird die Aufgabe der Forschung an den Hochschulen und in der Industrie sein, hieraus sinnvolle und kosteneffektive Innovationen zu entwickeln. Aus den unerschöpflichen Möglichkeiten des digitalen Designs sind diejenigen Lösungen auszuwählen, die einen konkreten Beitrag zu aktuellen und künftigen Bedürfnissen des Bauens liefern. Ähnlich wie im Zeitalter der Industriellen Revolution hat auch die Informationsgesellschaft Veränderungen hin zu einer parametrischen Entwurfs- und Planungskultur mit sich gebracht. Wenn wir in die Geschichte zurückblicken, so zeigt sich, dass neue Technologien und Produkte in erster Linie unkritisch übernommen und verwendet wurden. Die neuen digitalen Gestaltungsmöglichkeiten müssen getestet werden. Denn erst in Verbindung mit einem theoretischen Rahmen oder einer sozialen Vision werden die produzierten und produzierbaren

Objekte zu einem ganzheitlichen Gestaltungskonzept. Dieses sollte jedoch nicht Selbstzweck sein, sondern ein Mittel, um die gebaute und vom Menschen genutzte Umwelt zu verbessern. Leo Neofiodow weist etwa darauf hin, dass das angehende 21. Jahrhundert im Zeichen einer rapide wachsenden Gesundheitswirtschaft steht, die in Anbetracht zunehmender psychosozialer Erkrankungen in den Industrienationen und oft nicht hinnehmbarer hygienischer Bedingungen in den Schwellen- und Entwicklungsländern die Verbesserung des menschlichen Wohlbefindens ins Zentrum rückt. Eine wesentliche Rolle spielt hierbei auch die Erschließung der »Gesundheitspotenziale der menschlichen Wahrnehmung« in Bezug auf die Wirkung von Innenräumen, Oberflächen und Materialien sowie von Licht und Farbe.

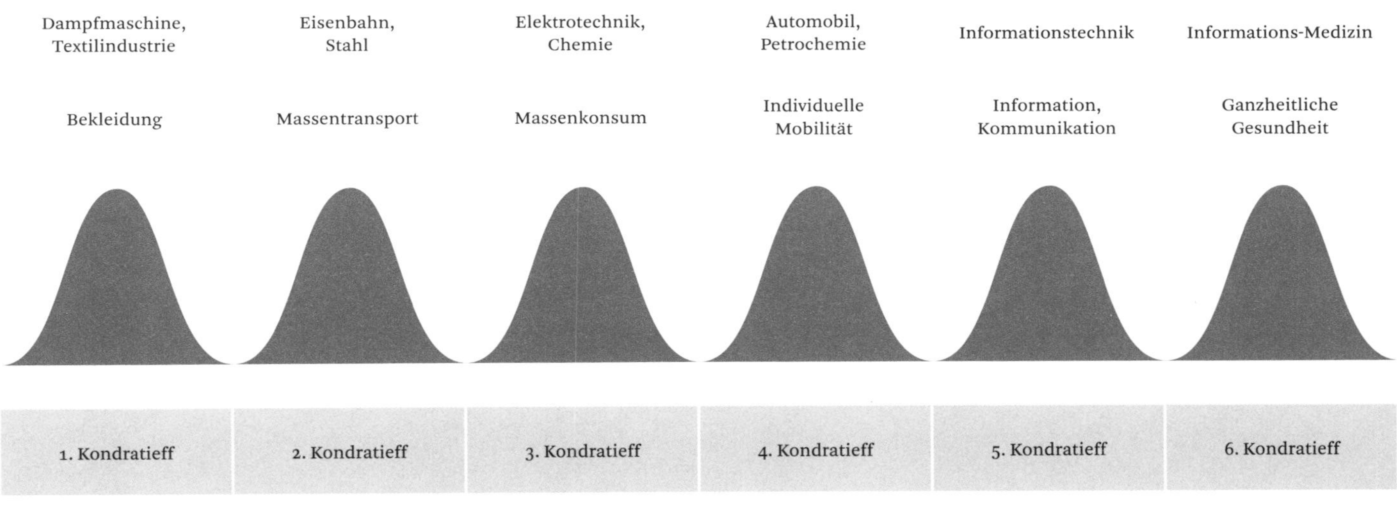

Konjunkturzyklen sind durch Basisinnovationen gekennzeichnet. Im 21. Jahrhundert sind dies die psychosoziale Gesundheit und die sich daraus entwickelnde ganzheitliche Gesundheitswirtschaft.

Bauphysik und Bauökologie

Bauphysik und Bauökologie

2.1 Definitionen

Bauphysik und Bauökologie (ökologisches Bauen) tragen nicht nur zum Wohlbefinden von Bewohnern und Nutzern in Gebäuden und Räumen bei. Vielmehr müssen sie auch einen entscheidenden Beitrag zur Schonung der Umwelt durch umweltbewusstes Bauen leisten. Gebäude und Innenräume sollen so beschaffen sein, dass durch klimatische Einflüsse wie Wasser und Feuchtigkeit, Wärme und Kälte, Lärm und Feuer, pflanzliche und tierische Schädlinge, chemische, physikalische und elektrische Einflüsse keine Gefahren sowie unzumutbare Belastungen und Risiken für Bausubstanz und Nutzer entstehen. Welche Materialien, Faktoren oder Einflüsse dabei als erforderlich, ausreichend, risikobehaftet oder schädigend eingestuft werden, ist in der Regel durch Gesetze, Bauordnungen, DIN Normen oder Richtlinien definiert.

Die Bauphysik beschäftigt sich mit den physikalischen Einwirkungen auf das Bauwerk und den zugehörigen rechnerischen Nachweisen. Diese Einwirkungen können durch konstruktive Maßnahmen, Bauweisen und Baustoffe maßgeblich beeinflusst werden. Wichtige Kenngröße zur Beurteilung einer Planung ist der Raumkomfort (definiert als Behaglichkeit), als Ausdruck des körperlichen Wohlbefindens eines Menschen in einem bewohnten und benutzten Raum. Das Raumklima (Raumlufttemperatur und Raumluftfeuchte), das vor allem durch die Ausführung der raumumfassenden und raumbildenden Bauteile wie Außen- und Innenwände, Boden und Decke bestimmt wird, ist für den Raumkomfort wesentlich.

Der Begriff Bauökologie umschreibt die Berücksichtigung ökologischer Aspekte beim Bauen in Bezug auf die Umwelt im Allgemeinen, die unmittelbare Landschaft und das Gebäude selbst. Ziel ist es, möglichst geringe Eingriffe in das Klima und die Naturkreisläufe (Luft, Wasser und Boden) vorzunehmen und die natürlichen Ressourcen zu schonen. Bauökologische Belange werden auch durch die Verwendung von Baustoffen beeinflusst, für deren Herstellung, Transport und Nutzung möglichst wenig Energie verbraucht wird. Hier spielt die Lebenszyklusanalyse (Life Cycle Assessment – LCA) eine zunehmende Rolle. Diese Analyse berücksichtigt die sogenannte »Graue Energie« (Incorporated Energy) – die Summe aller Energieströme, die für Gewinnung, Herstellung, Transport, Verwendung und Recycling eines Materials benötigt werden.

Die Baubiologie wird im Umweltlexikon als »die Lehre von der ganzheitlichen Beziehung zwischen Lebewesen in der Wohn-Umwelt« definiert und kann als Vorreiter beziehungsweise als Teil des ökologischen Bauens gesehen werden. Sie stellt das Wohlbefinden und die Gesundheit des Menschen in den Vordergrund – beides Größen, die zunehmend im Bewusstsein von Bauherrn und Nutzern verankert sind. Es geht darum, negative Einflüsse aus der Umwelt, von Baustoffen oder auch Versorgungssystemen zu verhindern oder wenigstens auf ein Minimum zu reduzieren. Im Zentrum der Planung steht ein erweiterter Gesundheitsbegriff, der den gesundheitsfördernden Einfluss von Räumen und raumbildenden Bauteilen betont.

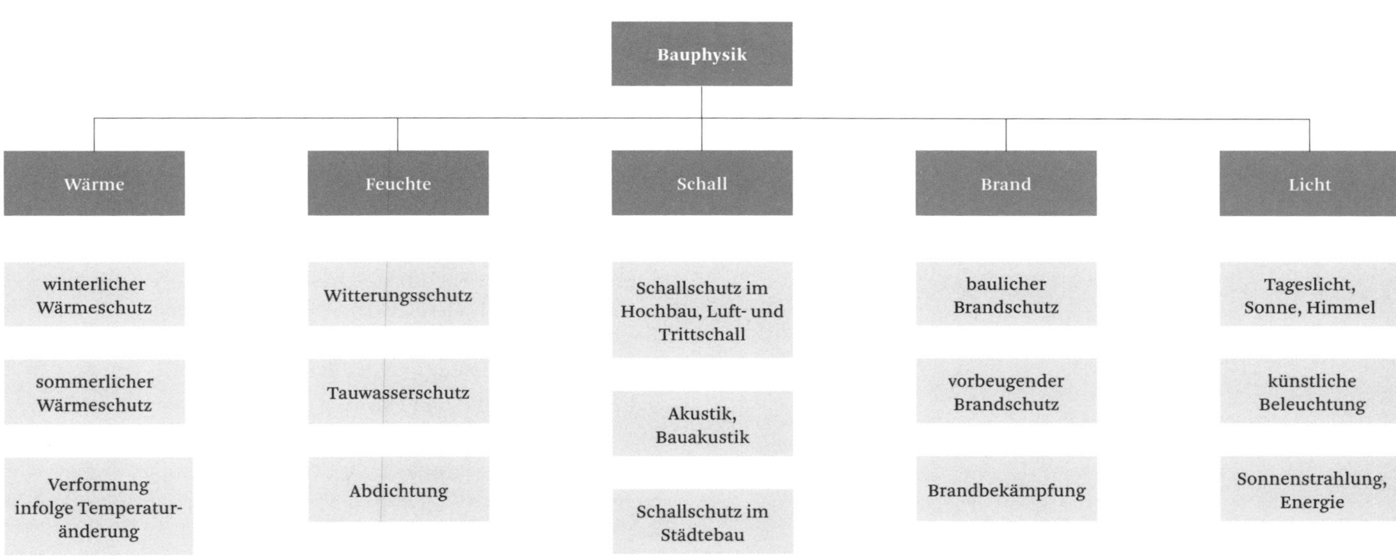

Schemata der Teilgebiete der Bauphysik, die als Grundlage für Anforderungsprofile in der Planung von Roh- und Ausbau dienen.

Bauphysik und Bauökologie

2.2 Bauphysik

2.2.1 Schallschutz und Akustik

Schallschutz bedeutet, dass Personen und Räume vor Außenlärm, vor dem in den Räumen selbst entstehenden und weitergeleiteten Luftschall sowie vor Körperschall, der als Trittschall durch das Begehen von Decken oder durch Leitungen in den Bauteilen übertragen wird, zu schützen sind. Akustik ist die Lehre vom Schall. Sie beschäftigt sich mit der Erzeugung, der Ausbreitung, der Reflexion und der Absorption von Schallwellen sowie der Übertragung von akustischen Informationen in einer baulichen Umgebung. Unterteilt wird diese in die sogenannte Bau- und Raumakustik:

- Die **Bauakustik** beschäftigt sich mit der Berechnung und Messung von Luft- und Körperschallübertragung sowie mit der Schalldämmung durch raumbildende Bauteile. Der Schallschutz als Teil der Bauakustik zielt darauf ab, die Belästigung durch Lärm zu reduzieren, die gerade in den weltweit zunehmenden verdichteten Ballungsräumen ein gravierendes Problem für die Menschen in Wohnungen und an Arbeitsplätzen darstellt. Zu den wesentlichen Schallquellen und -emissionen zählen: Verkehrslärm, Lärm von Industrie- und Gewerbebetrieben, Freizeitanlagen und Veranstaltungsorten, Lärm am Arbeitsplatz, aus der Nachbarwohnung sowie Geräuschquellen in der eigenen Wohnung.
- Die **Raumakustik** beschäftigt sich hingegen mit den Auswirkungen der baulichen Umgebung auf die in ihr stattfindenden akustischen Vorgänge, wie etwa Gespräche und Musik. Sie zielt darauf ab, die Hörbarkeit zu verbessern.

Die Kenntnis der schalltechnischen und akustischen Wirkung von Baustoffen und Bauweisen ist wichtig und sollte deshalb bereits in frühen Planungsphasen berücksichtigt werden. Folgende Punkte dienen als Orientierung für die Planung:

- Klärung und Festlegung der bau- und zivilrechtlichen Anforderungen,
- Grundrissanordnung (Räume in Bezug zu Geräuschquellen),
- Anordnung und Einbau technischer Installationen (Wasser- und Heizungsanlagen, Aufzug und Leitungsführung),
- Festlegung und Bauart von Außenbauteilen,
- Festlegung und Bauart von raumbildenden Ausbauelementen.

Anforderungen an den Schallschutz						
Bautyp / Bauteil	Decken		Wände		Türen	
	L' n,w TSM dB	R' w dB	L' n,w TSM dB	R' w dB	L' n,w TSM dB	R' w dB
Wohnungsbau	Wohnungstrenndecken und Decken zwischen fremden Arbeitsräumen		Wohnungstrennwände und Wände zwischen fremden Arbeitsräumen		Türen, die von Hausfluren oder Treppenräumen in Flure und Dielen von Wohnungen führen	
	< 46	> 55	–	> 55	< 46	> 37
	Decken über Keller, Hausfluren, Treppenhäusern und Aufenthaltsräumen		Treppenwände und Wände neben Hausfluren		Türen, die von Hausfluren oder Treppenräumen unmittelbar in Aufenthaltsräume führen	
	< 46	> 55	–	> 55	< 46	> 37
Einfamilienhaus	Decken		Haus- und Wohnungstrennwände			
	< 38	–	–	> 67	–	–
Beherbergung	Decken (allgemein)		Wände		Türen zwischen Fluren und Übernachtungsräumen	
	< 46	> 55	–	> 52	–	> 37
	Decken unter Bad und WC					
	> 55	< 46	–	–	–	–
Krankenhaus	Decken		Wände zwischen Krankenräumen, Fluren, Untersuchungs- und Sprechzimmern		Türen zwischen Untersuchungs- und Sprechzimmern, Fluren und Untersuchungszimmern	
	< 46	> 55	–	> 52	–	> 37
	Decken unter Bad und WC ohne / mit Bodenentwässerung		Wände zwischen Operations- und Behandlungsräumen und Fluren		–	
	< 46	> 55	–	*42	–	–
Schule	Decken zwischen Unterrichtsräumen		Wände zwischen Unterrichtsräumen oder ähnlichen Räumen		Türen zwischen Unterrichtsräumen und Fluren	
	*53	*55	–	*47	–	*32
	Decken unter Fluren		Wände zwischen Unterrichtsräumen und Treppenhäusern			
	*53	–	–	*52	–	–

* Es liegen keine Vorschläge für erhöhten Schallschutz vor. Es wurden stattdessen die Werte des erforderlichen Schallschutzes eingesetzt.

Vergleichende Übersicht erhöhter Anforderungen an den Schallschutz nach DIN 4109 Beiblatt 2 im Wohnungsbau sowie für andere Gebäudenutzungen wie Hotels, Krankenhäuser und Schulen.

Bauphysik und Bauökologie

Luft- und Körperschalldämmung		
Schema	Prinzip	Erläuterung
	Grundprinzip A	Zwei schwere Schalen mit dazwischen liegender federnder Schicht. Reihenhaustrennung ist ein Praxisbeispiel für dieses Prinzip.
	Grundprinzip B	Eine schwere Schale und eine leichte biegeweiche Vorsatzschale. Das Prinzip kommt zum Tragen, wenn eine massive Außenwand mit einer biegeweichen Vorsatzschale zur Erhöhung von Schall- und Wärmedämmung versehen wird.
	Grundprinzip C	Das Prinzip ist bei leichten Trennwänden, aus zwei biegeweichen Schalen bestehend, verwirklicht. Die Federungseigenschaften der Zwischenbauteile entscheiden über die zu erzielende Schalldämmung. In der Praxis finden tragende Zwischenbauteile (Metallständer) Verwendung.

Prinzipien der Luft- und Körperschalldämmung durch schwere, massive und leichte, biegeweiche Bauteile.

Thermische Behaglichkeit		
Physiologische Bedingungen	Intermediäre Bedingungen	Physikalische Bedingungen
Lufttemperatur	Kleidung	Konstitution
Umschließungsflächentemperatur	Tätigkeitsgrad	Körperliche Verfassung
Relative Feuchte	Raumbesetzung	Geschlecht
Luftbewegung	Psychosoziale Faktoren	Alter
Luftdruck	Adaption und Akklimation	Ethnische Einflüsse
Luftzusammensetzung	Tages- und Jahresrhythmus	Nahrungsaufnahme
Luftelektrizität		
Akustische Einflüsse		
Optische Einflüsse		

Primäre und dominierende Faktoren — Sekundäre und vermutete Faktoren — Zusätzliche Faktoren

Die Definition der Randbedingungen der Thermischen Behaglichkeit ist als wesentliches Planungskriterium für die nutzerorientierte Konzeption und die Auslegung von Räumen, Bauteilen und Oberflächen zu sehen.

Da die Belästigungsschwellen bei Geräuschen innerhalb von Gebäuden oft niedriger liegen als dies bei Lärmquellen der Fall ist, die sich außerhalb eines Gebäudes befinden, kommt der Formung der raumtrennenden Bauteile im Ausbau besondere Bedeutung zu. Die Anforderungen der DIN 4109 definieren nur einen Mindeststandard. Für gehobene Anwendungen im Wohnungs-, Büro- und Verwaltungsbau sollte daher stets von den erhöhten Anforderungen der DIN ausgegangen werden. Dieses Buch geht vor allem auf die baulichen Maßnahmen zur Reduzierung von Luft- und Körperschallübertragung innerhalb von Gebäuden ein.

2.2.2 Wärme- und Feuchteschutz

Personen und Räume sind vor extremen Witterungsbedingungen wie etwa Hitze, Kälte, Regen, Sturm, Überschwemmungen oder Unwettern zu schützen. Das Ziel des Wärmeschutzes ist es, die Aufenthaltsqualität (Raumtemperatur) in Gebäuden sowie in einzelnen Räumen zu verbessern, Bewirtschaftungskosten (Heizung, Strom) möglichst gering zu halten und durch die Verringerung des Energieverbrauchs letztlich auch noch zu einer Senkung des Kohlenstoffdioxid-Ausstoßes und zur Schonung der natürlich vorhandenen Ressourcen beizutragen.
Der Wärmeschutz wird dabei in den winterlichen und den sommerlichen Wärmeschutz unterteilt: Während der winterliche Wärmeschutz eine Reduzierung der Wärmeverluste anstrebt, sollen mithilfe des sommerlichen Wärmeschutzes ganz im Gegenteil hohe Wärmegewinne durch Sonneneinstrahlung sowie interne Wärmelasten von sich im Raum befindenden Menschen oder vorhandenen Geräten verhindert werden.
Der sommerliche Wärmeschutz zielt also darauf ab, den Anstieg der Raumlufttemperaturen zu beschränken und im Rahmen der Behaglichkeit zu halten. Damit wird explizit einer Überhitzung der Innenräume entgegengewirkt. In den letzten Jahrzehnten ist dieses Risiko drastisch angestiegen, nicht zuletzt aufgrund der steigenden Glasflächenanteile in der Gebäudehülle und den zunehmenden Wärmequellen in den Gebäuden selbst (Computer, Geräte, Beleuchtung, ...).
Diese Entwicklung hat letztlich dazu geführt, dass die Mehrzahl der Nichtwohngebäude mit Kühltechnik und Klimatisierung ausgestattet wurden und der Energieverbrauch trotz reduzierter winterlicher Wärmeverluste weiter zugenommen hat. Dabei haben diese Tendenzen auch ihre Auswirkungen auf die Behaglichkeit eines Gebäudes und eines Raumes – und die sind in vielen Fällen negativ.

Eine grundlegende Neuregelung erfuhr der Wärmeschutz mit der Energieeinsparverordnung von 2000 und den Novellen von 2004, 2006, 2007/2008, 2009 und 2012. Im Sinne einer ganzheitlichen Bilanzierung werden Gebäude heutzutage mithilfe des Gesamtenergiebedarfs unter Berücksichtigung von Wärmeschutzmaßnahmen und anlagentechnischen Komponenten wie Heizung und Warmwassererzeugung bilanziert. Seit dem Jahre 2007 werden auch Nichtwohngebäude und weitere anlagentechnische Systeme wie Kühl- und Klimatechnik in die Betrachtung miteinbezogen. Hinzu kommt die Pflicht zur Ausstellung von Energieausweisen, gestaffelt nach Bautypen und Nutzungen. Eine nächste Entwicklungsstufe zur energieeffizienten Gebäudenutzung wurde im Jahre 2010 mit der europäischen Richtlinie »European Parliament Guideline on the Energy Performance of Buildings (EPBD)« gesetzt.
In Bezug darauf verpflichten sich die europäischen Staaten dazu, ab 2018/2020 alle öffentlichen beziehungsweise neu zu errichtenden Gebäude als »Nearly Zero Energy Buildings« zu bauen und einen signifikanten Anteil der Energieversorgung aus erneuerbaren Energien bereitzustellen.

Der Feuchteschutz steht in einem engen Zusammenhang mit dem Wärmeschutz, da Feuchteschäden einerseits die Folge von unzureichendem Wärmeschutz sein können und andererseits die Dämmfähigkeit von Baustoffen wesentlich durch ihren Feuchtegehalt beeinflusst wird. Es muss zwischen Feuchtebeanspruchungen von außen (Regen, Schnee, Bodenfeuchte, Sicker- und Grundwasser) und von innen (Wasserdampf, Brauchwasser und Bauwerksfeuchte) unterschieden werden. Gegen alle diese Beanspruchungsarten müssen die Bauteile durch konstruktive Maßnahmen wie Abdichtungsbahnen beziehungsweise Abdichtungsschichten, Dampfbremsen oder Dampfsperren geschützt werden. Hinzu kommt ein entsprechendes Verhalten des Nutzers während der gesamten Lebensdauer eines Gebäudes. Zahlreiche Maßnahmen zum Wärme- und Feuchteschutz von Gebäuden finden im Bereich der Gebäudehülle statt. Aber auch Bauteile im Innenbereich tragen zum Wärme- und Feuchteschutz bei. Das ist vor allem dann der Fall, wenn diese Bauteile die Aufgabe besitzen unbeheizte von beheizten Räumen trennen, wie etwa im Keller oder im Dachgeschoss. Insbesondere nachträgliche Innenausbauten im Bereich der Gebäudehülle müssen mit Rücksicht auf den Wärme- und Feuchteschutz dimensioniert und ausgeführt werden.

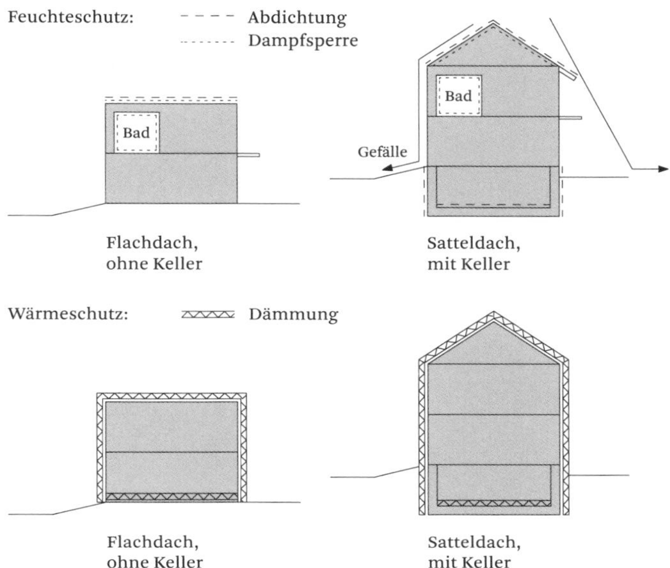

Übersicht der Maßnahmen zum Wärme- und Feuchteschutz in der Gebaudehülle und bei Bauteilen des Ausbaus.

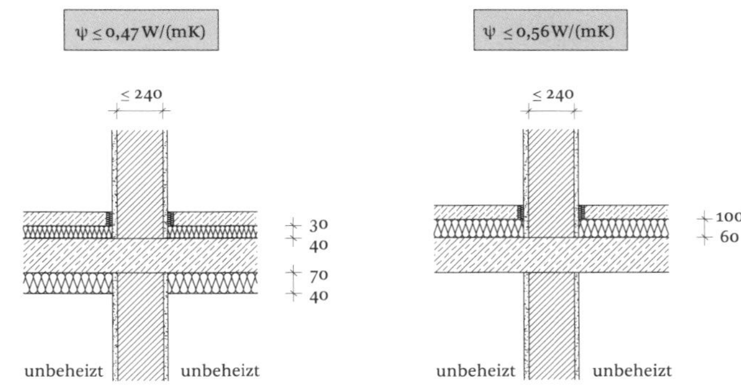

Übliche Maßnahmen des Wärmeschutzes nach DIN 4108 zwischen unbeheiztem Keller und beheiztem Wohnraum.

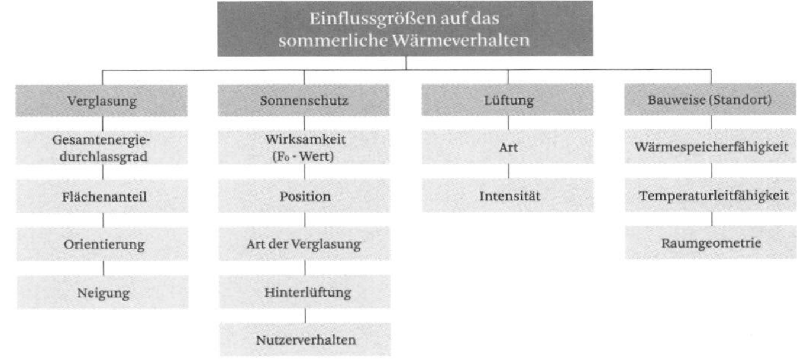

Verglasung, Sonnenschutz, Lüftung und Bauweise sind die Hauptfaktoren für sommerlichen Wärmeschutz.

2.2.3 Brandschutz

Die baurechtlichen Vorschriften und Maßnahmen zum Brandschutz verfolgen nachstehende Schutzziele:

- Personenschutz durch optimale Alarmierung und Rettung,
- Sachschutz durch Anforderungen an Baustoffe und Bauteile,
- Umweltschutz durch Verringerung der schädigenden Folgen.

Die Gesamtheit aller Maßnahmen ist in den Muster- und Landesbauordnungen (MBO-LBO) geregelt und soll gemäß MBO §14 bei Neubau, Änderung und Instandhaltung von baulichen Anlagen dazu beitragen:

- die Entstehung eines Brandes zu verhindern,
- einer Brandausbreitung vorzubeugen und sie einzudämmen,
- im Brandfall die Rettung von Menschen und Tieren sowie
- wirksame Löscharbeiten zu ermöglichen.

In den Bauordnungen und nachgeordneten Verordnungen oder Richtlinien sind deshalb Anforderungen an die Planung und Ausführung von baulichen Anlagen und Bauteilen sowie die Verwendung von Baustoffen formuliert. Im Einzelfall können darüber hinaus bei erhöhten Risiken besondere Anforderungen gestellt werden. Ebenso kann es Abweichungen und Erleichterungen von den Vorschriften geben, wenn dies durch sogenannte kompensatorische Maßnahmen ausgeglichen werden kann. Insofern ist der Brandschutz ein im einzelnen Bauvorhaben flexibel zu beurteilendes System von Maßnahmen. Diese beziehen sich auf:

- Abstände und Anordnung der Gebäude auf dem Grundstück,
- Brandverhalten von Baustoffen,
- Feuerwiderstandsdauer von Bauteilen,
- Anordnung und Öffnung von Bauteilen,
- Anordnung und Herstellung von Treppen, Treppenräumen, Fluren und Rettungswegen,
- Anordnung von technischen Anlagen,
- zulässige Anzahl von Benutzern, Sitz- und Stehplätzen.

Nach MBO §26 müssen Baustoffe in baulichen Anlagen mindestens normalentflammbar sein. Leichtentflammbare Baustoffe dürfen nicht verwendet werden, es sei denn, sie sind in Verbindung mit anderen Baustoffen nicht leichtentflammbar.

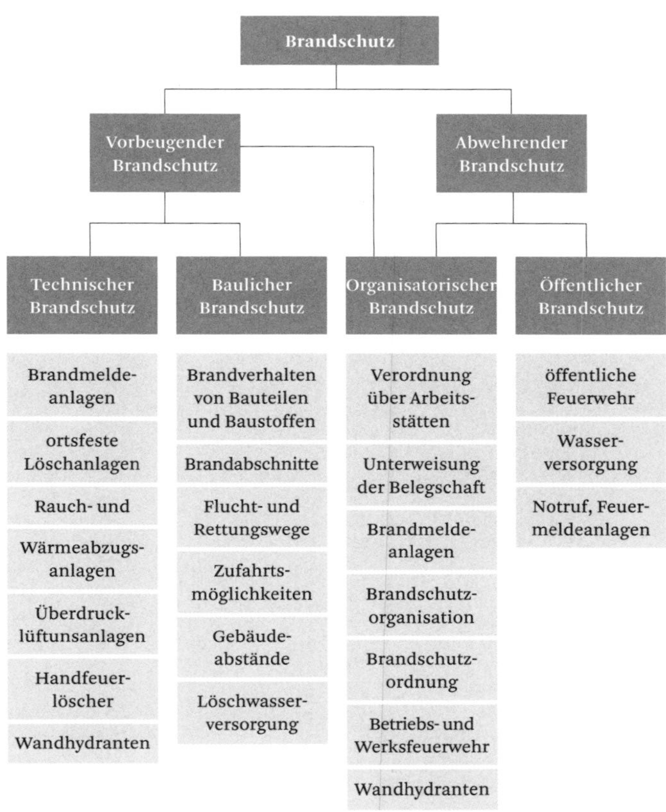

Struktur und Organisation des Brandschutzes mit jeweiligen Aufgabenbereichen und relevanten Maßnahmen.

Neues Kürzel im Baurecht	Wortlaut im Baurecht	Alte Bezeichnung DIN	Neue Bezeichnung DIN EN
FB	feuerbeständig	F-90	REI-90
HFH (neu)	hochfeuerhemmend (neu)	nicht vorhanden	REI-60
FH	feuerhemmend	F-30	REI-30

Bezeichnungen der Feuerwiderstandsklassen im Baurecht und innerhalb der DIN-Normung im Vergleich.

DIN EN 3501-1	DIN 4102-1	Leistungsanforderungen
A 1	A 1	kein Beitrag zum Brand, da ohne brennbare Bestandteile, sehr begrenzter Brand, begrenzte Temperaturerhöhung, keine Flammen
A 2	A 2	Beitrag zum Brand, trotz brennbarer Bestandteile, sehr begrenzter Brand, begrenzte Temperaturerhöhung, kurzzeitige Flammen
B	B 1	sehr begrenzter Beitrag zum Brand, sehr begrenzte Wärmeabgabe, fast keine Flammenausbreitung, sehr begrenzte Rauchentwicklung
C	»schlechtes« B 1	begrenzter Beitrag zum Brand, begrenzte Wärmeabgabe, sehr begrenzte Flammenausbreitung, begrenzte Rauchentwicklung
D	»gutes« B 1	hinnehmbarer Beitrag zum Brand, hinnehmbare Wärmeabgabe, begrenzte Flammenausbreitung, begrenzte Rauchentwicklung
E	B 2	hinnehmbares Brandverhalten, hinnehmbare Entzündbarkeit, begrenzte Flammenausbreitung
F	B 3	keine Leistung festgestellt

Bezeichnungen der Baustoffklassen nach neuer europäischer und bestehender deutscher Normung im Vergleich.

		GKL 1	GKL 2	GKL 3	GKL 4	GKL 5
	>8					FB + A
	8					FB + G
	7					
	6					
mittlere Höhe	5				HFH + G	
	4					
	3	ohne	FH	FH		
geringe Höhe	2					
	1					
		- EFH mit Einliegerwohnung - Zweifamilienhäuser - Wohn- und Geschäftshäuser - freistehende landwirtschaftliche genutzte Gebäude	- 2-Familienhäuser - Wohn- und Geschäftshäuser	- Wohn- und Geschäftshäuser -sonstige Gebäude geringer Höhe (bis zu 7 m)	- Gebäude mit einer Höhe bis zu 13 m - Nutzungseinheiten mit jeweils nicht mehr als 400 m²	- Mehrfamilienhäuser - Büro- und Geschäftshäuser - sonstige Gebäude über 13 m (ausgenommen § 51) - Sonderbauten (nach § 51)

Zuordnung der Brandschutzanforderungen zu den Gebäudeklassen nach Musterbauordnung (MBO).

Bauphysik und Bauökologie

Kürzel	Name der Verordnung oder Richtlinie	Fassung
MBeVO	Beherbergungsstättenverordnung und Begründung	12/2000
M-FeuVO	Feuerungsverordnung und Begründung	07/2005
MGarVO	Garagenverordnung	08/1997
MHochhaus-RL	Richtlinie über die bauaufsichtliche Behandlung von Hochhäusern	05/1981
MVkVO	Verkaufsstättenverordnung	09/1995
MVStättV	Versammlungsstättenverordnung Begründung	06/2005
MFlBauR	Richtlinie über den Bau und Betrieb Fliegender Bauten	12/1997
MFlBauVwV	Verwaltungsvorschriften Fliegende Bauten	12/1997
MSchulbauR	Schulbau-Richtlinie	05/1998
MIndBauRL	Industriebau-Richtlinie und Erläuterungen	03/2000
MKLR	Kunststofflager-Richtlinie und Begründung	06/1996
M-LüAR	Lüftungsanlagen-Richtlinie	09/2005
MAutSchR	Richtlinie über automatische Schiebetüren in Rettungswegen	12/1997
M-HFHHolzR	Richtlinie über brandschutztechnische Anforderungen an hochfeuerhemmende Bauteile in Holzbauweise	07/2004
MSysBöR	Richtlinie über brandschutztechnische Anforderungen an Systemböden	09/2005
MKLR	Richtlinie über den Brandschutz bei der Lagerung von Sekundärstoffen aus Kunststoff	06/1996
LöRüRL	Richtlinie zur Bemessung von Löschwasser-Rückhalteanlagen beim Lagern wassergefährdender Stoffe	08/1992
M-EltVTR	Richtlinie über elektrische Verriegelungssysteme von Türen in Rettungswegen	12/1997
MRFlF	Richtlinien über Flächen für die Feuerwehr	07/1998

Übersicht über die Musterbauvorschriften der IS-ARGE-Bau (Bauministerkonferenz) in Bezug auf den Brandschutz.

In den letzten Jahren sind im Rahmen der europäischen Brandschutznormung die Feuerwiderstandsklassen von Bauteilen neu definiert worden. Die entsprechenden Anforderungen werden durch Kurzzeichen aus den Buchstaben R (Résistance), E (Étanchéité) und I (Isolation) in Verbindung mit einer Zeitangabe (30, 60, 90, 120 ... Minuten) ausgedrückt:

- REI: für tragende, raumabschließende und dämmende Teile,
- EI: für raumabschließende und dämmende Teile,
- I : für dämmende Teile.

In einem Bauwerk ist einerseits die ausreichend lange Standsicherheit tragender Bauteile zu gewährleisten und andererseits die Abschottungswirkung von raumtrennenden und nichttragenden Bauteilen gegen Rauch und Feuerüberschlag sicherzustellen. Dieser Punkt ist im Besonderen für die Ausbauelemente interessant. Im aktuellen deutschen Baurecht ist damit in Anlehnung an europäische Regelungen die Feuerwiderstandsdauer von 60 Minuten eingeführt worden – zuvor existierten nur die Feuerwiderstandsklassen 30 und 90 Minuten.

Es ist wichtig, dass der Brandschutz, ähnlich wie andere bauphysikalische Anforderungen auch, bereits frühzeitig in der Planung berücksichtigt wird und die Planung nicht nachträglich angepasst werden muss. Entscheidend hierfür ist, dass die Baumaßnahme in Bezug auf den Brandschutz baurechtlich richtig eingeordnet wird. Anhand von Gebäudenutzung, Gebäudegröße und Geschosszahl ist zu entscheiden, ob es sich um ein Gebäude **normaler** Art und Nutzung oder ein Gebäude **besonderer** Art und Nutzung handelt. Die meisten Landesbauordnungen sehen für Gebäude normaler Art und Nutzung kein gesondertes, von entsprechend zugelassenen Spezialisten erstelltes Brandschutzkonzept vor. Es gelten die in der Musterbauordnung sowie in den Landesbauordnungen formulierten Anforderungen.

Für Gebäude besonderer Art und Nutzung (MBO §51), wie etwa Hochhäuser, Versammlungs-, Verkaufs- und Beherbergungsstätten oder Krankenhäuser und Schulen, wird in der Regel die Aufstellung eines gesonderten Brandschutzkonzepts durch zugelassene fachkundige Planer oder Sachverständige gefordert. In diesem Brandschutzkonzept sollte eine individuelle, auf das jeweilige Gebäude und seine spezielle Nutzung abgestimmte Beurteilung des Brandrisikos erfolgen. Die zu ergreifenden

Brandschutzmaßnahmen sind anschließend zu beschreiben und möglichst in einem dazugehörigen Brandschutzplan darzustellen. Es liegt in der Verantwortung des planenden Büros, dass die im Brandschutzkonzept geforderten Maßnahmen in die Genehmigungs- und Ausführungsplanung einfließen.

Für bestehende bauliche Anlagen ist die in einzelnen Landesbauordnungen beschriebene Anpassung von Bedeutung. Hier kann die Anpassung eines bestehenden Gebäudes an die geltenden baulichen Vorschriften in Bezug auf Baustoffe, Bauteile sowie Flucht- und Rettungswege verlangt werden (zum Beispiel: BauONRW §87). Es werden in der Regel zwei Fälle unterschieden:

- Anpassungsverlangen: Die bauliche Anpassung kann auch verlangt werden, wenn keine baulichen Veränderungen vorgenommen werden. Dies ist im Einzelfall aus Sicherheitsgründen (Gefahr für Leben und Gesundheit) erforderlich.
- Anpassungsforderung: Bei wesentlichen baulichen Änderungen ergeht eine Anpassungsforderung. Diese gilt auch für die nicht unmittelbar von der Baumaßnahme berührten Bauteile der Anlage, wenn die Bauteile mit dieser in konstruktivem Zusammenhang stehen und bei der Durchführung keine unzumutbaren Mehrkosten (in der Regel 20 Prozent) verursacht werden. Sie gilt nicht für Bauteile, die mit der Baumaßnahme nicht in Zusammenhang stehen.

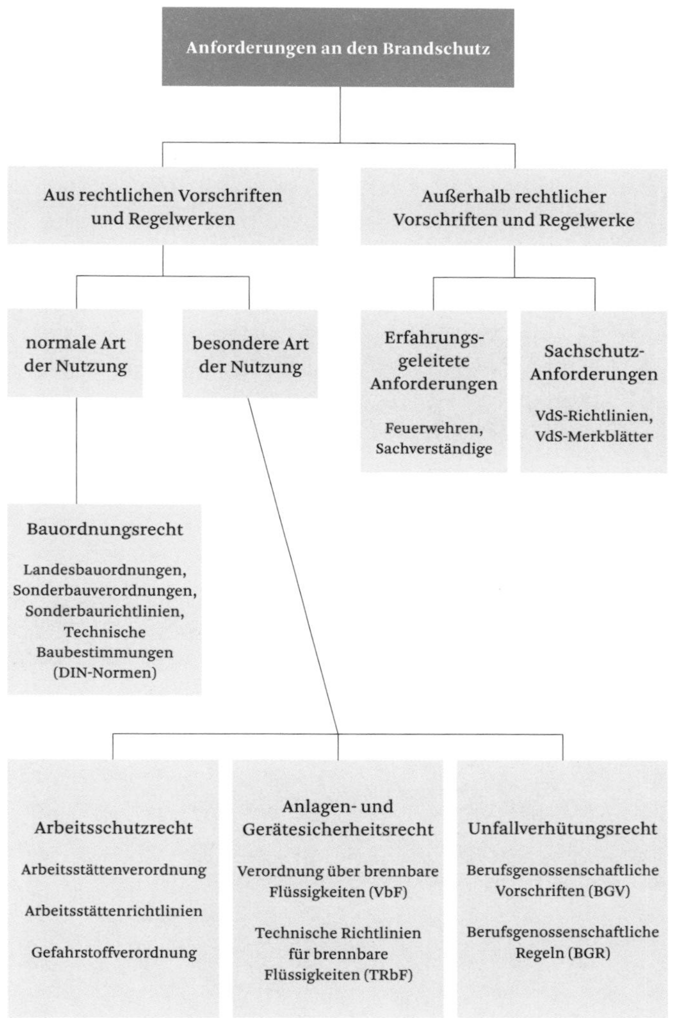

Anforderungen an den Brandschutz, wie sie die IS-ARGE-Bau (Bauministerkonferenz) in den Musterbauvorschriften festlegt.

Bauphysik und Bauökologie

Wie wirkt sich der Einsatz von Ausbauelementen, Wand- und Deckenverkleidungen in Verbindung mit einer Beleuchtung auf die menschliche Wahrnehmung und Gesundheit aus?

Vorkommen in Baustoffen	Vorkommen in Belagsmaterialien	Vorkommen in Räumen und Anlagen
Holzwerkstoffe Dämmstoffe Dichtstoffe Klebstoffe	Teppichboden Parkett, Laminat, Korkboden Fliesen Wandbeläge Anstrichstoffe	Schimmel Heizen und Lüften

Übersicht über typisches Vorkommen von Gefahrstoffen in Materialien und Bauteilen, die in Innenräumen Verwendung finden.

2.3 Bauökologie

2.3.1 Wohlbefinden und Gesundheit

Die aktuelle Definition der Weltgesundheitsorganisation (WHO) geht weit über das bisher übliche Verständnis von Gesundheit hinaus, das die Vermeidung von Krankheit als zentrales Element angesehen hat; vielmehr heißt es dort: »Gesundheit ist der Zustand des vollständigen körperlichen, geistigen und sozialen Wohlbefindens und nicht nur des Freiseins von Krankheiten und Gebrechen.« Dieser Gesundheitsbegriff orientiert sich nun ganzheitlich am Menschen und begreift ihn als physisch-psychisches und soziales Wesen. Damit rückt die Verbesserung des menschlichen Wohlbefindens auch in den Fokus von baulichen und raumgestalterischen Maßnahmen. Grundlage bildet hierbei die Annahme, dass die Gesundheitspotenziale der menschlichen Wahrnehmung in Bezug auf die Wirkung von Innenräumen, Oberflächen und Materialien sowie Licht und Farbe erschlossen werden können.

Konkrete Berücksichtigung hat diese Definition bereits in der Arbeitsgestaltung nach DIN EN ISO 9241-2 gefunden, die auf sieben Humankriterien beruht. Es ist zu erwarten, dass künftig solche positiven Bewertungs- und Gestaltungskriterien auch für die Gestaltung von Außen-, Wohn- und Arbeitsräumen formuliert werden. Bisher sind allerdings nur wenige wissenschaftliche Erkenntnisse über die tatsächliche Wirkung bestimmter Faktoren vorhanden. Dies ist vor allem den komplexen Zusammenhängen und der Überlagerung verschiedener Faktoren im räumlichen Kontext geschuldet. Die Ableitung und Entwicklung geeigneter Planungsinstrumente für Gebäude und Innenräume ist jedoch Gegenstand zahlreicher Forschungs- und Praxisprojekte. Im Leitfaden der Bundesregierung zum nachhaltigen Bauen werden deshalb unter den soziokulturellen Schutzzielen neben Gestaltungsqualität und Funktionalität auch die »Bewahrung von Gesundheit, Sicherheit und Behaglichkeit« genannt.

2.3.2 Innenraumqualität und Gefahrstoffe

Wichtig für die Gesundheit sind die Vermeidung und Reduzierung von schädlichen Einwirkungen (Immissionen) »auf Pflanzen, Tiere und Menschen sowie Gebäude«. Diese Immissionen breiten sich in der Luft ebenso wie im Wasser und Boden aus und werden dabei chemisch oder physikalisch umgewandelt.

Schadstoffgruppe	Einzelschadstoffe	Vorkommen	Symptome	Vorschriften
Faserschadstoffe Asbest Künstliche Mineralfasern (KMF)	sechs Gruppen von Synthesefasern aus mineralischer Schmelze	schwach gebunden in Dicht- und Dämmstoffen, fest gebunden in Zementprodukten	krebserregend	Asbest-Richtlinie[1], DIBt 1996, TRGS[2] 519[3], BMAS 2001, TRGS 905[4], BMAS 2005
Staube Fein- und Grobstaub	Haus- und Holzstaub, Gesteinstaub	Kamine und Holzöfen, Abrissarbeiten, Steinbruch	Atemwegserkrankungen bis hin zu Herz-Kreislauf-problemen	TRGS 953[4], BMAS 2003
Flüssigkeiten Dampf, Nebel, wässrige Lösung, Emulsion	Lösungsmittel (Dichlormethan, Aliphate, Xylol, Benzol, Chlorbenzol)	Desinfektions-, Holzschutz- und Reinigungsmittel, Farben, Lacke, Kleber	Müdigkeit, Schwindel, Stoffwechselstörungen, Nervenschädigungen	TRGS 610, TRGS 612, TRGS 617
Gase Luftschadstoffe Volatile Organic Compounds (VOCs)	Alkane / Alkene, Aldehyde (Formaldehyd[5]) Biozide, Aromaten, Dioxine, Ester, Halogenkohlen-wasserstoffe (FKW), Terpene	Flamm-, Imprägnier- und Zusatzmittel, Holzschutzmittel, Textilien, Bodenbeläge, Beschichtungen, Lacke, Farben, Klebstoffe, Spanplatten	Haut- und Schleimhaut-reizungen, Kopfschmerzen, Schwindel, Schlaf- und Konzentrations-störungen, Störungen der Nieren-, Herz- und Leberfunktion	TRGS 905[4], BMAS 2005, Formaldehyd-Richtlinie, DIBt 1996, ChemVerbotsV 1993[6], BMJ Biozid-Produkte-Richtlinie BPR 98 / 98 / EG TRGS 557, BMAS 2000

1 Richtlinie für die Bewertung und Sanierung schwach gebundener Asbestprodukte in Gebäuden · 2 TRGS: Technische Regeln für Gesundheit und Sicherheit · 3 Asbest: Abbruch-, Sanierungs- oder Instandhaltungsarbeiten · 4 Verzeichnis krebserregender, erbgutverändernder oder fortpflanzungsgefährdender Stoffe · 5 gehört zu den Volatile Organic Compounds (VOC) · 6 ersetzt zahlreiche Verordnungen des Chemikaliengesetzes.

Vergleichende Übersicht der Schadstoffgruppen, ihre zugehörigen Einzelschadstoffe, ihr Vorkommen im Baubereich und die daraus resultierenden Symptome.

Emissionsklassen	Schadstoffkonzentration	Anwendungsbereiche
Emissionsklasse E1	Formaldehyd-Ausgleichskonzentration unter 0,1 ppm	Holzwerkstoffe werden je nach der Menge ihrer Formaldehydabspaltung in die Emissionsklassen E1, E2 und E3 eingeteilt, wobei die Klasse E1 die mit der geringsten Schadstoffabgabe ist und als schadstofffrei gilt. Maßgebend für die Klassifizierung ist der Prüfraum. Der Formaldehydgehalt in der Luft wird in ppm (parts per million) gemessen. Die zulässige Raumbelastung darf einen Wert von 0,1 ppm nicht übersteigen. In Deutschland sind nur Holzwerkstoffe der Emissionsklasse E1 zugelassen
Emissionsklasse E2	Formaldehyd-Ausgleichskonzentration 0,1–1,0 ppm	
Emissionsklasse E3	Formaldehyd-Ausgleichskonzentration über 1,0 ppm	
Bezeichnung F0	formaldehydfrei	

Holzfaserprodukte mit der Bezeichnung E1 können in Einzelfällen auch deutlich über dem Formaldehyd-Richtwert emittieren. Dies ist insbesondere dann der Fall, wenn Hersteller von Produkten die für den Innenausbau gelieferten E1-Holzwerkstoffe weiterverarbeiten (Beispiel: Holzwerkstoffe für die Herstellung von Akustikpaneelen lochen oder schlitzen).

Richtwerte für die Einordnung von Holzwerkstoffen in Bezug auf die Emission von Formaldehyd

Bauphysik und Bauökologie

Im Allgemeinen wird hier von Schadstoffen gesprochen, wobei für die Innenraumluft nur wenige limitierende Regelungen im Vergleich zur Außenraumluft bestehen. Hinweise dazu finden sich im Leitfaden »Nachhaltiges Bauen« der Bundesregierung (www.nachhaltigesbauen.de). Gerade bestehende Gebäude sind auf das Vorhandensein von Schad- und Risikostoffen zu prüfen. Bei baulichen Änderungen ist wie bei Neubauten der Einsatz von Gefahr- und Schadstoffen zu vermeiden oder so gering wie möglich zu halten. Bei Abbruch-, Sanierungs- und Instandsetzungsarbeiten sind erhöhte Anforderungen einzuhalten. Nach chemischen Prinzipien können organische und anorganische Stoffe, nach Aggregatzustand und Strukturfeste flüssige und gasförmige Stoffe unterschieden werden:

- feste, längliche faserartige Strukturen (Asbestfasern),
- Staub (Feststoff-Partikel von 0,01–0,05 mm),
- Feinstaub (Partikel unter 10 µm),
- Flüssigkeitströpfchen (Dampf, Nebel, Lösung oder Emulsion),
- Gase (Luftschadstoffe oder VOC).

Zur Bewertung von Gefahr- und Schadstoffkonzentrationen am Arbeitsplatz sind:

- MAK- (Maximale Arbeitsplatzkonzentrationen),
- BAT- (Biologische Arbeitsplatztoleranzwerte) und
- TRK-Werte (Technische Richtkonzentrationen) eingeführt worden.

Seit 2006 werden MAK / TRK-Werte in der TRGS 900, BAT-Werte in der TRGS 903 veröffentlicht. Sie beziehen sich auf eine Reihe von krebserzeugenden und erbgutschädigenden Substanzen. Zu den festen, länglichen und faserartigen Schadstoffen gehören insbesondere Asbest und Künstliche Mineralfasern (KMF), die als krebserregend gelten und deren toxische Wirkung von der Größe und der Geometrie der Fasern abhängig ist. Einfuhr, Produktion und Verwendung von Asbest sind seit 1991, die von krebserregenden KMF seit 1995 verboten. Produkte mit schwach gebundenen Asbestfasern und krebserregenden KMF sind sofort zu entsorgen! Maßgebend für die Bewertung der Fasern ist der Kanzerogenitätsindex KI:

- KI < 30 als krebserregend angesehen,
- KI 30–40 stehen unter Verdacht krebserregend zu sein und
- KI > 40 gelten als nicht krebserregend.

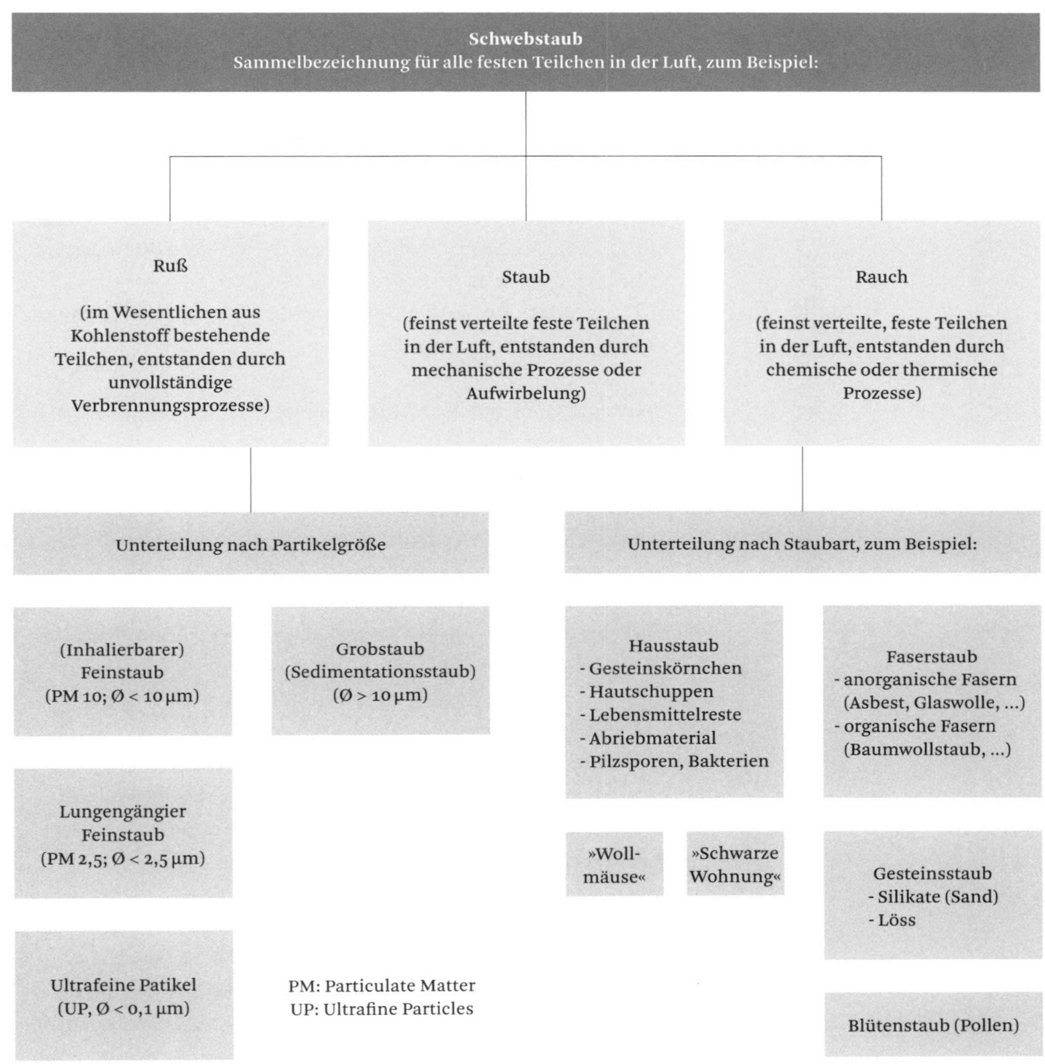

Übersicht der staubartigen Schadstoffe, unterteilt in Grob- und Feinstaub sowie Haus- und Faserstaub

Bauphysik und Bauökologie

Die unterschiedliche künstlerische Gestaltung des Raums verdeutlicht, wie stark die Wirkung dessen auf den Menschen durch Oberflächen, Unterteilung und Lichteinfall verändert wird. Ein hohes subjektives Sicherheitsgefühl im Raum leistet einen wesentlichen Beitrag zur Behaglichkeit. Die direkt messbaren Faktoren dieser, wie visueller, thermischer und akustischer Komfort, fallen in den Bereich der Bauphysik. In der Bewertung von Gebäuden und Räumen gewinnen zudem haptische und olfaktorische Qualitäten von Materialien und Bauteilen an Bedeutung.

Als Luftschadstoffe, sogenannte VOC (Volatile Organic Compounds), werden lösliche und damit emissionsfähige organische Substanzen bezeichnet, die ihre schädigende Wirkung durch erhöhte Konzentration in der Innenraumluft freisetzen. Sie kommen in Anstrich- und Klebstoffen oder Dichtungsmassen, Einrichtungsgegenständen sowie Reinigungs- und Pflegemitteln vor. Wesentliche Träger von VOC sind Teppichböden. Die Gesamtkonzentration aller löslichen Substanzen (TotalVOC) sollte laut Umweltbundesamt 0,3 mg/m² nicht überschreiten, für Neubauten im ersten Jahr gilt der Wert von 1–2 mg/m² Innenraumluft.

Hierzu gehören auch die Biozide (Griechisch: »Leben töten«), also alle Chemikalien und Mikroorganismen, die zur Bekämpfung von tierischen und pflanzlichen Schädlingen eingesetzt werden. Biozid-Produkte können einen oder mehrere schädigende Wirkstoffe enthalten, im Innenbereich betrifft dies insbesondere die Verwendung von Holzschutzmitteln.

Nach dem Biozid-Gesetz von 2000 werden vier Hauptgruppen von Bioziden unterschieden:

- Desinfektionsmittel und allgemeine Biozid-Produkte (Hygiene),
- Biozid-Produkte für die Hygiene im Veterinärbereich,
- Schutzmittel für unterschiedliche Materialien,
- Schädlingsbekämpfungsmittel,
- Sonstige Biozid-Produkte.

Bioorganische Verbindungen (MicrobialVOC) kommen als Stoffwechselprodukte bei Schimmelpilzen vor oder sind als Bindemittel oder Zusätze in Produkten enthalten; sie schädigen äußere Organe, Lungen und Bronchien oder verursachen Kopfschmerzen. Nach dem »Gesetz zum Schutz vor gefährlichen Stoffen« (Chemikaliengesetz – ChemG) von 1990 sind solche Stoffe gefährlich, die explosionsgefährlich, brandfördernd, hochentzündlich, leichtentzündlich, entzündlich, sehr giftig, giftig, gesundheitsschädlich, ätzend, reizend, sensibilisierend, krebserzeugend, fruchtschädigend oder erbgutverändernd sind, sonstige gesundheitsgefährdende Eigenschaften haben oder umweltgefährlich sind. Zur Bestimmung muss eine der genannten Eigenschaften vorliegen. In der »Verordnung über gefährliche Stoffe« (Gefahrstoffverordnung – GefStoffV) von 1991 wird der Umgang, die Aufbewahrung, Lagerung und

Vernichtung von Gefahrstoffen am Arbeitsplatz und in allen Lebens- und Umweltbereichen geregelt. Weitere konkrete Anweisungen zum Umgang mit Gefahrstoffen enthalten die »Technischen Regeln für gefährliche Arbeitsstoffe« (TRGS), die 1986 eingeführt wurden. Die TRGS »geben den Stand der sicherheitstechnischen, arbeitsmedizinischen, hygienischen sowie arbeitswissenschaftlichen Anforderungen an Gefahrstoffe für Inverkehrbringen und Umgang wieder« und werden vom »Ausschuss für Gefahrstoffe« (AGS) aufgestellt und angepasst und dann vom Bundesministerium für Arbeit und Soziales (BMAS) bekanntgegeben. Wichtige TRGS sind zum Beispiel:

- TRGS 900: Arbeitsplatzgrenzwerte (Luftschadstoffe),
- TRGS 901: Begründungen und Erläuterungen zu Grenzwerten in der Luft am Arbeitsplatz,
- TRGS 903: Biologische Grenzwerte (Höchstwerte),
- TRGS 905: Verzeichnis krebserzeugender, erbgutverändernder oder fortpflanzungsgefährdender Stoffe mit Begründungen,
- TRGS 906: Verzeichnis krebserzeugender Tätigkeiten oder Verfahren nach § 3 Abs. 2 Nr. 3 GefStoffV,
- TRGS 519: Asbest: Abbruch-, Sanierungs- oder Instandhaltungsarbeiten,
- TRGS 553: Holzstaub.

2.3.3 **Sicherheit und Behaglichkeit**

Für das Wohlbefinden haben der unmittelbare Schutz von Mensch und Eigentum sowie die Vermeidung von Gefahren und Unfällen eine große Bedeutung, da sie das subjektive Sicherheitsgefühl erhöhen. Hier ist die individuelle Wahrnehmung eines jeden Nutzers relevant, die im Vorfeld durch eine Nutzerbefragung (User-Need-Analysis – UNA) erfasst werden sollte. Diese kann anschließend durch die Gebäudeplanung und den -betrieb entsprechend umgesetzt werden.

2.3.4 **Umwelt- und Ressourcenschutz**

Wesentliche Ziele des ökologischen Bauens sind der Schutz des Ökosystems und der natürlichen Ressourcen – letzterer wird vor allem durch den Primärenergieaufwand, den Flächen- und Trinkwasserbedarf sowie das Abwasseraufkommen bestimmt. Zu unterscheiden sind hier die Auswirkungen auf die lokale und die globale Umwelt. Beschreibung und Bewertung der Risiken für die lokale Umwelt und die Materialgewinnung sowie die Bewertung von Treibhaus-, Ozon- und Versauerungspotenzialen spielen dabei eine besondere Rolle.

Thermische Behaglichkeit		
Physiologische Bedingungen	Intermediäre Bedingungen	Physikalische Bedingungen
Lufttemperatur	Kleidung	Konstitution
Umschließungsflächentemperatur	Tätigkeitsgrad	Körperliche Verfassung
Relative Feuchte	Raumbesetzung	Geschlecht
Luftbewegung	Psychosoziale Faktoren	Alter
Luftdruck	Adaption und Akklimation	Ethnische Einflüsse
Luftzusammensetzung	Tages- und Jahresrhythmus	Nahrungsaufnahme
Luftelektrizität		
Akustische Einflüsse		
Optische Einflüsse		

Primäre und dominierende Faktoren | Sekundäre und vermutete Faktoren | Zusätzliche Faktoren

Thermische Behaglichkeit wird neben den messbaren Gegebenheiten durch zusätzliche Faktoren und die Qualität des Raums beeinflusst.

Material

3.1 Einführung
3.2 Trocken- und Leichtbaustoffe
3.3 Fliesen und Platten
3.4 Dämmstoffe
3.5 Mörtel, Klebstoffe und Beschichtungen
3.6 Textile Baustoffe
3.7 Elastische Werkstoffe

Material

Mauersteine mit standardisierten Abmessungen bilden die Grundlage der Maßordnung im Bauwesen. Sie stellen die erste Entwicklungsstufe maßlich angepasster, modularer Bauelemente dar.

Großformatige, in Farbe und Abmessung individualisierte Fassadenelemente sind Ausdruck heutiger industrieller Fertigung.

3.1 Einführung

Materialien unterscheiden sich nach ihren Ausgangsstoffen, ihrer chemischen Zusammensetzung sowie ihren bauphysikalischen und mechanischen Eigenschaften. In der Architektur und Innenarchitektur werden Materialien und Werkstoffe entsprechend ihrer Herstellung und Verarbeitung und nach ihren Funktionen und Einsatzgebieten klassifiziert. Dieses Buch erläutert Materialien der Ausbaukonstruktion als Ergänzung zu den klassischen Materialien des Rohbaus, wie Mauerwerk, Beton, Stahl oder Holz. Mineralisch oder synthetisch gebundene plattenförmige Leichtbau- und Holzwerkstoffe, Metallbleche, Glas, Dämmstoffe, Estrich- und Putzmörtel sowie Textilien werden für den Ausbau von Gebäuden häufig anders bearbeitet, veredelt oder gefügt als dies beim Rohbau der Fall ist. Die Oberflächenqualitäten verwendeter Materialien sind aus visuellen und haptischen Gründen beim Innenausbau außerordentlich wichtig. Auch Material- und Bauteilfügungen haben beim Ausbau eine besondere Bedeutung in Bezug auf Format, Fugenbild, Flexibilität und Reversibilität. Wie im Rohbau unterliegen die Materialien im Innenausbau bauphysikalischen Anforderungen zum Schallschutz, Brandschutz, Wärmeschutz und zum Schutz vor Feuchtigkeit. Hinzu können weitere Anforderungen an Akustik, Rutschfestigkeit, Klimaregulation, Lichtreflexion und Transparenz kommen.

Bei der Gestaltung von Innenräumen kommt es nicht zuletzt auf ein stimmiges Materialkonzept und die Kombination von Materialien und Farben an. Je mehr unterschiedliche Produkte verwendet werden, desto schwieriger ist es, ein gestalterisches Gleichgewicht zu halten. Andererseits entstehen gerade im unkonventionellen Umgang mit Material und Farbe immer wieder interessante Innenräume und Objekte. Produkte und Halbzeuge werden von den Herstellern stets weiterentwickelt. Die Kombination verschiedener Materialien zu Sandwichplatten oder zu hochleistungsfähigen Verbundprodukten, wie faserverstärkten Kunststoffen oder anderen sogenannten »Futurematerials«, bietet ein großes Entwicklungspotential in Bezug auf die Optimierung thermischer Eigenschaften, der Tragfestigkeit oder des Transportgewichts. Die computergesteuerte Bearbeitung von Materialien zum Erhalt profilierter oder perforierter Oberflächen, das Bedrucken von Platten und Stoffen oder das Einlegen von Geweben in Materialmatrixen bilden neue Möglichkeiten für die Innenraumgestaltung.

Nachfolgend werden die wichtigsten Materialien und Produkte des Innenausbaus mit ihren typischen Eigenschaften und Besonderheiten vorgestellt und tabellarisch verglichen. Diese Darstellung dient dazu, Gemeinsamkeiten und Unterschiede zwischen einzelnen Materialien schnell zu erfassen. Damit kann ein allgemeiner Überblick über gebräuchliche Produkte und Systeme gegeben und der richtige Werkstoff für die gewünschte Anwendung gezielt ausgewählt werden.

3.2 Trocken- und Leichtbaustoffe

Trocken- und Leichtbaustoffe sind hauptsächlich plattenartige Materialien, die im trockenen Zustand verbaut werden. Sie dienen zur Ausfachung oder Beplankung von Ständerkonstruktionen wie Trockenbauwänden und abgehängten Decken oder zur direkten Bekleidung von Wänden, Decken, Stützen oder Trägern.

Typische Leichtbaustoffe sind:

- Gipsgebundene Platten,
- Mineralfaserplatten,
- Holz und Holzwerkstoffe,
- Kunststoffplatten,
- Sandwichplatten,
- Glasbaustoffe,
- Metallbleche oder Metallgewebe,
- zementgebundene Platten.

3.2.1 Gipsgebundene Platten

werden nach der Zusammensetzung und dem Aufbau sowie ihrem Verwendungszweck unterteilt in:

- Gipsplatten: beidseitig mit Karton ummantelte flache Platten,
- Gipsfaserplatten: mit Fasern bewehrte, flache Platten,
- Gips-Wandbauplatten: massive Elemente in Wanddicke.

Gipsplatten (früher: Gipskartonplatten)
sind als beidseitig mit Karton ummantelte Platten der gebräuchlichste Beplankungswerkstoff für Wände und Decken im Innenbereich. Die mechanischen Eigenschaften von Gipsplatten sind von der Richtung der Kartonfaser abhängig und eher in Längsrichtung als in Querrichtung belastbar.

Der Trocken- und Leichtbau zeichnet sich durch Ausfachung und Beplankung von Ständerkonstruktionen und durch die Bekleidung von Wänden, Decken, Stützen oder Trägern aus.

Für die Beplankung von Ständerkonstruktionen werden in der Regel Gips- und Gipsfaserplatten benutzt, die dann verspachtelt und gestrichen werden. Im Bereich von Türen sind spezielle verstärkte Profile erforderlich.

Eigenschaft	Einheit	Gipsplatte	Gipsfaserplatte
Ausgleichsfeuchte[1]	Masse %	etwa 0,5	etwa 1,0
Wärmeleitfähigkeit[2]	W/mK	0,21	0,32–0,36
Wasserdampfdiffusions-widerstand μ[2]	–	6–10	11–13
Elastizitätsmodul EBZ, EB, EZ[3]	N/mm²	2000; 2500	etwa 3000; etwa 4500
Druckfestigkeit Dz, Dx[4]	N/mm²	5–10, 5–10	20, 10
Rohdichte	kg/m³	900–1000	1150–1400
Baustoffklasse	–	A2[5], B1[6]	A2

1 20°, 65 % relative Luftfeuchtigkeit · 2 Rechenwert nach DIN 4108 Teil 4 · 3 Biegezug quer / parallel zur Faser (Biegung und Zug) · 4 Druckfestigkeit quer und in Plattenebene · 5 geschlossene · 6 gelochte Oberfläche.

Im Vergleich die bauphysikalischen Eigenschaften von Gipsplatten und Gipsfaserplatten.

Material

Bezeichnung	Baustoffklasse Brandverhalten	Breite b (m)	Länge h (m)	Dicke t (mm)	Kürzel / Farbe Farbe Karton	Aufbau / Anwendung	Norm
Standard Gipsplatte[1]	A2–s1, d0	1,25 0,60	2,00–3,75 2,00–3,25	9,5; 12,5; 15; 18; 20; 25	Typ A / blau weiß-gelblich	beidseitig mit Karton ummantelt	DIN EN 520
Gips-Akustikplatte	A2–s1, d0	1,25 0,6	2,5 0,6	12,5	Typ A / blau weiß-gelblich	gelochte oder geschlitzte Gipsplatte	DIN EN 520
Gips-Feuerschutzplatte	A1	siehe oben 1,20	siehe oben 2,40	12,5; 15; 18	Typ F / rot weiß-gelblich	mit Glasfasergewebe bewehrt, kaschiert	DIN EN 520[2]
Gips-Feuchtraumplatte	A2–s1, d0	1,25	2,00; 2,50; 3,00	12,5	Typ H / blau; Typ HF / rot grünlich	mit verzögerter Feuchtigkeitsaufnahme	DIN EN 520
Gips-Putzträgerplatte	A2	0,40	2,00	9,5	Typ P / blau grau	als Putzträger verwendet	DIN EN 520
Gipsplatte beschichtet	A2	siehe oben	siehe oben	9,5; 12,5	- / -	Beschichtungen, Folien aus Kunststoff, Aluminium, Kupfer, Blei	DIN EN 520
Gipsplatte mit Holzspänen	A2	siehe oben	siehe Typ A	siehe Typ A	- / -	mit Holzspänen (5–15 %) bewehrt	DIN EN 520
Gipsfaserplatte	A2	0,625 1,00; 1,245 1,50	2,00; 2,60; 1,50; 2,00; 2,50; 2,54; 2,75; 3,00	10; 12,5; 15; 18	- / -	Gipsplatte mit Fasern bewehrt	DIN EN 15283-2 Normentwurf
Gips-Wandbauplatte[3]	A1	0,50; 0,66; 1,00;	0,40; 0,50	(25; 40)[4]; 60; 80; 100; 140	- / -	massiv aus Stuckgips, Fasern und Füllstoffen	DIN EN 12859[5]

1 Der Begriff »Gipskartonplatte« aus DIN 18180 wurde ersetzt durch den Begriff »Gipsplatte« aus DIN EN 520 (April 2005), Regelbreite und Regellängen, Längen jeweils um 0,25 m zunehmend · 2 siehe auch DIN EN 15283-1 · 3 Sonderabmessungen sind bis maximal B × L = 2,54 × 6,00 m möglich · 4 nur in der Schweiz · 5 Einführung im November 2001.

Aufbau, Kennzeichnung und übliche Abmessungen von gipsgebundenen Plattenbaustoffen im Vergleich

Als Zugbewehrung dient die Kartonummantelung. Die Kennzeichnung von Gipsplatten erfolgt nach DIN EN 520, welche die Platten je nach Dichte, Wasseraufnahmefähigkeit, Feuerschutz, Bruchfestigkeit, Stoßfestigkeit, … in mehrere Typen unterteilt. Gipsplatten können Leistungsmerkmale verschiedener Plattentypen aufweisen, die Buchstaben werden dann kombiniert (zum Beispiel: Gipsplatte Typ DFH2). Die Plattenstärken reichen dabei von 6,5–25 mm; üblicherweise werden auf standardisierten Unterkonstruktionen aus Leichtmetallprofilen 12,5 mm starke Gipsplatten doppelt beplankt verbaut. Die Stöße der Gipsplatten werden gespachtelt, geschliffen und mit einem Anstrich versehen.

Gipsfaserplatten
sind mit Fasern armierte Gipsplatten ohne Kartonbeschichtung und besitzen eine Stärke von 10–15 mm. Gips und Fasern werden dabei ohne weitere Bindemittel unter hohem Druck zu stabilen Platten gepresst, getrocknet und mit einem wasserabweisenden Mittel hydrophobiert. Die mechanischen Eigenschaften der Gipsfaserplatten sind richtungsunabhängig; durch die Armierung mit Zellulosefasern weisen diese auch eine erhöhte Festigkeit auf. Das Sorptionsverhalten – also die Wasseraufnahme – ist ähnlich wie bei Gipsplatten. Die vierseitig scharfkantigen und nicht brennbaren Platten kommen vor allem in Nassbereichen und für hohe Beanspruchungen im Brandschutz zum Einsatz. Im Holzbau dienen diese auch als mittragende oder aussteifende Beplankungen. Werden die Gipsfaserplatten im Freien eingesetzt, müssen sie gegen dauerhafte Wassereinwirkung geschützt werden.

Gips-Wandbauplatten
sind massive Trockenbauplatten von 50–100 mm Stärke, die aus Gips und gegebenenfalls Füllstoffen oder unter Verwendung porenbildender Zusätze (Porengips-Wandbauplatten) hergestellt werden. Gips-Wandbauplatten bestehen an mindestens zwei sich gegenüberliegenden Seiten aus Stoß- und Lagerflächen mit Nut und Feder, die die Standsicherheit der Wandkonstruktion verbessern. Die selbsttragenden Wände werden im Regelfall ohne Unterkonstruktion allein mit Gipskleber errichtet und sehr oft für nichttragende Konstruktionen wie leichte Trennwände eingesetzt. Gips-Wandbauplatten werden auch als Vorsatzschalen oder zweischalige Platten mit einer innenliegenden Dämmschicht angeboten. Im Gegensatz zu Gips- oder Gipsfaserplatten benötigen Gips-Wandbauplatten keine verstärkenden Hilfsprofile für die Anbringung von schweren Lasten, wie Schränken oder Waschtischen.

Bezeichnung	Erläuterung	Kürzel neu	Kürzel alt
Typ A	Normale Gipsplatte (Bauplatte) mit einer Ansichtsseite, die dekoriert werden kann	A	GKB
Typ H	Imprägnierte Gipsplatte mit verzögerter Wasseraufnahme für den Einsatz in Feuchträumen; Unterteilung in H1–H3[1]	H2	GKBi
Typ E	Hydrophobierte Gipsplatte mit verzögerter Wasseraufnahme und reduzierter Wasserdampfdurchlässigkeit für den Außenbereich		–
Typ F	Feuerschutzplatte mit mineralischen Fasern für verbesserten Gefügezusammenhalt	DF	GKF
Typ P	Putzträgerplatte mit geeigneter Ansichtsseite für Putzauftrag, auch perforiert		GKP
Typ D	Gipsplatte mit definierter Dichte		–
Typ R	Gipsplatte mit erhöhter Bruchfestigkeit in Längs- und in Querrichtung		–
Typ I	Gipsplatte mit erhöhter Stossfestigkeit / Oberflächenhärte		–
Typ H + F	Imprägnierte Feuerschutzplatten	DFH2	GKFi

1 bezeichnet Gesamtwasseraufnahme nach zwei Stunden Wasserbelastung: H1 ≤ 5 %, H2 ≤ 10 % und H3 ≤ 25 %, dabei entspricht H2 der früheren Bezeichnung »imprägniert«.

Neue Typenbezeichnung von Gipsplatten (DIN EN 520) im Vergleich zur veralteten Norm.

Verspachtelter Gipskartonplattenstoß

Material

Gipsplatten (früher Gipskartonplatten)

abgeflachte Kante (AK): vorwiegend bei der Verspachtelung, zur Aufnahme der Fugenspachtelung

volle Kante (VK): vorwiegend bei der Trockenmontage, ohne Verspachtelung

runde Kante (RK):
vorwiegend bei Putzträgerplatten

halbrunde Kante (HRK): vorwiegend bei der Verspachtelung ohne Bewehrungsstreifen

halbrunde, abgeflachte Kante (HRAK): zur Verspachtelung mit oder ohne Bewehrungsfuge

Gipsfaserplatten

Fase: bei Plattendicken von 12; 12,5; 15 und 18 mm

Ober- und Unterfalz:
bei Plattendicken von 12; 12,5; 15 und 18 mm

Nut und Falz 1:
bei Plattendicken von 12,5; 15 und 18 mm

Nut und Falz 2:
bei Plattendicken von 15 und 18 mm

Profil für verdeckte Befestigung:
bei Plattendicken von 15 und 18 mm

Ansichten und Ausbildung der Plattenkanten von Gips- und Gipsfaserplatten.

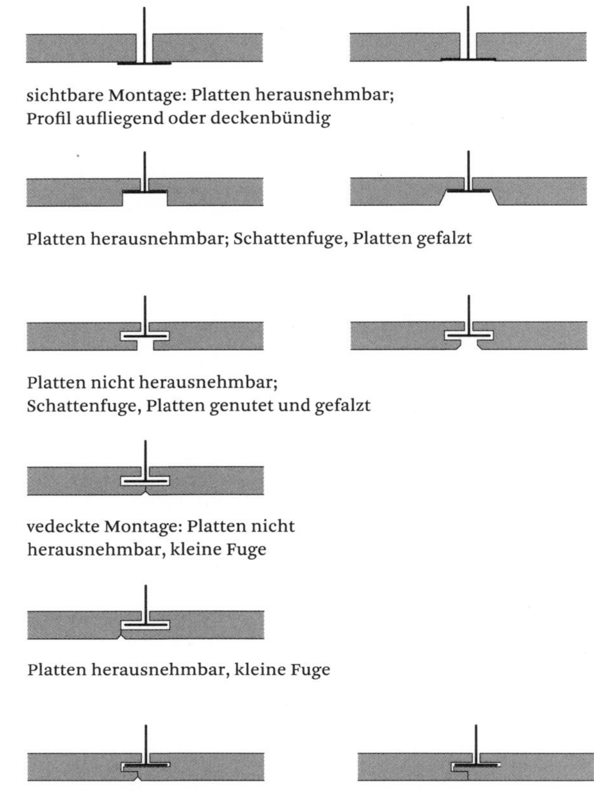

Systeme für offene und verdeckte Montage von Mineralfaserplatten, Plattenkanten- und Fugenbildausbildung.

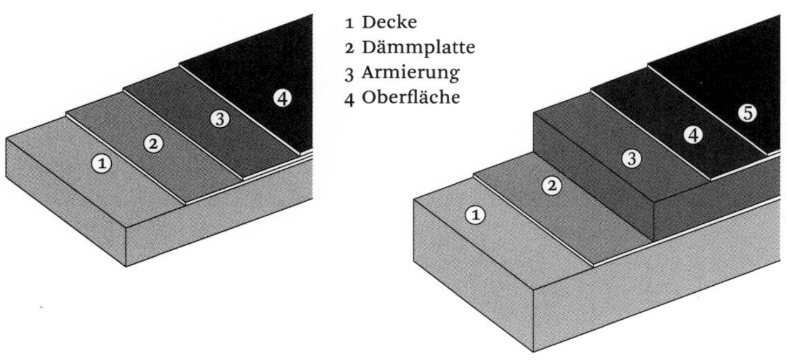

1 Decke
2 Akustikkleber
3 Dämmplatte
4 Armierung
5 Oberfläche

Schichtenaufbau einer Akustikputzträgerplatte aus Mineralfaser, die als Deckenplatte zum Einsatz kommt.

3.2.2 Mineralfaserplatten

bestehen vorwiegend aus kunstharzgebundenen Stein- und Schlackefasern, sind nicht brennbar und verfügen über gute schallabsorbierende Eigenschaften. Allerdings sind sie empfindlich gegen Luftfeuchtigkeit und besitzen nur eine geringe mechanische Festigkeit. Mineralfaserplatten kommen vor allem für Brandschutzzwecke, etwa als Einlagen in Feuerschutztüren oder als Dämmmaterialien für Lüftungskanäle zum Einsatz. Für Wand- oder Deckenbekleidungen und als Unterdecken mit akustischen oder brandschutztechnischen Anforderungen werden Mineralfaserplatten zu farbgrundierten, genuteten und gefrästen Platten mit einbaufertigen Standardformaten und Kanten weiterverarbeitet. Die Oberflächen sind meist farbbeschichtet, alternativ können auch zusätzliche Kunststoff-, Textil- und Metallbezüge sowie -folien aufgebracht sein. In der Regel werden die Platten mit glatter, gelochter, geprägter oder strukturierter Oberfläche geliefert. Die Formate sind durch den Einsatz in Deckenbekleidungen und Unterdecken stark standardisiert, größere Formate sollten rückseitig ausgesteift werden. Auch die Kantenausbildung ist abhängig von dem verwendeten Deckensystem, welches mit verdeckten oder sichtbaren Schienen ausgeführt werden kann. Die Plattenkanten sind gefast oder genutet. Für die Anpassung an bestehende Bauteile werden spezielle Plattenmesser und Schleifpapier verwendet.

3.2.3 Lehmleichtbauplatten

bestehen aus Baulehm oder Ton mit pflanzlichen und mineralischen Zuschlägen und organischen Faserstoffen wie Schilfrohr und Jute als Bewehrung. Die Zuschläge verringern das Schwind- und Rissverhalten sowie die Wasserempfindlichkeit und erhöhen die Zug-, Druck- und Abriebfestigkeit. Leichtzuschläge verbessern die wärmedämmenden Eigenschaften. Die Platten dienen als Beplankung auf Unterkonstruktionen, bestehend aus Holz- oder Metallprofilen – vorrangig für Wände, weniger für Decken. Unter Verwendung von lehmhaltigen Ansetzbindern können auch Vorsatzschalen oder Wandtrockenputze erstellt werden. Die Platten besitzen ein übliches Format von 120 × 62,5 cm, sind 2–3 cm dick und haben ein Gewicht von etwa 13–17 kg/m². Für den Einsatz in Feuchträumen sind sie nicht geeignet! Dickere Lehmplatten von 5–12,5 cm Stärke werden ohne Unterkonstruktion für selbsttragende Innenwände verwendet, indem diese stumpf oder mit Nut- und Federverbindung hergestellt und anschließend im Mörtelbett verlegt werden.

Deckenbekleidung aus Mineralfaserplatten mit sichtbaren Schienen

Mineralfaserdämmplatten mit unterschiedlicher Oberflächenstruktur

Lehmleichtbauplatte mit stumpfer Kante

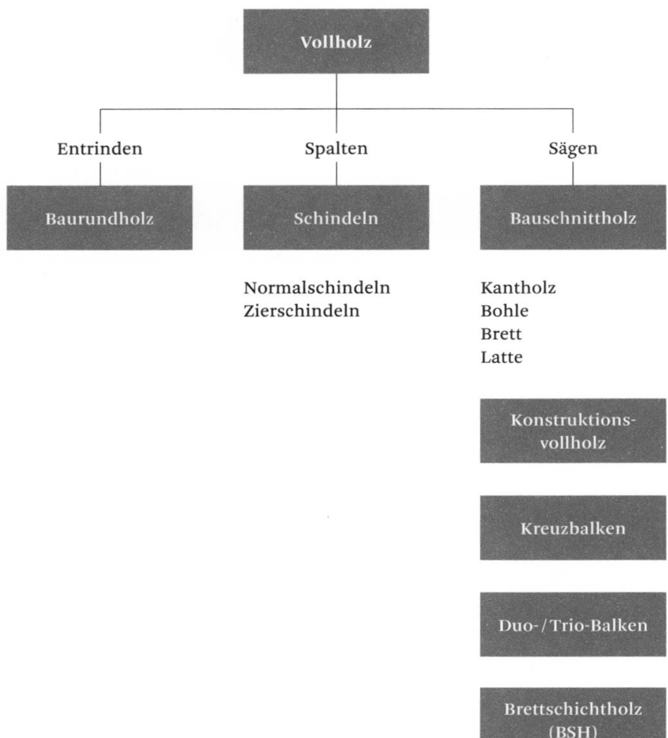

Gliederung des Vollholzes in verschiedene Gruppen, ausgehend vom Herstellungsverfahren und Ausgangsformat.

Diverse Massivholzprodukte: Holzleisten, Spaltholz, Massivholzplatte

3.2.4 **Holz und Holzwerkstoffe**
zählen zu den klassischen und am häufigsten verwendeten Materialien für den Innenausbau und die Möbelherstellung. Sie sind leicht zu bearbeiten und besitzen vielfältige Qualitäten in Bezug auf Oberflächen und Farben sowie gute bauphysikalische Eigenschaften. Wurden früher vorrangig Massivhölzer eingesetzt, werden heutzutage aus Kostengründen verstärkt Holzwerkstoffe verwendet. Diese erreichen – etwa als Mehrschicht- oder Verbundplatten – teilweise höhere Stabilitäten als Massivhölzer und können aufgrund der glatteren und härteren Oberflächen besser beschichtet und veredelt werden.

Holz

Nadel- und Laubhölzer unterscheiden sich biologisch gesehen vor allem in ihrem Zellaufbau. Die entwicklungsgeschichtlich jüngeren Laubhölzer haben einen wesentlich komplexeren Zellaufbau als Nadelhölzer und verfügen anders als Nadelhölzer über Gefäße, die sogenannten Tracheen. Die verschiedenen Holzarten lassen sich nach Festigkeit und Rohdichte unterteilen, so sind Hölzer wie Fichte oder Kiefer härter als andere Holzarten und damit besser für Einsatzgebiete mit tragenden Funktionen verwendbar. Die Jahresringe, die spezifischen Zellaufbauten sowie die Schnittrichtung der Hölzer (längs zur Faser oder quer zur Faser) ergeben die charakteristischen Maserungen. Tropenhölzer haben aufgrund ihres charakteristischen Wechseldrehwuchses gute mechanische Eigenschaften und werden wegen ihrer vielfältigen Maserung und Farben im Innenausbau gerne für hochwertige Oberflächen verwendet, ihr Einsatz ist jedoch aus ökologischen Gründen fraglich. Wurzelholz verschiedener Holzarten wird hauptsächlich für die Furnierherstellung eingesetzt und zeichnet sich durch einen hohen Marmorierungsgrad aus.

Holz verfügt als Baustoff über sehr gute Eigenschaften, denn im Vergleich zu seinem geringen Eigengewicht besitzt es nicht nur eine hohe Zugfestigkeit, sondern wirkt auch noch schalldämmend und bedingt wärmeisolierend. Aufgrund seiner hygroskopischen Eigenschaften (Feuchtigkeitsaufnahme) passt sich der Baustoff an das Umgebungsklima an. Bei Feuchtigkeitsschwankungen, etwa beim Trocknen, schwinden Hölzer am stärksten parallel zu den Jahresringen. Die elastomechanischen Eigenschaften verändern sich beim viskoelastischen Material Holz unter Zeiteinfluss. Dies muss bei der Planung durch einen Toleranzausgleich berücksichtigt werden.

Auch Umwelteinflüsse wie Regenwasser oder ultraviolettes Licht beeinflussen die Oberflächen der Hölzer – durch Zerstörung der Zellstruktur kommt es zu einem Ergrauen. Diese Veränderung des äußeren Erscheinungsbildes kann entweder der Wunsch des Planers oder Gestalters sein oder durch eine entsprechende Behandlung der Holzoberflächen verhindert werden. Holz ist zwar ein brennbares Baumaterial, wird aber bei großen Querschnitten als brandhemmend eingestuft, weil sich auf seiner Oberfläche bei Brandeinwirkung eine schützende isolierende Kohleschicht bildet. Durch brandhemmende Anstriche kann das Brandverhalten von Hölzern ebenfalls verbessert werden. Im Bauwesen wird Holz entweder als Furnier oder Massivholz eingesetzt oder zu Brettschichtholz, Holzfaserstoff oder Holzwerkstoff weiterverarbeitet. Aus Massivholz werden Halbzeuge wie Rundholz, Schindeln, Balken, Kanthölzer und Leisten gefertigt. Neben dem Metallständerwerk ist Holz auch ein häufiger Baustoff für Unterkonstruktionen. Als Träger für größere Holzkonstruktionen (Leimholzbinder) wird Brettschichtholz eingesetzt. Für die Innenausstattung wird es hauptsächlich in Form von Plattenmaterial aus Holzwerkstoffen oder Bodenbelägen wie Parkett oder Dielen verwendet. Bodenbeläge aus Holz unterscheiden sich in Einschicht- und Mehrschichtbeläge, die große Bandbreite reicht von 30 mm starken einschichtigen Massivholzdielen über den im Wohnungsbau häufig verwendeten etwa 22 mm starken Fertigparkett bis hin zu einem 8 mm starken Hochkantlamellenparkett (Kapitel 7.5.5. Bodenbeläge aus Holz).

- Nadelhözer: Kiefer, Fichte, Lärche, Douglasie, Eibe, Tanne, Wacholder.
- Laubhölzer: Eiche, Edelkastanie, Esche, Robinie, Ulme, Nussbaum, Kirsche, Birke, Erle, Linde, Pappel, Rotbuche.
- Tropenhölzer: Palisander, Mahagoni, Teak, Balsaholz, Bangkirai, Wengé.

<u>Holzwerkstoffe</u>
sind neben den Massivhölzern ein wichtiger Baustoff für tragende und nichttragende Bauteile. Sie werden aus Holzlagen, Holzspänen oder Holzfasern hergestellt, mit Bindemitteln verleimt und anschließend zu Stäben, Platten oder Formteilen verpresst. Der Handel bietet Holzwerkstoffe als lineare, stabförmige oder als flächige, plattenförmiger Halbzeuge an. Je nach Herstellung, Aufbau und Struktur der verwendeten Holzelemente werden die Holzwerkstoffe unterschieden in:

Eiche, quer zur Faser geschnitten

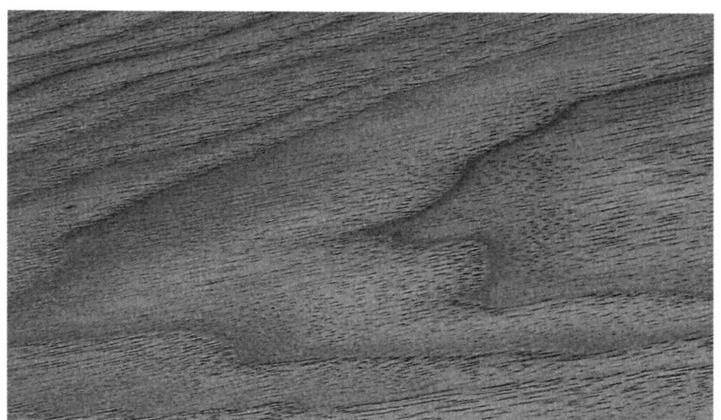

Amerikanischer Nussbaum, längs zur Faser geschnitten

Zebrano, längs zur Faser geschnitten

Material

OSB-Platte, klarlackiert

Furnierschichtholzplatte, klarlackiert

MDF-Platten, in eingefärbten und profilierten Ausführungen

- Sperr- oder Lagenhölzer: aus Furnieren und Holzleisten,
- Holzspanwerkstoffe: aus gröberen Holzspänen,
- Holzfaserwerkstoffe: aus feineren Holzfasern,
- Verbundplatten: Schichten unterschiedlicher Materialien.

Sperr- und Lagenhölzer erreichen höhere, Span- und Faserwerkstoffe geringere Festigkeiten, sodass erstere auch für tragende und aussteifende Bauteile verwendet werden können. Eine weitere Unterteilung von Holzwerkstoffen erfolgt nach den jeweiligen Einsatzgebieten in drei Nutzungsklassen:

- Trockenbereich: Nutzungsklasse 1
  = Materialfeuchte bei 20 Grad und relative Luftfeuchte nur einige Wochen im Jahr über 65 Prozent,
- Feuchtbereich: Nutzungsklasse 2
  = Materialfeuchte bei 20 Grad und relative Luftfeuchte nur einige Wochen im Jahr über Prozent,
- Außenbereich: Nutzungsklasse 3
  = Materialfeuchte bei Klimaverhältnissen mit höherem Feuchtegehalt als bei Nutzungsklasse 2.

Weiterhin sind für Holzwerkstoffe auch Emissionsklassen zu berücksichtigen; in Deutschland dürfen nur Stoffe der Emissionsklasse E 1 eingesetzt werden. Die Bearbeitung von Holzwerkstoffen kann durch Sägen, Fräsen oder Bohren sowie durch eine Befestigung mit Schrauben, Klammern und Nägeln erfolgen. Holzwerkstoffplatten können direkt und mit sichtbarer Oberfläche im Möbel- und Innenausbau verwendet werden. Im Gegensatz dazu dienen diese aber auch als Trägerplatte für Furniere und Beschichtungen, sodass der Holzwerkstoff nicht mehr direkt oder nur an den Kanten sichtbar ist.

Furnierschichtholz (FSH / LVL)
besteht aus mindestens fünf Furnierlagen von etwa 3 mm Dicke. Die stabförmigen Bauteile (FSH-S) sind dabei parallel ausgerichtet, die plattenförmigen Bauteile (FSH-Q) werden auch mit Querlagen ausgeführt.

Furnierstreifenholz (PSL)
besteht aus etwa 20 cm langen, 0,5–2,6 cm breiten und etwa 3 mm dicken Furnierstreifen aus Nadelhölzern, die in Längsachse ausgerichtet sind und zu Balkenquerschnitten verleimt werden. Furnierstreifenholz stellt eine Alternative zu tragenden Vollholzprodukten dar.

Bau-Furniersperrholz (BFU / FU)
besteht aus mehreren Lagen Nadelholzfurnier; ab fünf Lagen und über 12 mm wird die Bezeichnung »Multiplex« verwendet. Mit Buchenholzfurnier ausgeführt ist BFU / FU eine sehr tragfähige Platte für den Möbel- und Innenausbau.

Stab- und Stäbchensperrholz (BST / BSTAE)
besteht aus einer Mittellage aus parallel ausgerichteten Leisten, die bei Stabsperrholz (Tischlerplatte) eine Größe von 24–30 mm besitzen und bei Stäbchensperrholz kleiner als 8 mm sind. Die Leisten werden mit Furnierdecklagen verklebt.

Massivholzplatte (SWP)
besteht aus Holzstücken, die bei einlagigen Platten an den Schmalseiten und bei mehrlagigen Platten auch an den Breitseiten verklebt sind. Es werden sechs Gruppen je nach Herstellungs- und Anwendungsbereichen unterschieden.

Spanplatte (P)
besteht aus verschieden großen Holz- und Sägespänen, die mit Kunstharz oder Zement gebunden werden. Zementgebundene Platten sind auch im Außenbereich anwendbar. Spanplatten unterscheiden sich weiters nach dem Herstellungsverfahren in flachgepresste Platten mit liegenden Spänen und stranggepresste Platten mit stehenden Spänen, die in Strangpressvollplatten (ES) und Strangpressröhrenplatten (ET) unterteilt werden. Die Spanplatten sind auch beschichtet für die weitere Verwendung im Möbelbau erhältlich.

Oriented Strand Board (OSB)
besteht aus etwa 75 mm langen groben Spänen, die parallel zur Oberfläche sichtbar angeordnet sind. Die Platten sind in Längsrichtung belastbarer als in Querrichtung und haben stoßempfindliche Kanten. Sie werden für mittragende und aussteifende Bauteile sowie als Fußbodenplatten eingesetzt.

Spanstreifenholz (LSL)
besteht aus etwa 30 mm langen Pappelstreifen, die mit Polyurethan (PU)-Klebstoff verpresst werden. Spanstreifenholz verfügt über hohe Festigkeiten für tragende Bauteile.

Faserplatte (HB / MBL, MBH / SB)
besteht aus feinen Holzfasern, die mit Hitze und Druck – teilweise auch unter Zugabe von Bindemitteln – zu Platten oder Formteilen verpresst werden und damit über eine homogene Oberfläche verfügen. Faserplatten werden je nach Rohdichte in hart, mittelhart und porös unterschieden.

Faserplatte mitteldicht (MDF)
besteht aus feinen Holzfasern und Bindemitteln; sie wird als hochwertiges Material im Trockenverfahren hergestellt. Die Platten zeichnen sich durch eine sehr homogene Oberfläche aus und werden häufig im Bereich des Möbelbaus eingesetzt. MDF-Platten sind auch durchgefärbt erhältlich und werden in den Standardfarben schwarz, rot, blau oder grün, als profilierte, computergesteuert gefräste Reliefplatten oder als biegbare, an der Rückseite geschlitzte Platten angeboten – letzere sind vor allem für die Herstellung von Rundungen geeignet.

Dekorative Schichtpressstoffplatte (HPL)
besteht aus einer Holzwerkstoff-Trägerplatte und einer beidseitig kunstharzgebundenen, etwa 1–2 mm starken imprägnierten Zelluloseschicht als Kunststoffoberfläche. Die Platten sind in vielen Farben und Dekoren, mit reliefartigen Oberflächen, als Holzimitat, mit Metalleffekt, vielfältigen Mustern oder mit Fotomotiven erhältlich. Das Material ist sehr beständig und feuchtigkeitsabweisend und wird deshalb oft für Bauteile mit hoher Beanspruchung eingesetzt. Die Schnittkanten werden mit Kunststoffkanten nachträglich laminiert.

Melaminbeschichtete Platte
besteht aus einer Trägerplatte aus Holzwerkstoff, meist aus Spanplatten und einer beidseitigen dünneren Melaminharzschicht, die meist in vielen Farben erhältlich ist; ihre Kanten werden ebenfalls mit speziellen Kunststoffbändern laminiert. Die beständige Platte wird als Korpusmaterial in der Herstellung von Möbeln und beim Türenbau verwendet.

Durch Färbemittel wie Beize können Naturhölzer und Holzwerkstoffe eingefärbt werden. Für den Einsatz als sichtbare Oberflächen von Möbeln oder Wandbekleidungen werden die meisten Holzwerkstoffe und Massivhölzer entweder aus optischen Gründen oder als Schutz gegen Umwelteinflüsse wie UV-Einstrahlung mit Beschichtungen beziehungsweise Anstrichen versehen, sofern dies nicht bereits vom Hersteller, wie etwa bei den kunststoffbeschichteten Platten angeboten wird. Als Beschichtungen von unbehandelten Holzwerkstoffen eignen sich Öle, Lasuren oder Lacke.

Material

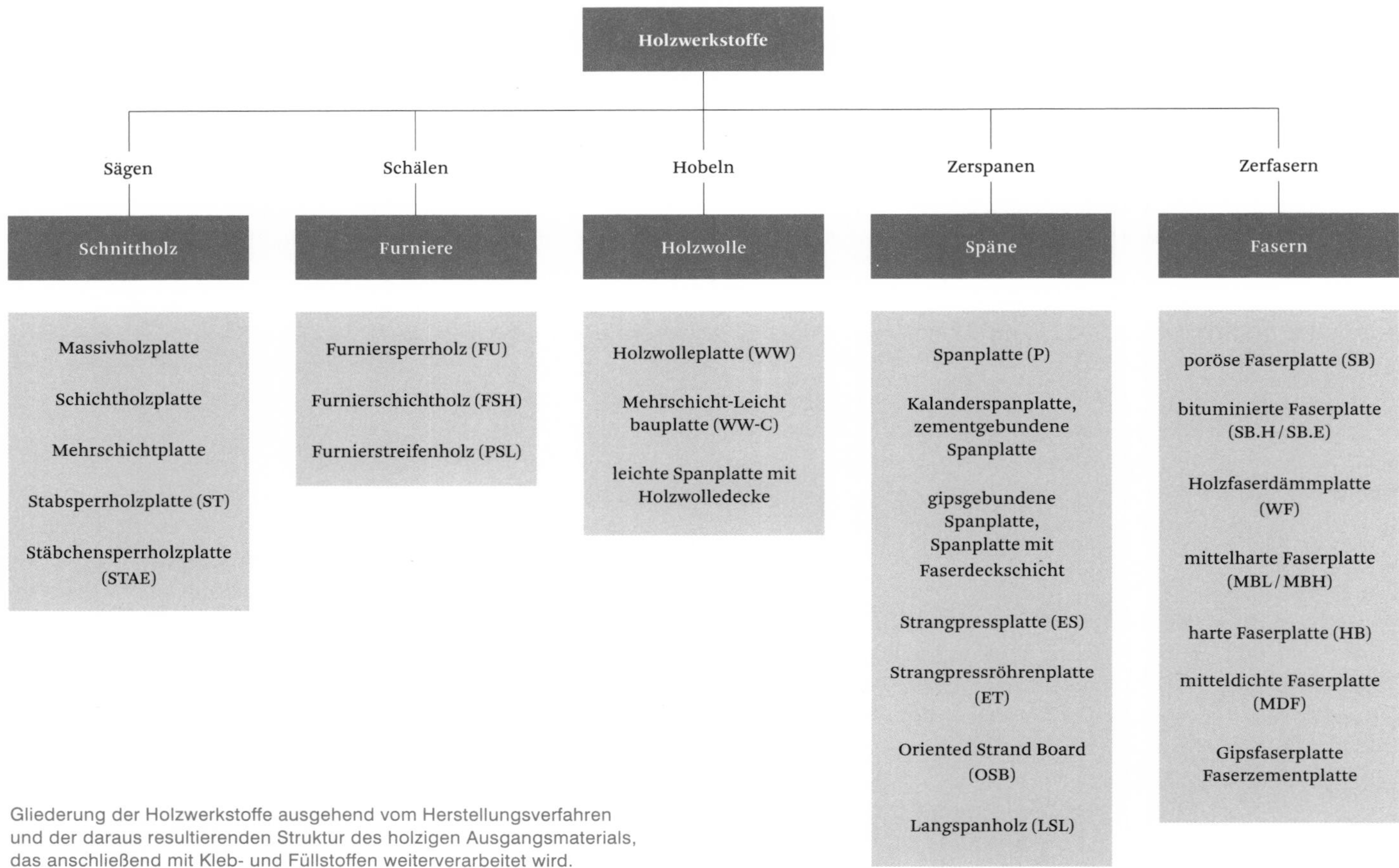

Gliederung der Holzwerkstoffe ausgehend vom Herstellungsverfahren und der daraus resultierenden Struktur des holzigen Ausgangsmaterials, das anschließend mit Kleb- und Füllstoffen weiterverarbeitet wird.

Anforderungen Holzwerkstoffe	Baustoffklasse Brandverhalten[1]	Rohdichte kg/m³	Materialstärken mm	Aufbau	Kurzzeichen	Norm
Lagen- oder Sperrholz					F/E[2]	DIN EN 636
Furnierschichtholz (Laminated Verneer Lumber)	B2	400–800	21–75	> 5 Furniere	FSH oder	DIN EN 14279
Furnierstreifenholz				Furnierlagen	LVL/1-LVL[3]	DIN EN 14374
(Parallel Strand Lumber)	B2	670/720	44–280	90° verleimt, verpresst,	PSL	
Bau-/Furniersperrholz			8–40	Stäbe, Stäbchen, Holzlamellen		
Stab-/Stäbchensperrholz	B2	450–800	8–30		BFU[3]/FU	DIN 68705-3[5]
Massivholzplatten	B2	400–800	8–40		BST/BSTAE	DIN 68705-2[4]
(Solid Wood Panels)	B2				SWP	DIN EN 13353
Spanwerkstoffe						
Spanplatte Kunstharz	B2		2–38	Großspäne	P1–P7, E1[4]	DIN EN 309/312
Spanplatte Zement	B1, A2	1250–1300	8–40	verleimt, verpresst	ES; ET; ESL; ETL[5]	DIN EN 634-1
Oriented Strand Board	B2	600-660	6–30		OSB/1–OSB/4[6]	DIN EN 300
Langspanholz (Laminated Strand Lumber)	B2	600-700	32-89		LSL	DIN EN 12369-1
Faserwerkstoffe						
Faserplatte hart	B2	800–1100	5–16	verholzte Fasern,	HB	DIN EN 316
(Hard Board)				unter Druck und Hitze nass	H; E; LA; HLA1/2[7]	DIN EN 622-1[2]
Faserplatte mittelhart (Medium Board)	B2	330–650	6–40	verpresst	MBL/MBH	DIN EN 316
Faserplatte porös					H; E; LA1[2]; HLS1[2]	DIN EN 622-1[3]
(Soft Board)	B2	150–450	6–100		SB	DIN EN 316
Faserplatte mitteldicht					H; E; LS; HLS	DIN EN 622-1[3]
(Medium Density Board)	B2	330–650	6–40		MDF/HDF	DIN EN 316
					H; LA; LS; HLS; L; UL	DIN EN 622-1[5]
Verbundplatten						
Dekorative Schichtpressstoffplatten	B1	600–700	10–40	Papiere harzimprägniert,	HPL	DIN EN 438-2
(High Pressure Laminate)[8]				verpresst		ISO 4586

1 Kategorien für Brennbarkeit, Rauchentwicklung und brennendes Abtropfen in DIN EN 13501 festgelegt · 2 Angabe von F = Biegefestigkeitsklasse und E = Biegeelastizitätsmodul · 3 BFU: Bau-Furnierschichtholz – bis 2004 in DIN 1052 · 4 P3, P5 und P7 für den Feuchtbereich zugelassen, P4 bis P7 für tragende Holzkonstruktionen; alte Bezeichnungen: V20, V100, V100G (bis 2004 gültig) · 5 Platten im Strangpressverfahren für den Trockenbereich; Anteil 5 % · 6 Klassen OSB/3 + 4 für den Feuchtbereich, OSB/2 + 4 für tragende Holzkonstruktionen zugelassen · 7 Die Kürzel gelten für den Trockenbereich, Zusätze für weitere Anwendungen: zum Beispiel: HB.H. H = Feuchtbereich; E = Außenbereich, LA = tragend, HLA1 = Feuchtbereich tragend, HLA2 = Feuchtbereich hoch belastbar; LS = Trockenbereich tragend mit sehr kurzer Lasteinwirkung, HLS = Feuchtbereich tragend mit sehr kurzer Lasteinwirkung, U = Leicht-MDF, UL = Ultraleicht-MDF · 8 weitere: CPL (Continued Pressure Lamintate) und DPL (Direct Pressure Laminate).

Tabellarischer Vergleich ausgewählter Holzwerkstoffe mit wichtigen Anforderungen und Beurteilungskriterien.

Der erwärmte Mineralwerkstoff wird in eine Schalung gepresst und dadurch verformt.

Auch organische Formen können aus Mineralwerkstoff hergestellt werden. Durch die Hinterleuchtung der dünnen Mineralwerkstoffschichten sind hier zusätzlich eingesetzte Motive sichtbar.

Mineralwerkstoffe gibt es in vielen verschiedenen Farben, Lichtdurchlassgraden und Körnungen.

Als Glanzgrade für Lacke und Lasuren werden die Stufen matt, seidenmatt, glänzend und hochglänzend (Klavierlack) unterschieden. Da die Beschichtungen meist sehr dünn sind, ist in jedem Fall die Oberfläche des Holzwerkstoffs für die Qualität des fertig behandelten Plattenmaterials maßgebend. Für die homogene Lackierung im Möbelbau eignen sich zum Beispiel MDF-Platten aufgrund ihrer glatten Oberflächen, teilweise werden auch Spanplatten mit grundierten Oberflächen für die weitere Lackierung angeboten. Lacke und Lasuren sind allerdings nur bedingt für beanspruchte Arbeitsflächen einsetzbar. Darüber hinaus können Holzwerkstoffe Trägermaterial für Linoleumbezüge, Textilbespannungen oder Furnierbeläge sein.

3.2.5 **Mineralwerkstoffe**

Mineralwerkstoffe sind massive, porenfreie, homogene, oberflächenfertige Werkstoffe aus Acryl- und Polyesterharzen, die mit mineralischen Füllstoffen und Pigmenten gebunden sind. Als Füllstoff wird vorwiegend Aluminiumhydroxid (vereinzelt auch Quarz) verwendet. Mineralwerkstoffe sind vielfältig einfärbbar, frei formbar und zeichnen sich generell durch ihre kratzfesten und hygienischen Oberflächen sowie die Möglichkeit der fugenlosen Verklebung aus. Ihre bauphysikalischen und mechanischen Eigenschaften variieren in Abhängigkeit von den verwendeten Ausgangsstoffen. Mineralwerkstoffe werden nicht zusätzlich mit Anstrichen, Beschichtungen oder anderen Deckschichten versehen. Sie sind in den Baustoffklassen B2 / E (normal entflammbar) und B1 / B (schwer entflammbar) erhältlich. Für die Verarbeitung von Mineralwerkstoffen geben die Hersteller genaue Anweisungen zur Unterkonstruktion, Kantenbearbeitung, Befestigung und zu den mechanischen Befestigungsmitteln oder Klebstoffen. Die Bearbeitung erfolgt mit Holz- oder aber mit Steinbearbeitungswerkzeugen.

Acrylharzgebundene Mineralwerkstoffe

werden als Platten in verschiedenen Stärken geliefert, wobei diese mit einer Stärke von 12 oder 18 mm für die horizontale oder vertikale Verwendung und auch in Feuchträumen geeignet sind. Für horizontale Anwendungen, wie Möbeltische oder Ablageflächen, ist in der Regel eine Unterkonstruktion nötig. Dünnere Platten (zwischen 6 und 9 mm) müssen vollflächig mit den Trägermaterialien verbunden werden. Bekannte Markennamen sind: Corian®, Cristalan®, Geta Core®, Hanex®, Staron® oder LG-HI MACS®. Acrylharzgebundene Mineralwerkstoffe werden aufgrund ihrer hohen Festigkeit insbesondere für Arbeitsplatten und Verkleidungen im Bad- und Küchenbereich, aber auch im gehobenen Innenausbau eingesetzt. Die Platten haben den Vorteil des möglichen nachträglichen Abschleifens der Oberflächen, vergleichbar mit der Verarbeitung von Holz. Auch der Einsatz als Bodenbelag in wenig beanspruchten privaten Bereichen ist möglich. Acrylharzgebundene Mineralwerkstoffplatten können mithilfe von Formwerkzeugen nachträglich thermisch verformt und so für den Erhalt individueller amorpher Formen eingesetzt werden. Gestalterisch ist dabei zu beachten, dass nicht alle Farbgruppen UV-beständig sind. Es wird daher empfohlen hellere Farben zu verwenden, da bei dunklen unter Sonneneinstrahlung mit geringeren Farbveränderungen zu rechnen ist.

Polyesterharzgebundene Mineralwerkstoffe
werden als Platten von 3–18 mm Dicke und als gegossene Formteile für den Möbel-, Sanitär- und Küchenbereich angeboten. Bekannte Markennamen sind: NOBLAN®, Varicor® oder Marlan®. Im Gegensatz zu den acrylharzgebundenen Mineralwerkstoffen lassen sich diese nicht thermisch verformen.

3.2.6 Kunststoffe

Kunststoffe weisen gegenüber anderen Baustoffen vorteilhafte Eigenschaften, wie die freie Formbarkeit des Materials, eine geringe Dichte und ein daraus resultierendes geringes Eigengewicht, die Möglichkeit der industriellen Fertigung von hohen Stückzahlen und eine hohe Witterungsbeständigkeit gegen Umwelteinflüsse auf. Um hohe Festigkeiten zu erlangen, werden Kunststoffe teilweise mit Faserstoffen verstärkt und können so auch für Bauteile mit höheren Anforderungen an das Tragverhalten eingesetzt werden. Kunststoffe sind gute Wärme- und Elektroisolatoren, dehnen sich aber etwa im Vergleich zu Glas stärker aus. Die Festigkeit von Kunststoffen ist abhängig von Kraft, Belastungsdauer und Temperatur, die Alterungsbeständigkeit wird durch die vorhandene UV-Bestrahlung bestimmt. In den Bauvorschriften ist der Einsatz von Kunststoffen weitgehend nicht geregelt. Kunststoffe sind aufgrund ihrer organischen Ausgangsstoffe brennbar und somit nur für den Einsatz von Bauteilen mit geringen Brandschutzanforderungen wie Fassaden und Überdachungen oder für den Innenausbau geeignet. Kunststoffe werden dabei in Form von Voll-, Steg- und Wellplatten für Wandbekleidungen und Türkonstruktionen sowie als Bodenbeläge oder Beschichtungen eingesetzt. Membrane aus thermoplastischen Kunststoffen

Gruppe / Bindungsart	Synthetische Kunststoffe			Halbsynthetische Kunststoffe
	Polymerisation	Polykondensation	Polyaddition	
Thermoplaste[1]	Polystyrol (PS) Polyethyle (PE) Polypropylen (PP) Polyvinylchlorid (PVC) Polyacrylate (PMMA) Fluorkunststoffe (ETFE, PTFE)	Polyamid (PA) Polycarbonat (PC) Lineare Polyester (PET)	Lineare Polyuretane (PUR U)	Cellulosenitrat (CN)[2] Celluloseacetat (CA)
Duromere[3]	–	Harnstoffharz (UF) Phenolharz (PF) Melaminharz (MF) Ungesättigte Polyester (P, GFK) Silikon (SI)	Epoxidharz (EP) Polyuretane (PUR)	Vulkanfieber (VF)
Elastomere[4]	Styrol-Butadien-Kautschuk (SBR)	Silikonkautschuk	Polyester-Urethan-Kautschuk	–

1 thermische, plastische Verformung möglich · 2 Vorstufe des Celluloid · 3 nach Aushärtung keine Verformung mehr möglich · 4 elastische Verformung bei Zug- und Druckbelastung möglich.

Übersicht der im Bauwesen häufig eingesetzten Kunststoffe, Ordnung nach ihrer chemischen Bindungsart.

Viele Kunststoffe bieten aufgrund ihrer zellartigen Strukturen interessante gestalterische Potenziale. Je nach Betrachtungswinkel erscheinen Wabenpaneele aus Kunststoff mit klaren Decklagen transparent.

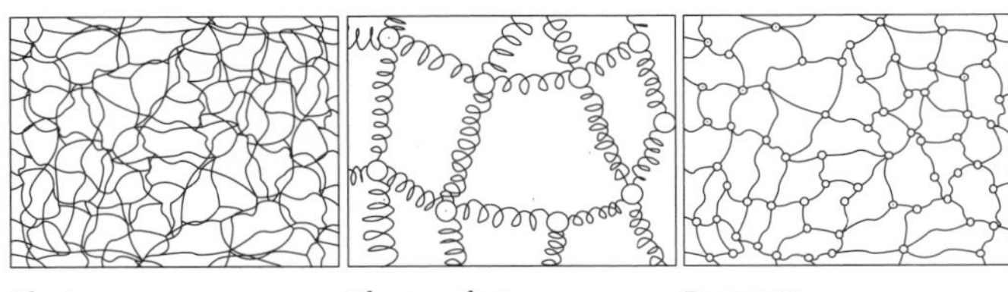

Bindungsarten und Struktur von unterschiedlichen Kunststoffen

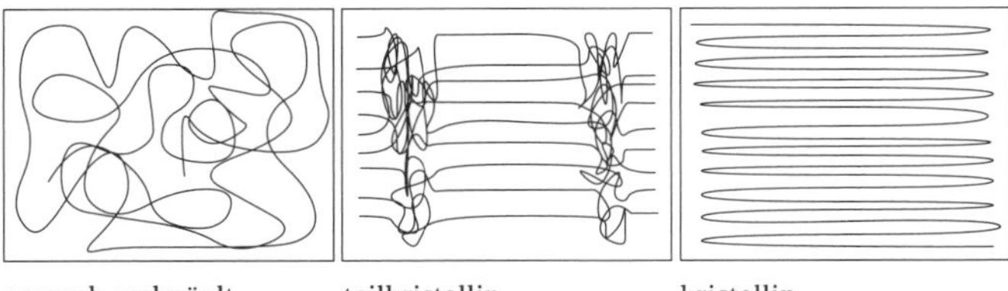

Bindungsarten von Kunststoffen, welche die Eigenschaften des Materials in Bezug auf die Transparenz beeinflussen.

Aus Kunststoffen lassen sich Halbzeuge diverser Strukturen und Formen herstellen.

oder glasfaserverstärkte Kunststoffe finden als Wand- und Hüllkonstruktionen (Zelte, Überdachungen) Anwendung. Kunststoffe besitzen kettenförmige Makromoleküle (Polymere), die durch Polymerisation, -kondensation und -addition synthetisch (aus Erdöl, Erdgas oder Kohlenstoff) oder durch Umwandlung halbsynthetisch (aus Cellulose, Kautschuk oder Harz) hergestellt werden. Ihre Strukturen lassen sich gezielt beeinflussen, sodass bei gleichen chemischen Bezeichnungen verschiedene Eigenschaften und Anwendungsgebiete möglich sind. Nach ihren Verformungseigenschaften und Molekülstrukturen lassen sich folgende Gruppen unterscheiden:

Elastomere
bestehen aus weitmaschig vernetzten Polymerketten, die unter Einwirkung äußerer Kräfte elastisch wirken, aber durch Zufuhr von Wärme nicht verformbar sind, ohne dass sich das Material zersetzt. Elastomere können nicht geschmolzen, geschweißt oder thermoplastisch verformt werden, nehmen aber aufgrund ihrer verknäulten Polymerkettenstruktur nach einer Lasteinwirkung ihren Ausgangszustand an. Durch Produktionsmethoden wie Extrudieren oder Kalandrieren (Walzen) hergestellt, werden sie häufig zu Abdichtungsbahnen, Dichtungsprofilen oder Elastomerlagern für Treppen oder Brücken weiterverarbeitet. Zu den Elastomeren zählen:

- Kautschuk,
- Ethylen-Propylen-Dien-Kautschuk (EPDM), dieser ist UV- und Ozon- und teilweise chemikalienbeständig.

Thermoplaste
bestehen aus unverknüpften, linearen oder verzweigten Polymerketten, die durch Zufuhr von Wärme wiederholt plastisch verformbar sind. Thermoplaste können amorph (die linearen oder verzweigten Molekülketten liegen in einer ungeordneten Knäuelstruktur vor) oder teilkristallin sein (Molekülketten haben teilweise eine regelmäßige dreidimensionale Struktur):

- **Amorphe Thermoplaste**, wie Polymethylmethacrylat (PMMA), Polyvinylchlorid (PVC), Polycarbonat (PC) oder Polystyrol (PS) sind spröde, haben eine hohe Spannungsrissempfindlichkeit und sind opak bis transparent.
- **Teilkristalline Thermoplaste** sind dichter und lassen sich schlechter lösen als amorphe. Hierzu gehören Kunststoffe wie Polyethylen (PE), Polypropylen (PP) und Polyamid (PA).

Thermoplaste werden aus geschmolzenem Granulat zu diversen Produkten und Halbzeugen weiterverarbeitet und können vereinzelt die Baustoffklassen B1–B3 (B–F) erreichen.

- Polycarbonat (PC) ist transparent und nicht UV-beständig, zeichnet sich aber durch eine hohe Formbeständigkeit aus.
- Polymethylmethacrylat (PMMA, Handelsbezeichnung: Plexiglas oder Acrylite) ist UV-beständig, transparent und findet im Bauwesen oft als Glasersatz Verwendung.
- Hart-PVC wird etwa für die Herstellung von Fensterprofilen und Rohren verwendet.
- Weich-PVC kommt vor allem in der Produktion von Folien, Bodenbelägen und Platten zum Einsatz.
- Polystrol (PS) kann mithilfe von Treibmitteln zu Schäumen verarbeitet und danach als Dämmmaterial weiter verwendet werden. Je nach Porigkeit des fertigen Materials findet eine Unterscheidung zwischen dem grobporigen Expandiertem Polystyrol-Hartschaum (EPS), wie etwa bei Styropor oder dem farbigen und feinporigeren Extrudiertem Polystyrol-Hartschaum (XPS), beispielsweise bei Styrodur, statt.
- Ethylen-Tetrafluorethylen (ETFE) ist ein transparenter Stoff, der in Form von dünnen Folien etwa bei pneumatisch vorgespannten Membrankonstruktionen verwendet wird.
- Polyethylen (PE) wird vor allem in Form von Folien als Schutzlagen in Boden und Dachbelägen eingesetzt.
- Polyurethan (PUR) ist ein vernetztes Elastomer und nimmt aufgrund seiner vielfältigen Eigenschaften eine Sonderstellung unter den Kunststoffen ein. Im Bauwesen wird Polyurethan hauptsächlich als Schaum für Dämmstoffe oder für Bodenbeschichtungen verwendet.

Aus Thermoplasten werden Kunststoffprofile, Matten, Folien und Platten durch vielfältige Produktionsformen wie Extrudieren, Kalandrieren, Spritzgießen, Pressen oder Schäumen hergestellt. Eine besondere Produktionsmethode ist hierbei das Direct Digital Manufacturing, bei dem auf der Grundlage digitaler Modelle durch das dreidimensionale Hinzufügen von Kunststoffschichten oder das lasergesteuerte Herausfräsen aus Kunststoffblöcken physische Formen präzise produziert werden können. Herstellungsprozesse wie das thermische Umformen (Tiefziehen) machen es möglich, dass beispielsweise aus Kunststoffplatten wie Polystrol mithilfe von Positivformen dreidimensionale Formteile, etwa für Wandbekleidungen, hergestellt werden können.

Elastomerlager (unten) und Kautschukmatte (oben)

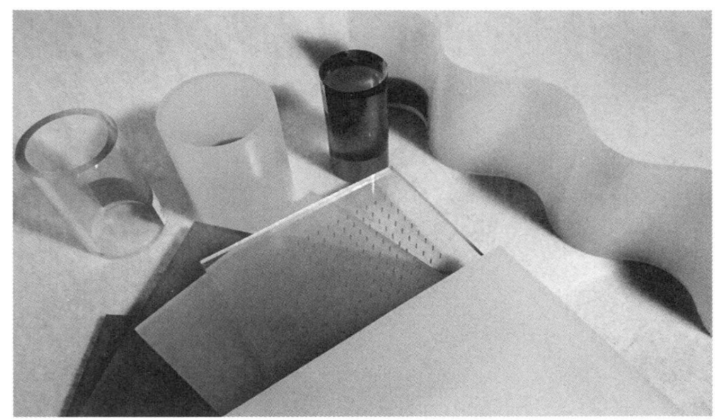

Massivplatten, Wellplatten und Profile aus Polymethylmethacrylat (PMMA)

Profile und Platten aus faserverstärkten Kunststoffen

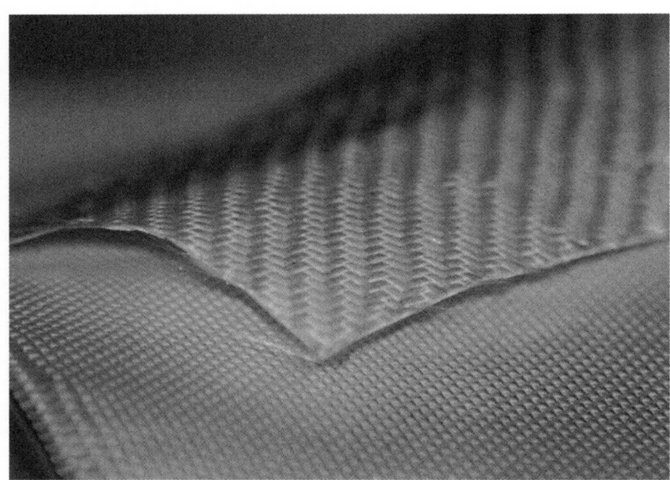

Glasfasermatten mit unterschiedlicher Struktur

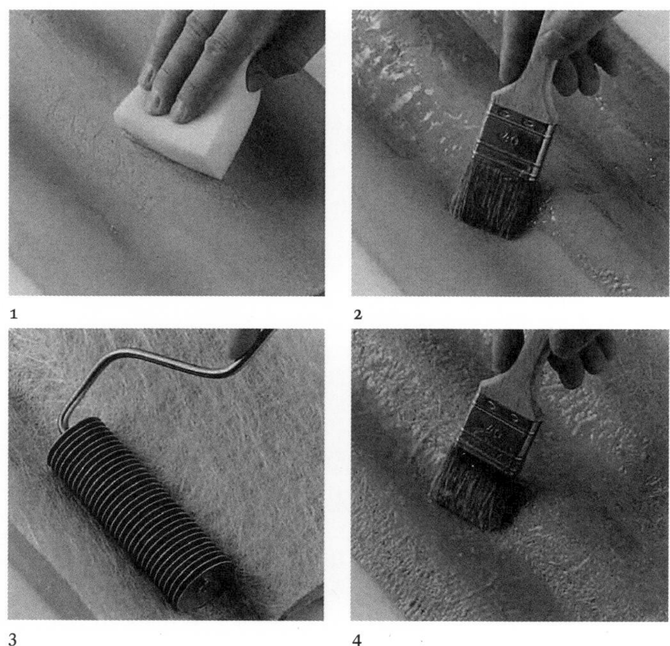

1 Fläche säubern
2 Harz auftragen
3 Glasfasermatte auflegen
4 erneut Harz auftragen

Handlaminierung von glasfaserverstärkten Kunststoffen

Duromere (auch Duroplaste)
bestehen aus starren, dreidimensional vernetzten Polymerketten mit einer amorphen Struktur. Nach der Erhärtung sind diese Kunststoffe spröde und bei Zufuhr von Wärme nicht mehr in der Form veränderbar. Sie sind außerdem beständig gegen chemische Einflüsse, fest und steif. Duromere werden im Bauwesen hauptsächlich als faserverstärkte Kunststoffe (FVK) eingesetzt, aus denen stabiles Plattenmaterial oder Freiformen hergestellt werden können. Hochleistungsfähige Baustoffe werden aus Matrixen duromerer Kunststoffharze gefertigt, wie:

- ungesättigte Polyesterharze (UP),
- Epoxidharze (EP) oder
- Vinylesterharze (VE).

Zur Herstellung dieser Produkte werden Glasfasern, Kohlefasern oder vereinzelt auch Aramidfasern in die Kunststoffe eingebracht. Die im Bauwesen hauptsächlich verwendeten Glasfasern für glasfaserverstärkte Kunststoffe (GFK) haben den Vorteil der Nichtbrennbarkeit gegenüber Kohle- oder Aramidfasern, dagegen besitzen Kohlefasern eine höhere Steifigkeit als Glasfasern. Die Produktionsmethode faserverstärkter Kunststoffe übt einen wesentlichen Einfluss auf die Eigenschaften des Werkstoffs aus. Besonders die Orientierung der eingelegten Fasern wirkt auf den Kraftfluss im fertigen Produkt oder im Halbwerkzeug ein. Verwendet werden dafür Garne und Rovings, die zu maschenbildenden Fasermatten (Gewirken, Gestricken) oder nicht maschenbildenden Fasermatten (Geweben, Gelegen, Geflechten) verarbeitet werden.
Mithilfe des Handlaminierverfahrens, Press- und Injektionsverfahrens, Wickel- und Flechtverfahrens oder des Pultrusionsverfahrens gehen die Fasermatten eine Verbindung mit dem Harz ein. Die Oberflächenbeschaffenheit der Formteile oder der Platten aus faserverstärktem Kunststoff (FVK) entsprechen den Oberflächen ihrer Formwerkzeuge, in denen sie hergestellt werden. In der Regel erhalten die überhängenden Ränder eine nachträgliche Säumung. Zur Nachbehandlung werden die Formteile geschliffen, poliert und lackiert. Aufgrund der hervorragenden mechanischen Festigkeit werden FVK-Werkstoffe auch zu Trägerprofilen, deren Formen dem Stahlbau angelehnt sind, verarbeitet. Die Verwendung von Kunstharzen ohne Faserverstärkung findet sich im Bereich von Bodenbeschichtungen, Anstrichen und Klebstoffen.

Verschiedene Kunststoffprodukte haben sich als plattenförmige Werkstoffe durchgesetzt:

Vollplatten
werden als bruch- und kratzfeste Scheiben aus PC, PMMA, PET(G), PVC und GFK teilweise mit einer hohen Lichtdurchlässigkeit, oft als Alternative zu Glas eingesetzt. Die Rohdichten von 12 kg/m³ bei PC oder PMMA und von 16 kg/m³ bei GFK sind etwa halb so groß wie die von Glas, wodurch sehr leichte Konstruktionen erreicht werden können. Die Plattenabmessungen sind in der Regel geringer als die von Glas; das maximale Standardmaß beschränkt sich auf 3,21 × 6,00 m. Vollplatten sind in vielen Farben und Oberflächenbeschaffenheiten erhältlich (strukturiert, perforiert, glänzend, matt und bedruckt, ...). Einige Hersteller bieten auch sichtbare Einlagen aus Geweben, Naturmaterialien oder Streuungen an.

Stegplatten
sind Leichtbauplatten, bei denen die Deckschichten aus demselben Material wie der Kern bestehen, sodass sie im engeren Sinne nicht den Sandwichkonstruktionen zugeordnet werden. Im Allgemeinen sind die Platten zwischen 16 und 85 mm dick, die Lichttransmission ist im Vergleich zu Vollplatten deutlich geringer. Die extrudierten Profile unterscheiden sich durch die Anzahl sowie die Größe der Stege und Kammern, die als Zwischenschicht fungieren. Diese Zwischenschicht sorgt dafür, dass Stegplatten hauptsächlich als transluzente Materialien in Erscheinung treten – gebräuchlich sind PC, PMMA, GFK und PVC. Die weitere Einfärbung, Bedruckung, Strukturierung und Beschichtung von Deck- und / oder Zwischenschicht sowie die Befüllung der Stegplatten zur Gestaltung ist möglich. Durch die Anzahl der Kammern, selektive Beschichtungen, sowie Folien- und Aerogeleinlagen kann der Wärmeschutz der Stegplatten zusätzlich verbessert werden. Mit speziellen Einlagen aus Gel, Folien oder Fasern können die Stegplatten überdies so gute Schallschutzwerte erreichen, dass sie auch als Lärmschutzwände eingesetzt werden können.

Well- und Trapezplatten
sind im Vergleich zu den Stegplatten stark standardisiert und werden in weniger Variationen angeboten. Sie dienen als einfache und eher kostengünstige Dach- und Wandbekleidungen. Gebräuchliche Kunststoffe für Well- und Trapezplatten sind PC, PMMA, GFK und PVC.

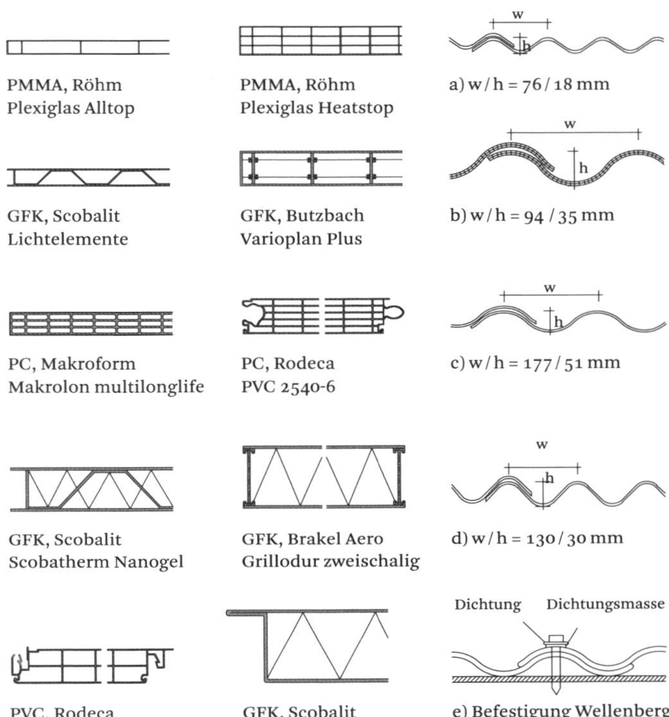

Typische Formen von Steg- und Wellplatten aus Kunststoff sowie Verbindungen und Randabschlüsse der Platten.

Stegplatten aus thermoplastischen Kunststoffen

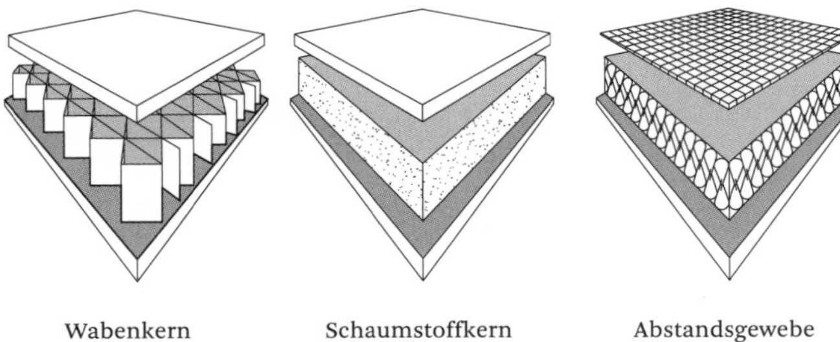

Sandwichplatte mit Wabenkern, Schaumkern und dreidimensionalem Abstandsgewebe als Zwischenschicht.

Sandwichplatten mit unterschiedlichen Deckschichten und Kernmaterialien ähneln Stegplatten optisch, sofern sie mit einem Wabenkern und transluzenten Deckschichten hergestellt sind. Während Stegplatten durchweg aus dem gleichen Material bestehen, weisen Sandwichplatten unterschiedliche Materialkomponenten auf.

Sandwichplatten für den Möbelbau aus Papierwabenkern und Deckschichten aus Spanplatten.

3.2.7 Sandwich- und Verbundplatten

Sandwichkonstruktionen sind Werkstoffverbunde, die in der Regel aus einer oberen und einer unteren kraftaufnehmenden Decklage sowie einem dazwischenliegenden leichten Kernmaterial bestehen. Die meist plattenförmigen Elemente sind bei geringem Gewicht sehr biege- und beulsteif, da sie durch die hohen Festigkeiten in den Decklagen ein hohes Flächenträgheitsmoment besitzen. Das Kernmaterial, das nur Schubkräfte aufnimmt und durch seine leichte Struktur wärmedämmend wirkt, besteht zumeist aus:

- Holz-, Papier-, Kunststoff- oder Metallwaben,
- Schaumstoffen (Polystyrol, Polyurethan, PVC, Aluminium),
- Abstandsgeweben (3D-Glas).

Die dünnen Decklagen verfügen über so hohe Festigkeiten, dass die Leichtbaustoffe auch als aussteifende und selbsttragende Konstruktionselemente eingesetzt werden können. Decklagen der Sandwichplatten bestehen meistens aus:

- Metall,
- Faserverbundwerkstoffen,
- Kunststoffen oder
- Holz.

Die Verbindung von Kernmaterial und Decklage erfolgt mithilfe von Kleb- bzw. Kunststoffen. Sandwichplatten sind an den Rändern meist offen, sodass sie für die Weiterverarbeitung seitlich durch Profile verschlossen werden müssen. In der Regel dienen diese Profile gleichzeitig der Fügung der Platten untereinander und der Befestigung an Unterkonstruktionen. Die Elemente können in der Herstellung, meist auch nachträglich verformt werden. Sandwichplatten finden hauptsächlich im Flugzeug-, Schiffs- und Automobilbau Anwendung, dort kommen diese häufig als Bootsrümpfe, Tragflächen oder Einbauten zum Tragen. Auch im Bauwesen werden Fassadenelemente aus Beton- oder Mauerwerk mit innenliegendem Dämmkern oder Sandwichpaneele aus Stahlblech mit innerem Schaumkern verwendet – diese sind insbesondere im Gewerbebau verbreitet. Im Innenausbau finden vor allem transluzente Sandwichkonstruktionen als Werkstoff für Trennwandsysteme und Wandverkleidungen Verwendung, die Struktur des Kernmaterials wird dabei oft zur Gestaltung eingesetzt. Im Bereich der Möbel- und Küchenindustrie treten zunehmend leichte

Sandwichplatten an die Stelle von massiven Hölzern und Holzwerkstoffen. Die Entwicklung neuer Verbindungstechniken ermöglicht hier einen kostengünstigen und wirtschaftlichen Einsatz von Sandwichplatten. Als besonderes gestalterisches Element erweitern Kunststoffplatten mit eingeprägten Strukturen, dynamischen Zwischenschichten und kombinierten Einlagen die Wahlmöglichkeiten im Innenausbau. Jede Einlage oder Zwischenschicht verändert die Lichtdurchlässigkeit und Festigkeit des Endprodukts – die Variationen reichen von einfachen Farben bis hin zu komplizierten geometrischen Mustern.

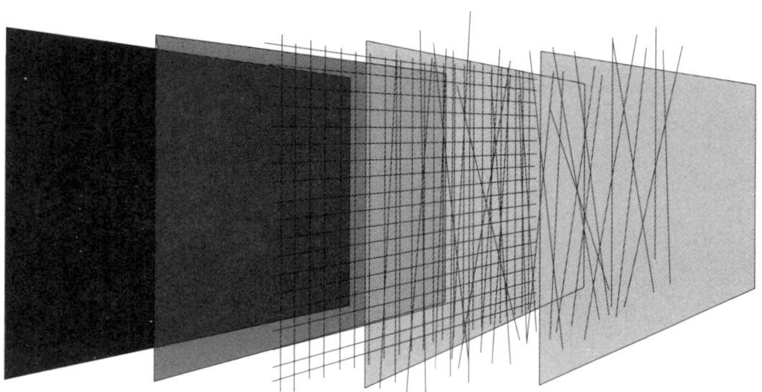
Schichten dekorativer Kunstharzvollplatten mit eingelegten Strukturen als Intarsien.

3.2.8 Zementgebundene Werkstoffe

Faserzementplatten
werden auf Grundlage von Portlandzement hergestellt und mit Zuschlagstoffen aus synthetischen sowie organischen Fasern versehen. Die wasser- und frostbeständigen, nicht brennbaren Produkte sind im Innenausbau sowohl als Wand- als auch als Deckenbekleidungen präsent. Im Holz- und Massivbau finden diese zementgebundenen Werkstoffe ebenso ihre Anwendung als Dach- und Fassadenbekleidung, selbst in Feuchtbereichen und für Brandschutz- und Schallschutzzwecke kommen die Platten zum Einsatz. Faserzementplatten mit einer Materialstärke zwischen 5 und 20 mm werden meist in Form von großformatigen Tafeln oder kleineren Schindeln verbaut, die auf Unterkonstruktionen aus Holz oder Leichtmetall aufgebracht sind. Bis in die Siebzigerjahre wurden die heute nicht mehr zulässigen, gesundheitsschädigenden Asbestfasern für die Herstellung von Faserzementplatten verwendet.

Zementgebundene, glasfaserbewehrte Sandwichplatte mit Leichtzuschlagstoffen als Dämmplatte im Außenbereich.

Glasfaserleichtbeton
ist ein mit Glasfasern armierter, zementgebundener Baustoff. Im Verbund der beiden Stoffe, nämlich Glasfaser und Beton, entsteht ein Werkstoff, der zwischen der großen Druckfestigkeit des Betons einerseits und der hohen Zugfestigkeit der Glasfasern andererseits eine Einheit bildet. Das daraus resultierende Produkt findet in der Herstellung filigraner Bauteile seine Anwendung und wird dabei wie monolithische oder mehrschichtige Platten mit Wandstärken zwischen 5 mm und 30 mm verwendet. Der glasfaserarmierte, zementgebundene Baustoff kann auch zu Formteilen gegossen werden, die beispielsweise im Sanitär- oder Küchenbereich zum Einsatz kommen.

Zementgebundene Mineralstoffplatte mit porenbildenden Zusätzen für den Einsatz als Innendämmung.

Anforderungen Plattenart	Baustoffklasse Brandverhalten[1]	Flächengewicht kg/m^2 Rohdichte kg/m^3	Dicke t mm	Länge l × Breite b cm	Lichttransmission TAU in %	Hersteller
Kunststoffvollplatten						
GFK	B2	8,35 kg/m^2	5	3500 × 2000	-	Hahlbrock
PC	B2	4,9 kg/m^2	4	3050 × 2050	89	Makroform
PET	B1	5,32 kg/m^2	4	3050 × 2050	89	Thyssen
PETG	B1	5,1 kg/m^2	4	3050 × 1500	90	Schulte
PMMA	B2	4,8 kg/m^2	4	3050 × 2050	91	Simona
PVC	B2	5,32 kg/m^2	4	2000 × 1000	66	Röhm
						Simona
Kunststoffstegplatten						
GFK	B2	11 kg/m^2	40	15000 × 486	78	Butzbach
PC	B2	3,7 kg/m^2	25	11000 × 980	30	Makroform
PMMA	B2	5 kg/m^2	16	7000 × 1200	82	Röhm
PVC	B1	5,5 kg/m^2	40	11000 × 300	67	Rodeca
Kunststoffwellplatten						
GFK	B2	20 kg/m^2	0,9	20000 × 3000	89	Scobalit
PC	B2	2 kg/m^2	5	7000 × 1097	77	Makroform
PMMA	B2	4 kg/m^2	3	4000 × 1045	88	Röhm
PVC	B1	2 kg/m^2	1,2	6000 × 988	80	Solvay
Sandwich – Wabenkern						
Kunststoffwabe	B2	5,5–6,0 kg/m^2	24,4 / 29,4	2750 × 2020	-	Thermopal
Metallwabe	keine Angabe	4–8,5 kg/m^2	6,3–52	2500 × 1250	-	Schurg
Papierwabe	B3 / B2	15,6–267 kg/m^3	6–100	3600 × 1500	-	Besin
Pappwabe	B2	85 kg/m^2	6–95	3050 × 1250	-	Swap
Sandwich – Schaumkern						
Holzschaum	B2	1,3–8,4 kg/m^2	3–19	2500 × 1250	-	BSW
Metallschaum	A1	230 kg/m^2	8–28	3000 × 1500	-	Gleich
Polystyrolschaum	B1	4,88–5,04 kg/m^2	20 / 24	3000 × 1000	-	Stadur
PU-Schaum	B3	1,5–3 kg/m^2	3,8 / 4,6	5500 × 2020	-	Thermopal
Sandwich – Glasgewebe						
Glasfaserverstärkter Polypropylenschaum	keine Angabe	6,2–11 kg/m^2	5,7 / 10 / 11,5 / 12,5	4000 × 1200 4000 × 800	-	Isosport
Spezialbauplatten						
Calciumsilikatplatte[2]	A1	290 kg/m^3	20 / 30 / 50	1000 × 240	-	Epasit
Glasfaserleichtbeton[3]	A1	640–980 kg/m^3	8–60	2600 × 1250	-	Aestuver
Zementbauplatte[4]	A1	16 kg/m^2	12,5	1250 × 900	-	Knauf
Hartschaumplatte armiert[5]	B2	40 kg/m^3	30–120	1200 × 1000	-	Sitek
Hartschaumplatte	B1	30–35 kg/m^3	30–120	1250 × 600	-	Isover
Holzfaserdämmplatte	B2	230 kg/m^3	8–19	2500 × 1000	-	Steico

1 Kategorien für Brennbarkeit, Rauchentwicklung und brennendes Abtropfen in DIN EN 13005 festgelegt · 2 Hersteller: Epasit, Promat, Eternit, Getifix, Redstone · 3 Hersteller: Aestuver · 4 Knauf · 5 Hersteller: Sitek, Luxelements.

Übersicht der Kunststoff-, Sandwich- und Spezialbauplatten mit wichtigen Anforderungen und Beurteilungskriterien.

3.2.9 **Glaswerkstoffe**

Für die Herstellung von Glas wird im Wesentlichen Siliziumdioxid (Quarzsand) zu einer zähflüssigen Schmelze erhitzt. Durch kontrolliertes Abkühlen des geschmolzenen Rohmaterials entsteht ein spröder, anorganischer Werkstoff. Da die Schmelze beim Abkühlen keine Kristallgitterstruktur ausbildet, kann Licht ohne Streuung durch das Glas dringen, sodass es transparent wirkt. Glas wird nach seiner chemischen Zusammensetzung und den daraus resultierenden physikalischen Eigenschaften in verschiedene Arten unterteilt: Übliches Bauglas besteht vorwiegend aus Siliziumdioxid, es wird auch als Silikatglas bezeichnet. Unterschieden werden Kalknatron- und Borosilicatglas. Borosilicatglas verfügt über eine höhere Temperaturwechselbeständigkeit als Kalknatronglas und findet daher vor allem als Brandschutzglas seine Anwendung. Glas kommt auch als Naturprodukt in Form des Vulkangesteins Obsidian vor und wurde bereits in der Antike in der Herstellung von Schmuck, Werkzeugen und Gefäßen verwendet. Mit der Entwicklung des Blas- und Gießverfahrens durch die Phönizier und Römer tauchte Glas erstmals als Baustoff für Gebäude auf. Heute werden die meisten Gläser im sogenannten Float-Verfahren produziert. Nach den Herstellungsverfahren werden Basisgläser unterschieden in:

Floatglas
ist ein planes, durchsichtiges, klares oder gefärbtes Kalknatronglas mit parallelen und feuerpolierten Oberflächen, das durch kontinuierliches Fließen über ein Zinnbad hergestellt wird. Es ist Ausgangsmaterial für die meisten weiteren veredelten Glasprodukte wie vorgespannte und Verbundsicherheitsgläser.

Guss- und Ornamentglas
wird heute ebenfalls im Bandverfahren hergestellt, jedoch durch Walzen geführt, die die Oberflächen im Gegensatz zum Floatglas mit einer Struktur versehen, sodass das Glas nicht transparent, sondern nur transluzent (lichtdurchlässig aber opak) ist. Drahtornamentglas enthält eine Drahtnetzeinlage.

Glassteine
(früher: Glasbausteine) bestehen aus zwei Halbschalen aus Pressglas, die zu einem Hohlglaskörper verschmolzen werden. Sie werden als vertikale Schichtung für Wände eingesetzt oder in Deckenkonstruktionen mittels tragender Betongerüste (Betonglas) gehalten. Glassteine nehmen keine Lasten auf.

Siliciumdioxid	(SiO_2)	69 % – 74 %
Calciumoxid	(CaO)	5 % – 12 %
Natriumoxid	(Na_2O)	12 % – 16 %
Magnesiumoxid	(MgO_2)	0 % – 6 %
Aluminiumoxid	(Al_2O_3)	0 % – 3 %

Siliciumdioxid	(SiO_2)	70 % – 87 %
Boroxid	(B_2O_3)	7 % – 15 %
Natriumoxid	(Na_2O)	0 % – 8 %
Kaliumoxid	(K_2O)	0 % – 8 %
Aluminiumoxid	(Al_2O_3)	0 % – 8 %
andere		0 % – 8 %

Die im Bauwesen üblichen Glasarten Kalk, Natron- und Borosilikat-Glas mit chemischer Zusammensetzung.

Feststehende Innenfenster aus Floatglas; die Rahmen sind durch die letzte Lage des Gipskartons verdeckt.

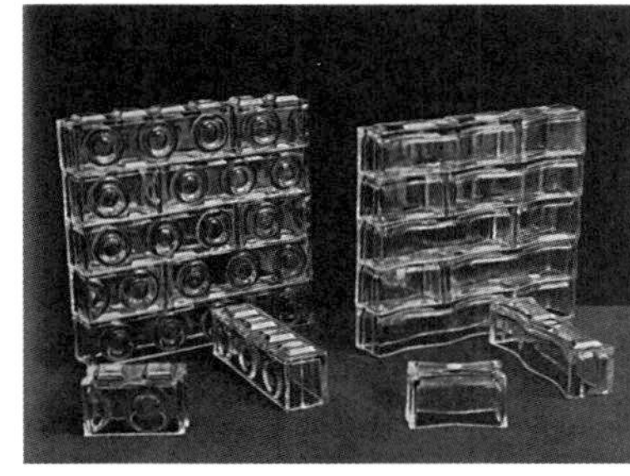

Historische Glassteine

Profilgläser als Trennwandelement im Innenraum

Verfahren[1]	Beschreibung	Oberflächen-festigkeit	Rutsch-hem-mung	Eigenschaft
Beschichten	Aufbringen einer Metall-oxidschicht, online / offline	Keine Festigkeits-minderung[2]	keine	Sonnen- und Wärme-schutz
Bedrucken	Einbrennen einer Emaille-schicht, vollflächig / Siebdruck	Schädigung der Ober-fläche[2] (Emaille auf der Zugseite)	bis R 13[3]	Gestaltung, Trans-mission
Ätzen	Mattieren des Glases durch Säure	Keine Festigkeits-minderung[2]	keine	Gestaltung, Trans-mission
Sandstrahlen	Mattieren des Glases durch Sand-strahlen	Keine Festigkeits-minderung[2]	keine	Gestaltung, Trans-mission
Laminieren	Aufbringen von Kunst-stofffolien mit Funktions-schichten	Keine Festigkeits-minderung[2], Splitter-bindung	keine	Sicherheit
Bekleben	Aufbringen von selbstkleben-den Folien	Keine Festigkeits-minderung[2]	keine	Gestaltung, Sicherheit[4]

1 Möglichkeiten der optischen Gestaltung sind vom Hersteller zu erfragen · 2 Zulässige Glasfestigkeiten nach TRLV für ESG aus Floatglas 50 N/mm², Emailliertes ESG aus Floatglas: 30 N/mm², TVG aus Floatglas: 29 N/mm², Emailliertes TVG aus Floagtglas: 18 N/mm² · 3 Rutschhemmungsklassen nach BGR 181 = R9–R13 · 4 Kennzeichnung der Scheiben.

Typische Arten der Oberflächenbehandlung und deren Einfluss auf funktionale und konstruktive Eigenschaften.

Profilglas
sind U-förmige schmale Gussglasstreifen, deren Stege zur Aussteifung des Glasprofils dienen. Profilgläser finden auch als Wandbaustoff Verwendung, indem diese zu doppelwandigen Elementen mit innenliegender Dämmschicht zusammengefügt werden. Durch Glasbearbeitung wie Schneiden, Schleifen, Bohren, Kanten- und Oberflächenbehandlung, Glasverbund und thermisches Vorspannen erhalten die Basisgläser eine weitere Veredelung. Die Kantenbearbeitung kann als gerade Kante (K), Gehrungskante (GK), Facettenkante (FK) oder runde Kante (RK) ausgeführt werden. Die mechanische Bearbeitung von Glasscheiben durch Schneiden, Bohren und Schleifen erfolgt vor der Oberflächenbehandlung, dem Verbund oder der Vorspannung (Ausnahme: chemisch vorgespannte Gläser). Glasverbund und thermische Vorspannung dienen vor allem der Verbesserung der sicherheitstechnischen Eigenschaften.

Oberflächenbehandlungen
sorgen dafür, dass die bauphysikalischen und gestalterischen Eigenschaften der Gläser verbessert werden. Zu den Behandlungen der Oberflächen zählen Beschichten, Ätzen, Sandstrahlen, Emaillieren oder Bekleben. Sonnen- und Wärmeschutzbeschichtungen werden als Dünnbeschichtungen aus Metalloxiden meist online während des Floatverfahrens oder offline in einem nachfolgenden Arbeitsschritt aufgebracht. Durch Emaillieren – vollflächig mit Walze oder gerastert im Siebdruck – können farbige, bildhafte oder gemusterte Strukturen erzeugt werden; dieses Verfahren verringert jedoch die Festigkeit der Oberfläche. Sandstrahlen und Ätzen mattieren die Glasoberfläche. Das großflächige Auflaminieren beschichteter Kunststofffolien kann dauerhaft erfolgen, während Klebefolien auch wieder entfernt werden können.

Einscheibensicherheitsglas (ESG)
und teilvorgespanntes Glas (TVG)
Thermisch vorgespanntes Glas bezeichnet einen Veredelungsvorgang, bei dem die Basisgläser auf eine festgelegte Temperatur von etwa 650–700 Grad erhitzt und dann kontrolliert schlagartig abgekühlt werden. Dadurch entsteht eine dauerhafte Spannungsverteilung mit einer Druckspannung auf den Oberflächen und einer Zugspannung im Glasinneren, wodurch das Material eine wesentlich höhere Widerstandsfähigkeit gegen mechanische sowie thermische Beanspruchungen erhält.

Die höchste Widerstandsfähigkeit besitzt das Einscheibensicherheitsglas (ESG), eine geringe Festigkeit das teilvorgespannte Glas (TVG). ESG und TVG unterscheiden sich weiters durch ihr Bruchbild: Während ESG in sehr kleine Bruchstücke zerfällt, zerbricht TVG in große, längliche Teile. Die großformatigen Bruchstücke erweisen sich bei Verbundsicherheitsglas als vorteilhaft, da sie sich ineinander verkeilen und so eine größere Resttragfähigkeit aufweisen als zerstörte ESG-Scheiben. TVG wird deshalb vor allem bei Überkopfverglasungen eingesetzt. ESG findet hingegen eher bei Vertikalverglasungen oder als Verschleißschicht von begehbaren Gläsern seine Anwendung beziehungsweise überall dort, wo die Gefahr des Glasbruchs durch eine mögliche Kollision besteht, etwa bei bodentiefen Verglasungen, wie Glastrennwänden. Im eingebauten Zustand können insbesondere größere ESG-Scheiben an einer im Vergleich zum Floatglas etwas modulierten Glasoberfläche erkannt werden. ESG-Scheiben müssen für bestimmte Anwendungen vor Auslieferung auf strukturelle Defekte im Glas (Nickel-Sulfid-Einschlüsse) überprüft werden. Hierzu werden die Scheiben in einem Heat-Soak-Test (HST) einer kontrollierten Erwärmung auf eine kritische Temperatur von 290 ± 10 Grad über mindestens vier Stunden unterzogen (ESG-H).

Chemisch vorgespanntes Glas
wird durch Eintauchen der Glasscheiben in ein Bad aus Kaliumsalzen erreicht. Bei dem Vorgang kommt es zu einem Austausch zwischen den Natriumionen des Glases und den Calciumionen des Salzes. Mit dieser Art der Vorspannung werden deutlich höhere Festigkeiten (bis zu 500 N/mm²) erzielt als mit der thermischen Vorspannung. Damit können bei gleicher Tragfähigkeit bedeutend dünnere Scheiben eingesetzt werden.

Verbundglas (VG)
besteht aus zwei oder mehreren Glasscheiben, die mit einer oder mehreren transparenten, transluzenten, opaken oder farbigen Zwischenschichten aus Gießharz (1–4 mm) oder Kunststoff verbunden sind, wobei der Glasaufbau nicht symmetrisch sein muss. Verbundglas hat keine Sicherheitseigenschaften und wird für dekorative, brandschutztechnische oder schalldämmende Anwendungen eingesetzt. Zu den Verbundgläsern zählen auch Gläser mit fotovoltaischen Schichten (EVA-Folien, Gießharz, ...), sofern diese bei den in der Zwischenschicht auftretenden erhöhten Temperaturen keine Splitterbindung und keine erhöhte Resttragfähigkeit aufweisen.

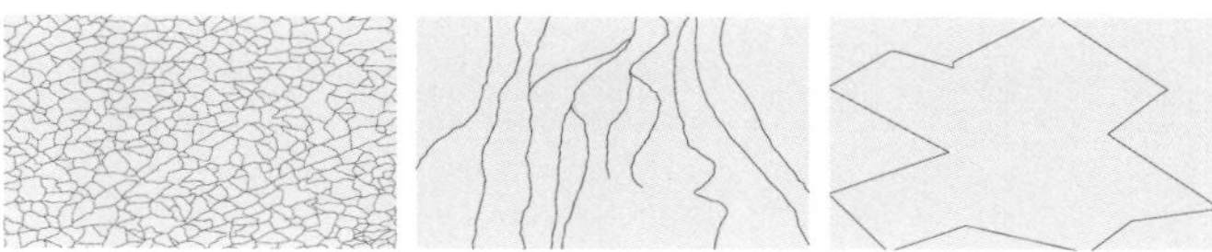

Bruchbilder von Einscheibensicherheitsglas (ESG), teilvorgespanntem Glas (TVG) und chemisch vorgespanntem Glas (CVG). Das großscherbige Bruchbild von chemisch vorgespanntem Glas ähnelt dem von Floatglas. Großscherbig zerbrechende Gläser wie Float, TVG oder CVG verfügen in der Verwendung als Verbundsicherheitsglas (VSG) über eine höhere Resttragfähigkeit, die insbesondere für Überkopfverglasungen gefordert wird.

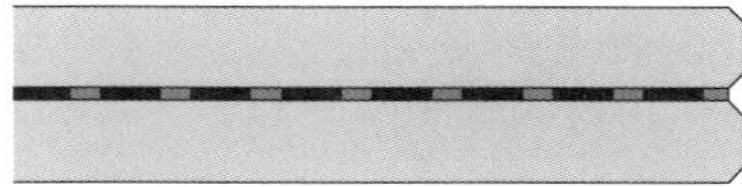

Aufbau eines Zweifach-Verbund (VG)- bzw. Verbundsicherheitsglases (VSG), abhängig von der Zwischenschicht.

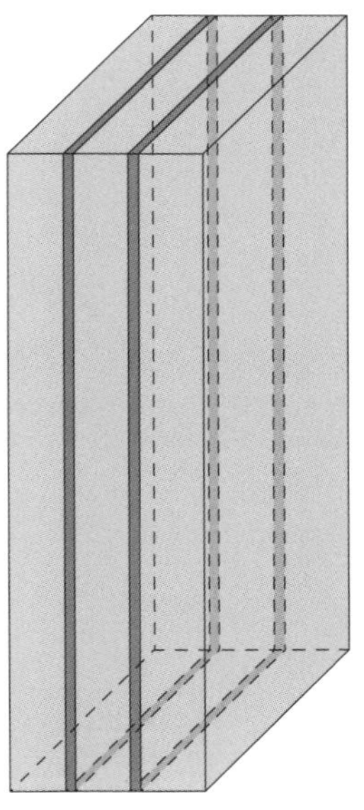

a) Brandschutzglas als Verbundglas

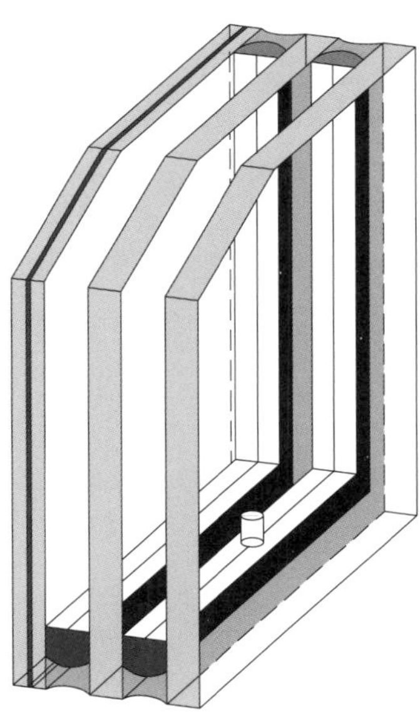

b) Dreifach- Isolierglas mit innerem Verbundglas

Multifunktionsgläser als Verbundglas aus Brandschutzglas mit im Brandfall aufschäumenden und gegen die Hitzestrahlung isolierenden Zwischenschichten sowie als Isolierglas mit innenliegendem Verbund-Brandschutzglas.

Anforderungen / Plattenart	Baustoffklasse	Kurzzeichen	Dicke t mm	max. Länge l × max. Breite b / mm	Herstellung / Besonderheiten	Norm / Regelwerk
Basisgläser[1]						
Floatglas	A1	–	2–19	3200 × 6000	Gießverfahren Metallbad	DIN EN 572-2
Gezogenes Flachglas	A1	–	2–12	3200 × 6000	Ziehverfahren	DIN EN 572-4
Poliertes Drahtglas	A1	–	6/10	1650 × 3820	Gussglas + Drahteinlage	DIN EN 572-3
Ornamentglas	A1	–	3–10	4500 × 2520	Gussglas gewalzt	DIN EN 527-5
Drahtornamentglas	A1	–	7/9	4500 × 2520	siehe oben + Drahteinlage	DIN EN 527-6
Profilbauglas mit und ohne Drahteinlage	A1	–	6/7	6000 × 232 6000 × 498	Gussglas gewalzt U-Form mit / ohne Draht	DIN EN 572-7
Vorgespannte Gläser[2]		–	individuell[3]	individuell[3]		
Thermisch vorgespanntes Glas	A1	ESG	3–19	2800 × 6000	Floatglas thermisch behandelt	DIN EN 12150
Heißgelagertes thermisch vorgespanntes Glas	A1	ESG-H	3–19	2800 × 6000	Floatglas thermisch behandelt	DIN EN 14179
Teilvorgespanntes Glas	A1	TVG	4–12	2700 × 6000	Floatglas thermisch behandelt	DIN EN 1863
Chemisch vorgespanntes Glas	A1	CVG	2–19	2700 × 6000	Floatglas chemisch behandelt	DIN EN 12337
Multifunktionsgläser			individuell[3]	individuell[3]	mit kombinierten Eigenschaften:	
Mehrscheibenisoliergläser	A1	–			Glas-Edelgas-Glas	DIN EN 1279
- Schall-, Wärme-, Sonnenschutz		–		–	mit Beschichtungen	DIN EN 1096
- Sicherheitssonderverglasung[4]					in Kombination mit VSG	
- Brandschutzgläser	A1	P / ER / BR		–	Borosilicat- oder Schichtglas,	siehe unten VSG
					Verfärbung der Temperatur,	DIN 4102-13
	A1	–	13–56	2000 × 3200	Elektrik, Gas	
Verbundgläser	A1	VG	individuell[3]	individuell[3]	Glas-Medium-Glas	DIN EN ISO 12543
- Gießharz				–	keine Sicherheitseigenschaften	
- Folien (Acrylat / PUR)				–	wie VSG	
Verbundsicherheitsglas	A1	VSG	individuell[3]	individuell[3]	Glas-PVB-Glas	DIN EN ISO 12543
- zweifach (für Vertikal- und Überkopfverglasung		4–60		2700 × 3800	Gießharz ausgehärtet PVB-Folie verpresst;	
- dreifach (für begehbare Verglasungen)		26–60		1800 × 3000 2000 × 4500	Glas- und Foliendicken abhängig von Anwendung; Sicherheits-	DIN EN 356, 1036, 13541
- mehrfach (Sicherheits-sonderverglasungen		16–76		2800 × 6000	eigenschaften	

1 DIN EN 572: Glas im Bauwesen – Basiserzeugnisse aus Kalk-Natronsilicatglas · 2 Erhöhung der mechanischen und thermischen Widerstandsfähigkeit von Kalk-Natron-Gläsern · 3 hier nur Richtwerte, Standard- und Maximalabmessungen weichen je nach beim Hersteller vorhandenen Maschinen und Zulassungen davon ab · 4 auch Kombination von Glas mit Polycarbonat (PC)-Schichten.

Übersicht der gebräuchlichen Glasarten und -produkte und wichtige Eigenschaften sowie Beurteilungskriterien

Verbundsicherheitsglas (VSG)
wird bei erhöhten Sicherheitsanforderungen, wie etwa bei Absturzsicherungen verwendet, da die im Glas vorhandene Zwischenschicht im Falle des Glasbruchs die Bruchstücke zusammenhält, so wird die Gefahr von Schnitt- und Stichverletzungen reduziert. Diese Zwischenschichten wirken als Verbundwerkstoff und gleichzeitig als Abstandschicht zwischen den Glasscheiben. Daneben sorgen die Zwischenschichten dafür, dass der Widerstand der Glasscheiben gegen äußere Einwirkungen wie Stoß und Feuer verbessert wird. Sie bieten außerdem einen Restwiderstand gegen vollständiges Versagen und können zur Verringerung der Sonneneinstrahlung und zur Schalldämmung beitragen. Üblicherweise kommen als Zwischenschichten PVB-Folien in einer Stärke von 0,38–2,28 mm zum Einsatz. Für viele Anwendungen im Bauwesen sind Zwei- und Dreifach-VSG-Gläser ausreichend. Werden jedoch einbruch-, durchwurf-, durchschuss- oder explosionshemmende Verglasungen benötigt, sind mehrere Glasscheiben im Verbund möglich. Der Scheibenaufbau kann dann einige Zentimeter betragen.

3.2.10 **Metallwerkstoffe**
sind Baustoffe, welche die kulturgeschichtliche Entwicklung der Menschheit seit der Jungsteinzeit maßgeblich beeinflusst haben. Die Bedeutung von Metallwerkstoffen lässt sich etwa anhand der Bezeichnungen von erdgeschichtlichen Epochen festmachen, wie der Kupfer-, der Bronze- oder der Eisenzeit. Im 19. Jahrhundert war vor allem der Stahlbau für leistungsfähigere Hochbaukonstruktionen verantwortlich. Heutzutage werden Metalle hauptsächlich in Form von Walzstahl, der zu Trägern für Dächer, Decken, Fassaden sowie im Brückenbau verwendet wird, eingesetzt. Im Ausbau finden Metalle vorzugsweise als Metallbleche, Metallgewebe oder Metallprofile Anwendung.

Geprägte Metallbleche

Metalle sind nicht brennbar, aber bei höherer Wärmeeinwirkung auch nicht formstabil und müssen daher in der Verwendung für Bauteile höherer Anforderungen brandschutztechnisch ertüchtigt werden. Obwohl Metalle ein hohes Eigengewicht besitzen, kann man diese in dünnen Materialstärken auch als Bekleidung einsetzen. Besondere Stoffeigenschaften sind eine hohe elektrische Leitfähigkeit und Wärmeleitfähigkeit, eine große Duktilität (Verformbarkeit) und der metallische Glanz (Spiegelglanz). Sind Metalle Feuchtigkeit und Sauerstoff ausgesetzt, so korrodieren sie. Mithilfe spezieller Anstriche, Pulverbeschichtungen, Emaillierung oder Verzinken bleiben diese vor einer Korrosion geschützt.

Zinkblech, natur, blaugrau und schiefergrau

Metalle werden unterschieden in:

- Edelmetalle wie Gold, Silber oder Platin,
- Halbedelmetalle wie Kupfer und
- unedle Metalle wie Eisen, Aluminium oder Zink.

Die Verbindungen oder auch Lösungen von verschiedenen Metallen miteinander oder ineinander heißen Legierungen: Messing ist etwa eine Legierung aus Kupfer und Zink; Stahl, das neben Aluminium am häufigsten verwendete Metall im Bauwesen, ist eine Eisen-Kohlenstoff-Legierung. Edelstahl, eine besondere, nicht rostende Stahllegierung, benötigt keinen zusätzlichen Oberflächenschutz und wird deshalb oft für hoch beanspruchte Bauteile eingesetzt. Cortenstahl weist an der Oberfläche eine Rostschicht auf, die das Material vor weiterer Korrosion schützt. Aufgrund seiner natürlichen Wirkung findet dieser oft im Außenbereich Verwendung.

Aluminiumschaum

Material

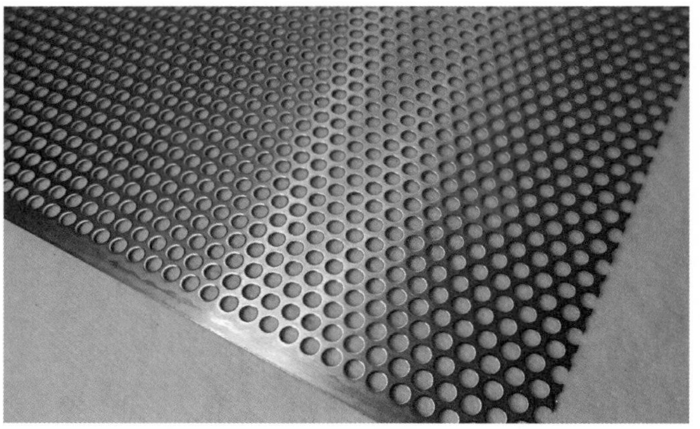

Lochblech

Grobmaschiges Metallgewebe

Streckmetall

Metallbleche
sind aus Metall bestehende, flache Walzwerkprodukte, die als Tafeln hergestellt werden. Fast jedes Metall lässt sich zu Blech verarbeiten. Je nach Herstellungsart werden Bleche, in Feinblech, Grobblech und Mittelblech unterteilt; dünne Bleche nennt man Folie (zum Beispiel: Goldfolie). Es gibt verschieden profilierte Formen von Blechen, wie Wellblech, Trapezblech oder Riffelblech. Wellblech ist im Querschnitt wellenförmig, Trapezblech ist ein gekantetes Profilblech; beide zeichnen sich durch eine geringe Materialstärke mit einer gleichzeitig hohen Steifigkeit und Tragfähigkeit aus. Sie werden hauptsächlich für Wand-, Decken- und Dachbekleidungen verwendet. Riffelblech hat eine feinere, gerippte Struktur, die vor allem zur Rutschfestigkeit beiträgt. Besondere Gestaltungsmöglichkeiten bietet die Weiterverarbeitung von Metallblechen durch Perforation und Prägung. Computergesteuerte Verfahren stellen Lochbleche mit vielfältigen Mustern und Strukturen sowie geprägte Bleche her. Die Oberflächen von Metallblechen können poliert, gebürstet oder strukturiert weiterverarbeitet werden.

Metallgewebe und Metallgitter
sind aus Metalldrähten oder Metallstäben hergestellte licht- und luftdurchlässige Gewebe oder Gitter, die je nach Muster, Dichte und Dicke hinsichtlich Stabilität und optischer Struktur stark variieren können. Zur Herstellung von Metallgitter werden einzelne Stäbe miteinander verschweißt, Metallgewebe ist durch seine Webstruktur elastischer und findet im Bauwesen etwa als gespannte Konstruktion Verwendung. Streckmetallgitter zeichnet sich durch ein besonderes Produktionsverfahren aus: Bei gleichzeitig streckender Verformung wird das Metallblech mit versetzten Schnitten gestanzt und erhält so ein zick-zack-förmiges Profil.

Metallprofile
werden im Innenausbau für Unterkonstruktionen von Ständerwänden und Deckenkonstruktionen, für die Konstruktion von Geländern und Treppen oder als Abdeckleisten für Fußböden und Wandbekleidungen verwendet. Metallprofile werden nach ihrer Form unterschieden in: Rechteck- und Vierkantrohre, Vierkant- und Sechskantstangen, L-Profile, H-Profile, T-Profile, U-Profile, Z-Profile, Griff- und Kantenschutzprofile, ungleichschenklige oder gleichschenklige Winkel, Flachstangen, Rundstangen oder Rundrohre. Hauptsächlich bestehen Metallprofile aus Stahl, Kupfer, Messing oder Aluminium.

3.3 Fliesen und Platten

Platten aus Natur- oder Kunststein sowie Keramikfliesen werden vor allem im Sanitärbereich für Boden- und Wandbekleidungen, Treppenbeläge, Arbeitsplatten im Küchenbereich oder als Fensterbänke verwendet. Die nicht brennbaren, meist rechteckigen oder quadratischen Platten werden im Mörtelbett mit Fugen von 1–5 mm, je nach Plattengröße verlegt. Das Fugenbild, also die Anordnung der Platten und Fugen, sowie die Plattenformate bestimmen die gestalterische Wirkung der Gesamtfläche maßgeblich. Fliesen und Platten sind für hochbeanspruchte Flächen wie Böden auch im Nassbereich gegenüber anderen Baustoffen vorteilhaft, weil diese nicht nur eine hohe Festigkeit besitzen, sondern in der Regel auch noch feuchtigkeitsbeständig sind. Für die Materialwahl in der Planung von Bodenbelägen und Wandbekleidungen mit Platten oder Fliesen sind neben Form, Farbe, Glanzgrad und Struktur auch Faktoren wie Rutschfestigkeit, Abriebfestigkeit und Belastbarkeit ausschlaggebend.

3.3.1 Naturwerkstein

ist ein gesägter oder behauener Werkstoff aus in der Natur vorkommenden Gesteinen. Natursteine werden anhand ihres Alters und der Art ihrer Entstehung in drei Kategorien eingeordnet:

- Magmatite (Granit, ...) bestehen unter anderem aus flüssiger Lava. Sie sind besonders hart und dicht.
- Sedimente (Kalkstein, Sandstein,...) haben sich aus Ablagerungen an Land oder auch im Wasser gebildet. Sedimentgestein ist deutlich weicher als Magmatit.
- Metamorphes Gestein (Schiefer, Marmor, Travertin, ...) umfasst die Steinarten, die aus Sedimentgestein bestehen und sich in ihrer Entwicklung einem Umwandlungsprozess unterzogen haben. Sie sind durch intensiven Druck und große Hitze während der Bildung von Gebirgszügen entstanden.

Naturwerksteine sind natürliche Materialien, die selbst wenn sie aus derselben Gesteinsader stammen, verschiedene Oberflächen sowie Farb- und Musterungsunterschiede aufweisen können. Charakteristisch für diese Art von Fliesen und Platten sind vor allem Marmorierungen, Körnungen oder Einschlüsse von Muscheln.

Granit als Magmatit ist besonders hart und dicht.

Kalksteine sind Sedimentgesteine, die im Vergleich zu Magmatiten wesentlich weicher sind.

Mamor – ein metamorphes Gestein, das durch Umwandlung verfestigt wurde.

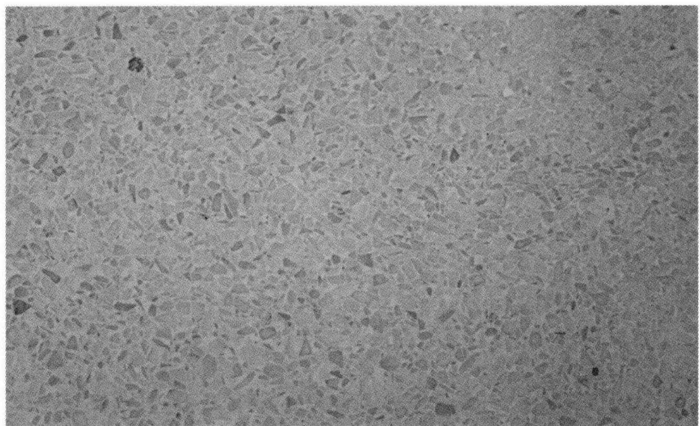

Terrazzo ist ein vor Ort gegossener Kunststeinbelag.

Geriffelte Feinsteinzeugfliese

Runde Mosaikfliesen sind auf einem Netz aufgebracht, damit sie auch nach späterer Verlegung immer dieselbe Anordnung besitzen.

Naturwerksteinplatten können gespalten, gebrochen, geschnitten oder geschliffen werden. Gespaltene Platten oder behauene Platten mit ausgeprägten, von Hand bearbeiteten Oberflächenstrukturen werden vor allem im Außenbereich, auf Mörtel oder im Kiesbett verlegt. Geschnittene Platten mit geraden Oberflächen und Rändern können verklebt oder im Mörtelbett verlegt werden. Gemäß DIN EN 12057 Natursteinprodukte – Fliesen und DIN EN 12058 Natursteinprodukte – Bodenplatten und Stufenbeläge, wird zwischen Natursteinfliesen (Materialstärke bis zu 12 mm) und Natursteinplatten (Materialstärke über 12 mm) unterschieden.

3.3.2 **Kunststein**
ist ein mineralisch gebundener (Betonwerkstein, ...) oder ein harzgebundener Werkstoff (Quarzwerkstoff, ...), der mit Zuschlägen von Sanden und gebrochenen Gesteinen hergestellt wird. Kunststeine besitzen oftmals vorteilhaftere Eigenschaften als Natursteine, wie etwa eine höhere Beständigkeit gegen mechanische und chemische Einflüsse.

- Betonwerkstein besteht aus bewehrtem oder unbewehrtem Beton, der je nach Zuschlag und Oberflächenbearbeitung vielfältige Qualitäten aufweisen kann.
- Quarzwerkstoff besitzt eine Verschleißhärte, welche an die von Hartgestein heranreicht und wird deshalb oft für Küchenarbeitsplatten verwendet, ist aber lösemittel- und temperaturempfindlich.
- Terrazzo ist ein mineralischer Kunststeinbelag aus Bindemitteln wie gebranntem Kalk oder Zement und Zuschlägen aus Gesteins- oder Ziegelsplitt, der traditionell als Orts-Terrazzo fugenlos gegossen und danach geschliffen wird.

3.3.3 **Keramik**
wird aus natürlichen keramischen Rohstoffen, wie Ton, Kieselerde (Silizium), Zuschlagsmaterialien und Farbstoffen hergestellt und gebrannt. Unterschieden werden:

- Klinker- und Ziegel: Grobkeramik mit geringer Wasseraufnahmekapazität, mechanisch hochbelastbar, strapazierfähig und witterungsbeständig.
- Steinzeug: glasierte Feinkeramik mit starker Beanspruchbarkeit, frostbeständig.
- Steingut: glasierte Feinkeramik mit hoher Wasseraufnahmekapazität, nicht frostbeständig.

- Feinsteinzeug: unglasierte Fliesen mit niedriger Porosität und geringer Wasseraufnahmekapazität.
- Cotto / Terracotta: unglasierte Feinkeramik mit hoher Wasseraufnahmekapazität, angeraute Oberfläche, meist nicht frostbeständig; unversiegelte Oberfläche ist wasser- und fleckenempfindlich.
- Mosaikfliesen: kleine Formate aus Naturstein, Glas oder Steinzeug.
- Majolikafliesen: nach historischem Vorbild mit Glasur gestaltet, kleine Formate nennt man Mosaike (Naturstein, Glas oder Steinzeug).

3.4 Dämmstoffe

sind poröse Baustoffe, die für den Wärme-, Brand- und Schallschutz eingesetzt werden. Die Wirkung einzelner Dämmstoffe ist wesentlich von ihrer Konsistenz und Dicke sowie von der Anordnung in der Gesamtkonstruktion abhängig. Sie werden meist als Bestandteil eines Bauteilsystems verwendet, das aus mehreren Schichten besteht; seltener wirken die tragenden Baustoffe selbst als Dämmstoff in einem monolithischen Aufbau wie etwa bei Gas- und Leichtbeton. Entsprechend Konsistenz und Struktur der verwendeten Ausgangsstoffe werden Dämmstoffe in Faserdämm- und Schaumkunststoffe sowie in lose Dämmstoffe (Schüttungen, Flocken) unterteilt; hieraus leiten sich die Anwendungsgebiete der Dämmstoffe ab.

Zudem kann die Unterteilung nach dem Ausgangsmaterial in natürliche und künstliche Produkte erfolgen, mittlerweile bestehen jedoch die meisten Dämmstoffe – auch diejenigen auf natürlicher Basis – aus verschiedensten Stoffen und Komponenten. Einige Dämmstoffprodukte, wie Hartschaum- und Mineralfaserträgerplatten, sind auch als beidseitig mit Glasvlies oder glasfaserbewehrten Mörtelschichten oder einseitig mit Gipsfaserplatten kaschierte Verbund-Dämmplatten erhältlich. Diese Dämmplatten werden als plane Verlegeuntergründe oder als Wand- und Bodenverkleidungen eingesetzt.

3.4.1 Faserdämmstoffe

sind aufgrund ihrer weichen Konsistenz besonders geeignet, um Hohlräume fugenlos auszufüllen. Nach ihren Ausgangsstoffen wird bei Faserdämmstoffen unterschieden in pflanzliche und mineralische Produkte:

Weiche Faserdämmstoffe oder lose Dämmstoffe wie Zelluloseflocken können passgenau in eine bestehende oder unebene Unterkonstruktion eingefügt werden.

Harte Schaumkunststoffe oder mineralisch gebundene Dämmplatten müssen auf die Geometrie des Raumes zugeschnitten werden und sollten möglichst auf glatter und ebener Oberfläche verlegt werden.

Verlegung einer harten Dämmung mit fertiger Deckschicht auf einer losen Schüttung. Nach Erreichen der Fertigfußbodenhöhe wird der Randdämmstreifen der Fußbodenkonstruktion auf dieser Höhe abgeschnitten.

Anwendungsgebiet	Anwendungsbeispiele	Kurzzeichen
Decke / Dach	Außendämmung von Dach und Decke, vor Bewitterung geschützt, Dämmung unter Deckungen	DAD
	Außendämmung von Dach und Decke, vor Bewitterung geschützt, Dämmung unter Abdichtungen	DAA
	Außendämmung des Dachs, der Bewitterung ausgesetzt (Umkehrdach)	DUK
	Zwischensparrendämmung, zweischaliges Dach, nicht begehbare, aber zugängliche oberste Geschossdecken	DZ
	Innendämmung der Decke (unterseitig) oder des Dachs, Dämmung unter Sparren- / Tragkonstruktion, abgehängte Decke, ...	DI
	Innendämmung der Decke oder Bodenplatte (oberseitig) unter Estrich, mit Schallschutzanforderungen	DEO
	Innendämmung der Decke oder Bodenplatte (oberseitig) unter Estrich, ohne Schallschutzanforderungen	DES
Wand	Außendämmung der Wand hinter Bekleidung	WAB
	Außendämmung der Wand hinter Abdichtung	WAA
	Außendämmung der Wand unter Putz	WAP
	Dämmung von zweischaligen Wänden, Kerndämmung	WZ
	Dämmung von Holzrahmen- und Holztafelbauweise	WH
	Innendämmung der Wand	WI
	Dämmung zwischen Haustrennwänden, mit Schallschutzanforderungen	WTH
	Dämmung von Raumtrennwänden	WTR
Perimeter	außenliegende Wärmedämmung von Wänden gegen Erdreich (außerhalb der Abdichtung)	PW
	außenliegende Wärmedämmung unter Bodenplatte gegen Erdreich (außerhalb der Abdichtung)	PB

Übersicht der Anwendungsgebiete und Kurzzeichen entsprechender Wärmedämmungen, nach DIN V 4108-10, Tabelle 1, die in nachvollziehbarer Weise Informationen über die Einsatzmöglichkeiten von Dämmstoffen gibt.

Mineralfaserdämmstoffe
werden aus der Schmelze von Basalt, Kalk- und Dolomitgestein (Steinwolle) oder aus Altglas (Glaswolle) hergestellt. Sie sind nicht brennbar und werden daher vorrangig zur Ertüchtigung von Bauteilen mit brandschutztechnischen Anforderungen eingesetzt. Zu den Mineralfaserdämmstoffen zählt zum Beispiel die Mineralwolle (MW), die aus Glas-Steinwolle besteht.

Pflanzenfaserdämmstoffe
werden hauptsächlich als Trittschalldämmung und Wärmedämmung eingesetzt; sie wirken in der Regel feuchtigkeitsregulierend. Zur Verbesserung der brandschutztechnischen Eigenschaften wird das brennbare Basismaterial mit speziellen flammhemmenden Mitteln versetzt. Pflanzendämmstoffe sind neben Holzwolleplatten (WW), Holzwollemehrschichtplatten (WW-C), Holzfaserdämmplatten (WF), Baumwolldämmplatten, Flachsdämmstoffe und Zellulosefaserprodukte.

3.4.2 Schaumstoffe
sind aus Erdöl oder mineralischen Stoffen gewonnene, geschlossenzellige Strukturen mit fester Konsistenz, deren Grundbestandteile durch chemische oder physikalische Prozesse aufgeschäumt oder aufgebläht werden. Die plattenförmigen Formate kommen vorrangig bei massiven Wänden und Decken als Trittschalldämmung oder Wärmedämmung zum Einsatz. Im Trockenbau werden sie häufig als Verbundplatten verarbeitet und als Innendämmung eingesetzt.

Schaumkunststoffe
sind aus Kunststoffen gewonnene Produkte, die durch Aufschäumen im Herstellungsprozess ein zelliges Gefüge erhalten: kleine, kugelförmige Hohlräume, die durch Luft oder ein anderes Gas ausgefüllt sind. Je nach Art der Herstellung und des Zellgefüges gibt es unterschiedliche Schaumkunststoffe: Expandierter Polystyrol-Hartschaum (EPS) – umgangssprachlich als Styropor bekannt – Polystyrol-Extruderschaum (XPS) und Polyurethan-Hartschaum (PUR) sind oft verwendete Baumaterialien, die vor allem im Fassadenbereich Anwendung finden. Das geschmolzene und mithilfe von Wasserdampf vorgeschäumte Granulat wird bei der Weiterverarbeitung zu Blöcken oder Platten gepresst. Schaumkunststoffe zeichnen sich durch ihr geringes Gewicht und die leichte Verarbeitung aus, sind deshalb weit verbreitet und nehmen einen entsprechend hohen Marktanteil ein.

Bezeichnung	Kurzzeichen	Rohstoffbasis / Herstellung	Baustoff-klasse / Brandver-halten	Rohdichte kg/m³	Wärmeleit-fäigkeit W/mK	Norm / Verarbeitung
Faserdämmstoffe						
Steinwolle (Mineralwolle)		Diabas, Dolomit, Basalt	A1	12–250	0,045–0,050	DIN EN 13162
Glaswolle (Mineralwolle)	MW	Altglas, Sand, Kalkstein	A1	12–250	0,045–0,050	DIN EN 13162
Holzwolleplatten (Wood Wool Board)	WW	Holzspäne, Zement + Magnesit gebunden	B1	360–570	0,065–0,090	DIN EN 13168
Holzfaserplatten (Wood Fibre)	WF	zerkleinerte Holzreste	B2	45–450	0,040–0,070	DIN EN 13171
Zellulosedämmplatten		Altpapier	B1	30–100	0,035–0,040	–
Baumwolle		Baumwolle (roh + Textil)	B2	20–60	0,040–0,045	–
Schafwolle		Schafwolle	B2	20–80	0,035–0,040	–
Flachsdämmplatten		Flachsfasern	B2	25	0,040–0,045	–
Hanfdämmplatten		Hanffasern	B2	20–70	0,040–0,045	–
Kokosfasermatten		Kokosfasern	B2	50–140	0,045–0,050	DIN V 4108-10
Röhrenförmig						
Schilfmatten		Schilf	B2	225	0,055	–
Strohmatten		Stroh	B2	150	0,055–0,115	–
Transparente Wärmedämmung	TWD	Hohlkammerstrukturen aus Glas / Kunststoff	A1–B3	verschieden	0,02–0,1	–
Schaumkunststoffe						
Expandiertes Polystyrolschaum	EPS	Erdöl (Styrol, Benzole)	B1	15–30	0,035–0,040	DIN EN 13163
Extrudierter Polystyrolschaum	XPS	Erdöl (Styrol, Benzole)	B1	25–45	0,030–0,040	DIN EN 13164
Polyurethan-Hartschaum	PUR	Erdöl (Treibmittel)	B1	>30	0,020–0,035	DIN EN 13165
Phenolharz-Hartschaum	PF	Phenolharz + Treibmittel	B1-B2	20–100	0,025–0,045	DIN EN 13166
Schaumglas (Cellular Glass)	CG	> 50 % Altglas (Treibmittel)	A1	100–150	0,040–0,060	DIN EN 13167
Lose Dämmstoffe						
Blähperlite / Expandierte Perlite	EPB	erhitzte Rohperlite	A1	60–300	0,050–0,065	DIN EN 13169
Expandierter Kork (Insulating Cork Board)	ICB	erhitzter Kork	B1	80–500	0,040–0,055	DIN EN 13170 DIN V 4108-10
Zelluloseflocken		Altpapier	B2	30–100	0,040–0,050	DIN EN 13171
Getreidegranulat		Roggenkorn extrudiert	B2	105–115		

Vergleichende Übersicht gebräuchlicher Dämmstoffe mit wichtigen Eigenschaften und Kennwerten

Faserdämmstoffe sind weich und deshalb gut für Hohlräume geeignet. Sie werden nach ihren Ausgangsstoffen in mineralische und pflanzliche Produkte unterteilt.

Schaumdämmstoffe sind feste plattenartige Materialien. Sie werden aus Erdöl oder mineralischen Rohstoffen hergestellt.

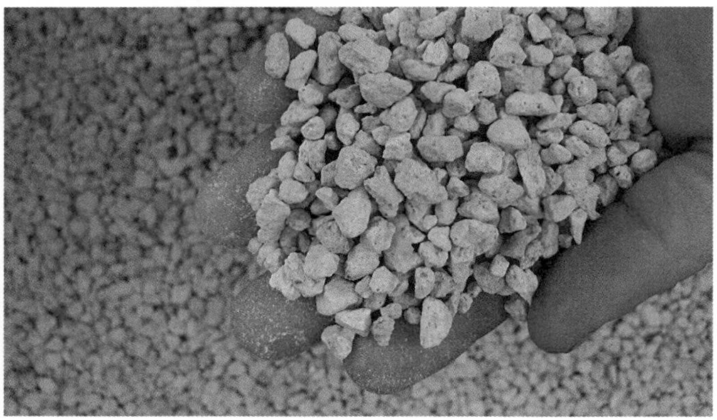

Lose Dämmstoffe sind als Schüttungen oder Flocken erhältlich. Sie werden auf Basis pflanzlicher oder mineralischer Rohstoffe produziert.

Schaumglas (CG)
ist ein aus Glas und Kohlenstoff werksmäßig aufgeschäumter, geschlossenzelliger Dämmstoff, der dampfdicht, formbeständig und zugleich wasserunempfindlich ist. Schaumglas wird aufgrund dieser Eigenschaften häufig als Perimeterdämmung im Sockelbereich von Fassaden eingesetzt.

Mineraldämmplatten
werden aus mineralischen Rohstoffen, Kalk, Sand, Zement und Wasser hergestellt. Durch einen beigemischten Porenbilder entsteht bei der Herstellung eine Struktur mit einem hohen Porenanteil. Das fertige Produkt ist eine massive, durckstabile Dämmplatte, die dampfdurchlässig und nicht brennbar ist. Mineraldämmplatten sind überall dort einsetzbar, wo ein formstabiler Dämmstoff zum Einsatz kommen soll.

Calciumsilikatplatten
bestehen aus porösen Kalksilikaten, die mit Zellstoff armiert und unter Wasserdampf gehärtet sowie teilweise mit wasserabweisenden Beschichtungen (Hydrophobierung) versehen werden. Calciumsilikatplatten finden als Wärme- und weil sie nicht brennbar sind, auch als Brandschutzplatten Anwendung. Zu ihren besonderen Eigenschaften gehören Druckfestigkeit und Formstabilität; sie sind schimmelhemmend und recyclefähig. Durch ihre hohe kapillare Saugfähigkeit können die Dämmplatten zeitweise im Raum auftretende Feuchtigkeit zwischenspeichern und später wieder abgeben. Sie werden deshalb oft als Innendämmung, im Besonderen in der Altbausanierung im Bereich der Denkmalpflege eingesetzt und erfordern keine zusätzliche Dampfbremse oder -sperre.

3.4.3 Lose Dämmstoffe

Schüttungen und Flocken werden nach ihren Ausgangsstoffen in mineralische und pflanzliche Produkte unterteilt. Sie sind in unterschiedlichen Materialien verfügbar, als Zelluloseflocken, Ceralith, Kork, Blähglas oder Blähton. Die Korngrößen liegen üblicherweise bei 0,1–7 mm. Loses Dämmmaterial wird vor allem für Fußboden- und Dachaufbauten als Wärme- und Trittschalldämmung eingesetzt. In Form einer Schüttung dient es als Ausgleichsschicht, um Bodenunebenheiten auszugleichen. Perlite sind wasserhaltige, glasige Gesteine vulkanischen Ursprungs, die durch verdampfendes Wasser aufgebläht werden. Dieser Dämmstoff wird neben der Anwendung als Ausgleichsschicht auch als Zuschlag für Beton und Mörtel verwendet.

3.5 Mörtel, Klebstoffe und Beschichtungen

Flüssig verarbeitete Baustoffe und pastöse Massen wie Mörtel, Putze, Klebstoffe, Abdichtungen, Beschichtungen und Anstriche haben im Innenausbau einen wesentlichen Anteil an der Gestaltung und Konstruktion vieler Bauteile und Werkstoffe. Mörtel sind Gemische aus einer erhärtenden Matrix (Bindemittelleim), Zuschlagstoffen (Gesteinskörnungen < 4 mm), Anmachwasser und teilweise weiteren Zusätzen, die ähnlich wie bei Beton der Steuerung bestimmter Eigenschaften dienen. Im Gegensatz zu Beton besitzen Mörtel kleinere Größtkörner und werden anders angewendet: Mörtel werden als verbindende oder füllende Fugenstoffe zwischen Bauteilen, zum Verpressen von Hohlräumen oder zum Beschichten von Wand-, Boden- und Deckenflächen benutzt. Nach ihrer Konsistenz erfolgt die Einteilung in Frisch- und Festmörtel (gebrauchsfertig und verfestigt) und nach der Herstellung in Baustellen- und Werkmörtel (vor Ort oder im Werk gemischt). Wesentlich für die weitere Unterteilung sind die unterschiedlichen Anwendungsbereiche. Den Abkürzungen nach europäischer Normung liegen englische Begriffe zugrunde.

3.5.1 Mauermörtel

dienen zum Ausfüllen und Auspressen von Fugen und Hohlräumen sowie zur Lastabtragung im Mauerwerksbau und gliedern sich in Normalmauer- (G), Dünnbett- (T) und Leichtmauermörtel (L) mit entsprechenden Druckfestigkeitsklassen.

3.5.2 Putzmörtel

werden für Beschichtungen von Wänden und Decken genutzt. Sie werden nach Druckfestigkeit (CS), kapillarer Wasseraufnahme (W), Wärmeleitfähigkeit (T) und nach Verwendungszweck in Normalputzmörtel (GP), Leichtputzmörtel (LW), Edelputzmörtel (CR), Einlagenputzmörtel für außen (OC), Sanierputzmörtel (R) und in Wärmedämmputzmörtel (T) klassifiziert (Kapitel 5.6.1 Putzsysteme). Je nach Bindemittel unterscheiden sich:

- Gipsputze,
- Kalkputze,
- Zementputze,
- Lehmputze,
- mineralische Putze und
- Putze auf Basis von Polymerdispersionen.

Mauermörtelart		Mindestdruckfestigkeit[1] N/mm²	Mindesthaftscherfestigkeit N/mm²	Trockenrohdichte kg/dm³	Wärmeleitfähigkeit W/mK
Normalmörtel	I	-/-	-	> 1,5	–
	II	$3{,}5^2 / 2{,}5^3$	0,1	> 1,5	
	IIa	$7^2 / 5^3$	0,2	> 1,5	
	III	$14^2 / 10^3$	0,25	> 1,5	
	IIIa	$25^2 / 20^3$	0,3	> 1,5	
Leichtmörtel	LM 21	7	0,2	< 1,5	< 0,18
	LM 36	7	0,2	< 1,5	< 0,27
Dünnbettmörtel		14	0,5	–	–

1 Mindestdruckfestigkeit nach 28 Tagen · 2 Eignungsprüfung · 3 Güteprüfung.

Klassifizierung von Mauermörtelarten nach DIN 1053 Teil 1, Anhang A

Eigenschaft	Einheit	Kategorie	Kennwert[1]
Druckfestigkeit	N/mm²	CS I	0,4–2,5
		CS II	1,5–5,0
		CS III	3,5–7,5
		CS IV	≥ 6,0
Kapillare Wasseraufnahme C[2]	$kg/m^2min^{0,5}$	W0[3]	nicht festgelegt
		W1[3]	C ≤ 0,40
		W2[3]	C ≤ 0,20
Wärmeleitfähigkeit[4]	W/m²K	T1	≤ 0,1
		T2	≤ 0,2

1 deklarierte Werte nach 28 Tagen Prüfung · 2 C ist der Koeffizient der kapillaren Wasseraufnahme; Neigung der Geraden nach 10 / 90 Minuten Wasseraufnahme · 3 Vergleichbarkeit mit bisherigen Kennzeichnungen aufgrund anderer Auswertungsverfahren nur bedingt möglich, jedoch entspricht: W0 ≈ nicht wasserabweisend, W1 ≈ wasserhemmend, W3 ≈ wasserabweisend (nach alter DIN 18550) · 4 Rechenwert nach DIN 4108 Teil 4.

Europäische Klassifizierung von Putzmörteln (DIN EN 998-1) nach ihren wesentlichen bauphysikalischen Größen.

Klebstoff-gruppe	Zusammen-setzung	Eigenschaften	Anwendungs-beispiele
Leime	Polyvinylacetat-(PVAC), Eiweiß- oder Kohlehydrat-basis	mit Wasser verdünnbar, härten physikalisch durch Wasserverdunstung, einseitig auftragen	poröse Materialien, wie etwa Holz, Papier, …
Dispersions-klebstoffe[1]	Acrylate oder Copolymerisate, PVAC, …	nach dem Verdunsten des Dispersionsmittels entsteht ein homogener Klebefilm, empfindlich gegen Feuchtigkeit, einseitig auftragen	Schaumstoff-verklebungen, Blech auf Holz, Kunststoff-dekore
Lösemittel-klebstoffe[1]	organische Lösemittel	Lösemittel erhöhen den Verbund, indem sie Fügeteile anlösen	Kaltschweißen thermo-plastischer Kunststoffe
Schmelz-klebstoffe[1 2]	PVAC-, Poly-isobuten- (PIB), Epoxid- (EP), Melamin- (MF), Phenolharze (PF)	durch Aufschmelzen verarbeitbar; Klebeschicht erkaltet oder härtet nach dem Auftragen; PVAC / PIB erkalten physikalisch; EP / MF / PF härten chemisch	bei kurzen Verarbeitungs-zeiten, vor allem automatisierte Prozesse
Reaktions-harzkleb-stoffe[2]	Poly-kondensations-, Polyurethan-, Epoxidharze	Aushärten unter Druck und Hitze[3]; einkomponentige Klebstoffe[4] lösen bei hohen Temperaturen chemische Reaktionen aus; bei zweikomponentigen[5] muss Härter beigemischt werden	konstruktive Verklebungen, besonders Metalle
Kontakt-klebstoffe[1]	Polyisobuten, Chlor-Butadien-Kautschuk	auf beide zu verklebenden Flächen auftragen und antrocknen lassen; Klebewirkung ist abhängig von der Stärke des einmaligen Andrückens	Filz, Kunststoffe untereinander, Metall

Verfestigungsmechanismus: 1 physikalisch abbindend · 2 chemisch härtend · 3 Polykondensationharze auf Formaldehydbasis · 4 Einkomponentenklebstoffe · 5 Zweikomponentenklebstoffe bestehen grundsätzlich aus einem Reaktionsharz.

Klassifizierung von Klebstoffen nach Zusammensetzung, Eigenschaften und Anwendungsbereiche.

Die Eigenschaften der Putze differieren im Hinblick auf ihre Feuchtigkeitsbeständigkeit, die Fähigkeit der Feuchtigkeitsaufnahme und ihre Abriebfestigkeit. Durch Oberflächenbehandlungen wie Glätten, Filzen oder Kratzen sowie durch Zuschläge und Pigmentierungen lassen sich unterschiedliche Qualitäten erreichen.

3.5.3 **Estrichmörtel**

werden für waagerechte Schichten zum Ausgleich der Höhenlagen, als Untergründe für einen Bodenbelag oder als fertige Nutzschichten auf Rohdecken verwendet. Nach der Art des Bindemittels und der Verarbeitung findet eine Einteilung der Estrichmörtel statt. Unterschieden werden dabei:

- Zementestrich,
- Calciumsulfatestrich / Anhydritestrich,
- Magnesiaestrich,
- Gussasphaltestrich und
- Kunstharzestrich.

Die Zuordnung zu Festigkeits-, Verschleiß-, Beanspruchungs- und Härteklassen erfolgt in diesem Handbuch unter Kapitel 7.1. Fußbodenaufbauten.

3.5.4 **Klebemörtel und Klebstoffe**

sind spezielle Mörtel und Klebstoffe aus nichtmetallischen Stoffen, die für die Verlegung von Fliesen und Platten an der Wand und auf dem Boden geeignet sind. Sie verbinden Fügeteile durch Flächenhaftung (Adhäsion) und innere Festigkeit (Kohäsion). Zu dieser Gruppe von Produkten zählen:

- zementhaltige Mörtel (C),
- Dispersionsklebstoffe (D) und
- Reaktionsklebstoffe (R).

Zusätzlich werden das Anforderungsniveau und die Art der Erhärtung gekennzeichnet. Klebemörtel und Klebstoffe sind für ebene Untergründe mit dünnen, ebenen Belagmaterialien geeignet. Gängige Klebstoffe sind Schmelzklebstoffe, Leime, Dispersionsklebstoffe, Lösemittelklebstoffe, Kontaktklebstoffe und Reaktionsharzklebstoffe. Mit Klebstoffen können diverse Materialien wie Holz, Kunststoffe, Dämmstoffe, … miteinander verbunden werden.

3.5.5 Beschichtungen

Zum Schutz vor Feuchtigkeit, chemischen oder mechanischen Einwirkungen und zur Gestaltung werden Bauteile und Werkstoffe oft zusätzlich beschichtet, versiegelt, imprägniert, grundiert oder gestrichen. Beschichtungen unterscheiden sich von Anstrichen in ihrer Materialstärke, ihr Auftrag kann dabei mehrere Millimeter betragen. Beschichtungsverfahren lassen sich durch die Art der Schichtaufbringung in mechanische, chemische, thermische und thermomechanische Verfahren unterteilen. Stoffkomponenten sind Bindemittel, Lösemittel, Pigmente, Füllstoffe und Hilfsstoffe. Entscheidend für die Beschichtung ist in jedem Fall die Untergrundvorbehandlung und das Applikationsverfahren. Eine wesentliche Rolle spielt auch die Haftfestigkeit der Beschichtung auf dem Untergrund. Neben dem konventionellen Streichen von Bauteilen, das oft vor Ort mittels Pinsel oder Rolle vollzogen wird, kommen auch Spritz- oder Gusstechniken zur Anwendung. Zu den industriellen Verfahren zählen die Pulverbeschichtung, bei der Polyester- oder Polyester-Epoxidpulver in das Material eingebrannt wird und das Duplexverfahren als eine Farbbeschichtung feuerverzinkter Bauteile.

Zu den häuigen Beschichtungen im Bauwesen gehören:

- Acrylharze,
- Polymerisatharze,
- Epoxidharze,
- Polyurethanharze,
- Silikonharze und
- Naturharze.

Anstriche, beispielsweise von Putz- oder Estrichmörteln, enthalten Bindemittel, Pigmente, Füllstoffe und Lösungsmittel sowie Zusatzstoffe, wie Verdickungs- und Konservierungsmittel. Wandanstriche können in verschiedenen Qualitäten wischfest, waschfest oder scheuerfest ausgeführt werden. Sie werden nach ihren Bindemitteln unterschieden in:

- Kalkanstriche,
- Zementanstriche,
- Wasserglasanstriche,
- Ölanstriche und
- Dispersionsfarbenanstriche.

Putzmörtel werden für Beschichtungen von Wänden und Decken verwendet.

Estrichmörtel werden zum horizontalen Ausgleich der Höhenlage, als Untergrund für Bodenbeläge oder als fertige Nutzschicht auf Rohdecken verwendet.

Beschichtungen dienen dem Schutz und der Gestaltung von Oberflächen. Sie unterscheiden sich von Anstrichen in ihrer Materialstärke von bis zu mehreren Millimetern.

Textilarten	Geotextilien	Bautextilien	Heimtextilien
Anwendungs-gebiete	Armierung Drainagen Abdichtung	Armierung für Beton Isolierung Bedachung Abdichtung Heizsysteme Membrane	Armierung für Formteile Bodenbeläge Sonnen- und Blendschutz Decken- und Wandbekleidung Polsterstoff Bekleidungsstoff

Übersicht der verschiedenen Anwendungsgebiete textiler Baustoffe im Innen- und Außenbereich.

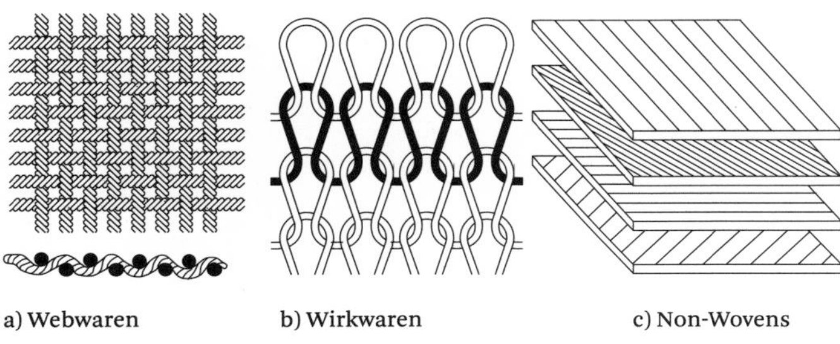

a) Webwaren b) Wirkwaren c) Non-Wovens

Textilien werden nach der Art ihrer Herstellung unterschieden in: a) Webwaren, b) Wirkwaren und c) Non-Wovens mit uni-, bi- und multiaxialer Struktur.

a) Leinwandbindung b) Körperbindung c) Atlasbindung

Durch die Bindungsart erhalten Webwaren unterschiedliche Eigenschaften. Gewebe mit Leinwandbindung (a) sind sehr dicht und solche mit Körperbindung (b) zeichnen sich durch die Fischgrätbildung (Jeansstoff) aus. Gewebe mit Atlasbindung (c) haben unterschiedliche, jedoch sehr glatte, gleichmäßige und glänzende Oberflächen (Satin, Seide).

3.5.6 Abdichtungen

In Nassbereichen, wie im Dach- oder Sanitärbereich müssen Bauteile vor eindringendem Wasser geschützt werden. Die Art der jeweils erforderlichen Abdichtung richtet sich nach der Beanspruchung und Lage des Bauteils. Je nach Bauteil kommen als Abdichtungsmaterialien Folien oder Bahnen, wie:

- Bitumenbahnen,
- Kunststoffbahnen (aus PVC, ...),
- Elastomerbahnen (aus EPDM, ...),

oder Sperrschichten und Verbundabdichtungen zur Anwendung, wie:

- Polymerdispersionen,
- Kunststoff-Mörtelkombinationen oder
- Reaktionsharz-Abdichtungen.

Die Ausführung von Abdichtungen ist in der DIN 18195 Bauwerkabdichtung geregelt.

3.6 Textile Baustoffe

Textilien zeichnen sich durch eine faserige Struktur unabhängig von dem verwendeten Rohstoff aus. Als Ausgangsmaterialien dienen natürliche, mineralische und metallische Fasern sowie thermoplastische Kunststofffasern. Im Bauwesen werden diese teilweise aus bauphysikalischen Gründen zusätzlich mit einer Beschichtung versehen. Textile Baustoffe finden als Geo-, Bau- und Heimtextilien Anwendung. Während bei Geo- und Bautextilien bewehrende, raumbildende und konstruktive Eigenschaften im Vordergrund stehen, dienen Heimtextilien vorrangig bauphysikalischen und dekorativen Zwecken. In Bezug auf ihr Lastabtragungsverhalten werden Textilien in isotrope (richtungsunabhängige) und anisotrope (richtungsabhängige) Stoffe unterteilt. Nach der Art ihrer Herstellung werden sie in Maschenwaren (Gewirke, Gestricke), Webwaren (Gewebe) und Non-Wovens (Vliese, Filze, Fadengelege) unterschieden. Tapeten, die ebenfalls zu den textilen Baustoffen zählen sind feinfaserige, dekorative Wandbekleidungen.

3.6.1 **Webwaren: Gewebe**

bestehen aus zwei sich rechtwinklig kreuzenden Fadensystemen, die in Längsrichtung Kette oder Kettfäden und in Querrichtung Schuss oder Schussfäden heißen. Sie werden nach dem Webmuster (Bindung) in Leinwand-, Körper- und Atlasbindung unterschieden. Die Art der Bindung beeinflusst die technischen Eigenschaften des Produkts: So ermöglicht die Leinwandbindung besonders feste Gewebe, die Körperbindung besonders dichte Gewebe. Gewebe finden als Stoffe für Vorhänge, Wandbespannungen, Teppichböden, aber auch als verstärkende Unter- und Einlagen im Innenbereich Verwendung oder werden bei Membrankonstruktionen eingesetzt.

3.6.2 **Maschenwaren: Gewirke**

sind industriell hergestellte Stoffe aus einem oder mehreren Fadensystemen, die durch Maschenbildung entstehen. Wirkwaren besitzen die Vorteile einer großen Elastizität und Knitterfestigkeit, ihre Nachteile liegen jedoch in der geringeren Formstabilität und Festigkeit, weshalb 70 Prozent der Gewirke auf die Bekleidungsindustrie entfallen. Ein weiters großes Anwendungsgebiet ist der Bereich der Geotextilien.

3.6.3 **Non-Wovens: Gelege und Vliese**

sind Textilien, bei denen die Fadensysteme nicht vermascht oder verwebt werden. Uni-, bi- und multiaxiale Gelege werden häufig als Armierung in Faserverbundwerkstoffen angewendet. Bessere mechanische Eigenschaften weisen diese Produkte im Verbund auf, weil die Fasern dort individuell für die jeweilige Anwendung ausgerichtet werden können. Vliese entstehen durch flächenhaft aufeinandergelegte, ungeordnete kleine Natur- oder Kunststofffasern, die im Trocken-, Nass- oder Spinnverfahren mit Bindemitteln vermischt und anschließend verfestigt (verfilzt) werden. Vliese und Filze finden als Stoffe und Teppichböden, aber auch als Trenn- und Filterschichten im Ausbau Verwendung.

3.6.4 **Tapeten**

sind Wandbekleidungen aus Zellulosefasern, Glasgeweben oder Kunststoffen, seltener auch aus Leder oder Leinwand, die mit geeigneten Klebstoffen auf vorbereitete Untergründe geklebt werden. Tapeten werden entweder im Tiefdruck- oder im Siebdruckverfahren hergestellt. Beim erstgenannten Verfahren werden auf Trägermaterialien wie Papier oder Vlies verschiedene Muster aufgedruckt; durch die Prägung mit Stahlwalzen erhält das Material schließlich seine dreidimensionale Struktur.

Webwaren finden je nach Struktur für unterschiedliche Aufgaben Verwendung.

Papiertapeten können als Spezialanfertigung mit individuellen Mustern oder Bildern angefertigt werden.

Linoleum wird vor allem als Belag für Böden oder Tischplatten verwendet.

PVC-Fliesen sind aufgrund ihrer hohen Beanspruchbarkeit für hochfrequentierte Bereiche gut geeignet.

Kork ist ein Naturprodukt und kann verschiedenartig geölt werden.

Beim Siebdruckverfahren werden Druckplastisole auf PVC- oder auf Wasserbasis auf die Trägermaterialien aufgebracht. Durch Hitzeeinwirkung und Aufschäumen vergrößern die Plastisole ihr Volumenen und stellen dadurch ebenfalls dreidimensionale Strukturen her. Tapeten gibt es in vielen Gestaltungs- und Materialvariationen, als Muster-, Foto-, Struktur-, oder Textiltapeten, mit Metallic- oder Lackeffekten.

3.7 Elastische Werkstoffe

Zur Herstellung werden die flüssig verarbeiteten Rohstoffe meist auf textile Trägermaterialien aufgebracht und mittels Walzen zu Bahnen verarbeitet. Die fertige Bahnenware wird anschließend auf vorbereitete plane Untergründe oder Trägerplatten verlegt und verklebt. Elastische Werkstoffe kommen so meist als Bodenbeläge aber auch als Wand- und Möbelbespannung zum Einsatz.

3.7.1 Linoleum

besteht ausschließlich aus natürlichen Rohstoffen: Leinöl und Harze werden als Bindemittel mit Holz- oder Korkmehl, Kalksteinmehl (Kreide) und Pigmenten als Füllstoffe vermischt und gewalzt. Nach der Reifung wird eine Schutzschicht auf die Oberfläche des Linoleums aufgetragen und anschließend getrocknet. Linoleum ist langlebig und strapazierfähig sowie hygienisch, antibakteriell und antistatisch. Hauptvorteil des Linoleums ist seine Widerstandsfähigkeit gegen mechanische und chemische Beanspruchungen, zudem kann es als schwer entflammbar (B1) beziehungsweise normal entflammbar (B2) eingestuft werden. Linoleum wird hauptsächlich für Bodenbeläge oder für Tischplatten verwendet. Die 2 m breiten und 2–4 mm starken Bahnen werden nach der Verlegung miteinander verschweißt.

3.7.2 Weich-PVC und CV

PVC (Polyvinylchlorid) ist ein hygienischer, recyclebarer und sehr langlebiger Kunststoff und wird deshalb vor allem für Industrieböden oder im Krankenhausbereich eingesetzt. Während Einschichtbeläge durchgehend aus einem Material bestehen, setzen sich heterogene Beläge aus mindestens einer hochwertigen Oberschicht als Laufschicht und einer mit Füllstoffen angereicherten Unterschicht zusammen. CV (Cushioned Vinyls) sind geschäumte PVC-Beläge, die im mehrschichtigem Streichverfahren bei etwa 150 Grad auf einem Trägermaterial (Polyestervlies) aufgebracht werden. Verbundbeläge mit Trägereigenschaften besitzen eine PVC-Oberschicht, die auf ein Gewebe als Träger oder auf einem Filz aus Polyethylen (PE) oder Jute aufgetragen ist.

3.7.3 Kork

wird als natürliches Material aus der Rinde der Korkeiche gewonnen, zu Granulat gemahlen und unter Hitze und Druck zu Blöcken gepresst. Die Blöcke werden zu Platten (Korkparkett) oder Bahnen (Rollkork) weiterverarbeitet. Die Oberflächen können ähnlich wie Holz vor oder nach der Verlegung versiegelt, geölt oder gewachst werden. Korkbeläge sind fußwarm, elastisch, wärme- und schalldämmend sowie verrottungsfest.

3.7.4 Elastomere

sind der Überbegriff für Beläge aus Kautschuk, Synthese-Kautschuk oder Gummi mit Farbpigmenten und Schwefel als Vulkanisationsmittel, die als Bahnen oder Formen industriell gefertigt werden. Elastomerbeläge besitzen keine PVC-Bestandteile und sind damit frei von Weichmachern, Formaldehyd, Asbest, Cadmium und FCKW. Wegen ihrer hohen Abriebfestigkeit werden sie vor allem in hochfrequentierten, stark beanspruchten Bereichen eingesetzt. Da Elastomerbeläge dampfdicht sind, empfiehlt es sich auf Untergrundvorbereitungsmaßnahmen wie die Überprüfung überhöhter Restfeuchtigkeit besonderen Wert zu legen. Kautschukbahnen werden auf Stoß verlegt und geklebt (nicht untereinander verschweißt!).

3.7.5 Leder

sind durch Gerbung chemisch haltbar gemachte Tierhäute, deren natürliche Faserstruktur weitgehend erhalten ist. Leder ist geschmeidig, zäh, relativ fest, wasserundurchlässig, atmungsaktiv, lange haltbar und wird vor allem für Polsterbespannungen von Möbeln eingesetzt. Ledereigenschaften wie Weichheit oder Fülle entstehen durch die Gerbung, die Nachbehandlung mit Farbstoffen und Fettungsmitteln legt die Eigenschaften für den speziellen Verwendungszweck des fertigen Leders fest. Kunstleder ist ein Verbund von textilem Gewebe oder Vliesstoff mit einer Beschichtung aus Kunststoff. Diese Beschichtungen können je nach Anwendungsfall kompakt oder geschäumt ausgeführt werden. Häufig sind die Oberflächen genarbt, sodass sie einer Lederstruktur entsprechen.

Kautschuk zeichnet sich durch eine hohe Strapazierfähigkeit aus.

Lederbezug eines gepolsterten Sitzmöbels

Leder zeichnet sich durch eine individuelle Faserstruktur, Geschmeidigkeit und Haltbarkeit aus.

Fügung

4

Fügung

Dreieckige planebene Paneele können so gefügt werden, dass sie eine gewölbte Deckenkonstruktion ergeben.

4.1 Einführung

Jeder Werkstoff wird bei der Entstehung von fertigen Bauteilen und Halbzeugen – abhängig von seiner Form, Struktur und Konsistenz – unterschiedlich gefügt und befestigt oder weiterverarbeitet. Die Art der Bearbeitung, Fügung und Befestigung hat nicht nur funktionale Zwecke (sichere Lastabtragung und Kraftübertragung, ...), sondern bestimmt auch wesentlich die Gestaltung der fertigen sichtbaren Oberflächen. In diesem Kapitel wird vor allem die Fügung und Befestigung plattenförmiger Werkstoffe aus Holz, Gips, Kunststoff, Stein, Glas, Folien und Textilien beschrieben, da diese Materialien in der Regel auf Unterkonstruktionen mit mechanischen Befestigungsmitteln aufgebracht oder mit Fugenbildern im Mörtelbett verlegt werden und deshalb die Fügung für das optische Gesamtbild eine besondere Rolle spielt. Die Verarbeitung von pastösen Massen oder Mörteln wird im Zusammenhang mit den Bauteilen Wand, Decke und Fußboden erläutert.

4.2 Verarbeitung

Fast alle Werkstoffe können durch Schneiden, Sägen, Fräsen, Spanen, Stanzen oder Bohren weiterbearbeitet und zu kleineren Formaten zugeschnitten werden. Gips- und Gipsfaserplatten können nach dem Anritzen auch gebrochen werden. Die Kanten von zugeschnittenen Werkstoffen müssen jedoch oft nachbehandelt werden, da sie ausfransen oder abbrechen können. Das Bearbeiten der Kanten geschieht durch Schleifen, Polieren, Falzen, Versiegeln oder Auflaminieren von speziellen Kunststoffkanten. Sollen Kanten und Materialstärken wie etwa bei Tischlerarbeiten nicht sichtbar sein, werden die Kanten auf Gehrung in einem Winkel von 45 Grad geschnitten und zusammengefügt. Gips- und Sandwichplatten, Metalle sowie viele Holzwerk- und Kunststoffe können gebogen werden, die meisten Kunststoffe lassen sich sogar plastisch verformen oder sind wie Gewebe elastisch dehnbar und damit für Membrankonstruktionen einsetzbar. Die Oberflächen vieler Werkstoffe werden zum Schutz vor Umwelteinflüssen oder aus gestalterischen Gründen mechanisch weiterbearbeitet oder beschichtet. Gängige Verfahren von Oberflächenbehandlungen sind Pulverbeschichtungen, Anstriche, Verzinken, Eloxieren, Beschichten, Versiegeln oder Imprägnieren.

Durch aufwendigere Druckverfahren wie Siebdruck können Muster, Fotos und Schriftzüge auf die meisten Plattenmaterialien und Folien aufgebracht werden. Verfahren wie Stanzen, Fräsen, Kratzen, Prägen oder Perforieren erzeugen reliefartige dreidimensionale Strukturen. Unterschiedliche Glanzgrade sowie Haptiken können durch Schleifen, Bürsten oder Polieren erzielt werden. Immer häufiger folgt eine Weiterverarbeitung verschiedenster Materialien zu Verbundwerkstoffen oder Sandwichkonstruktionen, um bessere bauphysikalische Eigenschaften und damit größere Gestaltungsmöglichkeiten zu erlangen.

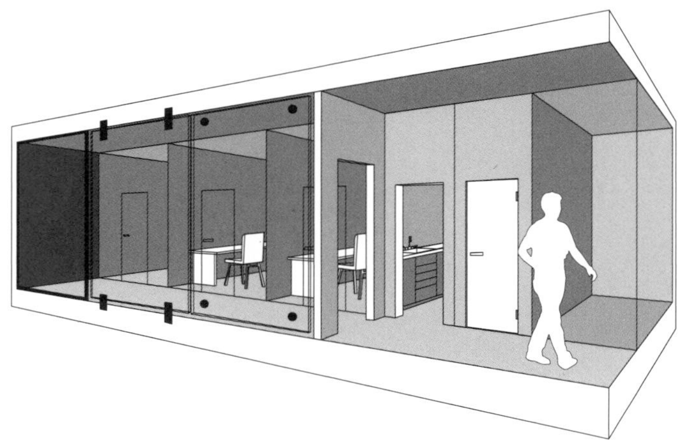

Typische Fügungsprinzipien für Wand-, Decken- und Fußbodenkonstruktionen bei plattenförmigen Werkstoffen sind linien- und punktförmige Verbindungen; für dünnere Platten wie Folien und Papier sind auch flächige Verklebungen möglich.

4.3 Fügung, Format und Fugenbild

Plattenförmige Werkstoffe werden in der Fläche direkt auf Stoß verklebt oder mechanisch befestigt. Entweder wird der Plattenstoß als Fuge offen gelassen, mit einem Fugenmaterial gefüllt oder wie bei gipsgebundenen Platten verspachtelt und geschliffen. Mehrschichtige dickere Platten (Sandwich-, Stegplatten) können teilweise über Nut- und Feder miteinander verbunden werden. An den Rändern werden plattenförmige und textile Werkstoffe oft durch spezielle Schutzprofile aus Edelstahl, Aluminium oder Kunststoff eingefasst, die zur Herstellung von exakten Anschlüssen oder – an den Außenecken angebracht – als Kantenschutz dienen.
Profile existieren entsprechend der Plattendicken mit unterschiedlichen Schenkellängen und teilweise speziellen Funktionen. Für die Ausbildung von Sockeln oder runden Innen- und Außenecken finden besonders geformte Profile Verwendung. Randprofile werden in der Regel auch benötigt, um Platten an einer Unterkonstruktion zu befestigen, da diese als festes Material Lasten besser aufnehmen können, als das leichtere Kernmaterial. Hierzu werden die Profile entweder direkt auf die Platten montiert oder flächenbündig in die Deckschicht eingelassen. In beiden Varianten sind diese meist sichtbar belassen ausgeführt – einzelne Profile erlauben jedoch eine unsichtbare, durchgängige Verbindung der Platten untereinander. Im Bereich von Türen sind spezielle verstärkte Profile erforderlich. Profilunterkonstruktionen werden je nach Anforderung an den Schall- und Brandschutz direkt an den Rohbau oder zwischen Estrich und abgehängter Decke aufgestellt. Dabei ist zu beachten, dass Leitungen ohne aufwändige Vorarbeiten in Wänden und Decken geführt werden können.

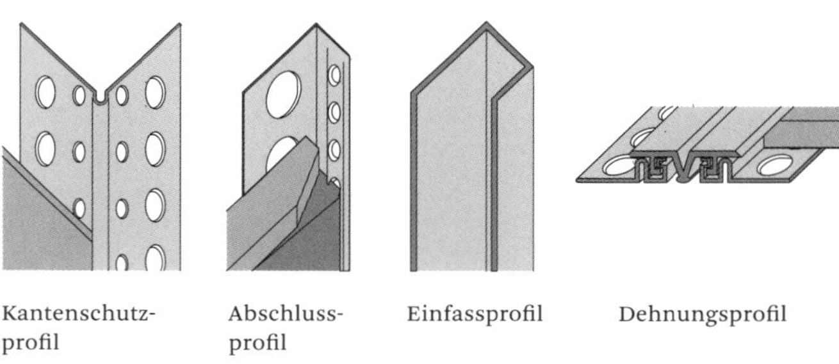

Einfass- und Schutzprofile schützen die Kanten von gipsgebundenen homogenen Platten im Trockenbau vor Beschädigung. Sie gewährleisten eine hohe Stoßsicherheit und optisch hohe Anforderungen an die Ausführung.

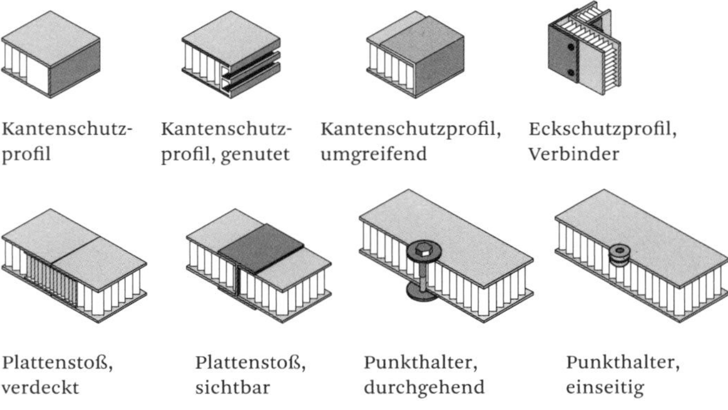

Einfass-, Schutz- und Verbindungsprofile schützen die Kanten von Steg- und Sandwichplatten im Leichtbau vor Beschädigung, sichern die Kraftübertragung an den geschwächten Kanten und stellen einen optischen Abschluss her.

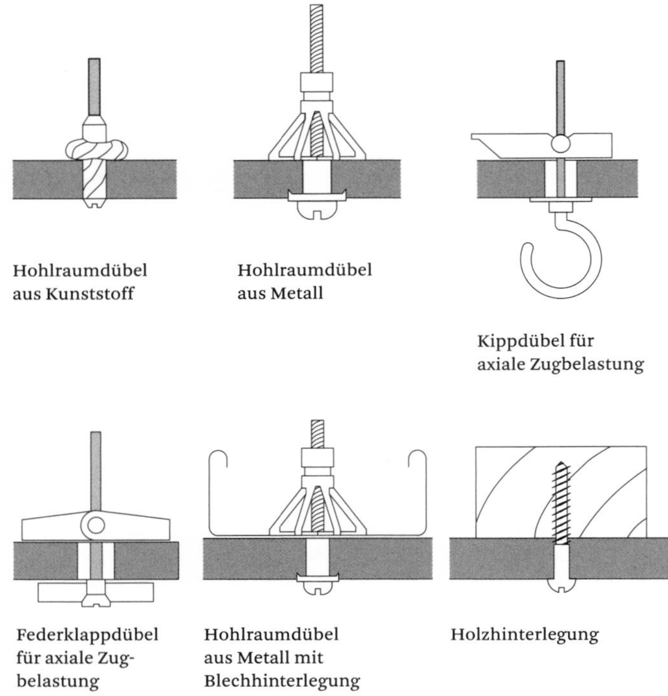

Verbindungsmittel bei plattenförmigen Werkstoffen für schwere Lasten an Decke oder Wand müssen Kraftübertragungen anders als bei massiven Baustoffen (Mauerwerk, Beton) durch lastverteilende Elemente sicherstellen.

Die Wahl des Verbindungsmittels ist ausschlaggebend für das Erscheinungsbild der fertigen Oberfläche.

Das Fugenbild von Wand-, Decken- und Bodenbelägen sowie die ausgewählten Formate sind für die gestalterische Gesamtwirkung der Flächen und Objekte maßgebend. Dabei richtet sich die Fugenbreite nach den Formatgrößen, den bauphysikalischen Anforderungen an Hinterlüftung oder Wärmedurchlass und den gestalterischen Ansprüchen. Bei der Verlegung von Plattenwerkstoffen unterscheidet man zwischen Kreuzfugen und versetzten Fugen. Orthogonale Richtungsänderungen von Formaten (Holzpflasterparkett) oder diagonale Muster (Fischgrätparkett) können jeweils unterschiedliche optische Wirkungen erzielen: Längliche Formate im Hochkantformat strecken Objekte und Flächen optisch, während quadratische Formate eher richtungslos wirken. Flächen mit mosaikartigen, kleineren Formaten erzeugen ein homogenes Gesamtbild.

Bei der Fügung von Bauteilen und Werkstoffen sind bauphysikalisch und bautechnisch bedingte Maßtoleranzen zu berücksichtigen. Da sich die meisten Materialien etwa bei Temperaturänderungen ausdehnen, ist im Entwurf unbedingt auf Dehnfugen zu achten. Müssen bauteilbedingte Dehnfugen überbrückt werden, stellen Dehnungsfugenprofile eine elastische Verbindung der Baumaterialien her. Maßungenauigkeiten können auf der Baustelle immer entstehen, gerade wenn unterschiedliche Gewerke zusammenarbeiten. Durch das richtige Einplanen von Fugen und Toleranzen könnten diese jedoch schon im Vorhinein ausgeglichen werden!

4.4 Verbindungstechniken

Für die mechanische Verbindung von Materialien untereinander oder mit einer Unterkonstruktion stehen folgende Verbindungen zur Verfügung:

- kraftschlüssige Verbindungen: halten durch Druck- und Reibungskräfte (Schrauben, Nageln, Keilen, Klemmen),
- formschlüssige Verbindungen: entstehen durch das plastische Ineinandergreifen der Fügeteile, bei dem eine Kraftübertragung stattfindet (Nieten, Verstiften, teilweise auch beim Schrauben oder Druckfügen),
- stoffschlüssige Verbindungen: sind in der Regel nicht lösbare Verbindungen, bei denen die Fügeteile durch atomare oder molekulare Kräfte zusammengehalten werden (Kleben, Schweißen, Löten und Pressen).

Kraft- und formschlüssige Verbindungen sind in der Regel lösbar, stoffschlüssige Verbindungen tendenziell unlösbar. Es existieren linien-, punkt- und flächenförmige Verbindungen. Alle Befestigungsformen können als sichtbare oder als unsichtbare Befestigung ausgeführt werden.

Linienförmige Verbindungen
sind für die meisten Trocken- und Leichtbaukonstruktionen, die häufig auf einer Unterkonstruktion aus Metall- oder Holzprofilen befestigt werden, typisch. Sie können als vier-, drei- oder als zweiseitige Verbindung ausgeführt werden:

- Die vierseitige Lagerung, wie diese bei leichten Ständer- und Elementwänden, aber auch bei Fenster- und Türelementen zur Ausführung kommt, garantiert eine gleichmäßige Form der Lastabtragung über alle Plattenkanten auf die tragende Unterkonstruktion. Bei der unsichtbaren Befestigung tritt das Plattenmaterial durchgängig als geschlossene Fläche in Erscheinung, bei der sichtbaren Befestigung hingegen prägen die Profile das Erscheinungsbild der Konstruktion mit; das Plattenmaterial fungiert eher als Ausfachung.
- Die dreiseitige Lagerung wird bei freistehenden oder auskragenden Bauteilen angewendet. Hier bleibt eine Plattenkante sichtbar und wird nicht eingefasst.
- Die zweiseitige Lagerung kann an den Längs- oder Stirnseiten der Bauteile erfolgen. Bei einer Befestigung an den Längsseiten entsteht eine geringere Spannweite, sodass Platteneinstand und -dicke kleiner dimensioniert werden können als bei der stirnseitigen Lagerung. Es bleiben zwei Plattenkanten frei sichtbar.

Die kombinierte Lagerung verbindet die linien- mit der punktförmigen Lagerung und wird verwendet, um die Dicke des Plattenmaterials trotz größerer Spannweite durch die mittige Unterstützung gering zu halten. Sie kann auch als gestalterisches Mittel eingesetzt werden. Punktförmige Verbindungen sind aus konstruktiv-statischer Sicht kritischer zu bewerten als linienförmige Verbindungen, da sie im Bereich der punktförmigen Lagerung eine hohe Spannungskonzentration aufweisen. Um die Kraftübertragung sicherzustellen, ist die Konstruktion im Bereich der Punkthalterung sorgfältig zu planen. Bei der Befestigung von Glasscheiben sind spezielle weichere Hülsen oder Zwischenschichten (zwischen Glas und metallischem Punkthalter) aus Klebemörtel, Weichaluminium

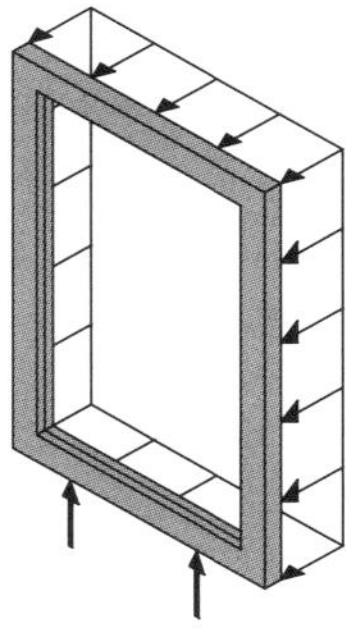
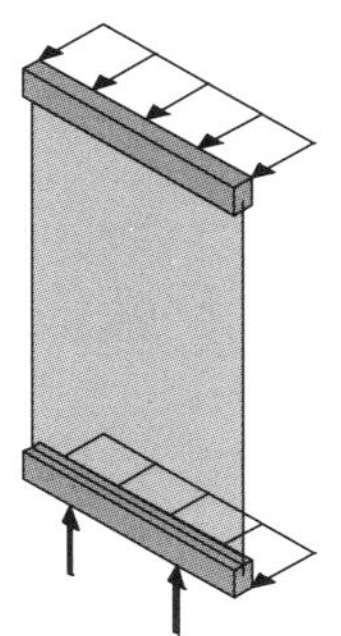
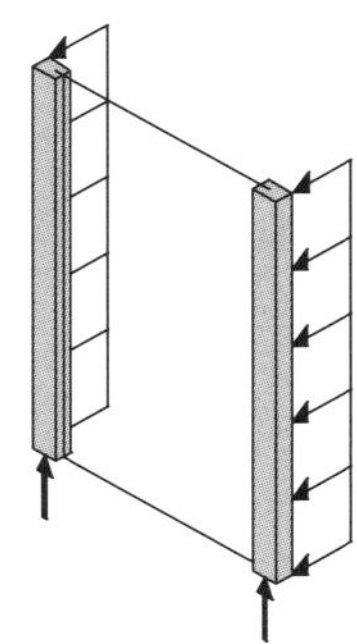

Bei linienförmigen Verbindungen wird die Kraftübertragung meist durch das Aufschrauben oder Aufklemmen von Profilen erzielt. Dabei erfolgt eine vier-, drei- oder zweiseitige Lagerung auf Profilen, die das Aussehen der Konstruktion wesentlich mitbestimmt. Werkstoffe können auch linienförmig auf einem tragenden Profil verklebt werden.

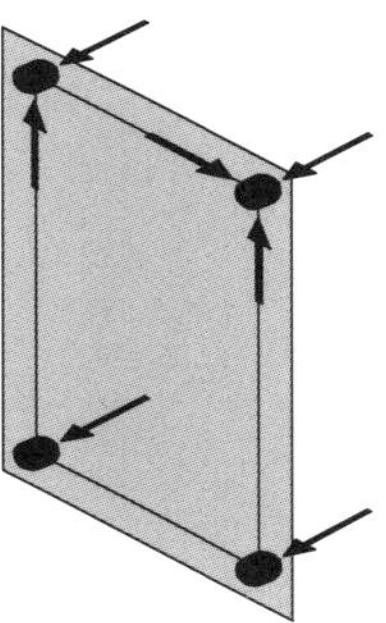

Die Kombination von punkt- und linienförmiger Lagerung ist möglich; die Punkthalterungen reduzieren an dieser Stelle die Verformung der Scheibe beziehungsweise der Platte.

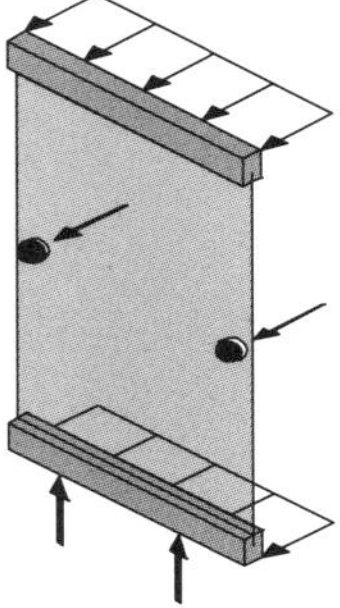

Punktförmige Verbindungen können mit oder ohne Durchdringung der Werkstoffe hergestellt werden. Wird der Werkstoff nicht durchdrungen, spricht man von einer Klemmung.

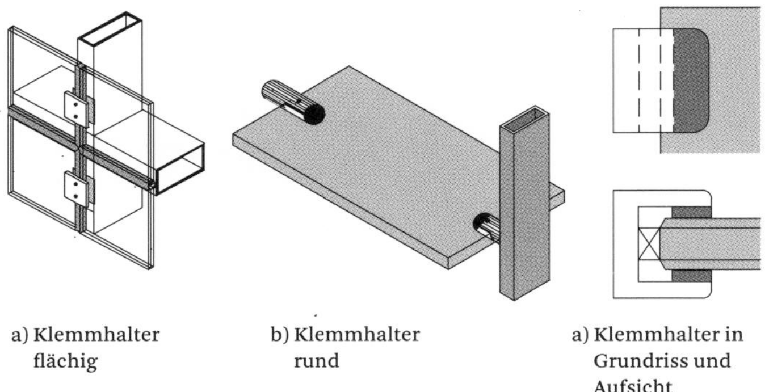

a) Klemmhalter flächig

b) Klemmhalter rund

a) Klemmhalter in Grundriss und Aufsicht

Punktförmige Verbindungen kombinieren eine Scheibe oder Platte mit anderen Flächen, Profilen oder Seilen. Punkthalter durchdringen den Werkstoff oder sind aufgeklebt; Klemmhalter umfassen den Werkstoff seitlich.

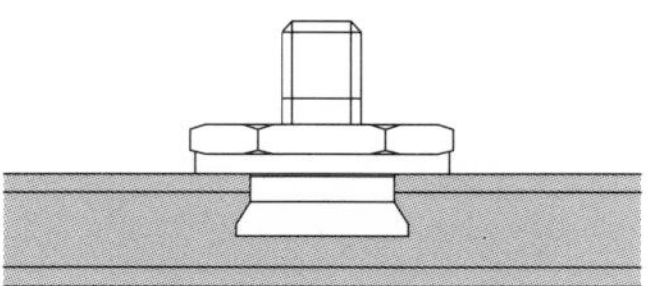

a) Hinterschnittanker (sind in die Glasscheibe eingelassen, ohne sie zu durchdringen)

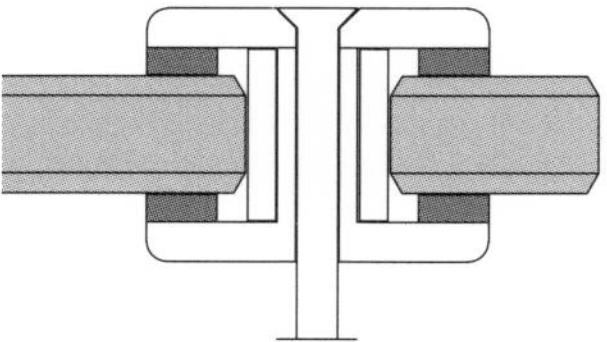

b) aufgesetzter Punkthalter

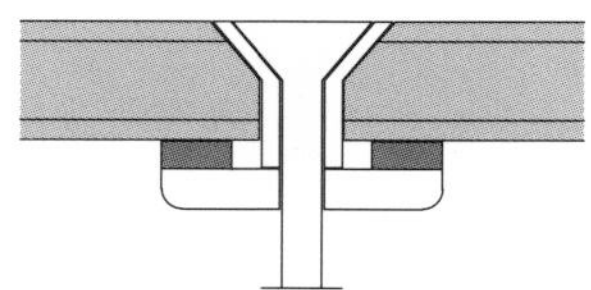

c) flächenbündiger Punkthalter

Schematische Darstellung von unterschiedlichen punktförmigen Verbindungen, die die Glasscheibe teilweise (a) Hinterschnittanker oder ganz (b) und (c) Punkthalter durchdringen.

oder Elastomeren erforderlich, die den direkten Glas-Metall-Kontakt verhindern und eine Spannungsverteilung bewirken. Bei punktförmigen Verbindungen werden Klemmhalter, eingelassene und gebohrte Punkthalter unterschieden:

- **Klemmhalter:** umfassen die Plattenecken oder -ränder so, dass eine Lastübertragung nur durch Druckkräfte im Bereich der Klemmung stattfindet. Die Größe der Klemmfläche ist je nach Anforderung für den Lastabtrag entscheident – die Platten oder Scheiben werden nicht durchbohrt. Für den Glas- und Fassadenbau finden sich hierzu Angaben in den Technischen Regeln für linienförmig gelagerte Verglasungen (TRLV) und in der DIN 18516, die vom Prinzip auf weniger stark beanspruchte Konstruktionen im Innenbereich übertragen werden können.
- **Eingelassene Punkthalter (Hinterschnittanker):** sind kleine Befestigungspunkte, die punktförmig auf der Rückseite von Platten oder Scheiben eingelassen werden, ohne diese dabei zu durchdringen. Bei opaken Bauteilen sind die Punkthalter damit nicht von vorne sichtbar. Die Vorderseite des Bauteils bleibt geschlossen und ist als Fläche durchgängig erlebbar, Reinigungs - und Dichtigkeitsprobleme werden vermieden. Bei Verwendung von Glasscheiben sind Zwischenschichten (zwischen Anker und Glas) einzulegen. Herstellerangaben hinsichtlich der erforderlichen Materialstärke und Randabstände sind zu beachten.
- **Gebohrte Punkthalter:** sind in vielfältiger Ausführung als einfache, starre Bolzenverbindung mit und ohne Klemmplatte, als flächenbündiger Senkkopfbolzen und als in der Plattenebene gelenkig gelagerte Bolzen möglich. Starre Systeme finden eher für geringe Abmessungen und Lasten Verwendung. Durch Anordnung einer zusätzlichen Klemmplatte können die Lasten auch über die Klemmreibung und nicht nur über den Lochleibungsdruck abgetragen werden. Der Senkkopfbolzen ist ebenfalls eine starre Verbindung; dieser bietet jedoch funktional und gestalterisch betrachtet, den Vorteil einer planen Oberfläche. Gelenkige Systeme sind für größere Abmessungen und Lasten besser geeignet. Bei bruchgefährdeten Materialien ist im Decken- und Überkopfbereich eine Punkthalterung mit flächiger Abdeckung zu bevorzugen.
- **Flächige Verbindungen:** sind geklebte Verbindungen, die üblicherweise für Beläge sowie Bekleidungen zum Einsatz kommen und für diese eine optimale Lastabtragung bieten.

Das Fugenbild der geprägten Linoleumpaneele wird durch das dahinter liegende schwarze MDF des Korpusses betont.

Wände

5.1 Einteilung von nichttragenden Innenwänden
5.2 Feste Trennwände massiver Bauart
5.3 Bedingt umsetzbare Trennwände
5.4 Umsetzbare Trennwände
5.5 Bewegliche Trennwände
5.6 Wandbekleidungen
5.7 Fugen und Bauteilanschlüsse

Wände

Innenausbau mit nichttragenden, umsetzbaren Trennwänden

5.1 Einteilung von nichttragenden Innenwänden

In diesem Kapitel werden nur nichttragende Innenwände nach DIN 4103 und ihre Ausführungsformen in Massiv- oder Leichtbauweise dargestellt. Diese Innenwände leisten statisch keinen Beitrag zur Standsicherheit des Gebäudes, müssen aber folgende Lasten aufnehmen können:

- Eigenlasten,
- Anpralllasten aus harten und weichen Stößen,
- Konsollasten aus Regalen, Schränken und Bildern und
- bei Bedarf nutzungsbedingte Punkt- und Flächenlasten.

Bei den Stoßlasten wird zwischen Gebäuden mit geringer Menschenansammlung (Wohnung, Büro, Hotel) und großer (Verkaufsräume, Versammlungsstätten, Schulen) unterschieden. Außer den statischen Funktionen müssen nichttragende Innenwände weitere Anforderungen und Funktionen erfüllen, die sich aus der Nutzung der Räume und der Bauphysik ergeben. Hierzu gehören:

- Raumabschluss,
- Sichtschutz oder Sichtverbindung,
- Brandschutz (bei Räumen mit unterschiedlichen Brandschutzanforderungen),
- Schallschutz (schutzbedürftige Räume wie Schlafzimmer, ...),
- Wärmeschutz (bei Räumen mit verschiedenen Temperaturen),
- Flexibilität und Anpassbarkeit.

Nichttragende Innenwände werden nachfolgend in Anlehnung an die DIN 4103 nach ihrer Bauart unterteilt in:

- Trennwände in massiver Bauart,
- Trennwände in Holzbauart,
- Ständerwände (Montagewände in Leichtbauweise),
- Glastrennwände.

Abweichend von der DIN 4103 werden Innenwände hier zusätzlich nach dem Grad der Flexibilität unterteilt in:

- feste Trennwände massiver Bauart (Mauersteine, Wandbauplatte, ...),
- bedingt umsetzbare Trennwände, die mit gewissem Arbeitsaufwand und Materialverlust verändert werden können.

Hierzu gehören Ständerwände, die im Folgenden mit unterschiedlichen Anwendungsgebieten ausführlicher dargestellt werden, da sie einen großen Anteil am Innenausbau – insbesondere im Nichtwohnungsbau – besitzen. Es zählen dazu:

- umsetzbare Trennwände (Elementwände), die als vorgefertigte Systeme leicht aus- und wieder eingebaut werden können,
- bewegliche Trennwände, die meist als Schiebe- oder Faltwände an die Nutzung angepasst werden können und in Schienen geführt werden,
- Raumteiler und Schrankwände (Kapitel 11. Einbauten und Einbaumöbel).

Innenwände müssen entsprechend der einwirkenden Lasten mithilfe entsprechender Verbindungen an andere Bauteile angeschlossen werden. Diese Bauteilanschlüsse an Decken, tragende Wände oder Stützen müssen sicherstellen, dass die nichttragenden Wände durch Verformungen des Gesamttragwerks nicht beschädigt werden. Dies kann durch starre, elastische oder gleitende Anschlüsse gewährleistet werden: Der starre Anschluss an tragende Bauteile ist nur bei geringen Spannweiten und daraus resultierenden geringen Verformungen möglich. Dazu werden massive Wände oder die Unterkonstruktion von Ständerwänden direkt und umlaufend an die tragenden Bauteile angeschlossen. Der elastische Anschluss an seitliche Wände, Decken oder Fassaden ist durch seine freie Beweglichkeit gekennzeichnet. In diesem Fall werden elastische Materialien zwischen den Bauteilen eingelegt.
Für gleitende Anschlüsse werden Metallprofile mit einer Tiefe montiert, die über der zu erwartenden Durchbiegung des tragenden Bauteils liegt (Beispiel: Ausführung bei einer Deckendurchbiegung über einem Zentimeter). Bei Ständerwänden wird die Beplankung an diesem Anschluss nicht verschraubt und kann so bei der Bewegung des tragenden Bauteils gleiten. Bei massiven Innenwänden wird eine Fuge zum tragenden Bauteil frei gelassen, die je nach brandschutztechnischen und akustischen Anforderungen mit Mineralwolle ausgefüllt werden sollte. Wenn der Anschluss an ein tragendes Bauteil nicht möglich ist, kann die Standsicherheit der nichttragenden Wand durch weitere konstruktive Maßnahmen erfolgen wie etwa durch raumhohe Türzargen aus verstärkten Profilen oder durch entsprechende aussteifende Grundrissgeometrien – wie L- oder T-förmige Anordnungen.

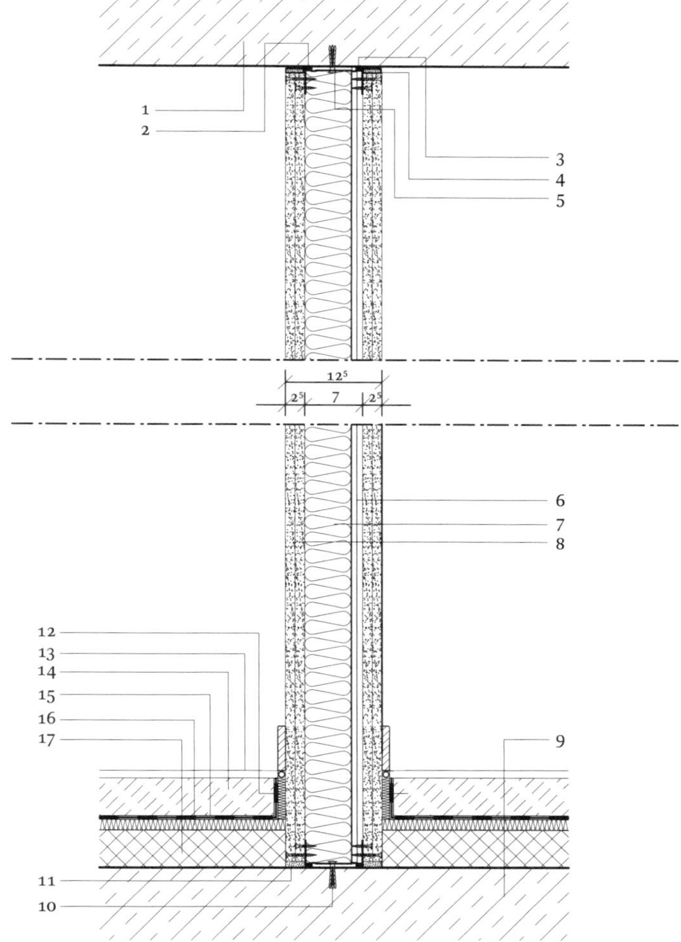

1 Stahlbetondecke
2 Trennstreifen
3 Spachtelmasse
4 Trennwandkitt
5 Drehstiftdübel
6 75er Ständerprofil
7 Dämmschicht
8 GK 2 × 12,5 mm
9 Stahlbetondecke
10 Schnellbauschraube
11 Spachtelmasse
12 Randdämmstreifen
13 Bodenbelag
14 Zementestrich ZE
15 Trennlage PE-Folie
16 Trittschalldämmung
17 druckfeste Dämmplatte

Nichttragende innere Trennwand DIN 4103-1 als Montagewand (Dicke = 12,5 cm):
- Unterkonstruktion aus verzinkten Stahlblechprofilen (75 mm), DIN 18182-1/18183 als Einfachständerwerk,
- Dämmschicht aus Mineralwolle DIN EN 13162, einlagig (Dicke nach Angaben des Schallschutzingenieurs),
- beidseitig zweilagige Beplankung aus Gipskarton-Platten (Plattendicke = 12,5 mm).

Trockenbauwand, Metallständerwerk mit Gipskartonbeplankung

Wände

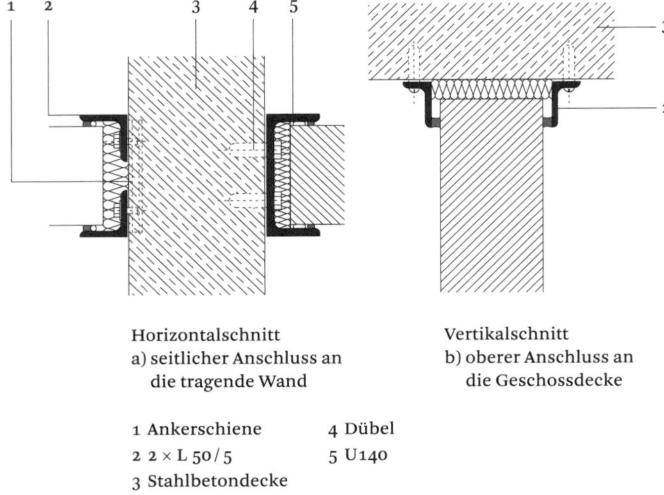

Horizontalschnitt
a) seitlicher Anschluss an die tragende Wand

Vertikalschnitt
b) oberer Anschluss an die Geschossdecke

1 Ankerschiene
2 2 × L 50 / 5
3 Stahlbetondecke
4 Dübel
5 U140

Gleitende, elastische Bauteilanschlüsse von nichttragenden Innenwänden an tragende Bauteile.

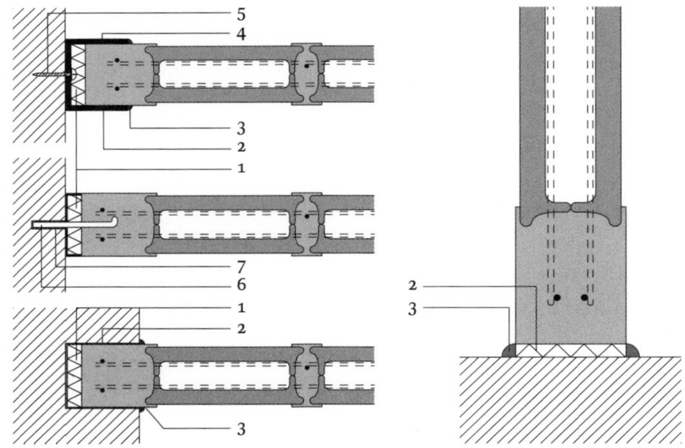

1 Dehnungsfuge (Hartschaumstoff, ...)
2 Gleitfuge (unbesandete Bitumenpappe oder Rhepanolfolie, ...)
3 Dauerelastische Dichtung
4 U-Metallprofil
5 Anker oder Dübel
6 Bewehrung, beweglich gelagert
7 Bewehrungsöffnung, mit dauerelastischem Material füllen

Seitliche elastische Bauteilanschlüsse von Glassteinwänden mit und ohne U-Profil und im Mauerschlitz. Glassteinwände dürfen keine Kräfte aus der tragenden Konstruktion aufnehmen, sodass umlaufende Dehnungsfugen zwingend vorzusehen sind. Der untere Anschluss ist durch ein Gleitlager aus unbesandeter Bitumenpappe beweglich.

5.2 Feste Trennwände massiver Bauart

Massive Innenwände können traditionell aus Mauerwerk oder aus Wandbauplatten hergestellt werden. Einschalige massive Innenwände besitzen Wandstärken von 5–24 cm. Gemauerte Wände werden in Ziegel (DIN 105), Kalksandstein (DIN 106), Porenbeton (DIN 4165 und 4166) und Leichtbeton (DIN 18148 und DIN 18162) sowie aus Gipswandbau- (DIN 18163) und Lehmbauplatten ausgeführt. Gemauerte Trennwände mit beidseitigem Putz erreichen ab einer Stärke von 11,5 cm die Feuerwiderstandklasse EI 90 (feuerbeständig).

Massive Wände aus Glassteinen (DIN EN 1051 und DIN 4242) dürfen außer ihrem Eigengewicht keine lotrechten Lasten aufnehmen. Da sie frei von Belastungen und Zwängungen durch Bauteilverformungen oder temperaturbedingte Längenänderungen sein müssen, sind seitliche und obere Dehnfugen erforderlich. In einfacher Ausführung erreichen diese Wände die Feuerwiderstandsklasse EI 30, andere Systeme EI 60 oder als Doppelwand EI 90. Glassteine sind Hohlglaskörper, die aus zwei gepressten Teilen verschmolzen werden, der Zwischenraum ist luftdicht abgeschlossen. Die Sichtflächen können eben, durchsichtig aber auch profiliert und ornamentiert sein.

5.3 Bedingt umsetzbare Trennwände

5.3.1 Ständerwände

nach DIN 18183 sind nichttragende Montagewände mit einer Unterkonstruktion aus Metall- oder Holzprofilen sowie einer beidseitigen oberflächenbildenden Beplankung von 9–12,5 mm. Übliche Wandstärken für Einfach- oder Doppelständerwände sind 75, 100, 125 und 150 mm. Die Profile und Beplankungen werden vor Ort zugeschnitten und angepasst. Die ein- oder mehrlagige (meist zweilagige) Beplankung besteht in der Regel aus Gips- oder Gipsfaserplatten, aber auch aus Holzwerkstoff- oder Verbundplatten. Ständerwände werden meist entkoppelt von abgehängten oder massiven Decken ausgeführt, damit die Wände vor Verformungen aus dem Tragwerk geschützt sind. Nach der Wandhöhe wird die Stärke der Profile bemessen, die Achsabstände betragen dabei 50 cm oder 62,5 cm. Die Anzahl und die Art der Beplankung, die Anordnung der Profile sowie die Dicke und Qualität der Innendämmung beeinflussen die Wandeigenschaften.

Die Kennzeichnung der Profile lässt einen Rückschluss auf die Profilform und den Montageort zu; bei den Abkürzungen CW und UW bezeichnet der erste Buchstabe die Profilform (C- oder U- Form), der zweite Buchstabe den Montageort (Wand). Neben Einfach- oder Doppelständerwänden werden für besondere Anforderungen im Schall-, Brand- oder Strahlenschutz auch speziellere Konstruktionen eingesetzt.

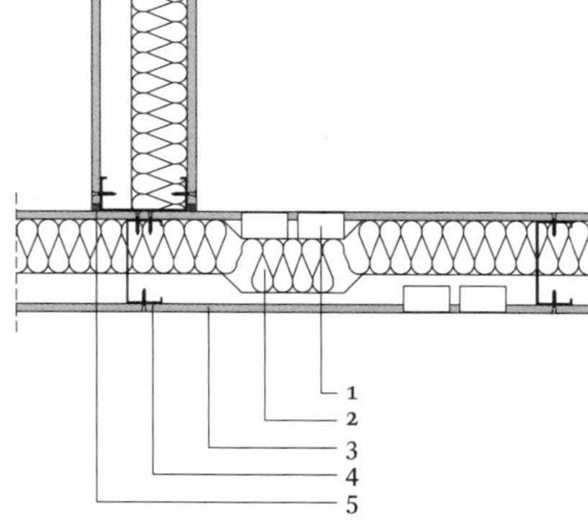

1 Hohlwanddose
2 Dämmung (Schall- / Brandschutz)
3 Gipskartonbeplankung
4 CW-Ständerprofil
5 akustisch dichte Fuge
6 Kantenschutzprofil

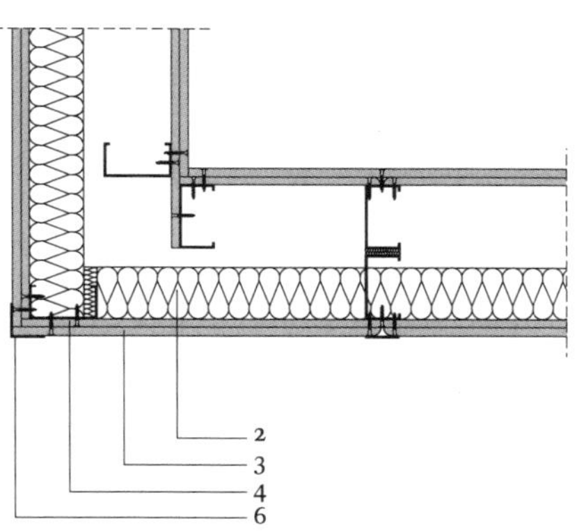

Einfach- und Doppelständerwand im Horizontalschnitt mit typischen Wandanschlüssen und Einbauteilen.

Einfach- und Doppelständerwände

Einfachständerwände bestehen aus einer Ständerreihe als Unterkonstruktion, welche beidseitig ein- oder mehrlagig beplankt ist. Die zweilagige Beplankung mindert Rissbildung. Stöße von mehrlagigen Beplankungen müssen versetzt zueinander angeordnet werden.

Doppelständerwände bestehen aus zwei parallelen Ständerreihen, die auf einer Seite ein- oder mehrlagig beplankt sind. Die Ständer können mit einem Abstand zueinander stehen, versetzt angeordnet oder über einen weichfedernden Filzstreifen miteinander verbunden sein. Im Speziellen sind die Herstellerangaben zu beachten, im Allgemeinen gelten bei Ständerwänden folgende Hinweise:

- Wandanschluss: Durchlaufende Beplankungen in benachbarte Räume sollten nur bei geringen Schallschutzanforderungen ausgeführt werden.
- Bodenanschluss: Bei hohen Schallschutzanforderungen ist in der Montage von Ständerwänden eine Unterbrechung des Estrichs notwendig. Die Ständerwand wird dabei auf der Rohdecke angebracht und durch einen Randdämmstreifen vom angrenzenden Estrich entkoppelt.
- Deckenanschluss: Bei Brandschutzanforderungen müssen die Tragprofile geschützt beziehungsweise beplankt eingebaut werden. Bei einer Deckendurchbiegung über einem Zentimeter ist ein gleitender Anschluss am Wandkopf erforderlich. Die Fuge ist anschließend mit nicht brennbarer Dämmung zu schließen.
- Doppelte Beplankungen: Soll die Steifigkeit der Wand verbessert werden oder sind Vorteile für den Brand- und Schallschutz gewünscht, kommen doppelte Beplankungen zur Ausführung. Eine Verbesserung des Schallschutzes erfolgt beispielsweise durch getrennte Ständer und mehrlagige Beplankungen mit versetzten Stößen. Bei doppelten Beplankungen werden zudem Rissbildungen verringert.

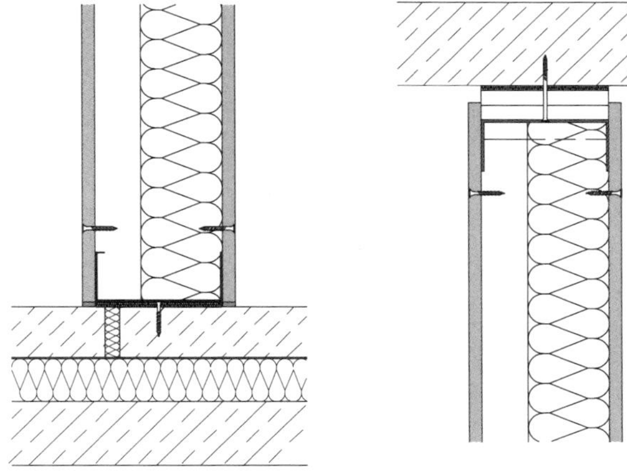

Einfachständerwand: Bodenanschluss mit getrenntem Estrich (Estrichfuge) und gleitendem Deckenanschluss.

Wände

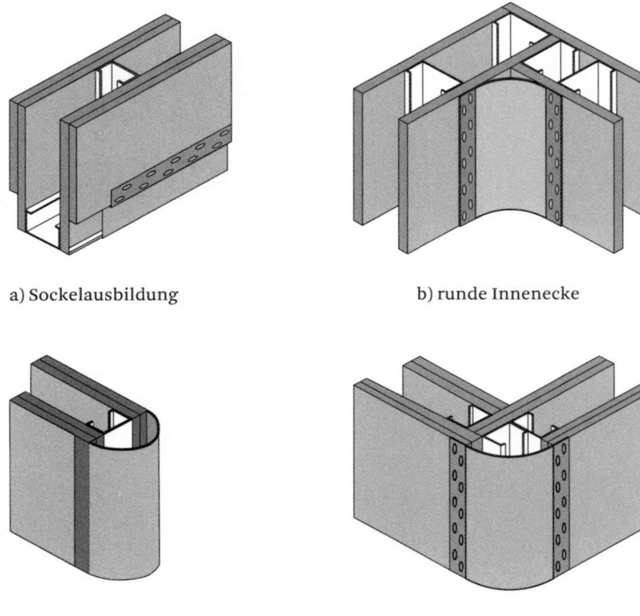

Einfachständerwand: Eckausbildung mit speziellen Kantenschutzprofilen in runder und eckiger Form.

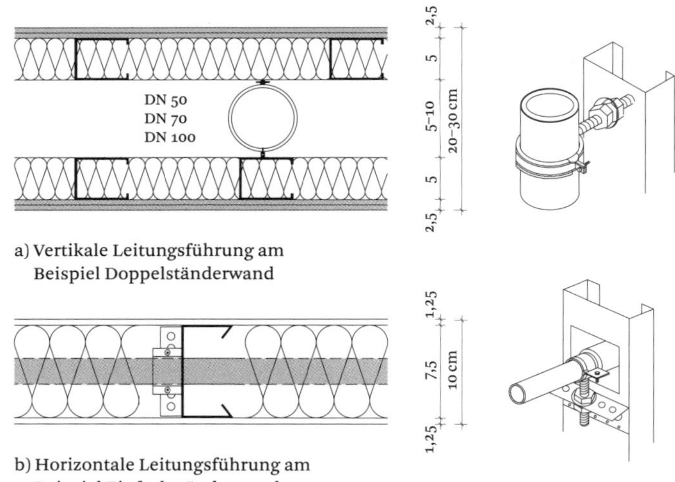

Horizontalschnitt und Isometrie durch die Installationsführung in einer Doppel- und Einfachständerwand mit schallentkoppelter Rohrbefestigung für (a) vertikale und (b) horizontale Leitungsführungen.

- Freie Wandecken: sind mit überspachtelten Kantenschutzprofilen zu schützen.
- Hohlwanddosen: Steck- und Schalterdosen dürfen bei raumabschließenden Wänden nicht unmittelbar gegenüber liegen, sondern sind mit Versatz anzuordnen; brandschutztechnisch notwendige Dämmschichten hinter Dosen müssen eine Stärke von mindestens 3 cm besitzen.

Jede Ständerwand kann in ihrem Hohlraum zwischen den Beplankungen Installationsleitungen (Elektro-, Sanitär- und Heizungsleitungen) aufnehmen. Diese sogenannte wandgeführte Installation ist im Wohnungsbau eher üblich als im Büro- und Verwaltungsbau, der stärker einer wechselnden Nutzung und damit einer schnellen, flexiblen Umgestaltung der Wände unterliegt. Dort werden Installationen vorzugsweise in einer aufgeständerten Fußbodenebene, in Boden- oder Brüstungskanälen oder in abgehängten Decken und Unterdecken geführt (7.4.3. System- und Installationsböden). Zur Aufnahme von Lasten – beispielsweise bei angehängten Möbeln – können Verstärkungen aus Holzwerkstoffplatten oder Metallprofilen als Traversen oder Tragständer erforderlich sein, die hinter der Beplankung an den gegebenenfalls verstärkten Ständern montiert werden.

Installationswände
sind Ständerwände mit größeren Gesamtwandstärken für die Führung von mehr oder größer dimensionierten Leitungen. Sollen beispielsweise Abwasserleitungen mit einer Nennweite von DN 100 horizontal in einer Wand verlegt werden, muss die Wanddicke der Doppelständerwand so vergrößert werden, dass die Leitungen mit den entsprechenden Befestigungsschellen und Verbindungsteilen zwischen den Ständerreihen hindurchgeführt werden können. Das bedeutet, dass sich inklusive der Toleranzen eine Wandstärke von mindestens 22 cm ergibt, abhängig von der Tiefe der Ständer und der Anzahl und Dicke der Beplankungen. Für die Installation werden in der Beplankung Durchbrüche geschaffen und in den Metall- und Holzprofilen Aussparungen vorgesehen, durch die die Leitungen geführt werden können. Häufig werden Leerrohre eingezogen, die einen nachträglichen Austausch oder eine Nachrüstung mit Leitungen erleichtern. Die Rohre oder Leitungen müssen schallentkoppelt an den Profilen und in den Aussparungen befestigt werden, um eine Geräuschübertragung in angrenzende Räume zu verhindern oder zu minimieren.

Hierfür existieren spezielle Rohrbefestigungen für die vertikale und horizontale Installationsführung. Die Wandstärke und die durchgehende Anordnung der Dämmung sind für den Schallschutz außerdem von Bedeutung. Damit Ständerwände große Konsollasten wie etwa von Waschtischen oder WC-Elementen aufnehmen können, werden zusätzliche Traversen oder Tragständer im vergrößerten Wandzwischenraum eingebaut. Über diese verstärkten Profilkonstruktionen werden die Lasten in den Boden und die Decke abgetragen. Besonders für Toiletten gibt es fertige Vorwandinstallationselemente, die als komplettes Bauteil eingebaut werden.

<u>Schachtwände</u>
sind Wände von vertikalen Hohlräumen, die der geschossübergreifenden Leitungsführung haustechnischer Installationen dienen. Sie müssen fast immer erhöhte schall- und brandschutztechnische Anforderungen erfüllen. Für den Schallschutz werden die wasserführenden Rohrleitungen mit Dämmstoff (oft PUR) ummantelt, die verbleibenden Hohlräume zwischen den Leitungen mit Mineralfaserdämmstoffen ausgefüllt oder die Schachtwände mit Dämmplatten innenseitig bekleidet. Für den Brandschutz gelten die Anforderungen der Musterleitungsanlagen-Richtlinie (MLAR), nach der die Durchbrüche in Geschossdecken entsprechend den für die Bauteile notwendigen Feuerwiderstandsklassen zu verschließen sind. Die Abschottung kann horizontal auf Ebene der Geschossdecken oder vertikal auf Höhe der Schachtwände erfolgen. Zusätzlich kann auch eine brandschutztechnische Ummantelung der Leitungen oder die Abschottung in den Leitungen erforderlich sein.

<u>Wohnungstrennwände</u>
sind Trennwände, die gemäß Bauordnung zwischen Wohnungen sowie einer Wohnung und anderen Nutzungseinheiten erforderlich sind. Wenn keine massiven Wände vorgesehen sind, werden diese als nichttragende Ständerwände (Doppelständerwände mit mindestens zweilagiger Beplankung aus Gipsplatten) ausgeführt. Sie müssen den erforderlichen Schall- und Brandschutz sowie Anforderungen an Wärmedämmung und Einbruchsicherheit erfüllen. Für erhöhten Brandschutz werden auch Feuerschutzplatten aus Gips oder anderen Materialien eingesetzt. Um die Sicherheit gegen Einbruch zu erhöhen, können zusätzliche Stahlbleche in die Konstruktion eingelegt werden, die ein Durchbrechen der Wand verhindern.

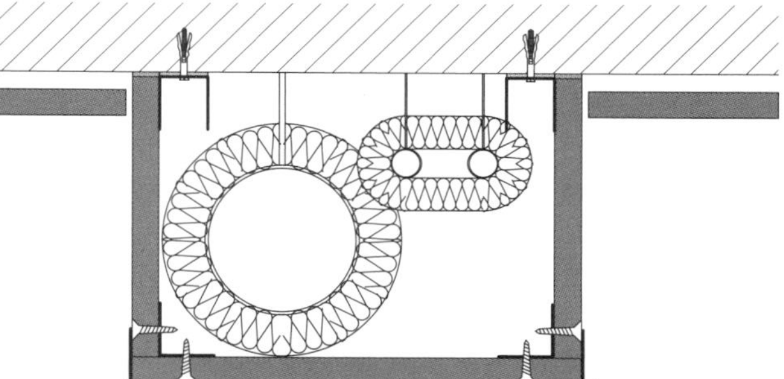

a) Schachtwand vor massiver Wand

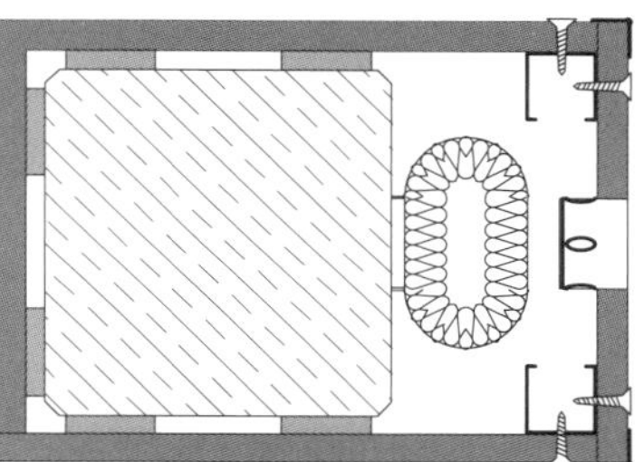

b) Schachtwand um massive Stutze

Verbesserung des Schallschutzes durch isolierte Leitungsführungen innerhalb vorgesetzter Schachtwände.

Vorsatzschale und vertikaler Schacht sind in einer Wandnische eingebaut – der Raum wird optimal genutzt.

Wände

flächenbezogene Masse der Massivwand	Bewertetes Schalldämmmaß	
	ohne Vorsatzschale	mit Vorsatzschale
100 kg/m²	36 dB	49 dB
200 kg/m²	44 dB	50 dB
300 kg/m²	49 dB	54 dB
300 kg/m²	52 dB	56 dB

Verbesserung des Schalldämmmaßes durch biegeweiche Vorsatzschalen, abhängig von der Masse der Rohbauwand.

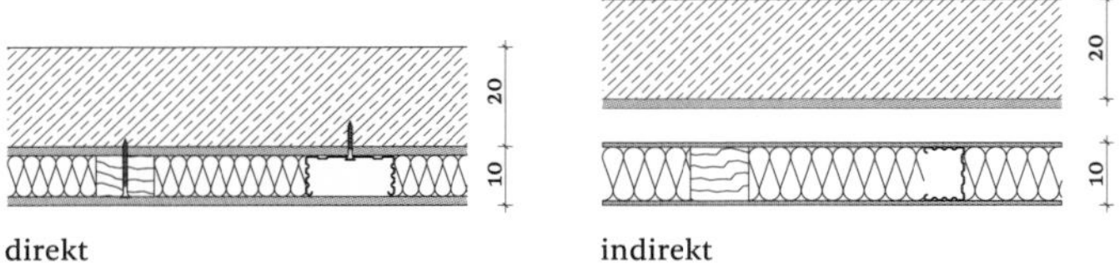

Unterschiedliche Ausführungsvarianten von Vorsatzschalen als direkte oder indirekte (freistehende) Befestigung; alternativ mit Holz- oder Metallständerunterkonstruktion möglich.

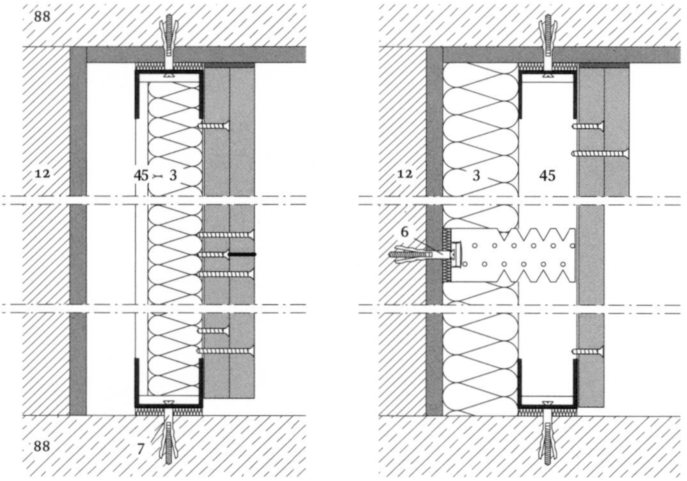

1 Rohbauwand
2 Ausgleichsschicht
3 Dämmschicht
4 Unterkonstruktion
5 Beplankung
6 Direkte Befestigung
7 Indirekte Befestigung
8 Stahlbetondecke

Vertikalschnitt durch indirekt (freistehende) und direkt befestigte Vorsatzschale als Metallständerkonstruktion.

5.3.2 Vorsatzschalen

Leichte, biegeweiche Vorsatzschalen werden als einseitig beplankte Einfachständerwände vor einem rückseitigen meist massiven Bauteil aufgestellt. Als Beplankungen dienen Gipsbau- oder Holzwerkstoffplatten. Der entstehende Hohlraum zwischen Rückwand und dem beplankten Ständerwerk wird häufig als Installationsraum genutzt.

Da gemäß den geltenden Vorschriften Mauerwerk aus schallschutz-, brandschutz- und wärmeschutztechnischen Gründen nur bis zu einem gewissen Maße geschlitzt werden darf, werden im Ausbau vermehrt Vorsatzschalen eingesetzt, um die massiven Wände nicht zu schwächen. Unterschreiten Vorsatzschalen eine Höhe von 1,50 m über der Oberkante des fertigen Fußbodens (OKFF) können sie gemäß Wohnflächenverordnung (WoFlV) in die Wohnfläche miteingerechnet werden. Bei einer biegeweichen Vorsatzschale wird der Schalldurchgang durch die Anregung der Beplankungsmasse vermindert. Durch das Ausstopfen mit Mineral- oder Holzfaserdämmung wird die Übertragung der Schallwellen im Hohlraum zwischen Vorsatzschale und bestehender Wand verhindert. Biegeweiche Vorsatzschalen werden oft auch zur Ertüchtigung des Schallschutzes von Wohnungs- oder Haustrennwänden (beziehungsweise -decken), etwa bei Sanierungen, eingesetzt.

Direkt befestigte Systeme

sind mit der Unterkonstruktion an der Rohbauwand befestigt und besitzen deshalb reduzierte Abstände. Der Abstand zur Wand wird durch die Art und Größe der Unterkonstruktion bestimmt. Sind die Untergründe ausreichend eben und tragfähig genug, werden die Profile direkt an der Wand befestigt. Um Toleranzen auszugleichen kommen alternativ spezielle Justierschwingbügel zum Einsatz.

freistehende Systeme

berühren die Rohbauwand nicht direkt und erreichen dadurch, sowie durch eine mögliche größere Dämmstoffdicke, besonders gute Schall- und Wärmedämmmaße. Freistehende Systeme werden dann eingesetzt, wenn Installationen entweder frei im Raum stehen sollen, der Wanduntergrund nicht genügend tragfähig oder zu uneben für ein direkt befestigtes System ist, ein größerer Installationshohlraum benötigt wird oder erhöhte Anforderungen an die Akustik und an den Wärmeschutz bestehen.

Für die Unterkonstruktionen von Vorsatzschalen sind Holzständer oder C-Wandprofile aus Metall üblich. Metallständer finden eine verbreitete Anwendung, weil sie gerade sind und sich nicht verziehen können. Die Ständer sind mit einem Abstand von mindestens 50 cm zueinander angeordnet und werden in einer Entfernung von etwa 2 cm an die Wand montiert. Der Zwischenraum zwischen den Ständern wird mit Faserdämmstoff ausgefüllt. Alternativ können auch selbsttragende Holzwolle-Leichtbauplatten an den freistehenden Holz- oder Metallständern befestigt werden.

5.3.3 **Brandwände**

werden nach den Muster- und Landesbauordnungen unterschieden in:

- Gebäudeabschlusswände, die Gebäude gegen benachbarte Gebäude abschotten und in
- Gebäudetrennwände, die Gebäude durch innere Brandwände in verschiedene Brandabschnitte unterteilen und diese gegeneinander abschotten.

Durch Brandwände und Brandabschnitte können Brandherde örtlich begrenzt, Löscharbeiten erleichtert und damit mögliche Brandschäden in Grenzen gehalten werden. Die Anordnung von Brandwänden und die Unterteilung in Brandabschnitte sind bei mehrgeschossigen oder flächenmäßig ausgedehnten Gebäuden normaler Art und Nutzung etwa alle 40 m erforderlich. Zwischen den Geschossen werden die Brandabschnitte in vertikaler Richtung von raumabschließenden Decken und Dächern gebildet.

Im Gegensatz zu F90-, also feuerbeständigen Wänden oder Trennwänden mit geringer Feuerwiderstandsdauer, nehmen Brandwände im Brandfall zusätzlich zu den vertikalen Lasten horizontale Stoßbeanspruchungen auf und müssen ihre Standsicherheit auch bei dieser Beanspruchung beibehalten. Brandwände bestehen immer aus nicht brennbaren Baustoffen (Baustoffklasse A) und müssen durchgehend in allen Geschossen ausgebildet sein. Alle 30 cm sind Brandwände auch über die Bedachung hinauszuführen. Daneben sollte die Anordnung von Brandwänden in allen Geschossen unversetzt übereinander erfolgen. Gegebenenfalls müssen die Decken zwischen den Versprüngen teilweise entsprechend den brandschutztechnischen Anforderungen ausgebildet werden.

Tragende Konstruktion Feuerwiderstandsklasse	Holzkonstruktionen Plattendicke (Typ Fireboard) in mm		Stahlkonstruktionen Plattendicke (Typ GKF) in mm	
	Träger	Stütze	Träger	Stütze
F 30-A	15	15	12,5	12,5
F 60-A	15	15	12,5 + 9,5	12,5 + 9,5
F 90-A	25	25	2 × 15	3 × 15
F 120-A	–	–	2 × 15 + 9,5	4 × 15
F 180-A	–	–	5 × 15	5 × 15

Verbesserung des Feuerwiderstands von Stützen und Trägern aus Holz und Stahl durch Gipsplattenbeplankung.

Anforderung	Brandwand nach MBO	Komplextrennwand nach VdS 2234 1999-05
Feuerwiderstandsklasse	F 90-A	F 180-A
Standfestigkeit	Ja	Ja
Stoßarbeit	3000 Nm	4000 Nm
Ausführung	durchgehend oder versetzt in Verbindung mit öffnungslosen F 90-A Decken	durchgehend durch alle Geschosse ohne Versatz
bei harter Bedachung	> 30 cm über Dach oder 50 cm auf Dach, beiderseits F 90-Platte	> 50 cm über Dach, Alternative nicht zulässig!
bei weicher Bedachung	> 50 cm über Dach	nicht zulässig!
Wandstärken	Stahlbeton > 14 cm Mauerwerk > 24 cm Trockbau > 13 cm (nach Zulassung)	Stahlbeton > 20 cm (und nach Statik) Mauerwerk > 36,5 cm (und nach Statik) Trockbau nicht zulässig!

Tabellarischer Vergleich der Anforderungen an Brand- und Komplextrennwände. Komplextrennwände sind extrem leistungsfähige Brandwände, die im Industriebau zur Trennung baulicher Komplexe eingesetzt werden.

Wände

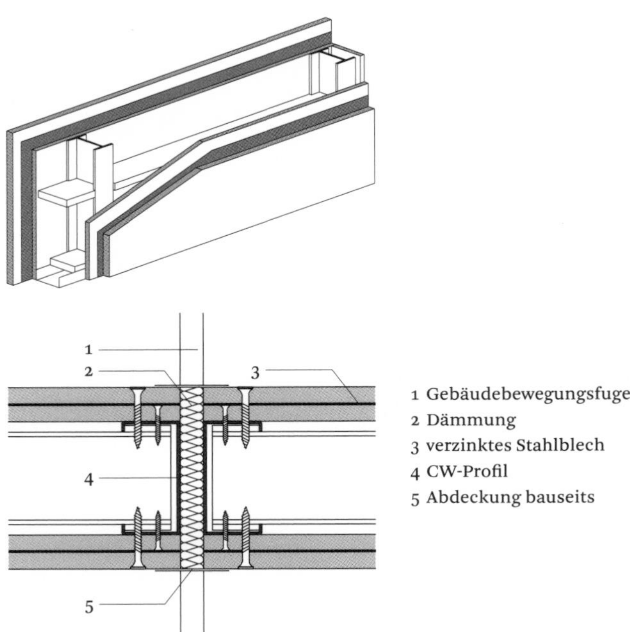

Brandwand in Metallständerbauweise mit zweilagiger Brandschutzbeplankung, einer zwischen der Beplankung angeordneten Stahlblecheinlage und innenliegender mineralischer Dämmung. Eine Bewegungsfuge ist alle 15 m anzuordnen.

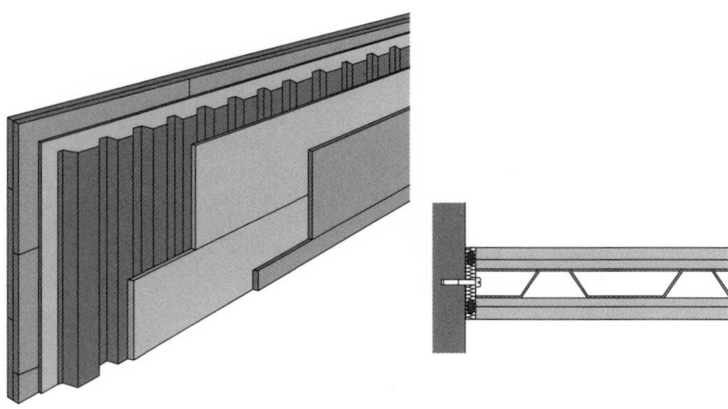

Brandwand in Ständerbauweise mit aussteifendem Trapezblech, zweilagiger Beplankung mit Stahlblecheinlage und Mineralwolledämmung; kann auch als einbruchhemmende Sicherheitswand zugelassen sein.

Üblich ist die Ausführung von Brandwänden in massiver Bauweise; es haben sich jedoch auch Brandwände in Leichtbauart, sogenannte Systembrandwände, etabliert, die sich durch geringe Wandstärken (ab 11 cm), eine trockene Konstruktion und geringe Montagezeiten auszeichnen. Ihre nicht brennbare, stabile Beplankung schützt die tragenden Profile und steift die Gesamtkonstruktion aus. Die Konstruktionen unterscheiden sich in der Art ihrer Unterkonstruktion und Beplankung; sie können bis zu einer Höhe von 15 m eingesetzt werden. Beplankungen werden zwei- oder dreilagig mit Gipsplatten Typ A oder F, in der Regel mit zusätzlichen Stahlblecheinlagen hergestellt.

Je nach Zulassung des Wandsystems sind umlaufende oder nur obere und untere kraftschlüssige Anschlüsse erforderlich. Bei kraftschlüssigen Anschlüssen wird die Wand in der Regel mit einem Winkelprofil an eine Betonwand oder ein Stahlprofil montiert. Bei nicht kraftschlüssigen Anschlüssen wird die Brandwand nur an Boden und Decke mit den flankierenden, tragenden Bauteilen aus Stahlbeton, Mauerwerk oder Stahl verbunden. Die entstehenden Anschlussfugen müssen mit nicht brennbaren Aufschäumdichtungen oder Dämmmaterialien verfüllt und nach außen mit einem nicht brennbaren Material abgedichtet oder abgedeckt werden. Stahlkonstruktionen sind durch Beplankungen gesondert vor der Hitzebeanspruchung und damit vor Temperaturerhöhungen zu schützen. Unterkonstruktionen aus Metallständerprofilen werden aufgrund der höheren Belastung mit geringeren Abständen von etwa 31,5 cm angeordnet. Tragende Metallprofilbleche sind durchgehend eingesetzt. Einige Brandwände besitzen eine Zulassung als einbruchhemmende Wände, sogenannte Sicherheitswände. Diese unterliegen einer höheren Stoßbeanspruchung, die durch die Stahlblecheinlagen zwischen den Beplankungen und stabilere Unterkonstruktionen abgefangen werden kann. Für die jeweilige Anwendung ist in der Ausführung eine entsprechende gültige Zulassung vorzulegen.

5.3.4 Strahlenschutzwände

kommen in Räumen mit erhöhter Strahlenbelastung – in Arztpraxen und Krankenhäusern – zum Einsatz, um das Austreten der Strahlung zu verhindern. Nach DIN 6812 wird zwischen Nutz- und Störstrahlung aus Röntgenstrahlen unterschieden. Im Rahmen der Ausführung von Ständerwänden werden sämtliche Wandflächen, Profile, Fugen und Plattenstöße mit Bleiplatten und -streifen kaschiert sowie beklebt.

Lichtdurchlässige Öffnungen in diesen Räumen müssen aus Bleiglas bestehen. Die erforderlichen Bleidicken sind hierfür den Richtwerten der DIN 6812 zu entnehmen. Platten und Streifen werden je nach Strahlenbelastung in Schichtdicken von 0,5–20 mm, Bleiglasscheiben in Stärken von 3,5–11,5 mm benötigt. Auf einen flächigen, lücken- und fugenlosen Schutz sowie die besondere Planung von Befestigungs- und Durchbruchstellen ist zu achten! Trockenbaukonstruktionen mit Beplankungen, die einen Bleigleichwert von 6 mm erreichen (= Bleidicke, die zur gleichen Schwächung der Dosisleistung einer Strahlung führt, wie der betrachtete Stoff in der gerade vorliegenden Dicke) sind mitunter gut für den Strahlenschutz geeignet. Mit Blei beschichtete Wände und Decken besitzen allerdings wesentlich höhere Flächengewichte als normale Trockenbaukonstruktionen, sodass auch die Befestigungen und Abhängungen an der Rohbaukonstruktion an die höheren Lasten angepasst werden müssen. Für alle Einbauten sind spezielle Sonderelemente wie Fenster- und Türzargen mit eingelegter Bleifolie zu verwenden.

5.4 Umsetzbare Trennwände

sind industriell vorgefertigte, standardisierte Wandelemente, die mit geringerem Aufwand montiert, demontiert und wieder aufgebaut werden können. Für Konstruktion und Transport sind deshalb eine einfache Montage und Demontage und ein möglichst geringes Gewicht notwendig. Umsetzbare Trennwände besitzen im Vergleich zu den vorgenannten Trockenbauwänden eine sichtbare modulare Struktur. Ein Umbau, eine Umsetzung oder ein Austausch einzelner Elemente ist unter Verwendung der vorhandenen Einzelteile möglich, ohne diese nachträglich bearbeiten zu müssen. Geschlossene Wandelemente können nach Bedarf durch Bauteile mit integrierten Türen oder Verglasungen ergänzt oder ersetzt werden.
Da umsetzbare Trennwände von der DIN 4103 nicht erfasst werden, sind besondere Nachweise in Form von bauaufsichtlichen Prüfzeugnissen und Zulassungen erforderlich. Wand-, Decken- und Fußbodenanschlüsse müssen eine gute Anpassung an die jeweiligen Bauteile ermöglichen. Hierfür existieren zahlreiche spezielle Profile für Eckausbildungen, Fenster- und Türeinbau und Klemm- sowie Abdeckprofile. Vertikale Plattenstöße werden durch Nut-und-Feder-Systeme, durch Federleisten oder durch Federpfosten geschlossen.

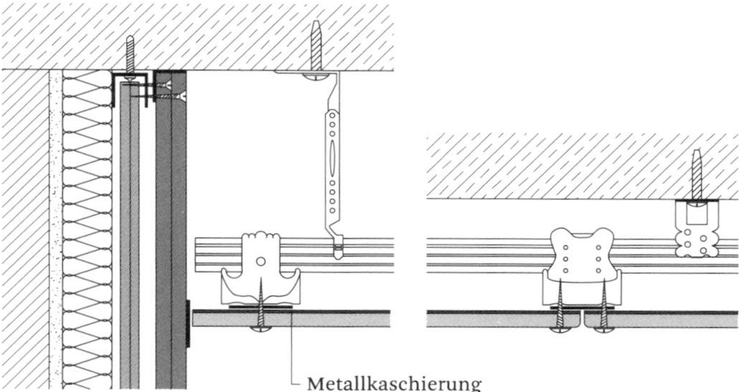

Vertikalschnitt einer Strahlenschutzwand in Ständerbauweise mit Anschluss an die Unterdecke sowie Horizontalschnitt einer Strahlenschutzdecke mit Metallunterkonstruktion und Befestigung der Bleifolie an den Plattenstößen.

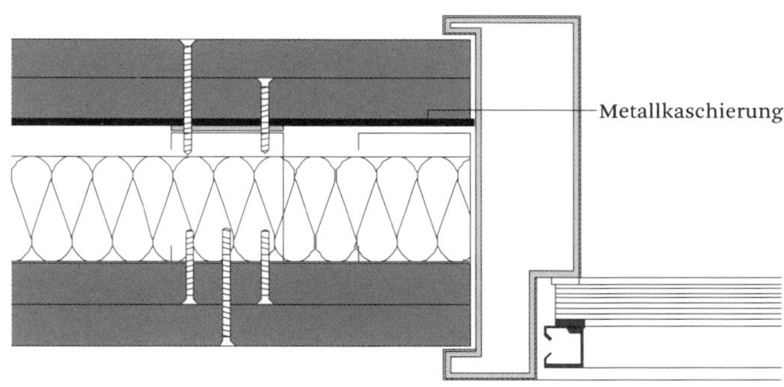

Einbausituation eines Strahlenschutzfensters mit kaschiertem Fensterrahmen in einer Strahlenschutzwand.

Wände

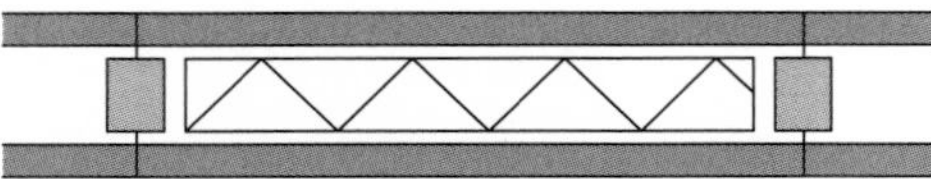

Monoblockwand

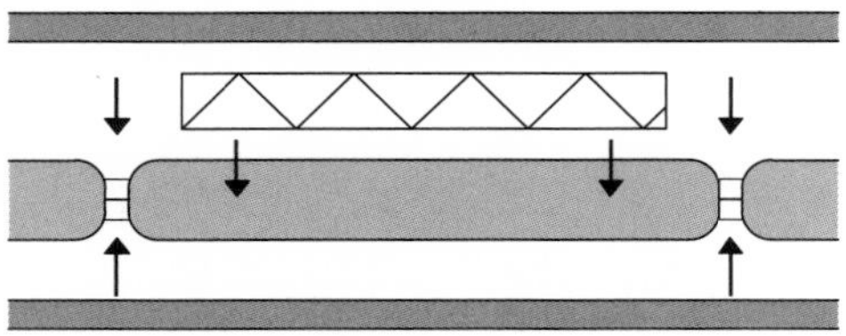

Schalenwand

Umsetzbare Trennwand in vollständig vorgefertigter Monoblock- oder elementierter Schalenbauweise.

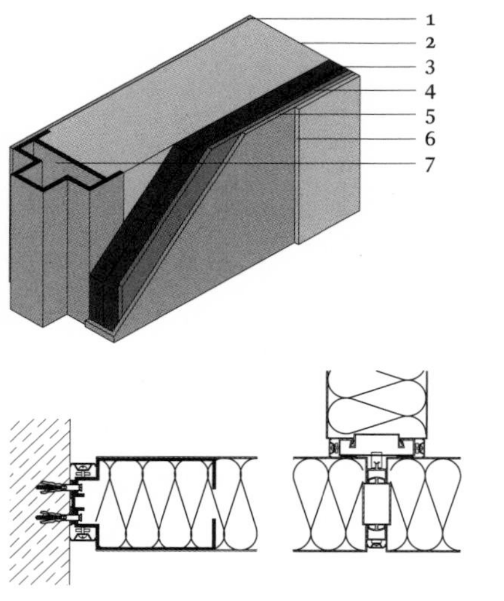

1 Außenschale
2 Akustikschaum (MDI-Kaltschaum)
3 Sinus-Wabe
4 Glasfaser / PU-Gemisch
5 Außenschale
6 Oberfläche (Funier, ...)
7 Vertikalprofil

Schiebewandelement in Monoblockbauweise mit Elementstoß, seitlichem, oberem und unterem Anschluss. Der untere Anschluss kann analog zu normalen Trennwandanschlüssen mit und ohne Estrichfuge ausgeführt werden.

Die Anordnung von Elektro- und Sanitärinstallationen im Trennwandhohlraum ist möglich. Die Einspeisung erfolgt wie bei festen Trennwänden entweder von oben über abgehängte Unterdecken, von unten über einen Systemboden oder von der Seite über den Flur- oder Fassadenbereich. Die Profile der Unterkonstruktion müssen für eine horizontale Verlegung entsprechend ausgestanzt werden oder über Querprofile und Traversen zur Aufnahme von Konsollasten verfügen.

5.4.1 Monoblockwände

werden häufig im Ausbau von Gewerbe- oder Bürogebäuden verwendet. Die fertigen Wandelemente – früher auch als Elementwände bekannt – bestehen aus Unterkonstruktion und Beplankung, die einschließlich optionaler Füllung mit Dämmstoff zur Baustelle geliefert und dort aufgebaut werden. Es existieren Systeme von Monoblockwänden, die nur zwischen tragenden Geschossdecken eingeklemmt werden, ohne dass eine Verdübelung in dem anschließenden Bauteil erforderlich ist. Die Durchbiegung der angrenzenden Decke wird durch raumhohe Aluminium-Rundrohre mit Fuß- und Kopfplatten aufgenommen. Mit dieser Bauweise kann die Flexibilität im Ausbau noch weiter erhöht werden.

5.4.2 Schalenwände

bestehen aus Unterkonstruktion, Boden-, Wand- und Decken-Anschlussprofilen, oberflächenfertigen Wandschalen und optionalen Dämmschichten. Diese Einzelelemente werden auf der Baustelle zur fertigen Wand montiert. Neben geschlossenen Oberflächen sind auch Rahmenkonstruktionen mit Ausfachungen üblich.

5.4.3 Glaswände

tragen gerade im höherwertigen Innenausbau zu einer besseren Belichtung, zu einer erhöhten Transparenz und zu einem differenzierten Erscheinungsbild bei. Glaswände werden nach ihrer Konstruktionsart unterschieden in Rahmen-, Pfosten-Riegel- und Ganzglaskonstruktionen:

- Bei Rahmen- und Pfosten-Riegelkonstruktionen wird das Glas auf dem unteren Querprofil oder Riegel gelagert und durch eine umlaufende Glashalteleiste oder durch ein Profil gehalten. Bei Pfosten-Riegelkonstruktionen kann das Glas auch linenförmig an den vertikalen Pfosten durch Klemmschienen gehalten werden.

- Bei Ganzglaskonstruktionen wird das Glas in einem Bodenprofil gelagert und an der Decke in Position gehalten. Offene Stöße zwischen den benachbarten Glasscheiben können mit einer Silikonnaht geschlossen werden.

Die Art der Glaslagerung hängt außerdem von der verwendeten Glassorte ab:

- Einfachverglasungen aus Float-, Ornament- oder Verbundglas (VG) sind allseitig (vierseitig) zu lagern.
- Vorgespannte Verglasungen wie Teilvorgespanntes Glas (TVG), Einscheibensicherheitsglas (ESG) oder Verbundsicherheitsgläser (VSG) können zweiseitig gelagert sein. Diese Verglasungen fallen unter die »Technischen Regeln für die Verwendung von linienförmig gelagerten Verglasungen« (TRLV). Hierin sind in Deutschland Glaselemente im Innen- und Außenbereich geregelt, die mindestens an zwei gegenüberliegenden Seiten durchgehend linienförmig gelagert sind. Scheiben aus ESG, die nicht allseitig gelagert sind sowie Glasscheiben, die erhöhter Temperaturbeanspruchung oder Energieabsorption unterliegen, müssen den Nachweis der Heißlagerung ESG-H / ESG-HF besitzen. Bohrungen und Ausschnitte sind nur in ESG, in TVG mit allgemeiner bauaufsichtlicher Zulassung oder VSG zulässig.
- Kombinierte Scheibenlagerungen mit punkt- und linienförmig geklemmter Lagerung sind seit 2005 in den »Technischen Regeln für punktförmig gelagerte Verglasungen« (TRPV) geregelt. Hinweise für punktförmig geklemmte Scheiben aus ESG gibt die DIN 18516-4. Auf die Lagerung der Glasscheiben wird auch im Kapitel Verbindungstechniken eingegangen.

In Deutschland nicht geregelt und damit zustimmungspflichtig sind geklebte Konstruktionen und aussteifende Verglasungen; es existieren einige zugelassene Systeme. Zusätzliche Anforderungen gelten für absturzsichernde Verglasungen. Hierbei handelt es sich um Fenster, Zwischenwände, Verglasungen an Aufzugsschächten, Brüstungen und Fassaden aus Glas, die an eine, in der Regel mehr als 1m tiefer liegende Ebene angrenzen. Die jeweiligen Brüstungshöhen für verschiedene Absturzhöhen sind in den Landesbauordnungen festgelegt. In den »Technischen Regeln für die Verwendung absturzsichernder Verglasungen« (TRAV) sind bestimmte Konstruktionen und Ausführungsarten der Verglasung

Umsetzbare Trennwände in Monoblockbauweise mit geschlossenen und transparenten Wandflächen werden als vorgefertigte Elemente angeliefert, die später ohne den Ausbau der Nachbarelemente ausgetauscht werden können.

Bei der Ausführung von verglasten Trennwänden sind die geltenden Sicherheitsanforderungen zu berücksichtigen.

Mobile Trennwand als Schiebewand mit deckengeführter Schiene und unteren sowie seitlichen Anpressleisten.

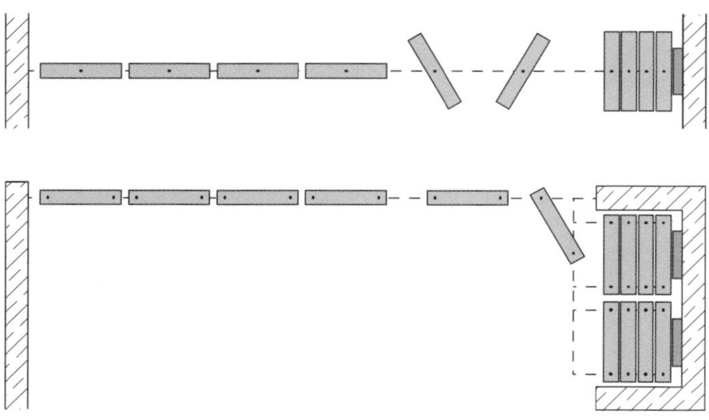

Schiebewand mit einachsiger und zweiachsiger Aufhängung: Darstellung der verschiedenen Parkstellungen als offenes Paket und mit Parktasche als integrierte Wandnische.

beschrieben, die als geregelt gelten und in drei Kategorien unterschieden werden:

- Kategorie A: raumhohe, gegen Absturz sichernde Wandverglasungen nach TRLV ohne vorgesetzten Handlauf oder tragenden Brüstungsriegel,
- Kategorie B: am Fußpunkt linienförmig eingespannte, tragende Ganzglasbrüstungen mit einem durchgehenden Metallhandlauf,
- Kategorie C: Verglasungen werden nicht zur Abtragung horizontal wirkender Holmlasten herangezogen.

5.5 Bewegliche Trennwände

erlauben die Unterteilung größerer Räume in kleinere Einheiten innerhalb weniger Minuten. Sie können in Ständer- oder Monoblockbauweise ausgeführt werden. Dabei können akustische und brandschutztechnische Belange eine Rolle spielen. Leicht verschiebbare Elemente werden in einem Schienensystem geführt und entweder als einzelne Elemente um eine mittige Achse verschoben oder einseitig um eine Achse gefaltet. Alle Systeme werden mit verschiedenen Dekoroberflächen, teilweise auch als Glastrennwände angeboten. Sollen bewegliche Trennwände ein möglichst geringes Gewicht besitzen, können sie aus Textilien oder Papier bestehen – ein Stoffvorhang stellt die temporärste und leichteste »Trennwand« dar.

Für den Brandschutz gibt es Trennwände und Brandschutzvorhänge, die insbesondere die Ausbreitung von Rauch und Wärme verhindern. Diese über Rauchmelder gesteuerten Systeme werden im Brandfall automatisch geschlossen. In solche Trennwände können Schlupftüren eingesetzt werden, die den Übergang oder auch die Rettung im Brandfall zwischen den abgetrennten Räumen erlauben. Auch bei Faltwänden sind Durchgangstüren möglich.

5.5.1 Schiebewände

bestehen aus einzelnen verschiebbaren Elementen, die seitlich in Profilen geführt werden. In geöffnetem Zustand befinden sich die Elemente als zusammengeschobenes Paket entweder im Raum oder in einer sogenannten Parktasche, die als Wandnische in der Wandkonstruktion vorgesehen wird. Horizontal verschiebbare Systeme werden oft raumhoch eingesetzt.

Es können erhöhte Schalldämmmaße erreicht werden und unter Verwendung von Dichtungen auch Rauch- und Brandschutzanforderungen erfüllt werden. Schiebewände sind an einer Deckenschiene aufgehängt und/oder werden in einer Bodenschiene geführt. Sofern keine Bodenschiene vorhanden ist, erfolgt die Dichtung der unteren und seitlichen Fugen über speziell geformte (konvex-konkave) Profile, die mit Anpressdruck auf den Fußboden oder die seitlichen Bauteile gedichtet werden. Der Anpressdruck kann manuell oder mechanisch durch eine elektronische Steuerung erfolgen. Für geringe Anforderungen werden auch Bürstendichtungen eingesetzt. Das jeweils abschließende Element der Trennwand wird oft als Teleskop-Ausgleichs-Element (teilweise auch flächenbündig) ausgebildet.

- Elementbreiten: 0,60–1,25 m,
- Elementhöhen: 2,00–14,50 m,
- Elementdicken: 0,10–0,12 m.

Insbesondere für den gewerblichen Bereich gibt es mobile Glaswände, um etwa ganze Schaufensterflächen in Passagen zu öffnen. Die Glaswände werden dazu meist seitlich auf einer Schiene verschoben und als Paket offen oder in einer Wandtasche gelagert. Die einzelnen Elemente können mit Dornen und einer Hülse im Boden befestigt werden, um die Stabilität im geschlossenen Zustand zu erhöhen und das Öffnen einzelner Elemente zu gewährleisten.

5.5.2 Faltwände

bestehen im Unterschied zu Schiebewänden aus aneinander gereihten Lamellen, die durch textile Verbindungslaschen zu einem Wandelement verbunden sind. Sie erfüllen in der Regel nur mittlere schallschutztechnische Anforderungen.

- Elementbreiten: 0,30–1,25 m,
- Elementhöhen: 2,00–4,00 m,
- Elementdicken: 0,06–0,10 m.

5.5.3 Vorhänge

werden in Deckenschienen geführt und dienen der optischen, selten auch der akustischen Trennung. Durch mehrläufige Schienen und transluzente, blickdichte oder verdunkelnde Stoffe werden verschiedene Transparenzgrade erzeugt. Vor Fenstern können die Schienen an der Wand befestigt werden.

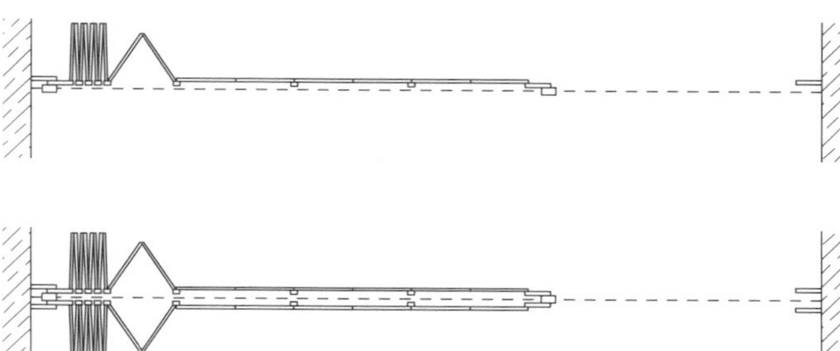

Faltwand als ein- und zweiflügelige Ausführung mit symmetrischer Lamellenanordnung und offener Parkstellung.

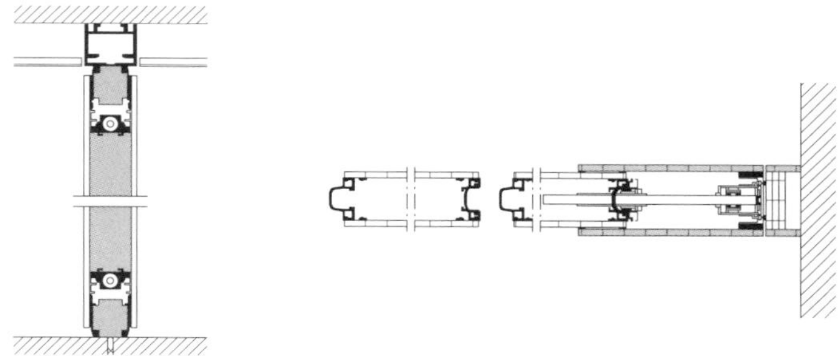

Horizontal verschiebbare Schiebewand im Vertikal- und Horizontalschnitt mit Bauteilanschlüssen.

Bewegliche Trennwände, die an jeweils zwei Deckenschienen geführt werden.

Putzmörtelgruppe	Putzmörtelart	Verwendung im Innenbereich	Druckfestigkeit
P I	a) Luftkalkmörtel b) Wasserkalkmörtel c) Mörtel mit hydraulischem Kalk	geringe Beanpruchungen, übliche Beanspruchungen	keine Anforderungen 1 N/mm²
P II	a) Mörtel mit hydraulischem Kalk oder Mörtel mit Putz- und Mauerbinder b) Kalkzementmörtel	Räume mit erhöhter Abriebfestigkeit, auch in Feuchträumen	2,5 N/mm²
P III	a) Zementmörtel mit Zusatz von Kalkhydrat b) Zementmörtel	fast nur im Außenwandbereich, gegebenenfalls auch in Feuchträumen	10 N/mm²
P IV	a) Gipsmörtel b) Gipssandmörtel c) Gipskalkmörtel d) Kalkgipsmörtel	Innenputz als Maschinenputz-, Haftputz- und Fertigputzgips, nicht in Feuchträumen oder auf feuchten Untergründen	2 N/mm² 2 N/mm² 2 N/mm² keine Anforderungen
P V	a) Anhydritmörtel b) Anhydritkalkmörtel	Innenputz	2 N/mm²
Kunstharzputze	P Org 1 P Org 2	Beschichtungsstoff außen / innen Beschichtungsstoff innen	0,4–5 N/mm²

Putzmörtel mit mineralischen Bindemitteln sind nach DIN V 18550 in fünf verschiedene Putzmörtelgruppen (I–V) eingeteilt; eine weitere Unterteilung erfolgt anhand der Mindestdruckfestigkeit und der Mischungsverhältnisse (Sandanteil). Putzmörtel mit organischen Bindemitteln (Polymerisatharze) sind nach DIN 18558 in P Org 1 und P Org 2 unterteilt.

Bezeichnung	Eigenschaft	Kurzzeichen
Normalputzmörtel	ohne besondere Eigenschafen	GP
Leichtputzmörtel	Trockenrohdichte ≤ 1300 kg/m³	LW
Edelputzmörtel	farbig durch Pigmente oder Gesteinskörnungen	CR
Einlagenputzmörtel (außen)	einlagig, Funktionen wie mehrlagige Putzsysteme	OC
Sanierputzmörtel[1]	Verputzen von feuchtem, salzhaltigem Mauerwerk	R
Wärmedämmputzmörtel[2]	mit spezifischen wärmedämmenden Eigenschaften	T

1 mit hoher Porosität und Wasserdampfdiffusion sowie verminderter kapillarer Leitfähigkeit, Druckfestigkeit CS II · 2 Druckfestigkeit CS I–II, kapillare Wasseraufnahme W 1.

Übersicht der Putzmörtelarten nach DIN EN 998-1 mit zugehörigen Kurzzeichen

An der Decke werdendie Vorhangschienen entweder aufgesetzt oder bündig eingelassen. Vorhangstoffe sollten immer doppelt so breit wie die dahinter liegende Öffnung sein, damit der charakteristische Faltenwurf entsteht. Die Vorhänge werden entweder mit Tunnelzügen am oberen Saum oder durch Gardinenringe und Klemmen an den Vorhangschienen befestigt. Glattere und steifere Stoffe können zu Flächenvorhängen (Schiebegardinen) verarbeitet werden. Fadenvorhänge bestehen aus vom oberen Saum herabhängenden Textilfäden oder Kordeln. Stärkere Vorhänge aus Kunststoffen oder schweren Textilien werden zum Beispiel in Turnhallen raumtrennend eingesetzt, indem sie von der Decke herabgelassen werden. Als Brandschutzvorhänge halten sie im Brandfall die Fluchtwege rauchfrei, im Normalzustand werden sie in Deckentaschen untergebracht.

Die Rückwand wird durch eine bespannte Wandbekleidung hervorgehoben.

5.6 Wandbekleidungen

5.6.1 Putzsysteme

sind alle flächigen, nass aufgetragenen Putzmörtelschichten auf Decken und Wänden, die ihre endgültigen Eigenschaften nach Verfestigung am Bauteil erhalten. Seit 2003 werden Putzmörtel nicht mehr nach Bindemitteln und Mischungsverhältnissen klassifiziert, da sich diese Parameter im europäischen Raum als zu unterschiedlich erwiesen haben. Vielmehr unterteilt die DIN EN 998-1 Putzmörtel nach:

- Druckfestigkeit (CSI–CSIV),
- kapillarer Wasseraufnahme (W 0–W 3) und
- Wärmeleitfähigkeit (T1, T2).

Des Weiteren werden Putzmörtel mit neuen Kurzzeichen bestimmten Verwendungszwecken zugeordnet und um Angaben zum Brandverhalten nach europäischer Normung ergänzt. Für die Zuordnung der Anwendungsgebiete und Mischungsverhältnisse behalten die Regelungen nach DIN 18550 in Deutschland aber weiter Gültigkeit, entsprechende Zuordnungen der Mörtelgruppen erfolgen dort in Tabelle 3.

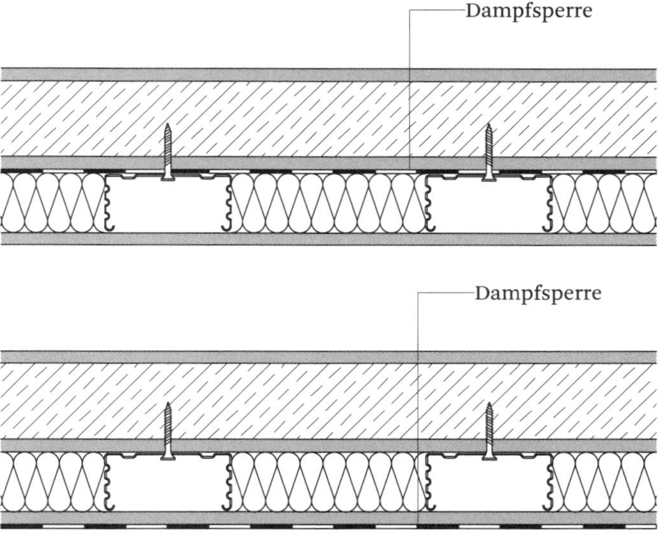

Anordnung der Dampfsperre in Form von 0,2 mm dicken PE-Folien, Alu-Folien oder Natronpapieren zwischen Beplankung und Unterkonstruktion oder innen als Tapete (Klebschicht auf der Beplankung).

Putze können ein- oder mehrlagig aufgetragen werden, sie alle benötigen jedoch einen guten Haftgrund und bei mehrlagigem Putz genügend Haftung zwischen den Putzlagen. Bei mehrlagigem Putz wird zwischen Unter- oder Grundputz und Ober- oder Deckputz unterschieden:

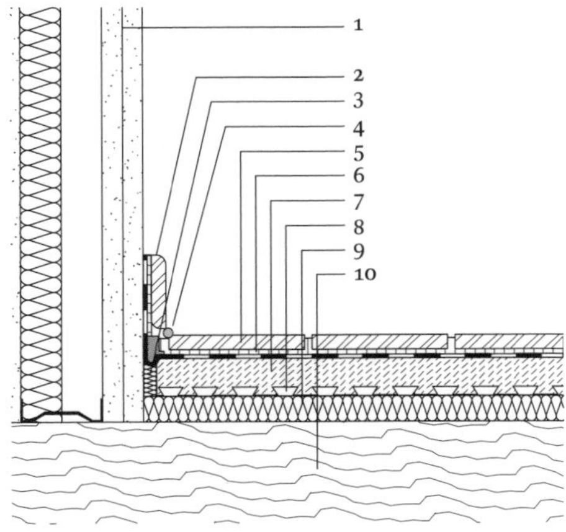

b) Holzbalkendecke mit Ständerwand

1 Trockenbauwand (zweilagig beplankt)
2 Randfliese
3 Randdämmstreifen
4 elastische Verfugung
5 Bodenfliese
6 Dünnbettmörtel
7 Zementestrich (> 34 mm)
8 Schwalbenschwanzdecke
9 Trittschalldämmung
10 Holzbalkendecke

Trockenputzsysteme aus gipsgebunden Platten oder Verbundplatten werden mit Ansetzbinder oder mithilfe von Plattenstreifen direkt an einer rückseitigen Wand befestigt.

Aufbringen von Spritzputz im Innenbereich.

- Unter- oder Grundputze sind gröber und rauer und gleichen Unebenheiten und Spannungsdifferenzen auf dem Bauteil aus. Damit mindern sie die Gefahr des Abscherens oder der Rissbildung bei Ober- oder Deckputz. Sie sollten über eine hohe Wasserdampfdurchlässigkeit verfügen.
- Ober- oder Deckputze bilden die fertigen Oberflächen und sind in der Regel feiner. Sie dürfen keine höhere Festigkeit als der Unter- oder Grundputz aufweisen.

Putze sind im Innenbereich mindestens 10 mm dick. Im Vergleich zu Außenputzen gelten für Innenputze weniger Anforderungen an die Witterungsbeständigkeit, sondern eher an das Feuchtigkeitsverhalten und die Abriebfestigkeit, insbesondere müssen Innenputze:

- kapillar saugend und wasserdampfdurchlässig sein,
- in Feuchträumen gegen langzeitig einwirkende Feuchtigkeit beständig sein (keine Gipsputze),
- eben beziehungsweise als Untergrund für Anstriche und Tapeten geeignet sein.

Putzmörtel werden durch die Art der Zuschläge (Körnung und Farbe), die Putzweise, Pigmente oder eine spezielle Oberflächenbearbeitung und -struktur unterschieden in:

- gefilzte oder geglättete Putze (feine Zuschläge 0,3–2,5 mm),
- Kellenstrichputze (Verdichten des Oberputzes mit Kelle),
- Spritzputze (feinere Zuschläge 1,5–4 mm),
- geriebene, gezogene Strukturputze (feiner Zuschlag 1,5–5 mm),
- Kellenwurfputze (grober Zuschlag 6–12 mm),
- Kratz- und Scheibenputze.

Zu den historischen Techniken der Oberflächengestaltung gehören:

- *Sgraffito* ist eine bildartige Gestaltung eines mehrlagigen Putzes, der aus Unterputz, Kratzgrund und Kratzschicht besteht. Von italienischen Renaissancebaumeistern nach Deutschland gebracht, fand dieser Putz vorrangig im Außenbereich als Alternative zur üblichen Wandmalerei und mit heimatlichen Motiven seine Anwendung. Bei dieser Putztechnik wurden Linien oder Flächen herausgekratzt; schräge Anschnitte verhinderten das Verwittern der Ränder.

- *Stuccolustro* ist ein geglätteter mehrlagiger Putz, der eine glänzende Oberfläche besitzen kann. Die oberste pigmentierte Marmormörtelschicht wird durch eine Edelstahlkelle geglättet, gewachst und schließlich mit Olivenöl und Seifenwasser weiter verfeinert. *Stuccolustro* kann auch als Außenputz verwendet werden.

Sanierputze sind ein- oder mehrlagige Putzsysteme in einer Stärke von 2–4 cm mit hoher Porosität und Wasserdampfdurchlässigkeit bei erheblich verminderter kapillarer Leitfähigkeit. Sie werden für die Sanierung von feuchte- und salzbelastetem Mauerwerk eingesetzt.

5.6.2 **Beschichtungsstoffe**

bezeichnen Schutzsysteme für Wände, Decken und Fußböden. Der Begriff wurde mit der DIN EN ISO 4618 eingeführt, ersetzt die alten Begriffe Anstrichstoff, Lack, Beschichtung und Farbe und umfasst Spachtelmassen und Kunstharzputze. Es handelt sich um flüssige, pasten- oder pulverförmige Produkte, die auf ein Substrat aufgetragen, eine Beschichtung mit schützenden, dekorativen und / oder anderen spezifischen Eigenschaften ergeben und die nach Bindemittel, Verarbeitung und ihrer Lage im Bauteil weiter unterteilt werden.

Die 2 mm starke Beschichtung besitzt die Oberflächenstruktur und Farbe von Beton und ist damit auch im Leichtbau und bei Möbeln einsetzbar.

Wasserhaltige Beschichtungsstoffe für Wände und Decken im Innenbereich werden in der DIN EN 13300 beschrieben, auch Kombinationen verschiedener Bindemittel sind möglich:

- wasserverdünnbar und lösemittelfrei / lösemittelhaltig,
- entaromatisiert / aromatenarm und lösemittelverdünnbar,
- aromatenreich und lösemittelverdünnbar,
- verschiedenartige Lösemittelgemische,
- Entschichtungsstoffe und Reaktionsharzprodukte.

Gespachtelte Flächen von Trockenbauwänden und anderen Oberflächen werden in unterschiedlichen Qualitätsstufen angeboten. Sie werden mit Q1–Q4 bezeichnet, wobei Q4 die höchste Qualitätsstufe darstellt:

- **Q1** bezeichnet die Grundverspachtelung für Oberflächen, an die keine optischen oder dekorativen Anforderungen gestellt werden. Die Stoßfugen zwischen den Gipsplatten werden gefüllt und die sichtbaren Teile der Befestigungsmittel mit Spachtelmasse überzogen.

Diffusionsoffener minimalistischer Leichtputz ohne zusätzlichen Anstrich.

Wände

Anforderungen Wandbeläge	Baustoffklasse Brandverhalten	Rohdichte kg/m³	Materialstärke mm	Norm	Befestigung
<u>Putzsysteme</u>					
Gipsputz	A1	2300	15[1]	DIN EN 13 279	Aufbringen am Baukörper mit Hand oder Maschine, eigenständige Verfestigung am Baukörper durch Verdunstung
Kalkputz	A1	1400	15[2]	DIN EN 998	
Zementputz	A1	1500	15[1]	DIN EN 998	
Lehmputz	A1	1500	15[1]	DIN EN 998	
Kunstharzputz	A2	1700	2–5	DIN 18 558	
<u>Keramische Platten und Fliesen</u>					
Steingut	A1	1800–2200	5–25	DIN EN 159	im Dünn- oder Dickbett an der Wand angesetzt
Steinzeug	A1	1800–2200	5–25	DIN EN 176	
Keramische Spaltplatten	A1	1800–2200	5–25	DIN EN 186	
<u>Holz und Holzwerkstoffe</u>					
Vollholz-Brettschalungen	B2	ab 430	etwa 12	–	Nut- und Feder-Prinzip oder auf Stoß auf Unterkonstruktion genagelt oder geschraubt
Verbundplatte	B2	600–700	10–40	DIN EN 438-2	
Holzfaserplatte	B2	330–650	6–60	DIN EN 316	
Zementgebundene Spanplatten	B2	1250–1300	8–40	DIN EN 633	
Kunstharzgebundene Spanplatten	B2	etwa 650	3–50	DIN EN 309	
Gipsgebundene Spanplatten		1200	6–22	Zulassung	
<u>Bekleidungsplatten</u>					
Faserzementplatten	A2	1700	4–15	DIN EN 12 467	auf Unterkonstruktion genagelt oder geschraubt
Gipsplatten	A2	900–1000	9,5–25	DIN E 520	
Perlitebauplatten	B2	210	13–20	DIN EN 13 169	
Leichtlehmbauplatten	A1	1200	14, 22	-	

1 Mittlere Dicke von Putzen im Innenbereich, die allgemeinen Anforderungen genügen, Mindestdicke: 10 mm im Innenbereich · 2 im Innenbereich maximal 8 mm.

Anforderungen Wandbeläge	Baustoffklasse Brandverhalten	Flächengewicht kg/m²	Abmessungen Breite × Länge, m × m	Norm	Befestigung
<u>Flexible Wandbekleidungen</u>				DIN EN 235	
oberflächenfertige Tapeten					
- Korkplatten und -rollen	B2	100–120	10–100	DIN EN 233	Klebstoff als Haftmaterial zwischen Untergrund und Tapete
- Papiertapeten	B2 / B3	90–120	0,53 × 10,05[1]	DIN EN 233	
- Duplex-Prägetapeten	B2	200–220	0,53 × 10,05[1]	DIN EN 233	
- Vinyltapeten (Glattvinyl)	B1	60–120	0,53 × 10,05[1]	DIN EN 233	
- Strukturprofiltapeten	B1	keine Angabe	0,53 × 10,05[1]	DIN EN 233	
- Vliestapeten	B1	160	0,53 × 10,05[1]	DIN EN 233	
Tapeten mit Nachbehandlung[2]					
- Raufasertapeten	B2	70–80	0,53 × 17 / 33,5	DIN EN 234	siehe oben
- Glasgewebetapeten	B1	50–220	1 × 25	DIN EN 234	siehe oben
<u>Spannstoffe</u>[3]					auf Unterkonstruktion gespannt; Standardhöhen 2,2 / 2,7 / 3 m
Textilien	B1	0,1–0,22[4]	0,53 × 10,05	–	
Membrane	B1	0,18–0,3	1,5–1 / 3 × 50	–	

1 Manche Wandbekleidungen werden auch als Großrollen geliefert (Breiten: 70, 80, 106 cm, Längen: 25, 50 m); darüber hinaus gelten Sondermaße für exotische Fabrikate wie japanische Grastapeten mit 91 cm Breite · 2 Nachträgliches Behandeln erforderlich (Überstreichen) · 3 Stoffe sind nach Behandlung auch feuerhemmend · 4 je nach Material: Baumwolle 0,22 kg/m², Zellwollnessel 0,1 kg/m² oder Viskose 0,13 kg/m².

Übersicht häufiger Wandbeläge mit wichtigen Anforderungen und Beurteilungskriterien, sortiert nach Materialien

- Q2 bezeichnet eine Standardverspachtelung mit Angleichung des Fugenbereichs durch stufenlose Übergänge der Plattenoberfläche. Die Grundverspachtelung Q1 wird hier nachgespachtelt; durch Feinspachteln erreicht man ein Finish, das einen stufenlosen Übergang zur Plattenoberfläche erzeugt.
- Q3 bezeichnet erhöhte Anforderungen an die gespachtelte Oberfläche (früher »Sonderverspachtelung«). Es wird hier eine Standardverspachtelung Q2 mit einem breiteren Ausspachteln der Fugen und einem scharfen Abziehen der restlichen Kartonoberfläche zum Porenverschluss mit Spachtelmaterial durchgeführt.
- Q4 bezeichnet höchste Anforderungen an die gespachtelte Oberfläche durch Standardverspachtelung Q2, ein breites Ausspachteln der Fugen sowie ein vollflächiges Überziehen und Glätten der gesamten Oberfläche mit einem dafür geeigneten Material (über 1 mm Schichtdicke).

5.6.3 Wandtrockenputz

Wandbekleidungen aus Gips- oder Verbundbauplatten ohne weitere Unterkonstruktion werden als Wandtrockenputz bezeichnet. Diese werden mit einem Ansetzbinder (Ansetzgips), mithilfe von Plattenstreifen oder im Dünnbett direkt an einer Rohwand aus Mauerwerk, Beton oder Fachwerk befestigt. Hierfür muss der Untergrund haftfest, tragfähig, trocken, sowie schwind- und frostfrei sein. Der Ansetzbinder kann entweder manuell in Batzen oder Streifen auf den Rückseiten der Gipsfaser- oder Gipskartonplatten aufgetragen oder maschinell direkt auf die Rohwand montiert werden. Bei den Wandtrockenputzen existieren folgende Systeme:

- Systeme aus Gipsbauplatten dienen vor allem optischen Aspekten, indem diese Unebenheiten oder Installationen verdecken. Für den Bauablauf sind die kurze Bauzeit und die Verminderung von Baufeuchte relevant. Das Gewicht beträgt etwa 10 kg/m². Diese Trockenputzsysteme können auch zur Verbesserung des Brandschutzes beitragen.
- Systeme aus Verbundbauplatten mit Kaschierungen aus Mineralwolle oder Polystyrolhartschaum verbessern den Wärmeschutz, solche mit Mineralwolle können außerdem zu einer Verbesserung des Schallschutzes gemäß DIN 4109 Beiblatt 1 beitragen. Das Gewicht von Verbundbauplatten mit Polystyrolhartschaum (PS) beträgt etwa 10 kg/m², das von Verbundbauplatten mit Mineralwolle etwa 15 kg/m².

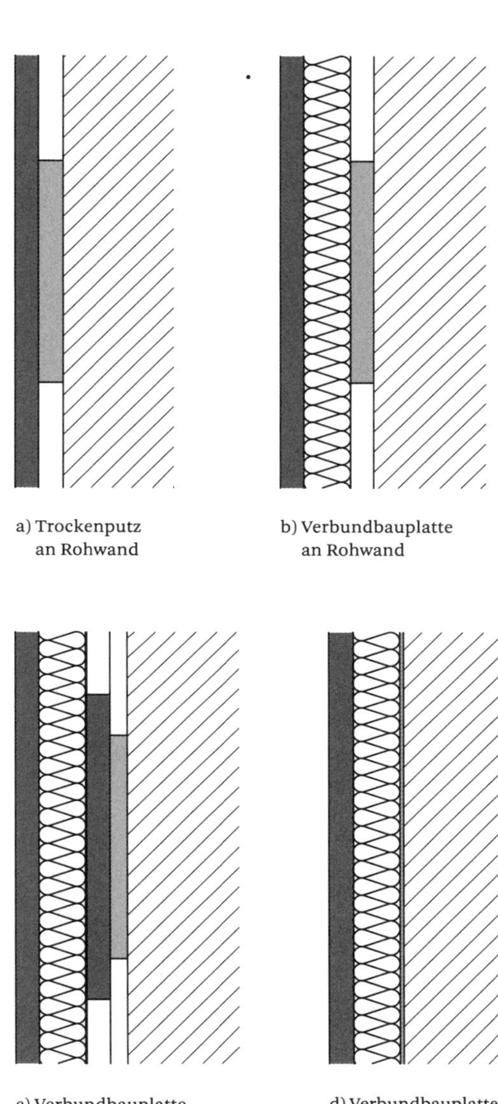

Trockenputzsysteme aus (a) gipsgebunden Platten und (b) Verbundbauplatten werden mit Ansetzbinder oder (c) mithilfe von Plattenstreifen sowie (d) mit Dünnbett direkt an einer rückseitigen Wand befestigt.

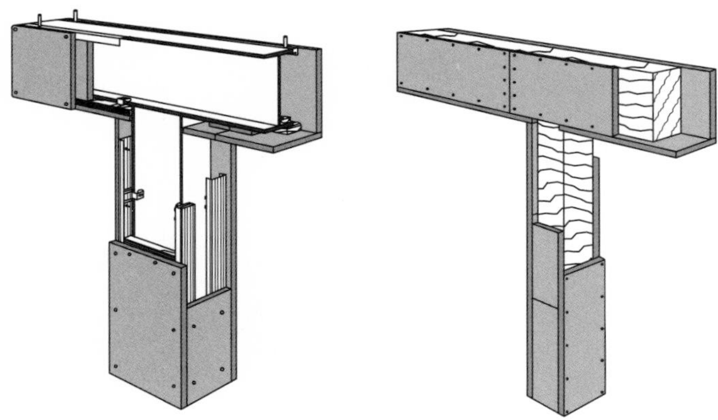

Beispiel für die Beplankung von Stützen und Trägern aus Stahl und Holz der Feuerwiderstandsklasse F-90.

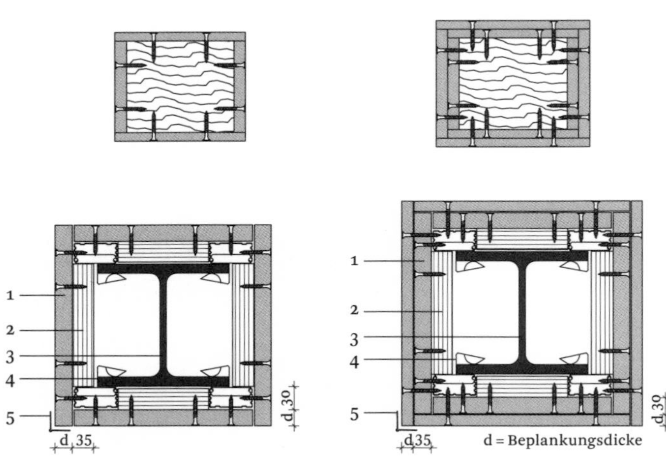

1 Knauf Fireboard
2 CD 60 × 27 am Plattenstoß
3 Stahlstütze
4 Stützenklipp
5 Eckschutzschiene falls erforderlich

Ein- und zweilagige Beplankung von Stützen aus Holz und Stahl der Feuerwiderstandsklasse F-60 und F-90.

Beim Einsatz als Wärmedämmung an Außenwänden ist genau zu prüfen, ob eine Dampfsperre erforderlich ist. Auf einen rechnerischen energetischen Nachweis kann nur verzichtet werden, wenn Baustoffe zum Einsatz kommen, die einen hohen Dampfdiffussionswiderstand besitzen und ohne zusätzliche Dampfsperre eingebaut werden können.

5.6.4 **Brandschutzbekleidungen**
als Stützen- und Trägerbekleidungen dienen der Verbesserung des Brandschutzes bei tragenden Stahl- oder Holzkonstruktionen, welche die für die jeweilige Gebäudenutzung notwendige Feuerwiderstandsklasse nicht erreichen. Dies ist oft bei Umbaumaßnahmen oder Nutzungsänderungen in bestehenden Gebäuden der Fall. Brandschutzbekleidungen verzögern die Temperaturerhöhung der tragenden Bauteile, schützen diese vor Verformung durch Wärme und schließlich vor dem Kollabieren der Konstruktion.

Stahlkonstruktionen
Zur Bekleidung von Stahlstützen können Feuerwiderstandsklassen von F 30-A bis F 120-A, zur Bekleidung von Stahlträgern solche von F 30-A bis F 180-A erreicht werden. Brandschutzbekleidungen müssen auf der gesamten Fläche des Bauteils ausgeführt werden! Der maximale Abstand zur Unterkonstruktion ist bei Stahlträgern auf 400 mm begrenzt. Bei Stahlstützen können die Platten mit einer Unterkonstruktion oder direkt durch Stahlbänder und Rödeldraht befestigt werden. Bei zwei- und mehrlagigen Bekleidungen müssen die Plattenstöße und Fugen um mehr als 400 mm versetzt ausgeführt werden. Jede Bekleidungsschicht ist für sich am tragenden Bauteil oder der Unterkonstruktion zu befestigen und einzeln zu verspachteln. Hierfür können geschraubte und geklammerte Befestigungen verwendet werden.

Bei Stahlkonstruktionen ist die Masse (A) und die Wärmeeinstrahlfläche (U) sowie das daraus resultierende Verhältnis (U/A) entscheidender Faktor für die Bestimmung der Bekleidungsdicke. Bis zu einem U/A-Verhältnis von maximal 300 m^{-1} sind Stahlbauteile rechnerisch in der DIN 4102-2 klassifiziert. Liegt das U/A-Verhältnis über diesem Wert sind brandschutztechnische Prüfungen erforderlich. Bei freistehenden Stützen ist eine vierseitige Brandbeanspruchung zu beachten, bei eingebauten Stützen liegt eine ein-, zwei- oder dreiseitige Brandbeanspruchung vor.

Holzkonstruktionen

Bei der Bekleidung von Holzstützen können Feuerwiderstandsklassen von F 30-B bis F 60-B, bei der von Holzbalken F 30-B bis F 90-B erreicht werden. Auch hier müssen die Bekleidungen auf gesamter Stützenlänge – von der Oberkante des Rohfußbodens bis zur Unterkante der Rohdecke – ausgeführt werden. Bei Holzstützen wird die Bekleidung direkt aufgebracht, bei einlagigen Bekleidungen sind die Fugen der Plattenstöße mit Plattenstreifen zu hinterfüttern. Mehrlagige Bekleidungen sind – wie bei Stahlkonstruktionen – in jeder Lage einzeln und mit versetzten Stößen zueinander zu befestigen sowie zu verspachteln. Die Befestigung kann entweder mit Schnellbauschrauben (DIN 18181) oder mit Klammern (DIN 18182) erfolgen.

5.6.5 Plattenartige Wandbekleidungen

Unter diesem Oberbegriff werden maßhaltige Bekleidungsplatten und Fliesen zusammengefasst, die mit dem Bauwerk entweder mechanisch oder mit Mörtel oder Klebstoffen verbunden sind. Man unterscheidet Bekleidungsplatten, die durch eine größere Dicke gekennzeichnet sind (über 12 mm) und aus Natur- und Kunststein oder Keramik bestehen und Platten, die als Fliesen bezeichnet werden und deren Stärke unter 12 mm liegt. Die Verlegung von Wandplatten im Mörtelbett kann mithilfe verschiedenster Verfahren erfolgen: Heute werden Wandplatten meist im Dünnbettverfahren mit einer Stärke von 2–5 mm verlegt beziehungsweise geklebt.
Durch den dünnen Auftrag mittels eines Zahnspachtels wird nur wenig Wasser eingebracht, der Kleber härtet schnell aus und eine rasche Verarbeitung ist möglich. Etwaige Unebenheiten müssen vorher durch Verspachteln der Flächen beseitigt werden. Das Mittelbett besitzt eine Stärke von 5–20 mm und ist wie das Dickbett mit über 20 mm Stärke ein zeitaufwändiges Verfahren. Durch die Mörtelmasse können Unebenheiten allerdings gut ausgeglichen werden, was insbesondere bei großen Plattenformaten von Vorteil sein kann. Fliesen werden als dünneres Material stets vollflächig vermörtelt oder verklebt. Werksteine und Keramikplatten ab einer Stärke von 12 mm können mechanisch verlegt werden, indem sie mithilfe von Ankern in der Massivwand oder an einer Unterkonstruktion befestigt werden. Plattenmaterialien sind inzwischen in verschiedensten Abmessungen und Stärken am Markt erhältlich. Die Größen werden in Länge (l), Breite (b) und Dicke (d), in dieser genannten Reihenfolge und in Millimeter angegeben.

Spiegelnde, quadratische Wandfliesen im Entrée eines Wohnhauses.

Längliche Riemchenfliesen als Wandbekleidung für einen Innenraum.

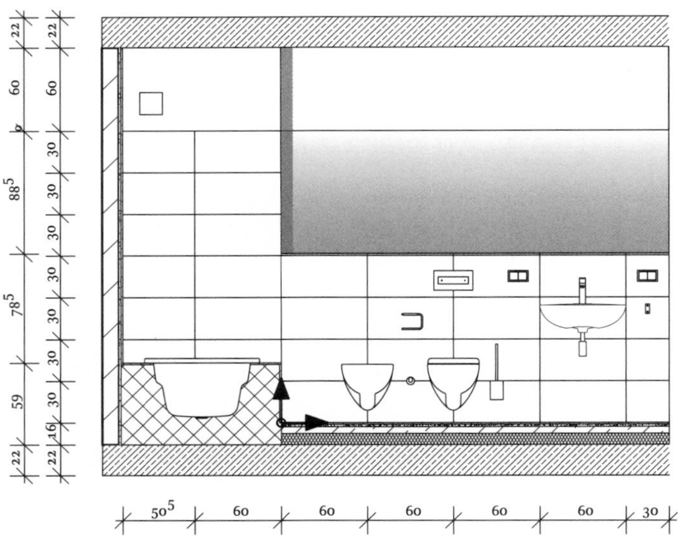

Fließenspiegel eines Wannenbads.

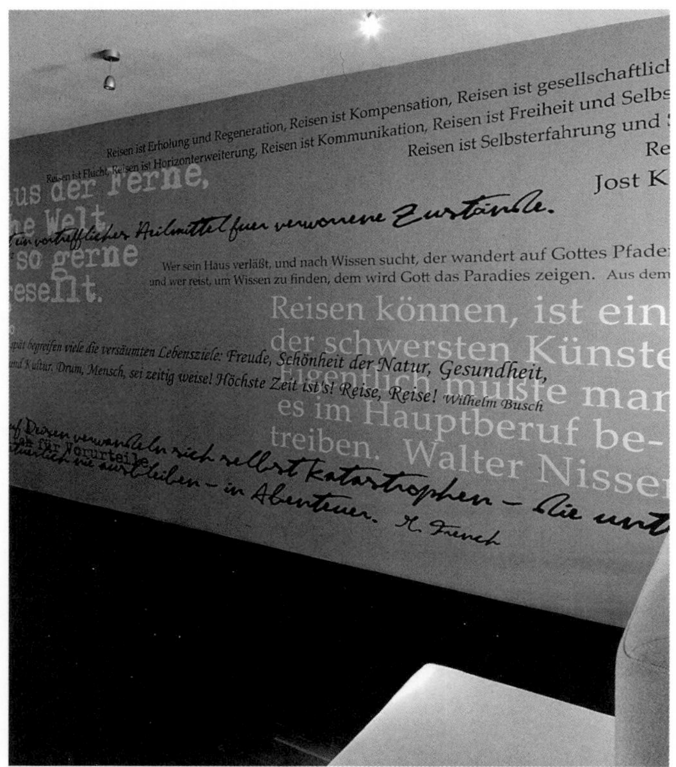

Bedruckte Papiertapete mit Schriftgrafik.

Naturstein kann individuell zugeschnitten werden, wobei hier die Bruchgröße die begrenzende Abmessung ist. Die Plattengrößen von Natursteinprodukten dürfen innerhalb bestimmter Toleranzen variieren. Dies gilt auch für Keramikwaren und Fliesen. In der Regel sind günstige Fliesen weniger maßhaltig und besitzen geringe Verwerfungen. Fugen können diese Maßungenauigkeiten zwar ausgleichen, sind allerdings besonders geringe Fugenbreiten gewünscht, ist auf maßgenaues Material zu achten! Neben dem Aussehen der Plattenbekleidung selbst spielt die Verlegung eine wichtige Rolle. Das Fugenbild und die Verlegeart werden im Fliesenspiegel geplant. Analog der unterschiedlichen Plattenabmessungen gibt es verschiedene Verlegearten: Üblich ist der Kreuzverband mit Kreuzfuge, der Rechteckverband mit regelmäßig versetzten Stoßfugen oder der wilde Verband mit unregelmäßig versetzten Fugen, wobei ein Prinzip für den Versatz der Stoßfugen vorgeben werden sollte. Zierstreifen und Dekorfliesen erweitern das Gestaltungsspektrum. Die Kanten von Plattenbekleidungen können unterschiedlich ausgebildet sein; sie sind entweder lasiert oder unlasiert, abgerundet oder scharfkantig. Oft werden Profile aus Metall oder Kunststoff an Ecken und Kanten verwendet, die als Profilschiene oder als Viertelkreis saubere Abschlüsse bilden. Werkstein aber auch Keramikplatten können auf Gehrung geschnitten werden, um rechtwicklige Stöße als Eckfuge auszubilden.

5.6.6 **Flexible Wandbekleidungen**
sind alle Arten von flexiblen Flächengebilden, die rollenweise in Bahnen geliefert und mit einem Klebstoff an Wänden oder Decken aufgebracht werden (DIN EN 235). Dazu gehören vor allem Tapeten, die in verschiedenen Breiten und Rollenlängen sowie in den unterschiedlichsten Dekoren erzeugt werden. Inzwischen werden Tapeten ebenso individuell nach eigenen Mustern und Motiven hergestellt. Sie besitzen, wie viele andere Textilien, eine besondere Wirkung auf die Raumatmosphäre und können darüber hinaus auch akustisch wirksam sein.

Flexible Wandbekleidungen bestehen aus einer Trägerschicht die auf der Oberfläche bedruckt, beschichtet oder strukturiert ist, weitere Materialien können eingebunden oder aufkaschiert werden. Wichtig für die Auswahl ist die Frage der Reinigungsfähigkeit und Beanspruchbarkeit. Nach ihren Materialien oder ihrer weiteren Verarbeitung werden flexible Wandbekleidungen unterschieden in:

- Tapeten mit fertiger Oberfläche (DIN EN 233),
- Tapeten mit nachzubehandelnder Oberfläche (DIN EN 234),
- Textilwandbekleidungen (DIN EN 266),
- hoch beanspruchbare Wandbekleidungen (DIN EN 259), zum Beispiel eine höhere Stoßfestigkeit, die gekennzeichnet sein muss, sowie
- Korkrollen- und platten.

Weiterhin existiert eine Vielzahl von Wandbekleidungen, die mit oder ohne Unterkonstruktion eingesetzt werden können, wobei man hier eine Unterscheidung zwischen Materialien, die auf die Wand gespannt werden und Paneelen, die an die Wand oder an eine Unterkonstruktion montiert werden, vornehmen muss. Gespannte Materialien können Textilien aber auch Metallgewebe sein, die im Boden- und Deckenbereich – als Folien vierseitig in Kederschienen – eingespannt werden. Polster mit Textilien, Leder oder Kunstlederoberflächen werden meist vorgefertigt und als bespannte Platten auf eine Unterkonstruktion eingehängt aber auch als handwerklich hochwertige Lösung vor Ort bespannt. Diese Art von Wandbekleidungen gibt es auch als industriell hergestellte Paneele, welche die Raumakustik verbessern sollen oder als Folien, die für die Beleuchtung genutzt werden.

Wandpaneele aus Holz betonen den Eingangsbereich.

5.7 Fugen und Bauteilanschlüsse

Besondere Anforderungen an die Ausbildung von Fugen und Anschlüssen ergeben sich, wenn Bauteile mit verschiedenen Abmessungen, Bewegungen oder Verformungen aufeinanderstoßen. Typische Bauteilanschlüsse leichter Trennwände an Wand, Decke und Boden wurden bereits zu Beginn des Kapitels vorgestellt. Spezielle Anschlüsse können wie folgt unterteilt werden in:

5.7.1 Bewegungs- und Dehnungsfugen

werden in der Regel zwischen Gebäudeteilen erforderlich, die sich unterschiedlich verformen und setzen, wie beispielsweise ein Einfamilienhaus und sein Anbau. Diese müssen durch den kompletten mehrschichtigen Aufbau der einzelnen Bauteile geführt werden. Die Industrie bietet dazu unterschiedlichste Profile an, die allerdings immer an der Oberfläche sichtbar sind und demensprechend geplant beziehungsweise in die Gestaltung integriert werden müssen.

Korkverkleidung einer Sambatreppe mit integriertem Wandschrank.

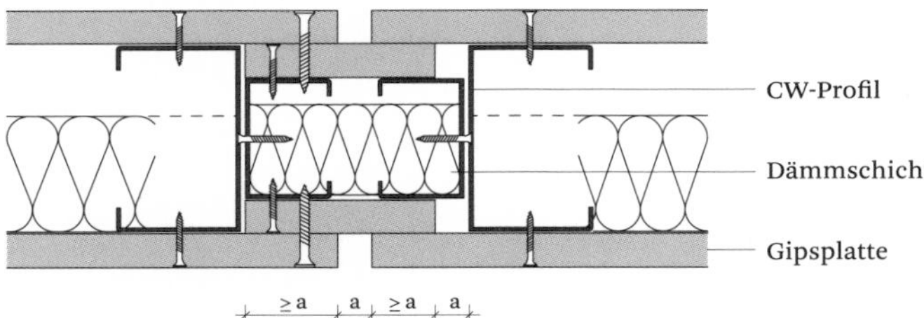

Gleitender Anschluss einer leichten Trennwand als Bewegungsfuge im Bereich einer Gebäudefuge.

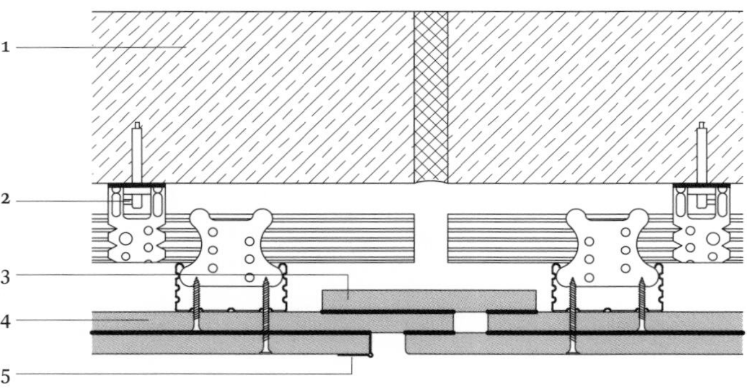

1 Ankernagel (bei Stahlbetondecken)
2 Direktanhänger für CD 60 × 27 mit Blechschraube LN 3,5 × 9 mm an Grundprofil befestigen
3 Streifen aus Feuerschutzplatte mit Fugenfüller Leicht (einseitig kleben)
4 Feuerschutzplatte
5 Kantenschutzprofil 23 × 15 (falls erforderlich)

Gleitender Anschluss einer feuerbeständigen Unterdecke als Bewegungsfuge im Bereich einer Gebäudefuge.

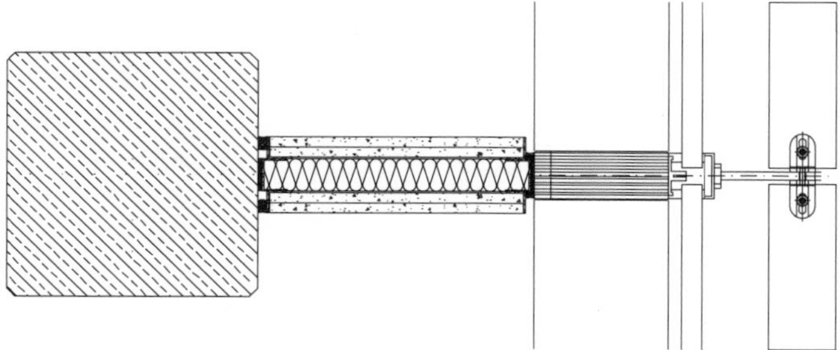

Gleitender Trennwandanschluss mit einem Fassadenschwert an das Profil einer Pfosten-Riegel-Fassade.

Bewegungsfugen sind meist besonders groß, da sie Toleranzen der Konstruktion ausgleichen müssen. Dehnungsfugen nehmen hingegen Ausdehnungen von Baustoffen und großen Bauteilen auf, die durch Temperaturunterschiede, Aufquellen, Schwinden und Spannungsunterschiede verursacht werden. Fugen sind im Allgmeinen in der Ebene angeordnete, gleitende Anschlüsse, die dazu dienen, auftretende Verformungen von angrenzenden Bauteilen aufzunehmen oder Toleranzen auszugleichen. In leichten Wand- oder Deckenkonstruktionen sind Bewegungs- oder Dehnungsfugen an gleicher Stelle vorzusehen wie in der tragenden Konstruktion oder je nachdem, wie es das Bauteil oder Material erfordert. Beispielsweise ist bei der Verwendung von Gipsplatten alle 15 m und bei Gipsfaserplatten alle 8 m eine Dehnungsfuge anzuordnen. Beim Anschluss einer Ständerwand an ein Bauteil aus anderen Materialien ist eine Trennung der Konstruktionen durch eine Fuge vorzusehen, um Rissbildungen zu vermeiden.

5.7.2 Brandschutztechnische Anschlüsse

Wand- und Deckenanschlüsse mit Brandschutzanforderungen sind in der DIN 4102-4 dargestellt oder werden über spezielle Prüfzeugnisse der Hersteller nachgewiesen. Die Ausführung muss immer entsprechend der Zulassungen erfolgen. Bewegungs- oder Dehnungsfugen sind ergänzend zu der einfachen Ausführung zusätzlich mit Plattenmaterial der gleichen Dicke und Qualität zu hinterlegen, um den Feuerwiderstand zu gewährleisten.

5.7.3 Gleitender Fassadenanschluss

Wenn Trennwände an Fassadenprofile herangeführt werden, müssen die horizontalen, auf Fassaden wirkenden Druck- und Sogkräfte abgetragen werden, ohne dass es zu Rissbildungen in den Trennwänden kommt. Dies kann weiters bei Anschlüssen an die Primärkonstruktion wie etwa bei Stützen im Raum eine Rolle spielen. Daneben sind Trennwände üblicherweise dicker (10–15 cm) als die Pfostenprofile der Fassaden (5–8 cm), was ebenso einen Ausgleich erfordert. Die beiden Funktionen werden von sogenannten Fassadenschwertern übernommen, die den Übergang von der Trennwand zur Wand bilden. Diese müssen mithilfe spezieller Bleieinlagen oder Dämmstoffen die gleichen akustischen und brandschutztechnischen Eigenschaften aufweisen, wie die Trennwand selbst. Ohne zusätzliche Anforderungen sind auch Schwerter aus Glas möglich.

5

a) Metallständerprofile von Trockenbauwänden

b) Metallständerprofile mit Zwischendämmung

c) Metallständerwände mit Gipskarton beplankt

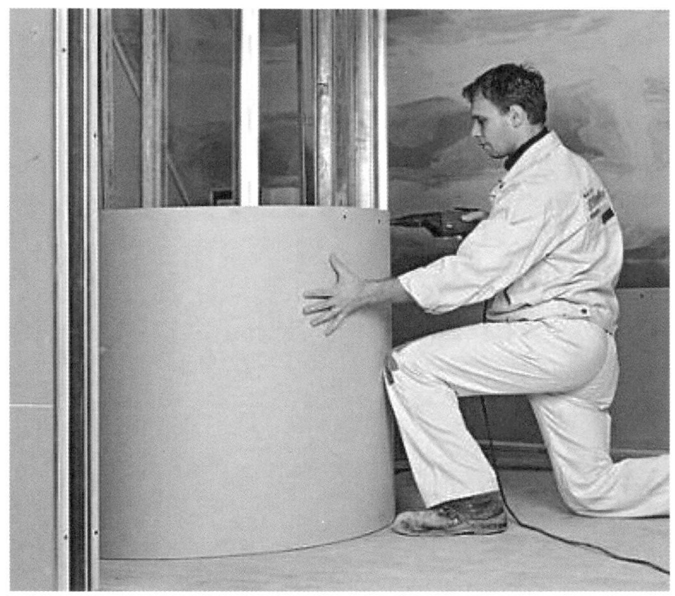

d) Gebogene Gipskartonschale

Unterschiedliche Stadien beim Bau von Trockenbauwänden

Deckenbekleidungen und Unterdecken

Deckenbekleidungen und Unterdecken

Offene Metallgitterdecke

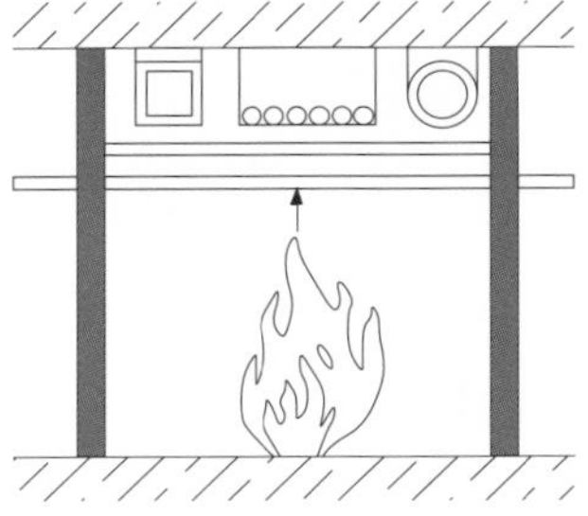

a) Schutz der Installationen in der Brandschutzdecke bei Brand im Raum

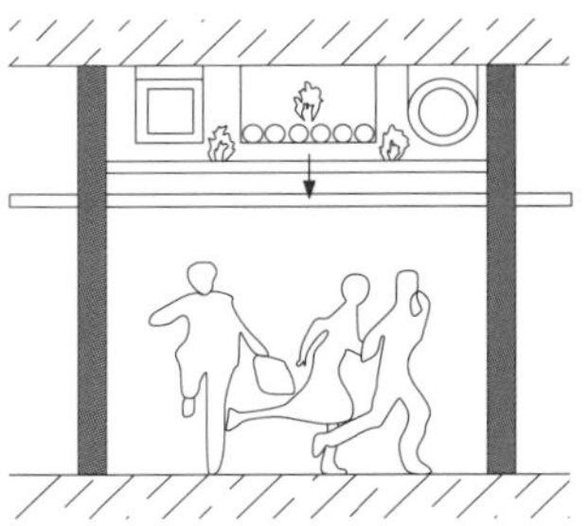

b) Schutz des Raums und der sich darin befindenden Personen vor Brand im Deckenzwischenraum

Funktionen abgehängter Brandschutzdecken

Unterkonstruktion einer abgehängten Decke mit Lüftung und Installationen

Die Decke ist der obere sichtbare Abschluss eines Raums, der baukonstruktiv betrachtet eine schützende und tragende Funktion besitzt. In der Ausbaukonstruktion stehen die gestalterischen und technischen Aspekte der Deckenplanung im Vordergrund. Dazu zählen Material, Farbe und Struktur sowie Licht, Klima und Brandschutz.

6.1 Klassifizierung

Leichte Deckensysteme nach DIN 18168-1 bilden den oberen, sichtbaren Abschluss eines Raums unter der eigentlichen Geschossdecke oder der Dachkonstruktion. Sie besitzen keine tragende Funktion innerhalb des Gesamtbauwerks, erfüllen aber funktionale Anforderungen an Wärme-, Brand- und Schallschutz sowie an die Akustik. Der Zwischenraum zur Rohdecke kann als Installationsraum für gebäudetechnische Leitungen dienen (Kabel- und Kanalführung, Lüftung) und technische Elemente (Leuchten, Sprinkler, Lüftungsauslässe) integrieren. Deckenbekleidungen sind an den tragfähigen Massiv- oder Trägerdecken direkt oder über eine Unterkonstruktion indirekt befestigt. Wesentlichen Einfluss auf den Schall- und Brandschutz besitzen die Art der Oberfläche (perforiert oder geschlossen), die flächenbezogene Masse, der Schalenabstand, die Art und Dicke der Dämmstoffeinlage sowie die Ausbildung der Bauteilanschlüsse (Deckenschotts, Anschlussfugen). Für Schallschutz und Raumakustik sind besonders die Schallabsorption und -reflektion der Materialien, die Schalldämmung vertikal durch die Decke sowie die Schalldämmung im Deckenhohlraum in Längsrichtung zu beachten.

Da sich die vielfältigen Anforderungen auch gegenseitig beeinflussen oder ausschließen können, sind sie je nach Aufgabenstellung, Nutzung und konstruktiven Randbedingungen gegeneinander abzuwägen und zu gewichten. Bei komplexen Anforderungen sollten die geometrischen und funktionalen Elemente zusätzlich in einem separaten Deckenplan als Deckenuntersicht dargestellt werden.

Eine Unterscheidung der vielfältigen Deckenkonstruktionen erfolgt nach der Art des Aufbaus und der Befestigung:

- Deckenbekleidungen sind direkt an der Rohdecke befestigt,
- Unterdecken sind von der Rohdecke abgehängt.

Deckengeometrie	Deckenoberfläche	Baustoff
fugenlose Systeme	durchgehend geschlossene Oberfläche	Putz, Gipsplatte, Mineralfaser
ebene Systeme mit Fugen	geschlossene und gerasterte Plattendecken, Langfeld, Kassette, Lamelle, Bespannung	Gipsplatte, Mineralfaser, Holz, Metall, Kunststoff, Textilien und Folien
räumliche Systeme mit Fugen, vollflächig freie Formen	offene und gerasterte Waben- und Pyramidendecken, Deckensegel oder -elemente	Holz, Metall, Kunststoff, Textilien, Folien und Gipsplatten
integrierte Deckensysteme	geschlossene Lichtkanäle, Kühl- und Heizdecken	Putz, Gipsplatte, Metall, Kunststoff

Übersicht der Deckensysteme nach Deckengeometrie und -oberfläche sowie hierfür geeignete Baustoffe

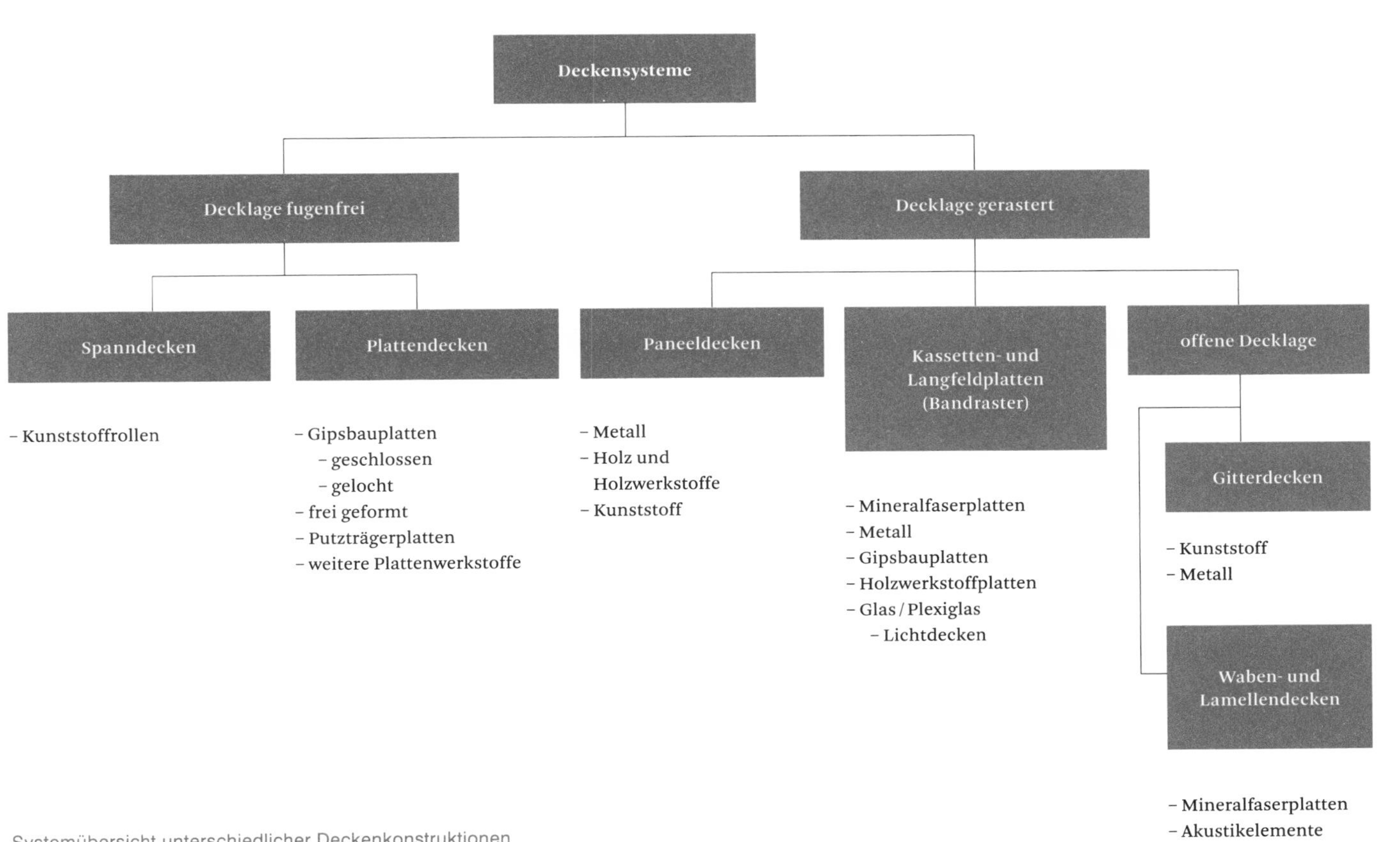

Systemübersicht unterschiedlicher Deckenkonstruktionen

Deckenbekleidungen und Unterdecken

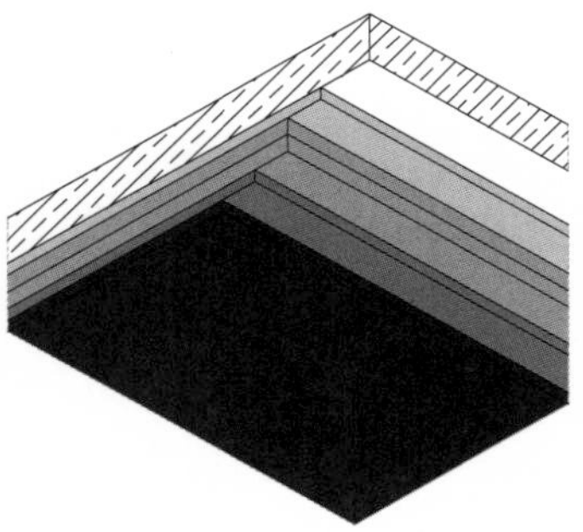

a) Deckenbekleidung

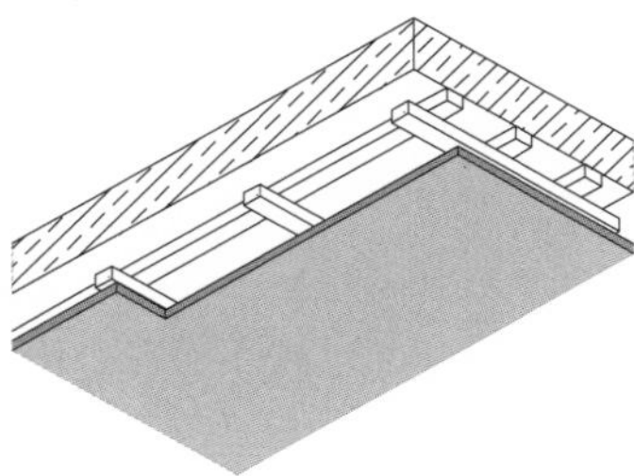

b) Unterdecke

Deckenbekleidung als mehrlagiger Akustikputz, flächig aufgetragen (a) und als Beplankung auf einer Holzunterkonstruktion (b).

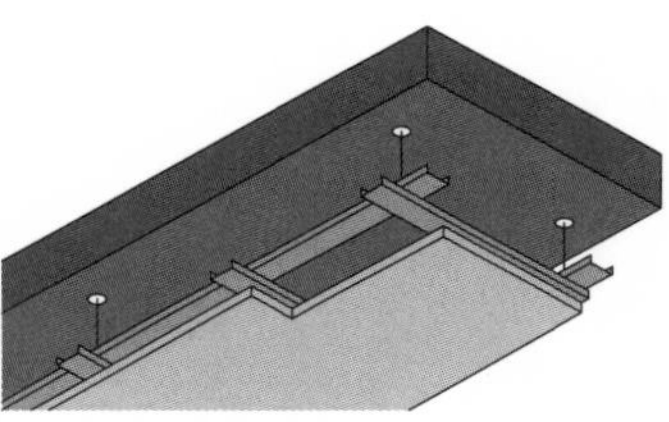

a) Geschlossenes System

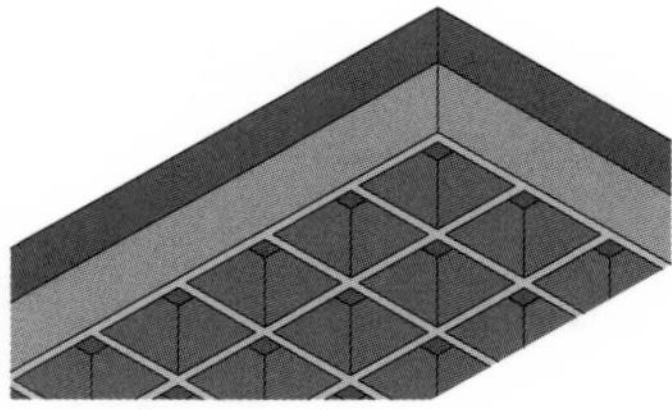

b) Offenes System

Geschlossene, fugenlose Unterdecke aus Gipsplatten mit höhenversetzter Metallunterkonstruktion (a) und offene Unterdecke in Kasettenoptik, hier aus Metallprofilen (b).

Deckenbekleidungen und Unterdecken sind ein wichtiges Element der Raumgestaltung und können entsprechend der Deckengeometrie und -oberfläche, der Bauart sowie der verwendeten Baustoffe oder der Einsatzgebiete in verschiedene Systeme unterteilt werden. Deckenbekleidungen und Unterdecken werden unterschieden in:

- fugenlose Decken,
- geschlossene gerasterte Decken,
- offene gerasterte Decken und
- integrierte Deckensysteme.

Jedes Deckensystem besitzt dabei ein anderes Erscheinungsbild und bietet unterschiedliche Vorraussetzungen für die Nutzung sowie die Intergration der Haustechnik.

6.2 Fugenlose Decken

Fugenlose Systeme – etwa aus Gipsplatten – werden vor Ort konfektioniert und verspachtelt, die Beplankungen sind nicht wiederverwendbar. Die Deckenkostruktionen müssen mit speziellen Revisionsöffnungen für die Wartung oder die Nachrüstung der Deckeneinbauten (Leuchten, Deckenschotts, Brandschutzklappen, Leitungen, Trassen) versehen werden. Diese Revisionsklappen müssen ausreichend dimensioniert sein und dürfen die geforderte Qualität der Unterdecke nicht mindern. Sie bestehen aus einem Rahmenteil und einer Einlage aus Gipsplatten mit einem möglichst filigranen Rahmen oder sind rahmenlos. Die Anordnung der Revisionsklappen begrenzt die Revisionierbarkeit. Zudem ist die Flexibilität bei fugenlosen, glatten Decken sehr beschränkt. Oberflächenmaterialien sind Putze und Spachtelungen, Gipsplatten (auch imprägniert), zementgebundene Platten und GFK-Platten, um vollflächige Oberflächen herzustellen. Die Unterkonstruktion besteht aus Holz- oder Metallprofilen. Gegenüber Holzprofilen besitzen Profile aus Metall den Vorteil einer höheren Maßgenauigkeit sowie einer höheren Torsionsfreiheit.

6.2.1 Putze und Spachtelungen
gehören zu den konventionellen Deckenbekleidungen und werden direkt und fugenlos auf die massive Decke aufgetragen. Bei Putzsystemen ist die Vorbereitung des Untergrunds von wesentlicher Bedeutung:

Der Feuchtigkeitsgehalt ist zu prüfen, Reste müssen entfernt werden, der Untergrund muss trocken und staubfrei sein. Putze können auch mehrlagig als Akustikputze zur Verbesserung der Schallabsorption und zur Reduzierung der Nachhallzeit aufgebracht werden. Die Anbringung an der Deckenkonstruktion ist auch im Spritzputzverfahren möglich, was insbesondere bei komplizierten Geometrien, beispielsweise bei Gewölben, empfohlen wird. Durch Füllstoffe, etwa Silikate, können auch gute Anti-Kondensationserscheinungen erreicht und Gerüche neutralisiert werden.

Putze können auch auf sogenannte Putzträgerplatten aufgebracht werden. Zur Behandlung der Plattenoberflächen von Trockenbaudecken kommen, ebenso wie bei Wänden, Spachtelungen in Frage. Dies ist insbesondere dann der Fall, wenn eine weitere Beschichtung der Oberfläche beabsichtigt ist. Mithilfe von Spachtelungen kann – unabhängig vom verwendeten Plattenwerkstoff für die Deckenbekleidung – eine homogene Oberfläche erstellt werden. Die unterschiedlichen Qualitätsstufen von 1–4, wobei Stufe 4 die höchste Glättestufe darstellt, sind in Kapitel 5.6. Wandbekleidungen beschrieben und gelten vom Prinzip her für Decken.

6.2.2 Beplankungen

als Deckenbekleidungen sind unmittelbar an der tragenden Konstruktion befestigt und werden auch als leichte Deckenbekleidungen bezeichnet. Beplankungen von abgehängten Decken werden auf einer Unterkonstruktion montiert. Unter horizontalen Geschossdecken in Massiv-, Holz- und Stahlbauweise finden Deckenbekleidungen häufig aus schall- oder brandschutztechnischen Gründen Anwendung oder sie werden als Installationsraum genutzt. Beim Ausbau von geneigten Dachkonstruktionen ist die Verwendung von leichten Deckenbekleidungen üblich. Hierfür wird die Beplankung direkt an der tragenden Holz-(Sparren-)konstruktion befestigt. In diesem Fall dient sie vor allem dazu, den Abschluss zum Außenraum mit Wärme- und Feuchteschutz sicherzustellen. Darüber hinaus kann eine Bekleidung der Dachkonstruktion aus brandschutztechnischen Gründen erforderlich sein. Üblicherweise kommt hier eine Beplankung der Unterkonstruktion mit gipsgebundenen Platten- oder Holzwerkstoffen zum Einsatz. Diese können entweder oberflächenfertig aufgebracht oder aber auch einer weiteren Oberflächenbehandlung unterzogen werden.

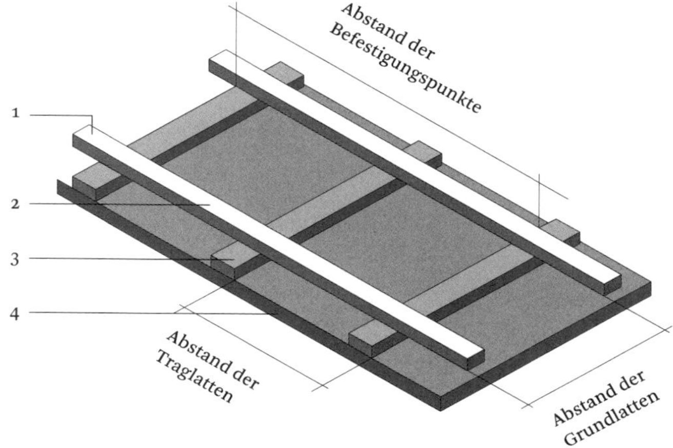

1 Befestigung an der Rohdecke
2 Grundplatte
3 Tragplatte
4 Beplankung

a) Abstände

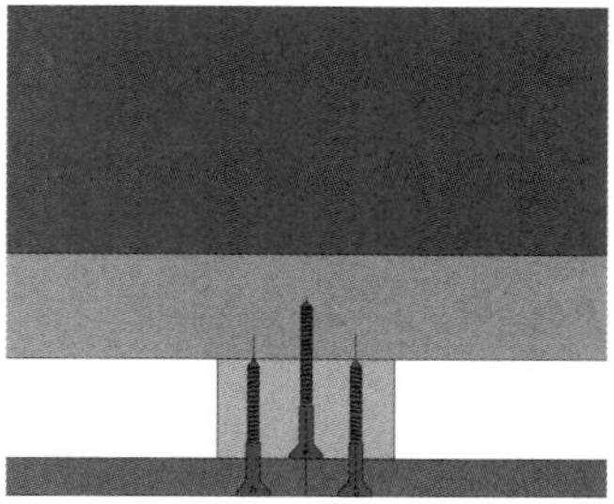

b) Detailschnitt Unterkonstruktion

Unterkonstruktion einer Deckenbeplankung

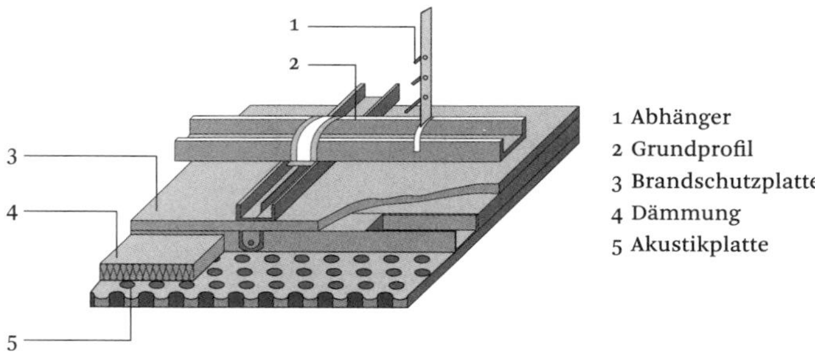

1 Abhänger
2 Grundprofil
3 Brandschutzplatte
4 Dämmung
5 Akustikplatte

Akustikdecke mit einer Brandschutzverkleidung

Deckenbekleidungen und Unterdecken

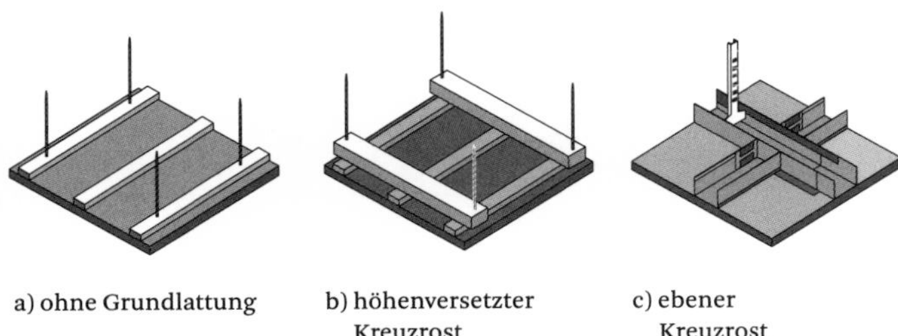

Verschiedene Systeme von Unterkonstruktionen für abgehängte Decken

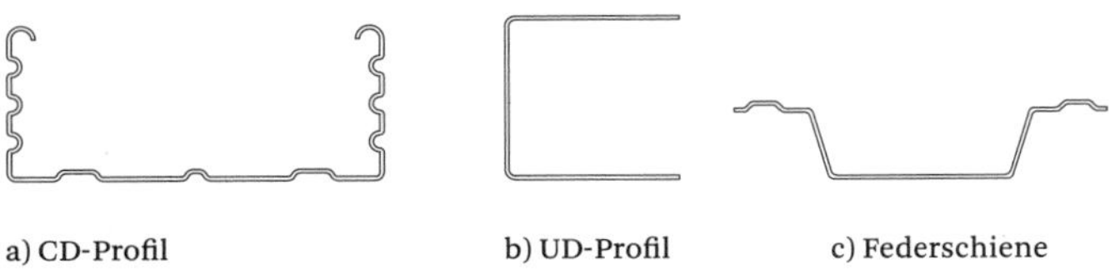

Übliche Deckenprofile für abgehängte Unterdecken

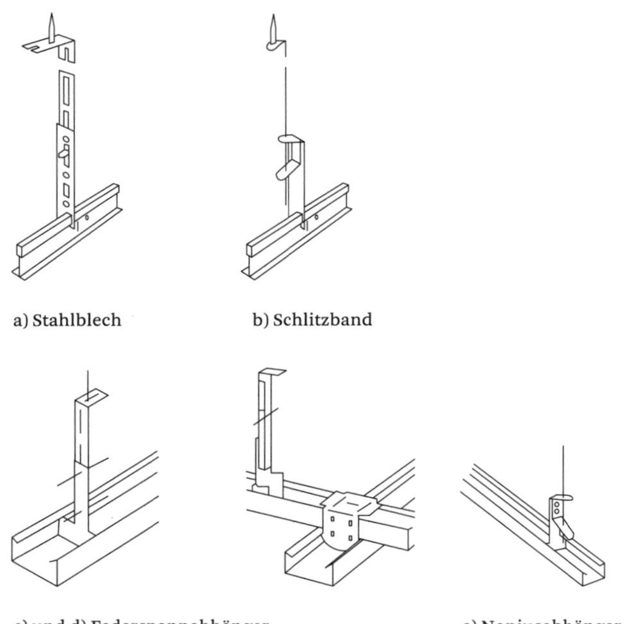

Typische Abhängesysteme für Unterdecken: (a) und (b) Direktabhänger, (c) und (d) Schnellabhänger und (e) Noniusabhänger.

6.2.3 **Unterdecken (abgehängte Decken)**
sind mit einer abgehängten Unterkonstruktion an der Rohdecke befestigt. Die Unterkonstruktion besteht dabei aus der Grund- und der Traglattung, vorzugsweise aus Metall. Sie wird als höhengleicher, einlagiger Trägerrost oder als höhenversetzter, zweilagiger Trägerrost ausgebildet und mit CD- und UD-Profilen hergestellt, wenn eine vollflächige fugenlose Untersicht erwünscht ist. Die Kennzeichnung der Profile lässt einen Rückschluss auf die Profilform und den Montageort zu. So bezeichnet der erste Buchstabe bei den Abkürzungen CD und UD die Profilform (C- oder U- Form), der zweite Buchstabe den Montageort (Decke). Für die Profilunterkonstruktion gibt es verschiedene Möglichkeiten zur Montage:

- Direktabhänger dienen der Befestigung von Traglattung oder CD-Profilen an Deckenbalken oder an der Rohdecke. Sie weisen durch ihre Elastizität erhebliche Schallvorteile gegenüber der direkten Befestigung von Deckenbekleidungen auf. Zur weiteren Schallentkopplung können zudem Direktschwinghänger mit Schallschutzgummis eingesetzt werden. Justierbare Direktabhänger ermöglichen in begrenztem Umfang einen einfachen Höhenausgleich der Profile.
- Schnellabhänger sind mit einer Spannfeder ausgestattet, die einen an der Rohdecke befestigten Draht hält und gleichzeitig der Höhenjustierung dient.
- Noniusabhänger sind drucksteif und deshalb bei größeren Deckenlasten oder Abhängehöhen den Schnellabhängern vorzuziehen. Die Abhängehöhe kann durch die Lochung des Abhängers und einen Justierstab exakt eingestellt und gesichert werden.

Die Einsatzgebiete werden in der DIN 18168 im Hinblick auf den notwendigen Korrosionsschutz der Metallunterkonstruktion unterschieden in:

- Konstruktion in Wohnungen, einschließlich Küche und Bad, Büroräumen, Schulen, Krankenhäuser und Verkaufsstätten,
- Konstruktion in Räumen, die ständig der Außenluft und häufiger Kondensatbildung oder chemischen Angriffen ausgesetzt sind,
- Konstruktion in Räumen mit häufig sehr hoher Luftfeuchtigkeit (gewerbliche Bäder und Küchen oder Wäschereien)
- Konstruktion unter besonders korrosionsförderndem Einfluss.

6.2.4 Foliendecken

sind eine neue Art der fugenlosen glatten Deckensysteme, die über große Weiten ganze Räume überspannen können. Die Montage von Foliendecken erfolgt durch Wandprofile, in welche die Folien mittels Kederschienen geklemmt und gespannt werden. Folien existieren in verschiedenen Farben und Lichtdurchlässigkeitsgraden, sodass auch eine dahinter liegende Beleuchtung möglich ist. Einschnitte in Form von Einbauleuchten sind möglich, wobei die Verletzung der Folien möglichst gering gehalten werden sollte, da diese Einschnittstellen eine Beschädigungsquelle darstellen. Muss hinter der Folie revisioniert werden, bedeutet dies den Abbau der Folie und das erneute Einspannen.

6.3 Rasterdecken

Rasterdecken zeichnen sich im Gegensatz zu den fugenlosen Deckensystemen durch einen höheren Vorfertigungsgrad und eine trockene Montage aus. Die Elemente werden vor Ort nur noch eingehängt, eingelegt, geklemmt oder zusammengesetzt. Gerasterte Decken werden überdies unterschieden in geschlossene Rasterdecken und in offene Deckensysteme. Für die Wartung und Nachrüstung können die Elemente individuell herausgenommen, in speziell vorgerüstete Serviceelemente oder zwischen die Elemente oder Paneele eingesetzt werden. In dieser Hinsicht ist eine optimale Revisionierbarkeit und Flexibilität gegeben. Je nach Baustoff, wie Mineralfaser-, oder Gipsplatten, Metallbleche sowie Paneele oder Kassetten, ergeben sich verschiedene Fugenbilder und Unteransichten. Mischsysteme der folglich beschriebenen Deckentypen sind üblich, um komplizierte Wandanschlüsse durch ungünstig angeschnittene Elemente zu vermeiden. Aus folgenden Gründen werden Rasterdecken oft als Mischdecken ausgeführt:

- Vermeidung von Sonderformaten und Ausschnitten,
- Geometrische Anpassung / Ausgleich im Randfeld,
- Revision im elementierten Bereich.

Randabschlüsse können ebenso als umlaufende Friese aus Gipsplatten fugenlosen ausgeführt werden. So erhält man Elementdecken aus ganzen Rastern für die revisionsintensiven Bereiche und Friese als umlaufende glatte Streifen für saubere Wandanschlüsse.

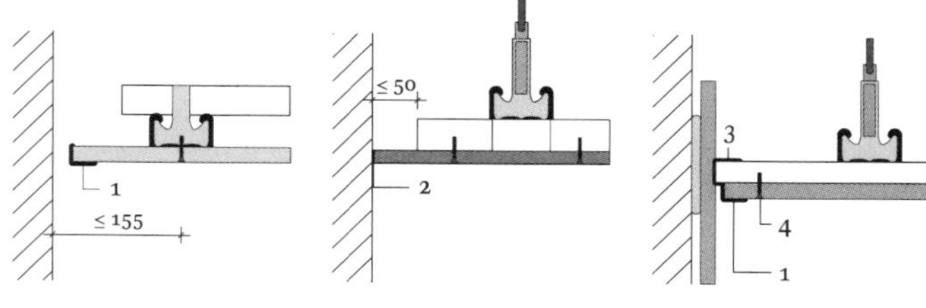

a) Wandanschluss mit Schattenfuge
a) bündiger Wandanschluss
c) Wandanschluss mit Schattenfuge und Verblender

1 gegebenenfalls Kantenschutz
2 Trennstreifen/ Verspachtelung
3 UD-Profil
4 keine Verschraubung mit UD-Profil

Wandanschlüsse abgehängter Decken

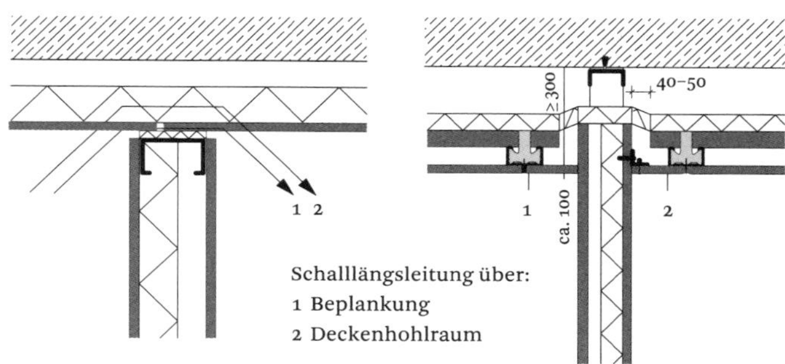

a) Schallentkopplung über Fuge in Deckenlage
b) Trennung der Decklage und Unterkonstruktion der Decke

Schallentkopplung beim Wand-Decken-Anschluss

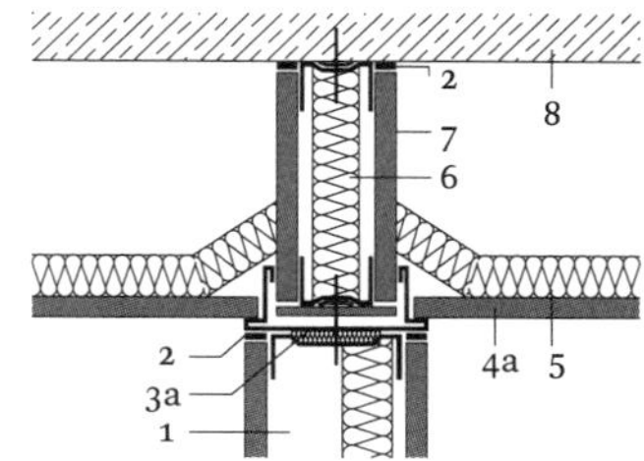

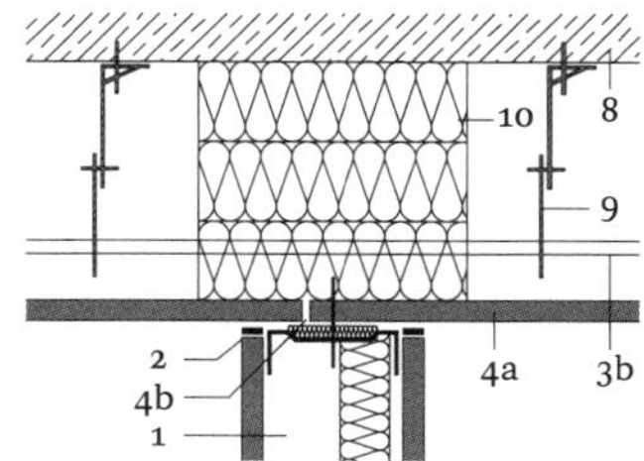

a) Plattenschott
b) Absorberschott

1 Trennwand mit Hohlraumdämmung und GK-Wandschalen
2 Anschlussdichtung
3a Bandraster
3b Unterkonstruktion
4a GK-Platte
5 Horizontale Faserdämmstoffauflage
6 Faserdämmstoffauflage (≥ 40mm dick)
7 Plattenschott aus GK-Platten
8 Massivdecke
9 Abhänger
10 Absorberschott aus Faserdämmstoff

Unterdecke mit vertikaler Abschottung im Deckenhohlraum

Deckenbekleidungen und Unterdecken

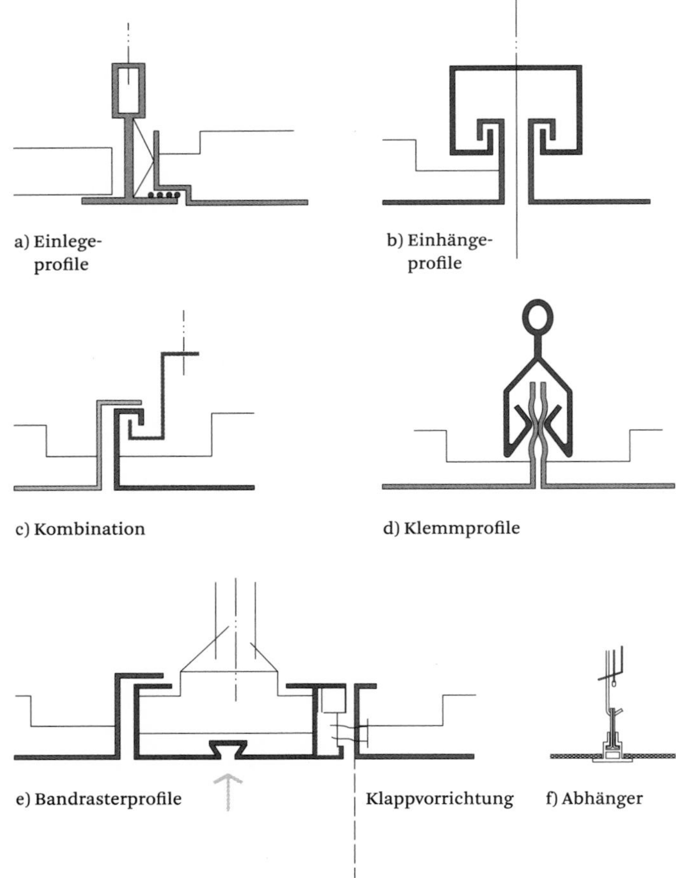

Unterschiedliche Verbindungsprofile geschlossener Rasterdecken

6.3.1 **Geschlossene Rasterdecken**
mit einem Rastermaß von 60 × 60 cm oder 62,5 × 62,5 cm sind am weitesten verbreitet. Sie sind leicht herzustellen, kostengünstig und bieten eine Auswahl an verschiedensten Platten, die je nach Anforderung verwendet werden können. Für die Konstruktion von geschlossenen Rasterdecken finden häufig Mineralfaser- oder auch Gipsplatten Verwendung. Mineralfaserplatten besitzen unterschiedliche Oberflächen, um insbesondere die Akustik zu verbessern. Bei gerasterten Unterdecken werden vorrangig T-Profile und Z-Profile verwendet. Als Verbindungsprofile kommen Einlegeprofile, Einhängeprofile oder Klemmprofile aus Metall oder Kunststoff zum Einsatz.

6.3.2 **Kassettendecken**
werden aus vorkonfektionierten Platten aus Aluminium oder Stahlblech hergestellt. Sie werden allseitig gekantet, um bei einer möglichst geringen Materialstärke und kleinem Eigengewicht eine maximale Stabilität zu erreichen. Die gekanteten Kassetten werden in die Metallprofil-Unterkonstruktion geschraubt, eingehängt, geklemmt oder eingelegt. Einzelne Kassetten können auch klappbar eingesetzt werden, um eine schnelle Revision und Wartung der dahinter liegenden Haustechnik durchführen zu können. Revisionierbarkeit und Flexibilität sind bei Kassettendecken dementsprechend optimiert. Die Platten sind werkseitig oberflächenfertig.

6.3.3 **Paneeldecken**
bestehen aus Holz und Holzwerkstoffen oder vorkonfektionierten Platten aus Aluminium, Stahlblech oder Kunststoff. Metalle werden in der Regel zweiseitig gekantet, um durch minimalen Material- und Eigengewichtsanteil eine maximale Stabilität in Längsrichtung zu erreichen. Paneeldecken sind stets ein gerichtetes System, bei dem aufgereihte lange Paneele horizontal an eine Metallunterkonstruktion gehängt werden. Die Paneele werden dabei geschraubt, geklemmt oder geklipst, sodass ein flexibles, gut revisionierbares System entsteht und einzelne Elemente später ausgetauscht werden können. Paneeldecken werden, aus Holz- oder Holzwerkstoff bestehend, meist als Nut- und Federsystem eingebaut, Metall- oder Kunststoffpaneele werden auf Stoßfuge gesetzt. Durch die vorkonfektionierten und werkseitig oberflächenfertigen Platten ist das System kostengünstig und kann schnell montiert werden.

6.3.4 Bandrasterdecken

bestehen aus vorgefertigten kastenartigen Paneelen, die linienförmig an der Decke angeordnet werden. In diesen Trassen werden nach Bedarf Installationen und Leitungen für Lüftung und Licht geführt. Die Auslässe für Lüftung oder Leuchtmittel können dort direkt eingebaut sein, wenn diese sich nicht im Deckenfeld selbst befinden sollen. Außerdem kann das Bandraster den Anschluss für leichte Trennwände bilden.
Die Bandrasterprofile werden mit Abhängern an der tragenden Deckenkonstruktion befestigt, die Deckenplatten werden anschließend dort eingehängt. Bandrasterdecken sind Mischsysteme, weil die Flächen zwischen den Bandrastern durch Kassetten, Platten oder Paneelen bestehend aus Gipsplatten oder Metallkassetten geschlossen werden. Bandrasterdecken bestehen aus folgenden Bauteilen, die am Bandraster eingehängt, eingelegt oder geklemmt werden: Tragprofile, einer Einbauspur für technische Installationen und Einbauprofile für Wandanschlüsse sowie Kassetten zur Revision.

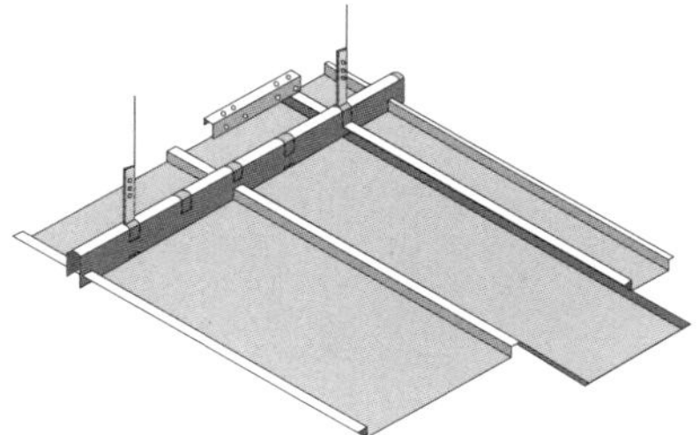

Paneeldecke mit Unterkonstruktion

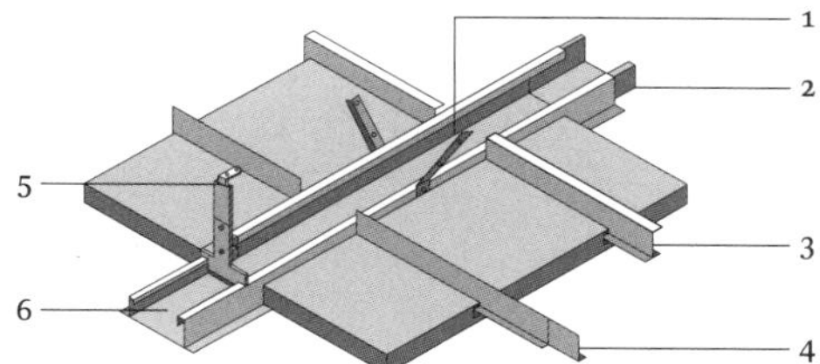

1 Querprofil
2 Verbindungsprofil
3 T-förmiges Profil
4 L-förmiges Profil
5 Abhänger
6 Bandraster

Brandrasterdecke mit Unterkonstruktion

6.4 Offene Decken (Formdecken)

Offene Decken zeichnen sich durch eine offene Untersicht und damit eine räumliche Tiefenwirkung aus. Dazu gehören Waben-, und offene Kassettendecken sowie Lamellen- und Gitterdecken, die in der Regel den Einblick in die Installationsebene zulassen und durch ihre große Schallabsorptionsfläche hervorragend für große, hallende Räume geeignet sind.
Die einsehbare Installationsebene beziehungsweise der Deckenhohlraum wird dabei häufig schwarz gestrichen, um die Tiefenwirkung optisch zu verstärken und die Installationsebene nicht sichtbar werden zu lassen, auch wenn ein Einblick in diese ohnehin nur eingeschränkt möglich ist, nämlich dann, wenn der Blick direkt nach oben auf die Decke fällt. Betrachtet man offene Decken aus einer schrägen Perspektive, wirken diese meist trotzdem geschlossen – sie formen den oberen Raumabschluss. Eine optimale Revisionierbarkeit wird bei den offenen Systemen gewährleistet, indem man durch die offene Konstruktion hindurchgreifen kann. Nur bei Gitterdecken müssen einzelne Elemente entfernt werden. Formteile aus Holz beziehungsweise Holzwerkstoffen oder Metallprofilen und Gittern sind vorkonfektioniert, wodurch eine hohe Maßhaltigkeit erreicht wird. Die oberflächenfertige Lieferung ermöglicht eine schnelle Montage und Fertigstellung.

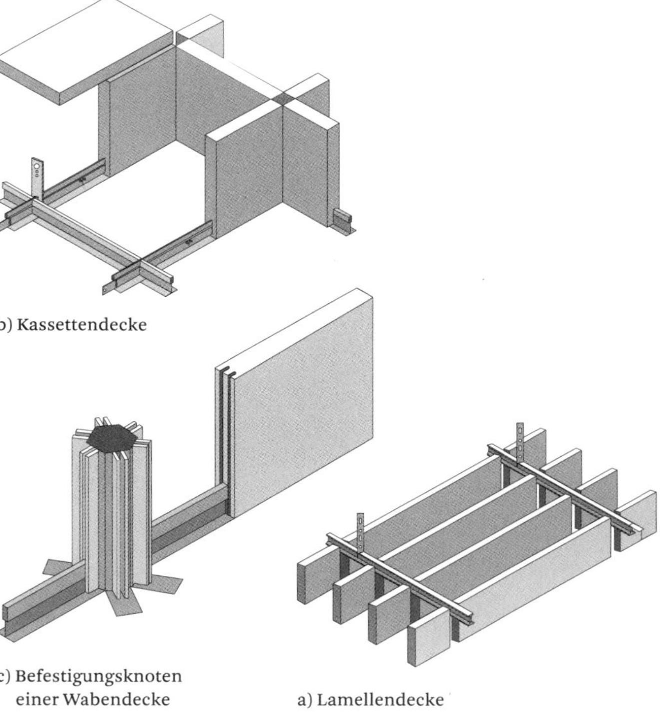

b) Kassettendecke

c) Befestigungsknoten einer Wabendecke

a) Lamellendecke

Offene gerasterte Decken (Formdecken)

Deckenbekleidungen und Unterdecken

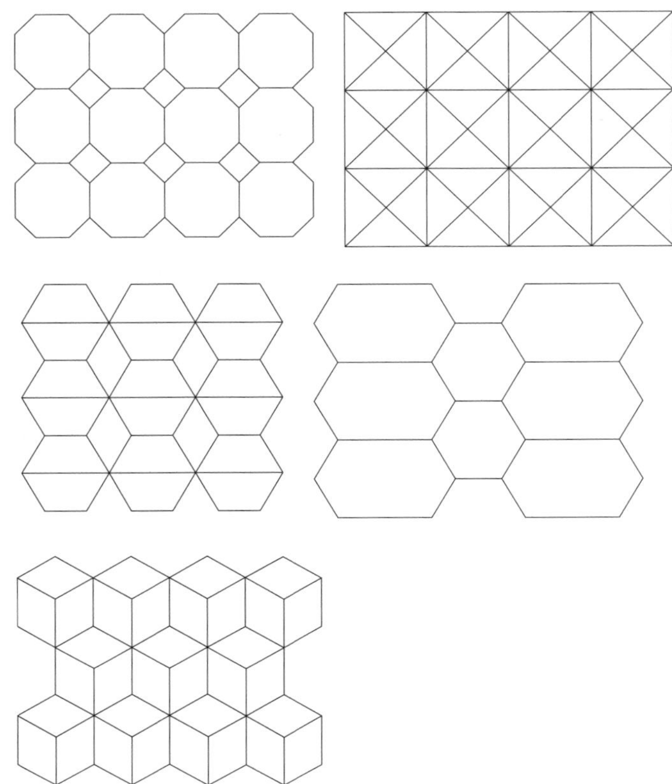

Unterschiedliche Raster und Formen von Wabendecken

Kassettendecke mit Metallgitterelementen und integrierter Beleuchtung

6.4.1 **Waben- und Kassettendecken**
sind abgehängte Raster in Form von Waben oder Rechtecken, deren Felder allerdings nicht mit Platten geschlossen werden. Als Konstruktionsraster sind unterschiedlichste, sich wiederholende Formen möglich. Diese können ungerichtet flächig oder – etwa bei Rechteckraster – auch gerichtet wirken und werden aus Holz oder aus Metallprofilen und -blechen, aber auch aus Beton hergestellt. Wabendecken besitzen oft einen Knotenpunkt aus Stahl- oder Aluminimum, an dem die Profile montiert oder eingeschoben werden.

6.4.2 **Lamellendecken**
werden wie Paneeldecken aus abgehängten Paneelen hergestellt, wobei die Paneele der Lamellendecken vertikal ausgerichtet sind, sodass die Schmalseite nach unten hin sichtbar ist und die Zwischenräume viel breiter als das Profil sind. Die Lamellendecke ist ein gerichtetes System, bei dem lange Paneele vertikal an einer abgehängten Metallunterkonstruktion befestigt werden. Die Paneele werden an die Unterkonstruktion geschraubt oder eingehängt. Eine optimale Revisionierbarkeit wird durch die Zwischenräume beziehungsweise durch das Austauschen einzelner Lamellen gewährleistet. Durch die unterschiedliche Längen des verwendeten Materials und den geschwungenen Schnitt lassen sich sehr einfach und kostengünstig dreidimensionale Formen entwickeln.

6.4.3 **Streckmetall-, Gitter- und Gewebedecken**
sind Decken mit vorbemessenen, ebenen Elementen (Streckmetall, Gitterrost, ...) die an eine Metallunterkonstruktion gehängt werden. Die Metallgitter werden dabei gekantet oder mit Winkelrahmen verbunden und analog der Kassettendecke an die Unterkonstruktion geschraubt, eingehängt oder eingelegt. Die Stabilisierung des Deckensystems erfolgt über das verwendete Material, die Maschen und die Kantung sowie die Profilierung als Rahmen oder Rost. Flexibilität und eine optimale Revisionierbarkeit sind – wie bei den anderen offenen Deckensystemen – auch bei Streckmetall-, Gitter- und Gewebedecken garantiert, weil dahinter die technische Gebäudausrüstung installiert, nachgerüstet und ausgetauscht werden kann.

6.5 Integrierte Deckensysteme

Integrierte Deckensysteme werden vor allem für den standardisierten Einbau von gebäudetechnischen und akustischen Installationen optimiert vorgefertigt. Sie fungieren dabei oft als Kombinationsdecken, die gleichermaßen für zahlreiche bauphysikalische Anforderungen – insbesondere die Aufnahme von Klima- und Lüftungstechnik – ausgelegt sind. Zu den integrierten Deckensystemen zählen etwa Lichtkanaldecken, Kühldecken und fugenlose Metallakustikdecken. Nachfolgend werden bestimmte Typen von Kühldeckensystemen und Lichtdecken näher erläutert.

6.5.1 Kühldeckensysteme

Als Folge zunehmender Glasflächenanteile in den Fassaden sowie ansteigender Kühllasten durch die gerätetechnische Ausstattung, hat die Nutzung der Deckenfläche zur Ableitung der Wärmeenergie besonders im Büro- und Verwaltungsbau an Bedeutung gewonnen. Aus diesem Grund ist eine leichte Deckenkonstruktion notwendig, die als Kühldecke fungiert und dabei ganz oder teilweise auf Temperaturen unterhalb der Raumtemperatur gebracht und gehalten werden kann – die Kühlung kann mittels geschlossener Wasser- oder Luftkreisläufe erfolgen. Kühldecken können als leichte Deckenbekleidung oder als Unterdecke, in geschlossener Bauart (Strahlungskühldecken) oder in offener Bauart (Konvektionsdecken) ausgeführt werden. Mischformen sind möglich.

Als geschlossene Kühldeckensysteme bezeichnet man Decken, in die Kühlleitungen eingebaut werden. Bei geschlossenen Deckenflächen wird vor allem der Strahlungsanteil der Kühldecke (etwa 60 Prozent) genutzt. Mit einem geringen Platzbedarf beziehungsweise einer Aufbauhöhe von 60–80 mm kann die Kühlung in die Putzdecke, die Deckenbekleidung oder die Unterdecke integriert werden. Damit ist auch eine Nachrüstung von Räumen mit niedriger Deckenhöhe möglich. Offene Kühldeckenelemente werden vorgefertigt auf die Baustelle geliefert, wobei die Bauteile als räumlich vollflächige oder partielle Deckenelemente ausgebildet und leicht zu montieren sind. Insbesondere für die Kühlung sind freihängende Elemente von Bedeutung, da durch die freie Aufhängung die Luftzirkulation im Raum und damit die Kühlleistung erhöht wird. So kann die thermische Speicherkapazität der Rohdecke genutzt und die volle Raumhöhe in Teilen erreicht werden.

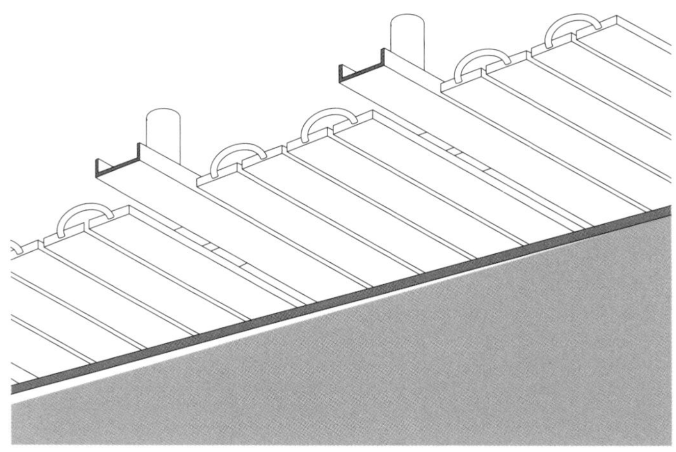

Axonometrische Darstellung eines geschlossenen Kühldeckensystems mit flächiger Untersicht.

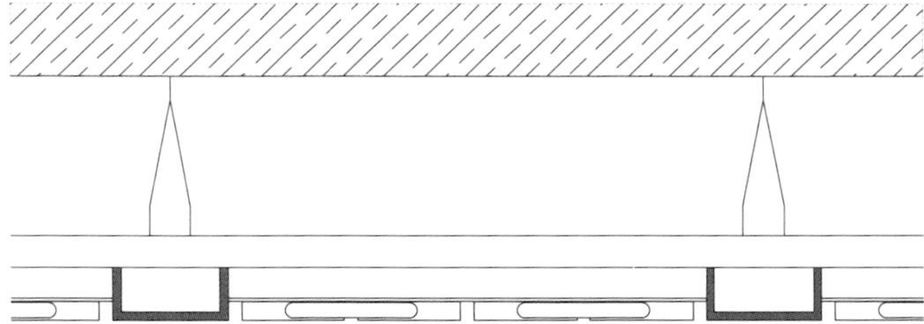

Schnitt durch ein geschlossenes Kühldeckensystem mit flächiger Untersicht sowie eingesetzten Profilblechen.

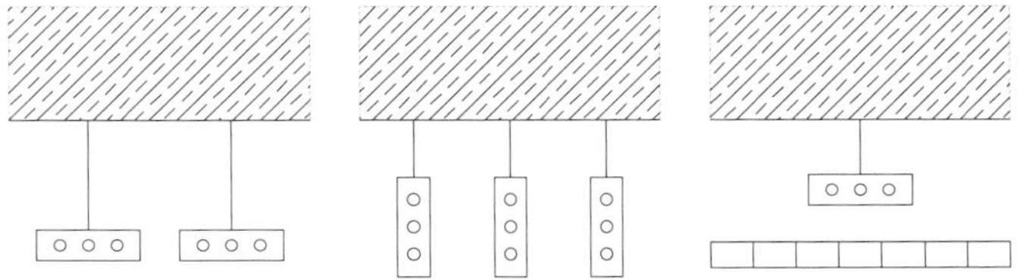

Offenes Kühlsystem mit Varianten für die Anordnung der Kühlelemente mit integrierter Kühlung.

Deckenbekleidungen und Unterdecken

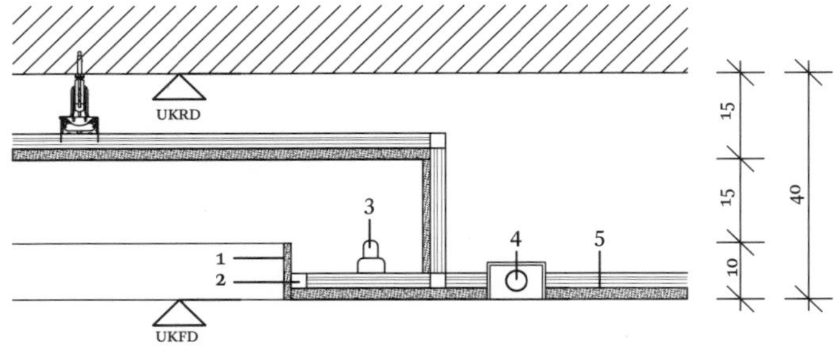

1 Gipsplatte mit Parallelschlitzung konkav, Stirnkantenstoß mit Blechstreifenhinterlegung
2 gebogenes CW-Profil
3 Leuchtstoffröhre
4 Einbauleuchte
5 Gipskartonbeplankung abgehängte Decke

Vertikalschnitt durch eine gebogene Lichtvoute in der Decke

Amorph geformte Lichtvouten im Inneren eines Restaurants

Flächenbündige Deckenausschnitte für Lüftungsöffnungen und Einbauleuchten.

Auf diese Weise werden im Gegensatz zu den geschlossenen Systemen oft nur 50–70 Prozent der Deckenfläche als aktive Kühlfläche benötigt. Bei der partiellen Anordnung unter der Rohdecke kann die Kühldecke in Form eines individuellen Deckensegels ausgebildet werden. Diese Variante eignet sich ebenso gut für komplizierte Raumgeometrien. In solche Deckenelemente sind in der Regel auch gebäudetechnische Funktionen wie Beleuchtung, Heizung, Akustikmaßnahmen und Sprinklerung integriert.

6.5.2 Lichtdecken

Da die Beleuchtung von Räumen meist von der Decke aus erfolgt, werden Beleuchtungssysteme oft in Decken – insbesondere in abgehängte Decken – integriert. Es stehen dazu verschiedene Maßnahmen zur Verfügung:

- Einbauleuchten,
- Lichtvouten,
- Deckensegel,
- Lichtdecken.

6.5.3 Einbauleuchten

nutzen den Hohlraum von beplankten oder abgehängten Decken, wobei die Einbautiefe und damit die erforderliche Höhe der Abhängung von den Größen der Leuchtmittel und der Beleuchtungskörper abhängig sind. Einbauleuchten sind zur direkten Beleuchtung geeignet und in abgehängte Decken einfach einzubauen.

6.5.4 Lichtvouten

werden zur indirekten Beleuchtung eingesetzt, wobei das Deckenelement innerhalb der Voute als Reflektor fungiert. Die Decke muss in diesem Bereich mit hoher Qualität ausgeführt sein, da aufgrund des Streiflichts jede Unebenheit in Erscheinung tritt. Vouten werden entweder vor Ort aus Gipsplatten hergestellt oder als vorgefertigte Gipsplattenelemente in vielfältigen Formen auf die Baustelle geliefert und vor Ort zusammengesetzt. Sollen die Leuchtmittel nicht zu sehen sein, müssen diese hinter einer Aufkantung verborgen werden. Allerdings muss hier die Fuge ausreichend dimensioniert sein, sodass Leuchtmittel und -körper gewartet werden können. Lichtvouten können auch als eine Art Fries ausgebildet sein, werden dann jedoch eher an der Wand befestigt.

6.5.5 **Deckensegel**
sind frei im Raum hängende Deckenelemente, die im Sinne einer räumlichen Decke konzipiert sind. Bei komplizierten Raumgeometrien haben sie den Vorteil, dass man keine Anschlüsse herstellen muss. Deckensegel können als Reflektor für indirektes Licht fungieren, es können aber auch Leuchtmittel für die direkte Beleuchtung eingebaut werden. Weitere gebäudetechnische Funktionen für klima-, und schalltechnische Maßnahmen wie zum Beispiel Kühldeckenelemente können in solche Elemente integriert werden.

6.5.6 **Lichtdecken**
werden vor allem in öffentlichen Bereichen wie Ausstellungsräumen, Foyers oder Vortragssälen aber auch im hochwertigen Wohnungsbau eingesetzt. Dabei wird das Tagelicht, das von darüberliegenden oder seitlichen Verglasungen im Raum auf die Decke trifft durch Leuchtmittel unterstützt. Ist kein Tageslicht vorhanden, kann die Beleuchtung das Tageslicht auch komplett ersetzen beziehungsweise sogar natürliches Licht simulieren. Lichtdecken sind meist aus transluzenten Gläsern oder Acrylplatten gefertigt. Bei Gläsern sind die Vorschriften für Überkopfverglasungen zu beachten. Durch die Verwendung von transluzenten Gläsern wird ein diffuses Licht erzeugt, das den Raum möglichst gleichmäßig ausleuchtet.

Die Konstruktion von Lichtdecken ist meistens sehr filigran in Stahl ausgeführt, da durch die Beleuchtung die Unterkonstruktion sichtbar ist oder zumindest durchschimmern kann. Möglichst reduzierte Profile oder profillose Befestigungen sind dabei von Vorteil. Klimatechnische oder andere Leitungen sollten nicht oder nur in größerem Abstand hinter Lichtdecken geführt werden, da diese sichtbar sein könnten. Oft werden auch Spanndecken aus transluzenten Folien eingesetzt, die große Flächen überspannen können und ein minimales Gewicht besitzen.

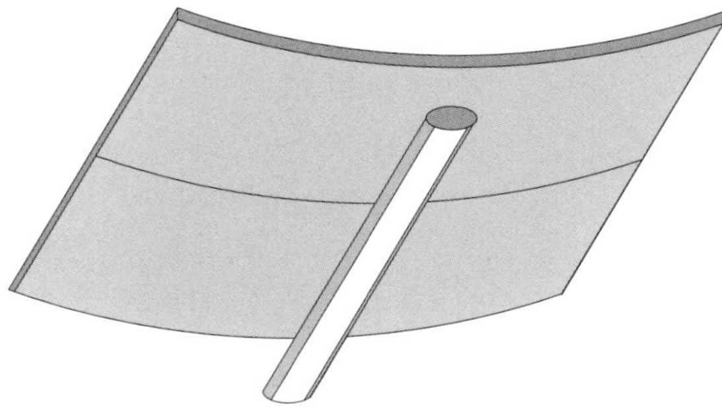

a) vom Deckensegel unabhängiges Leuchtmittel

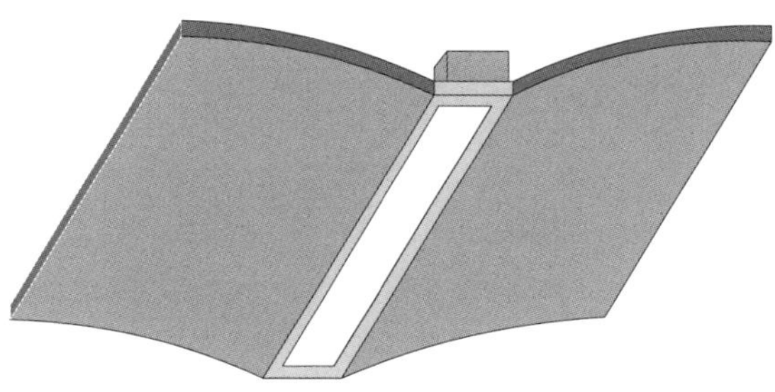

b) in das Deckensegel integriertes Leuchtmittel

Einbau von Leuchtmitteln in Deckensegeln

Geschwungene Paneeldecke

Deckenbekleidungen und Unterdecken

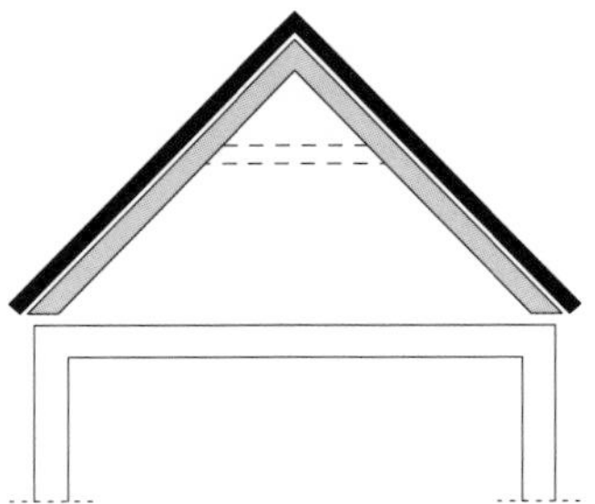

a) Dämmung in der Dachschräge

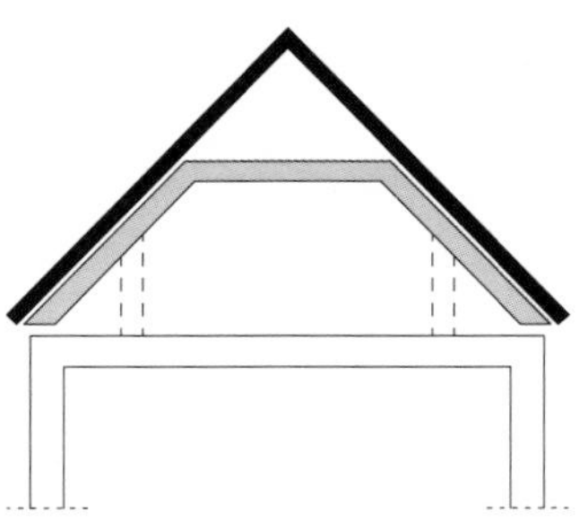

b) Dämmung in Dachschräge und Kehlbalkenebene

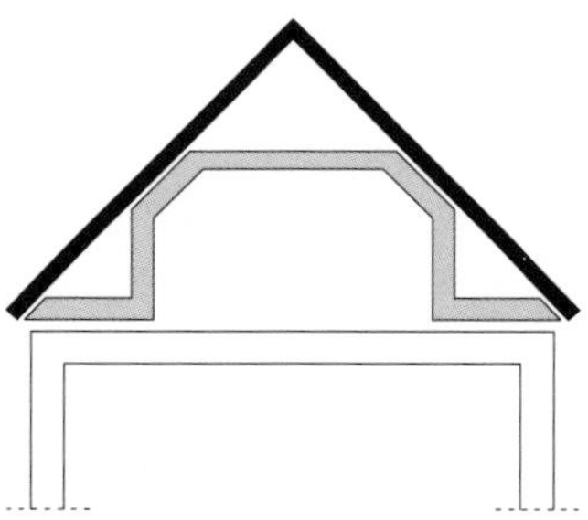

c) Dämmung in Dachschräge, Kehlbalkenebene und Decke

Schematische Darstellung des möglichen Dachraumvolumens bei unterschiedlicher Anordnung der Dämmebene.

6.6 Dachausbau

Bei vielen Gebäuden stellt der nachträgliche Dachausbau eine gute Möglichkeit zur Schaffung zusätzlich nutzbarer Fläche im Dachraum dar. Die tragende Dachkonstruktion schließt zum Innenraum in der Regel mit einem komplexen Schichtenaufbau in Form einer leichten Deckenbekleidung ab. Dieses Bauteil stellt hohe Anforderungen an die bauphysikalische und konstruktive Planung und Ausführung, um nachträgliche Schäden an der Dachkonstruktion zu vermeiden.

Je nach Tragwerk und Größe der Dachkonstruktion kann die Dämmebene als Zwischen-, Auf- oder Untersparrendämmung in der Dachfläche entlang der Sparrenkonstruktion angeordnet sein. Hierbei entstehen je nach Dachneigung am Fußpunkt der Konstruktion spitz zulaufende Ecken und wenig nutzbare Restflächen. Wird die Dämmung entlang der Sparrenkonstruktion in Kombination mit einer Dämmung der Kehlbalken- oder Mittelpfettenebene angeordnet, entsteht ein kleineres Dachvolumen. Die Dämmung von Dachfläche und Kehlbalkenebene in Kombination mit einer senkrechten Dämmung des Dachstuhls und einer waagerechten Dämmung der Geschossdecke im Bereich des Fußpunkts schafft senkrechte Wandflächen im Inneren des Raums.

6.6.1 Lage der Dämmebene

Mit den heutigen Energieeinsparverordnungen ist die Dämmung des Dachs besonders wichtig. Oft reicht die Höhe des Sparrens nicht aus, um die erforderliche Dämmung einbringen zu können, weshalb auch Kombinationen der im Folgenden beschriebenen Dämmebenen zum Einsatz kommen.

Bei der Aufsparrendämmung liegt die Dämmschicht und die Dampfsperre oberhalb des durchgehenden ebenen Unterdachs – also oberhalb des Sparrens. Um dies zu verwirklichen, muss jedoch die komplette Dachdeckung über dem Sparren erneuert werden. Wenn die Sparren sichtbar bleiben sollen, muss der Brandschutz nachgewiesen werden. Die Zwischensparrendämmung als belüftete oder unbelüftete Konstruktion schafft hingegen eine glatte Untersicht, die beplankt werden muss. Dadurch werden die Sparren brandschutztechnisch geschlossen. Die kombinierte Zwischen- und Untersparrendämmung erzeugt im Inneren zusätzlichen Installationsraum, der gleichzeitig die Dampfsperre unter dem Sparren schützt.

6.6.2 Anordnung eines zusätzlichen Installationsraums

Die Anordnung eines zusätzlichen Installationsraums auf der Innenseite des Dachs ist sinnvoll, um die Dampfsperre vor mechanischer Beschädigung durch Schrauben, Dübel oder andere Befestigungsmittel zu schützen. Dazu wird auf der Dampfsperre eine Deckenbekleidung bestehend aus Lattung und Beplankung angebracht, die zusätzlich gedämmt werden kann. Die Installationsebene sollte ausreichend tief sein, um auch elektrische Einbauten wie Steckdosen aufnehmen zu können.

6.6.3 Dampfbremse und Dampfsperre

Dampfbremsen
besitzen einen hohen Dampfdiffusionswiderstand, sind wasser-, aber nicht dampfdicht. Dampfbremsen werden bei Bauteilen mit äußerer Hinterlüftung eingesetzt.

Dampfsperren
sind wasser- und dampfdicht und müssen bei nicht hinterlüfteten Konstruktionen eingesetzt werden. Bei der Anbringung von Dampfsperren ist ein dampfdichter Anschluss an Fenster und angrenzende Bauteilen gemäß DIN 4108 Beiblatt 2 sicherzustellen.

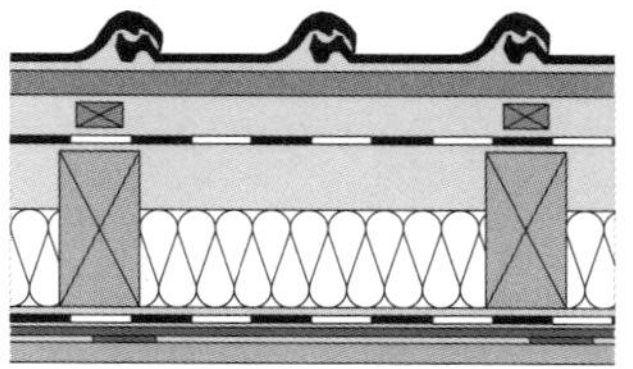

a) Zwischensparrendämmung mit Luftschicht

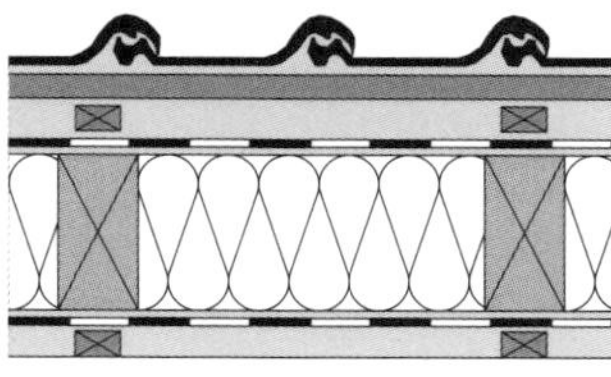

b) Vollflächige Zwischensparrendämmung

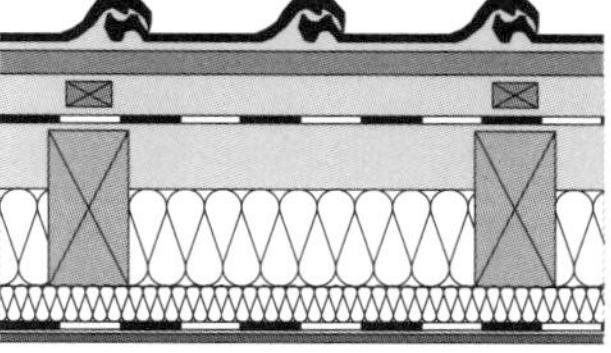

c) Zwischen- und Untersparrendämmung (Installationsebene)

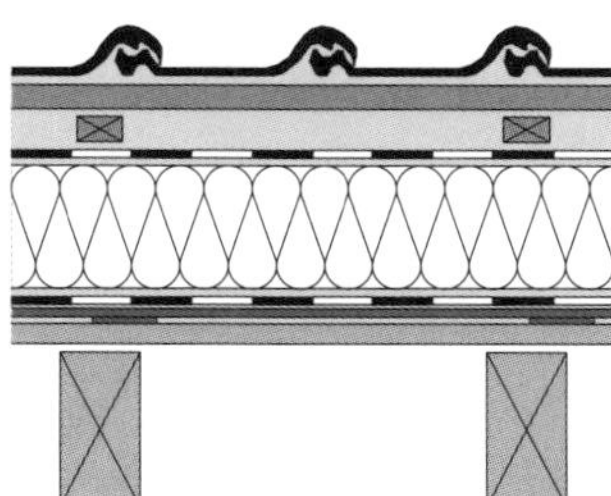

d) Aufsparrendämmung

Schematische Darstellung der verschieden angeordneten Dämmebenen im Dachgeschossbau.

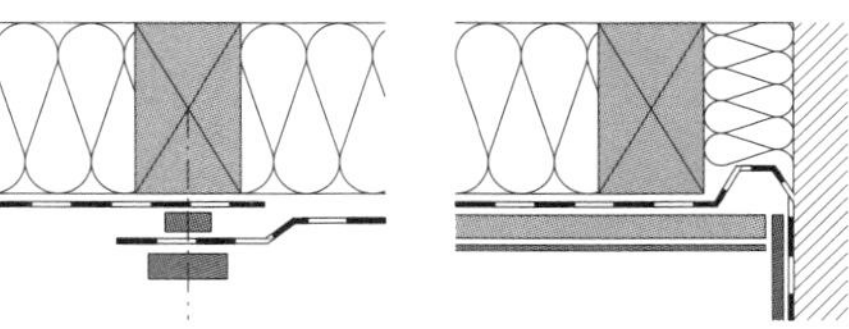

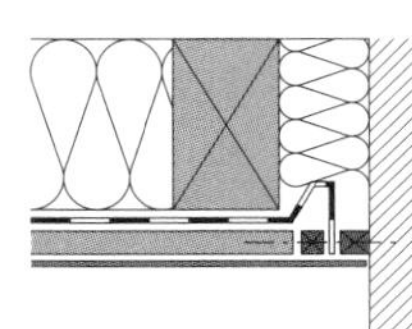

Anschlussvarianten der Dampfsperre in Überlappungs- und Randbereichen nach DIN 4108 Beiblatt 2.

Böden

7.1 Fußbodenaufbauten
7.2 Art der Estrichkonstruktion
7.3 Art der Herstellung und Bindemittel
7.4 Konstruktionsprinzipien
7.5 Bodenbeläge und -beschichtungen
7.6 Glasböden
7.7 Übergänge und Anschlüsse

Böden

Kurzzeichen	Bezeichnung	Klassen	Anwendung für
S	Schwimmender Estrich	—	alle Estriche
V	Verbundestrich	—	alle Estriche
T	Estrich auf Trennschicht[4]	—	alle Estriche
C	Druckfestigkeit (Compression)	C5–C80[1]	alle Estriche
F	Biegezugfestigkeit (Flexural)	F1–F50[1]	alle Estriche
A	Verschleißwiderstand (Abrasion)[2]	A22–A1,5	alle Estriche
AR	Verschleißwiderstand (Abrasion Resistance)[3]	AR6–AR0,5	alle Estriche
RWA	Verschleißwiderstand gegen Rollbeanspruchung (Rolling Wheel Abrasion)[4]	RWA300–RWA1	alle Estriche
RWFC	Widerstand gegen Rollbeanspruchung (Rolling Wheel Floor Covering)[5]	RWFC150–RWFC550	alle Estriche
IC(H) / IP	Eindringtiefe (Indentation Cube, Indentation Plate)[6]	IC10–IC100 IP10–IP70	nur AS
B	Haftzugfestigkeit (Bond)[7]	B0,2–B2	alle außer AS
E	Biegezugelastizitätsmodul (Elastizität)[8]	E1–E20	alle außer AS
IR	Schlagfestigkeit (Impact Resistance)[9]	C5–C80[1]	nur SR
SH	Oberflächenhärte (Surface Hardness)[10]	SH30–Sh300[1]	nur MA

1 Druckfestigkeit in N/mm² · 2 Klassifizierung nach Böhme, Abriebmenge in cm³/50 cm² · 3 Klassifizierung nach BCA, maximale Abriebtiefe in 100 µm · 4 Abriebmenge in cm³ · 5 Radlast in N · 6 Eindringtiefe in 0,1 mm, ICH10: H = Heizestrich · 7 Haftzugfestigkeit in N/mm² · 8 Elastizitätsmodul in kN/mm² · 9 Schlagfestigkeit in Nm · 10 Oberflächenhärte in N/mm².

Spezielle Kurzzeichen für die Eigenschaften von Estrichmörteln nach DIN EN 13813.

7.1 Fußbodenaufbauten

Die Bezeichnungen für Fußbodenaufbauten reichen von Fußbodenkonstruktionen und Deckenauflagen bis hin zu Fertigfußböden. Der Begriff Deckenauflage wird im Bereich des Schallschutzes (DIN 4109) verwendet. Umgangssprachlich wird auch die Benennung Fußboden fälschlicherweise für die oberste Nutz- oder Verschleißschicht des Fußbodenaufbaus (Bodenbelag) benutzt. Fußbodenaufbauten beinhalten alle Schichten und Bauteilanschlüsse, die sich oberhalb der tragenden Deckenplatte oder -konstruktion befinden. Dementsprechend wird in der Planung eine Unterscheidung in Rohfußboden oder Rohdecke (RFB / RD) und in Fertigfußboden oder Fertigdecke (FFB / FD) vorgenommen, die in Höhenangaben für Oberkante Rohfußboden oder -decke (OKRF / OKFD) oder Fertigfußboden oder -decke (OKFF / OKFD) ausgedrückt wird. Der Fußbodenaufbau ist abhängig von der Bauweise und der Nutzung eines Gebäudes:

- Im Massivbau werden eher nasse Estrichkonstruktionen verwendet. Der Fußbodenaufbau wird nach den Innenputzarbeiten ausgeführt, da die Putzschicht als innere Wanddichtebene fungiert sowie nach der Montage der Trockenbauwand, um den Randdämmstreifen zu stellen. Für den Schallschutz sind das hohe Gewicht von massiven Decken sowie Estrichschichten vorteilhaft. Mit einem trittschallverbessernden Bodenbelag kann eventuell auf eine Trittschalldämmung verzichtet werden.
- In Holz- und Leichtbaukonstruktionen oder auf Holzbalkendecken sind Trockenestriche vorteilhaft, da keine Feuchtigkeit und weniger Gewicht in das Gesamtsystem eingebracht werden.
- Systemböden sind dann sinnvoll, wenn die flexible Nutzung eines Gebäudes gefordert ist, sodass Installationen schnell verändert werden können. Auch ein hoher Installationsgrad des Gebäudes und eine dementsprechend hohe Wartungsarbeit kann für die Auswahl eines Systembodens sprechen.
- Installationssysteme sind eher dann zu verwenden, wenn die Nutzung und der daraus entstehende Installationsbedarf bereits bei Bauausführung feststeht und dies über eine lange Zeit nicht verändert werden soll. Nachträgliche Ergänzungen sind nur innerhalb der bestehenden Kanäle möglich, was diese Systeme wenig flexibel, aber gerade für spezielle Nutzungen sinnvoll macht.

Fußbodenaufbauten
Art der Estrichkonstruktion
Art der Herstellung und Bindemittel
Konstruktionsprinzipien
Bodenbeläge und -beschichtungen
Glasböden
Übergänge und Anschlüsse

7

Geschliffener und polierter Betonoberboden: Die Wandanschlüsse sind durch Schattenfugen im Boden ausgebildet.

Böden

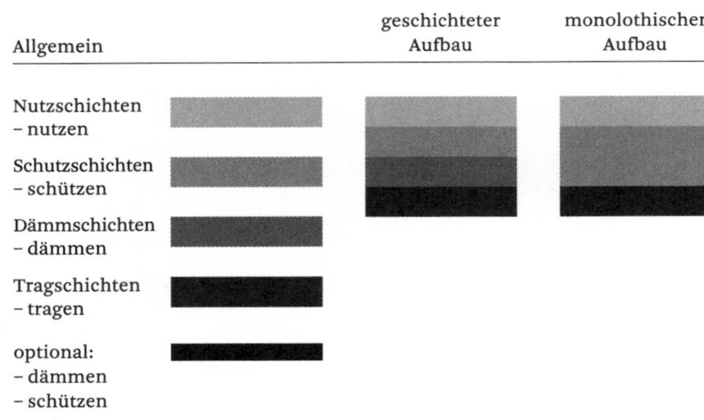

Monolitischer und geschichteter Aufbau eines Fußbodens mit den Funktionen Trag-, Dämm- und Nutzschicht.

Der Estrich wird auf die Trennlage an den Randdämmstreifen gegossen.

Vor Planung und Festlegung des Fußbodenaufbaus sollten die Nutzungsanforderungen geklärt werden, denn Fußbodenaufbauten können in der Höhe stark variieren. Da sie einen wesentlichen Einfluss auf die lichten Geschosshöhen haben, sollten Fußbodenaufbauten bereits im Zuge der Entwurfsplanung detailliert entwickelt werden. Ein Fußbodenaufbau übernimmt folgende wichtige Funktionen innerhalb eines Bauwerks:

- ▶ Ausgleich von Unebenheiten der Rohbaukonstruktion,
- ▶ Verbesserung von Schall-, Wärme-, Brand-, und Feuchtigkeitsschutz,
- ▶ Aufnahme von Installationen,
- ▶ Materialität und Haptik,
- ▶ Gestaltung und Optik.

Folgende Schichten oberhalb der Tragschicht sind Bestandteile von Fußbodenaufbauten:

Ausgleichschichten
gleichen bei Bedarf Unebenheiten der Rohbaukonstruktion vor Aufbringung der weiteren Schichten oder Unebenheiten der Oberfläche – zum Beispiel des Estrichs vor Aufbringung eines Bodenbelags – aus.

Sperrschichten
schützen vor eindringender Feuchtigkeit aus der Rohbau- und der Estrichkonstruktion sowie der Raumnutzung. Ein Beispiel hierfür ist die Abdichtung im Spritzwasserbereich.

Gefälleschichten
dienen der Herstellung eines Gefälles, um den Wasserablauf auf der Nutz- oder Schutzschicht sicherzustellen beziehungsweise zu beschleunigen oder um Unterschiede zwischen zwei Raumhöhen auszugleichen. Der Einbau einer Gefälleschicht erlaubt es außerdem, dass die nachfolgenden Schichten in gleichbleibender Dicke verlegt werden können.

Trennlagen
verhindern die kraftschlüssige Verbindung einzelner Schichten des Fußbodenaufbaus und minimieren damit das Risiko nachträglicher Rissschäden. Weiche Trennlagen, die ausreichend stark sein müssen, beispielsweise eine Trittschalldämmschicht, können Schallbrücken verhindern.

Wärmedämmschichten
werden bei Fußböden gegen Erdreich, zu nichtgedämmten Dachräumen und zu Nutzungseinheiten, die andere Temperaturen aufweisen – abhängig vom Wärmeschutznachweis nach ENEV – erforderlich. Sie können alternativ auch unter Bodenplatten oder unter den Geschossdecken angebracht werden. Bei Wärmedämmschichten ist immer auf durchgehende und komplett umschließende Ausführung zu achten, um Kältebrücken zu vermeiden.

Trittschalldämmschichten
werden abhängig von Gebäudeart und -nutzung ausgewählt und dabei oberhalb der Rohbaukonstruktion oder als trittschalldämmende Nutzschicht eingesetzt. Auf der Rohdecke liegend tragen sie des Weiteren zum Wärmeschutz bei. Wie bei Wärmedämmschichten ist eine sorgfältige Planung und Ausführung erforderlich, um Schallbrücken zu vermeiden. Um eine vollkommene Entkopplung zu erreichen, darf die Trittschalldämmung von keinem Bauteil durchstoßen werden.

Lastverteilungsschichten
gewährleisten die Verteilung punktförmiger Nutzlasten, beispielsweise von Möbeln, Maschinen, Personen und Fahrzeugen, auf eine größere Fläche und auf weniger tragfähige Schichten wie etwa Dämmschichten.

Brandschutzschichten
werden in der Regel bei tragenden Holz- oder Stahlkonstruktionen zur Erhöhung des Feuerwiderstands der Deckenkonstruktion verwendet. Darüber hinaus erfüllen sie meist weitere Funktionen, wie die Lastverteilung (bei Estrich und mineralisch gebundenen Platten) oder die Wärme- und Trittschalldämmung (bei mineralischen weichen Stoffen).

Spachtelschichten
gleichen bei Bedarf Unebenheiten des Estrichs vor Aufbringung eines Bodenbelags aus (siehe Ausgleichsschichten).

Nutzschichten
bilden die obere und benutzbare Verschleißschicht von Fußbodenaufbauten und können neben mechanischen, akustischen, haptischen und gestalterischen Zwecken auch andere Funktionen, etwa die Ableitung elektrostatischer Ladungen bei textilen Bodenbelägen, übernehmen.

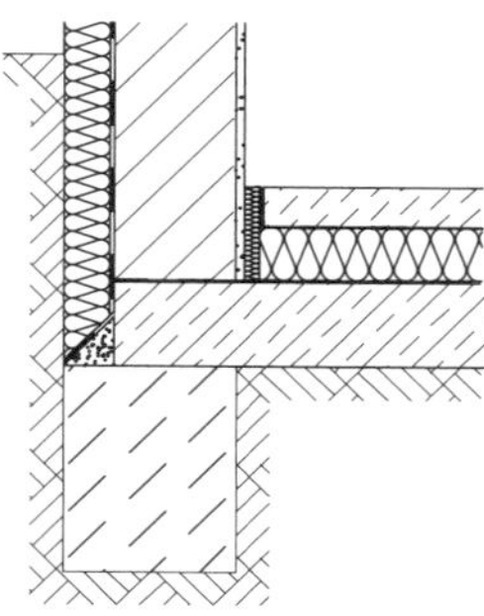

Bodenplatte-Keller, außengedämmtes Mauerwerk, Variante 1

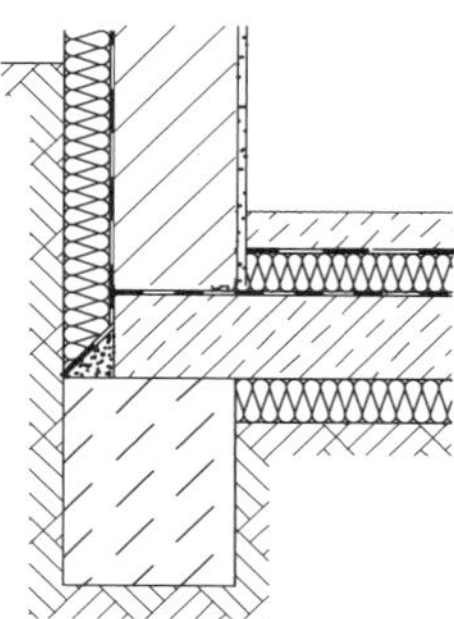

Bodenplatte-Keller, außengedämmtes Mauerwerk, Variante 2

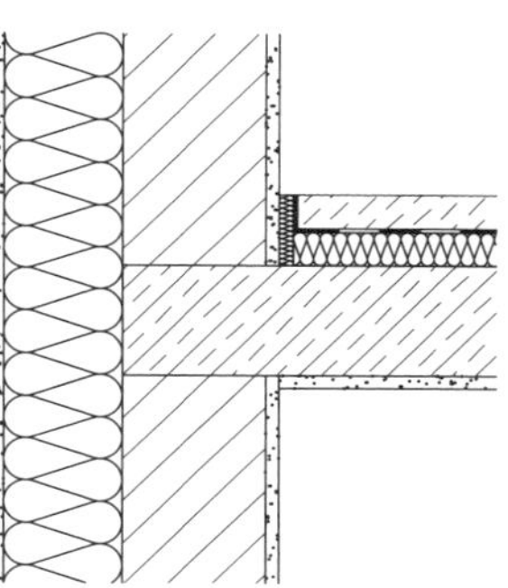

Geschossdecke, außengedämmtes Mauerwerk

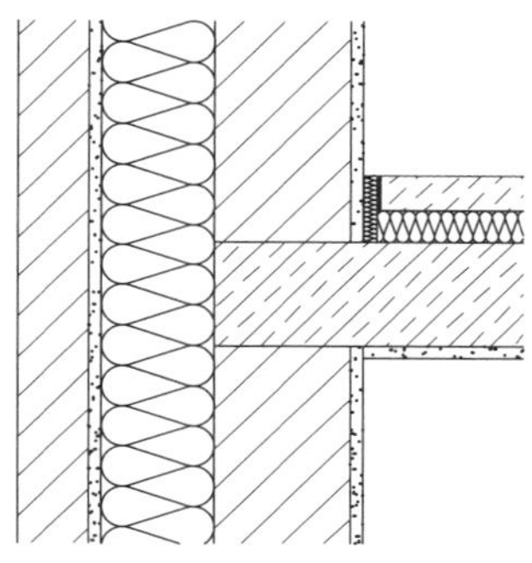

Geschossdecke, kerngedämmtes Mauerwerk

Anordnung von Wärme- und Trittschalldämmschichten bei Fußböden gegen Erdreich und Geschossdecken.

Böden

Reihenfolge für die Bezeichnung der Estricharten:

1. »Estrich«
2. DIN Hauptnummer
3. Kurzzeichen für Estrichmörtelart
4. Kurzzeichen für Druckfestigkeitsklasse (C)
5. Kurzzeichen für Biegezugfestigkeitsklasse (F)
6. Kurzzeichen für Härteklasse (A)
7. Angabe der Estrichart mit Nenndicke der Estrichschicht in mm:
   »S« für schwimmend,
   »V« für Verbund,
   »T« für Trennschicht.

Beispiel Verbundestrich
Zementestrich der Druckfestigkeitsklasse C30, der Biegezugfestigkeitsklasse F5, der Verschleißwiderstandsklasse A15 als Verbundestrich mit 25 mm Nenndicke:
Estrich DIN 18560 - CT - C30 - F5 - A15 - V25,
Estrich EN 13813 - MA - C50 - F10 - SH150 - V15,
Estrich EN 13813 - CT - C60 - F10 - A1,5 - DIN 1100 - A - V10/30.

Beispiel Estrich auf Trennschicht
Gussasphaltestrich AS der Härteklasse 15 (IC15) als Estrich auf Trennschicht mit 25 mm Nenndicke: Estrich DIN 18560 - AS - IC15 - T25.

Beispiel Schwimmender Estrich
Schwimmender Calciumsulfatestrich der Biegezugfestigkeitsklasse 4 (F4) mit 40 mm Nenndicke: Estrich DIN 18560 - CA - F4 - S40.

Offizielle Bezeichnung der Estricharten nach DIN 18560-2, 3 und 4 und DIN EN 13 813 in festgelegter Reihenfolge.

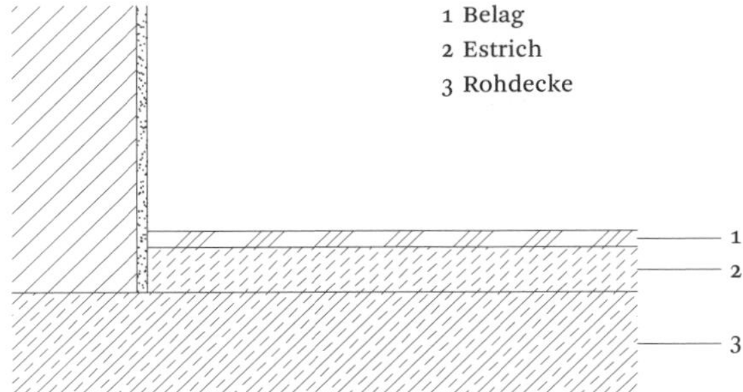

Monolithischer Estrich (Verbundestrich); die Estrichnenndicke sollte nach DIN 18650-3 mindestens das Dreifache des Größtkorns betragen und bei Gussasphaltestrichen zwischen 20–40 mm liegen sowie bei Calciumsulfat-, Magnesia-, und Zementestrichen 50 mm nicht überschreiten.

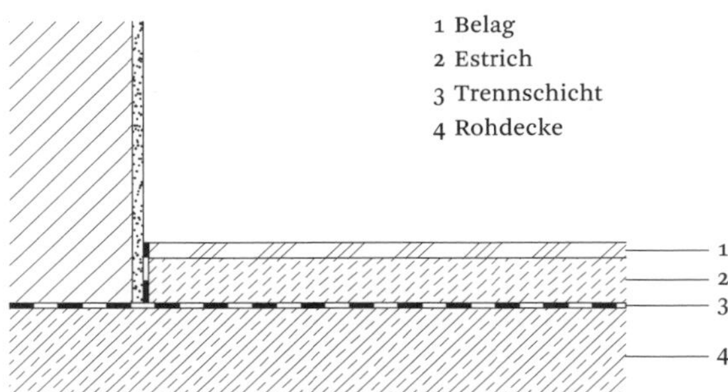

Estrich ohne Verbund (Estrich auf Trennschicht); die Estrichnenndicke sollte nach DIN 18650-3 mindestens das Dreifache des Größtkorns betragen. Folgende Werte sollten nicht unterschritten werden: 15 mm bei Kunstharzestrich, 25 mm bei Gussasphaltestrich; 30 mm bei Calciumsulfat- und Magnesiaestrich und 35 mm bei Zementestrich.

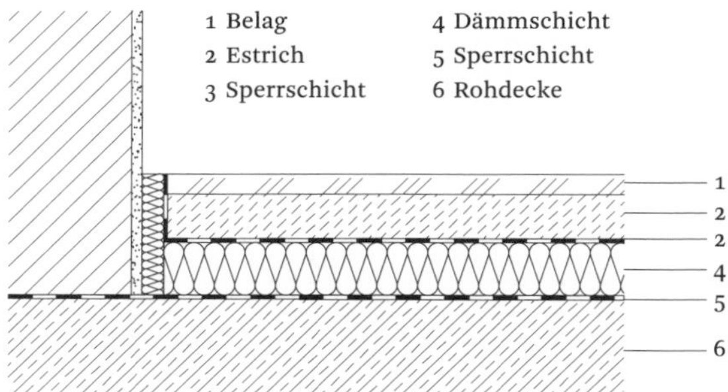

Schwimmender Estrich (Estrich auf Dämmschicht); die Estrichnenndicke darf nach DIN 18560-2, Tabelle 1 folgende Werte nicht unterschreiten: 25 mm bei Gussasphaltestrich; 35 mm bei Magnesia- und Calciumsulfatestrich (über 30 mm bei Calciumsulfat-Fließestrich); 40 mm bei Zementestrich; 30 mm bei Kunstharzestrich.

Fußbodenaufbauten werden häufig nach Art der Herstellung und der Konstruktion in folgende Kategorien eingeteilt:

- Art der Estrichkonstruktion,
- Art der Herstellung und Bindemittel (EN 13318),
- Konstruktionsprinzip.

Umgangssprachlich wird der Begriff Estrich sowohl für den Estrichmörtel als auch für das fertige Bauteil verwendet.

7.2 Art der Estrichkonstruktion

Nach der Art der Estrichkonstruktion unterscheidet man folgende wesentliche Arten:

- Monolithische Estriche und Verbundestriche,
- Estriche ohne Verbund und Estriche auf Trennschicht,
- Schwimmende Estriche.

7.2.1 **Monolithische Estriche und Verbundestriche** zeichnen sich durch ihren vollflächigen und festen Verbund mit dem Untergrund aus. Monolithische Estriche und Verbundestriche sind mit dem tragenden Untergrund kraftschlüssig verbunden. Oft finden sie im Gewerbebereich sowie in untergeordneten Räumen des Wohnungsbaus wie etwa in Keller- oder Lagerräumen ohne weiteren Belag direkt als Nutzschicht Verwendung; das Aufbringen eines Bodenbelags ist aber jederzeit möglich. Verbundestriche eignen sich für hohe mechanische Beanspruchungen, wenn keine besonderen Anforderungen an den Schall- und Wärmeschutz bestehen. Zur Herstellung von monolithischen Estrichen und Verbundestrichen werden vorrangig Zementestriche mit einer Nenndicke von etwa 25–30 mm eingesetzt (nach DIN 18560-3).

Ein monolithischer Estrich ist für den Verbund besonders günstig und kann auf einer maximal zwei Tage alten Betonfläche hergestellt werden. Dazu wird er frisch-in-frisch auf die noch nicht erstarrte Betondecke aufgebracht. Der Verbundestrich wird mit Haftbrücken auf der erstarrten Rohdecke hergestellt. Um bei Verbundestrichen einen einwandfreien Haftverbund mit dem Untergrund zu gewährleisten, muss dieser eine raue, offenporige Oberfläche besitzen – beispielsweise durch Dampfstrahlung – und sauber sein.

Zweifarbiger Sichtestrich: Der dunkle Streifen markiert die Lauffläche.

Die Estrichflächen sind durch Dehnfugen voneinander getrennt.

Estrichart	Mindest-dicken der Bodenplatte	Aus-trocknungs-zeiten	Belastbar nach	Feuchte-eintrag
Trockenestrich	ab 20 mm	≤ 24 Stunden	1 Tag	≤0,01 / m²
Gussasphalt-estrich	25 mm	36 Stunden	1 Tag	0,31 / m²
Anhydritestrich	35 mm	≥ 24 Tage	3 Tagen	0,81 / m²
Zementestrich	40 mm	≥ 26 Tage	2 Wochen	0,51 / m²

Verschiedene Estricharten und ihre Eigenschaften im Vergleich

Kurz-zeichen	Bindemittel	Bezeichnung	Kurz-zeichen Alt[1]
CT	Zement (CementiTious screed)	Zementestrich	ZE[2]
CA	Calciumsulfat	Calciumsulfatestrich	AE[3]
MA	Magnesiumoxid und Magnesiumsalzlösung (Magnesite screed)	Magnesiaestrich[4]	ME
AS	Bitumen (mastic Asphalt Screed)	Gussasphaltestrich	GE
SR	Kunstharzestrich (Synthetic Resin screed)	synthetisches Reaktionsharz	–[5]

1 alte Bezeichnung seit 1992 DIN 18180 · 2 weitere Eigenschaften werden dem Namen hinzugefügt: Bitumenemulsionsestrich, Kunstharzgebundener Zementestrich, Zementhartstoffestrich · 3 alte Bezeichnung: Anhydritestrich mit Anhydritbinder · 4 hierzu gehört auch der Steinholzestrich mit einer Rohdichte ≤ 1600 kg/m³ · 5 neu in die Norm aufgenommen.

Einteilung von Estrichmörteln entsprechend der Bindemittel nach DIN EN 13813 und mit alter Kennzeichnung.

7.2.2 **Estriche ohne Verbund und Estriche auf Trennschicht** mit Nenndicken laut DIN 18560-4 und -2 sind sinnvoll, wenn keine Wärme- oder Schallschutzanforderungen bestehen und ein Verbundestrich in der Herstellung zu aufwändig erscheint, weil die Herstellung schwierig ist, der Untergrund ungeeignet ist oder keine hohen Lasten aufgenommen werden müssen. Durch die Trennschicht kann sich der Estrich bei Temperatur- oder Feuchtigkeitsschwankungen ungehindert bewegen. Trennschichten werden in der Regel zweilagig aus kunststoff- oder bitumengetränktem Papier oder Polyethylenfolie von mindestens 0,1 mm Dicke ausgeführt. Bei Gussasphaltestrichen genügt eine einlagige Trennschicht aus hitzebeständigem Rohglasvlies. Die untere Lage der Trennschicht kann als Schutz vor aufsteigender Feuchtigkeit auch als Abdichtungsbahn hergestellt werden. Abdichtungsbahn und Folie dürfen keine chemischen Wechselwirkungen eingehen, um die Dichtigkeit nicht zu gefährden. Estriche auf Trennschicht können unmittelbar genutzt oder mit einem Belag versehen werden.

7.2.3 **Schwimmende Estriche**
werden aus Wärme- und Schallschutzgründen auf Dämmschichten und mit einem Randdämmstreifen verlegt. Um die vertikale und horizontale Beweglichkeit der Estrichschicht zu gewährleisten und Schall- oder Wärmebrücken zu vermeiden, darf diese keinen direkten Kontakt zu angrenzenden Bauteilen aufweisen. Schwimmende Estriche werden vorrangig im Wohnungs-, Büro- und Verwaltungsbau eingesetzt. Grundsätzlich sind alle Nass- und Fließestriche auf der Basis von Calciumsulfat, Zement, Gussasphalt oder Magnesia geeignet – auch Trockenestriche werden schwimmend verlegt. Bei ein- und mehrlagigen Dämmschichten und bei Fließestrichen ist eine wasserundurchlässige Abdeckung erforderlich. Die Nenndicken schwimmender Estriche sind in den Tabellen 1–4 der DIN 18 560-2 beschrieben.

7.3 Art der Herstellung und Bindemittel

7.3.1 **Herstellung von Estrichen**
Eine übliche Art der Herstellung sind Nassmörtelestriche (Frischmörtel), die aus Bindemittel, Wasser und Zuschlägen bestehen und auf der Baustelle gemischt werden; sie werden in Nass- und Fließestriche unterschieden. Alternativen hierzu

sind der Werktrockenmörtel, dem auf der Baustelle nur noch Wasser beigemischt wird und der Transportmörtel, der fertig gemischt auf die Baustelle geliefert wird.

Nassmörtelestriche (Baustellenestriche)
sind feuchte Frischmörtel, die aus Bindemittel, Wasser und Zuschlägen bestehen und aus allen drei Komponenten auf der Baustelle gemischt und eingebracht werden. Sie werden in feuchtem Zustand zu einer glatten, fugenlosen Oberfläche verarbeitet, manuell verteilt, verdichtet, abgerieben, nivelliert und geglättet.

Fließestriche
sind Baustellenestriche, denen ein Fließmittel zur Verbesserung der Fließfähigkeit zugesetzt wird und die nach dem Mischvorgang in einem gießfähigen Zustand eingepumpt und mit speziellen Geräten gerührt werden, um die Luftporen entweichen zu lassen. Dadurch wird die Selbstnivellierung ohne manuelle Verteilung und Verdichtung aktiviert und die händischen Arbeitsschritte wie beim Nassestrich entfallen. Für die Herstellung von Fließestrichen sind Geräte zur Einbringung entwickelt worden, sodass spezielles Fachkönnen der Firmen erforderlich ist. Fließestriche sind sehr gut als Heizestriche oder für komplexe Geometrien geeignet, da sie auch kleinteilige Elemente lückenlos ummanteln. Sie können teilweise mit verringerten Mindestnenndicken im Vergleich zu Nassestrichen eingebracht werden. Durch Bearbeitung der Oberfläche oder durch Einbringung von Bewehrungen können die Estriche auch als hochbeanspruchte Estriche (Industrieestriche) ausgeführt werden.

Estriche werden außerdem nach der Art des hinzugefügten Bindemittels unterteilt in:

7.3.2 **Zementestriche (CT) / Zementfließestriche (CTF)**
werden aus Zement, Wasser, einer Gesteinskörnung zwischen 8–16 mm Korngröße und bei Bedarf aus Zusätzen hergestellt. Zementestriche besitzen den Vorteil der Wasserfestigkeit und Zementfließestriche sind durch ein zugesetztes Fließmittel leichter zu verarbeiten. Man unterscheidet mit Fließmitteln versetzte Mörtel aus Fertigbetonwerken und Werktrockenmörtel aus Silos, die mit einer Schneckenpumpe zum fertigen Bauteil verarbeitet werden. Zementfließestriche finden vorwiegend im Wohnungsbau Anwendung.

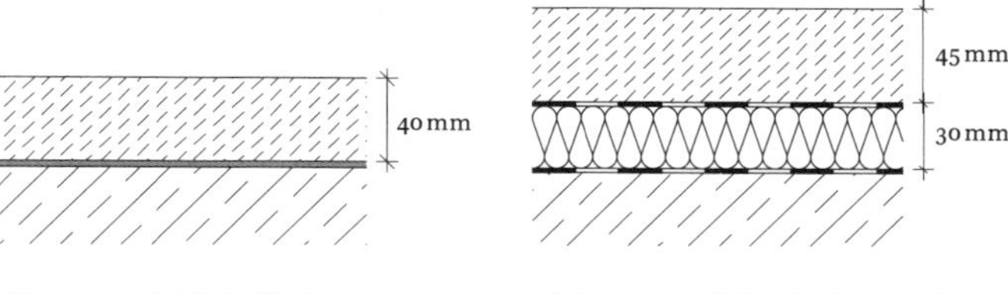

a) Zementestrich im Verbund b) Zementestrich, schwimmend

Zementestrich (CE) als (a) Verbundestrich und als (b) schwimmender Estrich auf massiver Rohdecke.

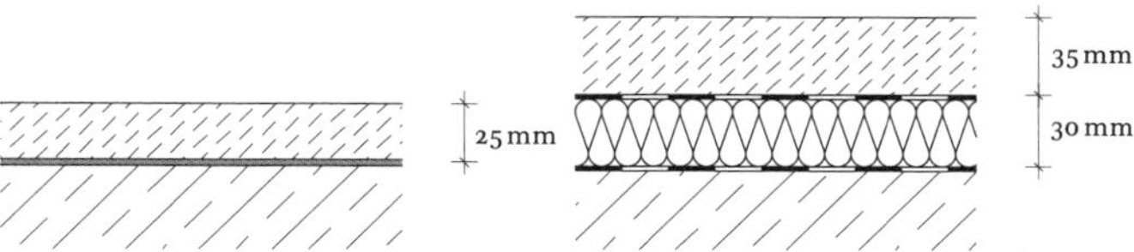

a) Calciumsulfatestrich im Verbund b) Calciumsulfatestrich, schwimmend

Calciumsulfaltestrich (CA) als (a) Verbundestrich und als (b) schwimmender Estrich auf massiver Rohwand.

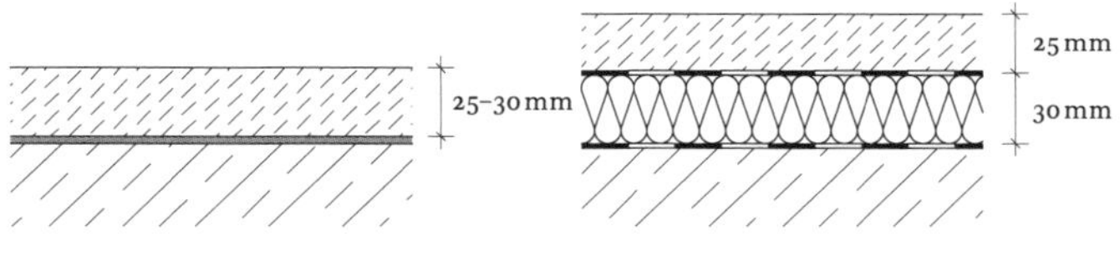

a) Gussasphaltestrich im Verbund b) Gussasphaltestrich, schwimmend

Gussasphaltestrich (AS) als (a) Verbundestrich und als (b) schwimmender Estrich auf massiver Rohdecke.

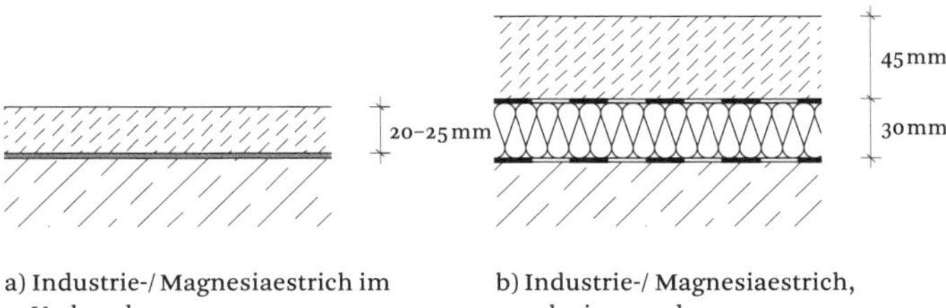

a) Industrie-/ Magnesiaestrich im Verbund b) Industrie-/ Magnesiaestrich, schwimmend

Hochbeanspruchbarer Estrich (Industrieestrich) als Zementestrich mit (a) Hartstoffschicht und (b) als schwimmender Estrich auf massiver Rohdecke.

Bodenbeläge auf Estrich	Zement-estrich (Soll)	Calcium-sulfat-estrich (Soll)	Magnesia-estrich (Soll)
Elastische Bodenbeläge	2,0	0,5	1–3,5
Textile Bodenbeläge, dampfdicht	2,0	0,5	1–3,5
Parkett, Holzpflaster	2,0	0,5	1–3,5
Laminatboden	2,0	0,5	1–3,5
Stein- und keramische Beläge, Dickbett	3,0	–	–
Stein- und keramische Beläge, Dünnbett	2,0	0,5	–

Maßgebende maximal zulässige Feuchtigkeitsgehalte von Estrichen ohne Fußbodenheizung in Prozent – ermittelt mit dem CM-Gerät.

Einbringen eines Fließestrichs als schwimmender Estrich mit integrierten Heizleitungen (Bauart B).

Zementgebundener Hartstoffestrich wird mit Zuschlägen aus Hartstoffen versetzt. Er wird entweder nur einschichtig aus dieser einen Hartstoffschicht oder zweischichtig mit einer Übergangsschicht aus Zement und einer Hartstoffschicht ausgeführt. Als Hartstoffschicht bezeichnet man die Nutzschicht eines zementgebundenen Hartstoffestrichs, die aus Zement, Hartstoffen und Wasser (gegebenenfalls mit Zusätzen) hergestellt wird. Terrazzo ist ein zweischichtiger Zementestrich, der mit einem Zuschlag aus Naturstein erzeugt wird. Die geschliffene Oberfläche dient dabei als Nutzfläche.

Zementestriche sind nicht nur wegen ihrer Feuchteunempfindlichkeit und der daraus resultierenden universellen Einsetzbarkeit die meist verwendete Estrichart. Durch ihre gute Wärmeleitfähigkeit sind sie für Fußbodenheizungen geeignet. Da diese Estriche allerdings erst nach 20–30 Tagen ihre Belegreife erhalten, kann dies die Bauzeiten stark beeinträchtigen. Um Rissbildungen zu vermeiden, ist auch die maximale Feldgröße wegen der geringeren Belastbarkeit auf 36 m² begrenzt.

7.3.3 Calciumsulfatestriche (CA) / Calciumsulfat-Fließestriche (CAF)

Calciumsulfatestriche können als normale oder als Fließestriche mit entsprechenden Zusatzmitteln zur Erhöhung der Fließeigenschaften verarbeitet werden. Beide Arten sind feuchtigkeitsempfindlich und deshalb nur für Innenräume geeignet. Der Einsatz von Calciumsulfat-Fließestrichen hat in den letzten Jahren stark zugenommen, da sie eine kurze Einbauzeit und schelle Begehbarkeit, großflächige fugenlose Verlegung und eine homogene Rohrummantelung bei Heizestrichen, planebene Oberflächen sowie hohe Festigkeiten bieten. Die raue Oberflächenbeschaffenheit erfordert eine Nachbehandlung. Geeignet sind Fließestriche insbesondere für beheizte Estrichkonstruktionen, Hohlraumböden und Doppelbodenplatten. Calciumsulfat-Fließestriche können jedoch nicht als Nutzestrich ohne Belag eingesetzt werden. Folgende Bindemittel werden bei Calciumsulfat gebundenem Estrich verwendet: Naturanhydrit, synthetisches Anhydrit, REA-Anhydrit sowie Gipsalpha-Halbhydrat.

7.3.4 Gussasphaltestriche (AS)

bestehen aus Bitumen und gegebenenfalls Naturasphalt, Splitt, Sand und Gesteinsmehlfüllern. Durch den Bitumenanteil besitzen sie eine hohe Elastizität, gewährleisten dadurch einen sehr guten Trittschallschutz und fungieren als flächige nahezu wasserdampfdiffusionsdichte Abdichtung. Sie bringen keine Feuchtigkeit in die Konstruktion ein und sind deshalb auch im Außenbereich einsetzbar. Einen weiteren Vorteil stellen die geringen Einbaudicken von mindestens 25 mm dar. Gussasphaltestriche sind nicht pumpfähig, weil sie bei hohen Temperaturen hergestellt werden. Die Einbringung in oberen Geschossen wie die Verarbeitung selbst sind deshalb besonders mühsam. Auf bitumengebundenen tragenden Untergründen können diese als Verbundestrich, ansonsten schwimmend auf einer temperaturbeständigen, nicht komprimierbaren Trennschicht (Rohglasvlies) ausgeführt werden.

7.3.5 **Kunstharzestriche (SR)**
bestehen aus Reaktionsharzen, Zuschlägen (Quarzsand unterschiedlicher Körnung und Färbung oder Stahlfasern) und nach Bedarf aus weiteren Zusätzen wie etwa Härter. Sie werden als Verbundestriche auf einen entsprechend vorbereiteten Untergrund und mit einer Reaktionskunstharzhaftbrücke sowie als schwimmende Estriche auf mindestens 40 mm Dämmung mit einer Druckfestigkeit von 60 N/mm^2 hergestellt. Zwei- oder mehrkomponentige Reaktionsharzbindemittel sind Polymethylmethacrylat (PMMA), Epoxydharz (EP), Polyurethanharz (PUR) oder ungesättigte Polyesterharze (UP).
Kunstharzestriche zeichnen sich durch eine hohe Elastizität und somit ein dehnungsfugenfreies Verlegen, eine relativ kurze Aushärtungszeit und eine hohe Festigkeit aus. Sie sind dünnschichtig einsetzbar und besitzen dadurch ein geringes Gewicht sowie eine sehr hohe chemische, physikalische und mechanische Beständigkeit. Der Einsatz im Innen- und Außenbereich lässt eine Eignung für viele Nutzungen auch im Bereich von Reparaturen und Sanierungen zu. Gestalterisch sind viel Farben und unterschiedlichste Körnungen möglich. Nachteilig wirken sich die hohen Kosten und die gesundheitsschädliche Verarbeitung aus.

7.3.6 **Magnesiaestriche (MA)**
bestehen aus Magnesiumoxid, Gesteinskörnungen und einer wässrigen Salzlösung (im allgemeinen Magnesiumchlorid). Magnesiaestriche werden gegebenenfalls mit Zusätzen wie beispielsweise Farbstoffen hergestellt und benötigen als Verbundestrich eine Haftbrücke beziehungsweise einen Haftvermittler. Ein früher gebräuchlicher Magnesiaestrich ist der Steinholzestrich, bei dem Holzspäne als Zuschlag zum Einsatz kommen.

Oberflächenversiegelter geschliffener Zementestrich als Oberbodenbelag

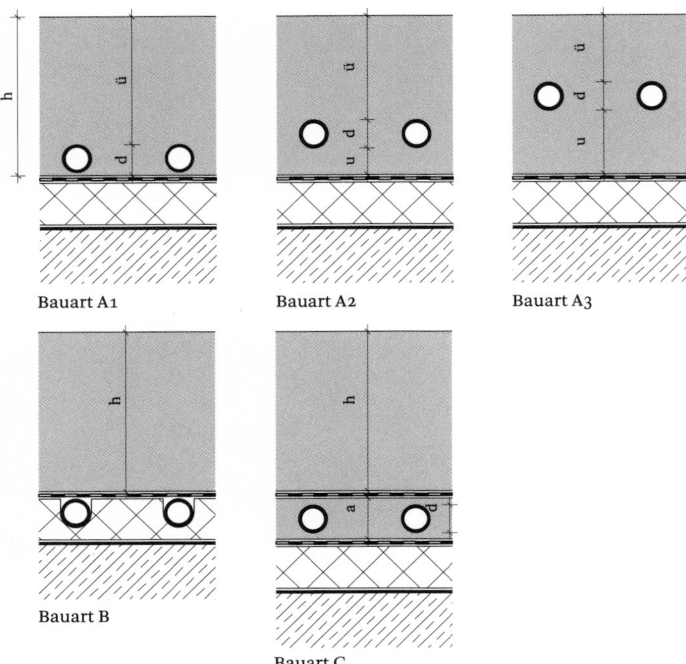

Bauart A1–A3: Heizelemente liegen im Estrich
Bauart B : Heizelemente liegen unter dem Estrich in / auf der Dämmschicht
Bauart C : Heizelemente liegen im Ausgleichsestrich

Unterschiedliche Bauarten von wassergeführten Fußbodenheizungen auf massiver Rohdecke nach DIN 18650-5.

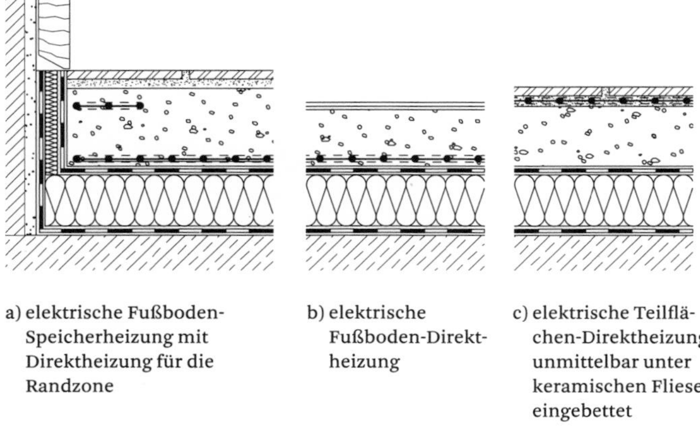

a) elektrische Fußboden-Speicherheizung mit Direktheizung für die Randzone

b) elektrische Fußboden-Direktheizung

c) elektrische Teilflächen-Direktheizung unmittelbar unter keramischen Fliesen eingebettet

Unterschiedliche Bauarten und Konstruktionsbeispiele von elektrischen Fußbodenheizungen auf massiver Rohdecke.

Dieser wurde bis in die Fünfzigerjahre häufig als Verbundestrich auf Betondecken eingesetzt. Bei Magnesiaestrichen können Papierkorkmehl, Weichspäne, Textilfasern oder künstliche Hartstoffe zugesetzt werden. In der Herstellung sind große Flächen fugenfrei möglich, da kaum Schwindrisse entstehen. Eine Einfärbung des Estrichs ist ohne Festigkeitsverlust möglich. Der Boden weist eine hohe Wiederstandsfähigkeit gegen Schlag und Stoß auf sowie eine hohe Verschleißfestigkeit. Durch den Anteil an Magnesiumchlorid greift dieser Estrich jedoch Metalle an, weshalb metallische Teile durch Umwicklungen vor unmittelbarem Kontakt mit dem Estrich zu schützen sind. Magnesiaestrich ist im ausgehärteten Zustand nicht dauerhaft wasserbeständig und somit nicht für Nassräume geeignet.

7.3.7 **Hochbeanspruchbare Estriche (Industrieestriche)**

Die Ausführung hochbeanspruchbarer Estriche ist in der DIN 18560-7 geregelt, die gemeinsam mit der DIN 18560-1 für Gussasphalt-, Magnesia- und zementgebundene Hartstoffestriche drei Beanspruchungsgruppen vorsieht. Bei mehrschichtigen Estrichen muss das Verformungsverhalten der Schichten aufeinander und auf den tragenden Untergrund abgestimmt sein.

7.4 Konstruktionsprinzipien

7.4.1 **Heizestriche**

weisen eine integrierte Fußbodenheizung, die in den unterschiedlichen Bauarten A, B und C ausgeführt werden kann, auf. Fußbodenheizungen zählen wie Wandheizungen zu den Flächenheizsystemen, die sich durch relative niedrige Oberflächentemperaturen, gleichmäßige Wärmeabgabe und einen hohen Strahlungsanteil auszeichnen. Sie werden nach der Art der Heizelemente mit Warmwasser oder elektrisch betrieben. Für die Nassverlegung von Rohrleitungen im Baustellenestrich existieren nach DIN 18560 die drei verschiedenen Bauarten A1–A3, B und C – diese werden als Heizestriche bezeichnet:

- Bauart A1–A3: Heizelemente liegen im Estrich; der Abstand der Heizrohre von der Unterfläche der Estrichfläche beträgt bei A1 bis zu 5 mm, bei A2 5–15 mm und bei A3 mehr als 15 mm. Die Höhe der Estrichüberdeckung liegt bei A1 über 45 mm, bei A2 über 35 mm und bei A3 über 25 mm.

- Bauart B: Heizelemente liegen unter dem Estrich in beziehungsweise auf der Dämmschicht.
- Bauart C: Heizelemente liegen in einem Ausgleichsestrich; dieser ist mindestens 20 mm größer als der Durchmesser der Heizrohre. Der darauf auf zweilagiger Trennschicht aufgebrachte Estrich muss mehr als 45 mm dick sein.

Als Vorteile von Fußbodenheizungen gelten:

- Wirtschaftliche und energieeffiziente Betriebsweise,
- Behaglichkeit aufgrund niedriger Oberflächentemperaturen,
- günstige raumlufthygienische Verhältnisse sowie
- freie innenarchitektonische Gestaltung, da keine Heizelemente den Raum beeinträchtigen.

Bei der Planung von Heizestrichen oder Fußbodenheizungen mit Trockenestrich sollten frühzeitig Art und Eigenschaften des Bodenbelags berücksichtigt werden, da diese die Auslegung der Heizungsanlage beeinflussen. Hierzu gehört vor allem der Wärmedurchlasswiderstand des Bodenbelags. Es muss sichergestellt sein, dass auch bei weniger wärmedurchlässigen Bodenbelägen keine Überhitzung des Estrichs und der Heizelemente erfolgt. Grundsätzlich sind alle Bodenbeläge für Fußbodenheizungen geeignet, es gelten aber für die meisten Beläge spezielle Angaben der Hersteller in Bezug auf:

- die Auswahl geeigneter Produkte,
- die Verwendung geeigneter Klebstoffe und die Belegreife,
- die Art der Verlegung (ganzflächige Verklebung, lose Verlegung).

Textile Bodenbeläge müssen antistatisch und resistent gegen thermische Alterung sein. Durch Überhitzung kann der Belag vergilben oder die Rückenkonstruktion beschädigt werden. Textile Beläge, die sich für die Verlegung in Räumen mit Fußbodenheizung eignen, sind nach EN 12667 / ISO 8302 geprüft und mit einem entsprechenden Symbol gekennzeichnet.

7.4.2 **Fertigteilestriche (Trockenestriche)**

werden aus vorgefertigten Elementen in Trockenbauweise produziert. Sie können witterungsunabhängig verlegt werden, sind für Sanierungen und im Holz- und Leichtbau geeignet und besitzen ein geringes Flächengewicht. Wegen der wegfallenden Trockenzeiten verfügen sie über eine verkürzte Bauzeit.

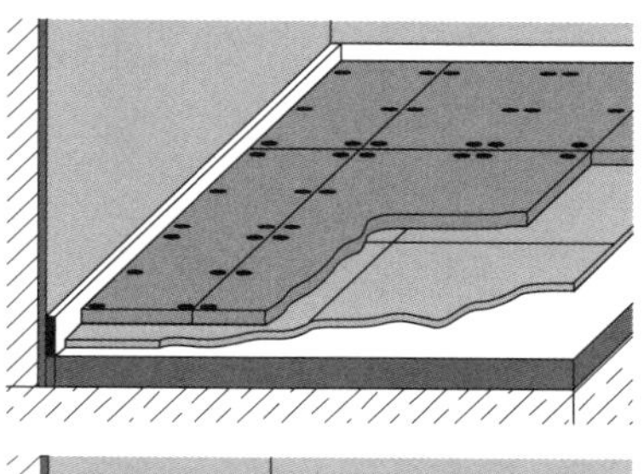

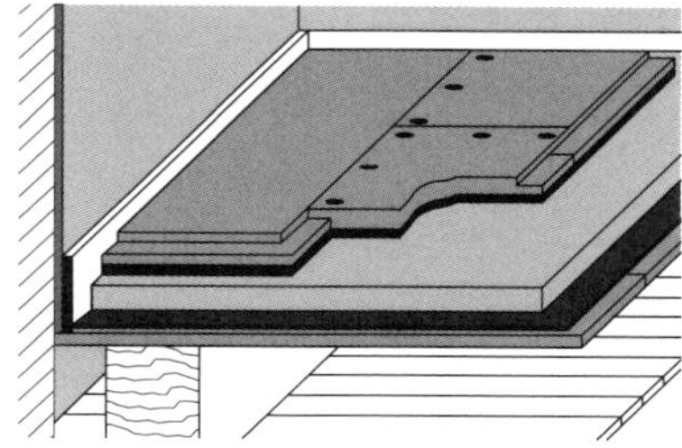

Verlegesysteme von Fertigteilestrich auf massiven Dämmplatten bei geradem Untergrund oder mit einer Ausgleichsschüttung auf unebenem Untergrund. Beide Systeme sind für massive Rohdecken oder für Holzbalkendecken geeignet. Schüttungen und Dämmplatten sowie verschiedenartige Verlegesysteme können auch kombiniert werden

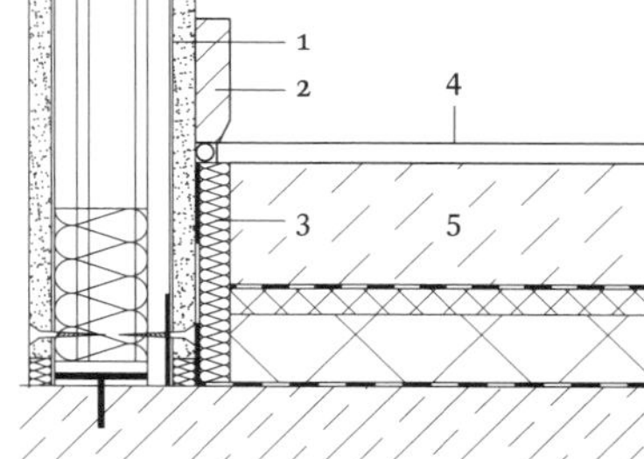

1 Gipskartonwand
2 Fußleiste
3 Randdämmstreifen
4 Belag
5 Estrich

a) Wandanschluss an Trockenbauwand mit Randdämmstreifen

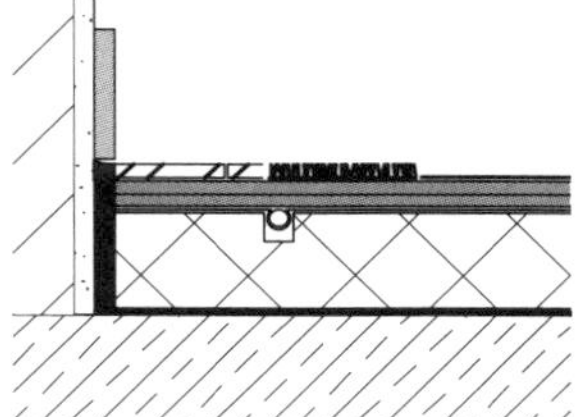

b) Wandanschluss Heizelement mit Fußleiste

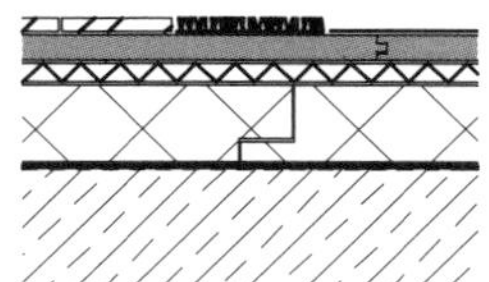

c) verzahnter Plattenstoß und versetzte Fugen

Anschlussdetail für die Verlegung eines Fertigteilestrichs ohne Ausgleichsschüttung direkt auf der massiven Rohdecke.

Böden

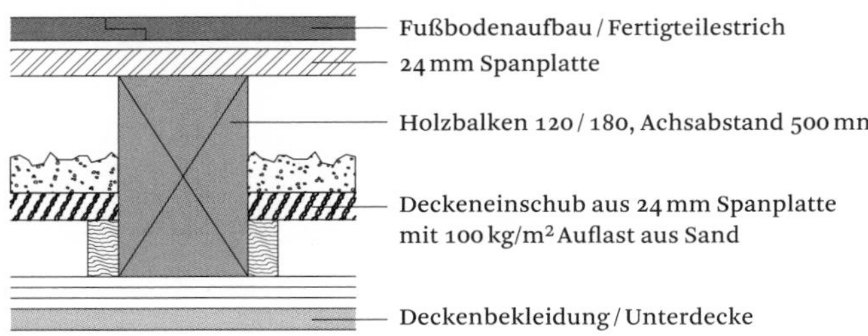

Prüfaufbau A
(schwerer Einschub)

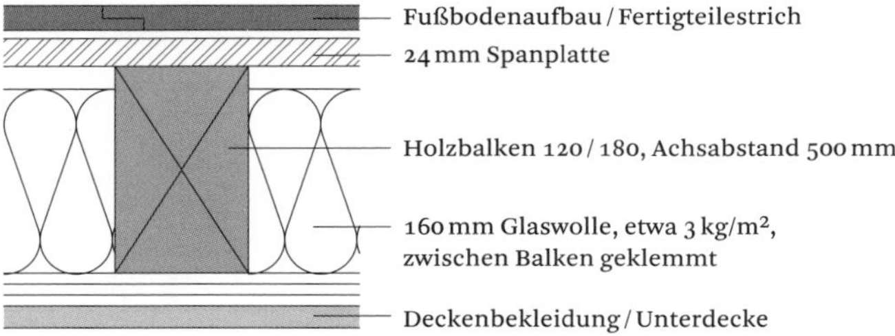

Prüfaufbau B
(leichter Einschub)

Unterscheidung von Holzbalkendecken mit schwerem und leichtem Einschub für die Beurteilung der schalldämmenden Eigenschaften von Fertigteilestrichen als Teil der Gesamtkonstruktion.

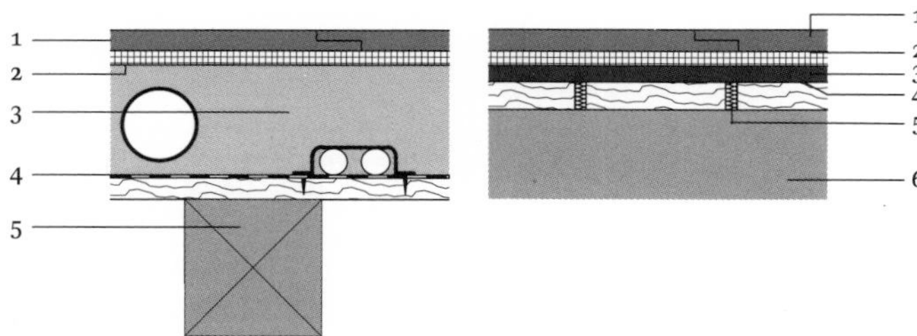

1 Belag
2 Trockenestrich (28 mm)
3 Trockenschüttung
4 Schrenzlage (Rieselschutz)
5 Holzbalkendecke

1 Belag
2 Trockenestrich (28 mm)
3 Fließspachtel
4 Acryl als Fugenfüllung
5 Haftgrund
6 Holzbalkendecke

Verlegung von Trockenestrichsystemen mit Ausgleichsschüttung auf neuer und bestehender Holzbalkendecke.

Als nachteilig können ein geringerer Trittschallschutz und ein ungünstigeres Trag- und Verformungsverhalten bei einigen Plattentypen angesehen werden. Die Systeme können vollflächig schwimmend, auf Lagerhölzern, vorhandenen Altböden oder mit Fußbodenheizungen verlegt werden.

Fertigteilestriche sind in der Regel schwimmend eingebaute Systeme aus vorgefertigten, kraftübertragend miteinander verbundenen Platten, sodass sich eine untere wärmedämmende und / oder trittschalldämmende und eine obere lastverteilende Schicht ergeben. Als Fertigteilplatten kommen üblicherweise Kunstharz- oder zementgebundene Spanplatten, gipsgebundene Trockenestrichplatten, Gipsplatten oder Keramik- und Ziegelplatten zum Einsatz. Möglich ist auch die Verwendung von Verbundplatten, bei denen die Dämmstoffschicht aus Mineralfasern oder Hartschaumstoffen aufkaschiert ist und Sandwichplatten, bei denen die Dämmstoffschicht zwischen zwei Platten eingebracht ist. Als Dämmstoff kommen Faser- und Hartschaumdämmungen sowie Schüttungen zum Einsatz. Schüttungen dienen gleichermaßen der Dämmung wie auch der Nivellierung von Unebenheiten der Rohdecken.

Die Platten werden kraftübertragend verklebt und können im Gegensatz zu Baustellenestrichen bereits nach wenigen Stunden begangen und belegt werden (Belegreife). Sie bringen außerdem keine zusätzliche Feuchtigkeit in die Konstruktion und das Bauwerk ein. Fertigteilestriche werden daher gerne bei Sanierungsmaßnahmen im Gebäudebestand – etwa in Verbindung mit Holzbalkendecken – aber auch im Holzfertigbau eingesetzt. In diesem Zusammenhang können die relativ geringen Flächengewichte als vorteilhaft angesehen werden. Auch die zunehmende Rationalisierung des Ausbaus mit beschleunigten und witterungsunabhängigen Bauzeiten fördert selbst im traditionellen und massiven Hochbau die Verlegung von Fertigteilestrichen.

Wegen der geringeren Masse im Vergleich zu Baustellenestrichen ist das Trag- und Verformungsverhalten sowie der Trittschallschutz von Fertigteilestrichen etwas schlechter zu bewerten. Anforderungen an den Schallschutz sind daher im Vorfeld genau zu prüfen und bei der Auswahl eines geeigneten Systems zu berücksichtigen. Fertigteilestriche können in Verbindung mit Fußbodenheizungen genutzt werden; hier liegen die Rohrleitungen in der Regel in oder auf der Dämmebene.

Je nach Wärmeschutzanforderungen variiert die Dämmschichtdicke. Es können auch Schüttungen als Ausgleichschicht mit einer darauf liegenden Dämmstoffschicht kombiniert werden. Übliche Aufbauhöhen von Fertigteilestrichen reichen von 28–84 mm, Trittschallverbesserungsmaße von 16–31 dB und Feuerwiderstandsklassen von F 30 bis F 90. Zur Beurteilung aller schall- und brandschutztechnischen Anforderungen ist immer der Gesamtaufbau einer Fußboden- und Deckenkonstruktion zu betrachten, das heißt, auch die Rohdecke und eventuelle Unterdecken oder Deckenbekleidungen sind zu berücksichtigen. Die Angaben hierfür sind in der Regel in den Datenblättern der Hersteller separat und vergleichend angegeben.

7.4.3 **System- und Installationsböden**

sind spezielle Abwandlungen von Fertigteilestrichen mit hohem Vorfertigungsgrad. Gerade wegen ihrer guten Zugänglichkeit für die problemlose Neu- und Nachinstallation von Kabel- und Rohrsystemen haben sich System- und Installationsböden bewährt. Sie können als Unterflurkanalsysteme, Hohl(raum)-böden (DIN EN 13213) oder Doppelböden (DIN EN 12825) ausgeführt werden. Daneben existieren andere sichtbare Installationskanalsysteme im Brüstungs- und Aufbodenbereich.

Systemböden

sind Fußbodensysteme wie Hohl- oder Doppelböden, die einen Hohlraum zwischen einer Fußbodentragschicht und der Rohdecke ausbilden. Diese Hohlräume können Installationen als Leitungen, Rohre oder Kanäle aufnehmen. In der »Richtlinie über brandschutztechnische Anforderungen an Systemböden (Systembödenrichtlinie – SysBöR) werden spezielle Anforderungen an Hohl- und Doppelböden für den Einsatz in notwendigen Treppenräumen und Fluren und für die auf ihnen stehenden Wände formuliert.

Zu den Installationsböden gehören außer den Systemböden auch Unterflurkanalsysteme in Estrichen, die Installationen aufnehmen können. Allen Systemböden ist jedoch gemein, dass sie die Möglichkeit einer einfachen Revisionierbarkeit und einer eventuellen Nachrüstung bieten. Aus diesem Grund sind diese Böden gerade für flexible und hochinstallierte Nutzungen im Büro- und Verwaltungsbereich, für Schalterhallen und EDV-Bereiche sowie für Werkstätten, Labore und Medienproduktionsräume zu empfehlen.

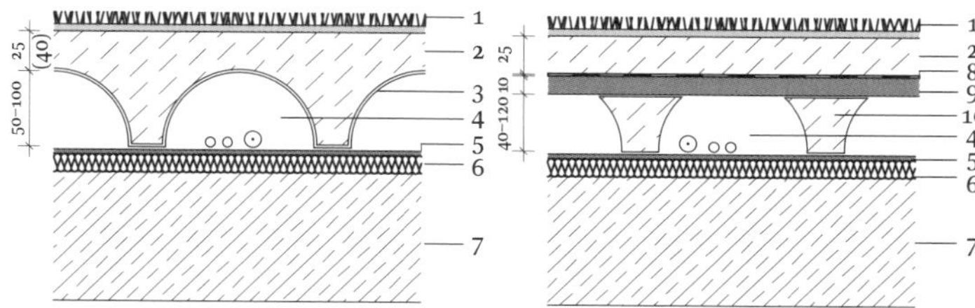

a) Hohlraumboden mit Folienschalung und Fließestrich

b) Hohlraumboden mit selbsttragenden Formteilen und Fließestrich auf Trennschicht

1 Textilbelag
2 Fließestrich
3 Folienschalung
4 Installationshohlraum
5 Stahlblechtafel
6 Dämmschicht
7 Tragschicht
8 Trennschicht
9 Gipsfaserplatte
10 angeformte Füße

Bei monolithischen Hohlraumböden bilden dünnwandige Schalenelemente mit angeformten Füßen eine durchgehende und geschlossene Unterkonstruktion, auf die der Estrich aufgebracht wird; bei mehrschichtigen Hohlraumböden sind Estrich- und Tragschicht durch eine Gleitfolie getrennt. Die Revision erfolgt durch spezielle Öffnungen.

Hohlboden mit Fertigteilestrich

Stützfuß eines Hohlbodensystems

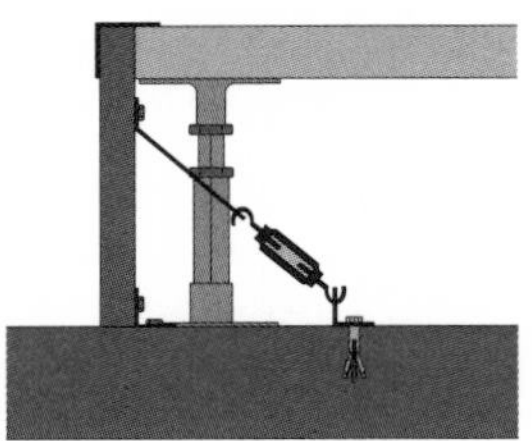

a) Randabschluss

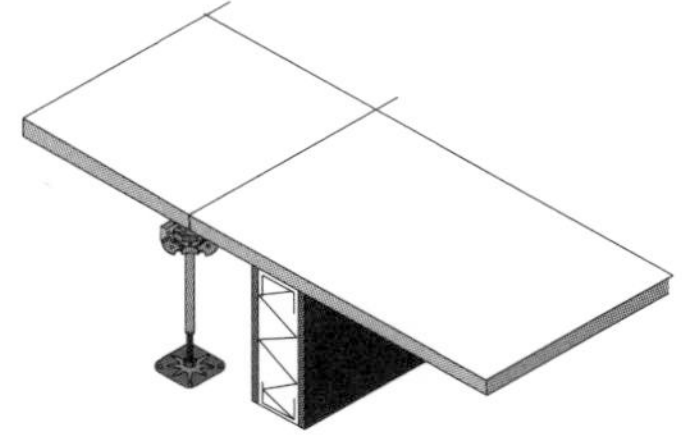

b) Stoßfuge

Unterschiedliche Anschlüsse von Doppelböden

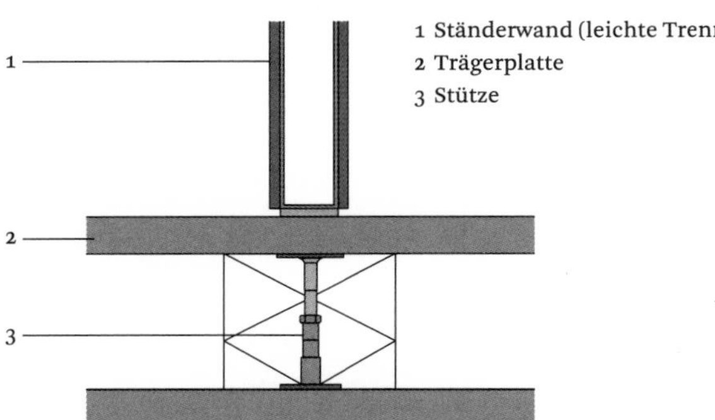

a) Wand auf Doppelboden stehend

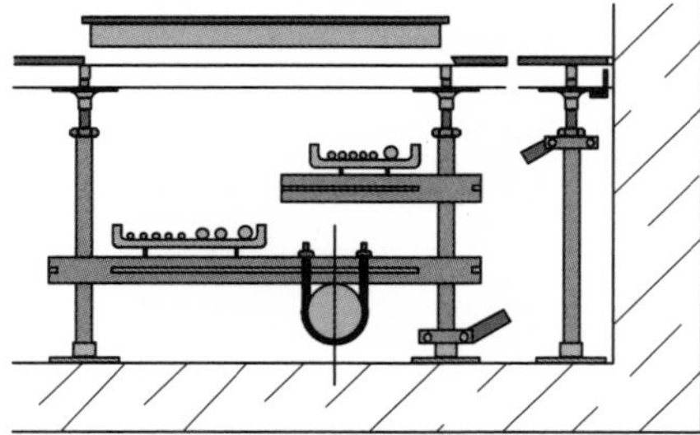

b) Anschluss an aufgehende Wand

Unterschiedliche Wandanschlüsse von Doppelböden

Hohlböden (auch Hohlraumböden)
nach DINE EN 13213 bestehen aus hohlraumbildenden PVC-Folienschalungen, welche mit Calciumsulfatestrich verfüllt werden (Foliensystem). Monolithische oder mehrschichtige Hohlböden werden mit fugenloser, gegossener Tragschicht aus Estrich und einem Hohlraum bis etwa 20 cm lichter Höhe und vier Tragfähigkeitsklassen hergestellt. Bei mehrschichtigen Hohlböden wird der Estrich auf ebene Gipsfaserplatten aufgebracht, die auf höhenverstellbaren Stützfüßen lagern. Stützfußsysteme besitzen üblicherweise einen Achsabstand von 20–30 cm. Eine Weiterentwicklung des Systems setzt anstelle des Estrichs Gipsfaserplatten ein, wodurch die Montagezeiten verkürzt werden. Bereits verlegte Installationen müssen bauseits ausreichend isoliert sein. Luftführende Hohlraumböden erfordern zudem eine besonders dichte und saubere Ausführung.

Doppelböden
nach DIN EN 12825 sind Systeme aus industriell vorgefertigten, elementierten Bodenplatten mit einem Rastermaß von 60 × 60 cm, die auf justierbaren Stützfüßen gelagert werden. Die Bodensysteme zeichnen sich durch größere Konstruktionshöhen von 60–120 cm aus. Spezielle Konstruktionen können noch größere Höhen erreichen. Als Bodenplatten kommen in der Regel metallverstärkte Verbundkonstruktionen, auch mit werkseitig applizierten Belägen, zum Einsatz. Weil die einzelnen Platten jederzeit ausgetauscht werden können, sind die darunterliegenden Installationen revisionierbar. Doppelböden benötigen bis zur Nutzung keine Wartezeiten. Denkbar ist die kombinierte Verlegung mit Hohlraumböden.

Unterflurkanalsysteme
Unterflurkanalsysteme werden als estrichbündige oder estrichüberdeckte Kanalböden ausgeführt. Sie bieten aufgrund der vorgegebenen Kanalführung eine eingeschränkte Flexibilität und Belegungsdichte. Estrichbündige Systeme mit geringen Konstruktionshöhen von bis zu 4 cm sind von oben zugänglich. Estrichüberdeckte Systeme benötigen größere Aufbauhöhen (über 8 cm) und sind nur über Zugdosen zugänglich.

Hohl- und Doppelböden bieten bei unterschiedlichen Höhen flexible Installationsmöglichkeiten.

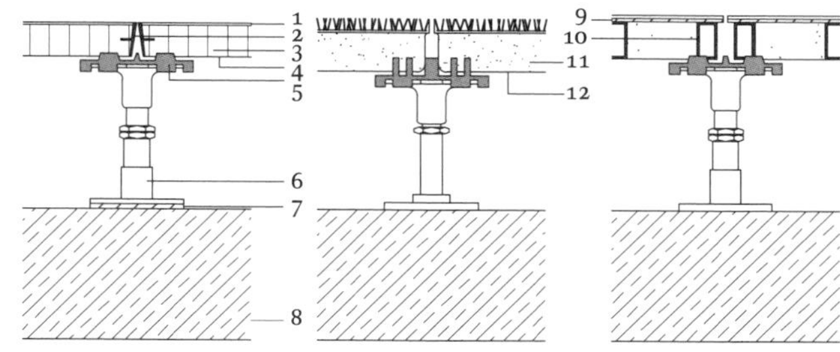

1 Bodenbelag
2 Kantenschutz (Kunststoff, ...)
3 Holzwerkstoff
4 Alu-Feinblech als Feuchtigkeitsschutz
5 Schalldämmauflage
6 Doppelbodenstütze
7 Trittschalldämmung
8 Tragschicht
9 Deckblech aus Stahl
10 Stahlrohrrahmen, verschweißt
11 Anhydritestrich
12 tiefgezogene Metallwanne

Doppelboden aus Unterkonstruktion mit höhenverstellbaren Stahlstützen, Stützenkopfauflage und Bodenplatten, die mit und ohne Belag aufgelegt werden können. Die Böden werden trocken verlegt und sind sofort nutzbar.

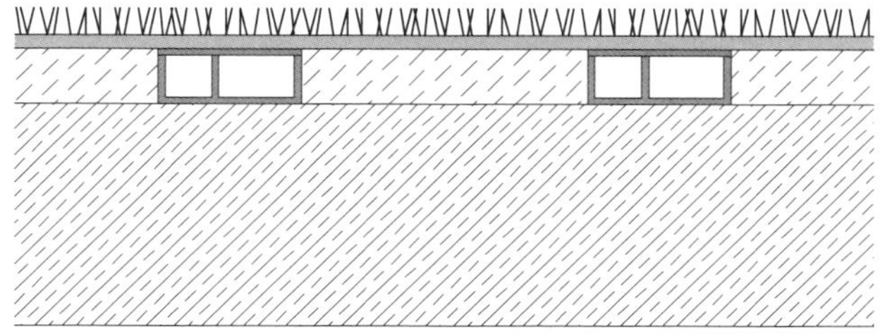

a) estrichbündiges Unterflurkanalsystem

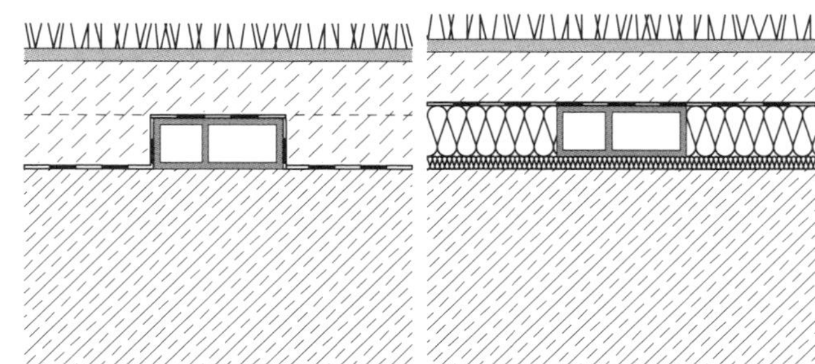

b) estrichüberdecktes Unterflurkanalsystem

Bei estrichbündigen Unterflurkanalsystemen sind die leitungsführenden Kanäle unterhalb des Bodenbelags sichtbar; bei estrichüberdeckten Systemen liegen die Leitungen tiefer und der Zugang erfolgt nur über Bodentanks. Diese sind in den Estrich eingelassen, nehmen die Steckdose auf und dienen der Nachinstallation von Kabeln.

Böden

Anforderungen / Bodenbeläge	Baustoffklasse Brandverhalten[2]	Flächengewicht kg/m²	Aufbauhöhen mm	Fußwärme[3] I–III	Rutschhemmung[4,6] R 9–R 13 / V 2–V 10	Beanspruchungsklassen[1]	Norm[5] Verlegung / Befestigung
Steinbeläge	n. brennbar	schwer	hoch	kalt		hoch	DIN EN 12058
Granit	Afl	26–84	10–30	III		(geringe Wasseraufnahme,	Dickbettmörtel
Travertin	Afl	24–75	10–30	III	R9–R13	hohe Festigkeit)	Dickbettmörtel
Schiefer	Afl	27–36	10–15	III			Dick- und Dünnbettmörtel
Betonwerkstein	Afl	26–120	12–50	III			Dick- und Dünnbettmörtel
Gussasphaltplatten	Afl	42–63	20–30	II			Dick- und Dünnbettmörtel
Keramische Beläge	n. brennbar	mittel	mittel	kalt		hoch	DIN EN 14411
Steingut	Afl	10–18	5–9	III		Norm (keine Wasser-	Dick- und Dünnbettmörtel
Steinzeug	Afl	14–36	7–15	III	R9–R13	aufnahme)	Dick- und Dünnbettmörtel
Feinsteinzeug	Afl	–	9–12	III			Dick- und Dünnbettmörtel
Bodenklinker	Afl	16–28	10–40	III			gerüttelt und geschlämmt
Holzbeläge	brennbar	mittel	mittel	warm	–	keine Norm, hängt ab von	DIN EN 13489 / DIN 68702
Dielen	Bfls1–Efl	6–30	14–40	I		Holzart	genagelt, schwimmend
Massivparkett	Bfls1–Efl	4–17	8–22	I		siehe unten	genagelt (geklebt)
Industrieparkett	Bfls1–Efl	4–17	10–25	I			geklebt
Holzpflaster	Bfls1–Efl	22–60	22–100	I			geklebt
Mehrschichtparkett	Bfls1–Efl	5–19	7–26	I			schwimmend (verklebt)
Textile Beläge	brennbar	leicht	gering	warm	R9–R12		DIN EN 685
Florteppiche	Bfls1–Efl	1–2	5–8	I		siehe unten	punktuell / ganz verklebt
Nadelvlies	Bfls1–Efl	1	5–6	I		siehe unten	gespannt
Elastische Beläge	brennbar	leicht	gering	warm	hoch	abgestuft gering (21, 22)	DIN EN 685
Linoleum	Cfls1–Efl	2–6	2–5	I	R9	mittel (22+/31)	punktuell / ganz verklebt
Elastomer (Kautschuk)	Bfls1–Cfls1	2–6	2–5	II	R9/10	stark (32, 33)	punktuell / ganz verklebt
Kork	Bfls1–Efl	1–3	2–6	I	R9		geklebt / schwimmend
PVC / CV	Bfls1–Efl	3–5	2–3	III	R9		punktuell / ganz verklebt
Polyolefine (PO)	Bfls1–Efl	3–5	2–3	III	keine Angabe		punktuell / ganz verklebt
Laminate	Bfls1–Efl	6–9	7–11	I–III			DIN EN 438-5
Beschichtungen	brennbar	leicht	gering			hoch	
Reaktionskunstharze	B2	0,3	0,5–2	II	R9		vollfächig im Verbund
		schwer				hoch	
Begehbares Glas	A1	65–123	mind. 2[6]	III	R9–136		VSG Einzelzulassungen
Glasböden	A1	65–123	mind. 8	III			vollflächig aufliegend

1 für textile, elastische Bodenbeläge und Laminat in DIN EN 685 europaweit festgelegt · 2 Kategorien für Brennbarkeit, Rauchentwicklung und brennendes Abtropfen in DIN EN 13005 festgelegt · 3 I = besonders warm, II = ausreichend, III = nicht mehr ausreichend fußwarm · 4 in Deutschland definiert durch BGR 181 · 5 für Klassifizierung, Verarbeitung und Nutzung · 6 abhängig vom Bedruckungsgrad, R13 möglich bei vollflächigem Siebdruck.

Übersicht der Bodenbeläge, Sortierung nach Material und Anforderungen sowie Beurteilungskriterien

7.5 Bodenbeläge und -beschichtungen

7.5.1 Arten von Bodenbelägen

Bodenbeläge sind die oberste, sichtbare Schicht der Fußbodenkonstruktion. Sie bilden im Hinblick auf konstruktive und bauphysikalische Anforderungen mit der Fußbodenkonstruktion eine Einheit, unterliegen jedoch durch Nutzungsänderungen und modische Trends häufigen Veränderungen. Ausnahmen stellen oberflächenfertige Estriche, Rohdecken und deren Beschichtungen dar, die als Nutzschicht dienen und direkt mit dem Rohbau verbunden sind; diese können nur mit erhöhtem Aufwand verändert werden. Hiervon ausgenommen ist die nachträgliche Belegung mit einem anderen Bodenbelag.

Bodenbeläge werden zumeist nach Materialien, Herstellungs- und Verlegeverfahren sowie nach ihrem Erscheinungsbild unterteilt. Sie sind durch unterschiedliche Materialstärken gekennzeichnet und bestimmen damit die Gesamthöhe des Fußbodens. Bei der Auswahl sind konstruktive, bauphysikalische, ökologische, gestalterische und individuelle nutzungsbedingte Kriterien zu berücksichtigen. Die nebenstehende Übersicht stellt die verschiedenen Bodenbeläge vergleichend in Bezug auf ihre Konstruktionshöhe dar. Im Hinblick auf Eigenschaften und Verarbeitung ist der Unterschied zwischen harten, weichen und elastischen Bodenbelägen wesentlich.

Harte Beläge
gelten als sehr strapazierfähig, halten Beanspruchungen von Rollen oder Rädern sehr gut stand und besitzen ein unproblematisches Brandverhalten. Sie benötigen im Vergleich zu weichen Belägen oft eine größere Aufbauhöhe und tragen wenig oder gar nicht zum Schallschutz bei.

Textile, elastische und Laminat-Bodenbeläge
müssen in Anlehnung an die europäische Bauproduktenrichtlinie 89 / 106/ CE seit Januar 2007 über eine CE-Kennzeichnung verfügen. Die Übereinstimmung der Produkte mit der Richtlinie wird durch eine Konformitätserklärung der Hersteller bestätigt und durch das CE-Zeichen auf Verpackungen sowie durch weitere Informationen in produktbegleitenden Unterlagen markiert. Durch die Richtlinie sind wesentliche sicherheitsrelevante Anforderungen an die Produkteigenschaften in Bezug auf Gesundheit, Sicherheit und Energieeinsparung definiert.

Bodenbeläge auf Heizestrich	Zementestrich Soll	Calciumsulfatestrich Soll
Elastische Bodenbeläge	1,8	0,3
Textile Bodenbeläge, dampfdicht Textile Bodenbeläge, dampfdurchlässig	1,8 3,0	0,3 1,0
Parkett, Holzpflaster	1,8	0,3
Laminatboden	1,8	0,3
Stein- und keramische Beläge, Dickbett	3,0	–
Stein- und keramische Beläge, Dünnbett	2,0	0,3

Maßgebende maximal zulässige Feuchtigkeitsgehalte von Heizestrichen in Prozent (ermittelt mit dem CM-Gerät) in Bezug auf die Belegreife.

a) Harte Beläge

Natürliche Steinbeläge
- Naturwerkstein
- Erstarrungsgestein (Granit, Basalt)
- Ablagerungsgestein (Kalkstein, Sandstein)
- Umwandlungsgestein

Künstliche Steinbeläge
- Betonwerkstein, Terrazzo
- geschliffener Beton
- Kunststoffverbindungen
- Asphaltstein
- Glas
- Steinholz

Keramische Beläge
- Steingut
- Steinzeug
- Feinsteinzeug
- Bodenklinker
- Cotto
- Majolika-Steinholz

Holzbeläge
- Dielen
- Massivparkett
- Mehrschichtparkett
- Holzpflaster
- Holzwerkstoffplatten

b) Weiche, elastische Beläge und Untergründe

Laminat
- Wohnqualitäten
- Objektqualitäten
- Klicksysteme
- Holzimitate
- grafische Dessins
- Spezialverfahren

Textile Beläge / Teppichböden:
- Web- / Flechtteppich
- Tuftteppich
- Vliesteppich
- Klebepolteppich

Elastische Beläge
- Linoleum
- Kork
- Gummi / Kautschuk
- Verbundbeläge
- PVC-Beläge
- Polyolefine (PO)

Ohne Belag / Untergründe
- versiegelte, gewachste Oberflächen / Beschichtungen
- Estrichkonstruktion: geglättet oder gewachst, mit / ohne Versiegelung
- Rohbeton / Massivholzdecke

Vergleichende Klassifizierung und Darstellung unterschiedlicher Bodenbeläge mit ungefähren Aufbauhöhen.

Böden

Linoleumbelag aus verschiedenfarbigen Streifen

Durch eine Glaswand getrennte Bodenbeläge: Fertigparkett im Flur, Teppich im Konferenzraum.

Die Produkteingenschaften für textile, elastische Bodenbeläge und Laminat sind in der EN 14041-2005 wie folgt beschrieben:

- Brandverhalten inklusive Rauchentwicklung (s = smoke),
- Abtropfverhalten (d = dropping),
- Gehalt an Pentachlorphenol (PCP),
- Emission von Formaldehyd,
- Wasserdichtigkeit,
- Gleitwiderstand,
- Elektrisches Verhalten (statische Elektrizität, Antistatik),
- Wärmeleitfähigkeit.

Im Gegensatz zu Wand- und Deckenflächen befinden sich Menschen und auch Einrichtungs- und Gebrauchsgegenstände die meiste Zeit in direktem Kontakt mit dem Bodenbelag, weshalb der sinnlichen Wahrnehmung des Materials und auch der Nutzungsqualität große Bedeutung zukommt. Wichtig ist daher die Funktion des Bodenbelags und der gesamten Konstruktion in Bezug auf Trittschall und Schalldämmung, Trittsicherheit, Elektrostatik und Beanspruchbarkeit:

- Das **Trittschallverbesserungsmaß** beschreibt die Körperschallminderung von Bodenbelägen gegenüber benachbarten Räumen oder Nutzungseinheiten. Der Wert liegt in der Regel bei etwa 20 db; bei üblichen Qualitätswaren beträgt das Maß 25 –30 dB und bei besonders dichten Teppichen bis zu 40 dB.
- Der **Schallabsorptionsgrad** beschreibt die Luftschallminderung innerhalb eines Raums, häufig wird auch die Nachhallzeit verringert. Schallabsorbierende Bodenbeläge reduzieren etwa Gehgeräusche oder Geräusche von Stühlenrücken. Nennenswerte oder hohe Schallabsorptionsgrade lassen sich nur mit porösen Schallabsorbern – wie etwa textilen Belägen – erzeugen, wobei die Schallabsorption von tiefen zu hohen Frequenzen zunimmt. Der Schallabsorptionsgrad kann im Bereich von 2.000 bis 4.000 Hz Werte von 45–55 Prozent und mehr erreichen.
- Die **Gleit- und Trittsicherheit** wird durch die Klassifikation zur Rutschhemmung R9–R13 nach DIN 51130 definiert. Diese ist vor allem in Arbeitsstätten, öffentlichen Bereichen sowie Nass- oder Barfußbereichen zu berücksichtigen.
- Das **elektrostatische Verhalten** ist von Bedeutung, da elektronische Bauteile und Geräte, Telekommunikationseinrichtungen und Computer während der Herstellung oder des

Gebrauchs durch elektrostatische Aufladungen gestört oder beschädigt werden können. Diese Risiken können durch ableitfähige Bodenkonstruktionen sowie durch elektrisch leitfähige Bodenbeläge reduziert werden.
- Die **Beanspruchbarkeit** ist für die Auswahl von Bodenbelägen wichtig. Für textile Beläge wird die Beanspruchbarkeit europaweit durch einheitliche Beanspruchungsklassen definiert (Kapitel 7.5.7. Textile Beläge).

Auch die Geruchsbildung von Bodenbelägen und Zubehör (Klebstoffe, Spachtelungen und Grundierungen) spielt für die Auswahl eine große Rolle. Textile und elastische Bodenbeläge sollten einer Geruchs- und Emissionsprüfung unterzogen und als »schadstoffgeprüft« beurteilt werden. Eine Geruchsbelästigung sollte spätestens nach acht bis zwölf Wochen soweit zurückgegangen sein, sodass sie nicht mehr stört. Diskutiert wird auch der Einfluss des Bodenbelags auf die durchschnittliche Feinstaubkonzentration in Innenräumen. Nach Untersuchungen des Deutschen Allergie- und Asthmabundes e.V. (DAAB) liegt diese in Innenräumen mit glatten (harten oder elastischen) Böden mit einem Mittelwert von 62,9 $\mu g/m^3$ doppelt so hoch und oberhalb des Grenzwerts von 50 $\mu g/m^3$. Bei Innenräumen mit Teppichböden beträgt der Mittelwert 30,4 $\mu g/m^3$.

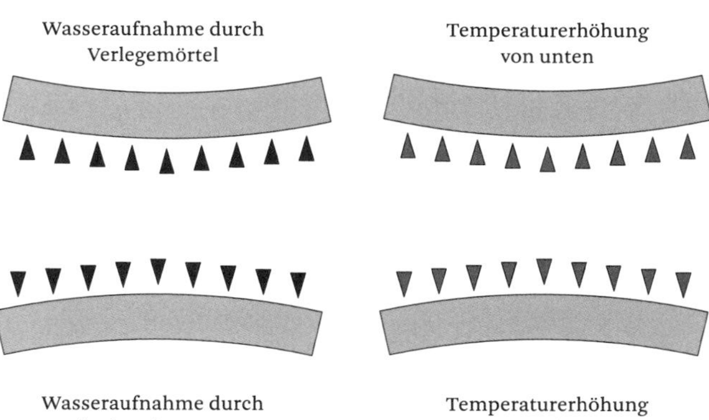

Typische Verformungen von Bodenbelägen in Abhängigkeit von äußeren Beanspruchungen wie Temperaturerhöhungen oder Wasser- und Feuchtigkeitsaufnahme. Andauernde Verformungen können zur Zerstörung von Belägen führen.

7.5.2 Vorbereitung des Untergrunds

Für alle Bodenbelagsarbeiten ist die Prüfung und Vorbereitung des Untergrunds von Bedeutung, die in DIN-Normen, Richtlinien und Merkblättern geregelt werden. Der Untergrund ist vom Oberbodenleger gemäß spezieller Kriterien zu prüfen auf:

- Tragfähigkeit,
- Ebenheit,
- Festigkeit,
- Trockenheit,
- Oberflächenbeschaffenheit und
- Sauberkeit.

Ist die Beschaffenheit des Untergrunds nicht normgerecht, muss der Bodenleger schriftlich Bedenken anmelden und die Mängel müssen beseitigt werden. Zur Beseitigung von Mängeln aber auch zur Verbesserung der Decken- oder Estrichoberfläche vor Aufbringen des Bodenbelags werden folgende Techniken angewendet:

Für den Oberboden vorbereiteter Untergrund. Hier: Nivellierestrich zum Ausgleich von Unebenheiten.

Böden

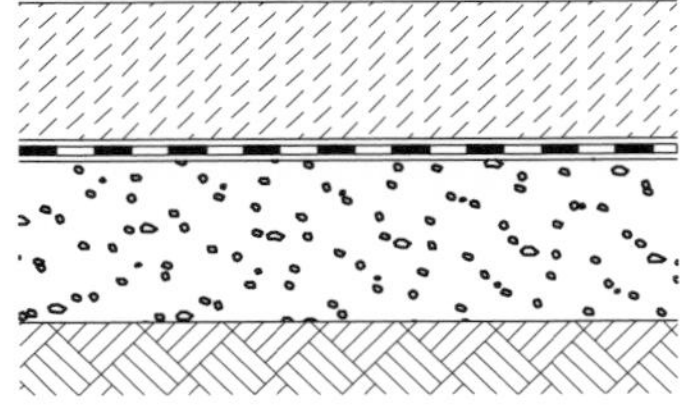

Vorratskeller (bodenfeucht)

- Betonboden
- PE-Folie (Abdeckung)
- grobkörnige Schüttung
- Erdreich

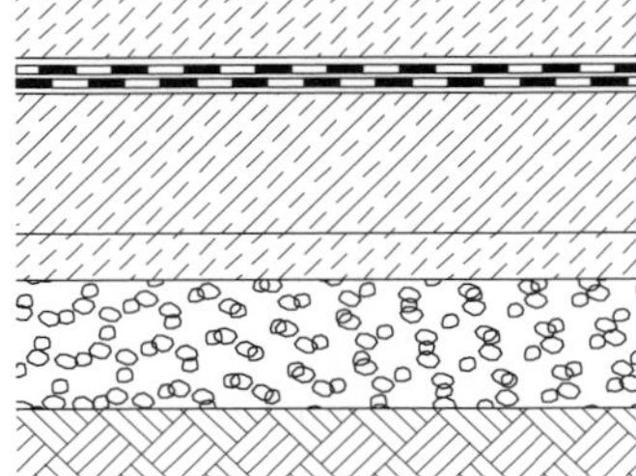

Lagerraum (trocken)

- Zementestrich
- PE-Folie und Abdichtung
- Fundamentplatte
- Sauberkeitsschicht
- Grobkies oder Kies-/Sandschicht
- Erdreich

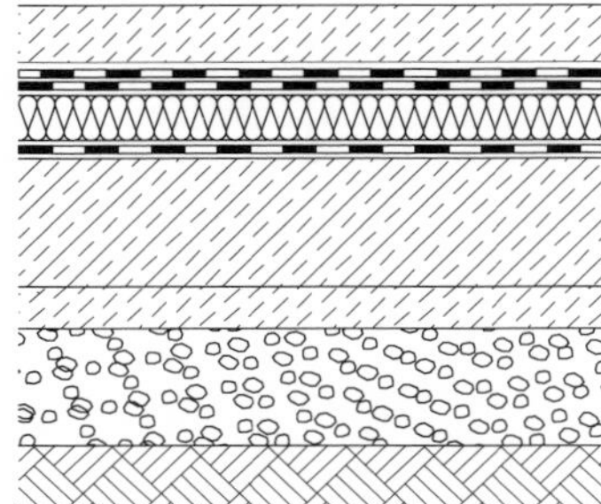

Aufenthaltsraum

- Zementestrich
- PE-Folie (Abdeckung)
- PE-Folie (Dampfsperrschicht)
- Dämmschicht
- Bitumenbahn (Abdichtung)
- Fundamentplatte
- Sauberkeitsschicht
- Grobkies oder Kies-/Sandschicht
- Erdreich

Schematische Darstellung verschiedener Raumnutzungen im Untergeschoss, die eine unterschiedliche Ausführung der Abdichtung erfordern (hier gegen Bodenfeuchte bei erdberührenden Bodenplatten). Es ist sicherzustellen, dass die aus dem Erdreich aufsteigende Feuchtigkeit nicht in die innere Fußbodenkonstruktion aus Estrich, Dämmschicht und Bodenbelag gelangen kann. Bei untergeordeten Nutzungen kann hier (nicht bei stauendem Wasser oder Grundwasser) auf eine Abdichtung verzichtet werden.

▶ Grundieren beziehungsweise Vorstreichen: Grundierungen vermindern die Saugfähigkeit der alten Oberfläche, verbessern die Haftung oder erleichtern das Aufbringen nachfolgender Schichten wie Spachtel- oder Ausgleichsmassen und binden den Oberflächenstaub.

Anhydrit- und Magnesiaestriche müssen vor dem Spachteln oder direktem Kleben grundsätzlich vorgestrichen werden. Auch andere Untergründe können einen Vorstrich erfordern. Anhydritfließestriche müssen in der Regel vorher mit einem Schleifpapier angeschliffen und abgesaugt werden.

▶ Spachteln: Spachtelmassen werden auf Basis von Bindemitteln hergestellt und dienen dazu, den Untergrund für nachfolgende Bodenbeläge oder Beschichtungen auszugleichen beziehungsweise zu ebnen.

▶ Kleben: Je nach Beschaffenheit des Untergrunds (Oberfläche, Gefälle, Saugfähigkeit, Restfeuchtigkeit), des Belags (Art, Dicke, Format, Rückstruktur) sowie den Anforderungen (Temperaturschwankungen, Nässe, Lasten, Raumklima, Bodentemperatur) ist der geeignete Klebstoff oder Klebemörtel auszuwählen.

Es werden chemisch und physikalisch abbindende Klebstofftypen unterschieden:

▶ Chemisch abbindende Kleber können ein- oder zweikomponentig sein und härten durch Zugabe von Wasser, durch Reaktion mit der Luftfeuchtigkeit oder durch Mischen der A- und B-Komponente hydraulisch aus.

▶ Physikalisch abbindende Kleber basieren auf Wasser oder Lösemittel und erhärten durch Verdunsten des Lösemittels beziehungsweise des Wassers.

Unter Berücksichtigung der Anforderungen des Arbeits- und Umweltschutzes finden zunehmend lösungsmittelfreie, sehr emissionsarme Dispersionsklebstoffe Anwendung.

7.5.3 **Bodenbeläge aus Natur- und Kunststein**
sind als natürlich vorkommende oder künstlich hergestellte plattenartige, harte Beläge aufgrund ihrer guten Wärmespeicherung und Wärmeleitung besonders gut für Fußbodenheizungen geeignet. Die Verlegung der Heizleitungen erfolgt in einem dickeren Unterbeton über oder in der Dämmschicht.

Gebräuchliche Naturwerksteine für Bodenbeläge sind Schiefer, Granit, Solnhofer Platten, Phyllit, Marmor und Travertin. Es handelt sich hierbei um ein natürliches Material, das Farb- und Musterungsunterschiede sowie unterschiedliche Oberflächen aufweisen kann. Dies ist auch abhängig von Bruchgebieten und Schichten, die gerade angebaut werden. Unbehandelte Belagsoberflächen können für die Verschmutzung empfindlicher sein als künstliche Steine. Die in der Regel industriell vorgefertigten Bodenplatten werden in quadratischer, rechteckiger und polygonaler Form angeboten.

Die Verwendung von Natursteinbelägen unterscheidet sich auch in der Art der Oberflächen- und Plattenbearbeitung: Die Platten können gespalten, gebrochen, geschnitten und geschliffen werden. Gespaltene Platten oder behauene Platten mit ausgeprägten von Hand bearbeiteten Oberflächenstrukturen werden auf Mörtel oder Kies verlegt. Geschnittene Platten mit geraden Oberflächen und Rändern können verklebt oder mit Mörtel verlegt werden. Je größer die Platten, desto aufwendiger sind Transport und Verarbeitung und desto höher sind die daraus resultierenden Kosten.

Betonwerkstein (DIN 18500) ist ein vorgefertigter Kunststein aus bewehrtem oder unbewehrtem Beton, dessen körnige Oberflächen durch Spalten, Bossieren, Spitzen, Stocken, Scharrieren, Sandstrahlen, Absäuern, Auswaschen und Schleifen bearbeitet sein können. Betonwerksteine werden entweder zweischichtig mit Vorsatz- und Kernbeton oder einschichtig und unbewehrt als Tafelware hergestellt, die aus einem vorgefertigten Blockbeton geschnitten wird. Beide Arten können genau bearbeitet und somit auch im Dünnbett verlegt werden. Die Verlegung von Natur- und Kunststeinen kann je nach Dicke und Genauigkeit der Plattenunterseiten in drei verschiedenen Verfahren erfolgen:

- im Dickbett: Mörtelgruppe IIa und III mit 15–30 mm,
- im Dickbett auf Dämmschichten: Mörtelgruppe III > 45 mm,
- im Dünn- oder Mittelbett: Klebemörtel nach Herstellerangaben.

Terrazzo ist ein mineralischer Kunststeinbelag aus einem Bindemittel wie gebranntem Kalk oder Zement und Zuschlägen aus Gesteins- oder Ziegelsplitt, der traditionell als Ortsterrazzo fugenlos verlegt wird. Nach der Verlegung im Gebäude

Plattenabmessung	Plattendicke	Fugenausbildung
25 × 25 cm,	etwa 2,5 cm	bei Betonwerksteinplatten unter 60 cm: mindestens 2–3 mm
30 × 30 cm,	etwa 2,7 oder 3,5 cm	
20 × 40 cm, 40 × 40 cm	etwa 4 cm	
48 × 26 cm, 25 × 50 cm, 50 × 50 cm	etwa 5 cm	
60 × 33 cm, 40 × 60 cm, 60 × 60 cm	4 cm, 5 cm, 6 cm, 8 cm, 10 cm	bei Betonwerksteinplatten über 60 cm: mindestens 5 mm
50 × 75 cm	4 cm, 5 cm, 6 cm, 8 cm, 10 cm	

Übliche Abmessungen und Fugenausbildungen von Betonwerksteinplatten

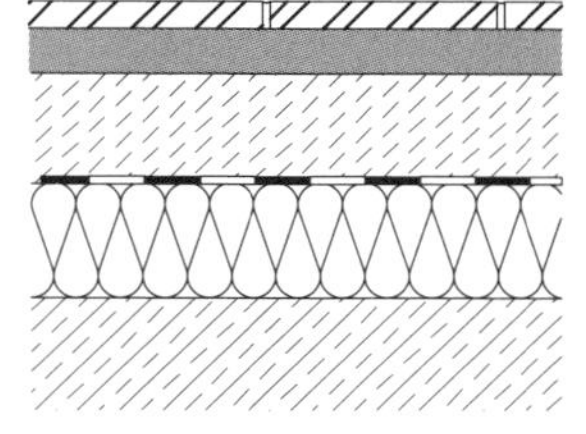

> 15 mm

Dickbettverlegung
- konventionelle Technik für Wand und Boden,
- größere Aufbauhöhe,
- Nassverlegung mit zementgebundenem Mörtel,
- Auftragsdicke über 15 mm.

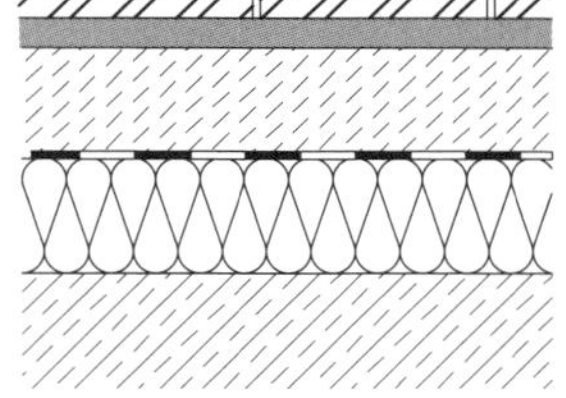

5–15 mm

Mittelbettverlegung
- für großformatige Fliesen über 40 × 40 cm,
- bei unebenen Untergründen,
- spezielle hydrauliche Mittelbettmörtel,
- Auftragsdicke von 5–15 mm.

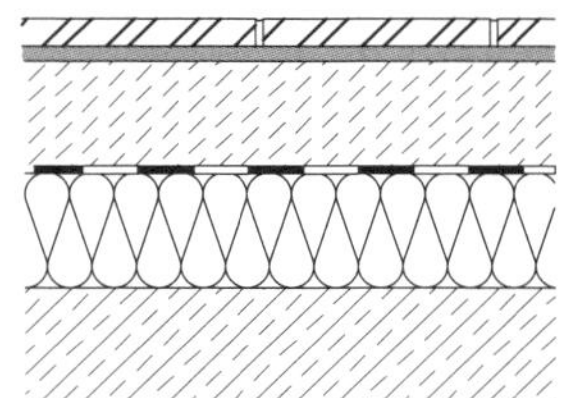

> 5 mm

Dünn- und Fließbettverfahren
- übliche, handwerklich einfachere Technik,
- Dünnbett- oder Klebstoffklebemörtel,
- hohlraumfreie Dünnbettung bei Fließbettverfahren,
- Autragsdicke unter 5 mm.

Verlegung von Fliesen- und Plattenbelägen im Dickbett-, Mittelbett- sowie im Dünn- oder Fließbettverfahren.

Böden

Bezeichnung nach DIN EN 14411	Körper	Formgebung	Plattenabmessungen b × h (cm)	Plattendicke d (mm)	Glasur	Wasseraufnahme E % ISO13006/DIN EN 14411
Steingut	porös	Trockenpressen	15 × 15–30 × 90	> 5	Ja	B III = E > 10 %
Steinzeug	nicht porös	Trockenpressen	10 × 10–60 × 60	> 8	Ja	A I = 0,5 % < E ≤ 3 % B Ib = 0,5 % < E ≤ 3 % B IIa = 3 % < E ≤ 6 %
Feinsteinzeug	nicht porös	Trockenpressen	15 × 15–60 × 60 Großformate 90 × 120	> 8	Nein	B Ia = E < 0,5 %
Rustikales Steinzeug	nicht porös	Strangpressen	11,5 × 11,5–37 × 37	> 10	Nein Ja	A I = 0,5 % < E ≤ 3 % A IIa = 3 % < E ≤ 6 %
Unglasierte Bodenplatten	porös	Strangpressen	13 × 13–24 × 40	< 8	Nein	A IIb = 6 % < E ≤ 10 % A III = E > 10 %
Terrakotta DIN 18 158	porös	Strangpressen	Große Vielfalt	> 10	Nein	A IIb = 6 % < E ≤ 10 % A III = E > 10 %
Bodenklinker DIN 18 158	nicht porös	Trockenpressen	10 × 20–30 × 30	10–40	Nein	A I = 0,5 % < E ≤ 3 %

Übersicht fein- und grobkeramischer Bodenbeläge mit Abmessungen, Einteilung nach Wasseraufnahme

Großformatige Travertinplatten

Keramische Bodenfliese im länglichen Format auf Kreuzfuge verlegt

wird der Terrazzo gewalzt und einige Tage mit Folie abgedeckt oder mit Wasser besprüht. Da die Feuchtigkeit auf diese Weise nicht so schnell verdunsten kann, erhält der Bodenbelag eine hohe Festigkeit. Nach dem Erhärten wird der Belag geschliffen. Örtlich hergestellter Terrazzo wird als zweischichtige Verbundkonstruktion gefertigt und besteht aus einer Unterkonstruktion und dem Terrazzoversatz in unterschiedlichen Farben und Größen. Einzelne Terrazzofelder können auch durch Metallbänder getrennt werden.

7.5.4 **Keramische Bodenbeläge**

werden aus Ton, Kieselerde (Silizium), Zuschlagsmaterialien, Farbstoffen und anderen Rohstoffen hergestellt. Es wird zwischen Fein- und Grobkeramik sowie Wand- und Bodenfliesen beziehungsweise -platten unterschieden. Während Feinkeramiken aus Rohstoffen mit Korngrößen unter 0,1 mm bestehen, enthalten Grobkeramiken Korngrößen über 0,1 mm.

Keramische Beläge werden vor allem nach ihrer Neigung zur Wasseraufnahme unterteilt in:

Feinkeramiken
sind Steingut und Terracotta mit hoher Wasseraufnahme und Steinzeug und Feinsteinzeug mit geringer Wasseraufnahme; zur Grobkeramik gehören Bodenklinker- und Spaltplatten mit geringer Wasseraufnahme.

Majolikafliesen
sind nach historischem Vorbild mit Glasur gestaltet; kleine Formate werden als Mosaike (Naturstein, Glas oder Steinzeug) bezeichnet. In der Herstellung von Majolikafliesen unterscheidet man das Einbrandverfahren, bei dem die Glasur in einem Arbeitsgang auf den Rohling aufgetragen und gebrannt wird, vom Zweibrandverfahren, bei dem die Glasur in einem zweiten Brennvorgang aufgebracht wird.

Steingutfliesen
sind trockengepresste, glasierte Fliesen und Platten, die bei geringeren Temperaturen von 850–1000 Grad gebrannt werden, sodass keine Sinterung einsetzt. Dadurch verfügen Steingutfliesen über eine hohe Wasseraufnahme und sind nicht frostbeständig. Daneben sollten Steingutfliesen nur in mechanisch weniger stark belasteten Bereichen sowie im Innenbereich eingesetzt werden.

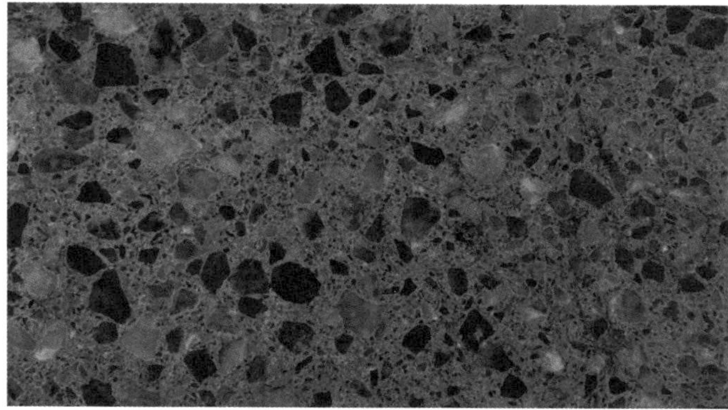

Typische Struktur von Betonwerksteinplatten, die durch die Farbigkeit von Zuschlag und Bindemittel beeinflusst wird.

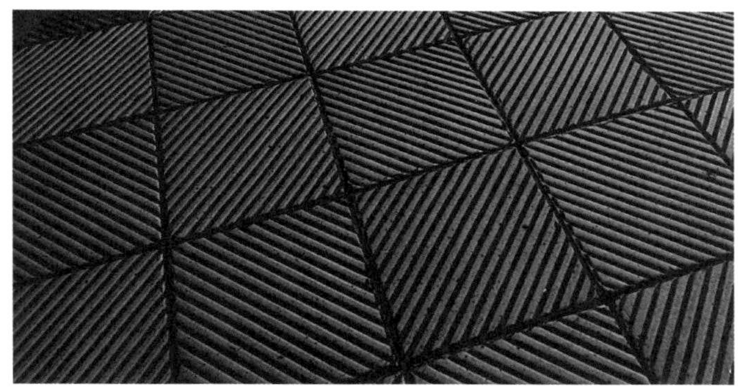

Keramische Bodenbeläge können durch eine profilierte Oberfläche ausgebildet werden, die neben gestalterischen Efffekten auch eine Rutschhemmung bietet.

Keramische Bodenbeläge sind flache oder winklige Formteile, die mit offener oder glasierter Oberfläche oder auch mit Strukturen – wie hier mit Rillen zur Kennzeichnung der Trittstufe – ausgebildet werden können.

Böden

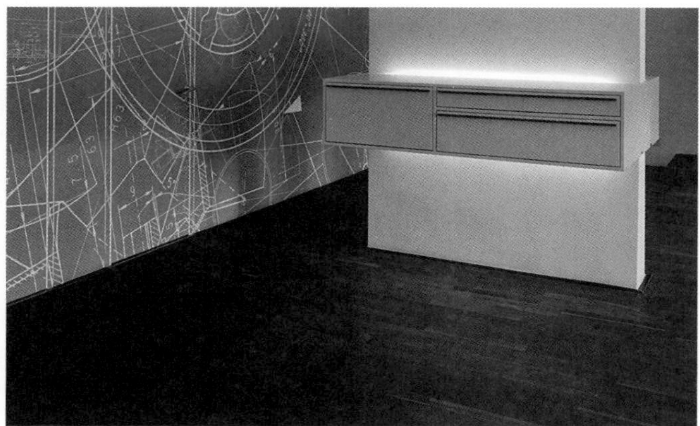

Fertigparkett aus gerauchter Eiche

Massivholzdielen (Douglasie), weiß endbehandelt

Verlegung von Rautenparkett in Eiche

Steinzeug
sind trockengepresste Fliesen und Platten, bei denen die Glasur bei höheren Temperaturen von 950–1100 Grad gebrannt wird. Dadurch entstehen Fliesen mit geringer Wasseraufnahme, die in der Regel frostbeständig sind und im Innen- und Außenbereich sowie in mechanisch stärker beanspruchten Bereichen eingesetzt werden können.

Feinsteinzeug
sind trockengepresste, unglasierte und gesinterte Keramikfliesen. Seit den Achtzigerjahren des 20. Jahrhunderts können sie in einem Brenndurchgang hergestellt werden und weisen eine extrem niedrige Porosität mit einer sehr geringen Wasseraufnahme auf. Feinsteinzeuge erreichen so bei geringen Materialstärken sehr gute mechanische und chemische Eigenschaften wie Bruchfestigkeit, Frost- und Abriebbeständigkeit auf und können deshalb auch in Fassaden eingesetzt werden.

Cotto
sind unglasierte Fliesen und Platten aus Terracotta (Ton- oder Kalkmergel), die nach dem Brennvorgang bei 950–1050 Grad eine angeraute Oberfläche aufweisen, die atmungsaktiv ist und die Raumluftfeuchtigkeit auf natürliche Weise regulieren kann. Wegen seiner großen Porosität ist das Material zumeist nicht frostbeständig, die unversiegelte Oberfläche ist wasser- und fleckenempfindlich.

Grobkeramische Bodenklinkerplatten
sind trockengepresst und unglasiert mit einer Plattendicke von 15–30 mm. Sie sind mechanisch hochbelastbar, strapazierfähig und witterungsbeständig und können deshalb auch im gewerblichen Innen- und Außenbereich eingesetzt werden.

7.5.5 **Bodenbeläge aus Holz**
können als Dielen-, Parkett- oder Holzpflasterböden ausgeführt werden. Holzböden haben eine geringe Wärmeableitung und elektrische Leitfähigkeit, gute isolierende Eigenschaften, eine angenehme Oberflächentemperatur und schaffen es, Feuchtigkeitsschwankungen der Raumluft in einem gewissen Umfang auszugleichen. Sie besitzen ein sehr geringes Gewicht und bringen beim Einbau keine Feuchtigkeit in die Konstruktion ein, was gerade bei der Altbausanierung von Bedeutung ist. Die Oberflächen von Holzböden können durch Wachsen, Ölen, Versiegeln oder durch einen Anstrich gestaltet werden.

Bei beschädigter Lackschicht können Holzböden erneut komplett geschliffen und versiegelt werden, während geölte und gewachste Oberflächen meist hohe Belastungen ohne Abrieb erlauben und durch Nachschleifen und erneutes Ölen sowie Wachsen auch partiell behandelt werden können.

Dielenböden
bestehen aus etwa 2–2,5 cm starken, mit Nut und Feder versehenen Hobeldielen, die vorwiegend aus einheimischen Hölzern wie Fichte, Tanne, Lärche, Kiefer oder Douglasie gefertigt sind. Die Bretter werden üblicherweise auf Lagerhölzern, auf Holzbalkendecken (Achsmaß etwa 60–80 cm) oder auf einem durchgehenden Blindboden befestigt. Die Befestigung der Bretter erfolgt sichtbar oder verdeckt, genagelt oder geschraubt. Dielen sind im Handel in verschiedenen Längen erhältlich; in hochwertigem Zustand können diese eine Länge von bis zu 15 m betragen.

Parkett
wird durch die Elementabmessungen, die Verlegeeinheit, das Oberflächenbild und durch den Aufbau in Einschicht- und Mehrschichtparkett unterschieden: Einschicht- oder Massivparkett hat eine Dicke von 10, 14 oder 22 mm und wird nach der Oberflächengestaltung in Stab-, Mosaik und Hochkantlamellen- (Industrie-) Parkett unterschieden. Mehrschicht- oder Fertigparkett besteht aus oberflächenbehandelten Elementen aus Holz und Holzwerkstoffen mit einer Dicke von 7–26 mm, die nach ihrer Verlegung keiner weiteren Nachbehandlung mehr bedürfen. Das zwei- oder dreischichtige Parkett besteht aus einem Trägerelement und einer mindestens 2,5 cm starken Nutzschicht. Die Elemente können verleimt oder nur zusammengesteckt werden (Klick-Parkett). Je geringer die Nutz- und somit die Holzschicht ist, desto kostengünstiger ist das Parkett. Dünne Nutzschichten können allerdings nicht so oft nachgeschliffen werden.

Holzpflaster
bestehen aus rechteckigen oder runden Stirnhölzern mit einer Höhe von 22–100 mm, die nebeneinander gestellt zu einer durchgängigen Bodenfläche mit sehr hoher Belastbarkeit verdichtet werden. Je nach Einsatzbereich unterscheidet man:

- RE: für repräsentative Räume und Wohnbereiche (DIN 68702) aus nicht imprägnierten Hölzern wie Kiefer, Fichte, Eiche oder Lärche mit Höhen von 22–80 mm.

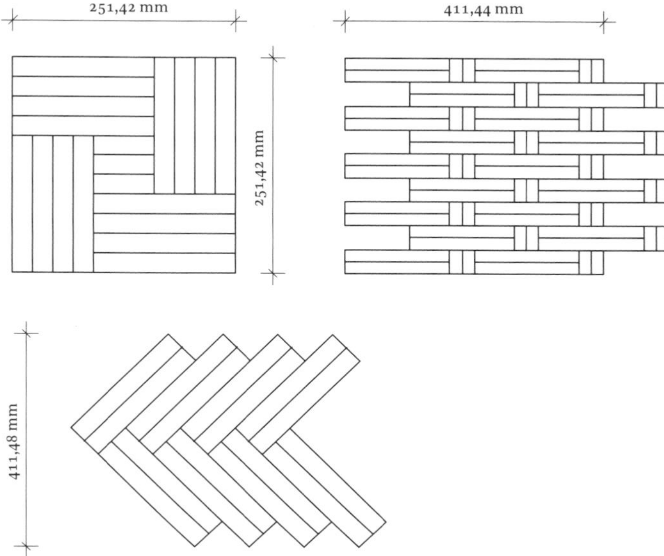

Typische Verlegemuster für Mosaikparkette als Flechtboden, Flechtboden mit Einlage und Fischgrätmuster.

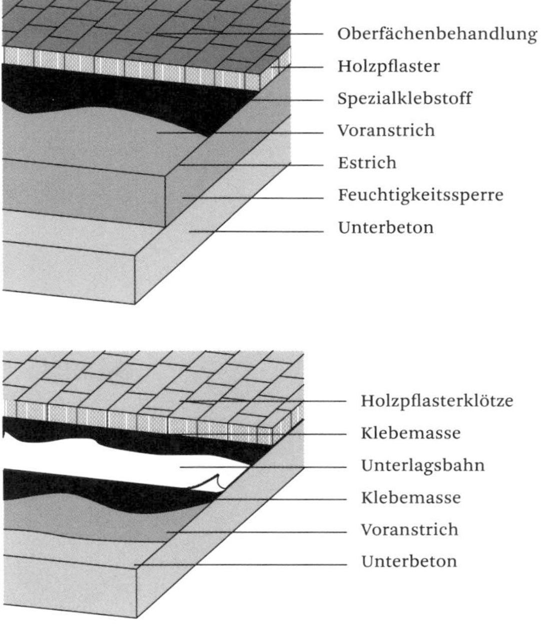

Holzpflaster für den repräsentativen und den gewerblichen Bereich mit unterschiedlichen Varianten für den Fußbodenaufbau.

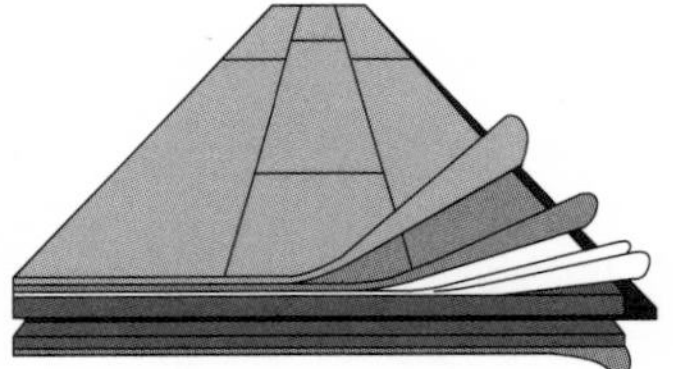

Laminataufbau DPL:
(Direct Pressure Laminate)
Laminat Overlay (= Laufschicht),
Laminat Dekorpapier,
Trägerplatte des Laminatbodens,
Laminat Gegenzug.

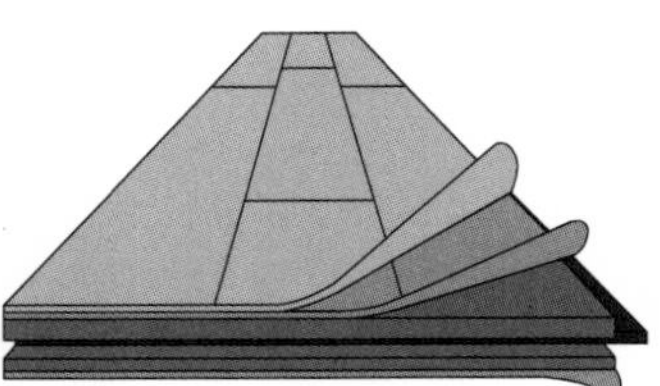

Laminataufbau HPL:
(High Pressure Laminate)
Laminat Overlay (= Laufschicht),
HPL = Dekorpapier + Kraftkleber,
Trägerplatte des Laminatbodens,
Laminat Gegenzug.

Schichtenaufbau von Laminatböden im einstufigen DPL-Verfahren (Direct Pressure Laminate) sowie im zweistufigen HPL-Verfahren (High Pressure Laminate).

Beanspruchungsklasse	Verwendungsbereich	Benutzungsintensität	Nutzungsbereich
	Wohnen	gering	Schlaf-, Gästezimmer
	Wohnen	mittel	Wohn-, Esszimmer
	Wohnen	stark	Treppenhäuser und Flure
	Gewerbe	gering	Hotelzimmer, Kleinbüros
	Gewerbe	mittel	Kindergärten, Läden
	Gewerbe	stark	Kaufhäuser, Klassenräume

Beanspruchungs- und Nutzungsklassen von Laminatböden nach DIN EN 13329

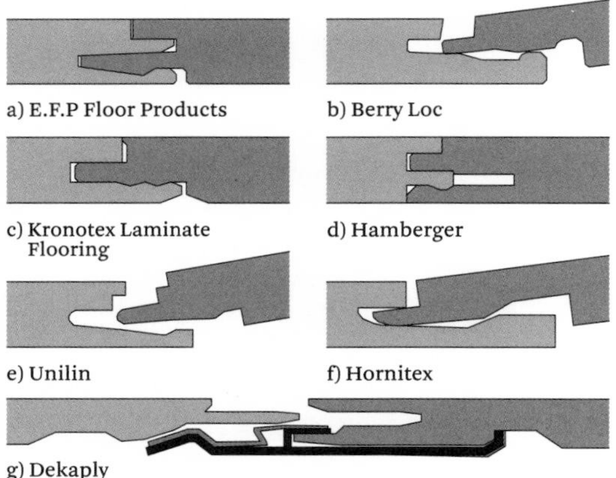

Leimlose Klick-Systeme unterschiedlicher Hersteller mit fugenloser und wiederaufnehmbarer Verlegung.

- WE: für Werkräume und ähnliche Räume (DIN 68702) mit gleichartiger Beanspruchung ohne Fahrverkehr und ohne wesentliche Klimaschwankungen mit Höhen über 30 mm, bei Fahrverkehr mit Höhen über 40 mm.
- GE: für industriell oder gewerblich genutzte Räume (DIN 68701) aus imprägnierten scharfkantigen Hölzern wie Fichte, Kiefer oder Eiche mit einer Höhe über 50 mm.

7.5.6 Laminatböden

Laminate (Lateinisch: lamina = Schicht) sind Schichtpressstoffe (Kapitel 3.2.4. Holzwerkstoffe HPL). Sie bestehen aus mehreren Lagen harzgetränkter Papiere mit einer Dicke von bis zu 2 mm, die unter Hochdruck entweder direkt (DPL) oder nachträglich (HPL) mit einer Trägerplatte (MDF oder Spanplatte) verleimt und verpresst werden. Die fertigen Produkte finden als Bodenbelag oder als Küchenarbeitsplatten Verwendung. Heute wird der Begriff »Laminat« häufig als Synonym für Laminatboden eingesetzt, obgleich die Anwendungsgebiete von Laminaten weit über Bodenbeläge hinausgehen. Ab einer Stärke von 2 mm finden sie als eigenständige und selbsttragende Verkleidungselemente – sogenannte Kompakt-Schichtpressstoffe – im Innenausbau bei Duschkabinen, Sanitäranlagen, Trennwänden, Kegelbahnen sowie auch im Außenbereich als Fassaden- oder Balkonverkleidungen Anwendung.

Laminatböden können wie alle Laminate mit verschiedenen Dekoren und Farben versehen werden, wobei holzähnliche Strukturen im Allgemeinen den höchsten Bekanntheitsgrad besitzen. Sie sind schlag- und abriebresistent sowie hitze- und lichtbeständig. Im Vergleich zu Holz ist die Oberfläche von Laminat aber eher fußkalt und bei geringen Materialstärken auch empfindlich gegen eine zu feuchte Reinigung. Laminatböden haben gerade in letzter Zeit in zahlreichen Wohnungen Einzug genommen und zunehmend den Teppichboden ersetzt. In der Regel wird Laminatboden lose verlegt.
Für Nass- und Feuchträume, auf Teppichböden und Steinholz-Estrich ist die Verlegung von Laminatboden nicht geeignet. Weil der Untergrund genügend Festigkeit bieten muss, sollten besonders alte Untergründe entsprechend den Angaben in der Verlegerichtlinie für Laminatböden geprüft werden. Unebenheiten der Oberfläche über 3 mm lfd. m sind mit Schleifen oder Spachteln zu beseitigen. Bei Estrichen oder anderen mineralischen Untergründen ist eine Dampfsperre anzuordnen, damit keine Feuchtigkeit in den Laminatboden eindringen kann.

Laminatböden dürfen nur auf wasserbetriebenen Fußbodenheizungen verlegt werden. Beim Einsatz von Laminat sollten des Weiteren folgende Parameter berücksichtigt werden:

- Stärke des Paneels: im Wohnbereich ab 6 mm, für stärkere Beanspruchungen sind Stärken von 8–12 mm zu wählen.
- Nutzungsklassen: in Anlehnung an die Beanspruchungsklassen bei textilen Bodenbelägen definiert EN 13329 für Laminatböden Nutzungsklassen: NK 21–23 für private Nutzung, NK 31–33 für gewerbliche Nutzung; NK 23 und NK 31 sind dabei identisch.
- Integrierte Trittschalldämmung: wird zur Dämpfung des Gehschalls im Raum eingesetzt und ist als ein Komfortmerkmal zu verstehen.
- separate Trittschalldämmung: wird unter dem Laminatboden zur Reduzierung des Trittschalls verlegt und dient dazu, Unebenheiten in Estrich oder Rohboden auszugleichen. Laminate mit rückseitig kaschierter Trittschalldämmung können als Verbundstoff angesehen werden.

7.5.7 **Textile Bodenbeläge**
nach DIN ISO 2424 sind definiert als Erzeugnisse mit einer Nutzschicht aus synthetischen Faserstoffen wie zum Beispiel Polyamid, Polypropylen, Polyester und aus natürlichen Faserstoffen wie etwa Wolle, Sisal, Seide, Baumwolle zum Belegen von Fußböden. Die textilen Bodenbeläge werden als Platten- oder Bahnenware hergestellt. Unterschieden werden dabei folgende Produkte:

- Teppichboden (Auslegeware): bedeckt den Fußboden eines Raums vollständig.
- Teppiche als Vorleger, Brücke, Läufer: bedeckt den Fußboden eines Raums nur teilweise und besitzt eine festgelegte Form mit begrenzten Abmessungen.
- Teppich-Fliese: wird als festgelegte Form modulartig auf dem Fußboden eines Raums zusammengefügt (gängige Modulformate sind die Größen 50 × 50 cm, 60 × 60 cm und 100 × 100 cm).

Textile Bodenbeläge werden in verschiedene Beanspruchungsklassen unterteilt. Für diese spielen unter anderem die Strapazierfähigkeit der verwendeten Materialien sowie die Einsatzbereiche eine Rolle. Die Anwendungsbereiche werden in folgende fünf Gruppen eingeteilt:

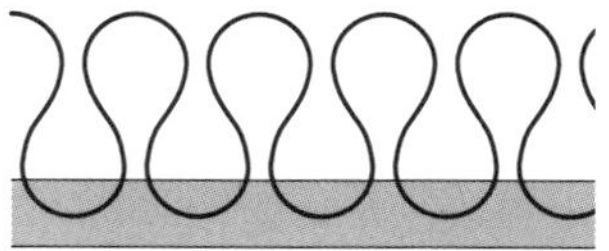

d) Schlingenware, Pol nicht geschnitten

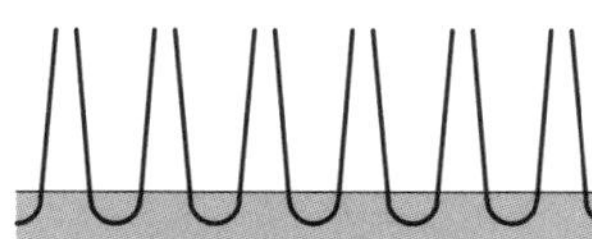

b) Velours, Pol geschnitten

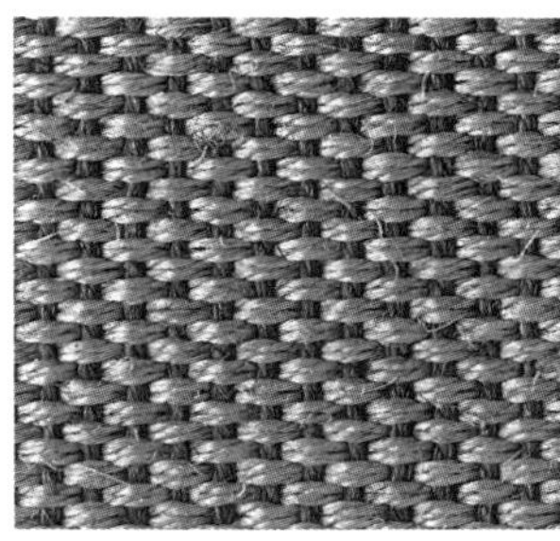
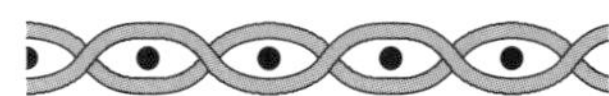

a) Flachteppich

c) Nadelvlies

Teppiche können je nach Herstellungsverfahren und Erscheinungsbild unterschieden werden in Velours (Pol geschnitten) und Schlingware (Bouclé, Pol nicht geschnitten), Flachteppich und Vlies.

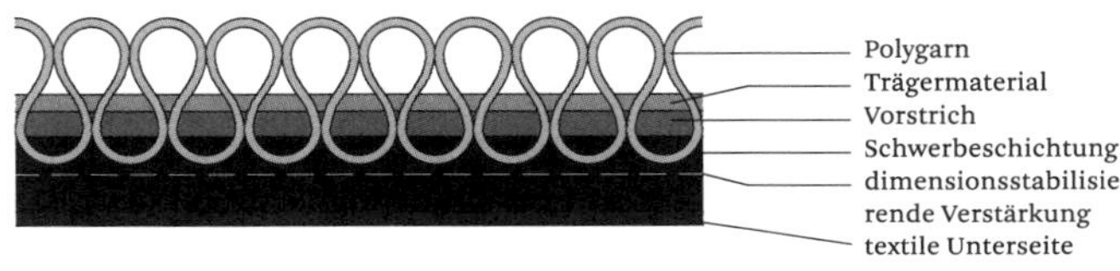

Selbstliegende Teppichfliesen verfügen über einen schweren Rücken; Teppichfliesen mit leichtem Rücken müssen verkleidet werden.

Böden

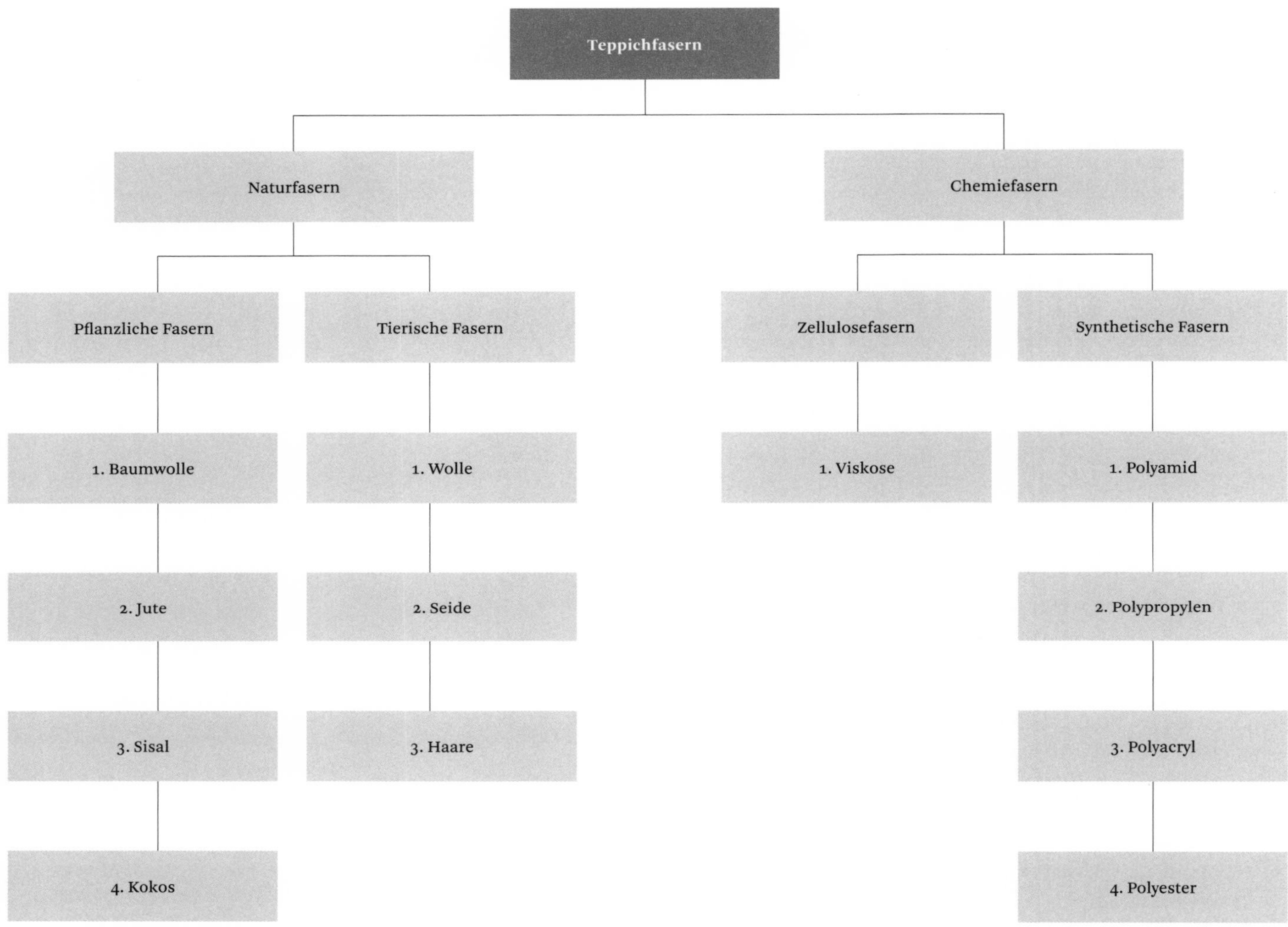

Übersicht gebräuchlicher natürlicher und synthetischer Faserstoffe, die für textile Bodenbeläge Anwendung finden.

- Wohn- und Privatbereich,
- Objekt- und Geschäftsbereich,
- Sport- und Outdoorbereich,
- Krankenhaus- und Pflegebereich,
- Verkehrsbereich.

Auf die gestalterische Wirkung haben weiterhin das Herstellungsverfahren und die Oberflächenbeschaffenheit Einfluss:

- Tufting: ist ein rationelles, seit den Fünzigerjahren weit verbreitetes Verfahren, bei dem die Fäden in Form von Büscheln durch Einnadeln in ein vorgefertigtes Trägergewebe befestigt werden (Englisch: Tuft = Büschel, Noppe, Flor).
- Webwaren: werden mithilfe eines traditionellen Verfahrens aus Kett- und Schussfäden als Flachgewebe (zweidimensional oder als Polteppichboden (dreidimensional) hergestellt. Polteppichböden bestehen aus einem Grundgewebe und einem Pol (Flor). Abweichend vom Tufting werden Grundgewebe und Polschicht in einem Arbeitsgang hergestellt.
- Nadelvliese: bestehen aus ein oder mehreren Vlieslagen, die miteinander vernadelt und verpresst und durch chemische oder thermische Bindung zusätzlich stabilisiert werden. Nadelvliese stellen preiswerte und robuste Bodenbeläge dar.

Bei der Oberflächenbeschaffenheit von textilen Bodenbelägen unterscheidet man diejenigen mit Pol (Florteppiche) von solchen ohne Pol (Flachteppiche). Textile Bodenbeläge mit Pol besitzen eine Nutzschicht aus Fasern, die aus einer Grundschicht (Träger) hervortritt. Bodenbeläge ohne Pol bestehen aus einer nicht polartigen Nutzschicht und eventuell einer Grundschicht, wobei der Pol hier in folgenden Varianten zur Ausführung kommen kann:

- Schlingenpol (Loop-Pile), hierbei bleibt der Pol geschlossen,
- Schnittpol (Cut-Pile), auch Velours genannt,
- Schlingen-Schnittpol-Teppichboden (Cut-Loop), bei dem beide Techniken miteinander kombiniert werden.

Textile Bodenbeläge gehören zu den am weitesten verbreiteten Bodenbelägen. Im Wohn- und Objektbereich sind Velours- und Schlingenteppiche sehr gebräuchlich, für stark strapazierte Räume verwendet man oft Nadelvliesbeläge. Zu ihren Vorteilen zählen, dass sie weich, warm, trittsicher und schalldämmend sind sowie und eine behagliche Raumatmosphäre schaffen.

Nutzungsbereiche	Beanspruchungsklassen	Beschreibung
Wohnen Beläge für den Privatbereich	21 gering 22 normal 23 stark	– Bereiche mit geringer oder zeitweiser Nutzung – Bereiche mit mittlerer Nutzung (Wohnbereiche) – Bereiche mit intensiver Nutzung (Flure, Büros)
Gewerblich Beläge für die öffentliche und gewerbliche Nutzung	31 gering 32 normal 33 stark 34 sehr stark	– Bereiche mit geringer oder zeitweiser Nutzung – Bereiche mit mittlerem Verkehr – Bereiche mit starkem Verkehr – Bereiche mit intensiver Nutzung
Industriell Beläge für die öffentliche und gewerbliche Nutzung	41 gering 42 normal 43 stark	– Bereiche mit hauptsächlich sitzender Tätigkeit – Bereiche mit hauptsächlich stehender Tätigkeit, Fahrverkehr – andere industrielle Bereiche

Beanspruchungsklassen für textile, elastische und Laminat-Bodenbeläge nach DIN EN 685, dargestellt im »Certificate of Quality« der Europäischen Teppich-Gemeinschaft e.V.. Die Strapazierfähigkeit eines Teppichbodens bildet die Grundlage für die Einstufung des geprüften Teppichs in Beanspruchungsklassen. Diese geben Auskunft über die mögliche Nutzungsintensität und den Verwendungsbereich, wobei die erste Ziffer jeweils den Einsatzbereich darstellt: Wohnen (2) und Objekte (3). Ermittelt wird das Verschleißverhalten wie auch die Aussehensveränderung.

Zusätzliche Eigenschaft	Symbol	Prüfverfahren	Anforderungen
Stuhlrolle		EN 985 Prüfung A	r ≥ 2,4
Stuhlrolle > wohnen <		EN 985 Prüfung A	r ≥ 2,0
Treppe		EN 1963 Prüfung B	EN 1963 Anhang A
Treppe > wohnen <		EN 1963 Prüfung B	EN 1963 Anhang A
schnittkantenfest		EN 1814	EN 1307 Anhang D

Europäische CE-Kennzeichnung nach der europäischen Bauproduktenrichtlinie und EN 14014 sowie Kurzzeichen für fünf Zusatzeignungen insbesondere für textile und elastische Bodenbeläge: Stuhlrolle, Treppe, Antistatik, Fußbodenheizung und Schnittkantenfestigkeit.

Bodenbelag	Längen (lfm)	Breiten	Dicken
Linoleum	32	200 cm; Platte: 48 × 48 cm, 60 × 60 cm	2,0, 2,5; 3,2; 4 mm
Kork	keine Rollenware	Platten: 90 × 30 cm, 90 × 15 cm, 60 × 30 cm, 30 × 30 cm; Parkett: 29,5 × 90 cm	4, 6, 8 mm Parkett: 11 mm
Kautschuk	15 10	190 cm; Platten: 50,3 × 50,3 cm, 61 × 61 cm, 100,2 × 100,2 cm, 50,3 × 100,2 cm	2; 3,2–9 mm
PVC (Polyvinyl-chlorid)	15–25	120–200 cm; Platten: 30 × 30 cm, 60 × 60 cm, 90 × 90 cm, 50 × 60 cm, 60 × 90 cm, 60 × 120 cm	1,5–3 mm
CV (Cushion Vinyl)	12–20, 25	100, 120, 125, 130, 135, 145, 150, 200, 275, 300 400 cm, Platte: 60,8 × 60,8 cm	0,3; 1,8; 2,5 mm
PO (Polyolefin)	10,50	125, 200 cm; Platten: 60 × 60 cm	1,5; 2 mm

Typische Abmessungen und Dicken von elastischen Belägen aus Linoleum, Kork, Kautschuk, PVC und PO.

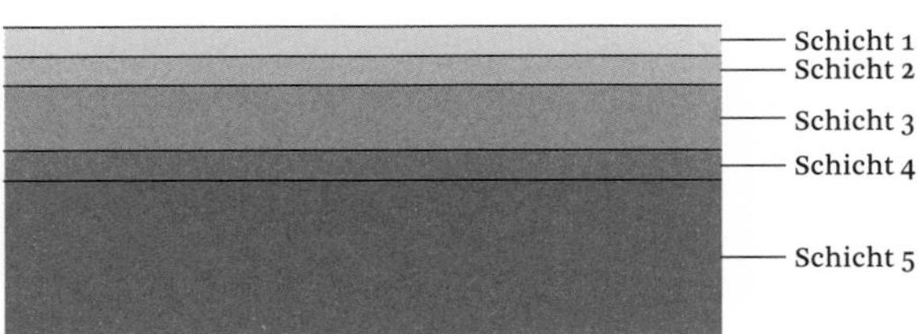

Schicht	Gummi	PVC	PO
1	Gummibelag	PVC-Belag	PO-Belag
2	Polyurethan-Kleber	Polyurethan-Kleber	Polyurethan-Kleber
3	Ausgleichsschicht	Ausgleichsschicht	Ausgleichsschicht
4	Grundierung	Feuchtigkeitssperre	Grundierung
5	grobporiger Untergrund	grobporiger Untergrund	grobporiger Untergrund

Typische Verklebungen von Gummi, PVC und PO mit Vorstrichen, Ausgleichsschichten und Klebschicht.

Zu den Nachteilen der textilen Bodenbeläge gehört die offene Nutzschicht, durch die sie als weniger hygienisch und staubbindend gelten. Optimierte Faserquerschnitte und niedrige Nutzschichten können die hygienischen Eigenschaften allerdings positiv beeinflussen. Teppichboden kann lose verlegt, verklebt, verklettet oder verspannt werden. Standardbreiten sind 400 und 500 cm, manchmal auch 200 cm. Selbstliegende Fliesen mit einem Flächengewicht über 3,5 kg/m² zeichnen sich durch eine schwere Rückenausrüstung in Form von Beschichtungen aus Bitumen und PVC (Schwerbeschichtung) aus. Teppichfliesen bieten gegenüber Bahnenware den Vorteil, dass sie wirtschaftlich verlegt und bei Verschmutzungen oder Beschädigungen leicht ersetzt und wieder aufgenommen werden können. Eine modulartige Verlegung und Änderungen der Verlegerichtung ermöglichen zusätzliche optische Effekte. Klebefliesen müssen fixiert oder ganzflächig verklebt werden, Teppichfliesen können lose verlegt oder verklebt werden.

Der Untergrundbehandlung kommt bei textilen und elastischen Belägen besondere Bedeutung zu. Hier erfüllen Spachtelmassen als Ausgleichs- oder Feinspachtelmasse, Glätt-, Füll- oder Nivelliermasse den Zweck, den Untergrund für die vorgesehenen Bodenbeläge oder Beschichtungen vorzubereiten. Sie stellen sicher, dass die Oberfläche eben, fest und genügend saugfähig ist. Spachtelmassen sind ausreichender nivellierfähig und verlaufen von selbst, sodass das Einbringen in der Regel ohne Nacharbeiten wie Glätten oder Schleifen erfolgen kann. Spachtelmassen basieren auf Bindemitteln. Im Wesentlichen werden heute zementäre Spachtelmassen verwendet, aber auch Alpha-Halbhydrat-Spachtelmassen sowie Dispersions- und Reaktions-Spachtelmassen finden zunehmend Verwendung. Für spezielle Anwendungen wie höher beanspruchte Beläge, Parkett oder Gummibeläge oder bei temperaturbeanspruchten Anwendungen sind spezielle Spachtelmassen vorzusehen.

7.5.8 Elastische Bodenbeläge

Zu den elastischen Bodenbelägen gehören Linoleum, PVC, CV, Elastomere sowie Kork und Laminate (Kapitel 7.5.6. Laminate).

Linoleum

nach EN 548 besteht zu mindestens 30 Prozent aus Leinöl und / oder anderen trocknenden Pflanzenölen und Harzen als Bindemittel sowie Holz- oder Korkmehl, Kalksteinmehl

(Kreide) und Pigmenten als Füllstoffe, ist langlebig und strapazierfähig sowie hygienisch und antibakteriell. Spezielle Sorten von Linoleum sind Linoleum auf Korkment nach EN 686 und Korklinoleum EN 688.

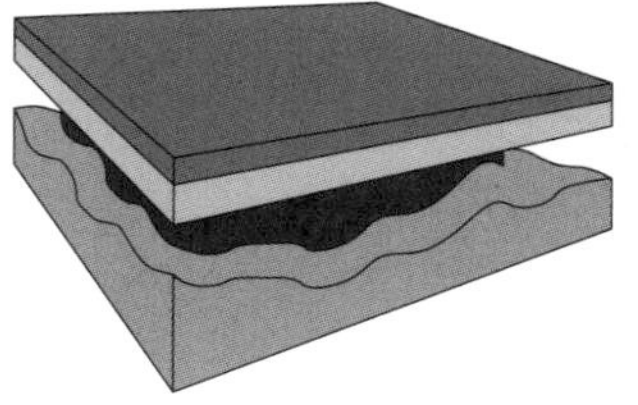
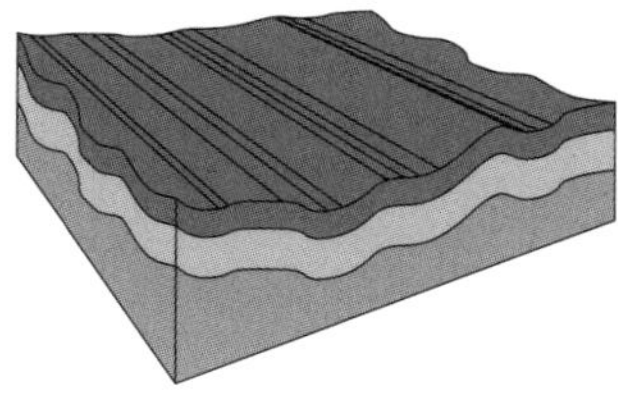

Einfluss der Oberflächenbeschaffenheit von Estrich und Rohdecke auf den elastischen Belag: Bei zu starken Unebenheiten muss eine Ausgleichsschicht aufgebracht werden, die die Verformung des Oberbelags verhindert.

Kork
wird als natürliches Material aus der Rinde der Korkeiche gewonnen, zu Granulat gemahlen und unter Hitze und Druck zu Blöcken gepresst, welche anschließend zu Platten – auch genannt Korkparkett – weiterverarbeitet werden. Die Oberflächen können ähnlich wie Holz vor oder nach der Verlegung versiegelt, geölt oder gewachst werden. Korkbeläge sind fußwarm, elastisch, wärme- und schalldämmend sowie verrottungsfest.

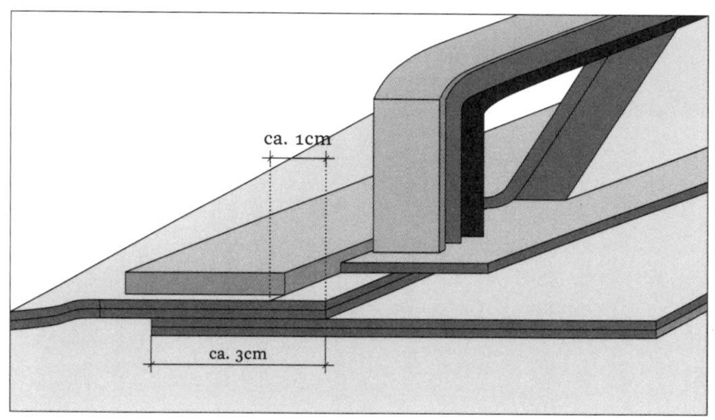

Verarbeitung von elastischen Bodenbelägen in der Fläche: Herstellung von Stößen mittels Schneidewerkzeug.

Elastomer-Bodenbeläge
sind der Überbegriff für Beläge aus Kautschuk, Synthese-Kautschuk oder Gummi mit Farbpigmenten und Schwefel als Vulkanisationsmittel, die als Bahnen oder Formen hergestellt werden. Wegen ihrer hohen Abriebfestigkeit werden sie in hochfrequentierten und beanspruchten Bereichen eingesetzt. Da Elastomerbeläge zu den dampfdichtesten Fußbodenbelägen zählen, sind die Untergrundvorbereitungsmaßnahmen wie die Überprüfung überhöhter Restfeuchtigkeit von besonderer Wichtigkeit. Elastomerbeläge sind frei von PVC-Bestandteilen – somit ohne Weichmacher – und frei von Formaldehyd, Asbest, Cadmium und FCKW.

PVC (Polyvinylchlorid)
nach EN 649 ist einer der ältesten Kunststoffe. PVC wurde bereits 1853 entwickelt und gilt noch heute als hygienisch, recycelbar und sehr langlebig. Während Einschichtbeläge durchgehend aus dem gleichen Material bestehen, werden heterogene Beläge von mindestens einer hochwertigen Oberschicht als Laufschicht und einer mit Füllstoffen angereicherten Unterschicht gebildet.

Polyurethan- (PUR-) Bodenbelag in einer Sporthalle

Verbundbeläge
nach EN 650 mit Trägereigenschaften bestehen aus einer PVC-Oberschicht, die auf ein Gewebe als Träger oder auf einem Filz aus Polyethylen (PE) oder Jute aufgetragen ist. PVC- und CV- (geschäumte PVC-) Beläge nehmen als thermoplastische Werkstoffe die Konturen des Unterbodens auf, sodass die Unterböden vor der Verlegung planeben, gespachtelt, geschliffen und staubfrei sein müssen.

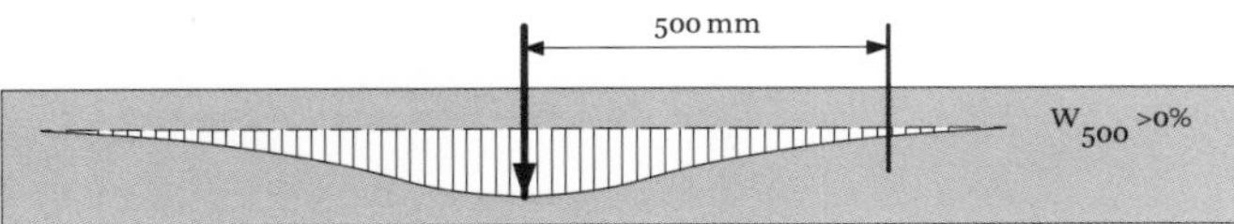

Üblicher Sportboden für allgemeine und multifunktionale Nutzungen in Sporthallen als flächenelastisches System mit elastischem Oberbelag.

Schwingträgersystem mit synthetischem Oberbelag (Linoleum, PVC, Gummi oder Kautschuk) und Parkettbelag.

Elastiksystem mit synthetischem Oberbelag (Linoleum, PVC, Gummi oder Kautschuk) und mit Parkettbelag.

CV (Cushioned Vinyls)
sind geschäumte PVC-Beläge, die in einem mehrschichtigem Streichverfahren bei etwa 150 Grad auf einem Trägermaterial (Polyestervlies) aufgebracht werden.

PO (Polyolefin)
sind Ersatz beziehungsweise natürliche Ergänzung für Bodenbeläge auf PVC-Basis, denn in ihnen sind keine Weichmacheranteile enthalten. Sie bestehen hauptsächlich aus Polyolefinen und Kreide oder Kaolin als mineralische Naturprodukte sowie aus umweltfreundlichen Pigmenten.

7.5.9 **Sportböden**
nach DIN V 18032.2 benötigen eine extreme Strapazierfähigkeit. Bodenbeläge in Sport- und Turnhallen werden abhängig von den praktizierten Sportarten und den sich daraus ergebenden Beanspruchungen ausgewählt. Grundsätzlich können vier Sportbodenarten im Hinblick auf ihre Schwingungs- und Verformungseigenschaften unterschieden werden, am gebräuchlichsten sind hier die flächenelastischen Böden:

- **Flächenelastische Sportböden** sind nachgiebig und besitzen eine großflächige Verformungsmulde. Durch die biegesteife Oberfläche sind sie meist ohne Nachweis auch für den Rad- und Rollsport geeignet. Diese Systeme können als Schwingboden- oder Elastiksystem ausgeführt werden.
- **Mischelastische Sportböden** sind nachgiebig mit biegeweicher Oberfläche. Durch die flächenversteifende Komponente werden die Nachteile der kleinflächigen Verformungsmulde kompensiert.
- **Kombinierte elastische Sportböden** sind flächenelastisch mit punktelastischer Oberschicht und einer im Bereich der Lastverteilungsschicht großflächigen Verformungsmulde; die Oberschicht ist an die Belastungsfläche angepasst. Diese Systeme kombinieren die Vorteile von flächen- und punktelastischen Böden.
- **Punktelastische Sportböden** sind nachgiebig, mit biegeweicher Oberfläche und einer eng an die Belastungsfläche angepassten Verformungsmulde. Sie sind eher für kleinflächige Belastungen wie etwa Gymnastik geeignet.

Sportböden werden außerdem nach dem Obermaterial in Sportparkett (Nutzschicht aus Holz) und Sportbelag (elastische Nutzschicht aus Linoleum, Kautschuk oder PVC) unterteilt.

Für beide Systeme ist ein Aufbau als Schwingträger oder als Elastiksystem möglich:

- Schwingträgersysteme verfügen über eine Lattenrostkonstruktion, die als elastische Schicht fungiert. Unter- und oberhalb sind jeweils biegesteife, lastverteilende Schichten aus Holz oder Kunststoff angeordnet.
- Elastiksysteme verfügen über eine durchgehende elastische Schicht aus Kunststoff und eine oberhalb angeordnete biegesteife, lastverteilende Schicht aus Holz, auf die dann die Nutzschicht aufgebracht wird. Alle Systeme können prinzipiell auch mit Fußbodenheizungen ausgeführt werden. Hierzu sollten die Herstellerangaben und Systemzulassungen beachtet werden. Weiters sind mobile Sportböden zu nennen, die insbesondere in größeren Mehrzweckhallen sowie im Profisport für einen schnell wechselnden Gebrauch verwendet werden. Diese können innerhalb kürzester Zeit auf- und abgebaut werden und ermöglichen somit eine flexible und wirtschaftliche Nutzung der Hallen.

7.5.10 **Beschichtungen und Oberflächenbehandlungen** sind zum Schutz oder zur gezielten Beeinflussung und Verbesserung bestimmter Eigenschaften der Nutzschicht eines Fußbodens zuständig. Es werden verschiedene Oberflächenbehandlungen angewendet:

Beschichtungen
werden mit einer gewissen Mindestdicke als zusätzliche Schicht auf einen Bodenbelag oder Estrich aufgebracht. Sie dienen meist dazu, die Verschleiß-, Abrieb- oder Druckfestigkeit, die Witterungs- und Alterungsbeständigkeit oder die Rutschhemmung zu verbessern. Es können Dünnschichtsysteme (0,3–1,0 mm) und Dickschichtsysteme (1,0–5,0 mm) unterschieden werden; sie verschließen in der Regel die Poren. Gebräuchlich sind Beschichtungen aus Reaktionskunstharzen im Gewerbe- und Industriebereich und bei Tiefgaragen.

Versiegelungen
bilden einen geschlossenen Oberflächenfilm, um das Eindringen von Fremdstoffen mithilfe einer schmutz- und kratzresistenten Schutzschicht zu verhindern. Die Versiegelungssysteme werden mit geringeren Schichtdicken (0,1–0,3 mm) durch Rollen, Streichen oder Spritzen aufgetragen. Gebräuchlich ist etwa die Versiegelung von Parkett, Beton- oder Zementestrichflächen.

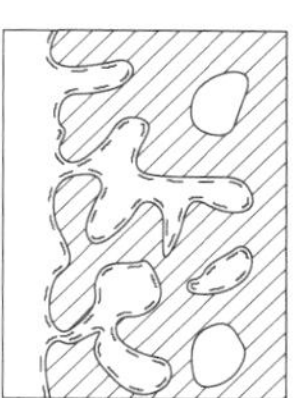
Imprägnierung

Grundierung

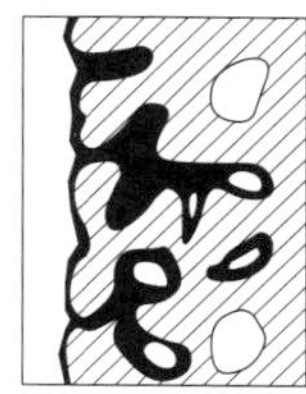
Versiegelung

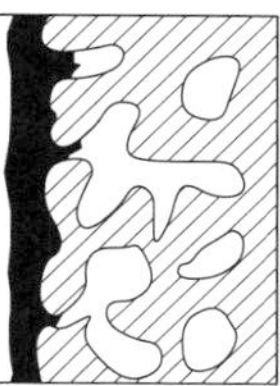
Beschichtung

Strukturerhaltende dünne Oberflächenbehandlungen und strukturverschließende dickere Beschichtungen.

Unterschiedliche Putzoberflächen und Übergänge als wandgestaltendes Element.

Typische Anwendung für großflächige, widerstandsfähige Beschichtungen aus Reaktionsharzen.

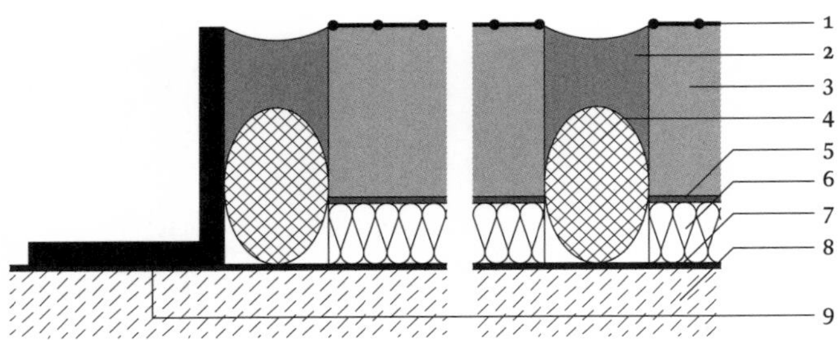

1 rutschhemmender Siebdruck R9–R12
2 dauerelastische Verfugung (Silikon)
3 Spezialsicherheitsglas
4 Rundschnur (d = 6 mm)
5 Farbschicht
6 Trittschalldämmung (3 mm)
7 Haftgrund
8 Estrich mit Ebenenausgleich (nach DIN 18202 / 18365)
9 Anschlag- / Winkelprofil

Glasbodensystem zur flächigen Verlegung auf massiven Oberflächen

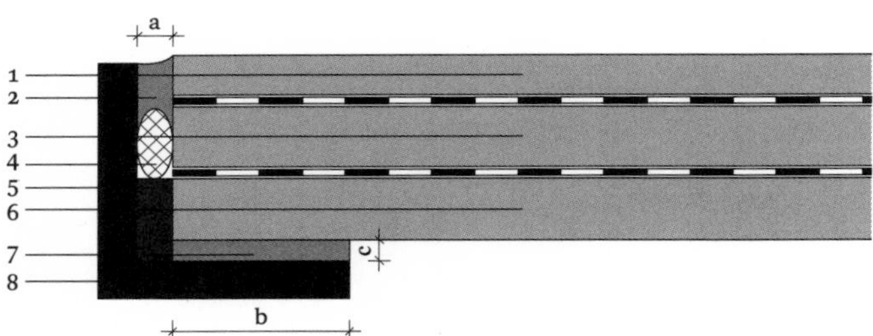

1 Schutzscheibe
2 mit PVB- Folie verträgliche Versiegelung (meist Silikon)
3 Tragscheibe
4 Vorlegeband (Polyethylen)
5 Distanzklotz (Silikonprofil oder ähnlich mit Shore A-Härte 60–80)
6 Tragscheibe
7 Auflagematerial (Silikonprofil oder ähnlich mit Shore A-Härte 60–80)
8 Rahmenprofil
a Fugenbreite a > 8 mm
b Auflageriefe b > 30 mm (allseitige Lagerung, Stützweite < 0,4 mm)
c Auflagerstärke c > 5 mm

Typische Anwendung großflächiger, widerstandsfähiger Beschichtungen aus Reaktionsharzen.

Grundierungen (oder Vorstriche)
werden bei porösen oder sandenden Estrich- oder Holzoberflächen eingesetzt. Sie vermindern die Saugfähigkeit der alten Oberfläche, verbessern die Haftung oder erleichtern das Aufbringen nachfolgender Schichtlagen wie Spachtel- oder Ausgleichsmassen und binden den Oberflächenstaub.
Die tiefenwirksame Grundierung lagert sich in den Poren ab, die filmbildende Grundierung schafft ähnlich einer Versiegelung eine geschlossene Oberfläche. Grundierungen existieren auf Wasser- oder Lösungsmittelbasis, wobei tiefenwirksame Systeme meist auf Wasserbasis erhältlich sind.

Imprägnierungen
schützen Oberflächen mit einem unsichtbaren Film vor einer schädigenden Wasseraufnahme und erleichtern die langfristige Werterhaltung und laufende Pflege. Die Baustoffe können getränkt und getaucht, gespritzt oder durch eine Kesseldruckimprägnierung behandelt werden. Imprägnierungen bestehen aus Paraffinen, Wachsen, Kunstharzen, Silikonen sowie Fluorcarbon und werden unterschieden in:

- Heiß-Imprägnierung als langfristiger, farbloser Schutz gegen Verschmutzung, die bis zu 2 cm tief in den Untergrund eindringt,
- Schutz-Imprägnierung als mittelfristiger, farbloser Schutz,
- Hochglanz-Imprägnierung auf matte Flächen im Innenbereich,
- Schutzlack als mittelfristiger, nicht atmungsaktiver Schutz auf Waschtischen,
- Antirutsch-Imprägnierung als mittelfristiger Glanzschutz bis R11.

7.6 Glasböden

Glas kann entweder flächig aufliegen und als Bodenbelag fungieren oder selbst eine eigenständige Tragschicht sein – hier spricht man von begehbarer Verglasung. Bei Glasböden wird deshalb auch eine Unterscheidung zwischen zwei grundlegend verschiedenen Aufbauten vorgenommen. In beiden Fällen müssen die Oberflächen die für die jeweilige Anwendung geforderte Rutschhemmung (R9 –R13) aufweisen. Glasböden können außerdem sandgestrahlt, geätzt oder bedruckt (emailliert) werden.

7.6.1 **Glas als Bodenbelag**
Bei gläsernen Bodenbelägen handelt es sich um eine Laufschicht aus thermisch vorgespanntem Glas (TVG oder ESG), die eine Stärke von mindestens 6 mm aufweist und vollflächig auf einer dünnen, elastischen Dämmschicht von etwa 3 mm aufliegt. Oberhalb dieser Dämmschicht wird zudem sehr oft eine Farbschicht aufgebracht, die die Glasoberfläche gestalterisch verändert. Die Laufschicht kann entweder flächenbündig in andere Beläge eingelassen werden oder mit einer, durch einen Metallwinkel geschützten Kante auf eine ebene Fläche aufgelegt werden. Wie bei allen Glaskonstruktionen gilt auch hier die Vermeidung des direkten Glas-Glas- oder des Glas-Metall-Kontakts. Hierzu werden zwischen den einzelnen Elementen elastische Profile oder Verfugungen angeordnet. Bodensysteme aus Glas verfügen über Zulassungen und sind in Standardabmessungen sowie in Sonderformaten bis etwa 1,00 × 2,00 m lieferbar.

7.6.2 **Begeh- und betretbare Verglasungen**
sind Glaskonstruktionen, die planmäßig durch Personen in öffentlich zugänglichen Bereichen begangen werden. Typische Anwendungsbereiche sind Treppen, Bodenflächen und Glasbrücken, die in der Regel durch eine Absturzhöhe im Sinne des Baurechts (Geländer und Absturzsicherungen) gekennzeichnet sind. Hier übernimmt der Glasaufbau die Lastabtragung auf eine Unterkonstruktion. Begehbare Gläser sind nicht geregelte Bauprodukte, für einzelne Produkte liegen bauaufsichtliche Zulassungen vor.

Begehbare Verglasungen können punkt- oder linienförmig gelagert sein. Sie bestehen aus Verbundsicherheitsglas (VSG) mit mindestens drei Glasebenen. Dabei dient die obere Glasscheibe als Schutz- und Verschleißschicht, um eine vorzeitige Abnutzung der beiden unteren Tragschichten zu verhindern. Auf Grund ihrer Festigkeit werden TVG- oder ESG-Gläser als obere Schutzschichten verwendet. Als Tragschicht kann je nach Bedarf vorgespanntes oder nicht vorgespanntes Glas oder eine Kombination aus beiden Gläsern verwendet werden. Ein Aufbau als Isolierglas ist ebenfalls möglich. Begehbare Gläser sind gegen Verschieben und Abheben konstruktiv zu sichern. Werden Gläser nur zeitweise zu Reinigungszwecken begangen, bezeichnet man diese als betretbare Verglasungen. Befinden sich Verglasungen im Überkopfbereich gelten für diese ebenfalls die Regelungen für Überkopfverglasungen.

Wandbündige Fußleiste

Übergang einer aufgesetzten Fußleiste in den Möbelsockel

Vielfältige und differenzierte Materialfügungen und Bauteilanschlüsse beim Museum Fondazione Querini Stampalia, Venedig von Carlo Scarpa.

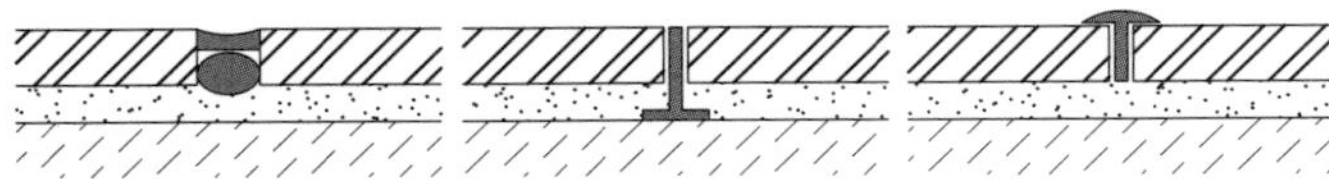

Schematische Darstellung von Schwellen und Übergängen als Gestaltungselement in Bodenbelägen.

Die Fliesenfuge sitzt direkt unter der Schiebetür.

7.7 Übergänge und Anschlüsse

Der Übergang von Bodenbelägen zwischen einzelnen Räumen ist nicht nur ein wesentliches Gestaltungselement, sondern er erhält als schwellenloser Übergang seit einiger Zeit zunehmende Bedeutung im Zusammenhang mit der barrierefreien Nutzbarkeit von Räumen. Ein weiteres Gestaltungselement ist der Anschluss des Bodenbelags an die Wandfläche. Auch hier bestehen funktionale Anforderungen, die insbesondere für die Reinigung und Abdichtung von Fugen und Flächen von Bedeutung sind.

7.7.1 Fugen

Fugen übernehmen in Wand-, Boden- und Deckenflächen unterschiedliche Funktionen als Bewegungs-, Anschluss-, Schatten- oder Scheinfuge. Bei Bodenbelägen kommt der Fuge insofern besondere Bedeutung zu, als sie durch die ständige Nutzung des Bodenbelags auch selbst beansprucht wird. Fugen sind zumeist flächenbündig ausgebildet:

Bewegungsfugen
beziehungsweise Dehnfugen müssen bei Belagsmaterialien mit größeren Längenänderungen wie Parkett-, Laminat-, Fliesen- oder Steinböden zur Vermeidung von Spannungen infolge von Feuchtigkeit oder Temperatureinwirkung angeordnet werden. Bei Fliesen wird die Wand-Boden-Fuge meist als Dehnfuge ausgebildet. Dehnungsfugen können bei Holz auch mit Korkstreifen ausgebildet werden.

Anschlussfugen
entstehen beim Zusammentreffen unterschiedlicher, zumeist verschieden ausgerichteter Bauteile; der entstehende Spalt wird in der Regel geschlossen. Viele Anschlussfugen findet man beispielsweise im Sanitärbereich. Je nach Anforderung sind Dichtstoffe mit höherer oder geringerer Elastizität zu verwenden. Schattenfugen sind offene, nicht gefüllte Fugen, die bei Bauteilanschlüssen oder Materialwechsel eingesetzt werden. Aufgrund ihrer Tiefe sorgen sie für einen Schattenwurf und ein optisches Verschwinden des Anschlusspunkts. Offene Fugen kommen bei Böden selten zur Anwendung, da dort üblicherweise mit einer starken Verschmutzung zu rechnen ist. Trennschienen stellen eine weitere Variante der Anschlussfuge dar, bei denen Bauteile oder Beläge durch das Einlegen einer häufig andersfarbigen Metall- oder Kunststoffschiene betont werden sollen. Eine Möglichkeit um Anschlüsse herzustellen

bieten auch Abdeckungen, die als Profile oder Schienen auf einer Fuge aufliegen statt sie flächenbündig zu verschließen. Türschwellen sind in diesem Sinne Abdeckungen. Bei Fugen, die gefüllt werden sollen, ist darauf hinzuweisen, dass diese später meist gewartet werden müssen. Silikone werden beispielsweise nach einigen Jahren porös und müssen erneuert werden, insbesondere wenn das Eindringen von Wasser zu erwarten ist. Daneben können Fugen- oder Kompribänder eingesetzt werden, um Fugen zu verschließen.

7.7.2 **Wandanschlüsse**
sind Verbindungen von einem Boden- zu einem Wandbelag. Bei diesem Anschluss geht es darum, den Rand des Bodenbelags und den sichtbaren Randdämmstreifen beziehungsweise die nach oben weitergeführte Fuge zu verbergen.
Das hierzu gebräuchlichste Mittel stellt die Fußleiste dar, die als sogenannte Scheuerleiste zudem das Verschmutzen und Verkratzen aufgrund der Bodenreinigung verhindert.
Dabei kann die Fußleiste aufgesetzt, eingelassen und somit wandflächenbündig oder auch liegend ausgeführt sein.
Soll aus gestalterischen Gründen auf diese Leiste verzichtet werden, müssen andere Maßnahmen, wie beispielsweise Korkstreifen, eingelassene Profile oder eine Schattenfuge, ergriffen werden.
Die Vorgehensweisen zur Herstellung von Wandanschlüssen verlangen handwerkliches Können. Auch das Hochziehen des Belags bedarf einer Detaillösung für den Übergangspunkt, da sich Wand und Boden gegeneinander bewegen können. Dies ist zum Beispiel dann der Fall, wenn sich beide Bauteile unterschiedlich ausdehnen. Die Dehnungsfuge verschiebt sich damit gegebenenfalls vertikal nur in eine andere Ebene.

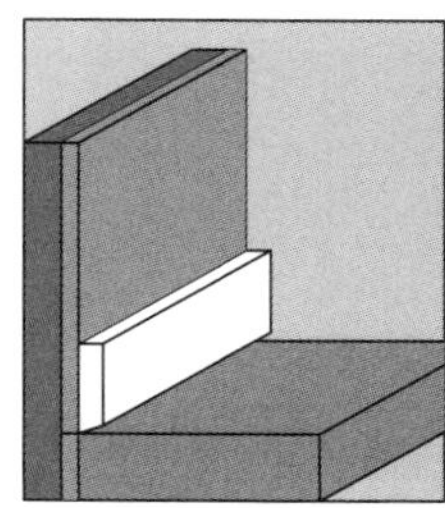
Fußleiste, Holz / Stein

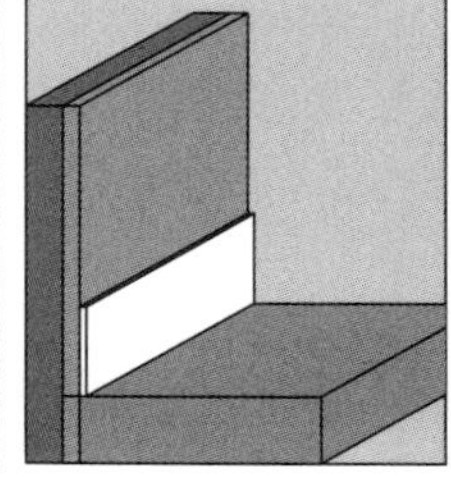
Fußleiste, Metallband

Fußleiste, wandbündig

Fußleiste, liegend

Hohlkehle

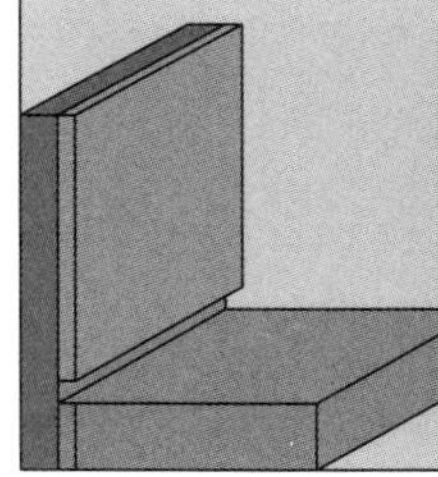
Schattenfuge

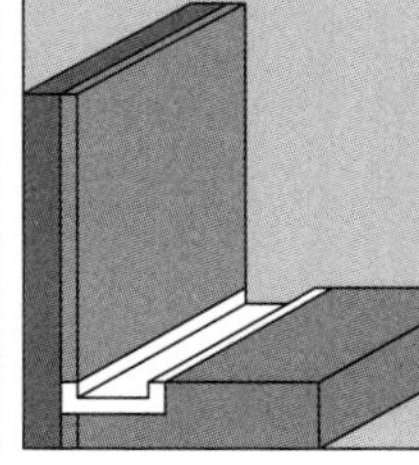
Rinne, boden- / wandbündig

offener / geschlossener Bodenkanal

Schematische Darstellung von Boden- und Wandanschlüssen als Gestaltungselement bei unterschiedlichen Belägen.

Türen

8

Türen

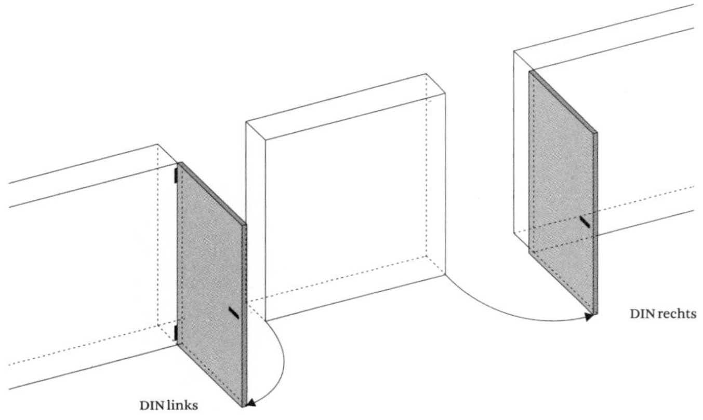

Aufschlagrichtung einflügelige Drehtür – DIN links und DIN rechts

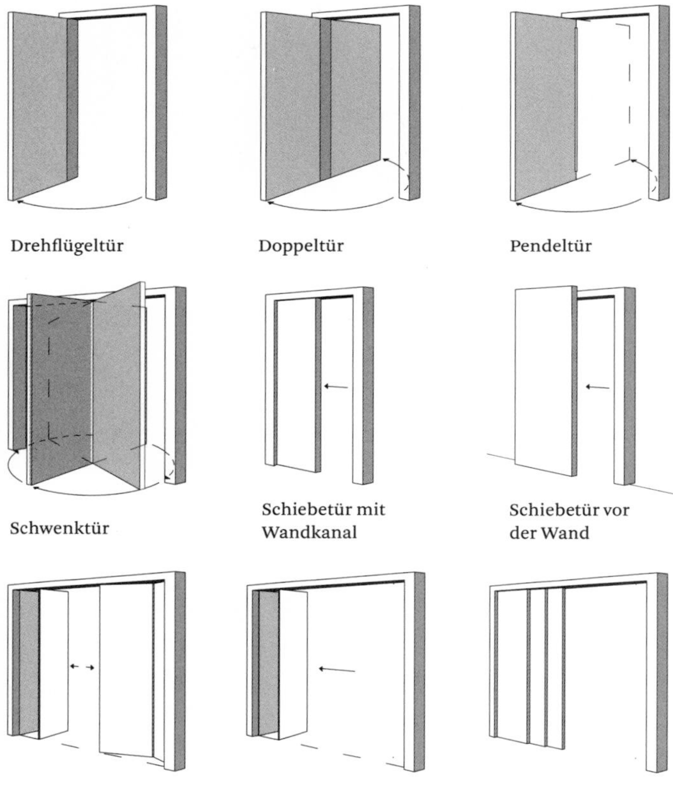

Darstellung unterschiedlicher Türarten

8.1 Klassifizierung Türen

Türen besitzen die Funktion, den Ein- und Ausgang zu ermöglichen und zu regeln. Sie verschließen und eröffnen zugleich den Raum. Der Besitzer verfügt über die »Schlüsselgewalt« – er bestimmt darüber, wer den Raum betreten darf und wer nicht. Über diese Sicherungsfunktion hinaus kann die Tür auch dem Lärm-, Wärme-, Rauch- und Brandschutz dienen oder durch Verglasung für zusätzliches Licht im Raum sorgen. Eine Tür besteht in der Regel aus einem Türblatt, einem Rahmen beziehungsweise einer Türzarge und Beschlägen. Die Entscheidung für eine bestimmte Konstruktion, die Öffnungsart und das Material hängt von der erwünschten Wirkung sowie der Funktion einer Tür ab. Die erforderlichen Komponenten richten sich nach dem Einbauort der Tür – es ist also von Bedeutung, ob man es mit einer Haus- und Wohnungseingangstür oder einer Zimmertür für Aufenthalts- oder Nebenräume zu tun hat. Gemäß den jeweiligen Anforderungen wird die Ausstattung, die Funktion und das Zubehör bestimmt. Alle Maße, Eigenschaften und Anforderungen werden in der Regel in einer Türliste aufgeführt. In ihrer architektonischen Bedeutung ist die Tür auch mit ihrer Positionierung im Raum entscheidend für die Nutzbarkeit und die Atmosphäre des Raums. Der Ausdruck einer Tür hängt von visuellen und mechanischen Faktoren ab.

8.2 Öffnungsarten

Türen können in folgende Typengruppen unterschieden werden:

- Drehflügeltüren (auch Normaltür genannt, da sie am weitesten verbreitet ist) können bei entsprechender Ausführung mit Falz einen guten Schallschutz erfüllen. Bei Bandbelastung sind nur begrenzte Abmessungen möglich. Oft sind Türen mit größeren Abmessungen mehrflügelig ausgebildet. Die DIN 107 unterscheidet zwischen links und rechts angeschlagenen Drehtüren. Dabei wird die Tür von der Beschlagsseite aus betrachtet und die Bänderlage benannt.
- Schiebetüren können vor der Wand oder in einer Wandtasche, in der Decke und/oder im Boden, ein- oder mehrschienig auf Rollen geführt werden. Sie ermöglichen große Raumöffnungen und können zudem als Raumteiler eingesetzt werden. Für den beweglichen Teil der Schiebetür muss seitlich ausreichend Platz vorhanden sein.

- Bei Falttüren ist das Türblatt in schmale vertikale Streifen geteilt, die sich beim Öffnen aneinander falten. Der Platzbedarf zum Öffnen ist deshalb wie bei Schiebetüren gering. Das Kapitel 5.5. Bewegliche Trennwände ist hierzu ergänzend zu beachten!
- Der Einsatzort von Pendeltüren ist überall dort, wo keine Hand zum Öffnen der Tür frei ist, etwa bei Servicetüren im Restaurant. Pendeltüren stellen meist nur einen Sichtschutz dar und bieten keinen Schall-, Wärme- oder Rauchschutz. Aufgrund der beidseitigen Aufschlagrichtung ist häufig ein Sichtfenster erforderlich.
- Schwenktüren drehen über einen Punkt der auch asymmetrisch versetzt sein kann, sodass sich die Tür in beide Richtungen öffnet. Sie werden in eine Richtung aufschlagend auch als Absperrungen, etwa in Supermärkten, genutzt.
- Drehtüren (Karusselltüren) finden ihren Einsatz in stark frequentierten Eingangsbereichen von Hotels, Geschäften oder Banken. Sie verhindern Wärmeverlust und Zugerscheinungen und besitzen damit eine Funktion, die sonst ein Windfang übernimmt. Für Rollstuhlfahrer ist diese Art der Öffnung ungeeignet. Deshalb sind bei Karusselltüren immer weitere und behindertengerechte Türen alternativ und in der Nähe anzuordnen.

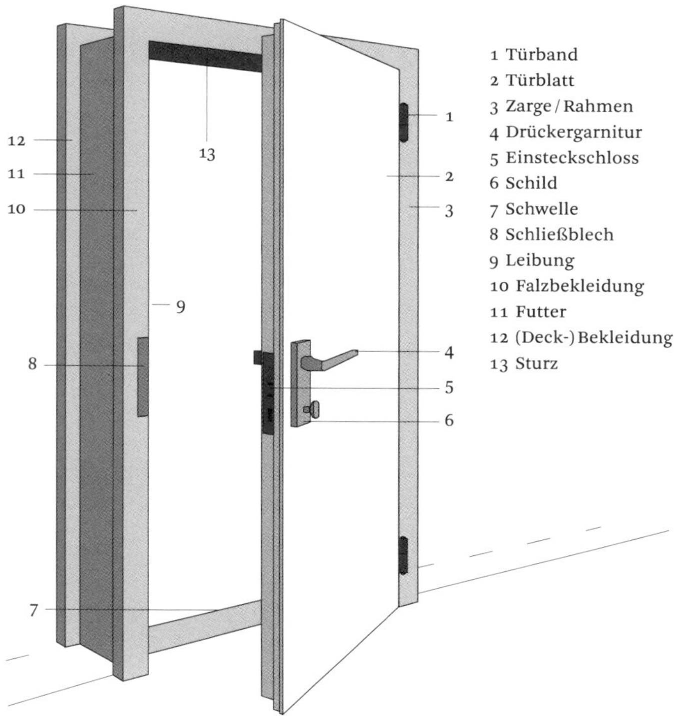

Drehflügeltüre: Elemente und Begriffe

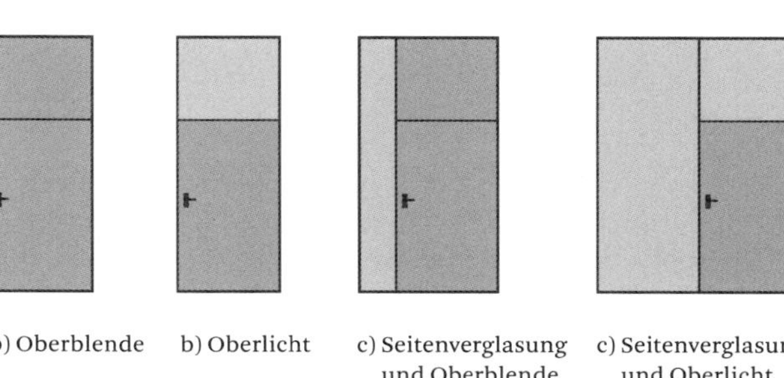

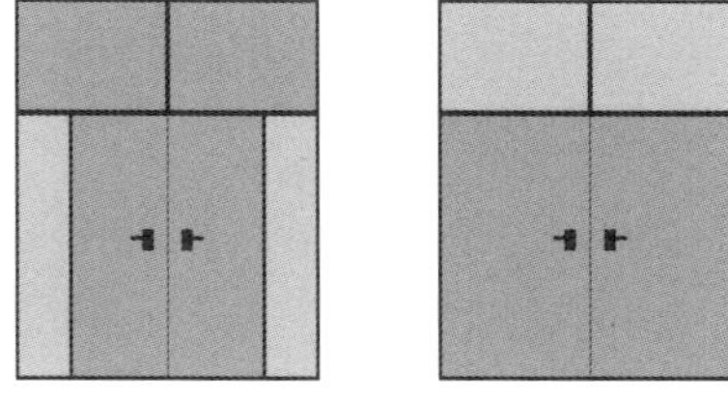

Ausführungsarten von Oberlichtern, -blenden und Seitenteilen

8.3 Türblätter

8.3.1 Bauweisen

Gängige Bauweisen von Türblättern sind Rahmentüren und Sperrtüren. Die Rahmentür ist eine klassische Konstruktion für Massivholztüren mit Rahmen und Füllung, die häufig nur punktuell befestigt wird, um das Quellen und Schwinden von Rahmen und Füllung zu ermöglichen. Die Sperrtür ist eine oberflächenbündige Konstruktion, die man geläufig als glattes Türblatt kennt; sie wird in Sandwichbauweise gefertigt. Türblätter können gefälzt oder stumpf, das heißt ohne Falz, hergestellt werden. Je mehr Falze eine Tür besitzt, desto leistungsfähiger ist diese in Bezug auf Schall- und Brandschutz sowie Dichtheit. In jedem Falz können zudem Dichtungen eingebracht sein, die diese Anforderungen noch besser erfüllen. Die Abmessungen von ein- oder zweiflügeligen Türen beziehen sich in der Regel auf die Mauerwerksmaße. Die Mindestdurchgangshöhe darf 200 cm im Lichten nicht unterschreiten.
Die Breite einer Tür ist gemäß ihren Anforderungen

Türen

	Standard Stahl- und Holzfutterzargen						überfälzt		stumpf einschlagend	
	Baurichtmaß BR		Baunennmaß BN		Lichter Durchgang LD		Türblatt Außenmaß gefälzt TAM		Türblatt Außenmaß stumpf TAM	
	Breite	Höhe	Breite	Höhe	Breite	Höhe	Breite	Höhe	Breite	Höhe
Zu- / Abschlag auf das BR			+10	+5	-64	-32	-15	-15	-41	-28
Toiletten	625	2125	635	2130	561	2093	610	2110	584	2097
untergeordnete Räume	750	2125	760	2130	686	2093	735	2110	709	2097
übliche Wohnräume	875	2125	885	2130	811	2093	860	2110	834	2097
Haus- / Wohnungstüren	1000	2125	1010	2130	936	2093	985	2110	959	2097
							mittige Teilung		mittige Teilung	
zweiflügelige Türen	1250	2125	1260	2130	1186	2093	621,5	2110	608,5	2097
	1500	2125	1510	2130	1436	2093	746,5	2110	733,5	2097
	1750	2125	1760	2130	1686	2093	871,5	2110	858,5	2097

Tabelle zu standardisierten Türgrößen. Bei diesen Normtüren ist das Zusammenspiel von Zarge und Türblatt, dem Falzmaß sowie Schloss- und Bandsitz in ihren Abmessungen festgelegt. Die maßlichen Details finden sich in der DIN 18101.

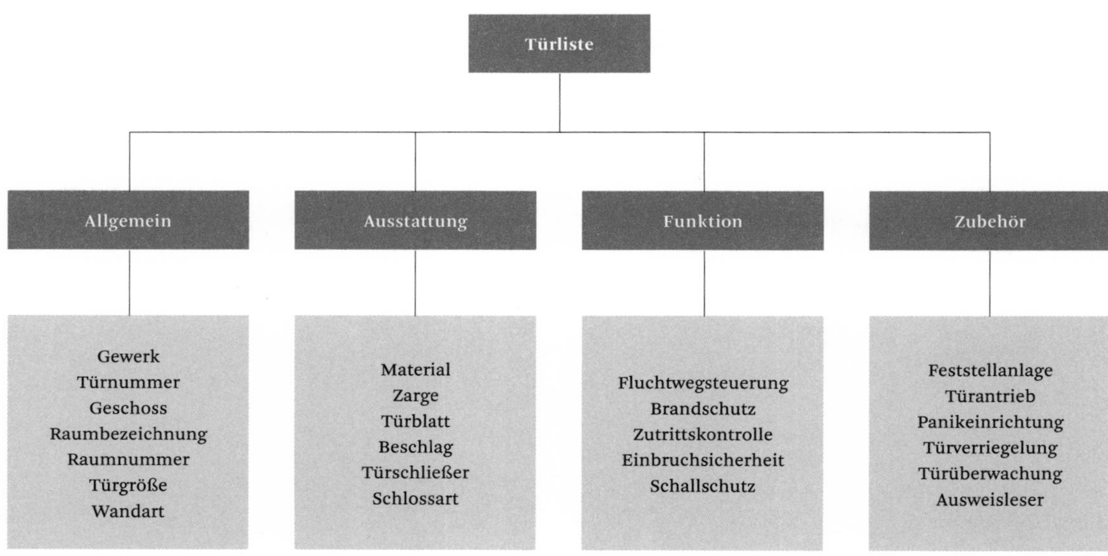

Elemente der Türenplanung, Planung mittels Türliste

auszulegen; bei barrierefreien Türen sollte diese mindestens 90 cm betragen. In der Regel werden heute höhere Türen als 200 cm eingesetzt. Türen können auch raumhoch sein, sofern dies die Rohbaukonstruktion zulässt und die Wirkung des Durchgangs möglichst großzügig und »übergangslos« erscheinen soll.
Daneben ist es möglich, Türen mit Ober- oder Seitenlichtern mit Verglasung auszustatten. Meist werden solche Systeme als Pfosten-Riegel-Konstruktion ausgeführt, wobei Glas oder Holzwerkstoffe für die Füllungen gemäß der gewünschten Transparenz verwendet werden.

8.3.2 Materialien für Türblätter

Die Stärke von Türblättern beträgt in der Regel 40 mm und die Wahl des geeigneten Türblattmaterials ist abhängig von ihrem Einsatzort: Trennt eine Tür zwei Brandabschnitte, muss diese in Material und Beschlägen so ausgeführt sein, dass sie durch Feuer erst nach einer gewissen Zeit zerstört und eine Ausbreitung des Feuers und Rauch somit verhindert wird. Massivholz sollte vor der Verarbeitung länger gelagert werden, um zu verhindern, dass das Holz zu stark nachtrocknet und Verbindungen undicht werden. Bei Innentüren darf die Holzfeuchte vor Einbau bei maximal 8–10 Prozent liegen. Geeignete Holzarten hierfür sind etwa Lärche, Eiche, Buche, Fichte und Kiefer. Heute kommen meist keine massiven Hölzer, sondern Werkstoffe – oft im Verbund – zum Einsatz. Holzwerkstoffe arbeiten, das heißt sie dehnen sich aus oder sie schrumpfen, in geringerem Maße als Massivholz und sind kostengünstiger. Die meisten Türblätter bestehen aus stoßfesten Deckschichten und einer innere Lage aus Hohlräumen, um sowohl Stabilität als auch Leichtigkeit zu gewährleisten. Zum Einsatz kommen dabei häufig Verbundplatten, etwa mit einer Wabenmittellage. Diese können lackiert und mit Furnieren oder Funierplatten belegt oder mit Kunststoffbeschichtungen versehen sein, die gut zu reinigen und je nach Ausbildung (Einteilung in Abriebklassen) sehr widerstandsfähig sowie in jeglicher Optik erhältlich sind. Der Vorteil der einfachen Reinigung kann besonders in Anbetracht der hygienischen Anforderungen, wie sie etwa in Krankenhäusern gestellt werden, von großer Wichtigkeit sein. Zum Einsatz kommen melaminharzgetränkte Beschichtungen und Acrylglas. Metall wird für Türblätter meistens in Form von Stahlblech verwendet, insbesondere dann, wenn es sich um Türen mit besonderen Anforderungen an den Brand- oder Einbruchschutz handelt.

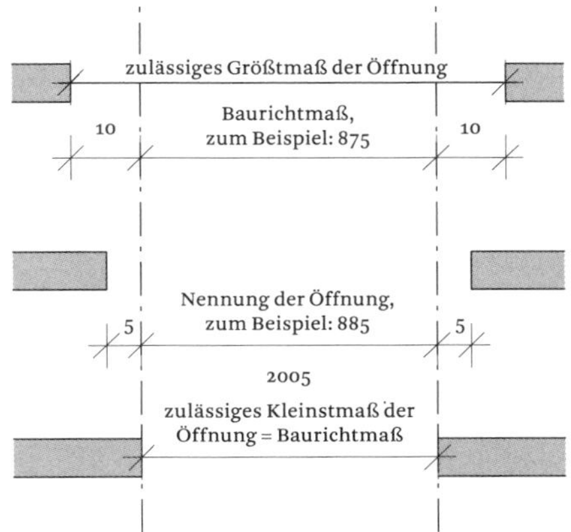

Maßtoleranzen bei Türöffnungen (Breite) 5–10 mm

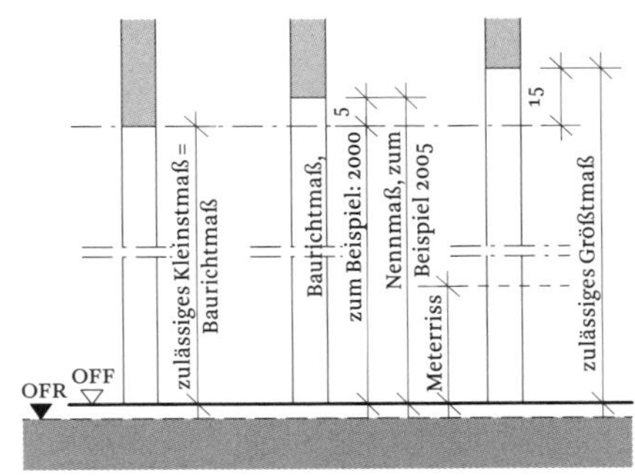

Maßtoleranzen bei Türöffnungen (Höhe) 5–15 mm

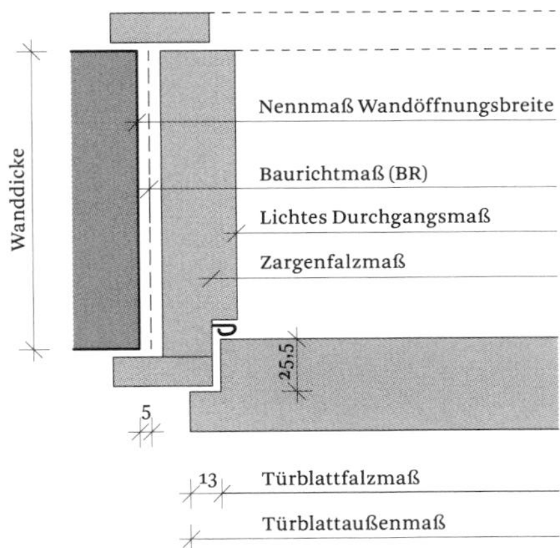

Bemaßung und Beschreibung bei Türöffnungen (Horizontalschnitt)

Türen

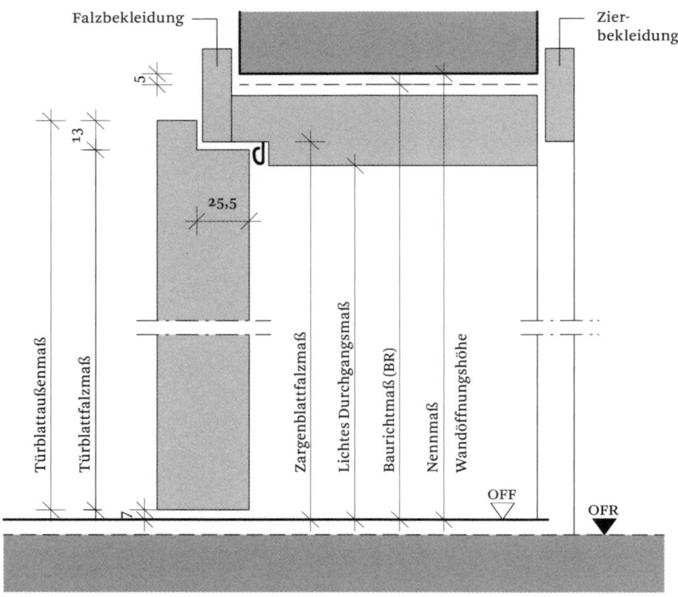

Bemaßung und Beschreibung bei Türöffnungen (Vertikalschnitt)

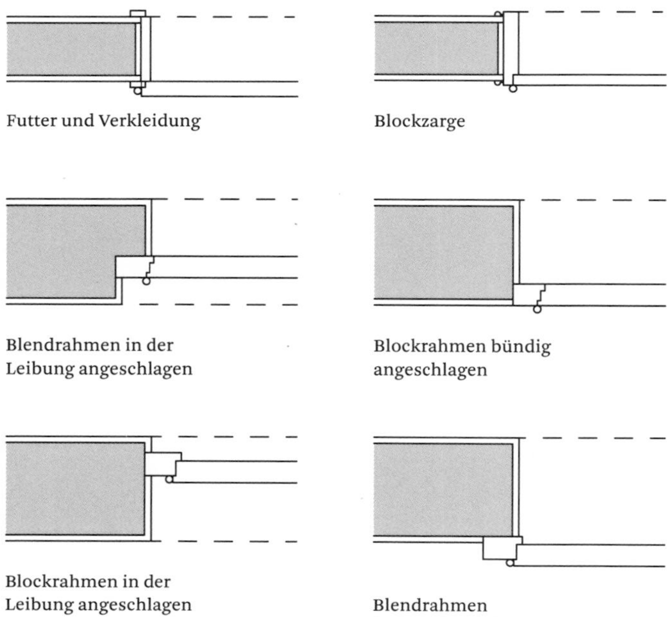

Die Anschlagsart entscheidet über den Ausdruck einer Tür.

Füllungen für Türblätter können aus folgenden Materialien bestehen:

- Mineralfaserwolle (Wärme- und Schallschutz),
- Pappwaben (besonders leicht und kostengünstig, geringer Schallschutz),
- Holzwerkstoffe: Röhrenspan, oder -stegplatte, Vollspanplatte (Schallschutz, Gewichtsreduktion),
- Bleieinlage (Strahlenschutz).

Zur Wärmedämmung ist auf die DIN 4108, zur Luftschalldämmung auf die DIN 4109 hinzuweisen.

Türblätter aus Glas werden dort eingesetzt, wo Sichtkontakt oder eine zusätzliche Belichtung über der Tür erforderlich ist. Glastürblätter besitzen in der Regel – wie alle anderen Türen auch – eine Zarge, Ganzglastüren hingegen werden ohne Rahmen verwendet. Damit können Glastürblätter zwar akustische und brandschutztechnische Anforderungen erfüllen, je höher diese Anforderungen allerdings sind, desto eingeschränkter ist die Größe des Türformats und die Ausbildung der Fugen. Aufgrund der fehlenden Rahmen, Anschlüsse und Dichtungen können Ganzglastüren akustische und brandschutztechnische Anforderungen nur bedingt erfüllen. Für diese sind spezielle, direkt an der Wand befestigte Beschläge erforderlich, wie sie etwa auch für Ganzglasduschtüren zum Einsatz kommen.

8.4 Türzargen

8.4.1 Bauweisen

Die Türzarge, auch als Türrahmen bekannt, gleicht Toleranzen der Rohbauöffnung aus. Sie wird mit mindestens einem Anschlag ausgebildet an dem der Beschlag befestigt wird und in die Maueröffnung eingepasst. Der Luftraum zwischen Öffnung und Zarge wird zur Isolation mit Mörtel, Dämmmaterial oder Isolierschaum gefüllt. Um die auftretenden Lasten der Dreh- oder Schiebeschläge abtragen zu können, muss die Türzarge fest mit der Wand verbunden sein. Es existieren folgende Bauarten:

- Umfassungszarge,
- Eckzarge und
- Blockzarge.

Die Umfassungszarge besteht aus Futter und Blendrahmen und umfasst, wie der Name schon sagt, die gesamte Wand. Die Eckzarge befindet sich nur auf der Wand- oder Sturzecke und bekleidet nicht die komplette Laibung. Die Blockzarge wird innerhalb der Laibung angesetzt; die Fuge wird dabei nicht durch den Rahmen abgedeckt. Sollen Deckleisten vermieden werden, muss mit Schattenfugen gearbeitet werden.

Alle Bauarten sind mit Seitenteilen oder Oberlichtern kombinierbar und erweiterbar, wobei das Oberlicht auch als Oberblende oder als zweites, nicht öffenbares Türblatt eingesetzt werden kann. Alternativ wird in die Zarge ein Kämpfer eingebracht. Daneben existieren unterschiedlichste Ausführungen und Füllungen. Tapetentüren, bei denen alle Teile wandbündig und somit beinahe unsichtbar ausgeführt werden, gehören zu den spezielleren Konstruktionen. Bei Außentüren muss darauf geachtet werden, dass die Profile thermisch getrennt und die Anschlüsse so ausgebildet sind, dass Wärmebrücken von innen nach außen vermieden werden.

8.4.2 Materialien für Zargen

Zargen werden aus Holz, Holzwerkstoffen oder Metall hergestellt. Die klassische Holzzarge besteht aus Futter und Bekleidung. Als Futter wird das Holzbrett in der Laibung bezeichnet, das dort auch verankert ist. Darauf ist eine Bekleidungsseite – die sogenannte Falzbekleidung – befestigt, also der Teil einer Zarge, in der der Türfalz eingelassen ist. An dieser Seite befinden sich Anschlag und Bänder und später auch das Türblatt. Die zweite Bekleidungsseite wird dann von der anderen Seite eingeschoben (früher angenagelt).

Holzzargen können als Eck-, Block- oder Blendzargen ausgebildet sein und je nach Ausführung hohen brandschutztechnischen sowie akustischen Anforderungen entsprechen. Um Blendleisten zu vermeiden, kann der Putz bei Blockzargen bis zur Schattenfuge angearbeitet werden. Zargen aus Metall sind meist aus Stahl gefertigt und werden ebenso wie Holzzargen in die Rohbauöffnung eingestellt und mit der Zierbekleidung von der Gegenseite verblendet. Stahlzargen können direkt eingemörtelt werden. Blockzargenprofile aus Stahl können so gefalzt sein, dass sie mit einem Schattenfugenprofil ausgestattet sind, an das angeputzt werden kann. Standardmäßig kommen Stahlzargen bei Brandschutztüren zur Anwendung, häufig werden aber auch Glastüren eingesetzt.

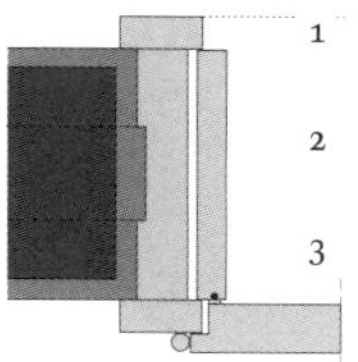

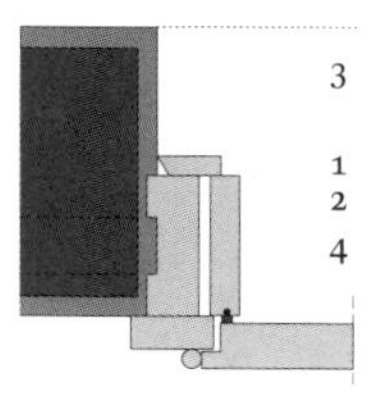

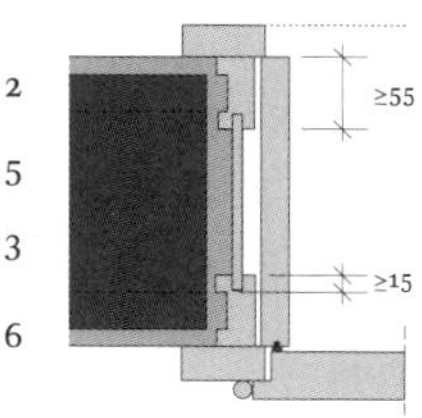

Zargenarten aus Holz

1 Deckleiste
2 Blindstock
3 Maueranker
4 Futtertiefe
5 Distanzplatte
6 Abdichtung

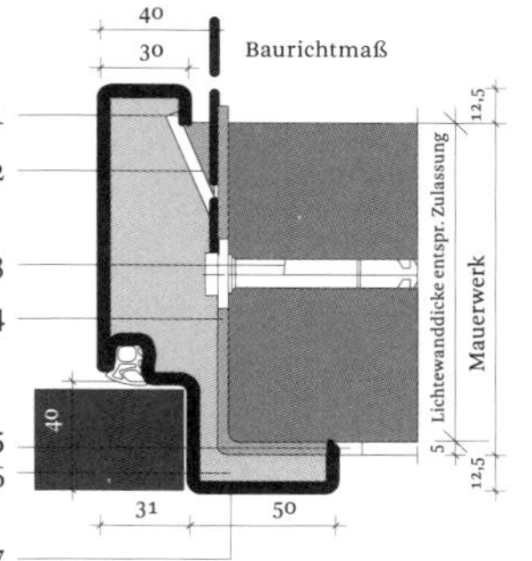
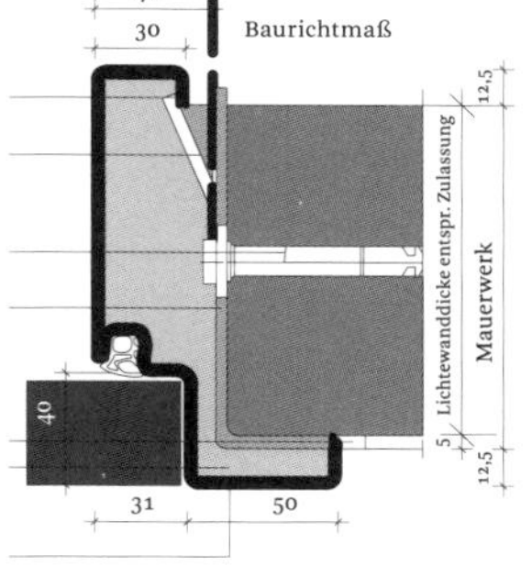

Umfassungszarge

1 Schußnaht
2 Dübelachse
3 Dübel nach bauaufsichtlicher Zulassung
4 Dübellasche (Höhenlage gemäß DIN 18093)
5 Dübellasche
6 mineralischer Mörtel
7 Umfassungszarge

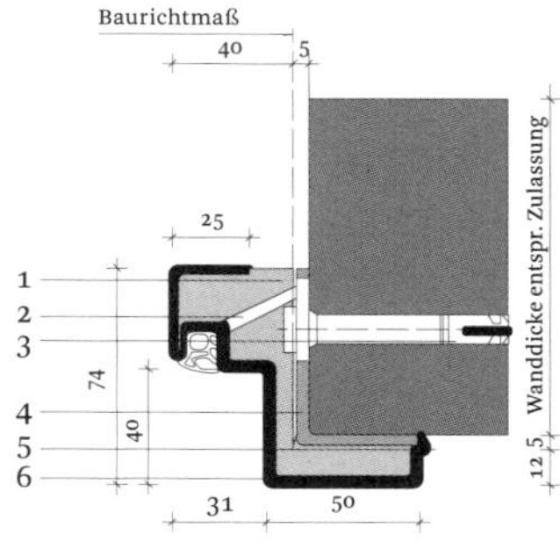

Eckzarge

1 mineralischer Mörtel
2 Distanzstück
3 Dübel nach bauaufsichtlicher Zulassung
4 Dübellasche (Höhenlage gemäß DIN 18093)
5 Dübellasche
6 Schweißnaht

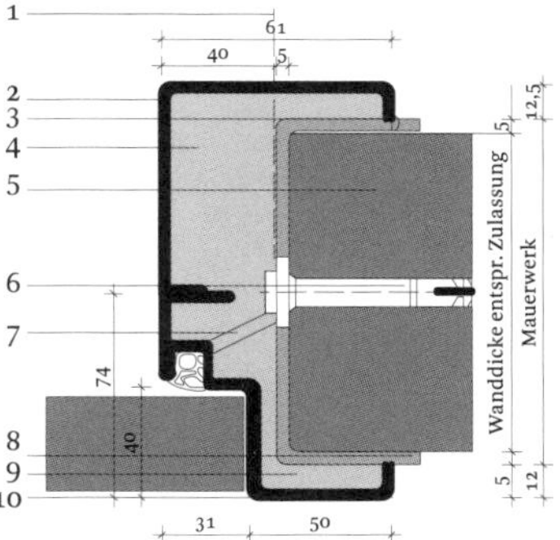

Eckzarge mit Gegenzarge

1 Baurichtmaß
2 Gegenzarge
3 Schweißnaht
4 verschraubt, wahlweise geschweißt oder genietet
5 Mauerwerk
6 Dübel nach baurechtlicher Zulassung
7 Distanzstück
8 Dübellasche (Höhenlage gemäß DIN 180930)
9 mineralischer Mörtel
10 Eckzarge

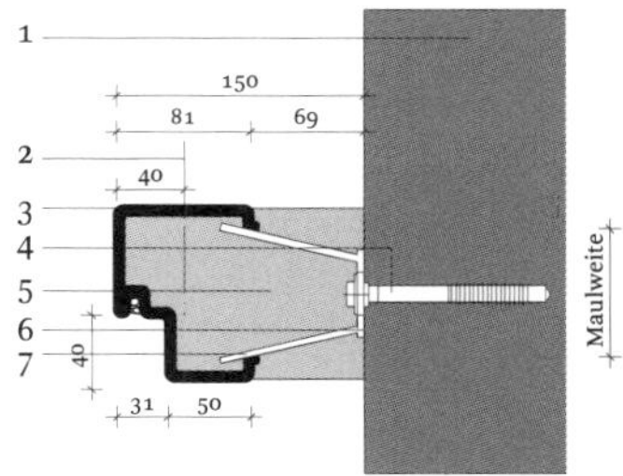

Blockzarge

1 Mauerwerk oder Beton
2 Bau Richtmaß
3 Blockzarge
4 Dübel nach bauaufsichtlicher Zulassung
5 Mineralischer Mörtel
6 Dübellasche (Höhenlage gemäß DIN 18093)
7 Distanzstück

Zargenarten aus Stahl

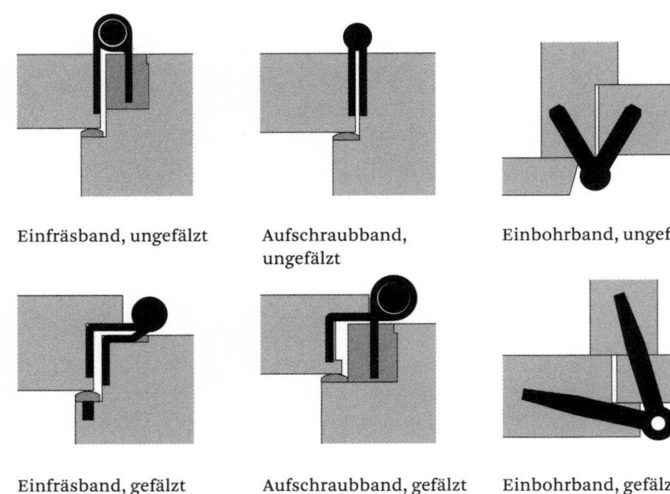

Drehtürbander in verschiedenen Ausführungen

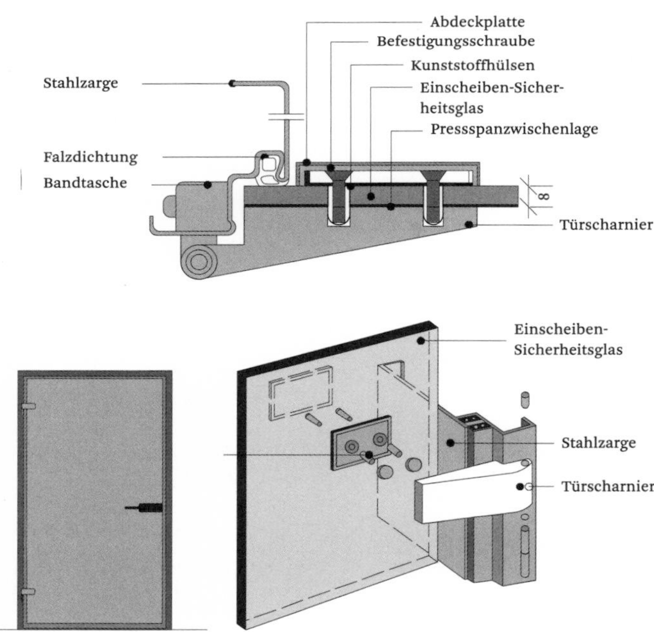

Begriffserklärung und Montage von Glastürbändern

Die meisten Zargen werden als Fertigzargen ausgeführt, die in ihren Abmessungen genormt sind und jeder Wandstärke angepasst werden können. Im Trockenbau finden vor allem einteilige und mehrteilige Umfassungszargen Verwendung – dabei wird die einseitige Umfassungszarge vor oder während der Wandmontage eingebaut. Mehrteilige Umfassungszargen (Steckzargen) sind für Sanierungen gut geeignet, weil diese in bestehende Wände eingebaut werden können.

8.5 Beschläge

8.5.1 Drehtürbeschläge

Die Beschlagsart einer Drehtür ist davon abhängig, ob das Türblatt gefälzt oder ungefälzt ausgeführt ist:

- Bei Einbohrbändern sind die Tragbolzen in Türflügel und Türrahmen eingebohrt.
- Bei Einfräsbändern werden die tragenden Bandlappen in Rahmen und Türflügel eingefräst.
- Bei Aufschraubbändern erfolgt die Befestigung an der Schmalseite von Türrahmen und Türflügel.

Die Befestigung der Bänder an Türblatt und Zarge ist von der jeweiligen verwendeten Materialart sowie der Konstruktion abhängig. Schraubverbindungen zählen zu der häufigsten Befestigungsart, es sind aber auch Klemm- oder Schweißverbindungen möglich. Die Wahl der Bänder richtet sich nach Einsatzort, Nutzungshäufigkeit, Materialart des Türflügels, Türabmessungen, Anordnung und Montageart der Bänder.

Da im Objektbereich mit größeren Belastungen als im privaten Wohnbereich zu rechnen ist, kommen Objektbänder, das sind dreiteilige Bänder aus hochwertigen Materialien, zum Einsatz. Sie besitzen die Vorteile einer längeren Haltbarkeit, einer besseren Einstellbarkeit sowie die Möglichkeit der Feinjustierung bei eingehängten Türflügeln. Versteckte Türbänder hingegen werden eher nur aus optischen Gründen gewählt, da diese bei geschlossener Tür nicht sichtbar sind.

Bänder für Feuerschutztüren sollen verhindern, dass sich die Tür im Brandschutzfall absenkt und nicht mehr öffnen lässt. Sie müssen – ebenso wie das Türblatt selbst – die Brandschutzbestimmungen nach DIN 4102 erfüllen.

8.5.2 Schiebetürbeschläge

Schiebetüren können als Hängesystem oder Bodenrollensystem ausgeführt werden und dabei sichtbar vor der Wand oder in einer Wandtasche laufen. Beim Hängesystem laufen Rollen in einer C-förmigen Schiene, die am Türsturz befestigt ist und vor der Wand beziehungsweise bis in die Wandtasche geführt wird. Läuft die Tür vor der Wand, kann der Beschlag entweder hinter einer Deckleiste liegend ausgeführt sein oder, dann meist in Edelstahl gefertig, sichtbar gelassen werden. Schiebetüren sollten bei größeren Formaten unten in einer Schiene, in einer Nut oder in einem Dorn geführt sein, damit sie nicht schwingen können. Bei Wandtaschen ist zusätzlich auf die Revisionierbarkeit zu achten – gegebenenfalls sind Revisionsklappen erforderlich.

Am Boden auf Rollen geführte Schiebetürsysteme laufen auf oder in Bodenschienen oder stehen frei. Die Rollen werden oft als Gestaltungselement eingesetzt und sind daher meist sichtbar montiert. Insbesondere in Kaufhäusern und Supermärkten kommen vollautomatische Ganzglasschiebetüren zum Einsatz, die durch Sensoren oder Lichtschranken gesteuert werden, da eine manuelle Öffnung durch den Nutzer zu umständlich wäre. Automatische Schiebetüren entsprechen den Regeln des barrierefreien Bauens, da sie für alle zugänglich sind.
Sie müssen schwellenlos ausgeführt sein. Eine Handöffnung im Notfall oder in der Nähe befindliche Fluchttüren sind erforderlich. Im gewerblichen Bereich kommen zudem Schiebetüranlagen, teilweise als Ganzglastüren, zum Einsatz. Ähnlich wie bei beweglichen Wänden sind dann Parkanlagen gegebenenfalls in Nischen einzuplanen. Bei Schiebetüren ist in jedem Fall auf die Fluchtsituation zu achten, die durch Schlupftüren oder zusätzliche in der Nähe befindliche Türen gelöst werden kann.

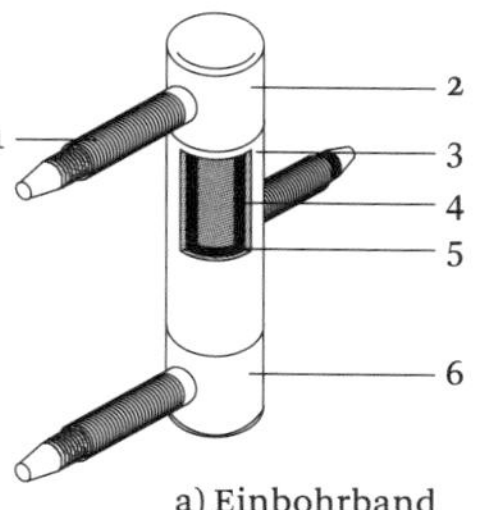

a) Einbohrband

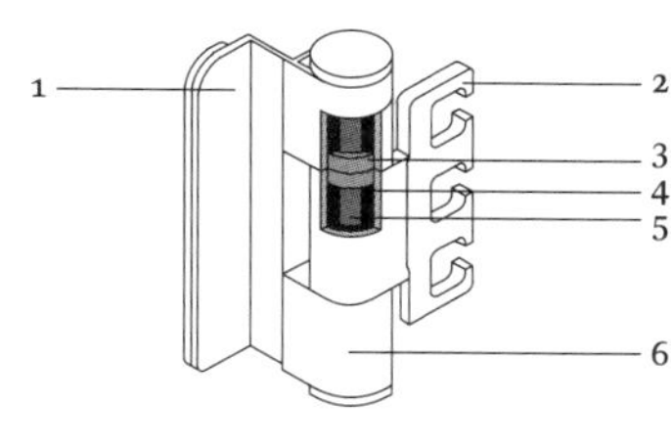

b) Einfräsband

1 Stufenbolzen zur einfachen Montage
2 Flügelteil
3 Rahmenteil
4 Stahleinlage
5 Edelstahlachse mit Verdrehsicherung
6 Nylonmantel

Objektbänder und ihre Bestandteile

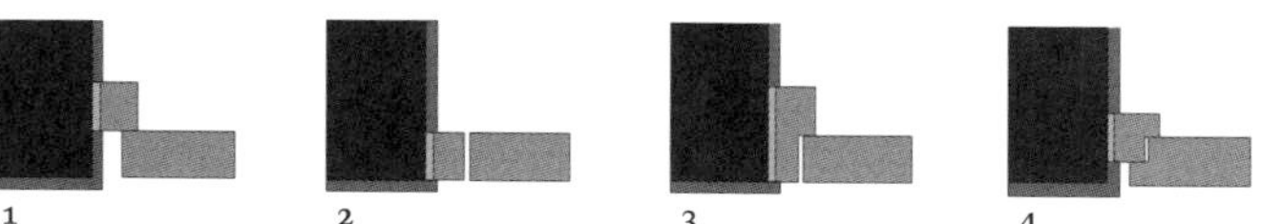

Falzausführung von Türblättern

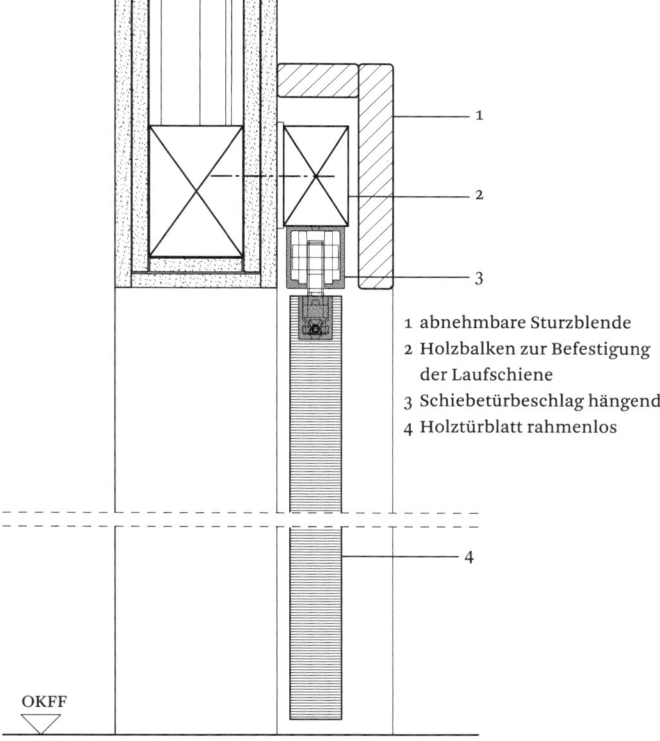

1 abnehmbare Sturzblende
2 Holzbalken zur Befestigung der Laufschiene
3 Schiebetürbeschlag hängend
4 Holztürblatt rahmenlos

Holzschiebetür mit Deckleiste

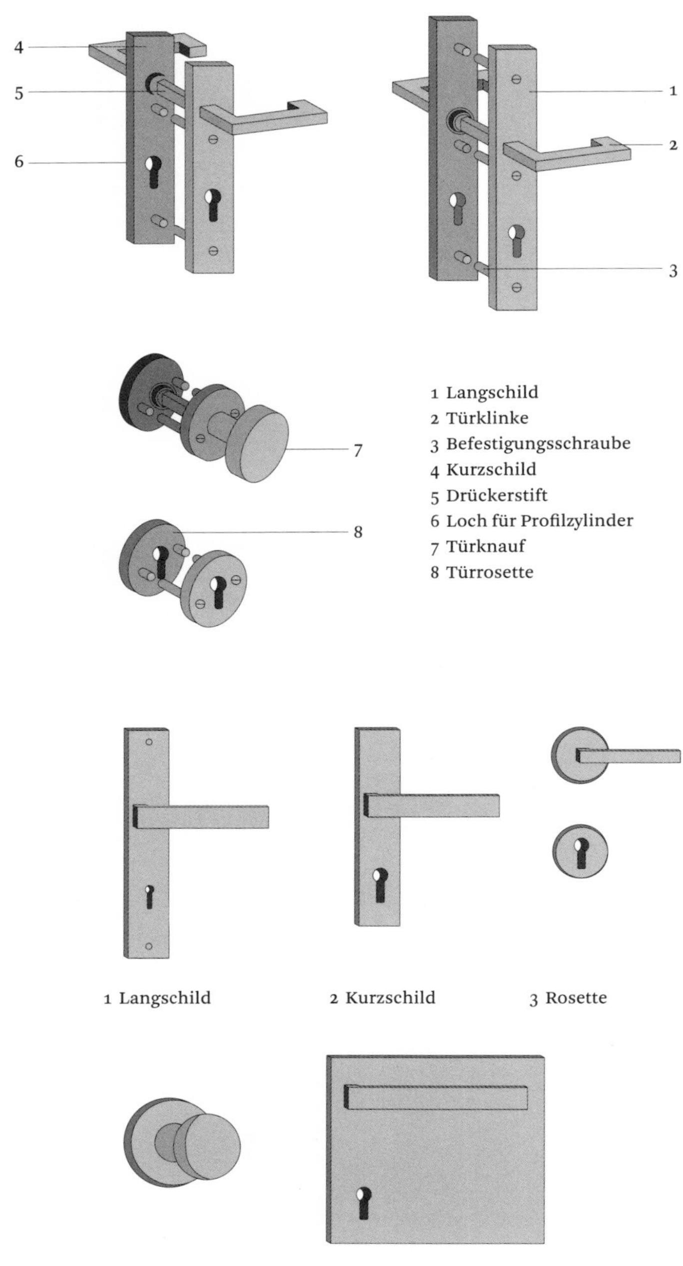

Unterschiedliche Türdrückergarnituren

8.5.3 Türdrücker

Die wichtigsten Normen für Beschläge sind die DIN 18255 und die DIN EN 1906. Darin sind die für den jeweiligen Einsatzbereich notwendigen Abmessungen, Anforderungen und Kennzeichnungen für die Nutzung festgelegt. Die Position des Griffs beziehungsweise des Drückers ist per Normung auf die Höhe von 1,05 m über der Oberkante des Fertigfußbodens (OKFF) festgelegt. Für barrierefreie Türen beträgt die Drückerbeziehungsweise Griffhöhe 85 cm über OKFF. Türdrücker mit ovalen Griffen kommen im Hinblick auf Barrierefreiheit oder des »Design-for-All« besonders Nutzern mit eingeschränkten motorischen Fähigkeiten zugute.

Standardmäßig werden Garnituren mit zwei Türdrückern ausgeführt (Drückergarnitur). Bei Eingangstüren wird häufig eine Kombination aus Griff und Drücker eingesetzt (Wechselgarnitur). Dabei befindet sich der Drückergriff auf der Innenseite und der Knauf auf der Außenseite der Tür. Die Türdrücker werden meist zusammen mit Lang- oder Kurzschildern oder getrennten Rosetten für den Schließzylinder kombiniert. Für Sondertüren wie etwa Brandschutztüren gibt es Panikbeschläge oder spezielle Zylinder, die im Notfall in Richtung des Rettungswegs immer zu öffnen sind.

8.5.4 Türdichtungen

Wärme- und Schalldämmung von Wänden werden durch Türöffnungen geschwächt. Schall- und Wärmedämmwert einer Tür sind abhängig von der Materialität, der Deck- und Mittellage sowie der Konstruktion – insbesondere der Falzausbildung; sie werden in eingebautem Zustand durch den Anschluss an flankierende Bauteile beeinflusst. Beim Einbau der Zarge ist darauf zu achten, dass keine Schallbrücken entstehen. Dieses Ziel wird durch den Einsatz von Dämmmaterial erreicht; die Zarge sollte dazu möglichst luftdicht an der Wand montiert werden. Eine maximale Dichtheit um eine optimale Dämmwirkung zu erzielen, gilt auch für den Anschlag des Türblatts zur Zarge. Wichtig ist ebenso die Dichtheit von Türrahmen und Türblatt zueinander sowie zu den flankierenden Bauteilen. Dabei ist auf folgende Punkte zu achten:

- umlaufendes Dichtungsband,
- Falzausbildung (je höher die Anforderungen, desto mehr Fälze) mit in einer Nut eingeklemmten Dichtungsbändern, die durch das Türblatt angepresst werden,

- Schwellenausbildung gegebenenfalls mit Anschlagschiene oder automatisch absenkbarem Dichtungsprofil,
- Türbeschläge.

8.6 Schwellenausbildung

Bautechnisch gesehen ist die Schwelle ein Anschlag auf Bodenebene, der schall- und wärmetechnisch durchaus positiv ist. Um Schwellen als Stolperquellen aber zu vermeiden, werden diese entweder extrem minimiert oder das Türblatt wird mit Dichtungsprofilen ausgestattet, die sich automatisch beim Schließen der Türe absenken. Beim barrierefreien Bauen ist man bestrebt, auf die Schwellen ganz zu verzichten oder sie – wie in der DIN 18025 gefordert – unter 2 cm zu halten. Ausgleichsmaßnahmen zur Schwellenvermeidung sind neben absenkbaren Dichtungen auch Roste zum Ablaufen des Wassers.

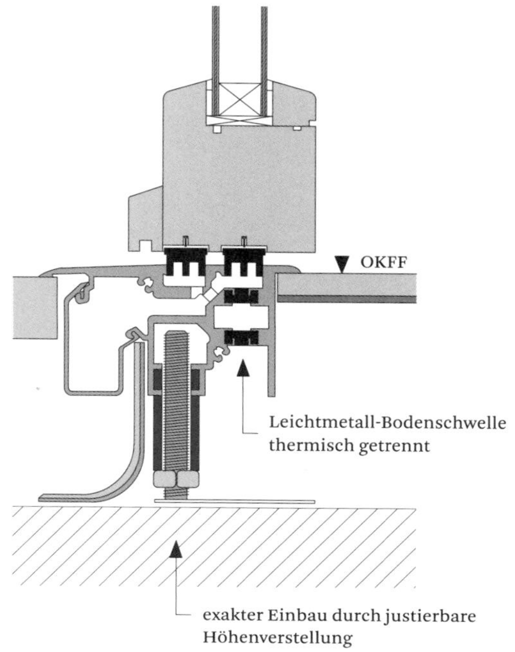

Detaildarstellung einer magnetischen Türdichtung

8.7 Sondertüren

8.7.1 Rauch- und Feuerschutztüren

Maßgeblich für die bauaufsichtlichen Anforderungen an den baulichen Brandschutz von Türen sind vor allem die Bauordnungen der Länder und die Verordnungen für Gebäude mit besonderer Nutzung (Versammlungsstätten, Beherbergungsstätten). Die Qualität der Tür wird durch die Ausführung von Türdichtung, Türblatt und Rahmenkonstruktion beeinflusst. Feuerschutztüren werden gemäß ihrer Feuerwiderstandsklasse unterschieden und müssen für bestimmte Anforderungen zusätzlich als dichtschließende Türen (DST) oder Rauchschutztüren (RST) ausgeführt sein. Dichtschließende Türen verfügen über eine dreiseitig umlaufende Lippendichtung, Rauchschutztüren besitzen eine zusätzliche Bodenabdichtung. Letztere benötigen eine Zulassung nach DIN 18095 und müssen entsprechend dieser allseitig rauchdicht eingebaut werden. Für beide Konstruktionen gilt jedoch, dass sie selbstschließend ausgeführt werden müssen. Dafür werden Türschließer, etwa Obentürschließer (OTS), verwendet; teilweise sind auch automatische, über Rauchmelder gesteuerte Türöffner notwendig. Der Anschluss an eine zentrale Brandmeldeanlage oder die Ausstattung mit integrierten lokalen Rauchmeldern sind ebenfalls erforderlich, um das Schließen im Brandfall zu sichern.

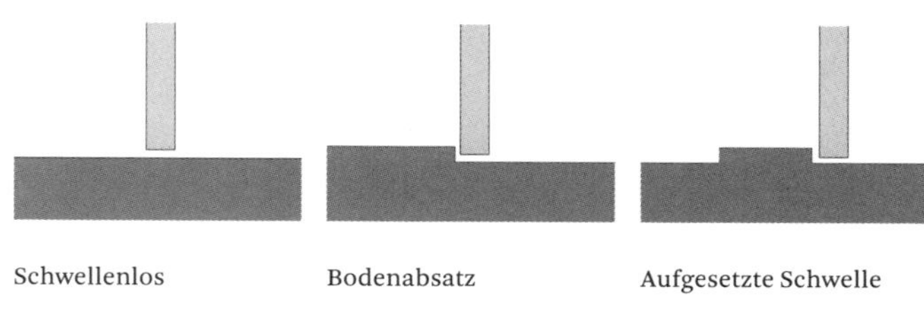

Unterschiedliche Schwellenausbildungen

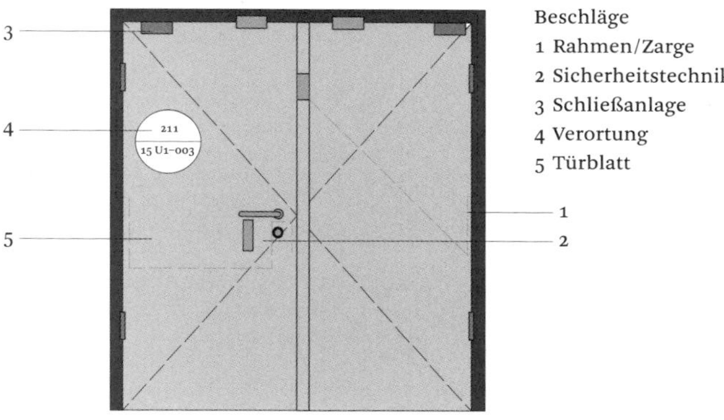

Technische Komponenten einer Automatiktür

Türen

Unterschiedliche Notausgangs- und Paniktürverschlüsse

Zeile		Bauteile	Anforderungen Rw (dB)
1	Geschosshäuser mit Wohnungen und Arbeitsräumen	Türen, die von Hausfluren oder Treppenräumen in Flure und Dielen von Wohnungen oder Wohnheimen und von Arbeitsräumen führen	27 (37)
2		Türen, die von Hausfluren oder Treppenräumen unmittelbar in Aufenthaltsräume (außer Flure und Dielen) von Wohnungen führen	37
3	Beherbergungsstätten	Türen zwischen Fluren und Übernachtungsräumen	32 (37)
4	Krankenanstalten, Sanatorien	Türen zwischen - Untersuchungs-/Sprechzimmern, - Fluren, Untersuchungs-/Sprechzimmern	37
5		Türen zwischen - Fluren und Krankenräumen, - Operations-/Behandlungsräumen, - Fluren, Operations-/Behandlungsräumen	32
6	Schulen und vergleichbare Unterrichtsbauten	Türen zwischen Unterrichtsräumen und ähnlichen Räumen und Fluren	32

Erforderliche Luftschalldämmung von Türen – Auszug DIN 4109 Tabelle 3. Die Werte in den Klammern sind die Vorschläge für den erhöhten Schallschutz gemäß DIN 4109 Beiblatt 2 (Ausgabe 1999).

Feuerschutztüren schützen gegen den direkten Flammendurchtritt und sind durch die Qualität von Rahmen und Türblatt sowie die feuerdichte Ausführung des Bauteilanschlusses gekennzeichnet. Diese Türkonstruktionen werden nach DIN 4102-5 in die Feuerwiderstandsklassen T30–T180 oder nach Europäischer Norm EI (Étanchéité = Raumabschluss, Isolation = Wärmedämmung) in die Klasse 1 oder 2, dann 30, 60 oder 90 und C für Closing oder S für Smoke eingeteilt.
Um die Feuerwiderstandsklasse T30 beziehungsweise EI2 30-C zu erlangen, muss die Tür den Durchtritt des Feuers (nicht des Rauchs!) mindestens 30 Minuten verhindern und sich dann noch öffnen lassen. Die brandschutztechnischen Anforderungen an die Türen liegen in der Regel eine Kategorie unterhalb der Anforderungen an die umgebenden Wände. Dies gilt nicht für Brandwände. Nach DIN 18082 werden Feuerschutztüren in die Bauarten A und B unterschieden, die wesentlich durch die Türblattdicke bestimmt werden – die jeweilige Verwendung ist dabei abhängig von der Größe der Wandöffnung und der Wanddicke. Die Bänder, die bei Feuerschutztüren zum Einsatz kommen, dürfen sich auch im Brandschutzfall nicht absenken; es muss gewährleistet sein, dass die Tür in jedem Fall geöffnet werden kann. Konstruktionen, die von der vorgegebenen Bauart sowie der entsprechenden Zulassung wesentlich abweichen, müssen durch eine Zustimmung im Einzelfall genehmigt werden – dies betrifft neben der massiven Bauart des Türblatts auch den Einsatz lichtdurchlässiger Elemente.

8.7.2 **Schallschutztüren**
kommen vor allem in Objektbereichen (Hotels, Konferenzräumen, Anwaltsbüros und Arztpraxen) zur Anwendung, in denen erhöhte Anforderungen an den Schallschutz gestellt werden. Auch im hochwertigen Wohnungsbau werden Schallschutztüren eingesetzt, wenn der erhöhte Schallschutz nach DIN 4109 beziehungsweise VDI 4100 vereinbart wurde.
Dabei ist zu beachten, ob Hersteller nur einen Labor-Schall-Dämmwert für das Türelement (Zarge, Türblatt, Beschlägen und Dichtungen) angeben können oder auch die bauliche Umgebung berücksichtigt ist. Maßgeblich ist der Dämmwert allerdings erst im eingebauten Zustand, denn der Anschluss zur Wand hat großen Einfluss auf die Wirkungsweise der Tür. Es ist darauf zu achten, dass möglichst keine Fugen entstehen, weshalb nicht nur der Falzdichtung und der Abdichtung der Bodenfuge durch geeignete Bauteile Aufmerksamkeit zu schenken sind, sondern auch der Hohlraum zwischen Zarge

und Wand mit dauerelastischem Dichtstoff abgedichtet werden muss. Ungünstig ist eine vollflächige Ausschäumung mit Polyurethan (PUR)-Schaum. Die Türblätter sind in der Regel zweischalig mit einer Innenlage aus Mineralfaserwolle ausgeführt. Ihre Deckschicht besteht aus Holzwerkstoffplatten oder entdröhnten Stahlblechtafeln.

8.7.3 Einbruchhemmende Türen

In einem in den DIN V ENV 1627–1630 festgelegten Prüfverfahren wird die einbruchshemmende Wirkung einer Tür getestet. Dabei wird stets das aufeinander abgestimmte Türelement als Einheit geprüft. Es ist in sechs Widerstandsklassen eingeteilt (WK 1–WK 6), wobei im privaten Bereich WK 2 und WK 3 als ausreichend gelten. Die einbruchshemmende Wirkung ist vor allem bei Eingangstüren für Wohnungen und gewerbliche Nutzungen sowie besonders schutzbedürftige Räume sinnvoll. Bei den Beschlägen ist Folgendes zu beachten:

- Schließbleche müssen nach DIN 18251 mindestens der Klasse 3 für widerstandsfähige Schlösser entsprechen.
- Schutzbeschläge / Rosetten sind nach DIN 18257 in ES 1–3 eingeteilt. Bei der Ausführung wird darauf geachtet, dass der Profilzylinder nicht über den Außenbeschlag hinausragt, um eine mechanische Einwirkung zu verhindern.
- Schließzylinder (Profilzylinder) sind nach DIN 18252 in die Klassen 1–3 eingeteilt: Bei höheren Anforderungen kommen nur die Klassen 2 und 3 in Frage. Zusätzlich können Schließzylinder mit Bohr- (BS) oder Bohr- und Ziehschutz (BZ) ausgestattet sein.

8.7.4 Strahlenschutztüren

sind für den Einsatz in Röntgenräumen von Kliniken, Arztpraxen oder Laboren konzipiert. Zum Strahlenschutz werden Bleifolien verwendet, deren Dicke von den eingesetzten Gerätschaften sowie von dem zu erwartenden Strahlungsaufkommen abhängt (DIN 6834). Die Bleifolien gehen über die gesamte Türblattfläche und sind in die Deckschichten des stumpf einschlagenden Türblatts eingebettet. Die Dicke der Folien ergibt zugleich den Bleigleichwert (Schwächungsgrad); vom Hersteller anzugebende Werte liegen üblichlicherweise bei 1–5 mm. Bleikaschierte Türblätter sind wesentlich schwerer, sodass UA-Aussteifungsprofile und Stahlrahmen zum Einsatz kommen müssen. Werden Sichtfenster verwendet, so sind nur spezielle Strahlenschutzgläser zulässig.

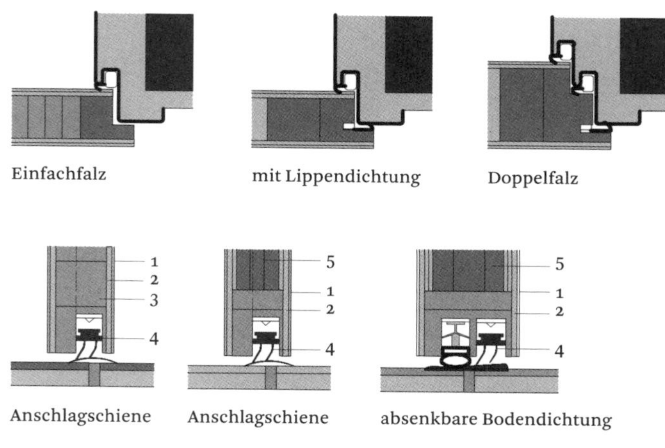

1 Deckfunier
2 Hartfaserplatte
3 Doppelrahmen
4 Dichtung
5 Weichfaserplatten

Falz- und Bodendichtungsausführung von Schallschutztüren

Widerstandsklassen	Tätertyp / mutmaßliche Vorgehensweise
WK 1	Bauteile der Widerstandsklasse 1 weisen Grundschutz gegen Aufbruchsversuche mit körperlicher Gewalt wie Gegentreten, Gegenspringen, Schulterwurf, Hochschieben oder Herausreißen auf (vorwiegend Vandalismus).
WK 2	Die Gelegenheitstäter versuchen zusätzlich mit einfachen Werkzeugen – wie Schraubendreher oder Zange und Keil – das verschlossene und verriegelte Bauteil aufzubrechen.
WK 3	Der Täter versucht zusätzlich mit schwerem Hebelwerkzeug das verschlossene und verriegelte Bauteil aufzubrechen.
WK 4	Der erfahrene Täter setzt zusätzlich Schlag- sowie Bohrwerkzeuge ein.
WK 5	Der erfahrene Täter setzt zusätzlich Elektrowerkzeuge, wie eine Bohrmaschine, eine Stich- oder Säbelsäge und einen Winkelschleifer mit einem maximalen Scheibendurchmesser von 125 mm ein.
WK 6	Der erfahrene Täter setzt zusätzlich leistungsfähige Elektrowerkzeuge, wie etwa Winkelschleifer mit einem maximalen Scheibendurchmesser von 230 mm ein.

Tabelle zur Einteilung der Widerstandsklassen von Türelementen

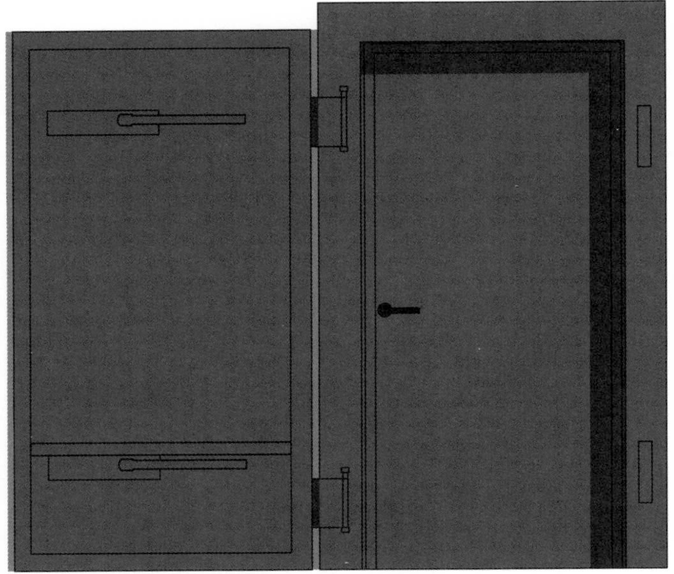

Ansicht einer Hochwasserschutztür

8.7.5 **Hochwasserschutztüren** sind einflügelige Türen, um die größtmögliche Stabilität zu gewährleisten. Hochwasserschutztüren schlagen meistens in die Richtung auf, aus der das Hochwasser zu erwarten ist, um den dabei entstehenden Anpressdruck für die absolute Dichtigkeit der Tür zu nutzen. Um das Eindringen von Wasser insbesondere in Hochwasser gefährdeten Gebieten zu vermeiden, werden Türen eingesetzt, die aufgrund der Falze und Dichtungen nach den zuvor beschriebenen Prinzipien ausgeführt werden.

An die Raumgeometrie angepasstes Türblatt

Lackierte Holzschiebetür, in Wandnische einfahrbar

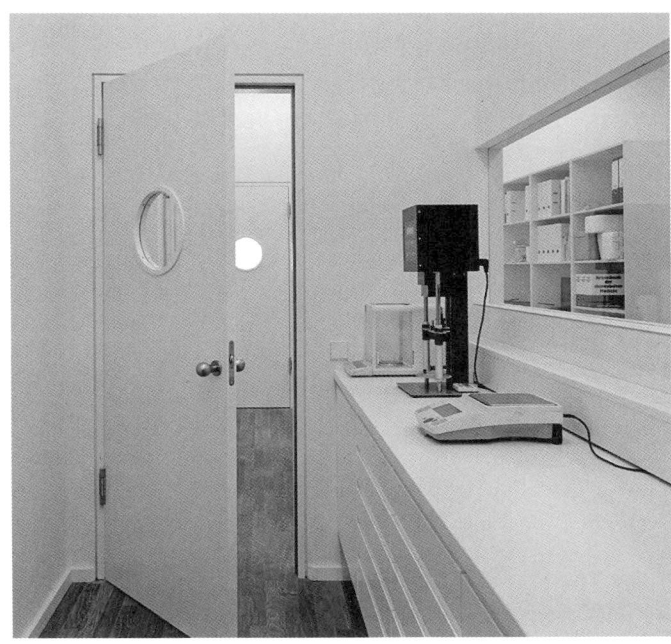

Labortür mit rundem Glasausschnitt, flächenbündig eingebaute Stahlzarge

Wandbündige Tapetentür, mit Mustertapete beklebt

Hochwertige T30-Tür, wandbündig in Nische eingelassen

Treppen, Rampen und Erschließungssysteme

9.1 **Einführung Treppen**
9.2 **Treppenelemente**
9.3 **Treppenarten**
9.4 **Treppenkonstruktionen**
9.5 **Schallschutz bei Treppen**
9.6 **Rampen**
9.7 **Aufzüge und Rolltreppen**

Treppen, Rampen und Erschließungssysteme

Der Übergang der Außentreppe zur Mauer wird durch das Stahlband betont. Gleichzeitig wirkt die Treppe dadurch leichter.

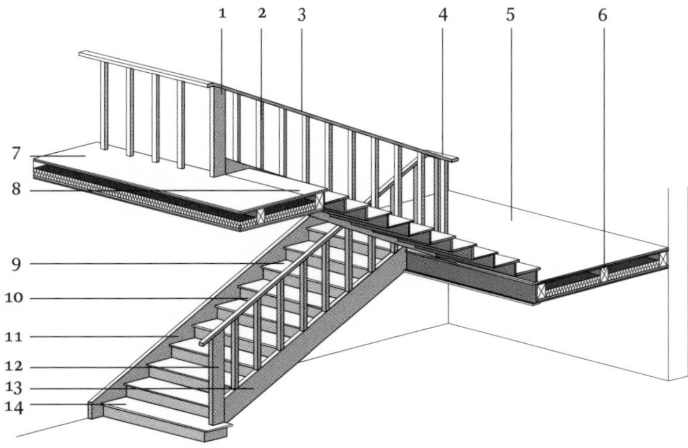

1 Austrittpfosten
2 Geländerstab
3 Handlauf
4 Krümmling
5 Zwischenpodest
6 Podestbalken
7 Geschosspodest
8 Auftrittstufe
9 Trittstufe
10 Setzstufe
11 Wandwange
12 Antrittpfosten
13 Freiwange
14 Antrittstufe

Begriffserklärung für Treppenkonstruktionen

9.1 Einführung Treppen

Treppen dienen der vertikalen Erschließung von Gebäuden. Sie verbinden unterschiedliche Ebenen oder Geschosse miteinander. Treppen sind Durchgangsort und Verkehrsfläche, Orte der Begegnung und der Bewegung, sie geben Rhythmus und Schrittfolge der Benutzer vor. Treppenelemente können durch andere vertikale Erschließungssysteme ergänzt, aber niemals ersetzt werden, da das Baugesetz die Treppe immer als ersten baulichen und notwendigen Rettungsweg vorsieht. Ob skulptural, filigran oder funktional – die Ausbildung einer Treppe spielt für die Raumwirkung eine große Rolle!

Ursprünglich besaßen Treppen, insbesondere aufwendigere Treppenanlagen, auch eine symbolisch-religiöse Bedeutung. Beispielsweise wurden in der Antike und in frühen Hochkulturen Freitreppen in Sakralbauten, vor Tempeln, Pyramiden oder anderen Gotteshäusern in Analogie zur Himmelsleiter eingesetzt. Im Mittelalter begann man mit der Errichtung von Spindeltreppen, die meist in separaten Bauwerken wie etwa Türmen zum Einsatz kamen. Mit besonders prunkvoll ausgestatteten Treppen versuchte man im Barock das Eintreten in den Raum zu inszenieren. Im Zeitalter der Industrialisierung erlaubte die zunehmende Verwendung von Eisen als Konstruktionsmaterial möglichst filigrane Konstruktionen und größere Abmessungen. Im 20. Jahrhundert wurde mit der rationellen Fertigung von Stahlbeton die Standardisierung von Treppenkonstruktionen möglich.

Heutzutage werden Treppen oft durch technische Hilfsmittel wie Aufzüge und Rolltreppen als Haupterschließungen ersetzt und nur noch als Fluchttreppen genutzt. Dennoch stellen sie durch ihre komplexe Geometrie und Struktur die interessantesten räumlichen Elemente eines Gebäudes dar.

9.2 Treppenelemente

Die einzelnen Treppenbestandteile und -elemente sind in der nebenstehenden Abbildung (Begriffserklärung für Treppenkonstruktionen) genauer erklärt. Genormte Abmessungen und Richtlinien für die Bestandteile der Treppe finden sich in der DIN 18065. Des Weiteren sind vor allem die Vorschriften aus der jeweiligen Landesbauordnung zu beachten.

9.2.1 Treppenraum

Notwendige Treppen müssen bei Gebäuden mit mehr als zwei Geschossen gemäß Bauordnung zur Sicherstellung der Rettungswege aus den Geschossen direkt ins Freie führen und in einem eigenen, durchgehenden Treppenraum liegen (notwendiger Treppenraum). Baurechtlich nicht notwendige Treppen und notwendige Treppen in kleineren Nutzungseinheiten können ohne eigenen Treppenraum geführt werden. Die Auslagerung von Treppen in einen eigenen Treppenraum – umgangssprachlich Treppenhaus – ist vor allem für den Schallschutz und den Brandschutz von Vorteil. Der Raum über der Treppe muss eine Durchgangshöhe von mindestens 2 m besitzen. Seitliche Einschränkungen sind nach Lichtraumprofil (DIN 18065) zulässig.

9.2.2 Treppenlauf

Folgen mindestens drei Stufen aufeinander, bilden sie einen Treppenlauf, der mit dem Antritt beginnt und dem Austritt endet. Die Laufbreite einer Treppe liegt bei mindestens 100 cm; bei internen Treppen innerhalb von kleinen Einheiten kann diese auf 80 cm reduziert werden. In öffentlichen Gebäuden, insbesondere bei Versammlungsstätten, können auch breitere Treppenläufe erforderlich sein. Diese dürfen jedoch an keiner Stelle verengt werden – ansonsten ist das Treppenlaufprofil der DIN 18065 zu beachten. Zudem sind weniger als drei Treppenstufen bei Verkehrsflächen nicht zulässig, da hier Stolpergefahr besteht.

9.2.3 Treppenstufen

bestehen aus Auftritten und Steigungen, die in einem bestimmten Verhältnis zueinander stehen müssen (Treppenregeln!). Für den rutschsicheren Auftritt existieren entsprechende Kantenausbildungen mit Profil oder Einlage, falls das Material nicht der erforderlichen Rutschfestigkeit entspricht. Ein Untertritt ist ratsam, wenn die Auftrittsbreite gering ist, wobei der Untertritt nicht zu groß sein darf, da sonst Stolpergefahr bestehen könnte. Die Steigung kann offen ausgebildet werden, das heißt, die Treppe wird ohne Setzstufe ausgeführt. Im Außenbereich sind Stufen grundsätzlich flacher zu planen, die Steigung muss jedoch mindestens 14 cm betragen, damit die Treppe bequem und sicher begehbar ist. Je nach Gebäude variieren die Maximalwerte der Steigung: bei Nebentreppen bis 20 cm, in Wohnhäusern 17–19 cm, in öffentlichen Gebäuden 16–17 cm, in Versammlungsräumen und Theatern 16 cm und bei Treppen im Freien 14 cm.

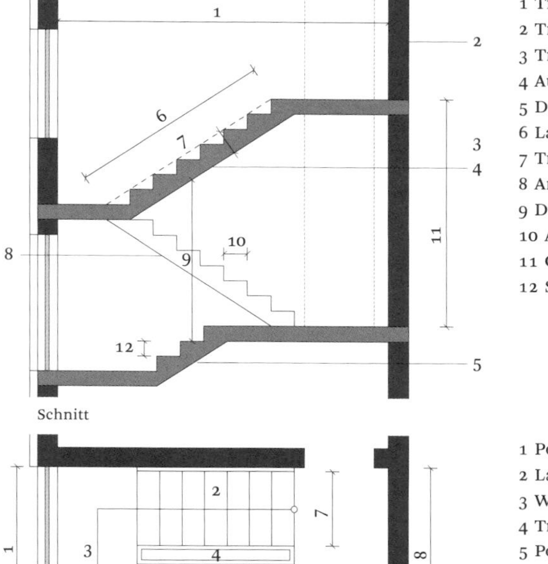

1 Treppenhauslänge
2 Treppenhauswand
3 Treppendicke
4 Auftrittslauf
5 Differenztreppe
6 Lauflänge in Neigung
7 Treppenneigung
8 Antrittslauf
9 Durchgangshöhe
10 Auftritt
11 Geschosshöhe
12 Steigung

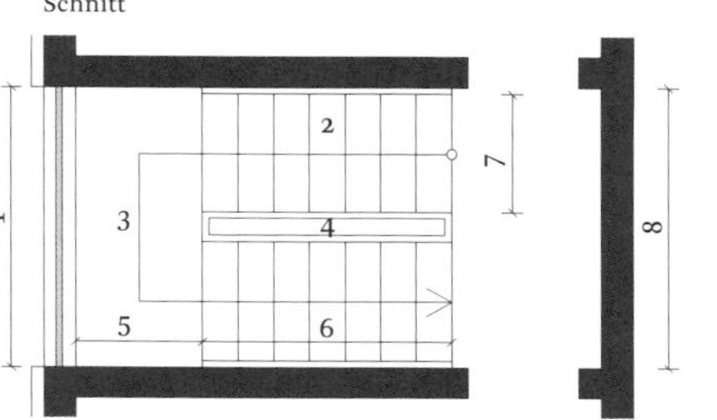

1 Podestbreite
2 Lauflinie
3 Wendepfosten
4 Treppenauge
5 Podesttiefe
6 Lauflänge
7 Laufbreite
8 Treppenhausbreite

Definitionen und Maße für die Treppenplanung

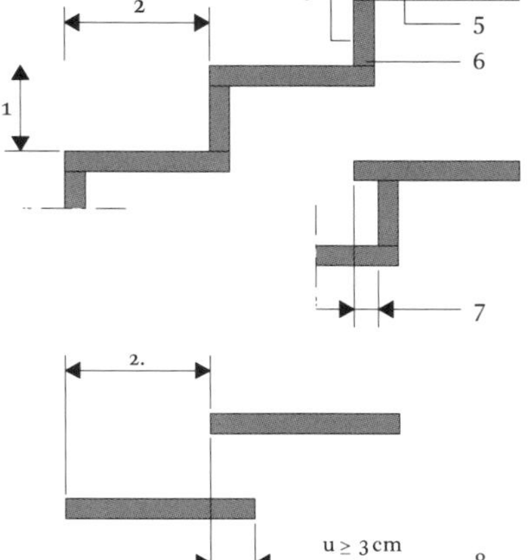

1 Steigung
2 Auftritt
3 Stoßfläche
4 Trittkante
5 Trittfläche
6 Trittstufe
7 Setzstufe
8 Unterschnitt

Stufen im Detail betrachtet

Treppen, Rampen und Erschließungssysteme

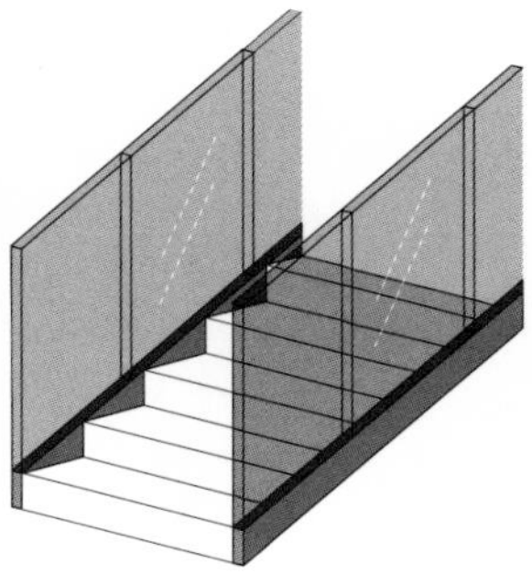

a) eingespanntes Glasgeländer

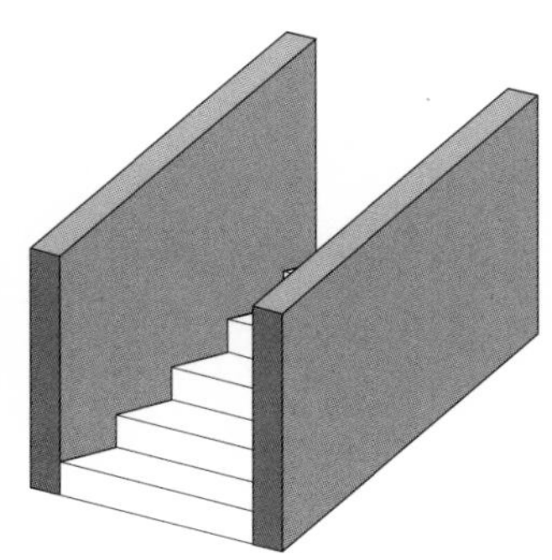

b) massives Brüstungsgeländer

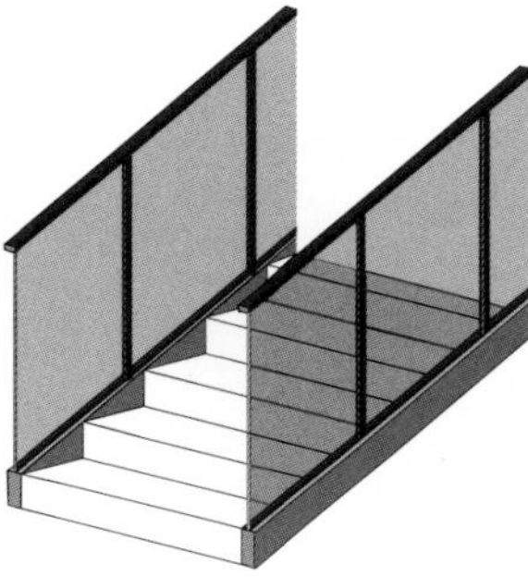

c) Glasgeländer mit Stahlkonstruktion

d) Stabgeländer vertikal

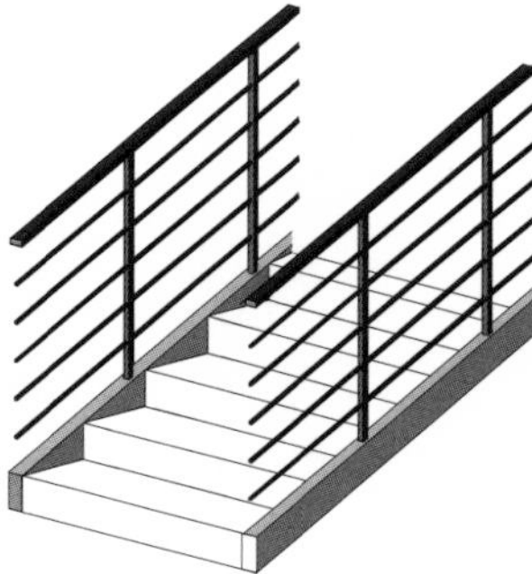

e) horizontales Stabgeländer

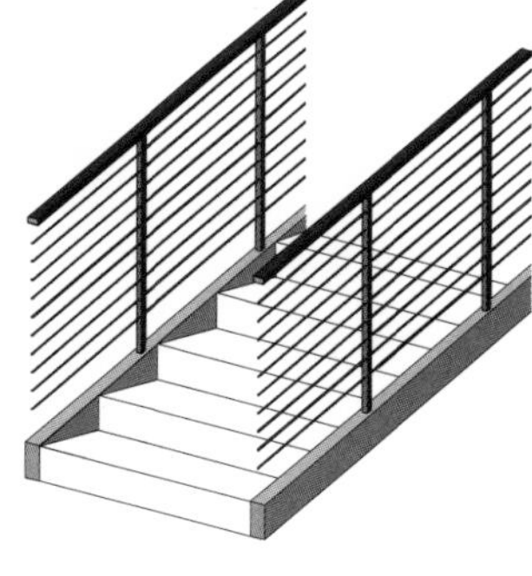

d) horizontales Geländer mit gespannten Stahlseiten

Unterschiedliche Geländerkonstruktionen

9.2.4 **Podeste**
unterstützen die sichere Begehbarkeit von Treppen. So fordert die DIN 18065 nach 18 Treppenstufen ein Podest. Zudem sind die Landesbauordnungen zu beachten, welche die Ausführung eines Podests bereits nach 13–15 Stufen vorschreiben können. Die Podesttiefe muss dabei mindestens so breit wie die Laufbreite sein, damit die Durchgangsbreite nicht eingeengt wird. Podestlängen sollten dem Schrittmaß entsprechend dimensioniert werden. Treppenpodeste dürfen nicht durch darin aufschlagende Türen verengt werden, damit die Fluchtwege nicht eingeschränkt sind.

9.2.5 **Geländer**
sichern Personen vor Sturz oder Absturz. Geländer sind ab einer Absturzhöhe von 1 m erforderlich, dies gilt für Flächen und Stufen. Die meisten Länderbauordnungen erlauben die Ausführung von drei Stufen ohne Absturzsicherung. Sicherheit vor Absturz besteht laut Norm erst dann, wenn die Gefährdung durch Maßnahmen auf ein akzeptables Maß beschränkt ist. Bei einer Absturzhöhe bis zu 12 m müssen Geländer 90 cm hoch sein, bei über 12 m sind diese mit einer Höhe von 110 cm auszuführen. Der lichte Abstand zwischen Treppenlauf oder Podest zum angrenzendem Bauteil darf nicht mehr als 4 cm betragen, da ansonsten eine Absturzsicherung erforderlich ist. Geländerfüllungen können als Stäbe, mit flächigen Füllungen oder massiv ausgebildet sein. Bei vertikalen Stäben dürfen diese nicht mehr als 12 cm auseinanderliegen. Das Maß steht für die Größe eines Kinderkopfes, der aus Sicherheitsgründen an keiner Stelle durch das Geländer passen darf. Horizontale Geländerstäbe müssen so ausgebildet sein, dass sie nicht als Leiter benutzt werden können und damit ein Übersteigen des Geländers verhindern. Dazu liegen die Stäbe demensprechend eng übereinander oder der Handlauf wird verkröpft eingebaut.

9.2.6 **Handläufe**
dienen der Sicherheit bei der Benutzung einer Treppe und sind baurechtlich vorgeschrieben. Länderbauordnungen schreiben teilweise sogar zwei Handläufe, etwa bei Sonderbauten, öffentlich zugänglichen Gebäuden und Versammlungsstätten vor. Bei Treppen bis 1,50 m Laufbreite ist ein einseitiger Handlauf, bis 2,50 m Laufbreite ein beidseitiger Handlauf und ab 2,50 m ein zusätzlich mittiger Handlauf anzuordnen. Der Sicherheit eines Geländers auf geeigneter Höhe bedürfen vor allem geh- und sehbehinderte und ältere Menschen aber auch Kinder.

Zeile	Gebäudeart	Treppenart	Nutzbare Treppenlaufbreite (mindestens)	Treppensteigung s (maximal)	Treppenauftritt a (mindestens)
1	Wohnungen mit nicht mehr als zwei Wohnungen	Treppen, die zu Aufenthaltsräumen führen	80	20	23
2		Kellertreppen, die nicht zu Aufenthaltsräumen führen	80	21	21
3		Bodentreppen, die nicht zu Aufenthaltsräumen führen	50	21	21
4	Sonstige Gebäude	Baurechtlich notwendige Treppen	100	19	26
5	Alle Gebäude	Baurechtlich nicht notwendige Treppen	50	21	21

Treppenabmessungen nach Gebäude- und Nutzungsart

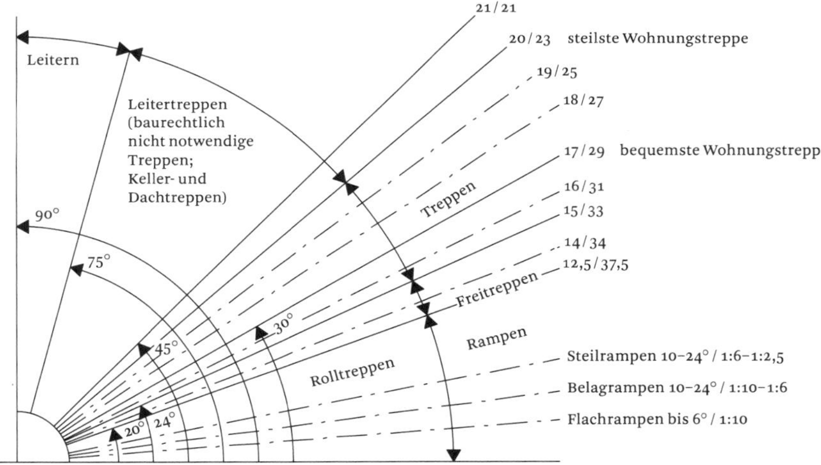

Treppensteigungen, Angabe in Grad und Steigungsverhältnis

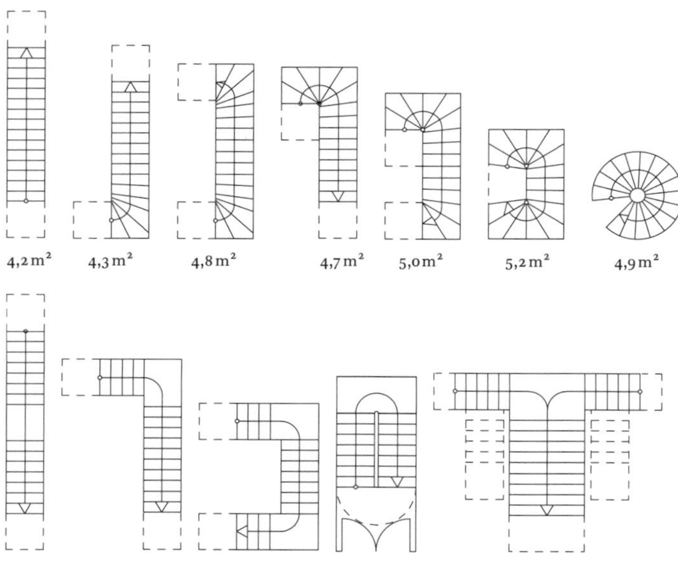

Platzbedarf verschiedenster Treppenformen

Organisch geformtes, historisches Treppenauge

Zur Erhöhung der Sicherheit sollte der Handlauf aus einem griffigen Material bestehen und nicht unterbrochen werden. Die Höhenabmessungen für den Handlauf reichen von mindestens 75 cm bis maximal 110 cm. Beim barrierefreien Bauen befindet sich der Handlauf – abweichend von der üblichen Höhe – in der Regel auf einer Höhe von 85 cm. Der Handlauf muss 4 cm von der Wand entfernt sein, damit dieser umgriffen werden kann, darf aber nicht die lichte und vorgeschriebene Laufbreite der Treppe einschränken.

9.2.7 **Treppenauge**
nennt man die Öffnung zwischen den Treppenläufen, wo sich in der Regel das Treppengeländer, das üblicherweise seitlich am Lauf befestigt ist, wenn es nicht auf die Stufe aufgesetzt ist, befindet. Das Auge kann auch als Luftraum ausgebildet sein und dabei über alle Etagen Licht bis in die unteren Geschosse des Treppenraums leiten.

9.3 Treppenarten

Die Entscheidung für eine Treppenart ist abhängig von der Form, der Funktion sowie der beabsichtigten Wirkung:

9.3.1 **Funktionale Anforderungen an Treppen**
Baurechtlich werden nach ihrer Funktion zwei Treppenarten unterschieden:

- notwendige Treppen und
- nicht notwendige Treppen.

Bei einer notwendigen Treppe handelt es sich um den ersten Rettungsweg, der nach maximal 35 m von jedem Punkt im Gebäude aus erreicht werden muss. Bei Sonderbauten (Hotels oder Bürogebäuden) ist auch der zweite Rettungsweg als baulicher Rettungsweg – also als notwendige Treppe mit eigenem Treppenraum – auszubilden. Für notwendige Treppen gelten gesetzliche Bestimmungen hinsichtlich einer Laufbreite von mindestenes 100 cm (80 cm in kleinen zusammenhängenden Einheiten von nicht mehr als zwei Wohnungen) und einer Steigung von maximal 20 cm.

Nicht notwendige Treppen dürfen über eine minimale Laufbreite von 50 cm verfügen. Die Anforderungen an das Material der konstruktiven Elemente sind für notwendige und nicht notwendige Treppen verschieden: Bei notwendigen Treppen müssen die verwendeten Materialien, je nach Gebäudeklasse (A bis G oder Hochhäuser) einer Widerstandsklasse F 30–F 90 entsprechen und aus nicht brennbaren Baustoffen bestehen. Hier sind die Brandschutzvorschriften aus der DIN 18065 und den verschiedenen Landesbauordnungen zu beachten!

Das Tragsystem der notwendigen Treppen muss grundsätzlich torsionssteif und stabil sein. Dasselbe gilt auch für nicht notwendige Treppen, die häufig aus Stahl oder Holz gefertigt sind. Daneben muss das Belagsmaterial zwei Bedingungen erfüllen:

- Einwirkenden mechanischen Belastungen standhalten und
- Rutschfestigkeit gewährleisten. Ist diese durch den verwendeten Belag nicht gegeben, muss ein rutschfestes Material (Gummistreifen oder geriffelte Metallschiene, ...) an der Stufenkante eingelassen oder aufgetragen werden, um die Griffigkeit sicherzustellen.

Bei Sonderbauten bestehen teilweise zusätzliche Anforderungen im Sinne der Nichtbrennbarkeit und der Schwerentflammbarkeit für Treppen.

9.3.2 Treppenregel zum Steigungsverhältnis

Das entscheidende Maß einer Treppe ist das Verhältnis zwischen Auftritt und Steigung, das sogenannte Steigungsverhältnis. Die Wirkung und Benutzbarkeit einer Treppe wird entscheidend von diesem Steigungsverhältnis bestimmt. Innentreppen sind in der Regel steiler als Treppen im Außenbereich. Für die Konstruktion von Treppen gelten folgende aufgeführte Grundregeln, bei einem vorgegebenen und gleichbleibenden Steigungsverhältnis innerhalb der Treppe:

- Schrittmaßregel: 2S + A = 63 cm ± 3 cm (Schrittmaß des Menschen),
- Bequemlichkeitsregel: A – S = 12 cm (Geringer Kraftaufwand),
- Sicherheitsregel: A + S = 46 cm (Große Auftrittsfläche).

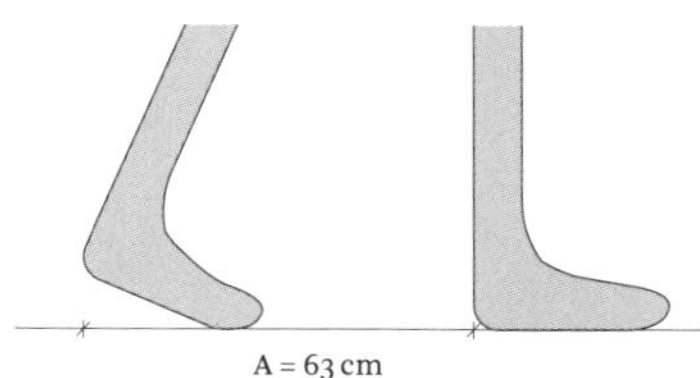

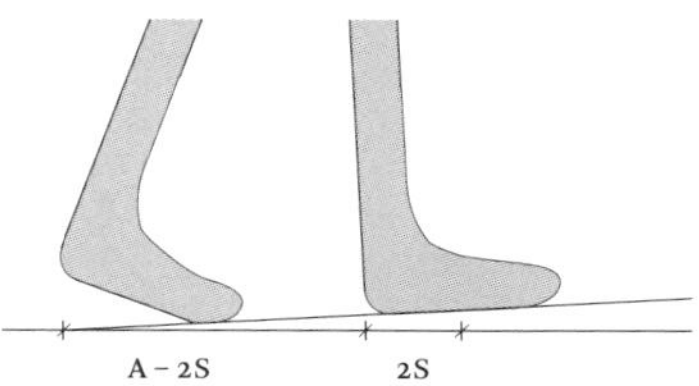

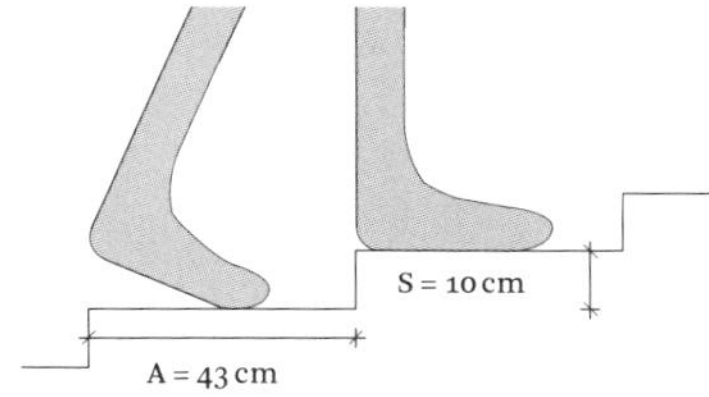

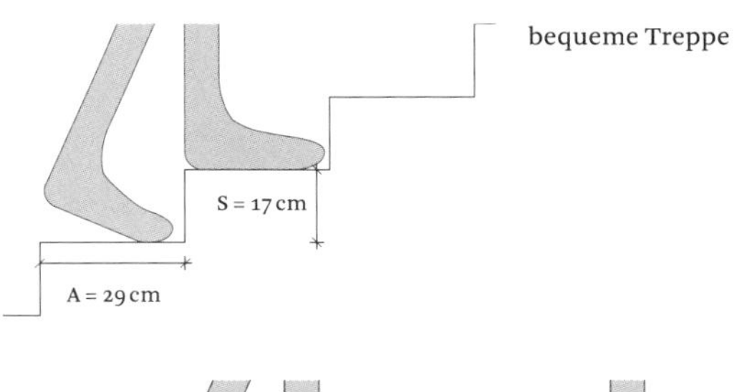

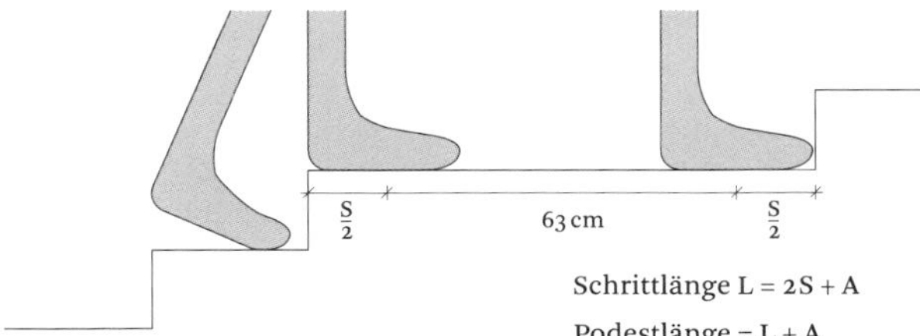

Schrittmaße und Steigungsverhältnis

Treppen, Rampen und Erschließungssysteme

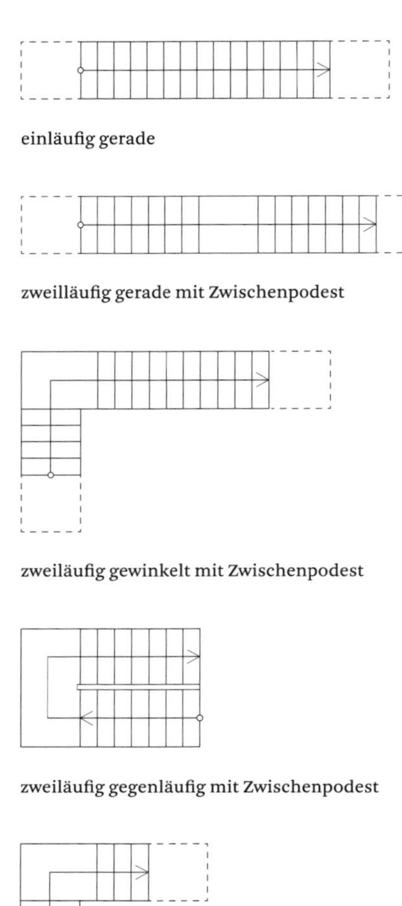

einläufig gerade

zweilläufig gerade mit Zwischenpodest

zweiläufig gewinkelt mit Zwischenpodest

zweiläufig gegenläufig mit Zwischenpodest

dreiläufig zweimal gewinkelt mit Zwischenpodesten

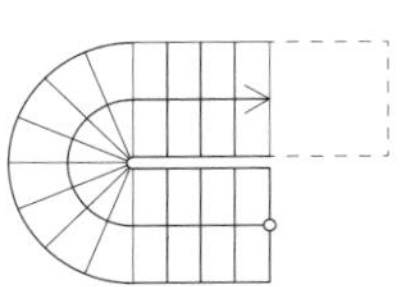

einläufig halb-gewendelt

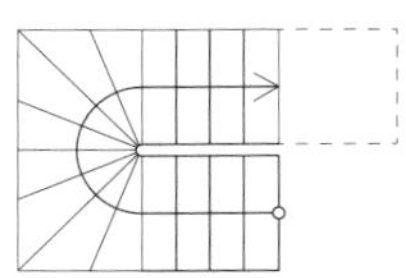

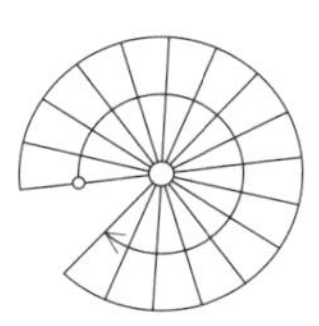

Spindeltreppe (rechtsdrehend)

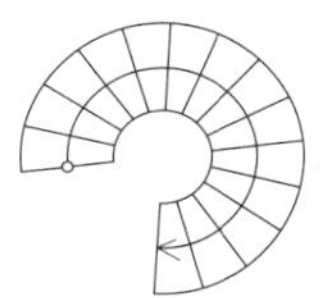

Wendeltreppe (rechtsdrehend)

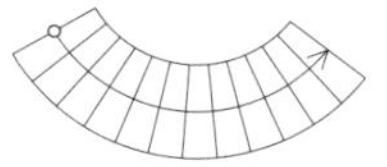

einläufig gewendelt

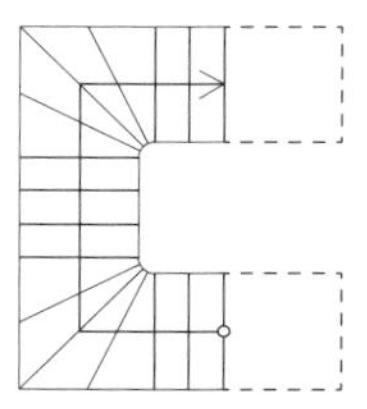

dreiläufig zweimal gewinkelt ohne Zwischenpodeste

Treppenkonstruktionen im Vergleich

9.3.3 Treppenformen

Ein- und mehrläufige, gegenläufige Treppen
Treppen bestehen meist aus mehreren Läufen, die gegenläufig angeordnet sind, sodass man in jedem Geschoss des Gebäudes an der gleichen Position im Grundriss ankommt. Einläufige Treppen sind die einfachste, günstigste und sicherste Form aller Treppenkonstruktionen.

Wendel- und Spindeltreppen
zeichnen sich durch den geringeren Platzbedarf und die skulpturale Form aus. Da der Auftritt in Richtung Treppenauge sehr schmal ist, ergeben sich bezüglich der sicheren Begehbarkeit Probleme, denen mit einem Verziehen der Stufen begegnet werden muss. Der Planungsaufwand ist dadurch sehr hoch. Für das Verziehen der Stufen gibt es verschiedene Methoden: Viertelkreis-, Abwicklungsmethode und Proportionalteilung. Spindeltreppen besitzen im Gegensatz zur Wendeltreppe kein Treppenauge, sondern einen tragenden Pfosten, die Spindel, an dem die Stufen befestigt sind. Sie benötigen wenig Platz, sind jedoch in ihrer Benutzung nicht besonders komfortabel. Die halbgewinkelte oder -gewendelte Treppe stellt den Mittelweg zwischen der geraden Treppe und der Wendeltreppe dar. Da der Platzbedarf dieser Treppen deutlich geringer ist als bei der geraden Treppe und der Planungsaufwand niedriger ist als bei der Wendeltreppe, kommt die halbgewinkelte oder -gewendelte Treppe aus ökonomischen Gründen häufig zum Einsatz.

Sonderformen
wie etwa doppelläufige Treppen spielen im Wohnungsbau selten eine Rolle, sind aber in der nebenstehenden Skizze erläutert.

9.4 Treppenkonstruktionen

Die Wirkung einer Treppe ergibt sich aus ihrer Konstruktion und dem Material. Das bezieht sich sowohl auf die Stufenausbildung als auch auf ihre tragende Struktur. Die Spanne reicht hier von skulptural anmutenden massiven Einbauten bis hin zu leichten filigranen Raumgittern. Sowohl im gestalterischen als auch im konstruktiven Sinne sind die Übergänge zwischen Treppe und Geschossdecke und somit die Knickpunkte die schwierigsten Stellen der Treppenkonstruktion.

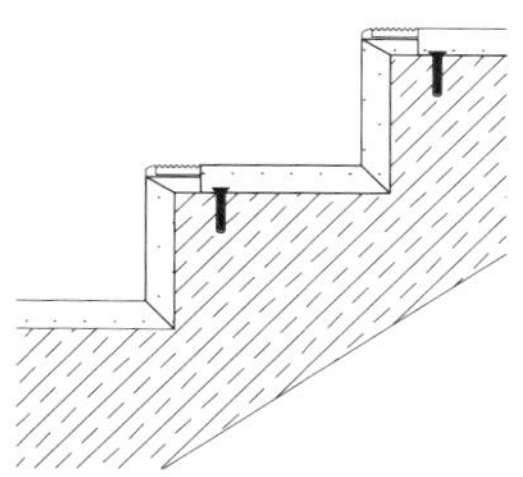

a) Beschichtung mit Kantenschutz

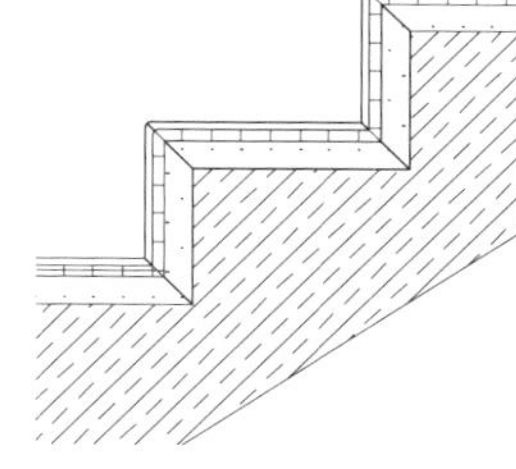

b) Elastischer oder Textilbelag

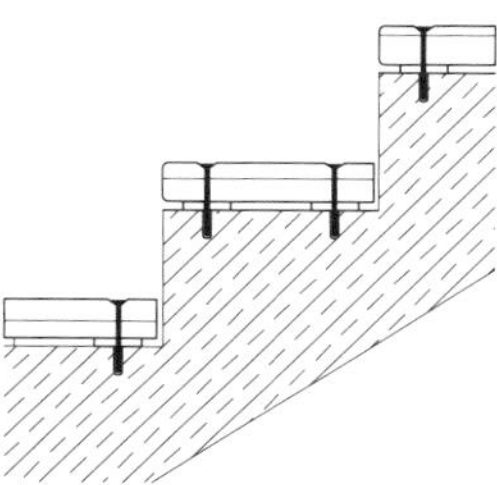

c) aufgelegte Holzstufen

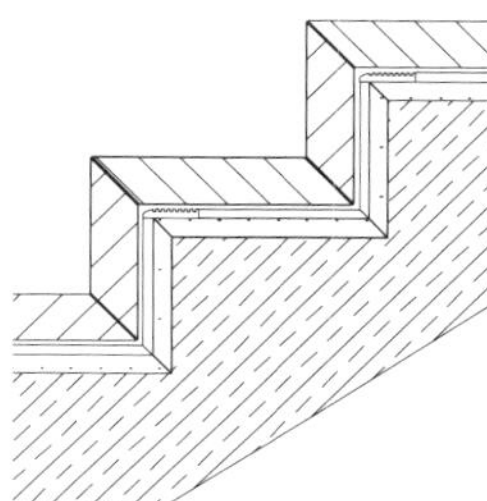

d) Holzstufen auf Gehrung geschnitten

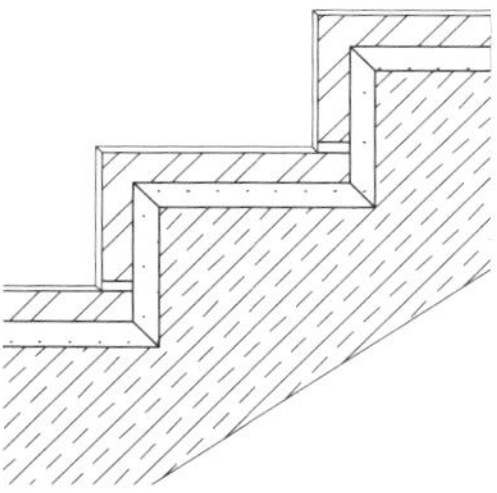

e) Werksteinbelag im Mörtelbett

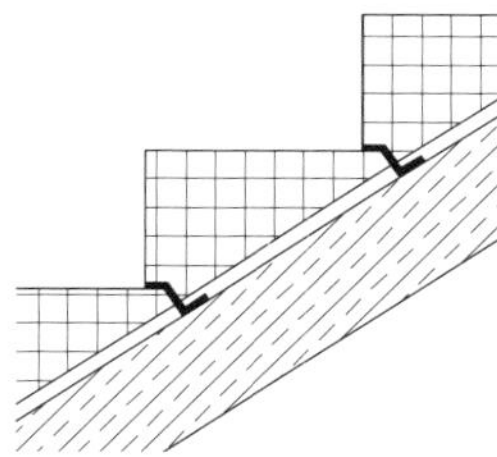

f) Stahlbetonfertigteilstufen

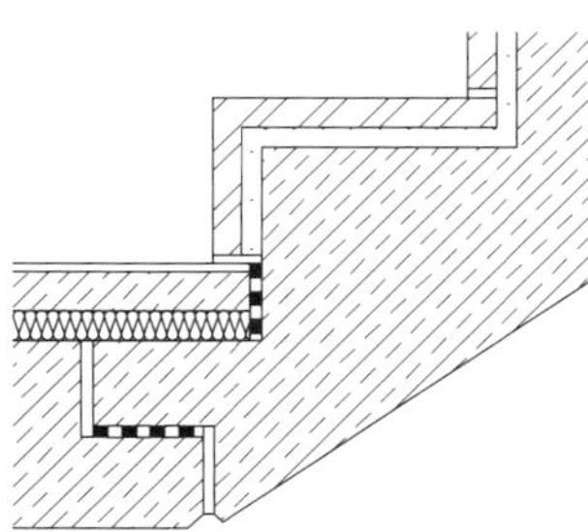

g) Werksteinbelag im Mörtelbett Fußpunkt

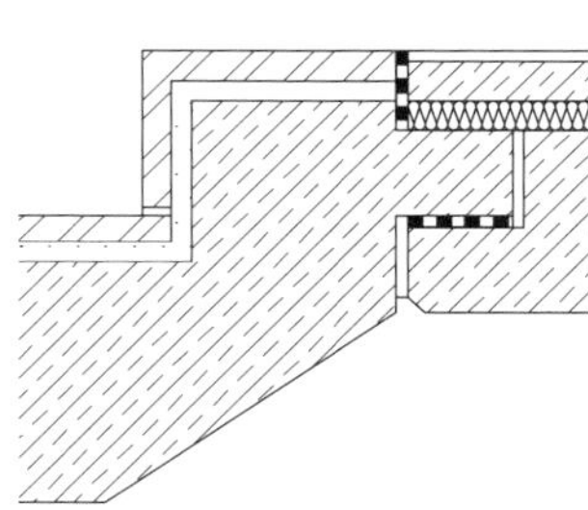

h) Werksteinbelag im Mörtelbett oberer Anschlusspunkt

Detail der An- und Austrittsstufe: Auflagerkonsolen mit streifenförmigen, elastischen, hochpolymeren Kunststoffen.

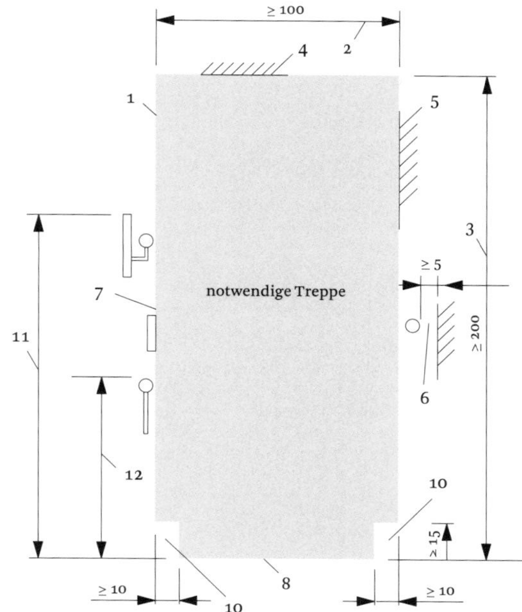

1 Lichtraumprofil
2 Nutzbare Treppenlaufbreite
3 Lichte Treppendurchgangshöhe
4 Obere Begrenzung des Lichtraumprofils, etwa Unterseite des darüberliegenden Treppenlaufs
5 Seitliche Begrenzung des Lichtraumprofils, etwa durch Oberfläche der fertigen Wand (Bekleidung)
6 Seitliche Begrenzung des Lichtraumprofils, etwa durch die Innenkante eines wandseitigen Handlaufs
7 Seitliche Begrenzung des Lichtraumprofils durch Innenkante Geländer oder geländerseitigen Handlauf
8 Untere Begrenzung des Lichtraumprofils
9 Obere Begrenzung des Lichtraumprofils
10 Untere Begrenzung des Lichtraumprofils
11 Treppengeländerhöhe
12 Treppenhandlaufhöhe

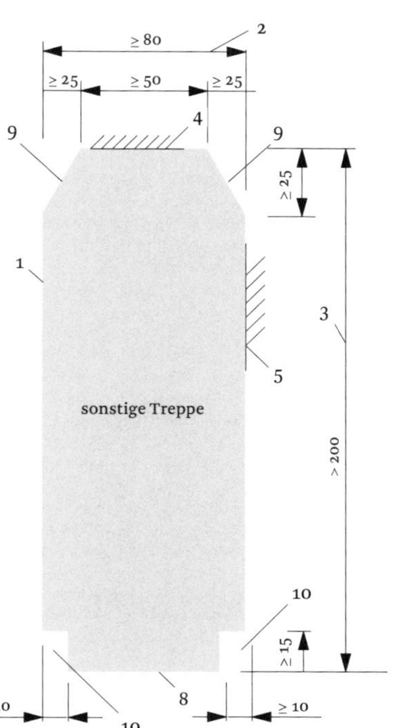

Lichtraumprofile notwendiger und sonstiger Treppen

Treppen, Rampen und Erschließungssysteme

Wangentreppe

Holmtreppe

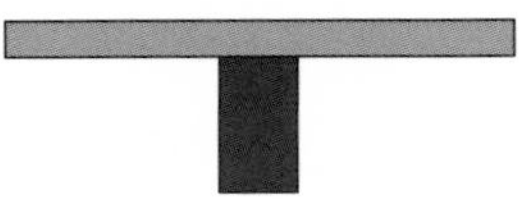

Einholmtreppe

Kragtreppe

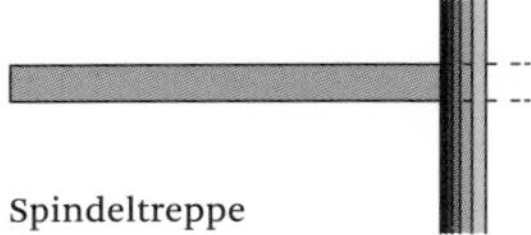

Spindeltreppe

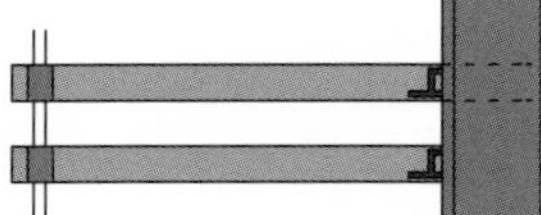

Kragbolzentreppe

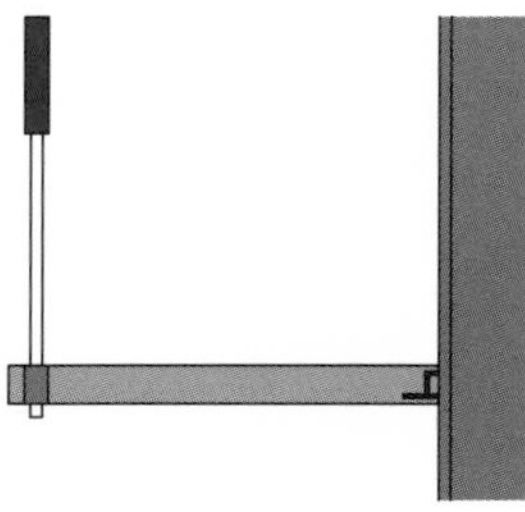

abgehängte Treppe

Treppenbauarten im Detail

Die Austrittsstufe muss mit dem anschließenden Fußboden höhengleich sein!

Notwendige Treppen werden aus Brandschutzgründen oft in massiver Konstruktion ausgeführt – die tragende Struktur besteht in der Regel aus bewehrtem Beton, während die Trittstufen mit einem Belag etwa aus Betonwerkstein versehen sind. Im Innenausbau wie bei der Altbausanierung werden vorzugsweise Stahl- oder Holztreppen verwendet, weil diese sich nachträglicher leichter einbauen lassen und ein geringeres Gewicht als beispielsweise Stahlbetontreppen besitzen.

Im Folgenden werden die hauptsächlichen Konstruktionsarten von Treppen zusammengefasst:

- **Wangentreppen** bestehen aus Stufen, die zwischen zwei seitliche Wangen eingespannt werden. Diese Treppenart wird am häufigsten verwendet, die Stufen können dabei eingeschoben oder eingestemmt sein.
- **Aufgesattelte Treppen** bestehen aus Trittstufen, die auf beiden seitlichen Wangen aufgelagert werden und dabei seitlich über die Wangen hinausstehen. Setzstufen sind nicht zwingend nötig.
- **Einholmtreppen** bestehen aus Trittstufen, die auf einem meist mittigen Holm befestigt sind.
- **Zweiholmtreppen** bestehen aus Trittstufen, die auf zwei eingerückten Holmen befestigt sind.
- **Massivtreppen** bestehen aus einer Stahlbetonkonstruktion, die als Fertigteil oder als Ortbeton, der aufgrund der vor Ort zu produzierenden notwendigen Schalung aufwendiger ist, hergestellt wird und mit einem zusätzlich Belag versehen werden kann.
- **Kragtreppen** bestehen aus Trittstufen, die an auskragenden Auflagern seitlich in der Wand befestigt sind.
- **Abgehängte Treppen** bestehen aus Trittstufen, die von der Decke abgehängt werden. Die sogenannte Harfentreppe kommt heute selten zum Einsatz, da diese zwar ästhetisch hochwertig, aber sehr aufwendig herzustellen ist.
- **Spindeltreppen** bestehen aus Trittstufen, die an einem mittleren Pfosten befestigt sind. Das Tragverhalten von Spindeltreppen ist mit dem der Kragtreppe vergleichbar. Um die nötige Auftrittsbreite zu erhalten, lässt sich das Überschneiden der fächerförmigen Auftritte in Richtung Spindel nicht vermeiden.

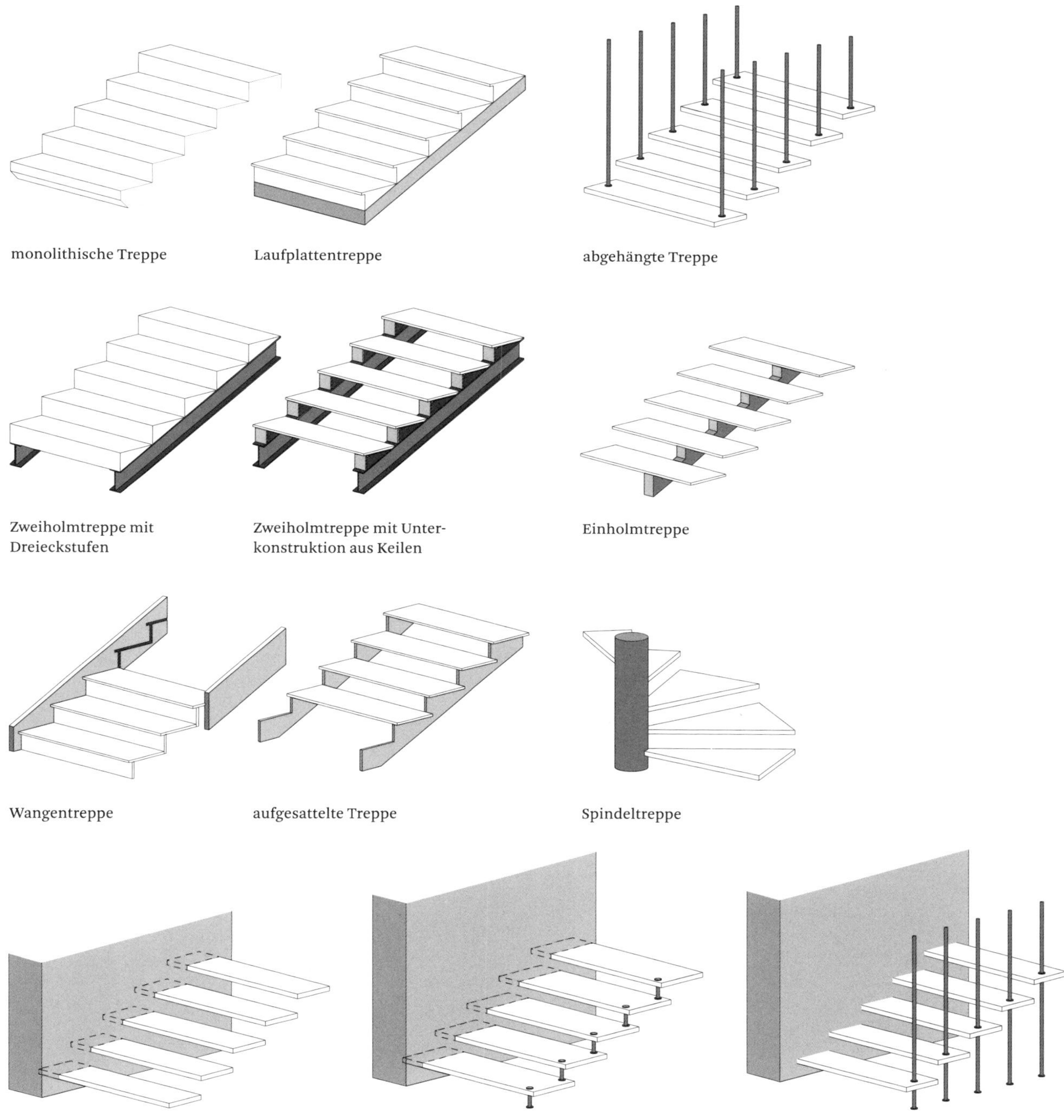

Verschiedene Konstruktionsarten von Treppen

Treppen, Rampen und Erschließungssysteme

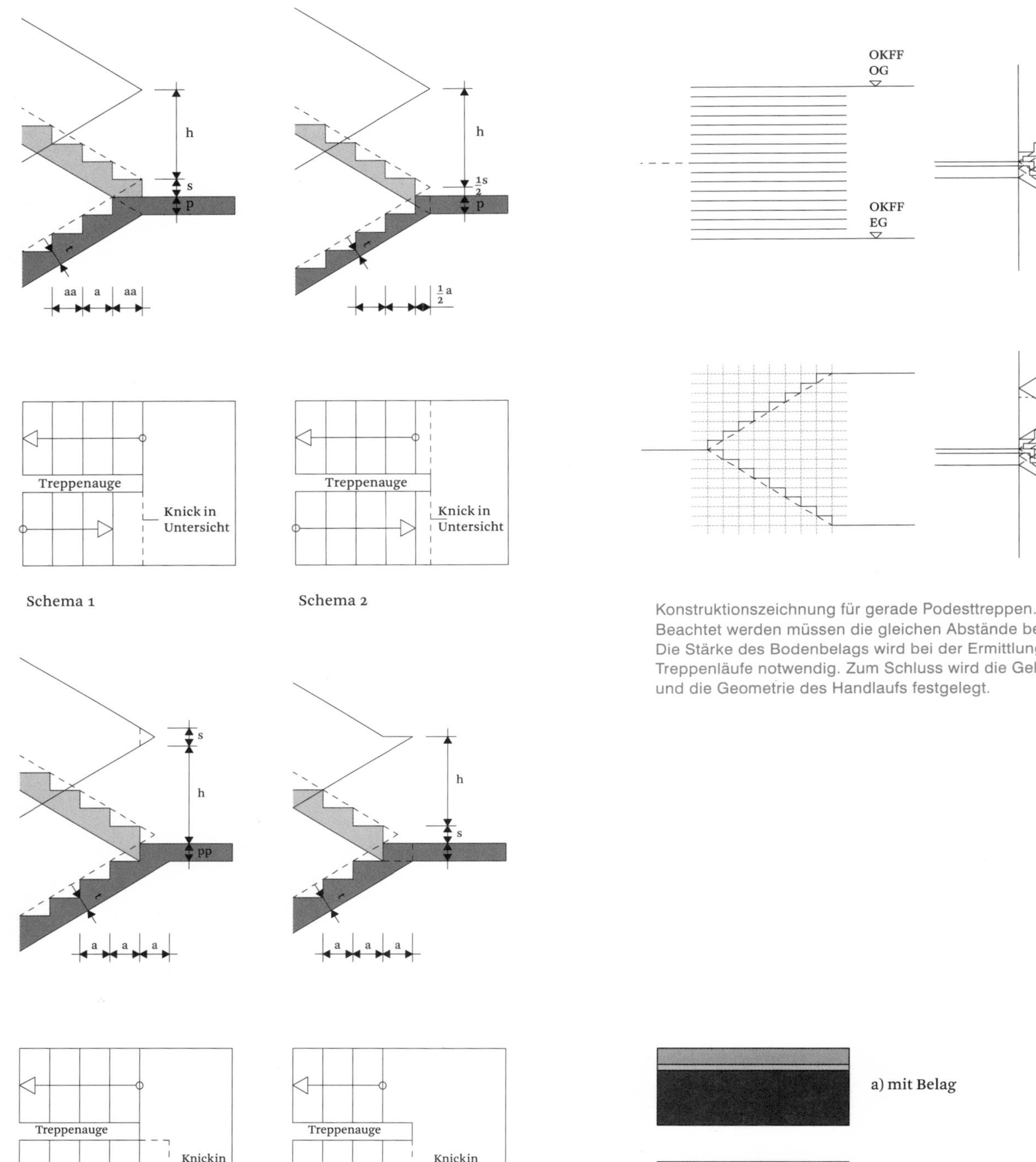

Konstruktionszeichnung für gerade Podesttreppen.
Beachtet werden müssen die gleichen Abstände bei Steigung und Auftritt. Die Stärke des Bodenbelags wird bei der Ermittlung des Knickpunkts der Treppenläufe notwendig. Zum Schluss wird die Geländerhöhe abgetragen und die Geometrie des Handlaufs festgelegt.

Geometrie der Übergänge

Systemquerschnitte einer Massivdecke

Geflieste Massivtreppe mit flächenbündigem Holzgeländer

Stahlbetonfertigteiltreppe mit Flachstahlgeländer

Geschlossene Treppe zwischen zwei Wänden

Hochklappbare Stahltreppe aus dem Schiffsbau

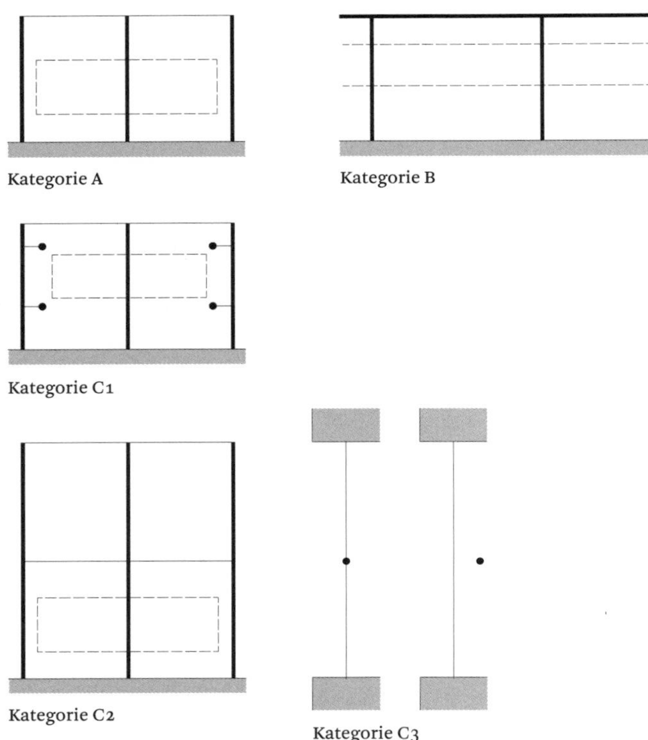

Kategorie C1: Die Geländerausfachung ist an mindestens zwei gegenüberliegenden Stellen linienförmig und / oder punktförmig gelagert.
Kategorie C2: Ein lastabtragender Querriegel ist in Holmhöhe angeordnet. Die Verglasung unterhalb des Holms ist entsprechend der TRLV gelagert.
Kategorie C3: Entspricht Kategorie A, zusätzlich ist ein lastabtragender Holm in baurechtlich erforderlicher Höhe (in der Regel zwischen 85 und 115 cm) vorgesetzt, der nicht an der Verglasung befestigt ist.

Eingespanntes Glasgeländer einer Wangentreppe aus Stahl

Glaskonstruktionen
die gegen eine tiefer liegende Ebene abgrenzen, übernehmen eine sichernde Funktion. Nach den »Technischen Regeln für die Verwendung absturzsichernder Verglasungen« (TRAV) ausgeführte Konstruktionen gelten als geregelt und bedürfen keiner Zustimmung im Einzelfall. Gegen Absturz sichern können Fenster, Zwischenwände, Verglasungen an Aufzugsschächten, Brüstungen und Fassaden. Die Stoßsicherheit von gegen Absturz sichernden Verglasungen wird mit dem Pendelschlagversuch nach DIN EN 12600 geprüft. Hinsichtlich der an die Verglasung gestellten Anforderungen werden drei Kategorien A, B und C1 bis C3 unterschieden:

- In den Geltungsbereich der **Kategorie A** fallen raumhohe gegen Absturz sichernde Wandverglasungen nach TRLV ohne vorgesetzten Handlauf oder tragenden Brüstungsriegel.
- Die **Kategorie B** beschreibt am Fußpunkt linienförmig eingespannte tragende Ganzglasbrüstungen, die durch einen durchgehenden Metallhandlauf verbunden sind.
- Gegen Absturz sichernde Verglasungen nach **Kategorie C** werden nicht zur Abtragung horizontal wirkender Holmlasten herangezogen. Die genaue Definition der Unterkategorien finden sich in der nebenstehenden Abbildung.

Falls begehbares Glas eingesetzt wird, sind die Vorschriften für begehbares Glas zu beachten, um eine aufwändige Prüfung im Einzelfall zu vermeiden!

9.5 Schallschutz bei Treppen

Allgemeine Anforderungen an den Trittschallschutz bei Treppenkonstruktionen und Luftschallschutz bei Treppenraumwänden sind in der DIN 4109 festgehalten. Alle Anschlüsse und Auflager müssen schallentkoppelt sein, um die Übertragung von Körperschall zu verhindern. Bereits bei der Planung sollte deshalb der Schallschutz beachtet werden: Besonders schützenswerte Räume wie Schlafzimmer sollten nicht an Treppenräume grenzen. Ist dies dennoch der Fall, kann – wie bei besonders hohen Anforderungen an den Schallschutz – eine zweischalige Wandkonstruktion um den Treppenraum erforderlich sein. Dies gilt ebenfalls und insbesondere für Aufzugsschächte. Stufen, die aus der Wand auskragen, sind unbedingt von den Wänden schalltechnisch zu entkoppeln.

Bei Fertigteiltreppenläufen ist die schalltechnische Entkopplung durch die konstruktive Trennung von Treppenlauf und umfassender Wand beziehungsweise benachbarter Decke und Podest zu gewährleisten. Auch bei massiven Ortbetontreppen muss dies durch elastische Fugen und Auflager oder einen schwimmenden Belag gewährleistet werden. Ist der Treppenlauf konstruktiv von der Wand getrennt, so ist eine Fugenbreite von maximal 4 cm baurechtlich einzuhalten.

9.6 Rampen

sind begeh- sowie befahrbar und sollten ein maximales Gefälle von 20 Prozent besitzen. In Parkhäusern darf die Steigung der Rampen 15 Prozent nicht überschreiten, wobei Ein- und Ausfahrt durch die Ausbildung von Kuppen und Wangen weniger geneigt sein sollen, um ein Aufsetzen zu verhindern. Barrierefreie und rollstuhlgerechte Rampen dürfen eine Steigung von sechs Prozent sowie eine Länge von 6 m nicht überschreiten und müssen mit beidseitigen Handläufen ausgestattet sein. Die Breite der Rampen sollte im Lichten zwischen den 10 cm hohen Radabweisern mindestens 120 cm betragen. Da das barrierefreie Bauen zunehmend an Bedeutung gewinnt, ist es eine gestalterische Aufgabe, diese Anforderung im Sinne des »Design-for-All« zum integralen Teil des Entwurfs zu machen. Da Rampen jedoch einen großen Platzbedarf benötigen, kann die barrierefreie Gestaltung vor allem bei Umbauten zu einem Problem werden. Eine Stufenrampe ist eine Sonderform zwischen Treppe und Rampe; sie besitzt eine geringe Steigung von 3 cm und die Auftritte sind als geneigte Rampen ausgebildet.

Fußgängerrampe mit mittigem Handlauf

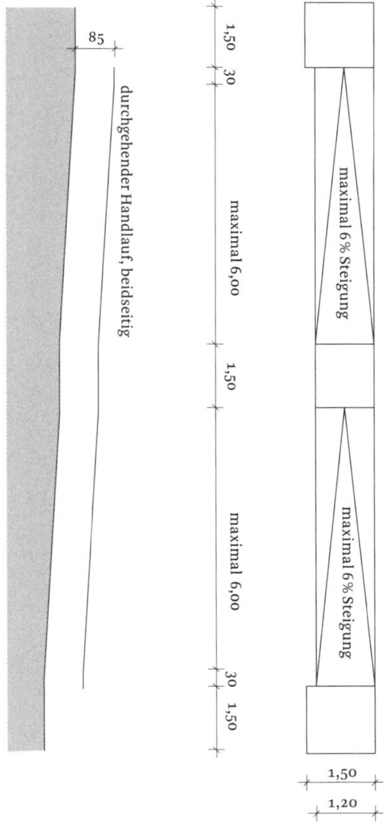

Rollstuhlgerechte Rampe nach DIN 18024-2, Aufsicht und Schnittansicht.

9.7 Aufzüge und Rolltreppen

Zu den technischen vertikalen Verbindungen zwischen Geschossen, die zusätzlich zu notwendigen Treppen eingebaut werden können, zählen Aufzüge und Rolltreppen. Sie ersetzen den Rettungsweg allerdings nicht, da sie im Brandfall nicht die erforderlichen Anforderungen an Fluchttreppen erfüllen. Insbesondere Aufzüge dürfen im Brandfall nicht genutzt werden und bleiben in der Regel im Erdgeschoss stehen. Sie unterliegen in Fragen des Brandschutzes, der Sicherheit und der Wartung unter anderem der DIN EN 81, DIN EN 115, DIN 13015 und der AufzR (Aufzugsrichtlinie 95/16/EG).

Treppen, Rampen und Erschließungssysteme

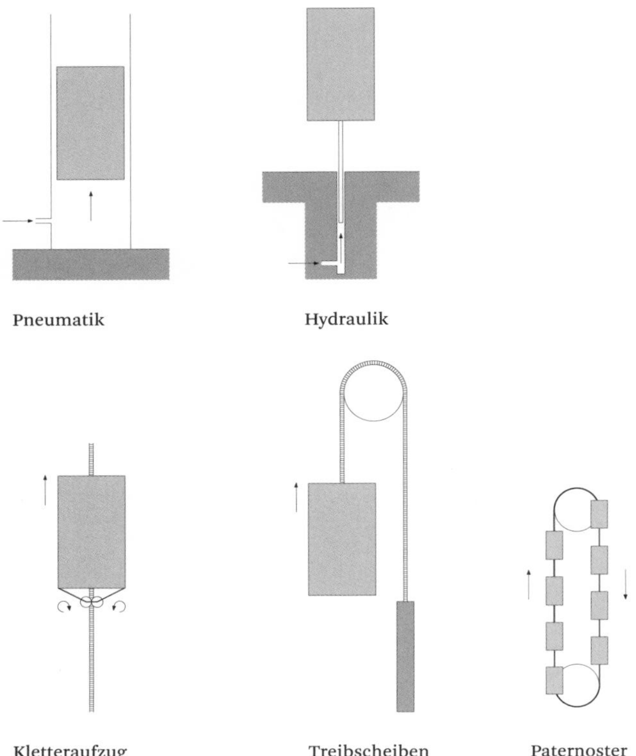

Unterschiedliche Aufzugstypen

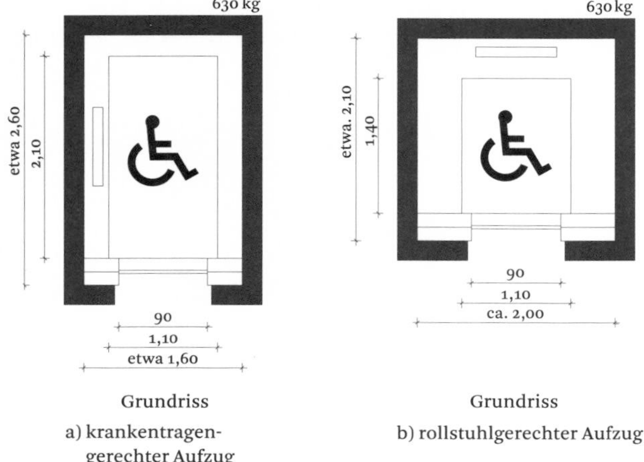

Fahrkörbe zur Aufnahme einer Krankentrage müssen eine nutzbare Grundfläche von mindestens 1,10 m × 2,10 m, zur Aufnahme eines Rollstuhls von mindestens 1,10 m × 1,40 m besitzen; die lichte Durchgangsbreite der Aufzugstüren sollte mindestens 0,90 m sein.

Aufzüge sind im Inneren der Gebäude in Stahlbetonschächten eingebaut oder in Stahlgerüsten, die auch mit Glas ausgefacht sein können. Ebenfalls können Aufzugskabinen aus Glas hergestellt werden. Alle Materialien des Schachts müssen jedoch stets mit dem Brandschutzkonzept abgestimmt werden.

Im Allgemeinen wird zwischen Personen- und Lastaufzügen unterschieden. In öffentlichen Gebäuden und im Wohnungsbau sind durch die Landesbauordnungen rollstuhlgerechte und krankentragengeeignete Aufzüge vorgeschrieben.
Dies gilt auch für die Sanierung von Altbauten und dem nachträglichen Einbau von Aufzügen. Die verschiedenen Aufzugsarten, Hub- und Seilaufzüge sowie Kombinationen, bedingen gemäß der verschiedenen Fabrikate Über- und Unterfahrten für die Aufzugskabinen. Beim neuesten Stand der Technik, aber auch bei höheren Kosten, werden die Über- und Unterfahrten auf ein Minimum reduziert.

Barrierefreie und rollstuhlgerechte Ausführungen müssen bestimmte Anforderungen an Handläufe, Spiegel und die Höhe der Bedientableaus erfüllen. Für die Rollstuhleignung sollten die nutzbare Fläche der Kabine mindestens 1,10 m × 1,40 m betragen; die lichte Türdurchgangsbreite sollte 90 cm nicht unterschreiten. Die Abmessungen für krankentragengerechte Aufzüge liegen bei mindestens 1,10 m × 2,10 m. Vor den Aufzügen muss allerdings auch eine Bewegungsfläche von mindestens 1,50 m × 1,50 m vorhanden sein.

Für die Erschließung von öffentlichen Gebäuden sowie im Wohnungsbau werden zur barrierefreien Erschließung auch Hebebühnen eingesetzt, wenn die Anlage von Rampen aufgrund des hohen Platzbedarfs nicht möglich ist.

Um die Frequenz der zu transportierenden Menschen zu erhöhen, werden vor allem in öffentlichen Gebäuden Roll- oder auch Fahrtreppen verwendet. Da die Steigung von Rolltreppen allerdings höher ist als bei notwendigen Treppen, sind diese nicht als Fluchttreppen geeignet. An die Ein- und Austritte der Rolltreppen sowie an die seitlichen Fugen der Rollsteige werden zudem hohe Sicherheitsanforderungen gestellt. Rolltreppen kommen auch ohne Steigung, sondern zur Überwindung großer Entfernungen zum Einsatz, etwa in Flughäfen.

9

Aufzugs-Wartebereich mit verspiegelter Decke und hinterleuchteter Wandbekleidung

Bäder und Sanitär

10

Bäder und Sanitär

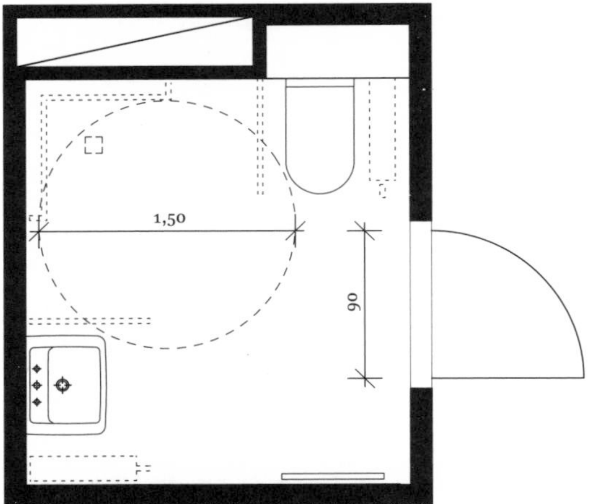

Rollstuhlgerechtes Duschbad. In der Privatwohnung sind die Haltegriffe optional.

Der atmosphärisch gestaltete Badbereich geht in den Schlafbereich über.

10.1 Einleitung

Die Kultur des Badens entwickelte sich bereits in der Antike, Bäder waren allerdings bis ins 19. Jahrhundert vor allem den Wohlhabenden vorbehalten. Mit Wasser aus Brunnen gefüllte Waschschüsseln und Badezuber stellten die ersten sanitären Gegenstände in deren Gebäuden dar. Erst seit dem 19. Jahrhundert ist es üblich, Wohngebäude mit eigenen Badezimmern und fließendem Wasser auszustatten. Heute muss das Bad neben den hygienischen auch gestalterischen und ökologischen Anforderungen genügen. Die Verweildauer im Bad hat sich deutlich erhöht. Ein Bad ist heute nicht mehr nur Ort der Körperreinigung, sondern dient ebenso dem Wohlbefinden. Gewünscht sind eine größere Grundfläche, keine störenden Installationsgeräusche und eine hochwertige Einrichtung. Der Badbenutzer ist gleichzeitig Badbewohner und vollzieht tagtäglich Rituale im Bad, die sich mit der Reinigung und der Pflege des Körpers beschäftigen. Dieses Phänomen hat seine Auswirkungen auf die Architektur. Anders als früher muss der Badbereich heutzutage nicht mehr zwingend vom Wohnbereich beziehungsweise Schlafbereich getrennt sein.

Das Element Wasser bestimmt diesen Raum: Wasser zur Körperreinigung als hygienische Notwenigkeit, Wasser als sinnliche Erfahrung zur Entspannung sowie »Wellness« und Wasser als eine kostbare Ressource mit der aus ökologischen sowie ökonomischen Gründen sparsam umgegangen werden soll. Systeme mit Grauwassernutzung, wasserarme Klospülungen und Wasserhähne mit wassersparenden Aufsätzen gewinnen hier zunehmend an Bedeutung. An das Bad als Nassbereich werden zusätzlich besondere bautechnische Anforderungen gestellt, da Bauteile und umliegende Räume konstruktiv vor eindringendem Wasser und damit vor Bauschäden geschützt sein müssen.

10.2 Grundriss

10.2.1 Typologie

Die Sanitärplanung (Lateinisch: sanitas = die Hygiene und Gesundheit betreffend) umfasst die Wasserversorgung und die Abwasserentsorgung im Gebäude. Dazu gehören vor allem Räume wie Bäder, WCs und Küchen, aber auch Sondernutzungen wie Schwimmbäder und Fitnessclubs. Die Entwässerung des Regenwassers des Gebäudes stellt einen weiteren Bereich der Sanitärplanung dar. Neben dem klassischen Wannenbad mit Waschtisch, Toilette und Dusche hat sich im Wohnungsbau die Einrichtung von separaten Gäste-WCs und kleineren Gästebädern durchgesetzt. Immer öfter werden vorranig im höherwertigen Wohnungsbau oder in Hotelanlagen »Wellnessbäder« mit Saunen, Dampfbädern und Pools gewünscht, die sich durch einen höheren Raumbedarf und aufwendigere Konstruktionen auszeichnen. Die gestalterischen Ansprüche für Küchen sind ebenfalls gestiegen – häufig werden offene Wohnküchen oder am Wohn- und Essbereich angeschlossene halboffene Küchenräume ausgeführt.

In der Küche sind Spüle und Geschirrspüler an die Wasserversorgung angeschlossen. Auf Küchen und ihre Einrichtung wird in Kapitel 11. Einbauten und Einbaumöbel näher eingegangen. Aus hygienischen Gründen empfiehlt sich die Einrichtung eines separaten Hauswirtschaftraums mit Waschmaschine und Trockner, wenn genügend Platz in der Wohnung vorhanden ist. Ein gemeinsam genutzter Trockenraum im Wohngebäude ist in einigen Bundesländern Vorschrift. In öffentlichen Gebäuden (Schulen, Krankenhäusern, Versammlungsstätten, ...) müssen genügend sanitäre Einrichtungen wie Toilettenanlagen vorhanden sein. Die notwendige Anzahl und Ausstattung der sanitären Einrichtungen ist in entsprechenden Verordnungen und Richtlinien wie der Versammlungsstätten- und Gaststättenverordnung oder den Arbeitsstättenrichtlinien geregelt.

10.2.2 Lage

Die Lage der Bäder im Wohngebäude sollte nebeneinander beziehungsweise übereinander angeordnet sein, damit die Installationen in Schächten zusammengeführt werden können. Es empfiehlt sich deshalb auch, Bäder in der Nähe von Küchenräumen oder Hauswirtschaftsräumen vorzusehen. Bäder und Toiletten werden oft an der Nordseite des Gebäudes oder als innenliegende Räume geplant, da die von der Belichtung her günstigeren Himmelsrichtungen meistens den Aufenthaltsräumen vorbehalten sind. Künstliches Licht bietet allerdings auch die Möglichkeit durch Menge und Akzentuierung gezielt auf die unterschiedlichen Handlungen im Bad reagieren zu können. Innenliegende und gleichzeitig fensterlose Bäder sind nur mit einer wirksamen Lüftung zulässig, eine natürliche Belichtung und Belüftung des Badezimmers ist diesen jedoch immer vorzuziehen.

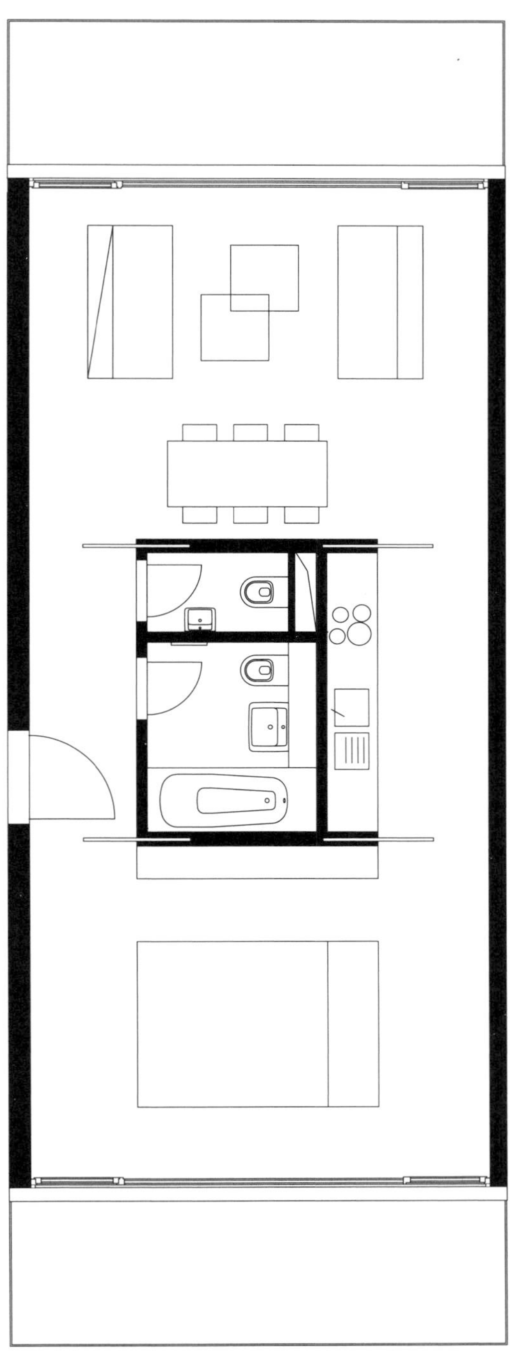

Einraumwohnung: Badezimmer und Küche sind an einen gemeinsamen Schacht angeschlossen.

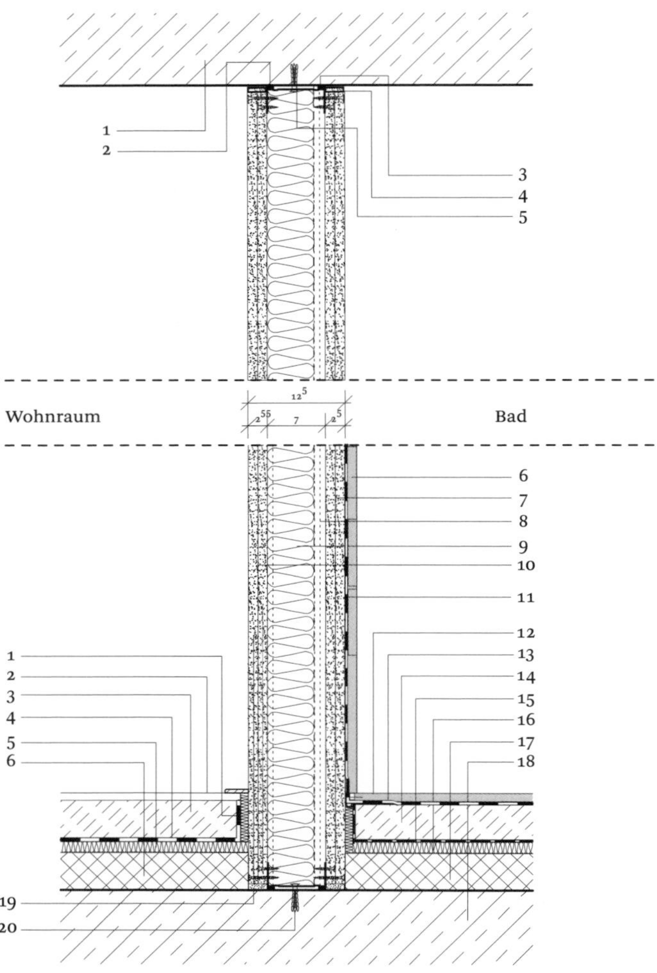

1 Stahlbetondecke
2 Trennstreifen
3 Spachtelmasse
4 Trennwandkitt
5 Drehstiftdübel
6 Fliesen im Dünnbett, Verfliesung laut Badplan
7 GKI 2 × 12,5 mm oder Aquapaneel (nur oberste Platte)
8 75er Ständerprofil
9 Dämmschicht
10 GK 2 × 12,5 mm
11 Dichtset Eckwinkel
12 Bodenbelag
13 Abdichtung, seitlich hochgezogen
14 Zementestrich ZE
15 Trennlage PE-Folie
16 Trittschalldämmung
17 druckfeste Dämmplatte
18 Stahlbetondecke
19 Schnellbauschraube
20 Spachtelmasse
21 Randdämmstreifen
22 Bodenbelag
23 Zementestrich ZE
24 Trennlage PE-Folie
25 Trittschalldämmung
26 druckfeste Dämmplatte

Boden-Wand-Anschluss einer Trockenbauwand in Wohnraum und Bad.

In Wohngebäuden sind die Bäder meistens dem Schlafzimmer zugeordnet, Gäste-WCs befinden sich häufig am Eingangsbereich und sollten weder direkten Zugang noch Sichtbezug zu den Wohnräumen haben. In öffentlichen und gewerblich genutzten Gebäuden sollten die notwendigen Toilettenanlagen hinsichtlich der Erschließung gut zu erreichen sein. Toilettenräume sind in der Regel geschlechtlich getrennt und mit Vorräumen ausgestattet.

10.3 Boden, Wand, Decke

10.3.1 Konstruktion

Die Konstruktionsart und die Stärken der Wände und Decken von Bädern richten sich unter anderem nach den Schallschutzanforderungen des Gebäudes. Die Anforderungsgrundlage für den baulichen Schallschutz bildet die als technische Baubestimmung baurechtlich eingeführte Norm DIN 4109, welche den Mindestschallschutz definiert. Gerade bei höherwertigen Nutzungen empfiehlt sich die Einhaltung des erhöhten Schallschutzes nach Beiblatt 2 der DIN 4109 oder die Schallschutzstufe II oder III der VDI 4100. Diese Richtlinie des Vereins Deutscher Ingenieure (VDI) definiert drei Schallschutzstufen, wobei die Stufe I nur den Anforderungen des Mindestschallschutzes der DIN 4109 entspricht. Um spätere Rechtsstreitigkeiten zu vermeiden, sollte vertraglich geregelt werden, welche Schallschutzstufe beim Bau eingehalten wird.

Nach Schallschutzstufe II müssen Wände und Decken von Nebenräumen wie Bädern zu schutzbedürftigen Räumen wie Wohn- und Schlafzimmer schallschutztechnischen Anforderungen genügen. Der zulässige Schalldruckpegel im schutzbedürftigen Raum beträgt hier 30 dB (A), das entspricht einer 15 cm starken Mauerwerkswand aus Kalksandstein mit der Rohdichte 2,0. Da gemäß DIN 1053 größere Schlitze in statisch notwendigen Mauerwerkswänden nicht mehr zulässig sind, werden die Leitungen häufig in Vorsatzschalen oder Installationswänden in Leichtbauweise geführt. Darin befinden sich gegebenenfalls auch die Installationselemente von WC und Waschtisch und der Installationsschacht, soweit die notwendigen Abmessungen vorhanden sind. Vorsatzschalen können halbhoch ausgeführt werden. Wenn sie eine Höhe von 1,50 m nicht überschreiten, kann ihre Grundfläche gemäß Wohnflächenverordnung in die Wohnfläche miteinbezogen werden.

Vorzugsweise werden Badobjekte an einer Installationswand nebeneinander aufgereiht, damit unnötig lange Installationsführungen vermieden werden. Für Vorwandinstallationen sollte die Vorsatzschalen- oder Wandtiefe bei horizontaler Leitungsführung mindestens 20 cm, bei vertikaler Leitungsführung 25 cm betragen. Die Verwendung von Vorsatzschalen erhöht den Schallschutz und ermöglicht nachträgliche Grundrissänderungen. Damit Wände für die Aufnahme von Wandbelägen wie Fliesen geeignet sind, müssen sie tragfähig sein. Metallständerwände sollten deshalb zweilagig beplankt werden. Feuchtraumgeeignete Platten wie GKI (Gipskarton imprägniert, meistens grün gefärbt), finden hier Verwendung. Für wandhängende Objekte wie Waschtische und Badmöbel oder Haltegriffe in barrierefreien Bädern muss die Unterkonstruktion zusätzlich verstärkt werden.

Rechteckfliesen in unterschiedlichen Höhen als Rückwandbekleidung eines Waschtisches.

10.3.2 **Oberflächen**

Hauptkriterium für die richtige Materialwahl im Bad ist die Feuchtigkeit im Raum, der Einsatzort und der Verwendungszweck. Bei der Wahl des Bodenmaterials sind Feuchtigkeitsbeständigkeit, Rutschfestigkeit, leichte Reinigung (Hygiene) und haptische Eigenschaften entscheidend, da man sich meist barfuß in diesen Räumen aufhält. Als Bodenbeläge werden üblicherweise keramische Fliesen oder Feinsteinzeug verwendet. Die Wandbehandlung fällt je nach Raumposition unterschiedlich aus. Selten ist eine raumhohe Verfliesung nötig, nicht geflieste Wände sollten allerdings mit einem fungiziden Anstrich versehen werden. Putze für Wände und Decken müssen Feuchtigkeit abgeben und aufnehmen können. Wandbeläge sollten hygienisch und leicht zu reinigen sein.

Der Fliesenspiegel an Boden und Wand ergibt sich aus den Fliesengrößen und Fugenbreiten. Standardformate reichen von 10–20 cm, längst werden jedoch größere Formate zwischen 30–90 cm angeboten. Mosaikfliesen aus Glas oder Emaille, die ab einer Größe von 5 × 5 mm produziert werden, eignen sich sehr gut zur Herstellung von Gefälle im bodengleich gefliesten Duschbereich. Generell ist dabei zu beachten: Je niedriger der Fugenanteil, desto besser ist die Hygiene, weil sich in Fugen vermehrt Bakterien ansammeln können. Die Lage der Sanitärobjekte sollte darüber hinaus an den Fliesenspiegel angepasst werden. Es empfiehlt sich, Bohrungen für Armaturen und Objekte auf den Fugen zu positionieren, damit die Fliesen nicht geschnitten werden müssen.

Mosaikfliesen als Wandbekleidung einer Dusche

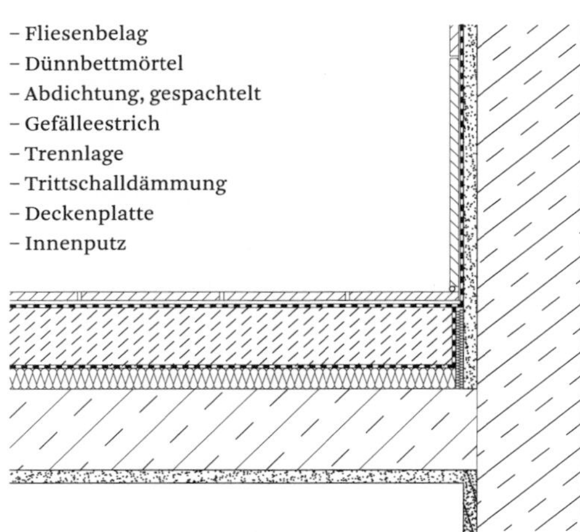

Die Fußbodenabdichtung erfolgt nach den anerkannten Regeln der Technik über dem Estrich.

Auch Faserzementplatten können als wasserabweisendes Material für die Beanspruchung im Nassbereich eingesetzt werden.
Die Abdichtung liegt hier hinter der hinterlüfteten Konstruktion.

Als Alternativen zu Fliesen kommen in Bädern zunehmend feuchtigkeitsresistente Putze, Platten aus behandelten Hölzern oder Kunststoffen sowie Sichtestrich zum Einsatz.

10.3.3 **Abdichtung**

Um umliegende Bauteile vor Feuchtigkeit zu schützen, müssen der Boden und auch teilweise die Wände in Bädern abgedichtet werden. Denn auch wenn wasserabweisende Materialen für die Oberbeläge wie Fliesen verwendet werden, kann durch Fugen Wasser in die Konstruktion eindringen. Die Wahl der Abdichtungsart erfolgt nach der Einteilung in Feuchtigkeitsbeanspruchungsklassen; dabei wird zwischen bauaufsichtlich geregelten Bereichen mit hoher Beanspruchung (zum Beispiel: nichtdrückendes Wasser im Innenbereich, häufige Belastung wie Duschen) und bauaufsichtlich nicht geregelten Bereichen bei mäßiger Beanspruchung (zum Beispiel: nichtdrückendes Wasser im Innenbereich mit niedriger Belastung, wie Böden bei privaten Badezimmern) unterschieden.

Die Abdichtung des Bodens wird laut DIN 18195 unterhalb des Estrichs angebracht. Dies entspricht jedoch nicht mehr den anerkannten Regeln der Technik. Um den Estrich vor Verkeimung durch eindringende Feuchtigkeit zu schützen, wird üblicherweise eine hochdichte gestrichene Abdichtung über dem Estrich unter dem Plattenbelag aufgebracht. Nach dem Verkleben der Fliesen auf der Abdichtung im Dünnbettverfahren bilden der Plattenbelag und die Abdichtung einen festen Verbund (Verbundabdichtung). Am Übergang zwischen Wand und Boden ist eine dauerelastische Fuge notwendig.

Der Fugen- und Wandanschlussbereich wird mit Gewebe- oder Dichtungsbändern zusätzlich verstärkt. Die Abdichtung sollte mindestens 15 cm oberhalb des Fußbodenbelags im Wandbereich hochgezogen werden. Grundsätzlich wird die Badabdichtung dort ausgeführt, wo Spritz- und Ablaufwasser zu erwarten sind. Im Duschbereich sowie auf der Rückseite der Badewanne sollte die Wand deshalb ebenfalls unterhalb des Wandbelags mit einer Abdichtung versehen werden.

10.4 Objekte

10.4.1 Stellflächen und Abstände

Bei der Einrichtung eines Bads spielen verschiedenste funktionale Gesichtspunkte eine Rolle, aber auch die sogenannten harten Faktoren, wie die Abmessungen der Einbauelemente selbst und ihre Abstände zueinander sowie zu umgebenden Bauteilen. Diese werden in der VDI 6000 geregelt, welche die ersatzlos gestrichene DIN 18022 ersetzt. Für jedes Badobjekt sollte seine notwendige Stellfläche, die Bewegungsfläche vor dem Objekt und die seitlichen Abstände zu anderen Objekten eingehalten werden, damit sich die Benutzer im Bad ausreichend bewegen können und auch das nachträgliche Austauschen von Sanitärobjekten möglich ist. Dies ist vor allem bei Bädern wesentlich, die auf minimalem Raum geplant werden. Auch die Höhenangaben sind beim Einbau von Badobjekten zu beachten!

Für barrierefreie und rollstuhlgerechte Bäder gelten die Anforderungen der neuen DIN 18040 Teil 1 für öffentliche Gebäude, für Wohnungen gilt die DIN 18025 Teil 1 und 2. Eine Zusammenfassung der beiden Teile in der neuen DIN 18040 Teil 2 ist geplant. Die notwendige Anzahl von barrierefreien und rollstuhlgerechten Bädern für öffentliche Gebäude und für Wohngebäude ist in den Bauordnungen der Länder geregelt. Nicht zuletzt aufgrund des demografischen Wandels spielt barrierefreies Bauen in unserer Umwelt eine immer größer werdende Rolle. Da Badobjekte in der Regel fest eingebaut sind, bilden sie oft unüberwindbare Hindernisse für ältere oder behinderte Personen. Die Bewegungsflächen von barrierefreien Bädern richten sich mit ihren Abmessungen von 1,20 × 1,20 m nach dem Bewegungsradius eines Gehbehinderten, die Bewegungsflächen von rollstuhlgerechten Bädern von 1,50 × 1,50 m richten sich nach dem Wendekreis eines Rollstuhlfahrers. Türen von rollstuhlgerechten Sanitärräumen müssen nach außen aufschlagen und eine lichte Breite von mindestens 90 cm besitzen. Die Angaben für barrierefreies Bauen betrachtend, ist abschließend zu vermerken, dass nicht nur eingeschränkte Personen einen erhöhten Raumbedarf benötigen, sondern dass Raum und Bewegungsfreiheit längst zum Qualitätsmerkmal in der Architektur geworden sind.

Sanitärobjekte im Duschbad

Rollstuhlgerechtes Duschbad

Bäder und Sanitär

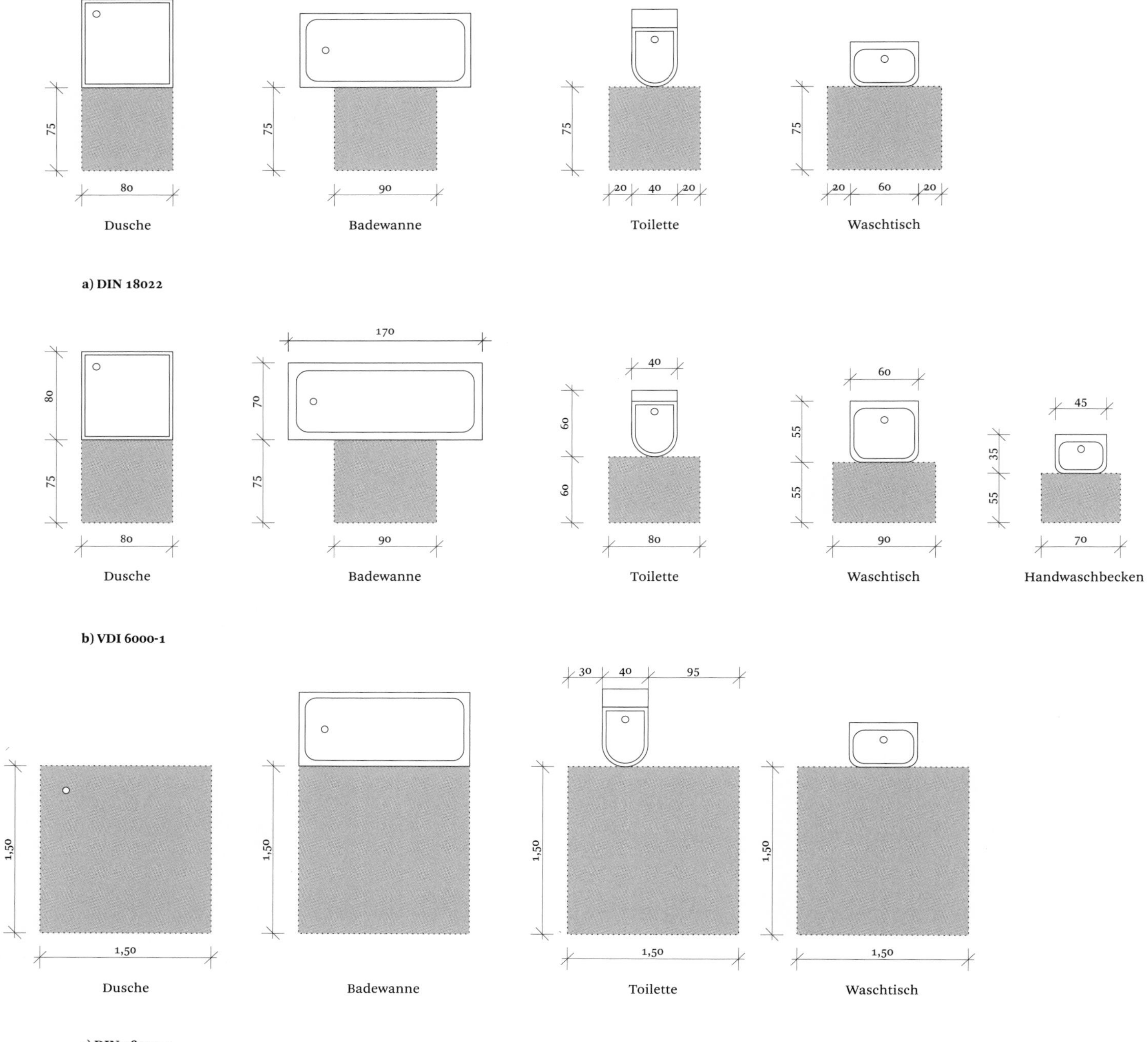

Gegenüberstellung der Bewegungs- und Stellflächen nach DIN 18022, VDI 6000-1 und DIN 18025-1 rollstuhlgerechte Wohnungen.

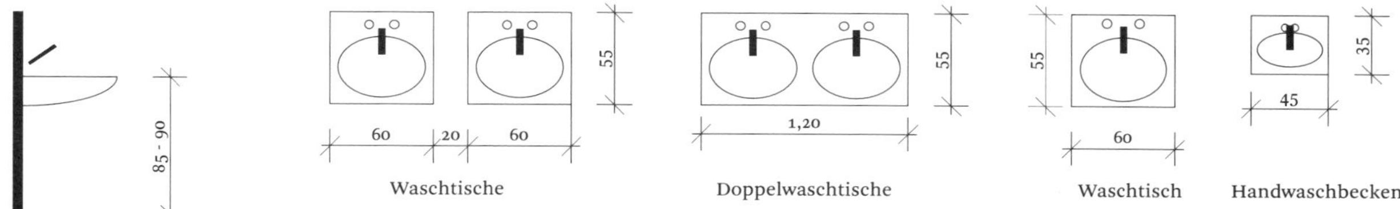

Mindestmaße für Waschtische mit Unterschränken

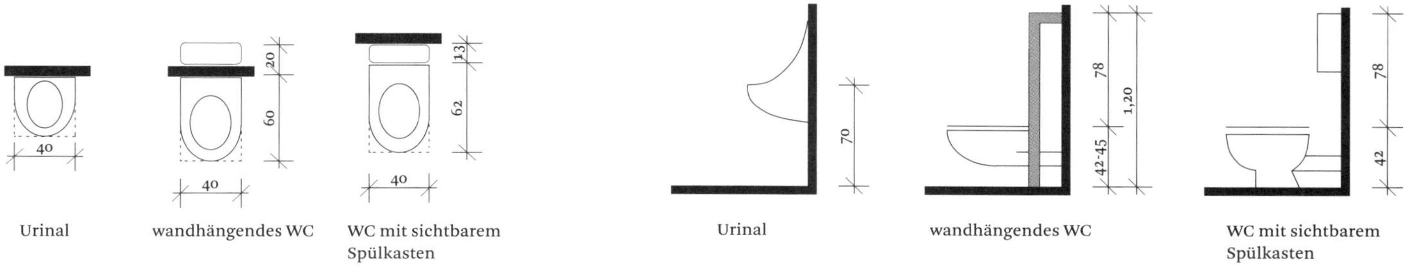

Abmessungen von Toilettenelementen

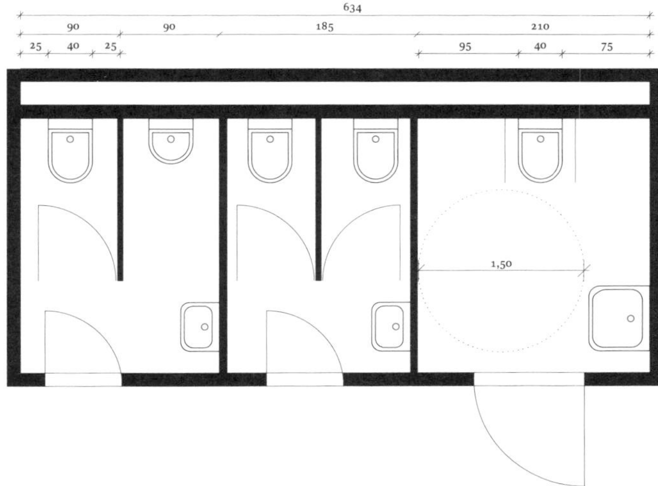

Toilettenanlage mit Herren-, Damen- und rollstuhlgerechtem WC

Bäder und Sanitär

Maße von Sanitärobjekten, Bewegungsflächen und Abstände in Wohnungen														
Sanitärobjekte	WT Waschtisch	DWT Doppelwaschtisch	EWT Einbauwaschtisch (1 Becken)	EDWT Einbauwaschtisch (2 Becken)	HWB Handwaschbecken	BI Bidet	WCa WC Spülung vor der Wand	WCu WC Spülung für Wandeinbau	UR Urinal	DU Duschwanne	BW Badewanne	WM/TR Waschmaschine/Trockner	AB Ausgussbecken	SP Spüle (Einzel-/Doppel)
	Maße von Sanitärobjekten (in cm)													
Breite	60	120	70	140	45	40	40	40	40	80	170	60	50	90/120
Tiefe	55	55	60	60	35	60	75	60	40	80	75	60	40	60
	Minimum Bewegungsflächen (in cm)													
Breite	90	150	90	150	70	80	80	80	60	80/70[1]	90	90	80	90/120
Tiefe	55	55	55	55	45	60	60	60	60	75	75	90	55	120
	Bei gegenüberliegender Anordnung von Sanitärobjekten, Wänden und Stellflächen ist ein Abstand von 75 cm vorzusehen.													
Montagehöhe über OKFFB	85/90	85/90	85/90	85/90	85/90	42[2]	42[2]	42[2]	65				65	85/92
	Minimum seitliche Abstände zu anderen Sanitärobjekten, Wänden und Stellflächen (in cm)													
WT						25	20	20	20	20	20	20		
DWT						25	20	20	20	20	20	20		
EWT/EDWT						25	20	20	20	15	15	20		
HWB						25	20	20	20	20	20	20		
BI	25	25	25	25	25		25	25	25	25	25	25		
WCa/WCu	20	20	20	20	20	25			20	20	20	20		
UR	20	20	20	20	20	25	20	20		20	20	20		
DU	20	20	15	15	20	25	20	20	20			3		
BW	20	20	15	15	20	25	20	20	20			3		
WM/TR	20	20	15	15	20	25	20	20	20	3	3			
Wand	20	20			20	25	20/25[3]	20/25[3]	20/25[2]			20		
Türbereich	Abstand zu Türöffnungen/-leitungen mindestens 10 cm													

1 Bei Eckeinstieg · 2 Oberkante Keramik bei wandhängender Ausführung · 3 bei Wänden auf beiden Seiten.

Maße von Sanitärobjekten, Bewegungsflächen und Abstände in Wohnungen in Ahnlehnung an die VDI 6000-1 (02/2008)

10.4.2 Materialien von Sanitärobjekten

Sanitärobjekte sollten leicht zu reinigen und für den Kontakt mit Wasser genügend beanspruchbar sein. Auch Haptik und Oberflächentemperatur stellen aufgrund der häufigen Berührung der Objekte eine große Rolle dar. Keramik ist das am öftesten verwendete Material bei Sanitärobjekten, da es leicht zu reinigen und selbst bei starker Beanspruchung langlebig ist. Bade- und Duschwannen werden meist aus Stahl-Emaille gefertigt, da dieses Material in seinem Aussehen Keramik ähnelt, jedoch ein geringeres Gewicht besitzt und kostengünstiger ist. Mittlerweile zieren Waschbecken aus Edelstahl nicht mehr nur öffentliche WC-Anlagen, sondern sind längst zum Designobjekt avanciert. Einzelanfertigungen aus Beton und Zement besitzen im Wesentlichen die Eigenschaften von Naturstein, die verwendeten Materialien lassen aber im Gegensatz zu Stein äußerst vielfältige Formen zu. Auch Mineralwerkstoffe, aus denen sehr hochwertige Waschtische und Badewannen erzeugt werden, finden vor allem bei organischen Formen Anwendung. Sanitärobjekte aus Kunststoffen wie Acrylglas, Polyester mit Glasfaser oder PVC sind ebenfalls am Markt erhältlich.

10.4.3 Waschtische

existieren in den verschiedensten Arten und Formen, am häufigsten werden jedoch wandhängende Waschbecken verwendet, bei denen der Siphon sichtbar bleibt, sofern er nicht mit einer Säule oder Halbsäule verdeckt wird. Aufsatz- und Unterbauwaschtische werden in Platten oder als Möbelwaschtische in Badmöbel eingebaut. Waschschalen sind hingegen auf den fertigen Oberflächen aufgestellt; daneben gibt es freistehende, säulenartige Waschtische. Bei der Größe der Waschtische wird je nach Nutzung zwischen Waschbecken, Doppelwaschbecken und kleineren Handwaschbecken, die zum Großteil in Gäste-WCs vorgesehen werden, unterschieden.

Die Oberkanten von Waschtischen werden in einer Höhe von etwa 85 cm montiert. Bei barrierefreien Waschtischen ist die Unterfahrbarkeit für Rollstuhlfahrer zu sichern, dies wird durch den Einsatz von Unterputz- oder Flachaufputzsiphons erreicht. In der Regel wird der Waschtisch mit einem Spiegel ausgestattet, der mit einem Spiegelkleber direkt an die Wandoberfläche geklebt oder mit speziellen Befestigungssystemen abnehmbar montiert werden kann. Die Wandoberfläche hinter dem Waschtisch sollte zum Schutz vor Spritzwasser gefliest oder anderwertig spritzschutzresistent ausgeführt werden.

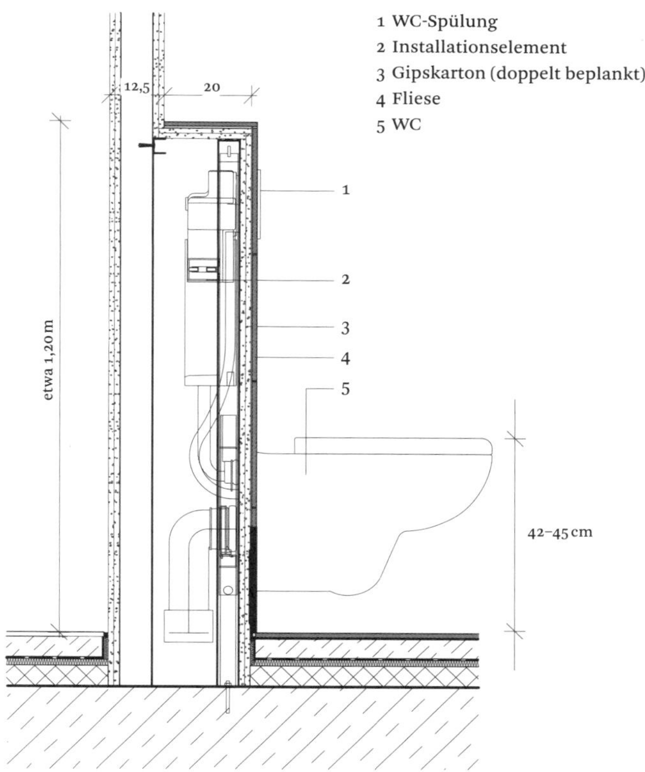

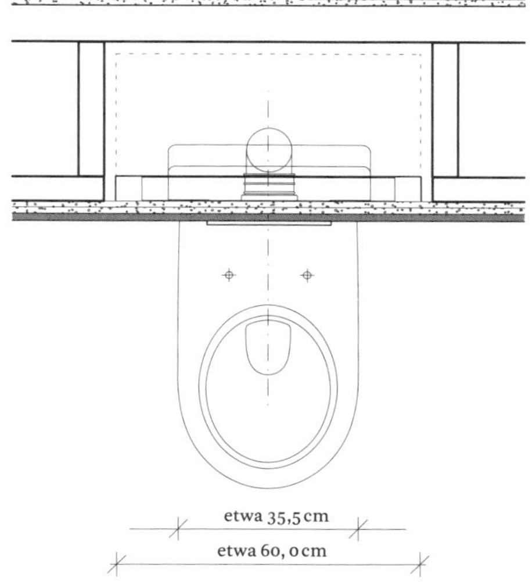

Wandhängendes WC mit Installationselement und Vorsatzschale.

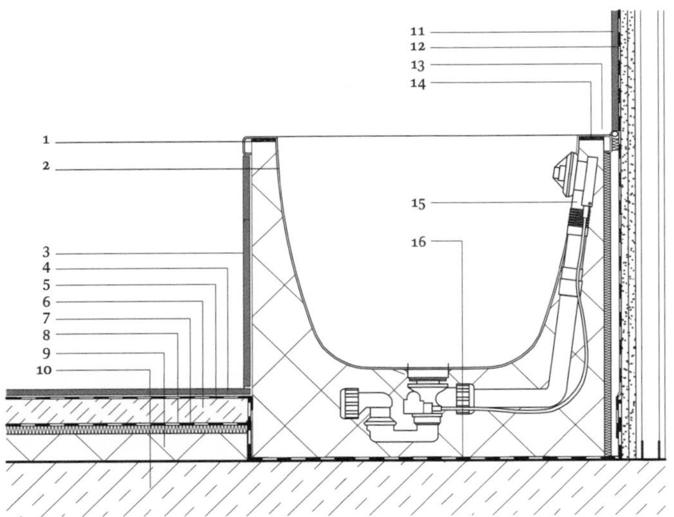

1 Badewanne
2 Wannträger
3 Wandfliesen im Dünnbett
4 Bodenfliesen im Dünnbett
5 Sperranstrich
6 Zementestrich
7 PE-Folie
8 Trittschalldämmung
9 Dämmplatte
10 Stahlbetondecke
11 Wandfliesen im Dünnbett
12 Sperranstrich
13 dauerelastische Fuge
14 Schalldämmband
15 Ablaufgarnitur für Badewanne
16 bituminöse Eindichtung

Einbauwanne mit Wannenträger

Einbauwanne in einem gefliesten Podest

10.4.4 WC, Bidet, Urinal

WCs werden entweder als stehende Objekte oder, heute gängiger, wandhängend installiert. Der Spülkasten wandhängender WCs ist in der Wand oder einer Vorsatzschale eingebaut beziehungsweise in ein Installationselement integriert, in dem sich auch die Spültechnik befindet. Bei wandhängenden WCs kann aufgrund ihres nicht vorhandenen Bodenanschlusses auf eine Dichtung verzichtet werden, daneben ist eine Rundum-Reinigung leichter möglich als bei einem stehenden Objekt. WCs sollten im Allgemeinen in der Nähe des Schachts positioniert werden, da ihre Abwasserrohre am größten und damit am aufwendigsten zu führen sind. WC-Spülarmaturen sind in Kunststoff wie auch in Edelstahl erhältlich, Wasserspartasten sind üblich. In öffentlichen Toilettenanlagen werden zudem sehr häufig berührungslose Sensorspülungen verwendet.
WCs sollten gemäß VDI 6000-1 mit einer Sitzhöhe von 42 cm installiert werden, wenn möglich sollte die Höhe im privaten Bereich mit dem Nutzer individuell abgestimmt werden.
In rollstuhlgerechten Toiletten im öffentlichen Bereich sollte die Sitzhöhe 48 cm betragen, es sind hier zusätzliche Haltegriffe zu montieren. Zudem müssen auf beiden Seiten des WCs Bewegungsflächen von 95 cm für das Übersetzen des Rollstuhlfahrers freigehalten werden. Im privaten Bereich kann diese Fläche auf eine Seite des WCs reduziert werden.

Bidets werden samt Wasserarmaturen normalerweise neben WC-Becken, häufig ebenfalls wandhängend montiert. Urinale können mit oder ohne Deckel, als Einzelobjekt oder in öffentlichen Toiletten als Rinnensysteme installiert werden.

10.4.5 Badewannen

können als Einbauwannen oder freistehende Wannen ausgeführt werden und besitzen eine Standardhöhe von 60 cm. Einbauwannen werden in befliesbare Wannenhalter aus Polystyrol gehangen – einige Hersteller bieten flächige Verkleidungen für Tragsysteme aus Holz oder Kunststoff an. Auch wenn als Alternative zu Wannenträgern Fußgestelle verwendet werden, unter Wannen sollte in jedem Falle zusätzlich abgedichtet werden. Die Wand hinter der Wanne sollte außerdem bis zu einer Höhe von etwa 1,20 m spritzschutzresistent ausgeführt werden. Werden Badewannen auch zum Duschen benutzt, weil etwa nicht genügend Platz im Bad für eine separate Dusche vorhanden ist, sollte bis zu einer Höhe von mindestens 2,00 m gefliest und abgedichtet werden. Obwohl der Ablauf bei Badewannen häufig höher als bei Duschwannen sitzt und deshalb das notwendige Gefälle in den Abwasserleitungen besser realisiert werden kann, sollte der Abstand zur Fallleitung im Schacht aufgrund erhöhter Verstopfungsgefahr nicht mehr als 3 m betragen. Freistehende Wannen geben dem Bad zwar oft einen großzügigeren Charakter, hier sollte aber darauf geachtet werden, dass der Raum bei engeren Einstellsituationen unter oder neben der Wanne noch zum Putzen zugänglich ist. Beim Baden und Duschen wird durch den Aufprall des Wassers Körper- und Luftschall erzeugt. Werden Bade- oder Duschplatz nicht fachgerecht körperschallentkoppelt montiert, wird der entstehende Körperschall über den Boden und die angrenzenden Wände in andere Räume des Gebäudes weitergeleitet, was zu einer erheblichen Ruhestörung, insbesondere in den schutzbedürftigen Räumen führen kann. Hier helfen gegebenenfalls spezielle Schallschutzunterlagen unter den Trägerelementen.

10.4.6 Duschwannen

werden analog zu Badewannen mit Wannenträgern oder höhenverstellbaren Trägerfüßen eingebaut; sie sind leicht abzudichten und einzubauen. Die Höhen von Duschwannen reichen von extraflachen Systemen von nur wenigen Zentimetern bis hin zu einer Wannenhöhe von etwa 20 cm. Aufgrund der Tatsache, dass Duschwannen Fertigteile sind, sollte man bei der Planung von Einbaunischen für Duschen vorzugsweise auf Standardmaße von 80–1,20 m zurückgreifen, da ansonsten aufwendige Podeste als Ausgleichsflächen hergestellt werden müssen. Wegen der meist eingeschränkten Höhe des Fußbodenaufbaus liegt der Wasserablauf bei Duschen häufig sehr niedrig. Um das notwendige Gefälle in der Abwasserleitung (etwa ein Prozent) dennoch realisieren zu können, sollten sich Duschen in der Nähe des Schachts befinden.

10.4.7 Bodengleiche Duschen

in Wohnungen oder öffentlichen Einrichtungen – beispielsweise Schwimmbädern, Alten- oder Pflegeheimen – müssen schwellenlos ausgebildet sein, das heißt die Schwellen dürfen eine Höhe von 2 cm nicht überschreiten. Duschen können als bodengleich geflieste Duschen oder als bodengleiche Duschflächen, zum Beispiel aus Stahl, ausgeführt werden. Bodengleiche Duschen sind wesentlich komfortabler zu betreten und in jedem Fall leichter zu reinigen als Duschwannen. Aufgrund dessen erfahren bodengleiche Duschen besonders im privaten Bereich eine immer größere Beliebtheit.

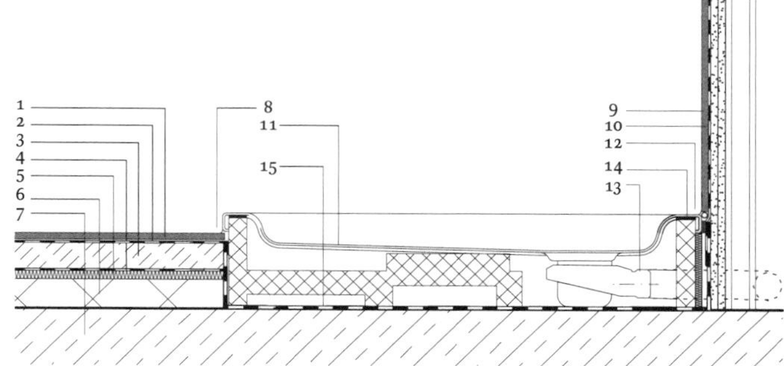

1 Fliesen im Dünnbett
2 Sperranstrich
3 Zementestrich
4 PE-Folie
5 Trittschalldämmung
6 Dämmplatte
7 Stahlbetondecke
8 dauerelastische Fuge
9 Wandfliese
10 Sperranstrich
11 Duschwanne mit Wannenträger
12 dauerelastische Fuge
13 Ablauf für Duschwanne
14 Schalldämmband
15 Abdichtung

Duschwanne mit Wannenträger

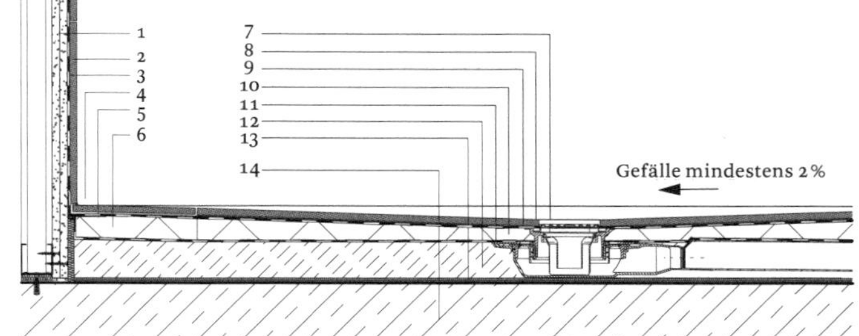

1 Metallständerwand doppeltbeplankt
2 Wandfliese
3 Sperranstrich
4 dauerelastische Fuge
5 Dichtset (Eckwinkel)
6 Duschelement
7 Bodenablauf mit Edelstahlrost
8 Fliesen im Dünnbett
9 Sperranstrich
10 Duschelement Polystyrol-Hartschaum
11 PE-Folie
12 Zementestrich
13 Schallschutzmatte
14 Stahlbetondecke

Bodengleiche Dusche mit waagerechtem Abfluss

Bodengleiche Duschwanne

Das Fliesenbett ist im Gefälle verlegt und läßt so das Wasser zur Wand hin in den linienförmigen Abfluss fließen.

Dusche und WC befinden sich in gefliesten Nischenräumen und sind vom offenen Bad durch satinierte Glastüren räumlich getrennt.

Das notwendige Gefälle im Duschbereich von ein bis zwei Prozent in Richtung bodenbündig eingebautem Ablauf wird bei bodengleich gefliesten Duschen entweder mit Gefälleestrich oder mit Unterbauten aus vorgefertigten Duschelementen hergestellt. Die Einbauelemente verfügen über das werkseitig vorgegebene Ablaufgefälle und einen gesondert eingedichteten Ablaufteller. Ihre Oberfläche ist glasfaserverstärkt, wasserdicht beschichtet und kann direkt befliest werden. Der Kern der Elemente besteht üblicherweise aus extrudiertem Polystyrol-Hartschaum, die Elemente verfügen häufig bereits werkseitig über eine gute Wärme- und Trittschalldämmung – gegebenenfalls können zusätzliche Schallschutzmatten den Schallschutz verbessern. Kritische Punkte beim Einbau bodengleicher Duschen sind die Übergangsbereiche vom Duschelement zur Wand – dort sind evenutell zusätzliche Abdichtungsmaßnahmen, in jedem Fall jedoch dauerelastische Fugen notwendig.

Die Flansche von den in den Estrich eingegossenen Abläufen müssen über dem Estrich oder Unterbauelement fachgerecht abgedichtet werden. Je nach Situation vor Ort gibt es senkrecht und waagerecht verlaufende Abläufe. Meistens ist der Bodenaufbau in seiner Abmessung so gering, dass nur eine waagerechte Leitungsführung möglich ist. Die Abflussformen können punktförmig – als zentraler oder dezentraler Punktablauf – oder linienförmig als Duschrinne ausgebildet sein. Unabhängig von der Form des Ablaufs, muss sich dieser im tiefsten Punkt des Einbaus befinden, damit das Wasser ungehindert ablaufen kann. Bei rechteckigen Duschen entstehen bei großformatigen Fliesen in der Verwendung von Punktabläufen Diagonalschnitte. Die Gesamteinbauhöhen der Unterbauelemente betragen bei waagerechtem Ablauf mindestens 10 cm zuzüglich Fliesen und eventuell notwendiger Dämmschichten, weshalb sie nicht immer für den nachträglichen Einbau geeignet sind.

10.4.8 **Duschtrennwände**
werden in der Standardausführung meist als auf die Duschwannenränder oder auf den Boden aufgestellte Kunststoffkabinen aus Acrylglas mit Dreh- oder Schiebetüren gebaut. Hochwertiger und langlebiger sind Trennwände aus Einscheibensicherheitsglas (ESG). Bei großen Formaten muss das Glas gegebenenfalls mit Haltestangen zusätzlich gesichert oder beispielsweise mit Aluminiumprofilen an Wand oder Decke zusätzlich zur Bodenbefestigung montiert werden.

Die Anschlüsse müssen abgedichtet werden. Glas- und Kunststofftrennwände sind aufgrund des häufigen Wasserkontakts anfällig für Kalkflecken und sollten deshalb häufig gereinigt werden. Ist das Bad groß genug, empfiehlt sich die Ausbildung von Duschnischen als Alternative zu Glaswänden. Diese können mit gefliesten Trockenbauwänden hergestellt werden und sind auch in runder Ausführung möglich. Die einfachste Form von Duschabtrennungen sind Duschvorhänge, die an Duschstangen oder Deckenschienen befestigt werden.

10.4.9 **Armaturen und Accessoires**
werden von vielen Herstellern in unterschiedlichen Designausführungen angeboten. Dabei unterscheidet man zwischen Zulaufarmaturen (Wasserhähne, ...) und Ablaufarmaturen (Duschabläufe, ...). Zulaufarmaturen sind als Wand- oder Standarmaturen erhältlich. Bei Standarmaturen ist auf die richtige Lochbohrung zum Sanitärobjekt zu achten, Wandarmaturen sind zudem pflegeleichter, da sie keinen Kontakt zum Objekt haben. Bei der Wahl der Wandstärken sollten die notwendigen Einbautiefen der Unterputzgehäuse von Wandarmaturen berücksichtigt werden. Zulaufarmaturen werden von der Industrie als einfache Zapfhähne für Kaltwasser oder als Mischbatterien für Kalt- und Warmwasser angeboten. Mischbatterien sind zudem als Einhebel- oder Zweihebelmischer erhältlich. Thermostatbatterien mischen das Wasser automatisch auf eine vorgewählte Temperatur, weshalb diese häufig auch für Duschen eingesetzt werden. Duscharmaturen können als Handbrausen an höhenverstellbaren Duschstangen oder als an Wand oder Decke befestigte Kopfbrausen montiert sein. In Wellnessbereichen kommen auch größere Regenduschen, Schwall- und Seitenbrausen oder Kneip-Schläuche für besondere Duscherlebnisse zum Einsatz. Dort sollte der Bodenablauf allerdings stets auf die zu erwartende höchste Wassermenge ausgelegt werden!

Eckventile ermöglichen eine Absperrung der Wasserleitungen für etwaige Installationsarbeiten. Jede Wasserentnahmestelle im Gebäude benötigt einen Wasserablauf. Die Abläufe von Dusche, Wanne oder Waschtisch verfügen über einen Geruchsverschluss. Sind sie verschließbar, müssen sie einen zusätzlichen Überlauf besitzen. Accessoires wie Handtuchhalter, Seifenspender und Rollenhalter für WCs werden von der Industrie als zu den Armaturen passende Serien angeboten. Gängige Materialien hierfür sind Chrom oder Edelstahl.

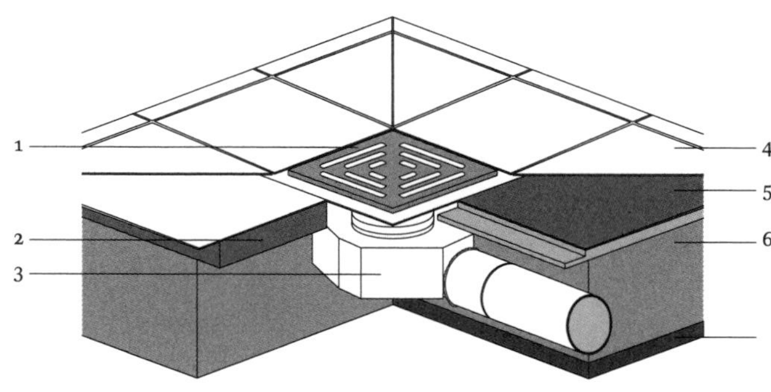

Systemaufbau
1 Aufsatz mit Rost E 140
2 Duschelement
3 Bodenablauf DN 70
Bodenaufbau
4 keramischer Bodenbelag
5 Fliesenkleber im Dünnbett
6 Estrich
7 Trittschalldämmung

Bodenaufbau mit punktförmiger Abflussform

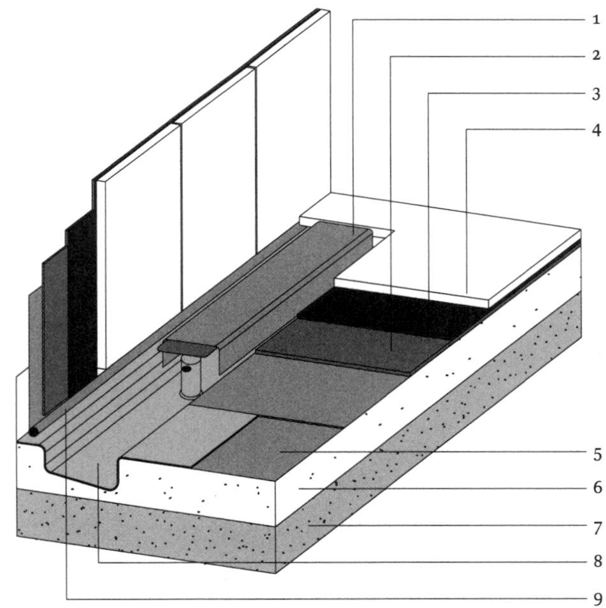

1 Abdeckung
2 Verbundabdichtung
3 Fliesenkleber
4 Fliese
5 Butylband
6 Estrich
7 Dämmung
8 Gehäuse
9 Silikonfuge

Isometrie eines linienförmigen Abflusses

Pool mit verdeckter Überlaufrinne

Sauna mit Glastüren und einer Rückwandbekleidung aus Bruchstein

10.4.10 **Möbeleinbauten**
Für Kosmetik- und Hygieneartikel sind Ablage und Verstaumöglichkeiten erforderlich, die möglichst hängend befestigt sein sollen, damit diese nicht durch stehendes Wasser beschädigt werden und die einfache Reinigung des Bodens möglich ist. Da Möbeleinbauten einer viel geringeren Belastung als der Fußboden oder die umgebende Wand ausgesetzt sind, können hier auch Materialien zum Einsatz kommen, die eine warme Atmosphäre im Innenraum erzeugen wie beispielsweise Holz oder Holzwerkstoffe. Für den Massivholzeinsatz im Feuchtigkeitsbereich eignen sich besonders Tropenhölzer, da wegen ihres hohen Fettgehalts die hydrophilen Eigenschaften nur gering ausgeprägt sind. Ökologisch gesehen ist der Einsatz von Tropenholz allerdings problematisch – hier bieten sich Kirsch- und Eichenholz als Alternativen an. Moderne Lacke lassen zu, dass Holzwerkstoffe heute besser gegen Feuchtigkeit geschützt werden können als früher. Dennoch sollte Holz nur an gering feuchtigkeitsbelasteten Stellen eingesetzt werden.

10.4.11 **Saunas, Dampfduschen und Pools**
werden in Wellnessbereichen, etwa von Hotels, aber auch teilweise im privaten gehobenen Wohnungsbau vorgesehen. Die meisten Saunen werden mit einem Elektroofen beheizt. Beim Einbau einer Sauna ist darauf zu achten, dass sie gegen Wärmeverluste gedämmt ist. Saunen im Innenbereich bestehen deshalb häufig aus einem zweischaligen Aufbau mit innerer Holzverkleidung, Dampfsperre, einem Zwischenraum für die notwendige Hinterlüftung, Isoliermaterial und einer äußeren Verkleidung. Glastüren oder Außenfenster erzeugen ein besonderes Raumgefühl, bedeuten jedoch auch Wärmeverluste. Türen einer Sauna müssen aus Sicherheitsgründen immer nach außen aufschlagen.

Dampfduschen werden oft als Fertigteile, bestehend aus einer freistehenden Kabine oder als Nischen-Einbau-Variante inklusive Technik, eingebaut. Die besonders aufwendigen Abdichtungen sind in diese Fertigteile schon integriert. Als Erweiterung von Badewannen bietet die Industrie auch Whirlwannen an. Der Unterschied zu Whirlpools besteht darin, dass das Wasser nach jeder Benutzung abgelassen wird. Das Gewicht von Pools und Whirlpools für den Innen- und Außenbereich sollte aufgrund größerer Wasservolumen immer statisch abgestimmt werden, gegebenenfalls sind Decken statisch zu ertüchtigen. Beim Einbau von größeren Pools, die nicht mehr als Fertigteile ausgeführt werden können, empfiehlt sich die Zusammenarbeit mit einem Schwimmbadbauer.

10.5 Installationen

sind Leitungen, Rohre und Kabel, die zur Ver- und Entsorgung aller Arten von Medien im Gebäude dienen. Zur Installationstechnik gehören Heizung, Sanitär, Lüftung und Elektro.
Bei der Badplanung sollte mit einem Haustechnikingenieur zusammengearbeitet werden, der die fachgerechte Führung und Dimensionierung der Installationen, passend zum Badentwurf in Absprache mit dem Architekten, übernimmt.
In der Regel werden heutzutage Installationsleitungen aus schallschutztechnischen Gründen entweder in Vorwandinstallationen oder innerhalb von Leichtbauwänden verlegt. Bei Rohrbefestigungen an massiven Wänden sind elastische Einlagen in den Schellen zu verwenden, um sie körperschalltechnisch von anderen Bauteilen zu entkoppeln. Bei genügend zur Verfügung stehenden Aufbauhöhen können Installationen auch im Fußbodenaufbau oder in Hohlraumböden verlegt werden. Hier sind die auftretenden Verkehrslasten, die Körperschallübertragung und die notwendigen Wärmedämmstärken zu beachten.

10.5.1 Installationsschächte

Installationsleitungen werden üblicherweise in zentralen Schächten zusammengeführt und an vertikale Fall- und Hauptleitungen angeschlossen. Die Anzahl und Dimensionierung der Rohre, Kabel, Luftkanäle und Dämmstoffumhüllungen bestimmen den Querschnitt des Installationsschachts, der in der Regel in Leichtbauweise aus einseitig doppelt beplankten Metallständerwänden hergestellt wird. Die Schachtbelegung sollte in jedem Fall frühzeitig mit dem Haustechnikingenieur abgestimmt werden, da eine nachträgliche Belegung Grundrissänderungen zur Folge haben können. Daneben werden bei Installationsschächten häufig Revisionsöffnungen benötigt, um die Durchführung von betriebstechnischen Maßnahmen zu gewährleisten – diese werden durch Revisionsklappen zugänglich gemacht. Wenn Rohrleitungen Schächte durchdringen, müssen Wohnungstrennwände, Brandschutzwände und Geschossdecken aus Brandschutzgründen mit Brandschutzschotts ausgeführt werden, damit Feuer und Rauch nicht in benachbarte Brandabschnitte gelangen können.

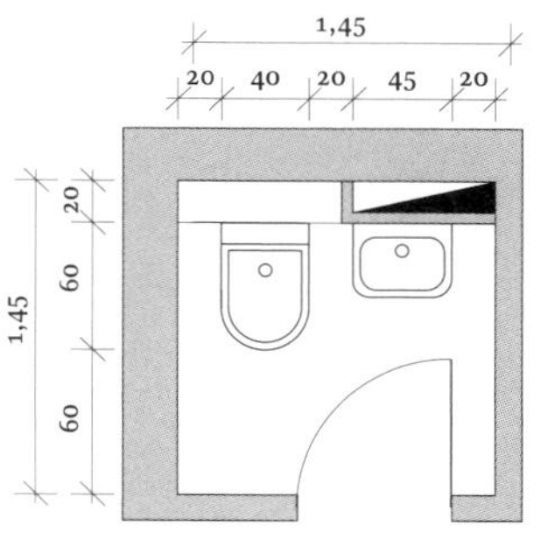

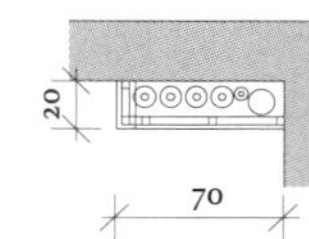

a) WC

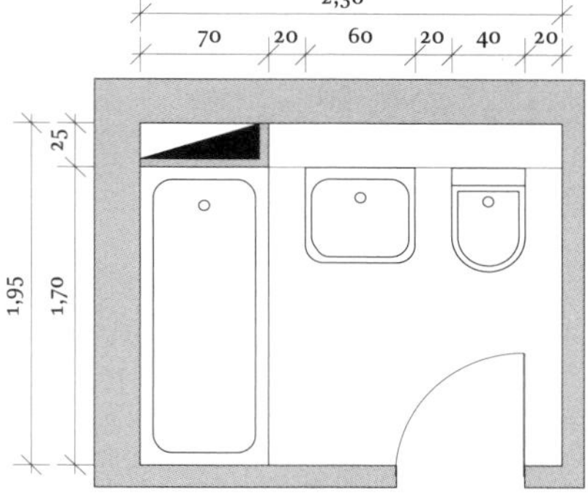

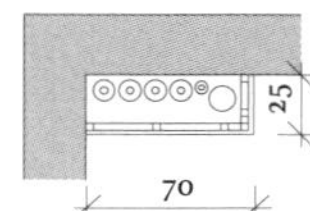

a) Wannenbad

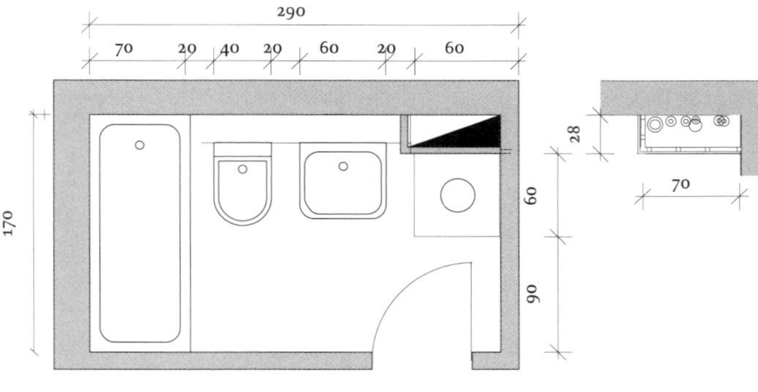

a) Wannenbad mit Waschmaschine

Schachtgrößen und Belegung in unterschiedlichen Badtypen

Installationsdichte im Schacht

Brandschutzschott bei einer Trennwanddurchführung

10.5.2 Sanitärinstallationen

Für den sanitären Bereich sind vor allem wasserführende Installationen von Bedeutung: Man unterscheidet zwischen Wasseranlagen (Zuwasser) und Abwasseranlagen. In allen Gebäuden muss die Versorgung mit hygienisch einwandfreiem Trinkwasser gesichert sein, Rohrleitungen müssen aus Schallschutz- und hygienischen Gründen gedämmt werden. Kaltwasserleitungen sind vor Erhitzen zu schützen, Warmwasserleitungen gemäß Energieeinsparverordnung (EnEV) zu dämmen. Die Dimensionen von Zuwasserleitungen müssen den erforderlichen Wasserdruck gewährleisten – hier werden in der Regel DN 15–DN 40 Rohre verwendet. Zusätzlich zu Kalt- und Warmwasserleitungen werden Zirkulationsleitungen installiert, um eine schnelle Entnahme von Warmwasser sicherzustellen. Abwasserrohre müssen gegen Körperschall gedämmt werden und die notwendige Abflussleistung gewährleisten. Hier kommen üblicherweise DN 100–DN 150 Rohre zum Einsatz, die im Gefälle (mindestens 0,5 Prozent / maximal fünf Prozent, üblich ein Prozent) verlegt werden. Zur Vermeidung von Geruchsbildung im Gebäudeinneren müssen Abwasserrohre über Dach entlüftet werden.

10.5.3 Heizung

Im Bad sollte eine Raumtemperatur von 22–24 Grad herrschen, damit die Raumnutzung behaglich ist. Für WCs im Wohnungsbau sind 20 Grad, für Gebäude mit anderer Nutzung 15 Grad ausreichend. Im gehobenen Wohnungsbau ist der Einsatz einer Fußbodenheizung, die den Vorteil des Erhalts fußwarmer Bodenbeläge bietet, heute Standard. Um die nötige Heizleistung zu erreichen, muss allerdings meist ein zusätzlicher Heizkörper, üblicherweise ein Handtuchheizkörper, eingesetzt werden. Fußbodenheizungen können als Warmwassersysteme oder als elektrische Flächenheizungen ausgeführt werden. Heizleitungen sollten gegen Wärmeverluste gedämmt werden.

10.5.4 Lüftung

Bäder müssen entlüftet werden, damit feuchte Luft schnell abgeführt wird und es nicht zu Schimmelbildung kommt. Ist ein Einbau von Fenstern nicht möglich, müssen innenliegende Bäder maschinell, mindestens mit einem vierfachen Luftwechsel pro Stunde, nach Außen entlüftet werden. Einraumlüfter, die direkt im Schacht oder in abgehängten Decken befestigt werden, sind hierfür eine Lösung. Wenn Fortluft durch kalte Bereiche geleitet wird oder wenn Wärmerückgewinnungsanlagen verwendet werden, müssen die Lüftungsrohre innerhalb der warmen Bereiche eines Gebäudes gedämmt werden. Eine Schaltung von Kleinluftanlagen in innenliegenden Bädern ist meist mit der Schaltung der Beleuchtung kombiniert.

10.5.5 Elektro

In Feuchträumen gelten besondere Anforderungen für elektrische Anlagen nach der DIN VDE 0100-701 (VDE 0100-701). Im Badezimmer sind durch einen Fehlerstrom-Schutzschalter (FI) geschützte Steckdosen ratsam, bei Neuinstallation ist der Einbau von FI-Schutzschaltern Pflicht. Bei Bädern sollte über dem Spiegel zusätzlich zur Hauptbeleuchtung eine Spiegelleuchte angeordnet werden.

10.6 Vorgefertigte Sanitär- und Feuchtraumzellen

sind selbsttragende Sanitärraumeinheiten, deren Leitungen auf der Baustelle an das bestehende Versorgungssystem angeschlossen werden. Die fertigen Zellen existieren in verschiedensten Materialien (Beton, glasfaserverstärkter Kunststoff, Mischbauweise) und finden ihre Anwendung in Hochbauten, in denen sich wiederkehrende Badgrundrisse befinden, etwa in Krankenhäusern, Hotels und Beherbergungsstätten, Alten- und Pflegeheimen und Studentenheimen. Durch Kosteneinsparungen bei Fertigung und Montage sowie entsprechender Bauzeitverkürzung bieten Fertigbäder wirtschaftliche Vorteile, die sich aber erst bei größeren Stückzahlen rentieren. Da vor Ort nur ein Gewerk zur Montage nötig ist, fällt auch der Koordinierungsaufwand geringer aus. Die serielle Produktion wirkt sich allerdings nachteilig auf die individuellen Gestaltungsmöglichkeiten aus. Unterschieden werden drei Systeme:

- Kompakte Ausführung: Das komplette Bad wird per Kran in das Bauobjekt eingebracht (Verwendung meist bei Neubauten mit typengleichen Bädern größerer Stückzahlen).
- Elementierte Ausführung: Einzelne Boden-, Wand- und Deckenelemente werden auf der Baustelle zusammengesetzt (häufige Ausführung bei Modernisierungen).
- Turmbauweise: Die Wände der Bäder sind tragend ausgeführt und werden im Gebäude übereinander gesetzt. Nach der Montage wird der Turm mit dem Gebäude verbunden. Diese Technik eignet sich sowohl für den Neubau als auch für die Modernisierung.

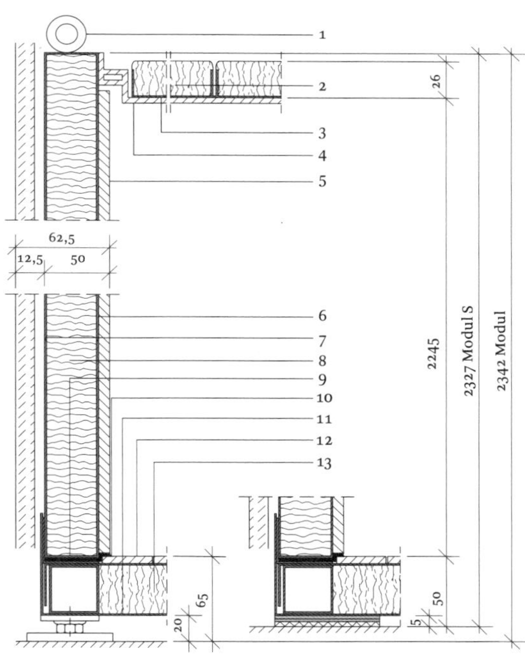

1 Kranöse
2 Hartdämmplatte
3 verzinktes Stahlblech, kunststoffbeschichtet weiß
4 Deckenrahmen weiß
5 Keramik-Wandfliese (150 × 200)
6 Spezialkleber
7 verzinktes Stahlblech
8 Hartsteinwolle
9 Dichtelement Wandaufnahme aus Edelstahl
10 Epoxidfuge / Silikonfuge
11 verzinktes Stahlblech
12 Bodenfliese (50 × 50 / 100 × 100)
13 Hartsteinwolle

Vertikalschnitt durch eine Sanitärfertigzelle

Einbauten und Einbaumöbel

11

Einbauten und Einbaumöbel

Wandbildendes Einbaumöbel mit integrierten Schränken, Regalen und Kamin. Die Fronten sind mit Linoleum bezogen.

11.1 Einführung

Einbaumöbel sind feste Einbauten, die an den fertigen Raumflächen des Innenausbaus fixiert werden. Durch die Vielfältigkeit ihrer Gestaltungsmöglichkeiten in Form und Oberfläche beeinflussen Einbaumöbel das Aussehen eines Raums: Sie bereinigen Räume, indem sie störende Abkofferungen, Nischen und Vorsprünge verdecken oder sie übernehmen raumbildende Funktionen, indem sie den Raum in einzelne Bereiche gliedern. Des Weiteren »programmieren« sie durch ihre Funktion den Raum: Sie beinhalten Verstau- und Lagermöglichkeiten, bieten Raum für Warenpräsentation oder integrieren Beleuchtung, Medien oder andere Installationen und definieren somit die Nutzung der unterschiedlichen Bereiche.

Einbaumöbel werden in zwei Typen unterschieden, in vorgefertigte oder individuell in den Raum eingepasste Einbauten. Während industriell gefertigte Einheiten hauptsächlich den Vorteil einer Kosteneinsparung durch Vorfabrikation bieten, fällt die Entscheidung für individuell eingepasste Möbel vor allem wegen der Platzersparnis, der optimalen Nutzung des vorhandenen Raums, der individuellen Gestaltung sowie der Integration in das Gesamtkonzept. Beide Bauarten werden häufig miteinander kombiniert. In der Planung von Einbaumobiliar gelten dieselben Abmessungen wie für freistehende Möbel. Diese orientieren sich an den Maßen des menschlichen Körpers sowie an der Menge und Größe der unterzubringenden Gegenstände. Bei den Körperabmessungen handelt es sich um Durchschnittsmaße – das Ziel des »Design-for-All«, möglichst allen einen barrierefreien Zugang zu Räumen wie Produkten zu ermöglichen, ist nur teilweise berücksichtigt.

Alle Proportionsregeln stellen den Versuch dar, der Architektur eine am Maß des Menschen orientierte mathematische Ordnung zu geben. Der Goldene Schnitt stellt ein geeignetes Hilfsmittel zur Bestimmung harmonischer Proportionen dar und ist die Grundlage vieler Proportionslehren. Nach Marcus Vitruvius Pollio und Albrecht Dürer hat auch Le Corbusier, als ein Vertreter der modernen Proportionslehre, Systeme entwickelt, die Abmessungen des menschlichen Körpers auf Raumproportionen und Bauteile übertragen. Le Corbusiers System, das von einem Menschen mit einer Bauchnabelhöhe von 113 cm und einer Gesamthöhe (mit ausgestrecktem Arm) von 226 cm ausgeht, basiert auch auf dem Goldenen Schnitt.

Abmessungen unterschiedlicher Tätigkeiten eines Menschen

Einbauten und Einbaumöbel

Einbauschrank als raumbildendes Element

Hoher und dennoch unsichtbarer Technisierungsgrad im Haus der Gegenwart in München.

Auch der Aufstellungsort und der Transport sind in der Möbelplanung zu berücksichtigen. So werden etwa Einbauschränke in der Regel erst vor Ort aus Segmenten zusammengesetzt. Daneben spielt die Zweckmäßigkeit des Einbaumöbels eine entscheidende Rolle für die Material- und Oberflächenwahl: Im Objektbereich, also im nicht-privaten Bereich, liegen der Beanspruchungsgrad von Einbauten und damit auch der Anspruch an die Haltbarkeit sehr viel höher als im Privatbereich.

11.2 Klassifizierung

Einbauten beziehungsweise Einbaumöbel gehen mit dem Bauwerk eine feste Verbindung ein, was sie gleichzeitig vom losen Mobiliar, das in den Bereich der Ausstattung fällt, unterscheidet. Einbaumöbel lassen sich folgendermaßen kategorisieren:

- Einbauschränke (Schrankwände, Ankleiden, Regale, Garderoben),
- Einbauküchen (Küchenzeilen, Hängeschränke, Theken und Blöcke),
- Empfangs-, Präsentations- und Verkaufsmöbel (Tresen, Rezeptionen, Warentische, Vitrinen),
- Sitzmöbel (Bänke, Polstermöbel, gepolsterte Wände),
- Objekte (Raumteiler, eingestellte Raumeinheiten).

11.2.1 Einbauschränke

können eine raumbildende Funktion übernehmen, indem sie Flächen gänzlich ausfüllen, die Raumhöhen nutzen, Nischen integrieren oder Vorsprünge umbauen. Mit Einbauschränken werden Räume optimal ausgenutzt, es entstehen keine Restflächen und die raumbegrenzenden Bauteile sowie die Raumgeometrie werden geklärt. Sie finden häufig Anwendung in Fluren, Schlaf- oder Wohnzimmern beziehungsweise in Räumen, in denen die technischen Geräte und ihr Zubehör nicht sichtbar sein sollen. Einbauschränke dienen als offene Regale, als Kleiderschrank oder als begehbare Ankleiden im Schlafzimmer. In Fluren integrieren sie Garderoben und bieten gleichzeitig zusätzlichen Stauraum. Auf konstruktiver Ebene müssen bei Einbauschränken vor allem die Übergänge zwischen den Möbeln und den raumumschließenden Flächen gelöst werden. Insbesondere auf die seitlichen Wand-, Mittel- und Bodenanschlüsse wie die Abdeckungen beziehungsweise die Deckanschlüsse ist in der Planung besonderer Wert zu legen!

Weil die Passgenauigkeit gerade bei der Vorfertigung an ihre Grenzen stößt, müssen Bautoleranzen im Bestand ausgeglichen werden. Lösungsvorschläge dazu werden im folgenden Kapitel 11.3. Konstruktion erläutert.

Einbauschränke bestehen aus einem Korpus beziehungsweise mehreren Korpusteilen, die seitlich mittels Passleisten an die umgebenden Wände angepasst werden. Standardisierte Einbauteile wie auch normierte Beschläge werden mit einer individuellen Anfertigung kombiniert, um sowohl moderate Kosten zu erzielen als auch die gewünschte Individualität zu gewährleisten. In Einbauschränken lassen sich Medien und zugehörige Kabel einfach und revisionierbar verlegen, sofern Kabeltrassen und Öffnungen vorgesehen sind. Im Objektbereich werden auch besondere Geräte wie Kühlschränke und Tresore in Einbaumöbel integriert.

Einbauschrank mit offenen Regalen und integrierten Schubladen.

11.2.2 Einbauküchen

Küchen im Allgemeinen werden heute mehr als Teil des Wohnbereichs und weniger als Koch- und Zubereitungsraum oder als Lager für Lebensmittel verstanden. Ging es bei der Frankfurter Küche von Margarete Schütte-Lihotzky in den Zwanzigerjahren noch um platzsparende Arbeitsabläufe, so hat sich die Küche seither zu einem Lifestyle-Ort entwickelt, der über den Begriff »Wohnküche« hinausgeht. Kochen, Essen und Wohnen sind zu fließenden Raumeinheiten geworden. In der Gastronomie haben sich die einst für den Gast versteckten Räume der Zubereitung in offene Showküchen verwandelt. Insbesondere die Entwicklungen der Lüftungstechnik machen offene Küchen heute überhaupt möglich. Im Wohnungsbau werden Umluftsysteme mit entsprechenden Filtern eingesetzt, wenn keine Abluft ausgeführt werden kann.

Eine Standardküche besteht je nach Wohnungsgröße sowie Raumangebot aus einer oder mehreren Zeilen, die gegebenenfalls übereck oder U-förmig angeordnet werden. Kommunikatives Element jeder Küche ist der Küchentresen oder Küchenblock, der frei im Raum stehen kann und mit entsprechenden Küchengeräten ausgestattet ist. Einbauküchen greifen teilweise auf dieselben Bauweisen wie Einbauschränke zurück, ihre Abmessungen basieren auf einem 60 cm-Raster (15–30–45–60 cm). Die Arbeitsplattenhöhe liegt zwischen 86 und 91 cm, wobei diese besonders im privaten Wohnungsbau der Größe der Bewohner individuell angepasst werden sollte.

Küchenblock aus Edelstahl

Einbauten und Einbaumöbel

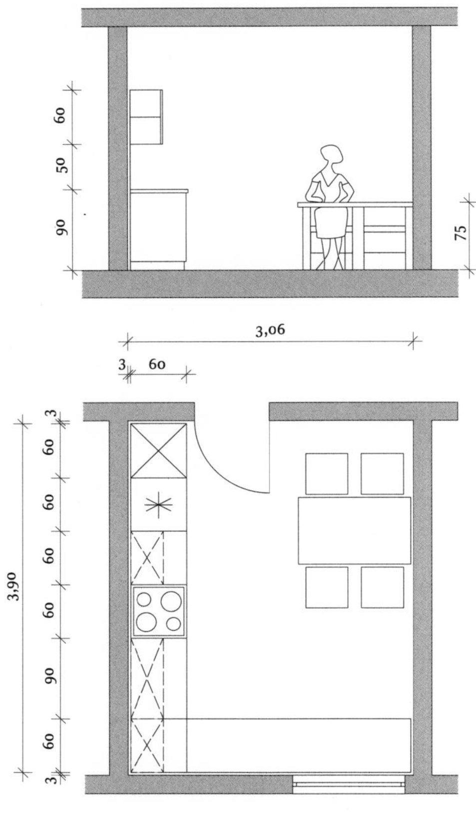

a) L-förmige Küchenzeile mit Frühstückstisch

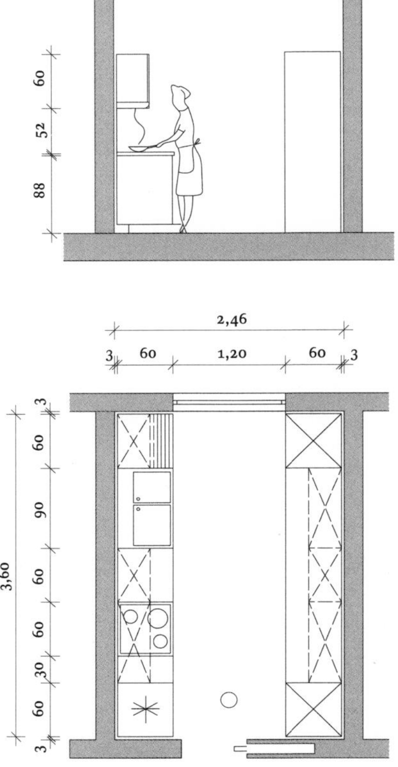

b) zweizeilige Küche

Unterschiedliche Küchengrundrisse mit verschiedener Anordnung der Küchenzeilen.

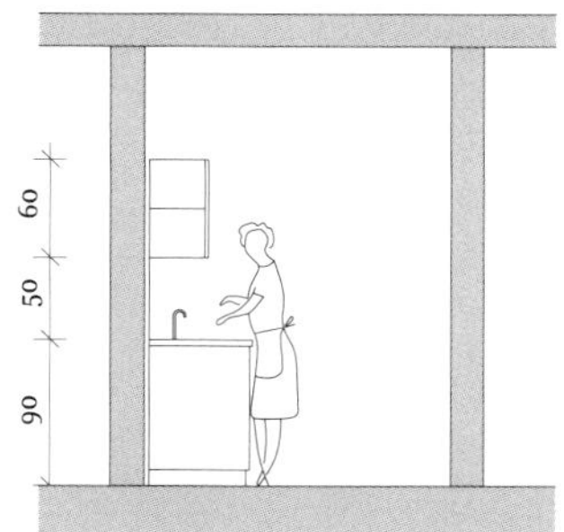

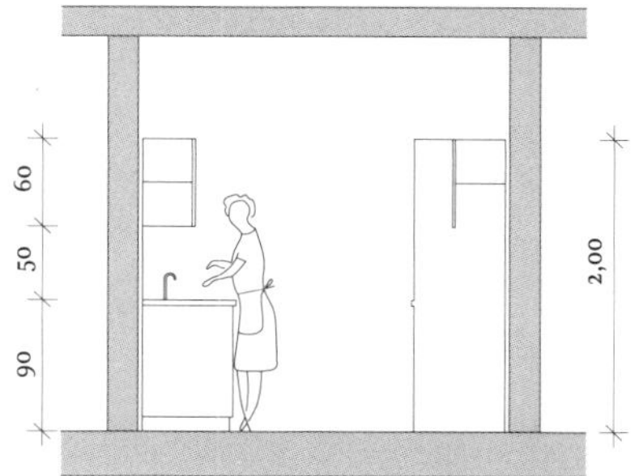

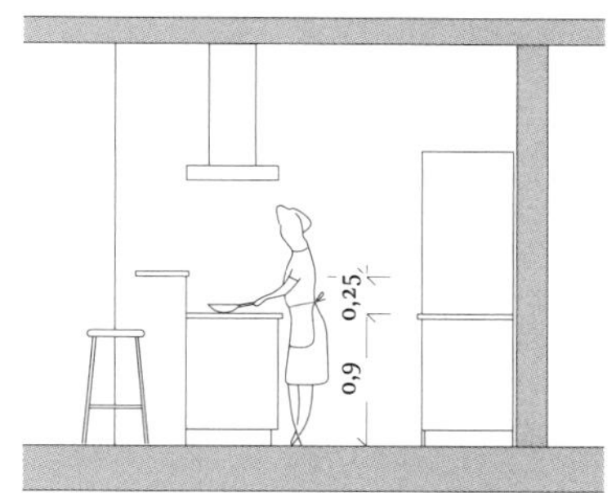

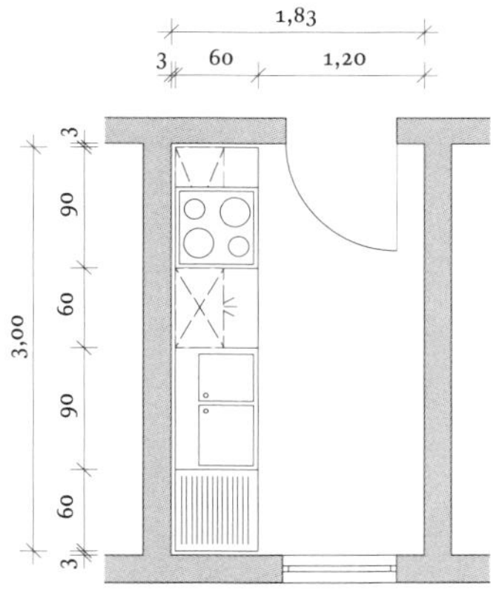

c) einzeilige Küche

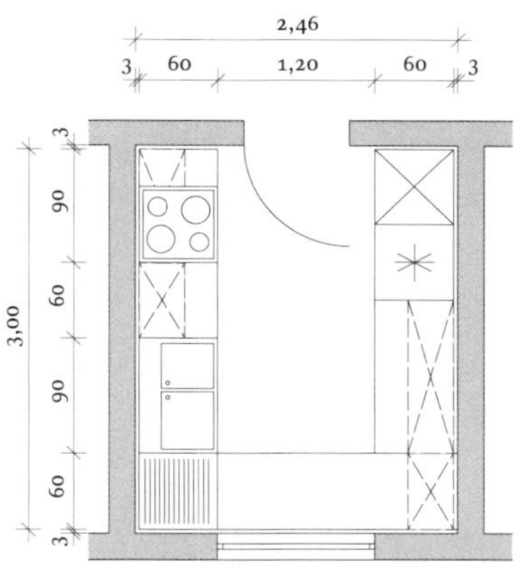

d) U-förmige Küchenzeile

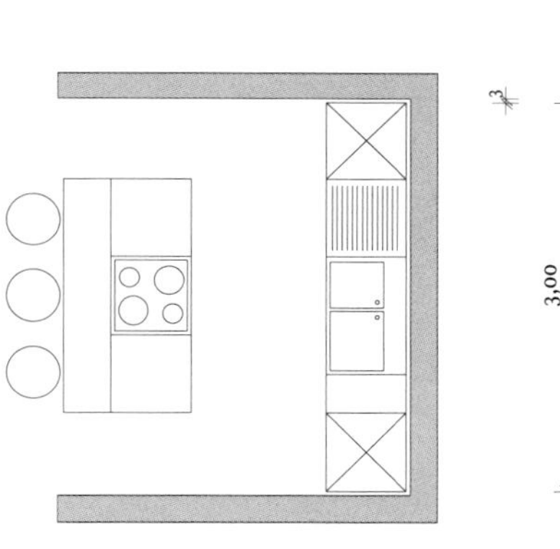

e) einzeilige Küche mit freistehendem Küchenblock

Einbauten und Einbaumöbel

Offenes Regal mit zweilagigen Regalböden und Führungsschienen

Verkauftresen in einer Apotheke. Die Oberflächen bestehen aus Holzwerkstoffplatten mit Sichtbetonbeschichtung.

Die meisten Anbieter und Hersteller bauen ihre Küchensysteme auf die vorgenannten Maße auf, da verschiedenste standardisierte Geräte integriert werden müssen. Küchen werden zudem häufig industriell gefertigt, um einerseits Produktionskosten zu sparen und andererseits der hohen Beanspruchung gerecht zu werden. Die Küche als reine Tischlerarbeit ist die Ausnahme. Dazu wird mit Rastermaßen, Passteilen und Toleranzstücken gearbeitet, beispielsweise werden Standardkorpusse mit Fronten aus individuellen Oberflächen verblendet. Küchenunterschränke werden auf dem Boden stehend, Oberschränke hängend an einer Wandfläche montiert. Die Wände müssen zur Aufnahme der Lasten entsprechend ausgelegt sein oder mit Traversen ausgestattet werden. Einige Hersteller bieten auch komplett hängende Systeme und entsprechende Vorwandsysteme an. Im Gegensatz zu den meisten anderen Einbaumöbeln spielen bei der Küche die Geräte eine entscheidende Rolle, denn diese geben die Anordnung der Küchenelemente gemäß der Arbeitsabläufe vor. Neben der Spülmaschine existieren in der Küche zahlreiche Geräte, die Wasseranschlüsse benötigen, wie etwa Espressomaschinen oder Kühlschränke mit Eisbereitern. Das heißt, die gesamte Haustechnik ist von der Küche abhängig, was eine frühzeitige Planung erforderlich macht. Um gerade freistehende Küchenblöcke mit integrierten Geräten realisieren zu können, sind große Querschnitte von Abwasser- und Lüftungsleitungen rechtzeitig zu planen.
Auch bei gewerblichen Küchen ist die Abstimmung mit der Haustechnik unerläßlich; dort sind die Küchenabmessungen, besonders die Schranktiefen (70 cm), um einiges größer als im privaten Bereich. Alle Beschläge müssen höheren Beanspruchungen standhalten; Ablagen und Schubladen sind auf größere Lasten ausgelegt. Tresen, die als Sitzplatz für Gäste dienen, müssen bestimmten Höhen entsprechen, Beinfreiheit besitzen und gegebenenfalls Fußauflagen bieten. Spülen und Geräte sollten so integriert sein, dass sie von den öffentlichen Bereichen aus nicht zugänglich sind.

11.2.3 Empfangs, Präsentations- und Verkaufsmöbel

Empfangstresen und Rezeptionen werden üblicherweise als ständige Arbeitsplätze angesehen. Hier müssen die Vorschriften zum Arbeitsschutz – etwa die erforderliche Raumhöhe von 2,50 m, Tageslicht und ein Ausblick nach draußen – berücksichtigt werden. Häufig werden vollwertige Arbeitsplätze mit den dafür notwendigen Geräten und Funktionen aber auch in Empfangs- und Verkaufsmöbel integriert. Bei der Planung ist die Lage der Möbel im Raum zu beachten: Arbeitsplätze sollten besonders bei stark frequentierten Räumen nicht unmittelbar neben Außentüren vorgesehen werden, es sei denn, es werden Maßnahmen wie Windfänge, Drehtüren oder Schleieranlagen ergriffen. Auch das frontale Aufeinandertreffen von Mitarbeiter und Kunde sollte vermieden oder zumindest sorgfältig bedacht und geplant werden. Die Arbeitsplätze müssen die erforderlichen Abstände und Abmessungen einhalten.

Handverkaufstische sind oft mit Taschenablagen für Kunden, Vitrinen für Warenpräsentationen und Kassenanlagen sowie technischen Geräten für die elektronische Datenverarbeitung, Abrechnungssystemen und Medien ausgestattet. Außerdem sollen sie als Stauraum für Verpackungsmaterial und Waren nutzbar sein. Hinter dem Handverkaufstisch befindet sich die Sichtwahl, die für den Kunden nicht zugänglich ist. Gondeln, Warentische und offene Regale im Verkaufsbereich – die sogenannte Freiwahl – sind für den Kunden offen zugänglich und werden zum Teil auch fest eingebaut. Neben diversen Regalbödensystemen, die die erforderlichen Lasten der Waren sowie der Benutzung standhalten müssen, gibt es auch Warenhalter wie etwa Blister, die mit Haken für dementsprechende Verpackungen ausgestattet sind. Vitrinen für besonders wertvolle oder schützenswerte Waren ergänzen die Warenpräsentation.

11.2.4 Polstermöbel

finden sich im gastronomischen Bereich, aber auch im hochwertigen Wohnungsbau und überall dort, wo individuelle und maßgeschneiderte Raumkonzepte gefragt sind. Dazu gehören Caféhausbänke, Sitzmöbel und Sitzlandschaften ebenso wie gepolsterte Wände. Bei fest eingebauten, gepolsterten Möbeln sind Unterkonstruktionen erforderlich, auf denen gepolsterte Paneele angebracht werden. Diese sind einfacher im Werk herzustellen und werden daher nur selten oder bei außergewöhnlichen Formaten und Geometrien vor Ort produziert. Der Vorteil von gepolsterten Paneelen liegt in der problemlosen Austauschbarkeit, wenn diese beschädigt oder verschmutzt sind. Spanten, die ursprünglich im Schiffbau eingesetzt wurden und Tragkonstruktion sowie Träger der Beplankung zugleich sind, ermöglichen organische Formen für geschwungene Konstruktionen, die besonders für Rückenlehnen Anwendung finden. Auch Skelettkonstruktionen sind ausführbar. Bei der Größe der Sitzflächen und deren Formung sind die Körpermaße und ergonomische Aspekte zu beachten.

Kamin mit einer Bekleidung aus Travertinplatten

Sitzmöbel mit integrierter Vitrine in einem Wartebereich

Einbauten und Einbaumöbel

Sitzlandschaft mit gepolsterten Sitzen aus Holz

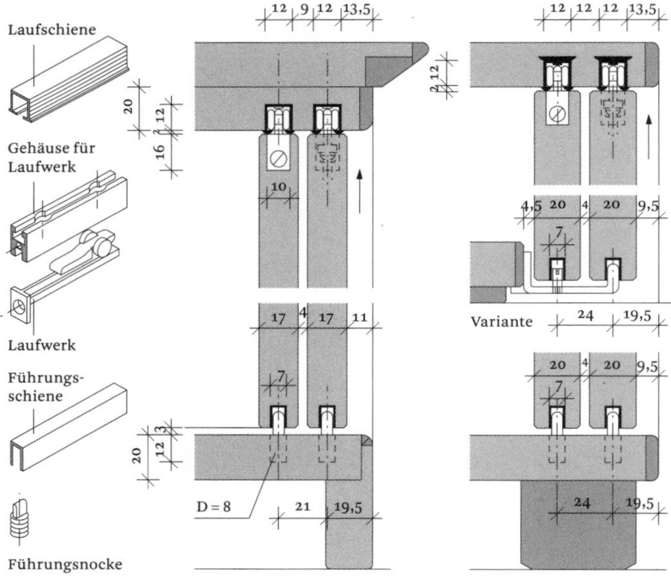

Schnittdarstellung Schiebetüren im Möbelbau

11.2.5 **Objekte**
Einbaumöbel können auch als Raumteiler eingesetzt werden oder eigene komplett eingestellte Räume bilden. Dazu gehören Ankleideräume sowie eingestellte Kuben oder freie Formen, die Küchen, Badezimmer, Duschen oder andere Funktionen beinhalten. Übernehmen Einbaumöbel die Funktion von Wänden, muss insbesondere auf akustische aber auch andere bauphysikalische und statische Anforderungen geachtet werden. Dämmung, Abdichtung oder ausreichende Unterkonstruktionen sind dann einzuplanen. Gegebenenfalls können auch Wände in die Objekte integriert sein, die die bauphysikalischen Anforderungen erfüllen. Ist dies nicht der Fall, sind Objekte lediglich zur optischen Trennung geeignet, was etwa in kleinen Apartments, die nur von einer Person bewohnt werden oder in Hotelzimmern von Vorteil sein kann. Objekte werden auch bei der Abtrennung von temporär genutzten Arbeitsplätzen zu Wohnbereichen eingesetzt. Freistehende Objekte sind als beidseitige Systeme verwendbar. Wenn Einbauschränke als Raumteiler genutzt werden, können diese entweder einseitig oder beidseitig zugänglich sein. Einbauschränke können zusätzlich mit einem Durchgang versehen werden.

11.3 Konstruktion

11.3.1 Möbelelemente und Materialien
Einbauschränke bestehen aus Korpus und Möbelfront – der Möbeltür (zu öffnen) oder der Blende (fest). Von außen sichtbar sind nur die Fronten, die oft aus höherwertigen Materialien als das Innenleben der Korpusse bestehen. Weitere Elemente sind Sockel, Blenden, Passleisten, Griffe und die Innenausstattung der Schränke, wie Schubladen und Kleiderstangen. Bei offenen Regalen fehlen die Möbelfronten, der Korpus ist mit Regalböden ausgestattet und dauerhaft sichtbar. Empfangs-, Präsentations- und Verkaufsmöbel sowie Einbauküchen besitzen Abdeckplatten, Polstermöbel sind mit gepolsterten Paneelen ausgestattet. Die Materialwahl für Korpusse und Fronten bestimmt die Hochwertigkeit und damit auch die Beständigkeit der fertigen Möbel. Die meisten industriell hergestellten Möbelbauteile werden aus Holzwerkstoffen wie Spanplatten gefertigt, beschichtet mit Kunststoffoberflächen aus High Pressure Laminaten (HPL), oder sie werden foliert und anschließend lackiert. Diese industriell hergestellten Oberflächen sind besonders beanspruchbar und langlebig.

Die sichtbaren Kanten werden bei kunststoffbeschichteten Oberflächen mit speziellen Kantenumleimern gefast. Höherwertige Korpusse werden aus mitteldichter Holzfaserplatte (MDF), auch durchgefärbt, gefertigt und anschließend farbig oder klar lackiert. Diese Bauweise hat den Vorteil, dass die Kanten der Platten den Oberflächen entsprechen, auch ausgefräste Bereiche wie Griffleisten können so materialgerecht hergestellt werden.

Um den Charakter eines Möbels aus Holz zu erreichen, werden Fronten oder andere Bauteile wie Regalböden mit Echtholzfurnieren bezogen, deren Kanten mit Furnierstreifen laminiert sind und anschließend lackiert werden. Tische und Fronten können mit Tischlinoleum bezogen werden. Bei Linoleum- und Furnierbezug müssen stets beide Oberflächen einer Platte belegt werden, da diese sich sonst verziehen. Beplankungen von Unterkonstruktionen mit Kunststoffplatten oder Metallblechen bieten weitere Gestaltungsmöglichkeiten im Möbelbau. Satinierte Regalglasböden sowie Tür- und Fensterverglasungen aus Klarglas erweitern das Spektrum der Materialwahl. Polstermöbel werden mit Textil-, Leder- und Kunstlederbezügen bespannt. Nicht zuletzt bestimmt das Fugenbild der Möbeloberflächen das gesamte Erscheinungsbild des Möbels. Hier sollte darauf geachtet werden, dass Fronten in der Regel nur bis zu einer Höhe von 2,40 m in einem Stück ausgeführt werden können!

Mit Strukturlinoleum bespanntes Wandmöbel

11.3.2 Türen und Beschläge

Einbauten können mit einer geschlossenen Front versehen sein, um ein ruhiges Gesamtbild zu erhalten und die gelagerten Gegenstände zu verbergen und zu schützen. Das Verschließen der Front kann gelöst werden durch:

- Drehtüren,
- Klappen und
- Schiebetüren.

Drehtüren sind auf unterschiedlichste Weise angeschlagen, wobei die Bezeichnung der Anschlagsart von der Position der Front zu den Seitenteilen des Schranks abhängt. Eine Front kann einschlagen, aufschlagen oder überfälzt sein. Klappen können an der oberen oder unteren Seite angeschlagen werden. Ein weiterer Teleskopbeschlag muss vorhanden sein, um die Front in ihrer gewünschten Öffnungsposition zu halten.

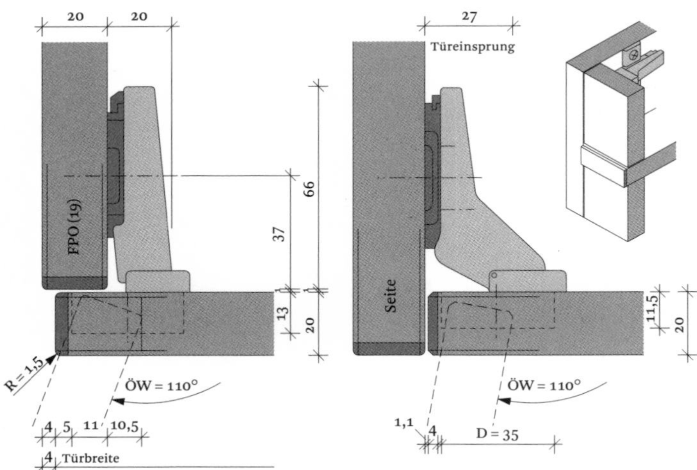

Aufschlagende und einschlagende Tür

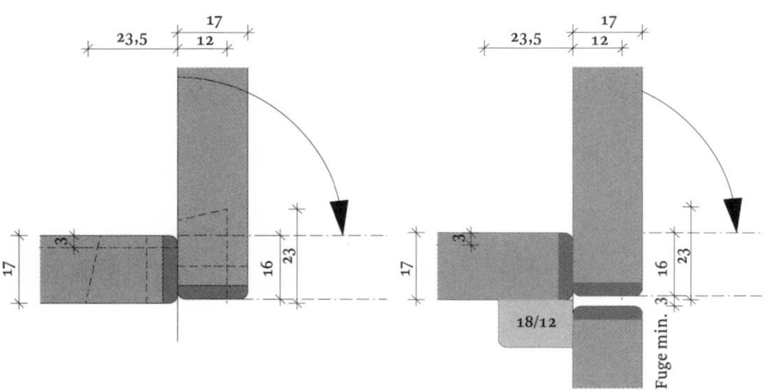

Bei der oben angeschlagenen Front kommt zusätzlich eine Klappenstütze zum Einsatz.

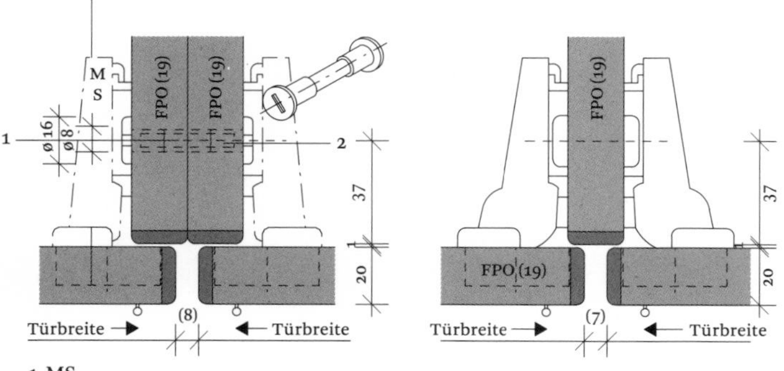

1 MS
2 Verbindungsschraube

Bei der unten angeschlagenen Klappe wird ein (Brems-) Klappenhalter benötigt. Außerdem ist im oberen Bereich ein Schnäpper anzubringen, damit die Klappe geschlossen bleibt.

Schiebetüren werden dann eingesetzt, wenn vor dem Schrank nicht genügend Raum für Drehtüren vorhanden ist. Durch die Führung an mehreren Punkten können zudem größere Abmessungen realisiert werden. Nachteilig wirkt sich jedoch aus, dass nicht alle Schrankteile gleichzeitig geöffnet werden können, da sich die Türen immer vor einen Teil des Schranks schieben. Dies lässt sich allerdings durch schmalere Türelemente, die auf mehrere Schienen verteilt sind, kompensieren. Die Fronten sind in diesem Fall optisch nicht mehr auf einer Ebene, da sie auf hintereinander liegenden Schienen geführt werden müssen. Drehtüren, Klappen und Schiebetüren besitzen Griffe oder Griffmuscheln. Sind diese nicht gewünscht, müssen entweder die Fugen breiter geplant und mit Griffleisten ausgestattet werden oder grifflose, sogenannte Tip-On-Beschläge zum Einsatz kommen, die durch Druck auf die Fronten ausgelöst werden.

11.3.3 Seitliche Wand- und Deckenanschlüsse

Der Übergang zwischen Korpus und Wand sowie Decke wird bei Einbauten oft geschlossen. Den gesamten Korpus an die Wand anzupassen, ist häufig jedoch zu arbeits- und materialaufwändig. In Altbauten können die maßlichen Abweichungen unter Umständen sogar so groß sein, dass dies technisch gar nicht möglich ist. Deshalb werden Passleisten eingesetzt, die die Lücken zwischen Korpus, Wand und Decke verdecken.
Im Frontbereich wird die Passleiste zwischen Wand und Korpus eingesetzt, auf die Seitenteile und im Deckenbereich wird sie in der Regel aufgesetzt. Das Schließen der Zwischenräume wird ausgeführt, um die Konstruktion optisch ansprechender zu gestalten und Staubecken zu verhindern. Die auf dieser Seite abgebildeten Lösungen gehören aufgrund ihrer einfachen Ausführungsweise und ihrer kostengünstigen Fertigungsmöglichkeit zu den gängigsten Methoden im Möbelbau.

11.3.4 Abdeckung

Da Wandschränke meist raumhoch ausgeführt werden, muss der Anschluss an die Decke gelöst werden. Auch hier ist eine Passleiste die sauberste und günstigste Lösung. Die Passleiste springt in der Regel leicht zurück und bildet dort eine Schattenfuge. Einbaumöbel, die nicht raumhoch sind, werden mit einer Platte abgedeckt. Wenn der Anschluss an eine Wand im Sichtbereich liegt, muss dieser sauber ausgeführt sein, weshalb die Abdeckplatte nach hinten über den Korpus hinaus montiert und durch Hobeln und Sägen an die Wand angepasst wird.

Auf diese Weise kann die Anpassung des kompletten Korpus an die Unebenheiten der Wand vermieden werden. Bei Arbeitsplatten werden oft Leisten für den Wandanschluss aufgesetzt. Eine Alternative hierzu sind großformatige Werkstoffe wie auch Glas, die als Ersatz für den Fliesenspiegel direkt auf die Arbeitsplatten aufgesetzt werden.

11.3.5 Wandbefestigung

Schränke können wandhängend befestigt werden, um darunter den freien Raum zu erhalten und die erleichterte Reinigung des Bodens sicherzustellen. Da die Arbeitsfreiheit auf der Arbeitsplatte gewährleistet sein muss, besitzen hängende Wandschränke in der Regel eine geringere Tiefe als Unterschränke. Befindet sich die Oberkante der Aufhängung unter der Sichthöhe, sollte sie abgedeckt werden, sodass sie von oben nicht sichtbar ist. Kleinere Hängeschränke mit geringer Belastung können mithilfe von Winkelleisten und einem an der Schrankrückwand befestigten Gegenstück montiert werden.
Die Bauweise eignet sich auch für Regale, da die Leiste weder außen noch innen sichtbar ist. Werden mehrere Schränke mit einem durch Fronten versteckten Innenraum nebeneinander aufgehängt, kann ein Schrankaufhänger mit Verstellmöglichkeit eingesetzt werden. Dieses Prinzip wird zwar oft bei Hängeschränken in Einbauküchen genutzt, ist allerdings optisch nicht sehr ansprechend.

11.3.6 Aufbau, Montage und Sockelausbildung

Da der Transport von Einbaumöbeln aufgrund ihrer Abmessungen meist nicht problemlos vonstattengeht, werden deren Einzelteile häufig erst vor Ort (je zwei Seitenteile) mit lösbaren Schraubverbindungen und einer 32er-Systembohrung (Industriemaß) miteinander verbunden. Die Verbindungsstelle wird als Mittelanschluss bezeichnet. Der Aufbau eines Schrankelements beginnt mit dem Ausrichten des Schranks. Im Falle eines Sockelrahmens dient der Rahmen als waagerechte Basis für den Schrank. Für den Sockelbereich selbst existieren zwei unterschiedliche Ausbildungsvarianten:

- Verstellfüße gleichen die Unebenheiten des Bodens aus und sorgen dafür, dass der Schrank in der Waage steht. Verstellfüße werden an der Unterseite der einzelnen Korpusse befestigt und anschließend mit einer aufsteckbaren Sockelleiste verblendet. Diese Variante der Sockelausbildung findet etwa bei Küchenunterschränken Anwendung.

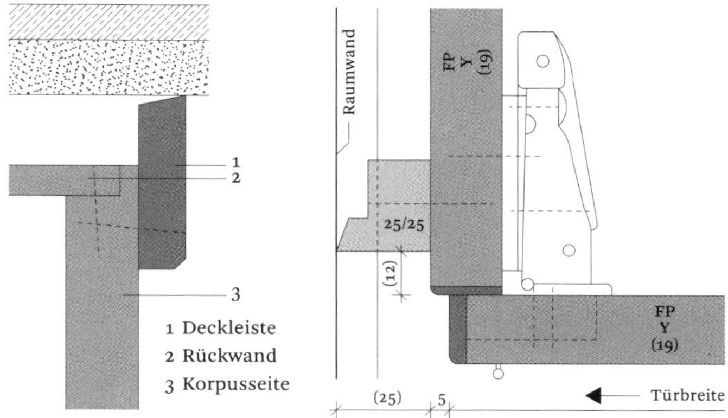

Deckenanschluss Wandanschluss

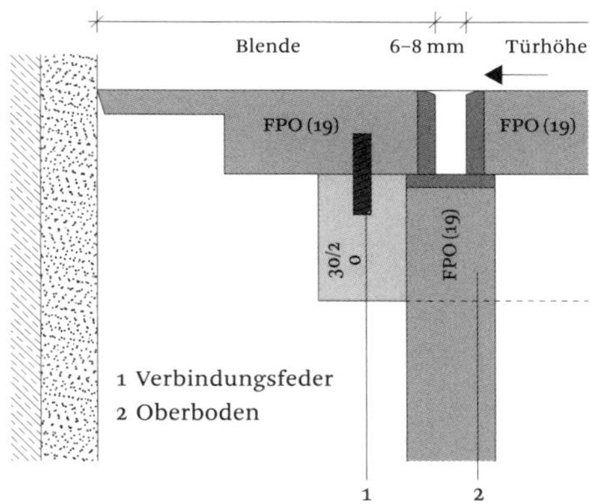

Seitlicher Wandanschluss mit zurückspringender Passleiste

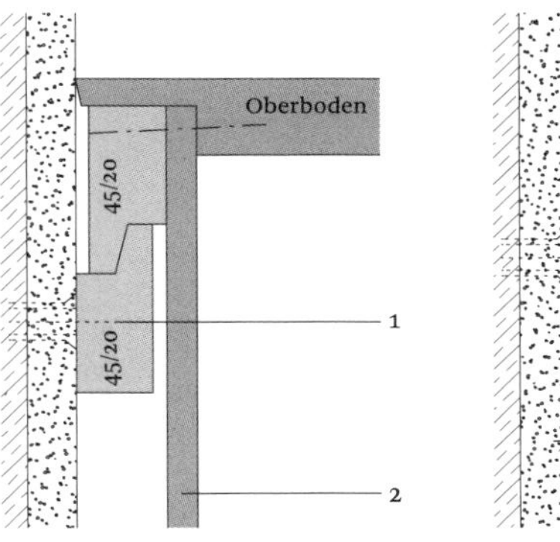

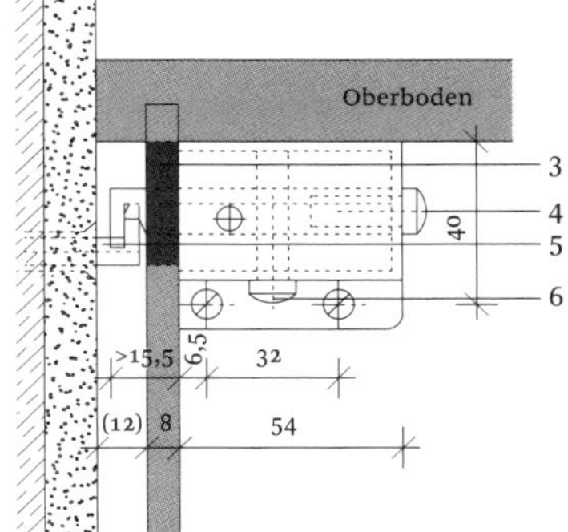

1 DIN 97 5,5 × 60 St in Spreizdübel
2 Rückwand
3 Aussparung 30/22
4 Tiefenverstellung
5 Schraubhaken in Mauerdübel
6 Höhenverstellung

Aufhängung über Winkel oder Schrankaufhänger

In eine Raumnische eingepasster Einbauschrank mit verspiegelter Front

- ▶ Sockelrahmen werden mithilfe von Unterlegplättchen waagerecht ausgelotet. Auf den Rahmen werden im Anschluss die Korpusse gestellt.

Der Sockel springt gegenüber der Bodenplatte immer einige Millimeter zurück. So wird vermieden, dass kleine Ungenauigkeiten, die durch eine leichte Biegung der Sockelleiste entstehen können, optisch auffallen. Ein zusätzlicher Effekt ist, dass der Schrank schwebend und somit leichter wirkt. Beim Aufbau ist darauf zu achten, dass hinter den Schränken ein Luftraum bleibt, der zur Hinterlüftung dient und eine Schimmelbildung auf der Wand durch fehlenden Luftaustausch verhindern soll. Die Sockelleiste schützt die Fronten zusätzlich vor Abnutzung durch die Bodenreinigung.

11.3.7 **Innenausstattung**

Der Schrankinnenraum wird je nach Bedarf durch Kleiderstangen, Regalböden oder Schubkästen funktional ausgestattet. Die Abmessungen der Fächer sind nach den Größen der aufzubewahrenden Gegenstände zu bemessen. Soll der Schrank mit Regalböden eingerichtet werden, ist dieser mit einer Lochreihe im 32-er System zu versehen. Das 32er-System ist ein genormtes Industriemaß, bei dem in einem Abstand von 32 mm je eine Bohrung angeordnet ist, sodass jederzeit unterschiedliche Facheinteilungen vorgenommen werden können. Anstelle der Bodenträger können diese Bohrungen auch Schraubenbefestigungen für die Schubkastenschienen aufnehmen.

Einlegeböden

Die Stärke der Einlegeböden ist nach der Stützweite der Auflager und der zu erwartenden Belastung zu bemessen (meist 16–22 mm). Besonders belastbar sind Böden aus Voll- oder Stabsperrholz.

Schubkästen / Schubladen

Das Format der Schubkästen und -laden sollte der Länge des Kastens nach immer größer sein als die Kastenbreite, damit die Schubkästen gut laufen und nicht verkanten. Heutzutage liefert die Industrie eine Vielzahl von Führungsschienen, die Standardgrößen, Übergrößen und spezielle Formate ermöglichen. Dies gilt auch für Schubladen, die breiter als Ihre Länge sind und vor allem im Bereich der Küche und in Ankleiden Verwendung finden. Schubkastenvorderstücke können direkt oder über eine Aufdopplung mit dem Schubkasten verbunden sein. Bei zierlichen Formaten liegen die Schubkastendicken der Seiten bei 8–10 mm, bei normalen Formaten bei 12–14 mm und bei schweren, großen Schubkästen bei 15 mm und mehr. Die klassische Führung besteht aus Hartholz. Der Boden wird mit einem unteren Abstand von etwa 15 mm nicht mehr als ein Drittel eingenutet. Das Schubkastenhinterstück wird nach klassischer Herstellungsart etwa 6 mm tiefer montiert, damit Luft entweichen kann. Der Schubkastenboden steht über das Hinterstück hinaus, sodass er im Falle des Schwindens nachgeschlagen werden kann. Dieser steift den Schubkasten aus.

Es werden folgende Schubkastenführungen unterschieden:

- Die klassische Schubkastenführung wird unter dem Boden des Schubkastens geführt. Lauf,- Streif- und Kippleisten geben dem Schubkasten die notwendige Führung.
- Hängende Schubkästen werden auf Führungsleisten, die in die eingenuteten Korpusseiten des Schubkastens greifen, geführt.
- Mechanische Schubkästen werden seitlich oder unterhalb des Kastens geführt. Sie kommen bei schwereren Belastungen, ungünstigen Formaten der Schubkästen (breiter als lang) oder wenn die Schubkästen voll ausziehbar sein sollen, zum Einsatz. Mechanische Führungen sind als Voll- und Teilauszüge erhältlich.

Beim Schubladenbau ist zwischen Innen- und Außenschubkästen zu unterscheiden. Bei Innenschubkästen ist darauf zu achten, dass sie auch dann noch bedienbar sind, wenn die Drehtür nur um 90 Grad geöffnet ist. Bei Außenschubkästen sollte die Anschlagsart der Schubkastenvorderstücke derjenigen der Drehtüren entsprechen.

11.3.8 **Medien und Elektro**

Häufig müssen in Einbaumöbel – besonders in Küchen und Schrankwänden – technische Geräte wie zum Beispiel Bildschirme, Bedientableaus oder Küchengeräte, Elektroleitungen, Schalter, Einbauleuchten, Audiogeräte und Lautsprecher oder auch geschlossene Kaminöfen integriert werden. Herstellerabhängige Einbaumaße und Höhen sowie notwendige Bedienhöhen sind hier unbedingt zu beachten! Diese sollten mit den entsprechenden Fachplanern oder den ausführenden Firmen abgestimmt werden.

Innenausstattung einer Ankleide mit Regal, Kleiderstange und Schubladen

Einbauten und Einbaumöbel

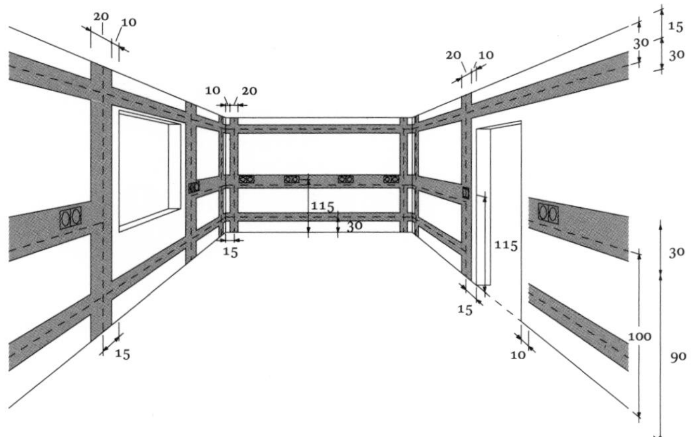

Installationszonen: Vorzugsabmessungen für Schalter, Steckdosen und elektronische Leitungen.

Bildschirme sollten in einer angemessenen Betrachtungshöhe eingebaut werden. Diese ist abhängig von der Raumgröße und gegebenenfalls vom Abstand der Stuhlreihen zum Bildschirm. Die Kabelführung für technische Geräte erfolgt verdeckt, meist im Sockelbereich, in eingebauten Kabelkanälen oder hinter versetzten Doppelrückwänden. Erforderliche Kabeldurchlässe in Form von etwa 5 cm breiten Löchern, die mit Kunststoffabdeckungen verschlossen werden können, müssen somit in die Planung miteinbezogen werden. Da Anschlüsse hinter technischen Geräten in der Regel bedient oder gewartet werden, müssen auch immer Revisionsöffnungen im Einbaumöbel an geeigneter Stelle vorgesehen werden. Beim Einbau von Kaminöfen in Einbaumöbel sind brandschutz- und wärmeschutztechnische Anforderungen an die Materialien der umschließenden Fronten und Korpusse zu beachten! Einbauleuchten werden häufig in Form von runden oder eckigen, punktuellen Einbaustrahlern sowie Downlights oder in Form von verdeckten Lichtleisten in die Möbelabdeckungen eingesetzt. Dabei empfiehlt sich der Einsatz von LED-Leuchten, die eine geringere Wärme als Leuchtstofflampen erzeugen und sich in filigraner Ausführung auch besonders für die Akzentuierung einiger Möbelbereiche wie Regalausschnitte eignen.

In der Zukunft wird der Einbau von neuen Medien im Innenausbau eine immer größer werdende Rolle spielen und intelligente Netzwerksysteme, insbesonders für die Hausautomatisierung, werden an Bedeutung gewinnen. Die Integration neuer Medien beeinflusst die Innenausbauten vor allem in Bezug auf Funktionalität und Gestaltung und sollte somit frühzeitig in die Planung miteinbezogen werden.

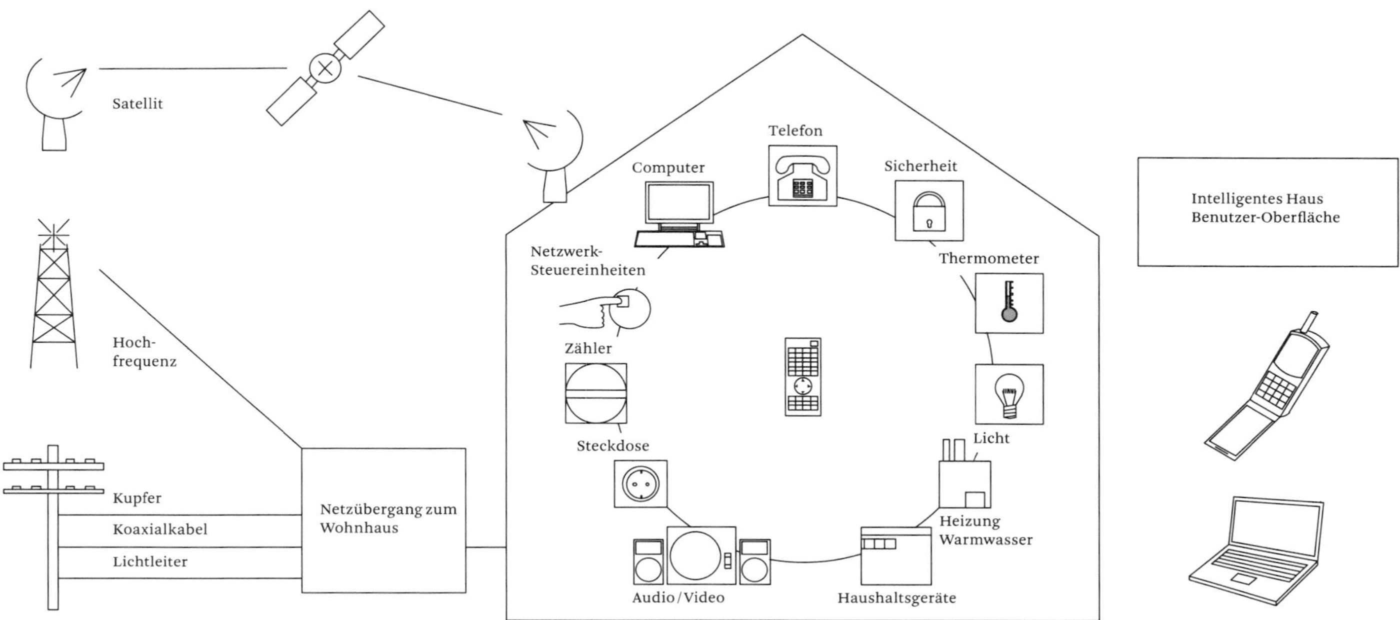

Externe und hausinterne Netzwerke

Notizen

Notizen

Projekte

12.1 **Loft Forsmannstraße, Hamburg**
GRAFT Gesellschaft von Architekten mbH

12.2 **Wienerwald-Restaurant, München**
Ippolito Fleitz Group GmbH

12.3 **Apotheke, Berlin**
wiewiorra hopp Gesellschaft von Architekten mbH

12.4 **Kontrollzentrum, New York (USA)**
WASA / Studio A

12.5 **Zahnarztpraxis, Hamburg**
J. MAYER H. Architekten

12.6 **Hotelerweiterung, Berlin**
Reuter Schoger Architekten Innenarchitekten

12.7 **Restaurant, München**
Hild und K Architekten

12.8 **Kinder- und Jugendpsychiatrie, Berlin**
Dan Pearlman Markenarchitektur / A 24 architekten + ingenieure

12.9 **Ausstellungs- und Verkaufsräume, New York (USA)**
The Shashi Caan Collective

12.10 **Hotelumbau, Verbier (CH)**
yasmine mahmoudieh (The Royle Studios, London)

12.11 **Museum, Innsbruck (A)**
H. G. merz architekten museumsgestalter / stoll.wagner architekten

12.12 **Hotelsanierung, St. Gallen (CH)**
Markus Alder Architekten

12.13 **Poppodium / Konzerthaus, Hilversum (NL)**
Frits van Dongen, de Architekten Cie

12.14 **Ausstellungs- und Verkaufsräume, Rheda-Wiedenbrück**
kräling_lübke

12.15 **Bundesministerium, Berlin**
Anderhalten Architekten

12

Loft Forsmannstraße
Hamburg

Der freistehende multifunktionale Solitär aus Nußbaumholz ist das zentrale Element des Wohnlofts. Durch diese Figur wird der Raum in unterschiedliche Bereiche gegliedert.

P1 12

Das etwa 118 m² große Loft eines sanierten Altbaus in Hamburg Winterhude wurde vom Berliner Büro Graft Architekten durch unterschiedliche Einbauten mit einem neuen Raumkonzept versehen. Die zweifach geknickte abgehängte Decke verstärkt den gewünschten Raumeindruck. Die Schwierigkeit der Aufgabe lag vor allem in den Zwängen, die sich aus bestehenden Leitungsführungen herleiteten. Mit Beginn der Vorentwurfsplanung musste auf der Basis dieser Bestandsleitungen ein sinnvolles, gestalterisch ansprechendes und zugleich funktionsfähiges Konzept entwickelt werden. Neben der Vielzahl auf die Wünsche der Bauherrin abgestimmter Möbel und Raumelemente sollte überdies eine Fußbodenheizung integriert werden.
Das skulpturale Raumkonzept wird durch einen freistehenden, in Nussbaumholz gehaltenen Solitär bestimmt, der an zwei Seiten von Servicewänden flankiert wird. Der multifunktionale Block beherbergt Küche, Bad, WC, Ankleide, ein Bücherregal und den Hauptversorgungsschacht der Wohnung mit seinen Anschlussstationen für Wasser, Heizung, Gas und Elektro. Ausschnitte in der Skulptur sorgen für ein Maximum an Licht und verstärken durch raumübergreifende Blickbeziehungen die Großzügigkeit des Lofts. Wie der Rest der Wohnung, sind die Servicewände in Weiß gehalten. Sie bilden neben vielen Stauräumen auch verschiedene Nischen aus, die als Schlaf-, Bad- oder Arbeitsfläche dienen oder einfach zum Verweilen einladen. Die Nischen werden durch die punktuelle Beleuchtung besonders in Szene gesetzt. Die Wohnung lässt sich durch raumhohe Schiebetüren in einen privaten und einen öffentlichen Bereich unterteilen.
Die abgehängte Decke reagiert in ihrer Neigung auf diese Raumteilung und vermittelt das Gefühl eines sich der Außenfassade hin öffnenden Raums. Ein besonderer Bauherrenwunsch war die hohe Vielfalt an Materialien. Oberflächen aus Nussbaum, lackiertem MDF, Edelstahl, rauen Schieferstrips, Fliesen, Leder und Textilien sowie Wandbeschichtungen aus Rindenfasern und eine Pandomo-Bodenbeschichtung kommen zum Einsatz. Trotz der vielfältigen Materialverwendung wirkt die Wohnung wie eine durchgängige Einheit, da eine vorwiegend beige-weiße Farbigkeit für alle weiteren Oberflächen neben dem Solitär aus Nußbaumholz gewählt wurde. So wird eine homogene Wirkung erzielt, obwohl sich Textur, Reflexionsgrad und Formatierung der Wand-, Decken- und Fußbodenoberflächen verändern.

Adresse: Forsmannstraße 26a, 22303 Hamburg

Bauherr: Vanessa Kullmann

Architektur: GRAFT Gesellschaft von Architekten mbH, Berlin

Projektleitung: Henning Fritsch
Bauleitung: Henning Fritsch
Team: Isak Birgersson, Markus Fix, Pam Schriever (Material- / Vorentwurf), Anna Frey (Vorentwurf bis April 2008)

Konzept-, Planungs- und Realisierungsphase: 2008–2009

Bruttogeschossfläche: 120 m²

Baukosten: 200.000 Euro

Fotograf: GRAFT Gesellschaft von Architekten mbH, Berlin

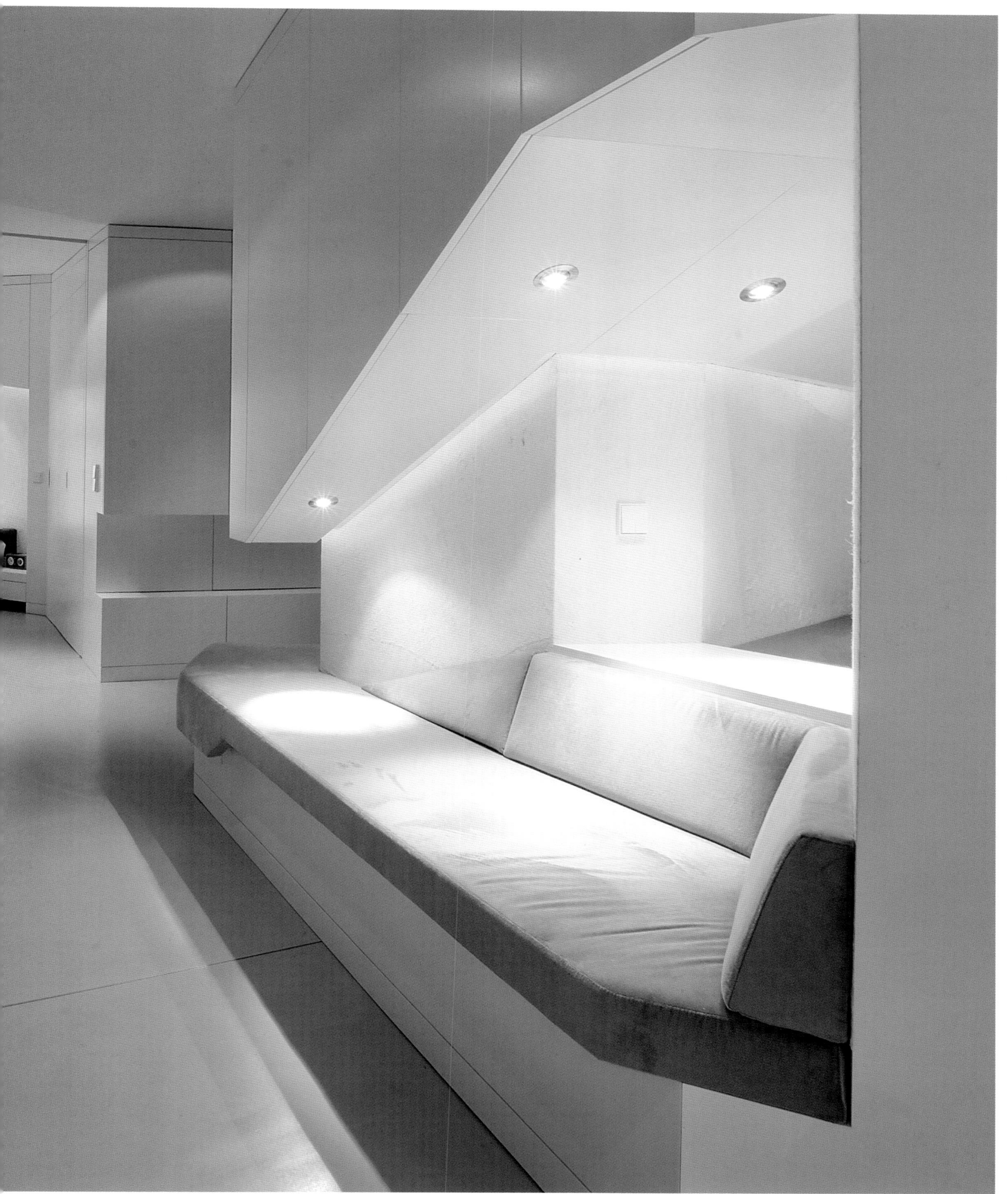

Loft Forsmannstraße
Hamburg

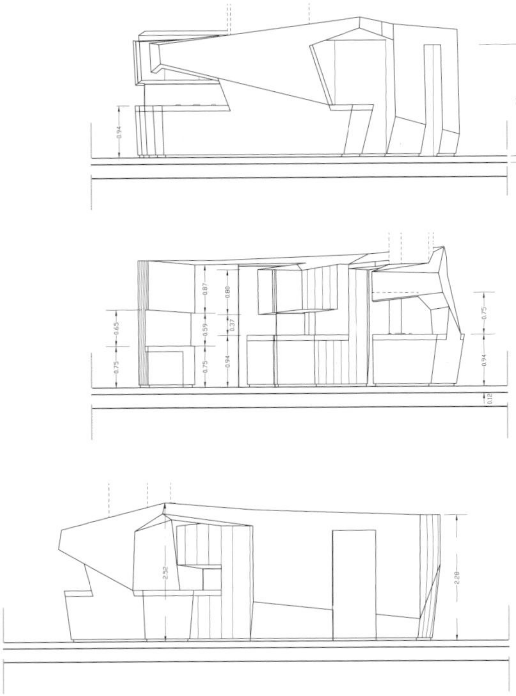

Schnitt und Ansichten des freistehenden Solitärs

Der multifunktionale Block – ein Solitär aus Nussbaumholz – beherbergt Küche, Bad, WC, Ankleide, ein Bücherregal und den Hauptversorgungsschacht der Wohnung mit den Anschlussstationen für Wasser, Heizung, Gas und Elektro.

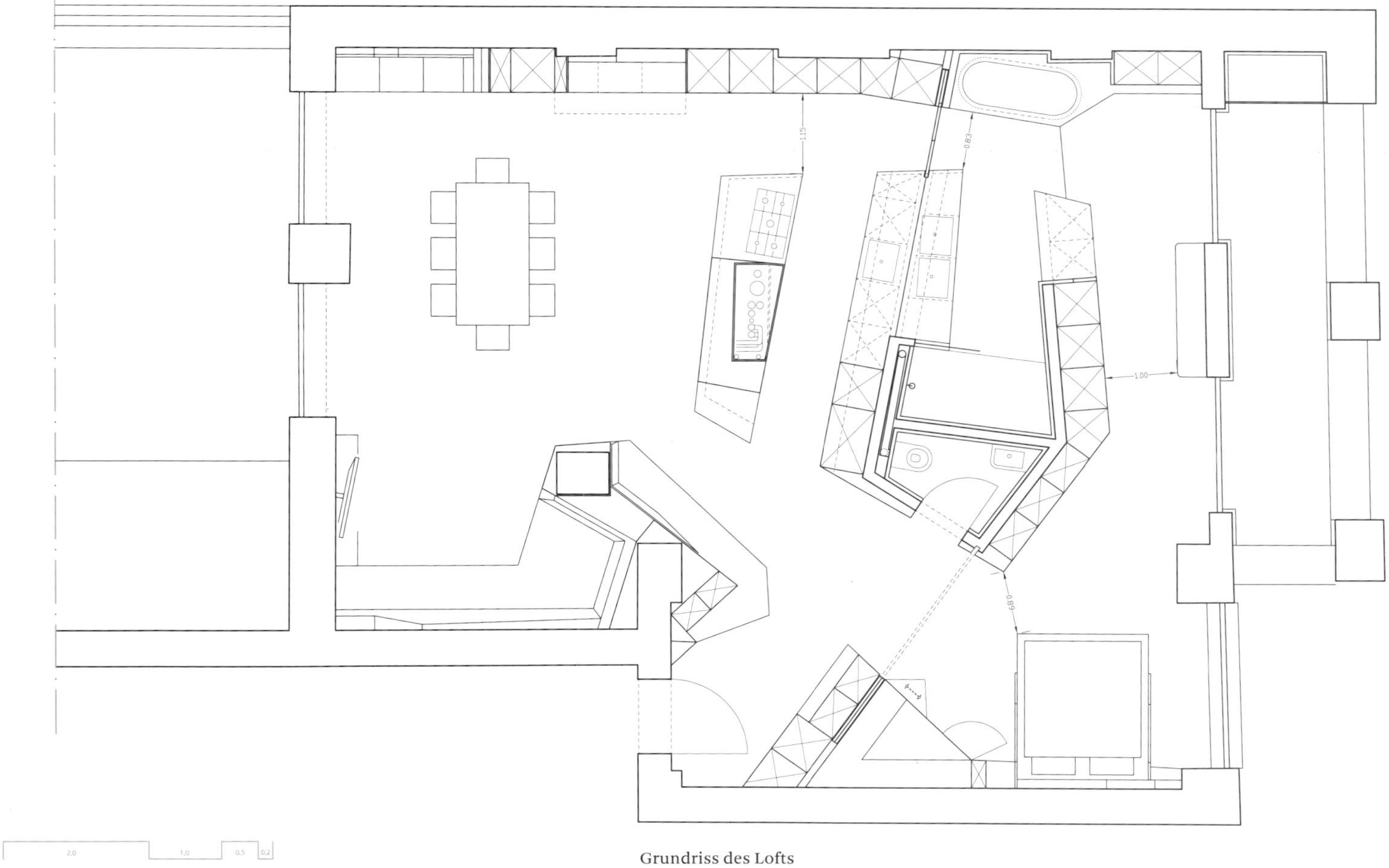

Grundriss des Lofts

Loft Forsmannstraße
Hamburg

Die Wohnung wirkt wie eine durchgängige Einheit, da die Oberflächen aus lackiertem MDF, Fliesen, Leder und Textilien sowie die Wandbeschichtung aus Rindenfasern und die Bodenbeschichtung eine einheitliche beige-weiße Farbigkeit aufweisen.

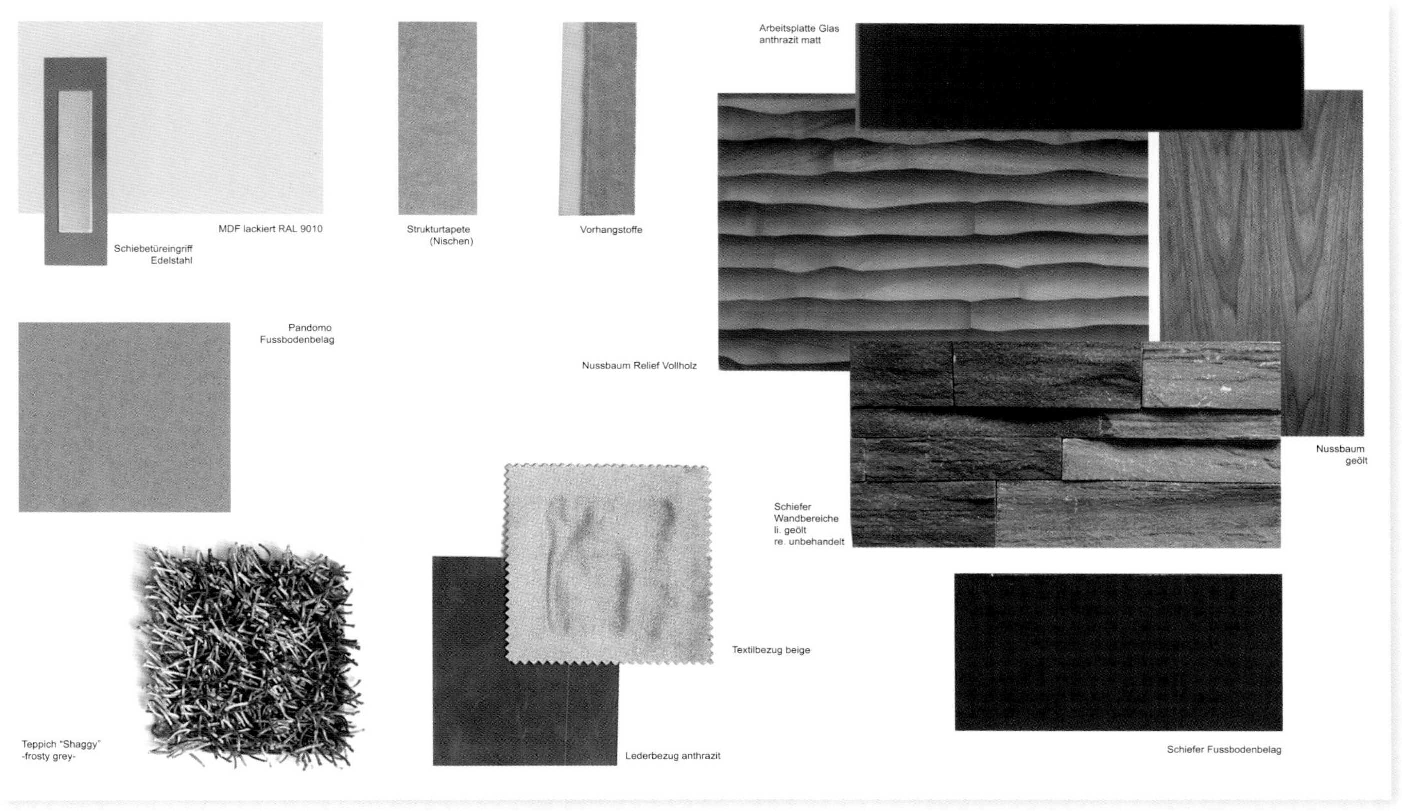

Materialboard zur Gestaltung der Oberflächen

Wienerwald-Restaurant
München

Das neue Restaurantdesign repositioniert die Wienerwald-Self-Service-Kette als zeitgemäße Systemgastronomie. Traditionelle Elemente der Marke werden aufgegriffen, in moderne Raumelemente übersetzt und durch spannende Brüche neu inszeniert.

P2 12

1955 gründete Friedrich Jahn in München das erste Wienerwald-Restaurant, aus dem in den folgenden Jahrzehnten die gleichnamige Kette mit Filialen in 18 Ländern entstand. Nach einem Beschluss der Enkel der Gründerfamilie die Tradition des Unternehmens, die Stärke der Marke und die Einmaligkeit des systemgastronomischen Konzepts weiter auszubauen, erhielt das Büro Ippolito Fleitz Group GmbH 2007 den Auftrag, eine neue Corporate Architecture zu entwickeln. Neben der räumlichen Darstellung des Unternehmens war es mitunter ein Ziel der Architekten, die Ausweitung des kulinarischen Angebots – neben Hühnchenfleisch soll ein Bereich gesunder Frischeküche positioniert werden – und damit die Neuausrichtung der Marke zu unterstreichen. Das neue Restaurantdesign übersetzt traditionelle Kompetenzen wie Gemütlichkeit, Qualität und deutsche Küche in eine zeitgemäße Formen- und Materialsprache. Material- und Farbauswahl der Architekten greifen die Aspekte Frische und Natürlichkeit auf, die ihren Ausdruck in Materialien wie Holz, Leder und Textil sowie den neben dem Weiß dominierenden Grüntönen finden. Als Akzentfarbe kommt Gold zum Einsatz, denn diese Farbe soll Wertigkeit assozieren und in der goldfarbenen Kruste des Hauptprodukts, dem Grillhendl, seine Entsprechung finden. Die Raumorganisation berücksichtigt sowohl die für ein Self-Service-Restaurant so wichtige Besucherführung, als auch den Wunsch nach einem differenzierten Angebot an Aufenthaltsmöglichkeiten. Der Gast wird vom Eingang direkt zum frontal dazu angeordneten Tresen geleitet, der sich als klar strukturierte, monolithische Einheit präsentiert. Über dem Tresen visualisieren Menüboards die Speiseauswahl. Bestell- und Bezahlterminal markieren die beiden Enden des aus weißem Mineralwerkstoff gefertigten Tresens. In der Mitte befindet sich die sogenannte Chopping-Station. Durch eine im Tresenbereich integrierte Zu- und Abluft bleibt das Restaurant geruchsfrei. Im Gastraum gibt es ein differenziertes Platzangebot für unterschiedliche Bedürfnisse. Für Gäste mit wenig Zeit sind Steh- und Hochtische aus weißem Mineralwerkstoff zur Verfügung gestellt. Den Fuß dieser Tischelemente bildet ein konisch zulaufender Zylinder, eine Reminiszenz an den traditionell gedrechselten Tischfuß. Alternativ dazu bietet sich eine lange, mit braunem Kunstleder gepolsterte Sitzgruppe an, die aus den Wienerwald-typischen Sitznischen abgeleitet ist. Der Blick von außen in das Restaurant wird so zu einer vielschichtigen Inszenierung, in der sich die einzelnen Elemente auf den Spiegel- und Glasoberflächen reflektieren sowie überlagern und das Eintauchen in die Welt der Marke zum Erlebnis wird.

Adresse: Wasserburger Landstraße 198, 81827 München

Bauherr: Wienerwald Franchise GmbH

Architektur: Ippolito Fleitz Group – Identity Architects, Stuttgart

Projektleitung: Peter Ippolito, Gunter Fleitz
Bauleitung: Ippolito Fleitz Group – Identity Architects, Stuttgartt
Team: Peter Ippolito, Gunter Fleitz, Moritz Köhler, Tim Lessmann Bartlomiej Pluskota

Konzept-, Planungs- und Realisierungsphase: 2010

Bruttogeschossfläche: 139 m²

Fotograf: Zooey Braun, Berlin

Wienerwald-Restaurant
München

Das Speisenangebot ist auch real erlebbar: Eine indirekt ausgeleuchtete Nische in der rückwärtigen Wand zum Tresen präsentiert die Salatauswahl, während sich daneben die Grillhendl drehen. Die Rückwand ist mit anthrazitfarbenen Mosaiksteinen verkleidet, in die Edelstahl-Einbauten präzise und rahmenlos eingelassen sind und so Wertigkeit und Qualität der Produkte unterstreichen. Dazwischen markiert ein grüner Leuchtpfeil die Durchreiche zur Küche, in der Bratgerichte zubereitet werden.

Dem Unternehmen und seiner Tradition widmet sich eine Inszenierung aus Wandtellern, die in 14 Motiven die Geschichte der Marke in Erinnerung rufen. (rechts oben)

Im durchgehenden Boden in rustikaler Holzoptik weisen in »Wienerwaldgrün« eingelassene Hähnchen und Hinweise dem Kunden den Weg durch den Bestellprozess. (rechts unten)

An der Rückwand zitieren sägeraue, reliefartig angeordnete Eichenholz-Paneele das Thema Wald. In diese eingelassen sind kreisrunde Spiegel, auf denen Outline-Grafiken von Baum- und Waldmotiven aufgedruckt sind. (links unten)

Heute bleibt die
Küche kalt,
wir gehen in den
Wienerwald.
Wiener
Wa

Bitte hier bestellen!

Wienerwald-Restaurant
München

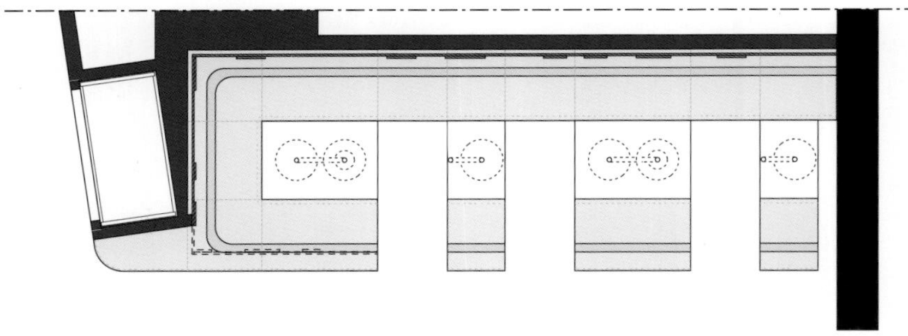

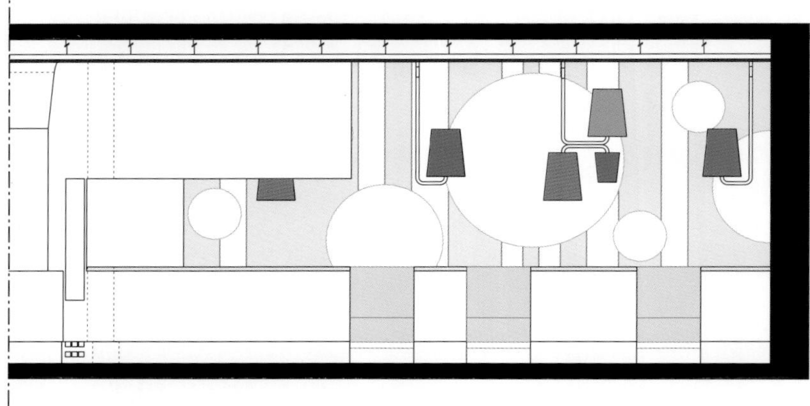

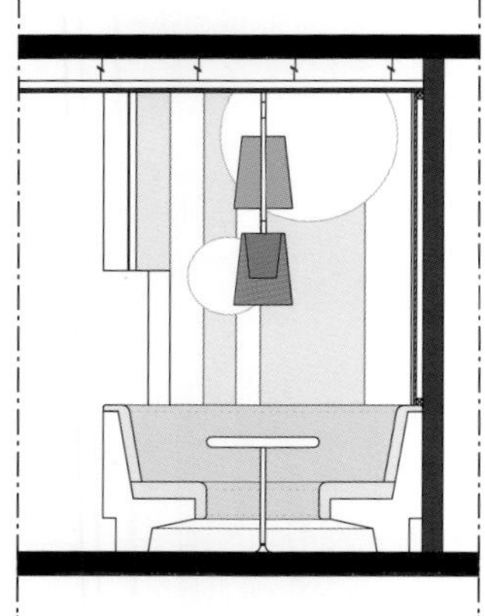

Grundriss und Schnitte der Essbereiche

Über den Tischen schweben vertikal versetzte, unterschiedlich große Pendelleuchten, die mit einem grobgewebtem Textil in drei verschiedenen Grüntönen bespannt sind. Sie sorgen für eine angenehme Atmosphäre im Innenraum. Waldgrafiken finden sich auch auf einer Seitenwand (hier als Tapete in verschiedenen Grüntonen ausgeführt) und als Folie auf der Fensterfront.

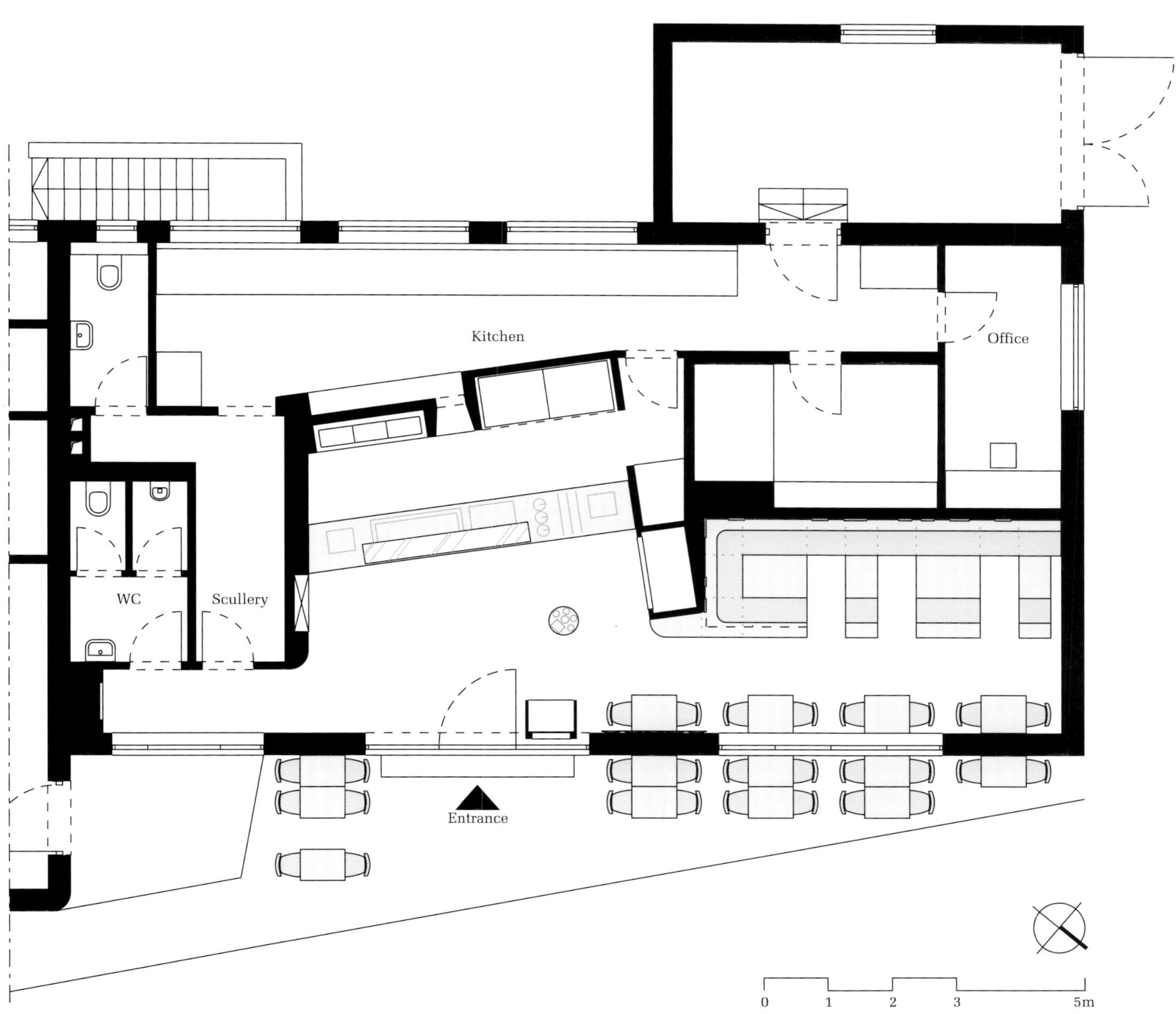

Grundriss des Restaurants

Apotheke
Berlin

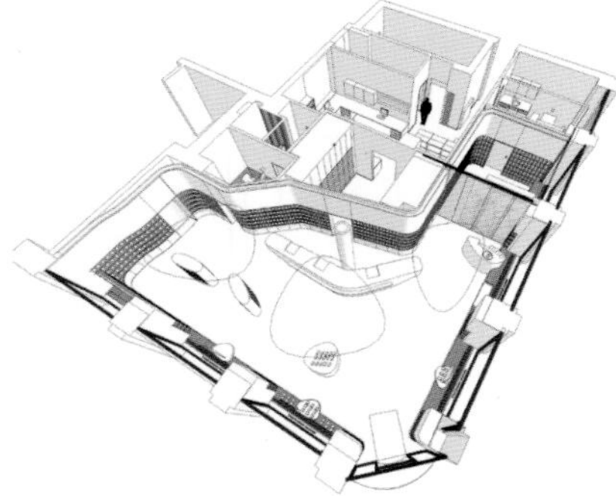

Die Apotheke ist nicht nur Verkaufsstätte pharmazeutischer Produkte, sondern auch Produktionsstätte, die das ursprüngliche Handwerk der Zunft darstellt. Zentral in Berlin gelegen, knüpft die Raumgestaltung an die Friedrichstraße der Zwanzigerjahre, die Moderne und die damit einhergehende lineare Dynamik an.

Die Friedrichstadtapotheke von wiewiorra hopp Gesellschaft von Architekten mbH stellt dynamisch und transparent das ursprüngliche Handwerk der Apothekerzunft in den Mittelpunkt. Das Anfertigen von Rezepturen wird zur Schau gestellt und ist Teil des Kundenraums. Die Apotheke ist hier nicht mehr nur Verkaufsstätte pharmazeutischer Produkte, sondern gleichzeitig auch Produktionsstätte. Entsprechend der Ortsnähe knüpft die Gestaltung der Apotheke an die Friedrichstraße der Zwanzigerjahre, die Moderne und die damit einhergehende lineare Dynamik an. Weiß glänzende Oberflächen stehen im harten Kontrast zu feinen, dunklen Linien. Der sich winkelförmig ausdehnende Verkaufsraum wird von den Auslagen umspielt. Die Materialität der Einbauten drückt sich nicht durch die Oberfläche, sondern durch seine Form aus: Der fugenlos geschliffene Tresen wickelt sich bumerangförmig um die Säule und leitet durch den Raum. Die Waren reihen sich dahinter und entlang der Wände auf dünnen Auslagen aus geschwärzter Eiche auf. Die Produktion spezieller chinesischer Rezepte und Tees findet hinter raumhohen Glasscheiben statt und wird somit Teil des Verkaufsraums.
In den Regalen reihen sich in preussischer Ordnung handgefertigte Bambusdosen auf, in denen sich verschiedenste Kräuter und Exotisches aus China befinden. Typisch für das Interiordesign von wiewiorra hopp Gesellschaft von Architekten mbH ist die Umsetzung des Konzepts bis in das Detail. Materialien werden zwar sehr reduziert aber mit größter formaler Ausdruckskraft eingesetzt. Das Konzept wiederum besteht nicht nur in der Raumgestaltung, sondern auch in der Neuinterpretation von funktionalen Zusammenhängen. So wird jedes Interior zu einem maßgeschneiderten Ereignis.

Adresse: Mohrenstraße 6 / Ecke Glinkastraße, 10117 Berlin

Bauherr: Dr. Roland Schmidt

Architektur: wiewiorra hopp Gesellschaft von Architekten mbH

Projektleitung: Carsten Wiewiorra, Anna Tscherch
Bauleitung: Andreas Bisanz / Bisanz & Partner GmbH
Team: Jarek Przybylka, Jonathan Volk, Ann-Christin Ludwig, Sebastian Janicki

Konzept-, Planungs- und Realisierungsphase: 2009–2010

Bruttogeschossfläche: 200 m²

Baukosten: 300.000 Euro

Fotograf: Thorsten Klapsch, Berlin

Das Anfertigen von Rezepturen als ursprüngliches Handwerk der Apothekerzunft wird zur Schau gestellt und ist Teil des Kundenraums.

Apotheke
Berlin

Der Innenraum wird zu einem maßgeschneiderten Ereignis, bei dem Materialien sehr reduziert, aber mit großer formaler Ausdruckskraft eingesetzt werden.

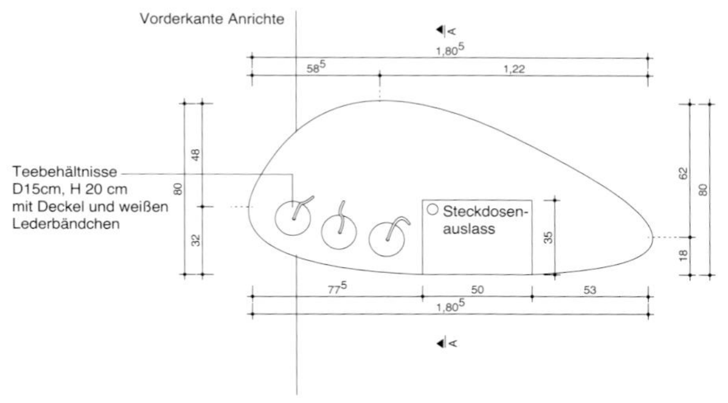

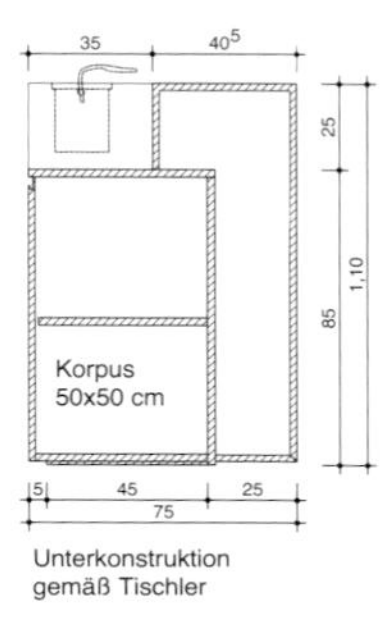

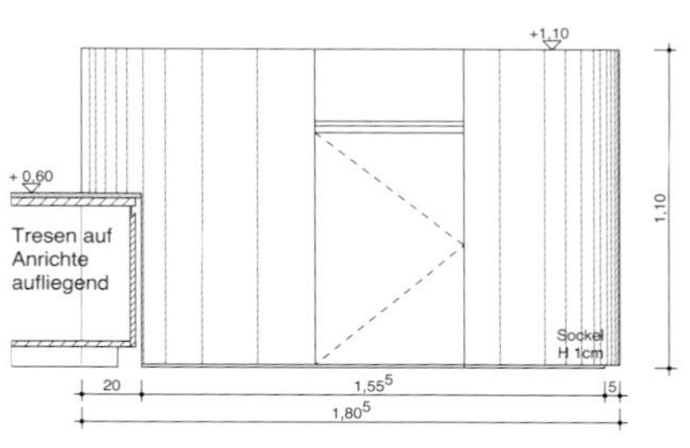

Teetresen – Grundriss, Schnitt und Ansicht

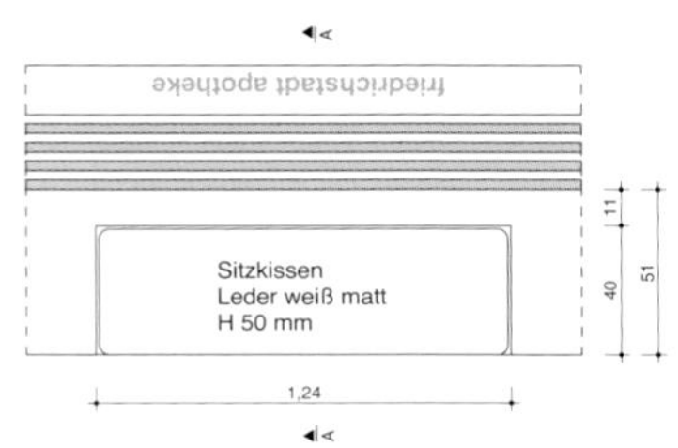

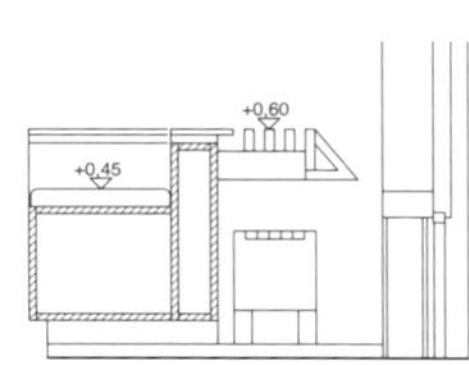

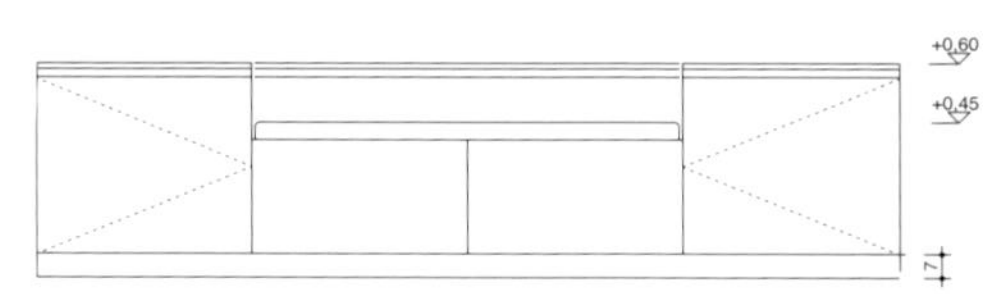

Sitzmöglichkeiten – Grundriss, Schnitt und Ansicht

Apotheke
Berlin

Weiß glänzende Oberflächen stehen im harten Kontrast zu feinen, dunklen Linien. Entlang der Wände reihen sich auf dünnen Auslagen aus geschwärzter Eiche die Waren auf. Chinesische Rezepte und Tees werden hinter den raumhohen Glasscheiben produziert; die Kräuter und Zutaten befinden sich in handgefertigten Bambusdosen aus China.

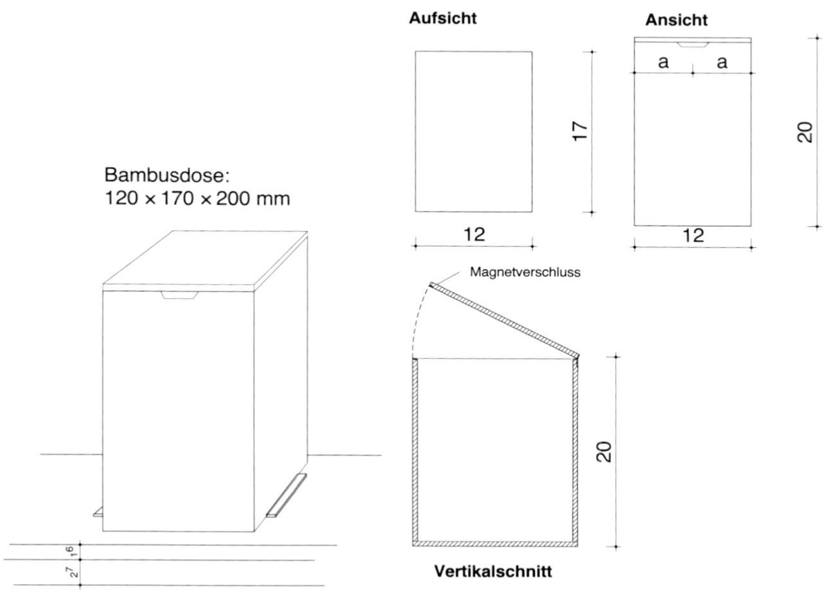

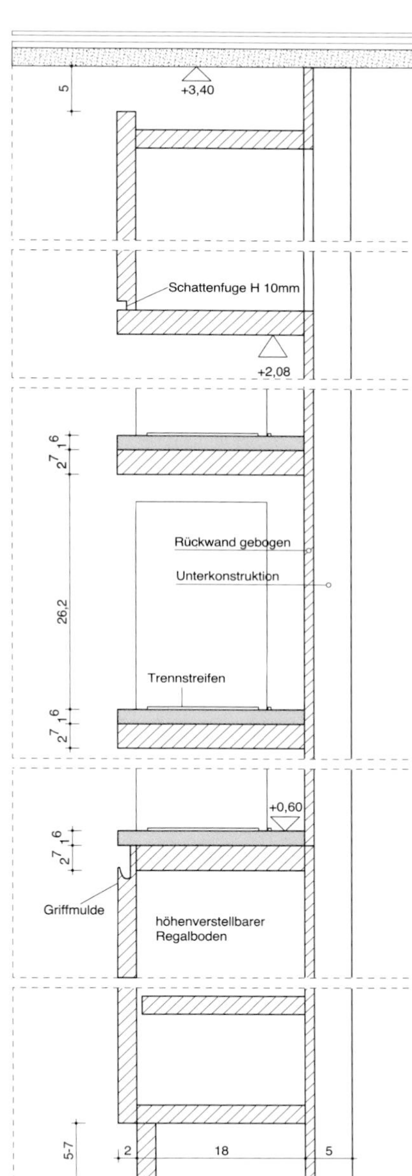

Detailplanung der Einbauregale, M 1:5

Apotheke
Berlin

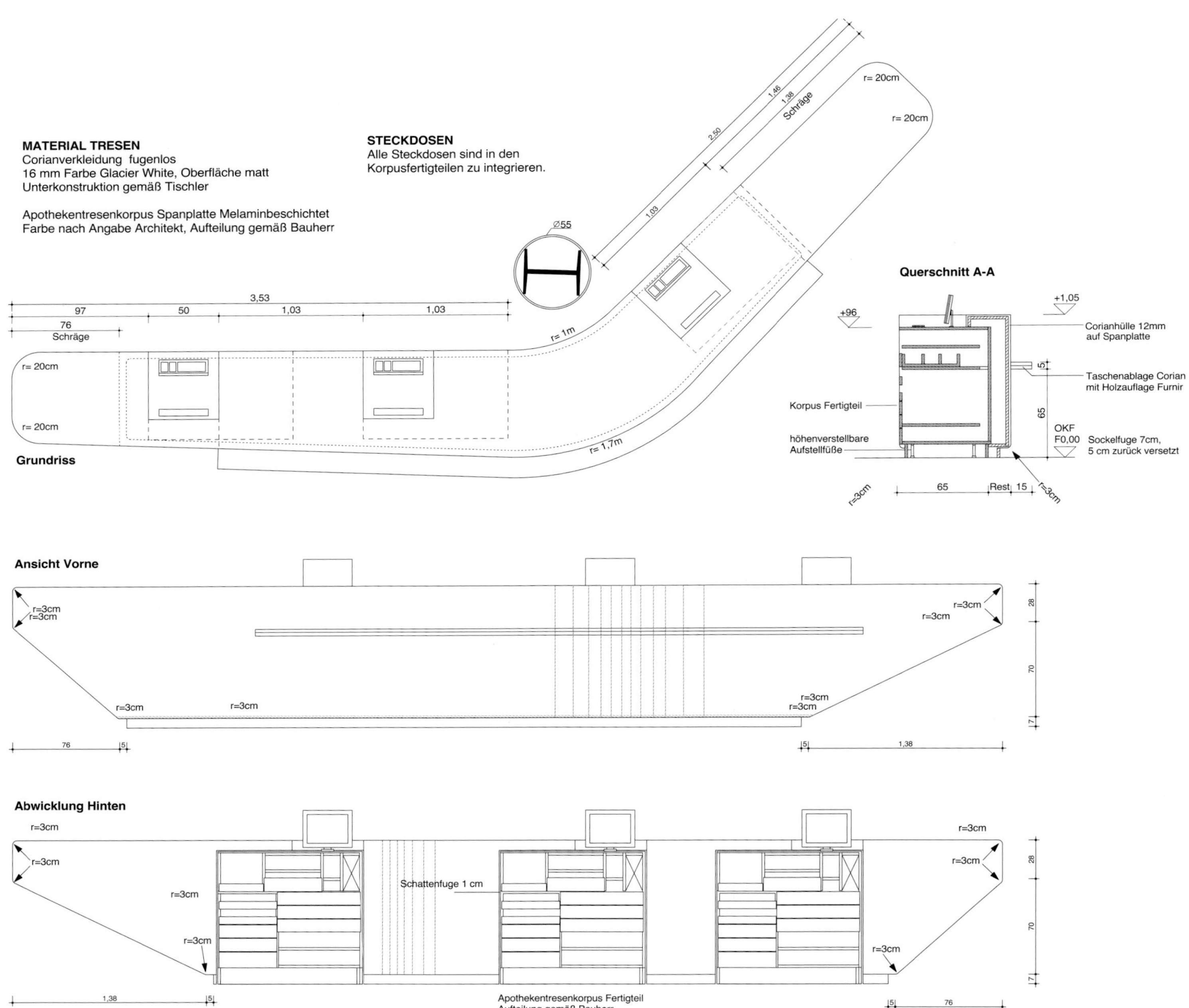

Detailplanung des Kassentresen

Der fugenlos geschliffene Kassentresen wickelt sich bumerangförmig um die zentrale Säule und leitet durch den Raum. Daneben sind weitere kleinere Tresen für diverse Auslagen angeordnet.

Kontrollzentrum
New York

Akustische und ergonomische Anforderungen standen bei der Neugestaltung des Kontrollzentrums im Mittelpunkt der Planung: Der Raum ist mit 19 ergonomisch optimierten Computerarbeitsplätzen und 36 neuartigen, großformatigen Projektionskuben ausgestattet.

WASA / Studio A wurde mit der Sanierung und Grundrissoptimierung eines bestehenden Kontrollraums des U-Bahn- und Zugnetzwerks im Grand Central Terminal in New York City beauftragt. Das Projekt zielte darauf ab, einen Kontrollraum zu konzipieren, der in Bezug auf die Atmosphäre und das Kommunikationssystem nicht nur dem neuesten Stand der Technik entspricht, sondern bereits auf zukünftige Bedürfnisse in diesen Bereichen zugeschnitten ist. Eine weitere spezielle Planungsaufgabe war es, den Innenraumkomfort hinsichtlich thermischer und akustischer Anforderungen zu verbessern. Die individuell gefertigten Wand- und Deckenverkleidungen sollten sowohl den Lärmeintrag in den Kontrollrollraum von außen als auch den Geräuschpegel im Raum selbst optimieren. Zudem musste die antiquierte Großbildwand entfernt und durch 36 neuartige, großformatige Projektionskuben ersetzt werden, die den neuesten Stand der Technik widerspiegeln. Die Grundrissgestaltung umfasste auch die Anordnung der 19 ergonomisch optimierten Computerarbeitsplätze, bei der die Benutzerfreundlichkeit an oberster Stelle stand, sodass einer ungehinderten Interaktion zwischen Nutzern und Monitoren, Tastaturen, Telefonen, Funktionsbeleuchtungen und Großbildwand nichts mehr im Wege steht und die Sichtbeziehungen gewährleistet sind. Die Materialwahl der Architekten fiel auf helles und dunkles Holz, das für die Wand- sowie Deckenpaneele verwendet wurde. Diese wurden mit farblich zurückhaltenden Oberflächen für die Möblierung und Teppichböden kombiniert, um einen stärkeren Kontrast zu den Bildschirmflächen zu erzeugen. Eine muschelartige Wand-Decken-Fläche überspannt die Computerarbeitsplätze und lässt einen geschützten Raum im Raum enstehen. Das dunkle Holz dieser Wand-Decken-Fläche erzeugt einen warmen Kontrast zu den kalten Farben der technischen Ausrüstung – von Monitoren und Großbildwand. Die gesamte Ausführung entspricht den Vorgaben der Barrierefreiheit nach ADA (Americans with Disabilities Act) sowie den Anforderungen der Richtlinien für grüne und saubere Gebäude ("Green and Clean" State Buildings and Vehicles Guidelines). Im Rahmen des Projekts wurden die unterdimensionierte Klimaanlage wie auch elektrische und signaltechnische Anlagen vollständig ausgetauscht.

Adresse: Grand Central Terminal,
87 E 42nd St, NY 10017, New York

Bauherr:
Metropolitan Transportation Authority,
MTA Metro-North Railroad, New York

Architektur: WASA / Studio A, New York

Projektleitung: Stan Fabiszak
Bauleitung: Walter Schaffer

Konzept-, Planungs- und Realisierungsphase: 2009

Bruttogeschossfläche: 300 m²

Fotograf: Razummedia, New York

Kontrollzentrum
New York

Die individuell angefertigte Wand- und Deckenverkleidung ermöglicht eine Optimierung des Lärmeintrags von draußen ins Kontrollzentrum als auch des Geräuschpegels im Raum selbst.

Das dunkle Holz der muschelartigen Wand-Decken-Fläche erzeugt einen warmen Kontrast zu den kalten Farben der technischen Geräte. Kombiniert wird das dunkle Holz mit farblich zurückhaltenden Oberflächen für Möblierung und Teppichböden sowie hellem Holz an den Seitenwänden.

Kontrollzentrum
New York

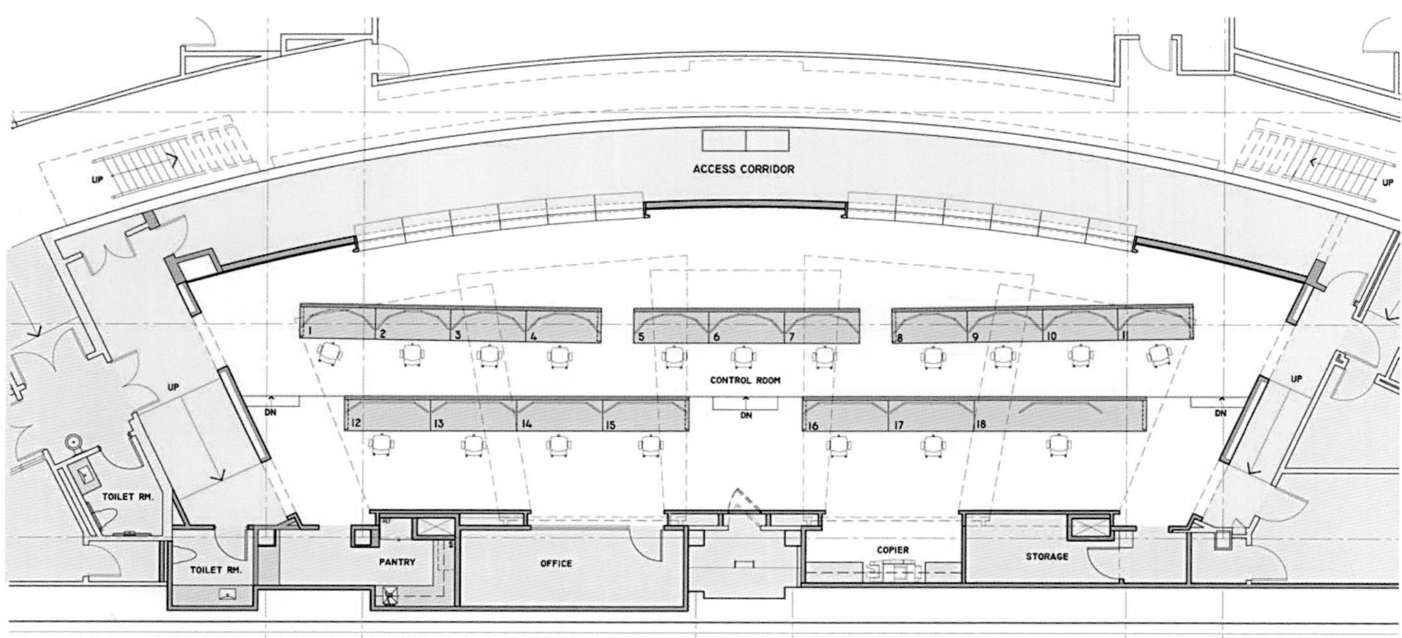

Grundriss des Kontrollzentrums

Perspektiven des Innenraums

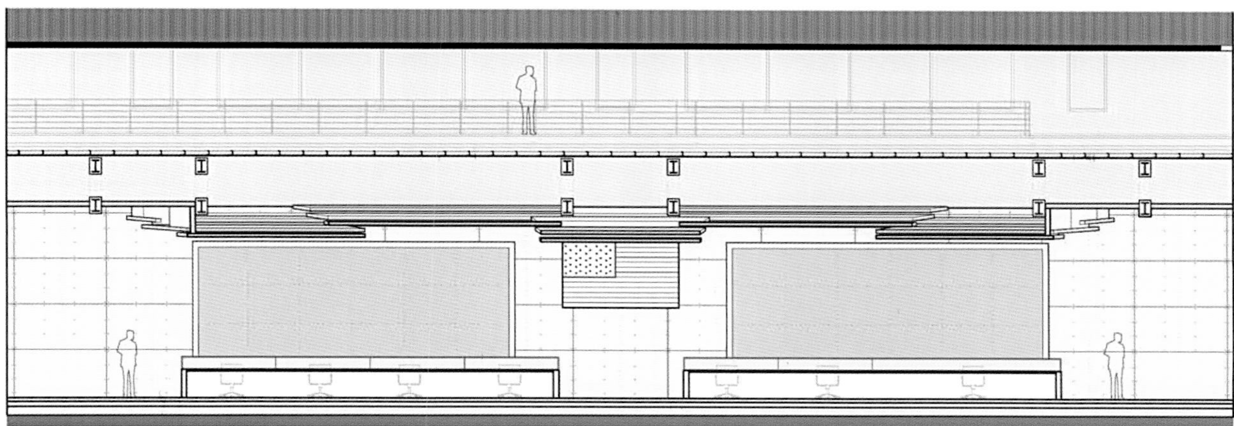

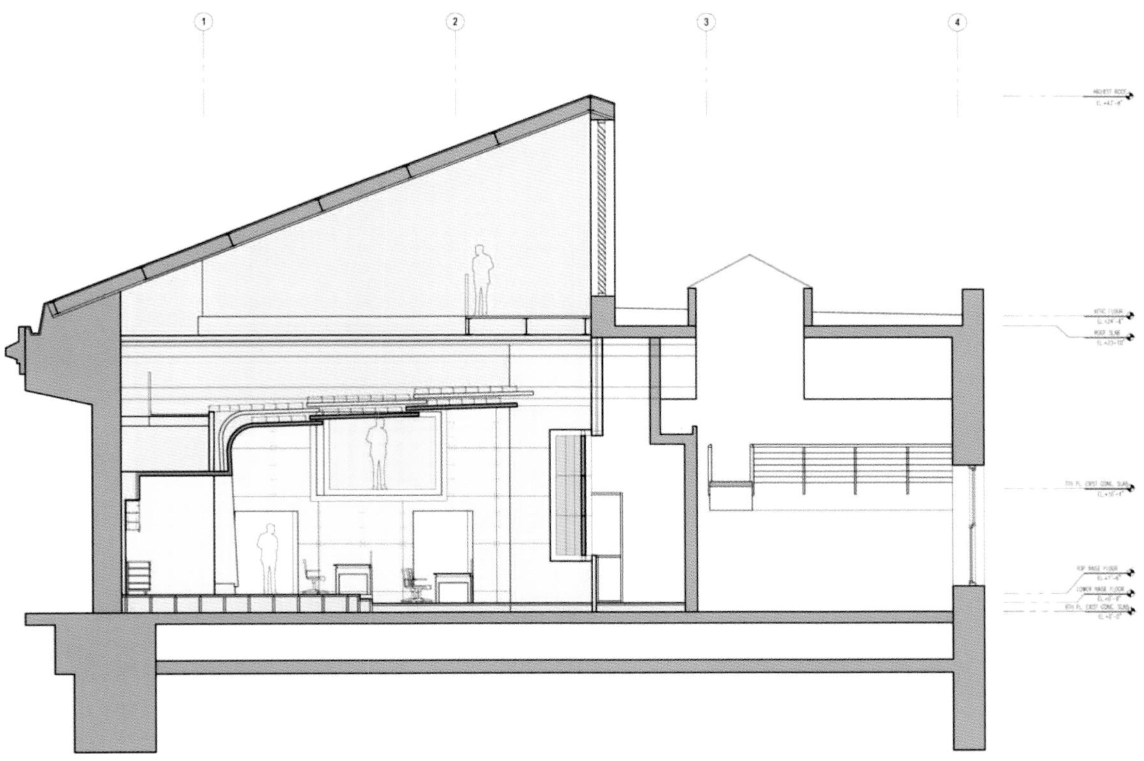

Längs- und Querschnitt des Gesamtbauwerks

Zahnarztpraxis
Hamburg

Anstatt der gewohnten, nüchternen Krankenhausatmospähre bietet diese Zahnarztpraxis ein endlos erscheinendes Raumgefüge aus amorphen Formen, kontrastreicher Farbgebung und einem darauf abgestimmten Beleuchtungskonzept.

Im Jahre 2008 wurde das Berliner Architekturbüro J. MAYER H. Architekten beauftragt, eine neue innenräumliche Konzeption für das Zentrum der Zahnmedizin Brauner-Wegner-Priehn im Hamburger Stadtteil Sankt Georg, nahe Hamburgs lebendiger Innenstadt, zu entwickeln. Die 2009 realisierte Zahnarztpraxis ist zwar in ein bestehendes Ärztehaus integriert, sie erinnert jedoch in keinster Weise an die gewohnte, nüchterne Atmopshäre eine Krankenhauses. Vielmehr ist ein endlos erscheinendes Raumgefüge aus amorphen Formen, kontrastreicher Farbgebung und einem darauf abgestimmten Beleuchtungskonzept entstanden. Die räumlichen Abtrennungen der unterschiedlichen Funktionen – wie Behandlung, Beratung und Aufenthalt – werden durch frei eingestellte Kerne geschaffen. Diese den Raum gliedernden Kerne nehmen abgeschlossene Arbeitseinheiten sowie Röntgen- und Mundhygieneräume auf. Die gekrümmten Wände sind in Trockenbauweise errichtet. Lichtdecken in den abgeschrägten Flächen erzeugen eine indirekte Beleuchtung und akzentuieren die Kerne im Raum. Ein bewegliches Raumelement ermöglicht außerdem die Erweiterung des Wartebereichs zu einem Auditorium für Fachvorträge. Alle Schrank- und Regalflächen sind in die amorphen Kerne integriert. Sie werden so Teile der Großform und treten nicht als zusätzliche oder eigenständige Körper in Erscheinung, die das Raumkontinuum stören. Eine in Braun- und Blautönen gehaltene Farbgestaltung umspielt Wände, Decken und Kerne. Durch die farbliche Betonung der Deckenkanten erscheint das Raumgefüge fließend. Es wurde darauf geachtet, dass sich alle funktionalen Bauteile wie Türen, Schränke oder Öffnungen farblich in die Wand- und Deckenflächen integrieren und so die Kontinuität der Fläche unterstützen, auch wenn die Oberflächen unterschiedliche Materialitäten aufweisen.

Adresse: Zentrum für Zahnmedizin in Sankt Georg, Lübeckertordamm 1/3, 20099 Hamburg

Bauherr: Zentrum für Zahnmedizin, Brauner-Wegner-Priehn

Architektur:
J. MAYER H. Architekten, Berlin

Bauleitung: Rüdiger Franke, Hamburg
Team: Jürgen Mayer H., Marcus Blum, Hans Schneider, Wilko Hoffmann

Konzept-, Planungs- und Realisierungsphase: 2008–2009

Bruttogeschossfläche: 400 m²

Fotograf: Ludger Paffrath FOTOGRAFIE, Berlin

Zahnarztpraxis
Hamburg

Durch Gipskartoneinbauten in blauer und brauner Farbe wird der Raum in offene und geschlossene Funktionseinheiten unterteilt. Die Wartebereiche sind mit frei geformeten Möbeln aus Polyurethanschaum eingerichtet. Der Empfangs- und Wartebereich kann durch ein ausfahrbares Wandelement vom Flur abgetrennt werden, um als kleines Auditorium genutzt zu werden.

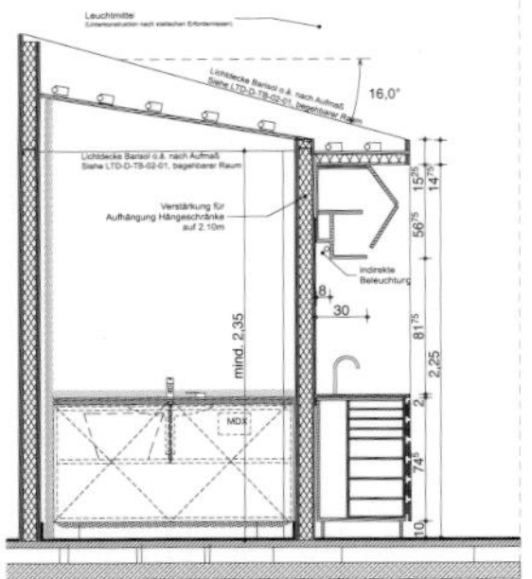

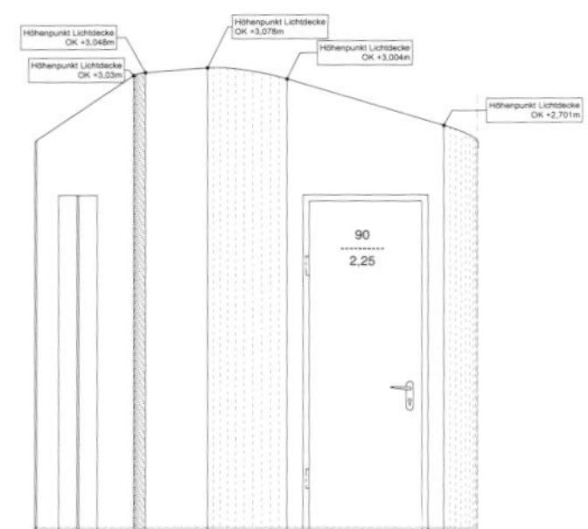

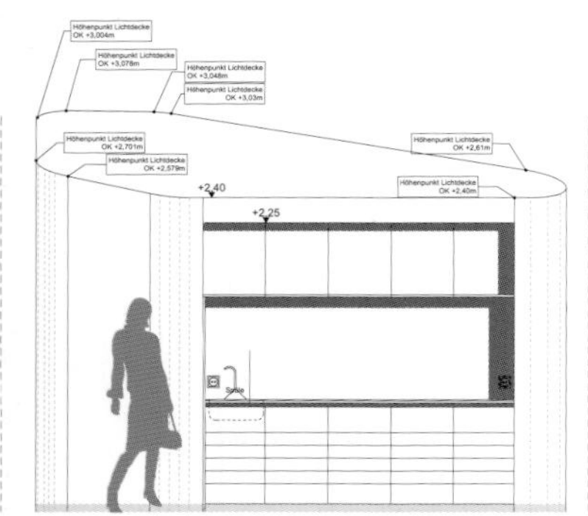

Schnitt und Ansichten eines Raumelements

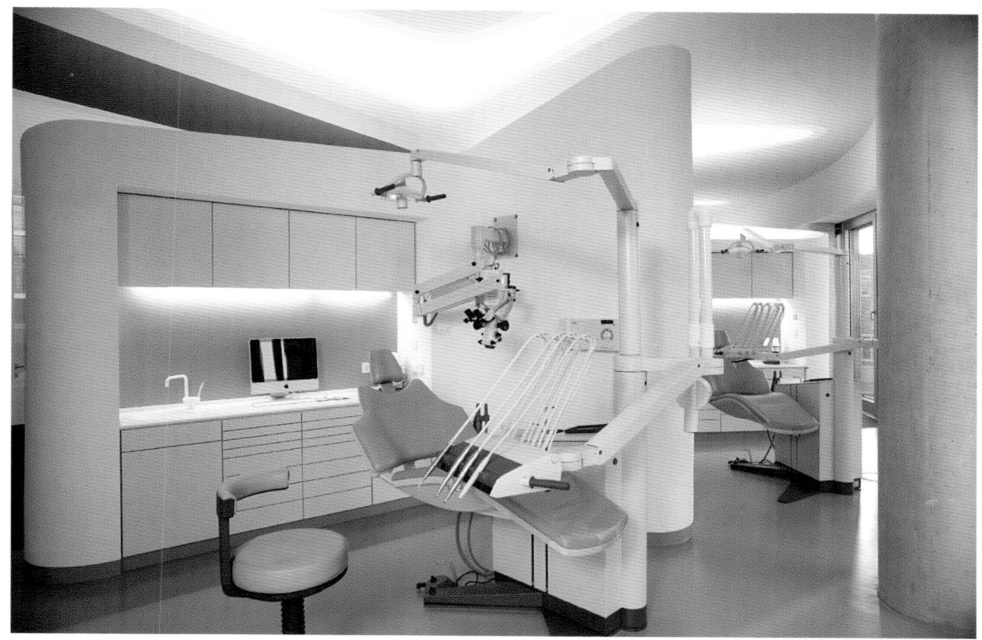

Zahnarztpraxis
Hamburg

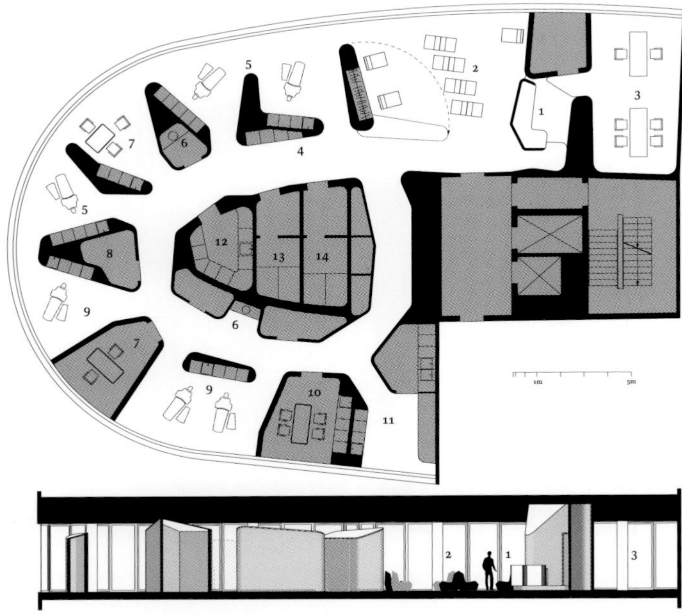

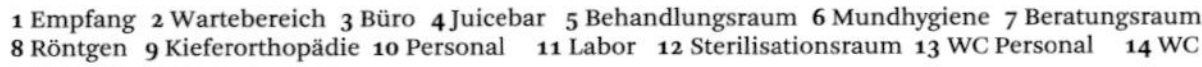

1 Empfang 2 Wartebereich 3 Büro 4 Juicebar 5 Behandlungsraum 6 Mundhygiene 7 Beratungsraum 8 Röntgen 9 Kieferorthopädie 10 Personal 11 Labor 12 Sterilisationsraum 13 WC Personal 14 WC

Das Raumkontinuum wird durch ein abgestimmtes Beleuchtungskonzept unterstützt. Für die indirekte Beleuchtung sind die Oberseiten der amorphen Einbauten abgeschrägt und als Lichtflächen ausgebildet, welche an die Decke abstrahlen. Ergänzt werden diese durch Lichtbänder in den Funktions- und Arbeitsbereichen.

Die Umsetzung der amorphen und abgeschrägten Einbauten (Kerne), die verschiedenste Funktionen übernehmen, erfordert eine präzise geometrische Verortung der Elemente im Grundriss. Zudem müssen die Höhenpunkte sowie die Koordinaten für die Rundungen der Raumelemente exakt angegeben werden.

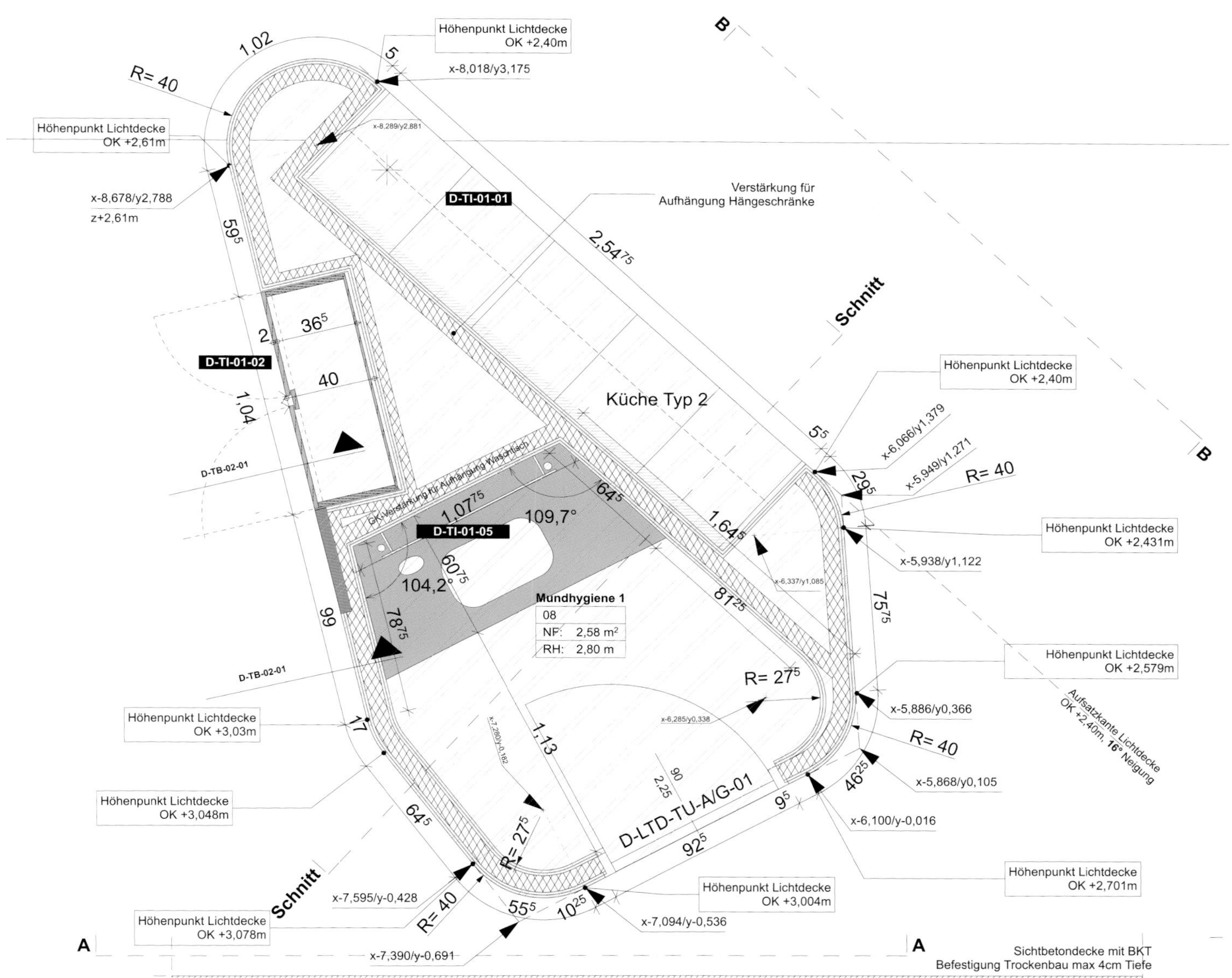

Ausführungsplanung eines Raumelements (hier: Mundhygiene-Raum)

Hotelerweiterung
Berlin

Die Erweiterung des Mark Apart Hotels in Berlin zeigt, wie aus einer verwaisten Fläche im Erdgeschoss eines typischen Sechzigerjahrebaus mit Hilfe intelligenter Grundrissgestaltung möglichst viele neue Zimmer mit einem unverwechselbarem Charakter entstehen können.

P6 **12**

1968 wurde die Sperlingsgasse als künstliche Kneipenstraße im Erdgeschoss eines Berliner Neubaus angelegt. Seit zwölf Jahren wird das Gebäude nun als Hotel genutzt. Die verwaiste Fläche der früheren Saloons ist heute Teil einer Hotelerweiterung, mit der Reuter Schoger Architekten im Jahre 2009 beauftragt wurden. Die geringen Raumgrößen des Bestandsgebäudes stellten die Architekten dabei vor die Herausforderung einer extremen Flächenoptimierung. Die Raumtiefe von 6,70 m ist durch den Bestand vorgegeben, das große Bett vor dem Fenster definiert die Raumbreite von 2,10 m, sodass sich eine gesamte Raumgröße von nur 14 m² ergibt. Während Dusche und WC im Bad angeordnet sind, ist der Waschtisch in ein Möbel im vorderen Bereich des Zimmers integriert. So können zwei Personen die Badfunktionen zeitgleich nutzen. Mit den Möbeleinbauten wurde die kompakte, schmale Raumform gegliedert und mit ausgeklügelten Details verfeinert. So ist der Schrank beispielsweise Raumteiler und – bei geöffneter Tür – Paravent zugleich. Zudem bildet dieser im oberen Bereich ein Lichtobjekt aus, das den fortlaufenden Raum betont. Mit weißen Flächen, kräftigem Grün, Teppichen mit plakativen, schwarzen Kreismustern und Eichenholz-Details wird auf die Entstehungszeit des Gebäudes verwiesen und mit Effekten der Op-Art gearbeitet. Der durchgängig dominante Schwarz-Weiß-Kontrast prägt die klare, erfrischende Atmosphäre der Räume. Die großformatigen Muster der Böden geben den hohen Räumen zudem ein proportioniertes Gegengewicht und bilden allein mit grafischer Wirkung Raum. Das Kreisdesign des Teppichs wiederholt sich als verkleinertes Lochmuster in der Vorhangstruktur und wirft ein feines Schattenspiel in das Hotelzimmer. Im Flur wird das Motiv des klassischen Hotelläufers aufgelöst: Eine Reihe überdimensionaler schwarzer Kreise schwebt als animierender Weg im linearen Raum und modelliert die Perspektive zeichenhaft, unverwechselbar und individuell. Unkonventionell ist auch der Umgang mit der Zimmernummerierung, die mit aufgesetzten Ziffern in Wandfarbe neben der Zimmertür realisiert wurde.

Adresse: Lietzenburger Straße 82–84, 10719 Berlin

Bauherr: Grand City Hotels

Architektur: Reuter Schoger Architekten Innenarchitekten, Berlin

Projektleitung: Wencke Katharina Schoger
Bauleitung: Wencke Katharina Schoger
Team: Veronika Beigel, Sandra Rahm, Sandra Schröpfer, Andrea Weißer

Konzept-, Planungs- und Realisierungsphase: 2009–2010

Bruttogeschossfläche: 414 m²

Fotograf: Werner Huthmacher, Berlin

Hotelerweiterung
Berlin

Dusche und WC sind in einem separaten Bad angeordnet, während sich der Waschtisch im Vorbereich des Zimmers befindet. So können zwei Personen die Badfunktionen gleichzeitig nutzen. Die verbleibende Fläche hinter dem Schrank wird in Verbindung mit einer Tischplatte als Arbeitsraum genutzt.

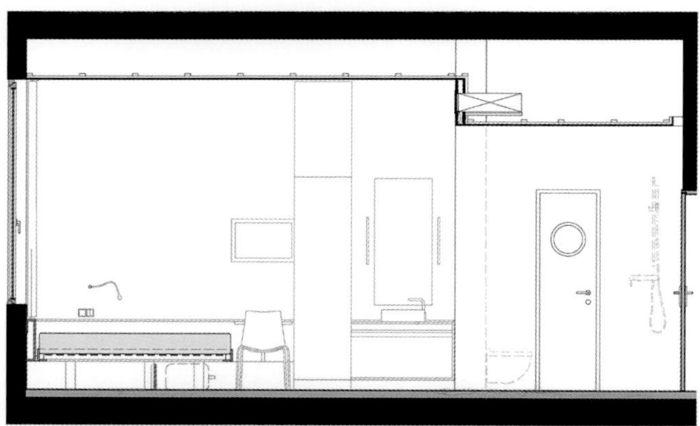

Schnitt und Grundriss in der Entwurfsplanung

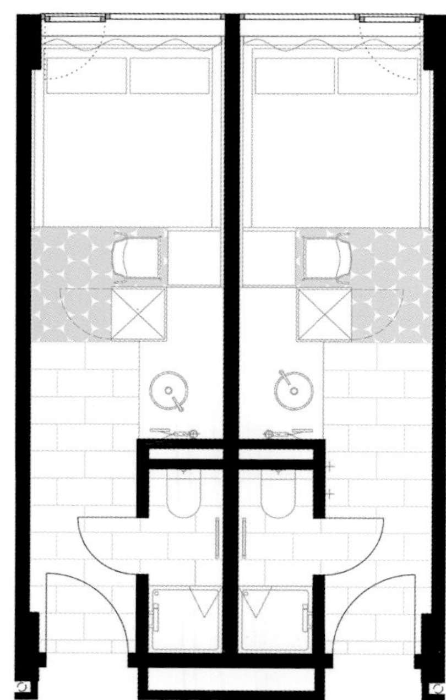

P6 **12**

Durch die Muster der Böden erhalten die hohen Räume ein proportioniertes Gegengewicht. Das Design wiederholt sich als verkleinertes Lochmuster in der Struktur der Vorhänge, die ein feines Schattenspiel in den Raum werfen. Grafische Wirkung erzeugt hier Raumbildung.

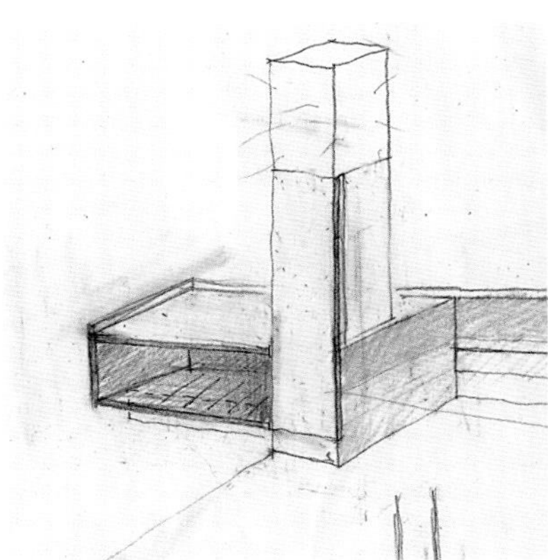

Hotelerweiterung
Berlin

Die Raumtiefe von 6,70 m ist durch den Bestand vorgegeben, das große Bett vor dem Fenster definiert die Raumbreite von 2,10 m, sodass sich eine gesamte Raumgröße von nur 14 m² ergibt.

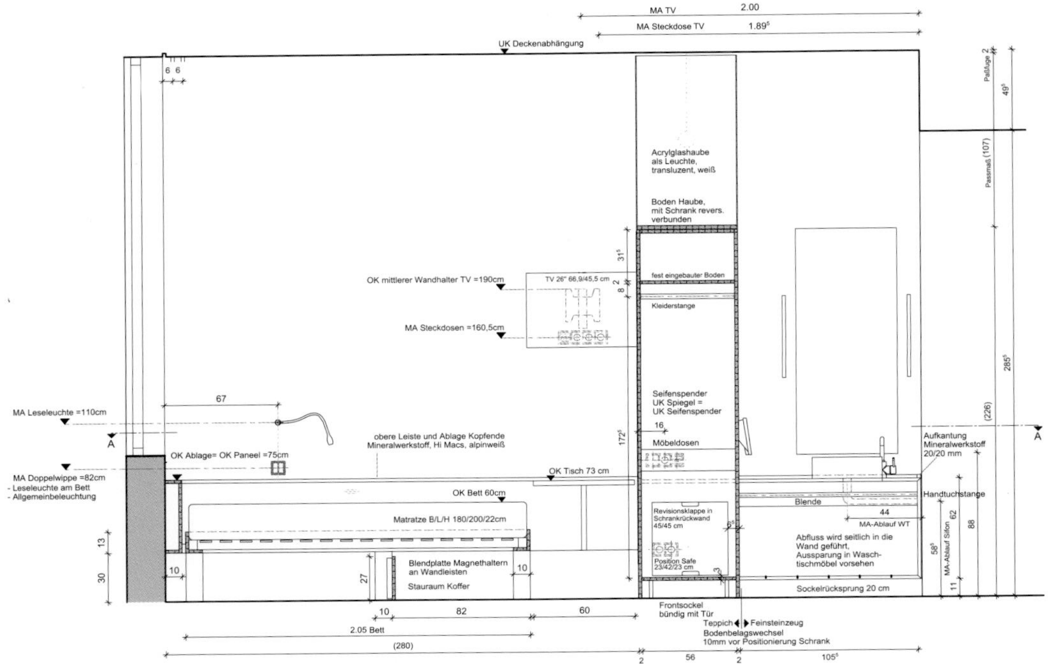

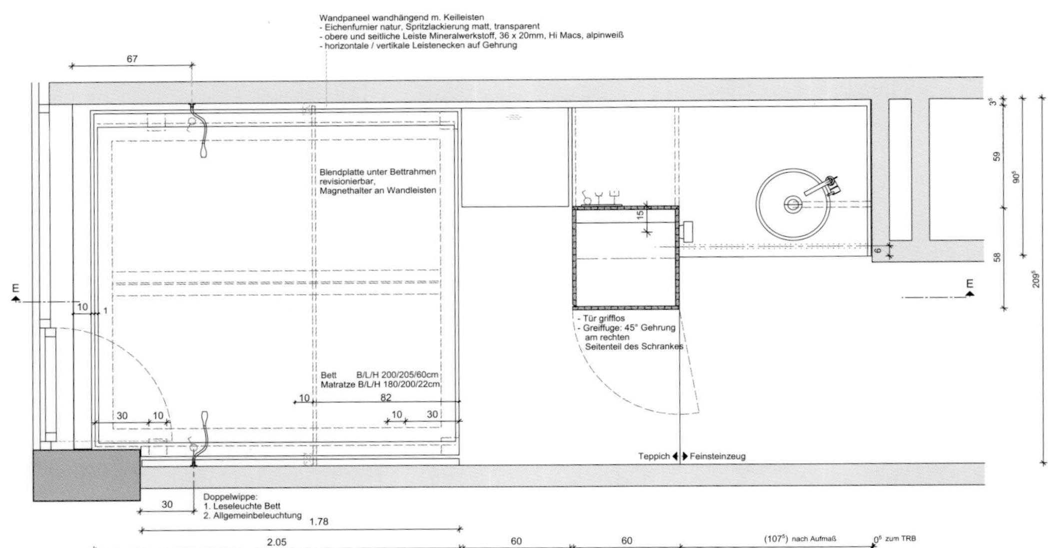

Schnitt und Grundriss in der Ausführungsplanung

Der Schrank trennt das Hotelzimmer vom Eingansbereich und Bad; bei geöffneter Tür wirkt er wie ein Paravent. Im oberen Bereich ist der Schrank zugleich ein Lichtobjekt, das den fortlaufenden Raum betont.

Restaurant
München

Ein im Maximilianeum vorgefundenes florales Bürklein-Ornament wird für drei der vier individuellen Nutzungsbereiche unterschiedlich interpretiert. Es kommt als Wandornament, Stuckrelief oder als Einfräsung in den eingebauten Möbeln zum Einsatz.

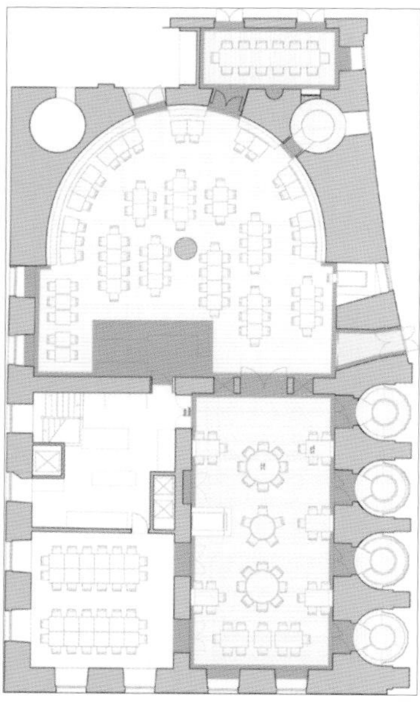

P7 12

1874 nach Plänen von Friedrich Bürklein erbaut, dient das Münchner Maximilianeum seit 1949 – mittlerweile mehrfach erweitert – als Sitz des Bayerischen Landtags. Die im Altbau gelegene Gaststätte war zuletzt in den frühen Achtzigerjahren saniert worden und entsprach zeitgemäßen Ansprüchen weder in hygienischer noch in ästhetischer Hinsicht. Im Jahre 2008 wurden Hild und K Architekten mit dem Umbau und der Modernisierung der Landtagsgaststätte beauftragt. Heute laden vier Gasträume als repräsentativer Treffpunkt Abgeordnete und Besucher zum Verweilen ein und behaupten sich gleichzeitig als unverwechselbarer Bestandteil des bedeutenden Baudenkmals. Den Bezug zur Geschichte des Hauses stellen Andreas Hild und Dionys Ottl über ein im Maximilianeum vorgefundenes florales Bürklein-Ornament her. Unterschiedlich interpretiert prägt dieses als Thema mit Variationen drei der vier individuellen Nutzungsbereiche. Im halbrunden Gartensaal schmückt das eingefräste historische Motiv die Lehne der von den Architekten entworfenen umlaufenden hölzernen Sitzbank. Als weitere wesentliche Neuerung erleichtert eine modern gestaltete Theke den Betriebsablauf im »Wirtshaus« für Besuchergruppen. Über allem spannt sich eine abgehängte Akustikdecke, deren Lochmuster eine Reminiszenz an die bayerischen Rauten darstellt. Vom Gartensaal aus erschließt ein neuer zentraler Zugang den Maximilianssaal. Diesen festlichen Bewirtungsbereich prägen Bürklein-Ranken, die als Stuckrelief an der Wand ausgeführt sind. Ebenfalls als Wandschmuck findet sich das Ornament im Bürklein-Zimmer wieder – hier allerdings als Malerei. Einer stark vergrößerten Lichtprojektion ähnelnd, ist es dort an der Stirnseite des Raums angebracht – es hebt sich von der Restwand lediglich durch die hochglänzende Oberfläche des Farbauftrags ab. Hier wie auch im Garten- und Maximilianssaal wurde ein neuer Eichendielenboden mit Nussbaumfries verlegt. Insgesamt orientieren sich Motive und Malereien – auch im Bayern-Zimmer, in dem nur zurückhaltend in den Bestand eingegriffen werden sollte – an historischen Vorlagen. Die abgenutzten Möbel wurden durch neue, größtenteils von den Architekten exklusiv entworfene, ersetzt. Am 10. November 2009 wurde der neu gestaltete Gastronomiebereich feierlich eröffnet.

Adresse: Maximilianeum
Max-Planck-Straße 1, 81675 München

Bauherr: Freistaat Bayern, vertreten durch das Staatliche Bauamt München 2

Architektur:
Hild und K Architekten, München

Projektleitung: Carmen Wolf
(Hild und K Architekten, München)
Bauleitung: Architekturbüro Köhler, München

Konzept-, Planungs- und Realisierungsphase: 2008–2009

Bruttogeschossfläche: 540 m²

Baukosten: 1.000.000 Euro

Fotograf: Michael Heinrich, München

Restaurant
München

Holz und verputzte Flächen sind die vorwiegenden Materialien nach dem Umbau, angeordnet in einer klaren horizontalen Gliederung. Das historische Bürklein-Motiv wird als Wandrelief unterschiedlich eingesetzt.

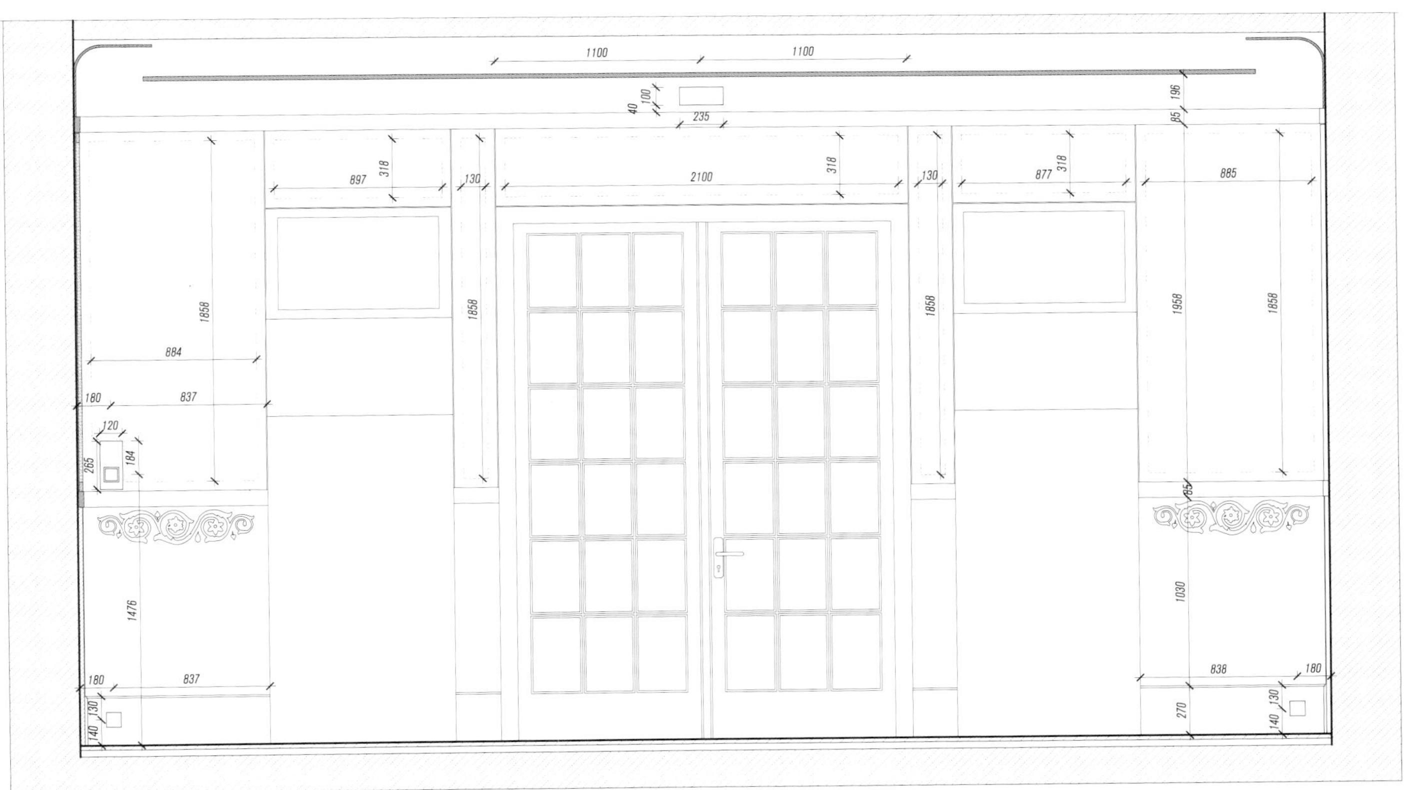

Sitznische in der Ausführungsplanung

Restaurant
München

Im halbrunden Gartensaal ist das historische Motiv in die Lehne der umlaufenden hölzernen Sitzbank eingefräst.

Kinder- und Jugendpsychiatrie
Berlin

Die weichen Formen in Verbindung mit höhenstaffelnden Einbauten und abgestuften Farbverläufen bilden den Kern des identitätsstiftenden Raumkonzepts.

P8 12

Wenn Architekten und Ärzte zum Wohle kleiner Patienten zusammenarbeiten, entstehen Raum- und Kommunikationskonzepte, die durch emotional positive, sinnliche Erfahrungen den Heilungsprozess bei Kindern und Jugendlichen fördern. In Anlehnung an die Klinikgründerin, Elisabeth von Preussen, bereichert Prinzessin Elise als gute Fee nun den Klinikalltag der Klinik- und Jugendpsychiatrie des Evangelischen Krankenhauses Königin Elisabeth Herzberge Berlin. Dadurch soll die Identifikation junger Patienten und medizinischer Fachkräfte mit ihrer Klinik gefördert werden. Mit »Elises Insel« wurde ein nachhaltiges Klinik-Konzept für Kinder und Jugendliche entwickelt, das die Therapie als eine Auszeit begreift, in der es »wie auf einer Insel« möglich ist, das eigene Leben und Handeln zu überdenken. Medizinische Standards und emotionale Bedürfnisse werden mit dem Konzept gleichermaßen erfüllt. Verschiedenste Sitzgelegenheiten verteilen sich über mehrere Raumzonen und bieten die Möglichkeit zum Austausch oder zur Entspannung. Räume für den individuellen Rückzug in eigens dafür vorgesehene Nischen gehören ebenso zum Konzept von »Elises Insel« wie Gemeinschaftsflure und -räume als zentrale Treffpunkte. Unterschiedliche Lichtstimmungen, innovatives Mobiliar und Podestsituationen mit Blick nach außen laden zum Erproben ein und ermöglichen neue Erfahrungen für die kleinen Patienten. Farben, Formen, Materialien und Licht sorgen für eine gemeinschafts- und identitätsstiftende Atmosphäre. Die drei Kommunikationsräume sind in vier verschiedenen Farbwelten konzipiert: Grün, Blau, Ocker und Orange. Jeder Raum bietet unterschiedliche Höhenniveaus und Raumzonen für den Rückzug wie auch für Spiel und Gespräche. Dazu wird in jedem Raum mit Wandzeichnungen eine Geschichte erzählt, die sich auf allen vier Wänden fortsetzt. Nach einem jeweils eigenen Motto folgen die Räume »Sandburg«, »Palmenhütte« und »Felsenhafen« einem Farb- und Materialkonzept mit dem eine altersgerechte Umgebung für drei verschiedene Altersstufen geschaffen wird. Das modulare Möbel- und Schranksystem wird von Raum zu Raum modifiziert, indem die Anordnung im Raum, die Anzahl der Sitzplätze oder die Geometrie des Ensembles verändert wird. Die Konstruktionen aus MDF sind Sonderanfertigungen nach den Entwürfen des Büros. Zudem sind sämtliche Möbel, Tapeten und Wandbemalungen mit einem transparenten Parkettlack versiegelt, der die starken chemischen Reinigungsmittel verträgt, wie sie im Krankenhaus eingesetzt werden. Auch Bezüge und Teppiche in den Spielbereichen sind speziell für die erhöhten Anforderungen in Krankenhäusern geeignet.

Adresse:
Herzbergstraße 79, 10365 Berlin

Bauherr: Kinder- und Jugendpsychiatrie des Evangelischen Krankenhauses Königin Elisabeth Herzberge Berlin

Architektur:
Dan Pearlman Markenarchitektur, Berlin
A24 architekten+ingenieure, Berlin

Bauleitung: Falk Siebke (KEH), Angela Rathke (Dan Pearlman)

Konzept-, Planungs- und Realisierungsphase: 2008–2009

Bruttogeschossfläche: 506 m² (EG), 678 m² (1. OG), 68 m² (3. OG/DG)

Baukosten: 200.000 Euro

Fotograf: diephotodesigner.de, Berlin

ICH UND DU-
COCO CREW
BINGO 1x1
Ein Nilpferd
kommt selten allein
SCRABBLE
ORIGINAL
Spiele-Sammlung
300 Spiele für die ganze Familie

Kinder- und Jugendpsychiatrie
Berlin

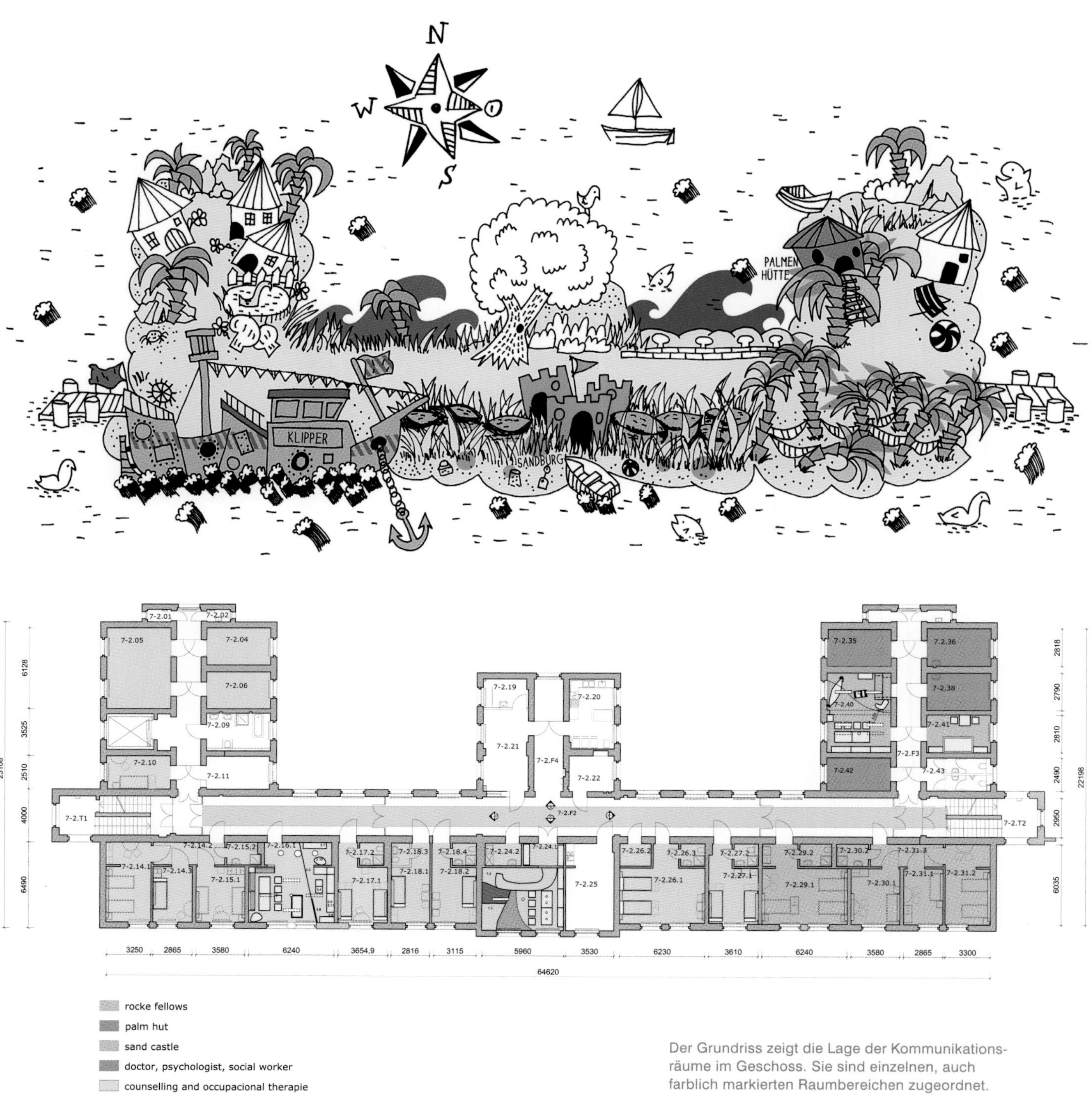

Der Grundriss zeigt die Lage der Kommunikationsräume im Geschoss. Sie sind einzelnen, auch farblich markierten Raumbereichen zugeordnet.

P8 **12**

Sämtliche Möbel, Tapeten und Wandbemalungen sind mit einem transparenten Parkettlack versiegelt, der starke chemische Reinigungsmittel verträgt.

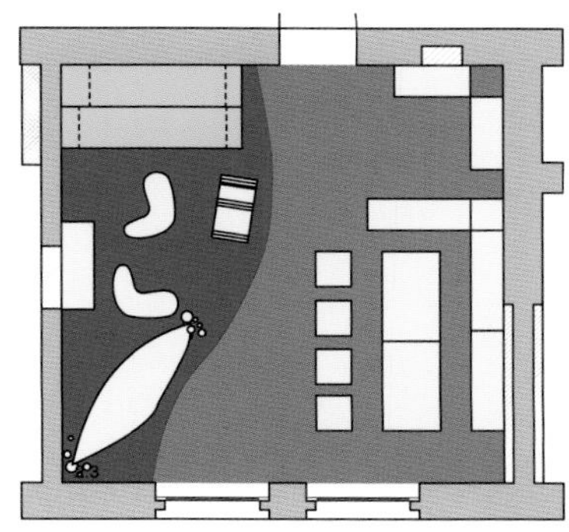

Die Idee von »Elises Insel« wird über Wandzeichnungen in vier unterschiedlichen, individuellen Varianten erzählt.

Kinder- und Jugendpsychiatrie
Berlin

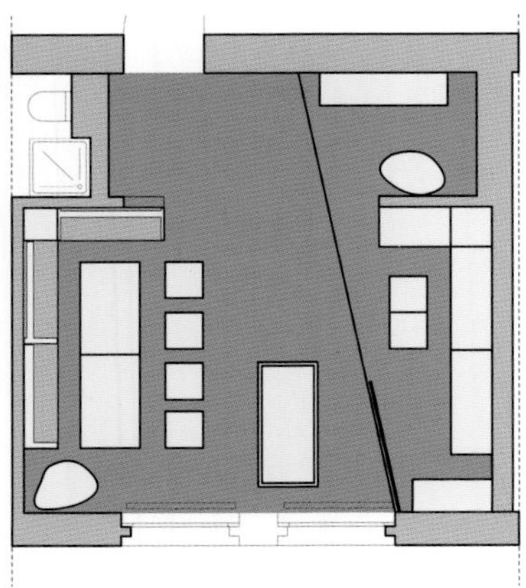

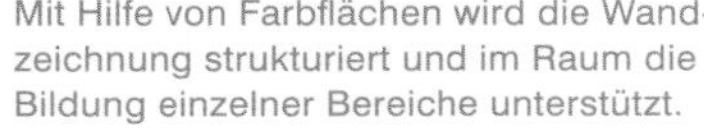
Mit Hilfe von Farbflächen wird die Wandzeichnung strukturiert und im Raum die Bildung einzelner Bereiche unterstützt.

Die Räume sind den spezifischen, wenngleich unterschiedlichen Bedürfnissen der Kinder angepasst. Sie bieten Platz für Zusammengehörigkeit und Kommunikation, Nischen für den individuellen Rückzug und laden durch verschiedene Lichtstimmungen und Sichtbeziehungen zum Experimentieren ein.

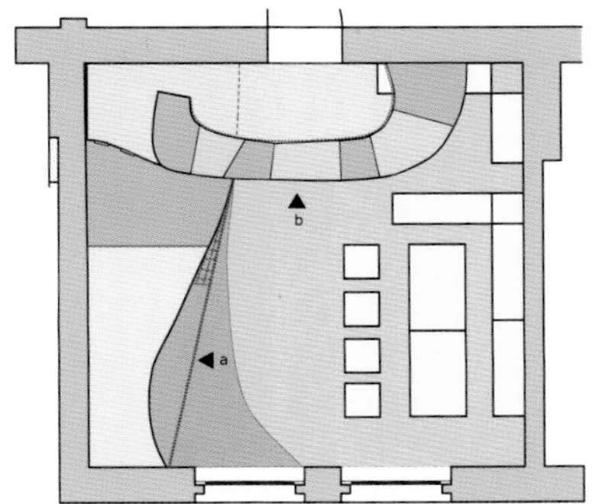

Auch die kleinste vorhandene Raumeinheit wird durch Möbel, Podeste sowie Balkone gegliedert und für verschiedenste Nutzungen zugänglich gemacht.

Ausstellungs- und Verkaufsräume
New York

Die drehbaren Wände, die Auftritt und Ausstellungsfläche für individuelle Marken und ihre Produkte sind, definieren die einzelnen Bereiche und ermöglichen, dass der gesamte Ausstellungsraum als offene Funktionsfläche erhalten bleibt und auch große Kunden- und Industrieveranstaltungen stattfinden können.

P9 12

Die 1878 in Georgia (USA) gegründete Firma Mohawk – heute einer größten Teppichproduzenten der Welt – beauftragte das Büro The Shashi Caan Collective zur Konzeption ihres ersten Flagshipstores in New York. Sieben ausgewählte Bodenbelagsmarken und sechs Teppichhersteller – darunter Durkan, Durkan Patterned, Karastan, Lees und Bigelow – sollten dazu nebeneinander in demselben Raum präsentiert werden. Das Unternehmen wünschte sich zudem eine Umgebung, die zum Kaufen inspiriert, die Möglichkeit einer offenen Raumgestaltung bietet und dennoch Raum für Privatsphäre und Vertrautheit lässt. Ergebnis ist ein hochgradig flexibles, zusammenhängendes Raumgefüge, das mithilfe geeigneter Untersuchungen über Flexibilität und Herstellungsprozesse der Belagsmaterialien entwickelt wurde. Inspiriert durch sich öffnende Teppichrollen bilden doppelzylindrische Volumen auf jeder Seite des Raums ein verbindendes Leitthema für die Gestaltung. Diese weisen öffentliche Bereiche aus, fungieren als Empfangszonen und sind dynamischer Treffpunkt. Das Vorhangelement ist funktionale und metaphorische Verbindung zugleich. Aus dem Rückenmaterial von Teppichen hergestellt, wurden die sechs unterschiedlichen Produktmarken zu einem gemeinsamen Element verwoben. Der Vorhang als spezielles Raumelement vermittelt gleichermaßen Transparenz, Schutz vor direktem Sonnenlicht und falls erwünscht auch visuelle Abgeschiedenheit. Obwohl das Gestaltungskonzept den Wettbewerb der Marken in den Vordergrund stellt, stärkt dieses Element – wie die gesamte Ausgestaltung des Raums – die Zusammenarbeit unter der Konkurrenz. Durch den Einsatz geeigneter Farben und Materialien entsteht ein angenehmes Arbeitsumfeld, in dem die menschliche Interaktion gefördert wird. Die weich fließenden, lichtdurchlässigen Vorhänge und warme, mit stark gemusterten Teppichbelägen durchsetzte Holzböden, grenzen die unterschiedlichen Raumsequenzen voneinander ab. Der fertige Raum unterstützt durch seine zurückhaltende Gestaltung die Feinheiten menschlichen Verhaltens und strebt nach Harmonie. Vor dem Hintergrund einer Platinum LEED-Zertifizierung (Leadership in Energy and Environmental Design) ist das Projekt mit großer Nachhaltigkeit in Bezug auf die einzelnen Gestaltungselemente umgesetzt worden. Der Ausstellungs- und Verkaufsraum ist auch wegen seiner bevorzugten Lage in Manhatten und der wundervollen Ausblicke von allen vier Seiten des Grundrisses einen Besuch nicht nur für Produzenten und Kunden wert.

Adresse:
71 West 23rd Street, NY 10010, New York

Bauherr: The Mohawk Group

Architektur:
The Shashi Caan Collective, New York

Projektleitung: Richard Baker,
The Shashi Caan Collective
Bauleitung: Gregory Frenzel,
The Shashi Caan Collective

Konzept-, Planungs- und Realisierungsphase: 2008

Bruttogeschossfläche: 930 m^2

Fotograf: The Mohawk Group

Ausstellungs- und Verkaufsräume
New York

Der Raum ist in klar abgegrenzte Zonen unterteilt: die private oder persönliche auf der Rückseite des Hauses, die semi-private mit individuellen und gleichzeitigen Teamarbeitsbereichen und die öffentliche als Showroom. In den unterschiedlichen Bereichen sind die Produkte der Hersteller nach ihren markenspezifischen Anforderungen untergebracht. Zum Raumprogramm gehören auch diverse Mitarbeiterräume, Büros, Verkaufsstationen und ausreichend Lagerräumlichkeiten.

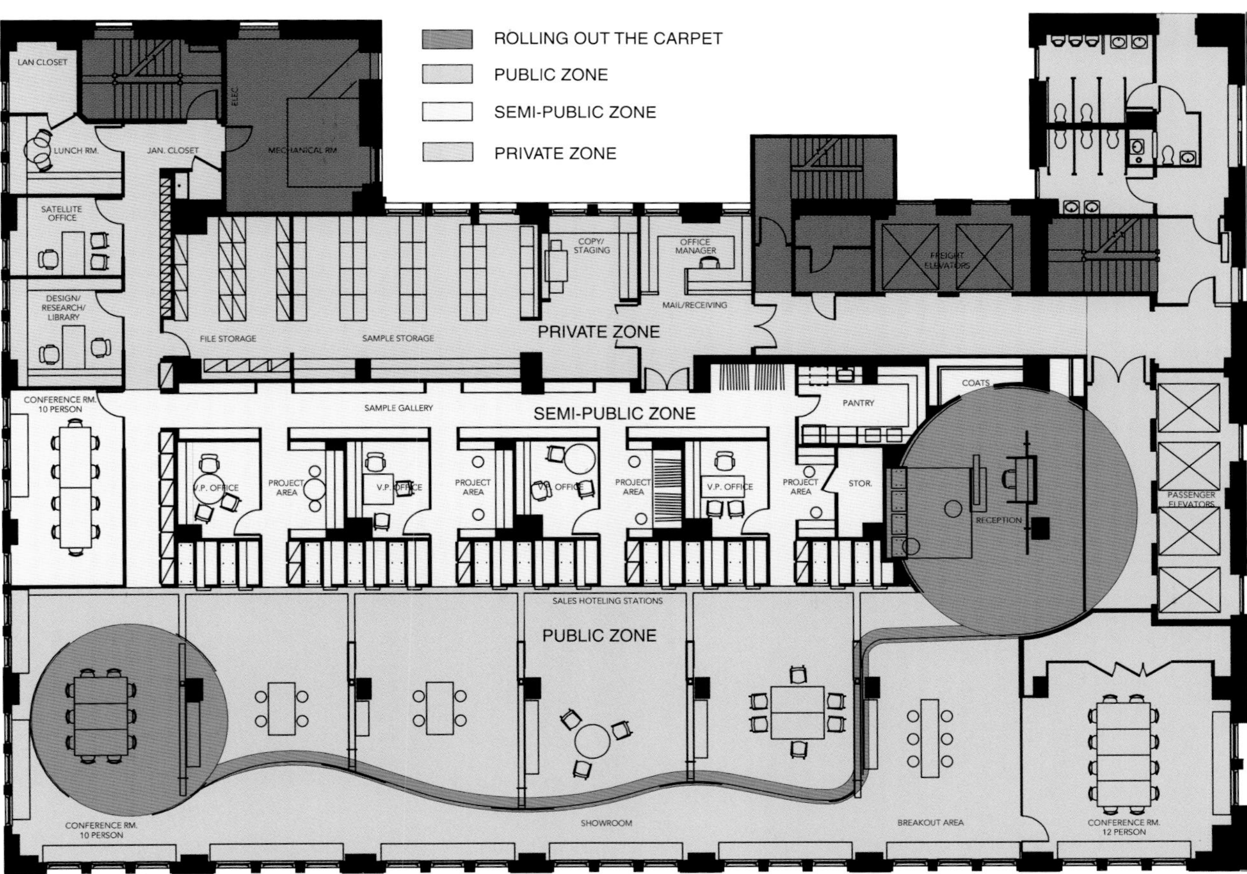
ROLLING OUT THE CARPET
PUBLIC ZONE
SEMI-PUBLIC ZONE
PRIVATE ZONE
LAN CLOSET
LUNCH RM.
JAN. CLOSET
ELEC.
MECHANICAL RM
SATELLITE OFFICE
DESIGN/ RESEARCH/ LIBRARY
COPY/ STAGING
OFFICE MANAGER
FREIGHT ELEVATORS
MAIL/RECEIVING
FILE STORAGE
SAMPLE STORAGE
PRIVATE ZONE
CONFERENCE RM. 10 PERSON
SAMPLE GALLERY
SEMI-PUBLIC ZONE
PANTRY
COATS
V.P. OFFICE
PROJECT AREA
V.P. OFFICE
PROJECT AREA
V.P. OFFICE
PROJECT AREA
V.P. OFFICE
PROJECT AREA
STOR.
RECEPTION
PASSENGER ELEVATORS
SALES HOTELING STATIONS
PUBLIC ZONE
CONFERENCE RM. 10 PERSON
SHOWROOM
BREAKOUT AREA
CONFERENCE RM. 12 PERSON

Ausstellungs- und Verkaufsräume
New York

Große bewegliche Wandelemente wurden entwickelt, um die Produkte ausgewählter Teppichhersteller zu präsentieren. Je nach Bedarf können diese um 90 Grad gedreht werden, sodass der Raum geöffnet wird und die gesamte Produktpalette im Rahmen von Veranstaltungen vorgeführt werden kann.

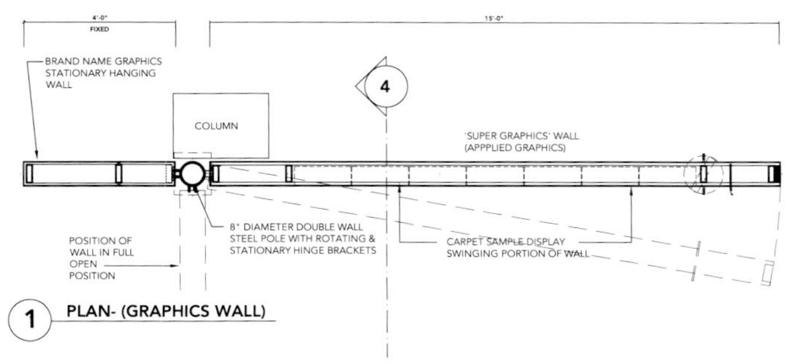

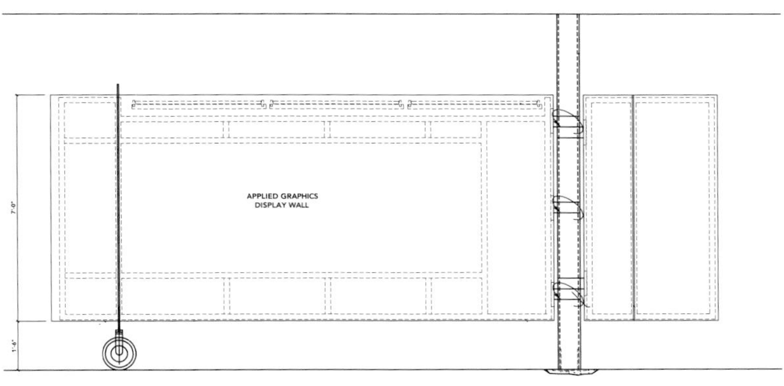

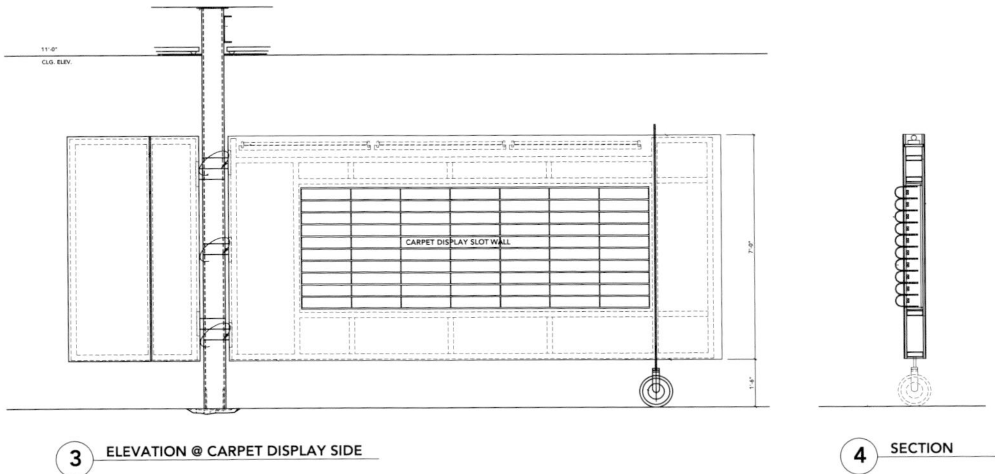

Detailplanung der mobilen Wandpaneele

Hotelumbau
Verbier

Durch die Neuinterpretation von gewohnten Referenzen aus der Schweizer Bergregion wird eine zeitgemäße Sprache entwickelt. Ohne tradierte Formen zu kopieren, ist die Ästhetik weit entfernt von traditionellen Erwartungen an alpenländische Gemütlichkeit.

P10 12

Die Umgestaltung des Nevaï-Hotels von yasmine mahmoudieh integriert neue, wie auch bestehende Bereiche und Elemente in ein einheitliches Konzept. Das Grundthema des Designs ist es, durch eine Neuinterpretation von gewohnten Assoziationen mit den Begriffen »Natur«, »Bergwelt« und »Schneelandschaft« eine zeitgemäße Sprache zu entwickeln. Neue Erschließungen zwischen Erdgeschoss und erstem Stock, öffentliche WCs und zusätzliche Zimmer sind Teil einer kompletten Metamorphose des Themas »Alpenresort«. Eher subtil sind die Referenzen zur Schweizer Bergregion, ohne deren tradierte Formen kopieren zu wollen. Das Design besticht mit seinen sanften, geschwungenen Formen, den kühlen, ruhigen Tönen, der akkuraten Beleuchtung und abstrahierten Naturmotiven in einer zeitgemäßen Ästhetik, weit entfernt von traditionellen Erwartungen an alpenländische Gemütlichkeit. Dieser Komfort wird ermöglicht durch die starke, moderne Formensprache, die sich durch das ganze Hotel zieht und sich in Möbeln, Sitzbereichen, Objekten und Trennelementen wiederfinden lässt. Die öffentlichen Bereiche sind bewusst offen gehalten, um bereits von außen einen Blick auf die ungewöhnlichen Interieurs zu ermöglichen. Hineingezogen in die weiteren Räumlichkeiten entfaltet sich dem Betrachter die ganze Palette besonderer Materialien, die hier zum Einsatz kommen. Unterschiedliche Materialität und Beleuchtung mittels Relief oder eingeätzten Motiven werden im gesamten Hotel verwendet. Der Eingang wird vom organisch geformten Rezeptionstresen, einem klaren Sinnbild für das Gesamtkonzept, beherrscht: Eis, Eiskristalle, Schnee und Schneeflocken. Aufgrund der gegebenen extrem niedrigen Deckenhöhe wurde der Loungebereich abgesenkt, der sich somit auch gegenüber dem Durchgangsverkehr der Lobby gut abgrenzt und mit einem großzügigen Gasfeuer-Kamin einen Ruhepol darstellt. Das angrenzende französisch angehauchte Boudoir mit seiner roten, dezent beleuchteten Sitzbank bietet darüber hinaus einen intimen Ort zum angeregten Gespräch oder um einen ruhigen Drink einzunehmen. Der Bartresen wurde von einem Schlitten inspiriert. Die eingeätzten Motive im Mineralwerkstoff des Tresens und im Acrylglas der Bars treten besonders bei eintretender Dunkelheit markant hervor. Die Zimmer des Hotels stehen im visuellen Dialog mit den zeitgenössischen klaren Linien und Materialien im Inneren und der überwältigenden Kulisse der umgebenden Berge. Ein starker Kontrast: archaisch–modern.

Adresse: Route de Verbier Station 55, 1936 Bagnes

Bauherr: King's Verbier

Architektur: yasmine mahmoudieh The Royle Studios, London

Konzept-, Planungs- und Realisierungsphase: 2007

Bruttogeschossfläche: 2.000 m²

Fotograf: Oliver Maier, München

Von außen sieht das Hotel Nevaï aus wie ein traditionelles Alpenresort, im Inneren jedoch haben die Räumlichkeiten eine komplette Neuinterpretation erfahren.

Hotelumbau
Verbier

Der organisch geformte Rezeptionstresen steht sinnbildhaft für das Gesamtkonzept der Neuinterpretation alpenländischer Motive. Die eingeätzten Motive im Mineralwerkstoff des Tresens treten besonders bei Dunkelheit markant hervor: Eis, Eiskristalle, Schnee und Schneeflocken.

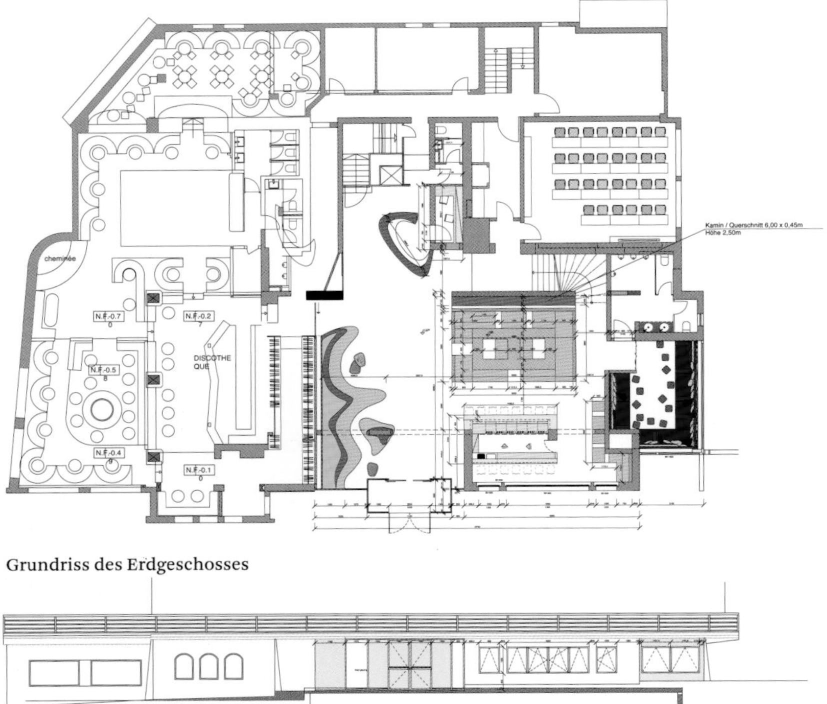

Grundriss des Erdgeschosses

Südfassade des Hotels

Der Loungebereich wurde aufgrund der vorhandenen extrem niedrigen Deckenhöhe abgesenkt und liegt so auch entfernt vom Durchgangsverkehr der Lobby. Der großzügige Gasfeuer-Kamin stellt zudem einen Ruhepol dar.

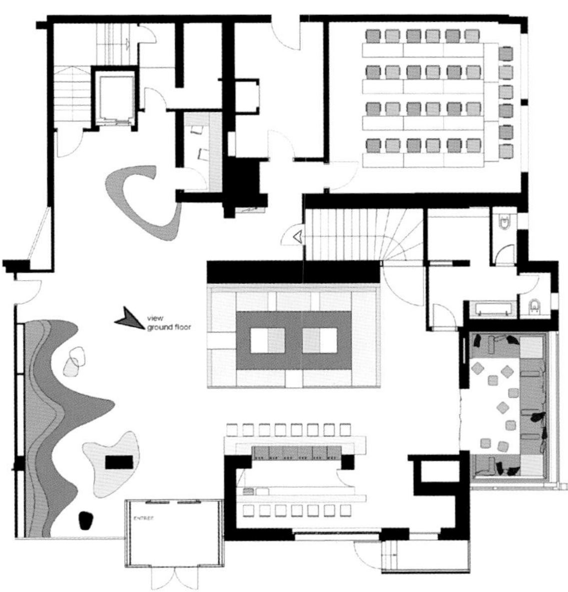

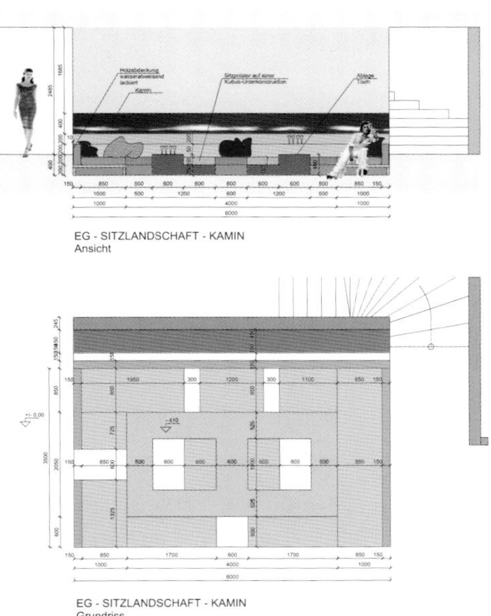

Loungebereich im Erdgeschoss und Sitzlandschaft im Detail

Hotelumbau
Verbier

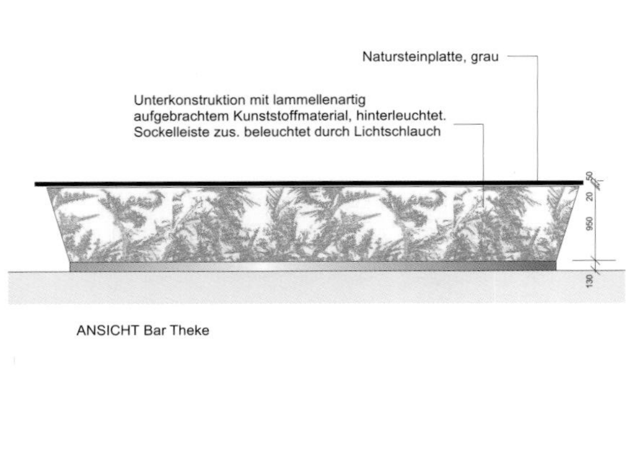

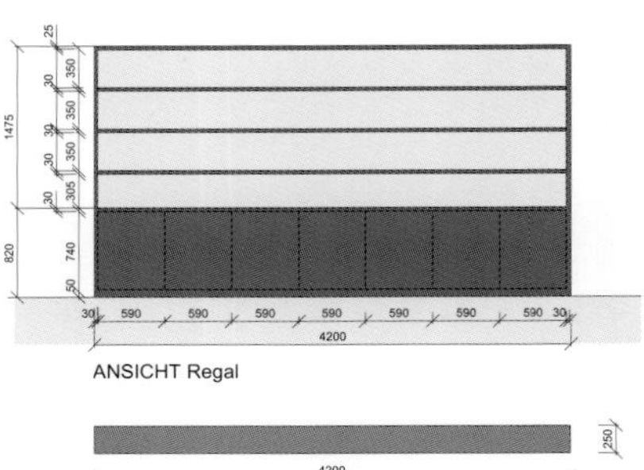

Von einem Schlitten inspiriert wurden Gestaltung und Form des Bartresens. Auch hier kommt transluzenter Mineralwerkstoff zum Einsatz.

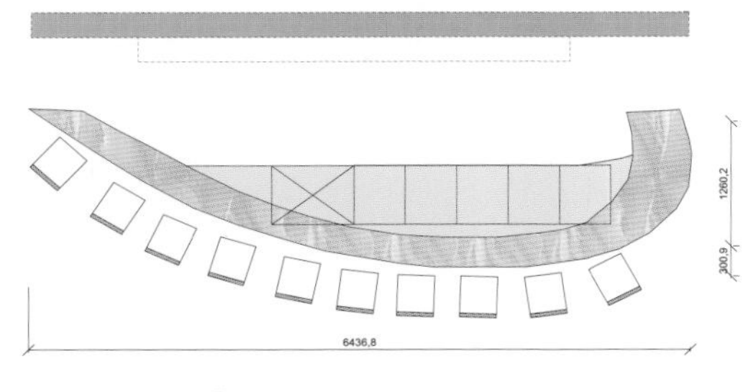

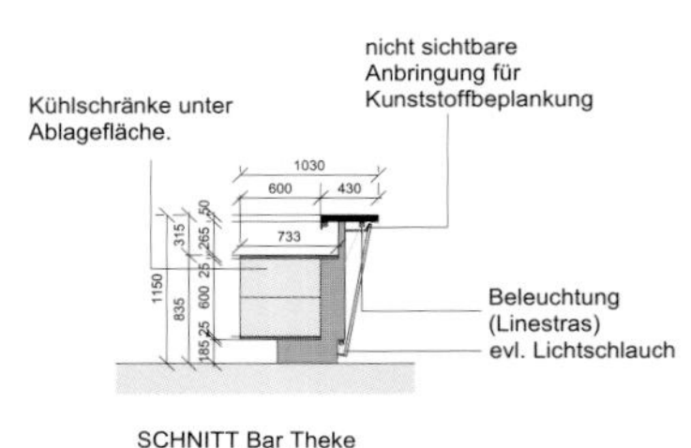

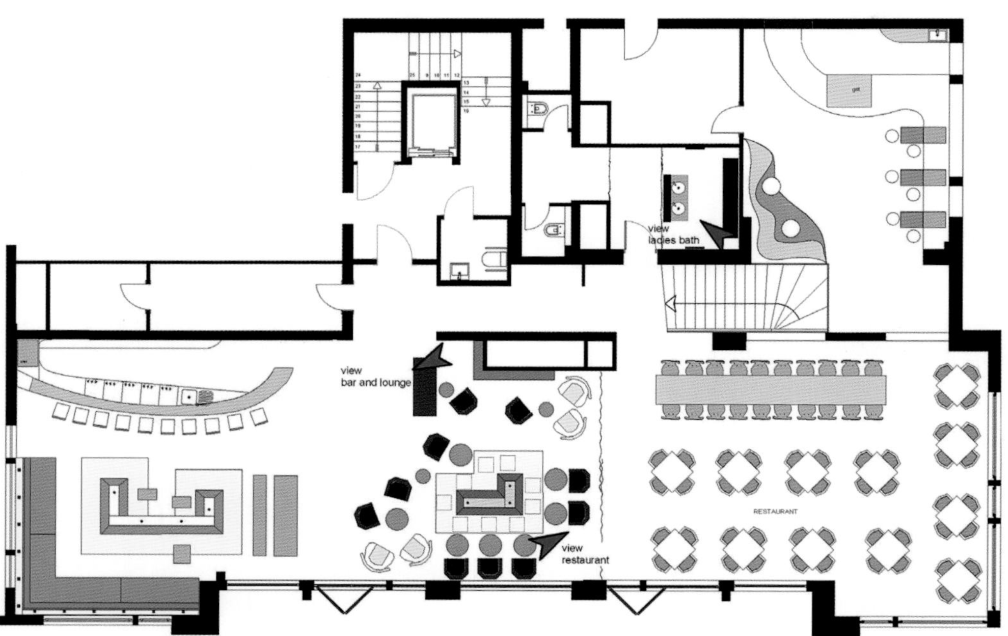

Bar- und Restaurantbereich sowie Detailplanung der Theke

Hotelumbau
Verbier

Grundriss der Gästezimmer mit Einzel-, Doppel- und Dreierbelegung

Die Gästezimmer stehen mit ihren klaren Linien und Materialien im visuellen Dialog mit der überwältigenden Kulisse der umgebenden Bergwelt. Es ist ein Dialog zwischen archaisch und modern. Gezielte Highlights werden durch speziell angefertigte Naturmuster wie etwa beim Bettkopfteil gesetzt.

Das Design der Hotelsuiten kombiniert kühle, ruhige Töne mit farbigen Akzenten, einer sorgfältig geplanten Beleuchtung und abstrahierten Naturmotiven zu einer zeitgemäßen Ästhetik.

Grundriss zweier unterschiedlicher Hotelsuiten

Museum
Innsbruck

Nach der Einführung in die »Handlung« folgt die Vorstellung der »Personen«: Der Südtiroler Bildhauer Willy Verginer hat hierfür 13 Skulpturen aus Lindenholz gefertigt. Die geweißten, an klassische Standbilder erinnernden Figuren stehen auf schlanken, hohen Sockeln zwischen Zylinder und Glasfassade. Protagonisten wie Napoleon, Hofer oder Haspinger sind damit dem Fluss der Besucher enthoben, ja erscheinen überhöht; zugleich aber sorgt die ironische Geste der Verkleinerung dafür, dass den Skulpturen der Charakter des Heroischen entzogen wird. Die sechs unbelegten Sockel ergänzen die Haupt- um die zahlreichen namenlosen Nebendarsteller, die in der großen Geschichtsschreibung oft keinen Platz finden.

Als das Büro H. G. merz architekten museumsgestalter mit der Arbeit für das Bergisel-Museum begann, wurde schnell deutlich, worin die Herausforderung des Projekts bestand: Zwischen den beiden Eckpunkten Riesenrundgemälde und Kaiserjägermuseum – zwischen dem wichtigsten Exponat des zukünftigen Museums hier und einer Institution der militärischen Traditionspflege dort – fehlte ein dramaturgischer Bogen, der im Entwurf von stoll.wagner architekten zwar räumlich angelegt war, als Erzählung aber erst entwickelt werden musste. Ergebnis ist heute ein Museum, in dem sich kulturhistorische, mediale und künstlerische Ansätze der Präsentation zu einem ausgedehnten, ästhetisch reizvollen Panorama verbinden: Assoziativ verknüpfte Daten, Begriffe, Karten und Objekte, visualisiert auf einem Netz von LED-Lichtpunkten, das sich um den Zylinder des Museumsbaus spannt, stimmen den Besucher auf die Ausstellung ein. Der Weg führt hinunter in das zweite Untergeschoss und endet in einem rot gefassten, ausweglosen Graben, den Blick auf die Gewehre der bayerischen Infanterie gerichtet. Das bedrohliche Rot der Wände zieht den Besucher förmlich in den Zylinder, er steigt hinauf, das mehr als 1000 m² große Riesenrundgemälde taucht vor ihm auf und schließt sich um ihn. Zurück im ersten Untergeschoss öffnet sich vor dem Besucher ein großer unterirdischer Raum, der sich durch seine Atmosphäre deutlich von der umgebenden Museumsarchitektur unterscheidet. Davor steht der Scanner, das Bindeglied zwischen dem Rundgemälde und dem »Schauplatz Tirol«. Das Gemälde wird virtuell abgetastet und anhand von vier Dimensionen (Politik, Religion, Natur, Tiroler Typen) analysiert. Aus der Beschäftigung mit diesen Themen gewannen H. G. merz architekten museumsgestalter völlig unterschiedliche, eigenständige Gestaltungsideen: Der »Schauplatz Tirol«, umschlossen von einer hölzernen Banderole aus Eichendielen – eine Reverenz an die Tiroler Zirbelstube – bereitet auf die »Behauptung Tirols« vor, wo in den Boden eingelassene, gegeneinander verschobene sowie an Stahlseilen aufgehängte Betonformteile die Zerrissenheit der politischen Geschichte veranschaulichen. »Das Heilige Land« erscheint in mächtigen Vitrinen, die sich mit gebogenen Spezialgläsern, Messingprofilen und Exponaten, die vor schweren, glänzenden Vorhängen zu schweben scheinen, vom Boden bis zur Decke erstrecken. »Über die Tiroler« erfährt man vieles in den fünf kantigen Säulen, die wie mächtige Bäume im Raum stehen. Hinter großen und kleinen Türen gibt es die Wesenszüge von sechs exemplarischen Tirolern zu entdecken, dargestellt anhand von Objekten und Filmsequenzen. Das »Land im Gebirge« schließlich bildet die umfassende Klammer des Raums.

Adresse: Das Tirol Panorama, Bergisel 1, 6020 Innsbruck

Bauherr: Amt der Tiroler Landesregierung

Museumskonzeption und Ausstellungsarchitektur:
H.G. merz architekten museumsgestalter, Stuttgart/Berlin
Mediengestaltung und -produktion:
jangled nerves, Stuttgart
Hochbau:
stoll.wagner architekten, Innsbruck

Konzeption: Prof. HG Merz, Patrick Wais
Projektsteuerung: Markus Betz
Projektleitung: Daniela Breinig
Team: Felix Krönert, Christian Stindl, Hannes Bierkämper, Daniel Kuhnert

Konzept-, Planungs- und Realisierungsphase: 2008–2011

Bruttogeschossfläche: 2.500 m²

Baukosten: 23.000.000 Euro

Fotograf: Brigida Gonzàlez, Stuttgart

Museum
Innsbruck

Der Weg zum Riesenrundgemälde kommt einer räumlichen und zeitlichen Zuspitzung gleich. Der 13. August 1809 rückt näher, die bayerischen Truppen und das Tiroler Aufgebot formieren sich, Projektionen von Truppenbewegungen, Kommandanten und Truppenstärken begleiten den Besucher auf der Fahrt in das erste Untergeschoss und vermitteln ihm ein Gefühl für die »Lage« vor der dritten Schlacht. Die gespannte Situation vor der Schlacht wird am »Vorabend« spürbar: Unter den verstreuten Waffen des Aufgebots hindurch führt der Weg ins zweite Untergeschoss, in einen rot gefassten, auswegslosen Graben, den Blick direkt auf die akkurat platzierten Gewehre der bayerischen Infanterie gerichtet. Ein Hörspiel von Gunter Schneider und Philipp Pamer füllt den Raum fast unmerklich mit Stimmen, Klängen und Musik, wie man sie so oder ähnlich am Vorabend der Schlacht vernehmen konnte.

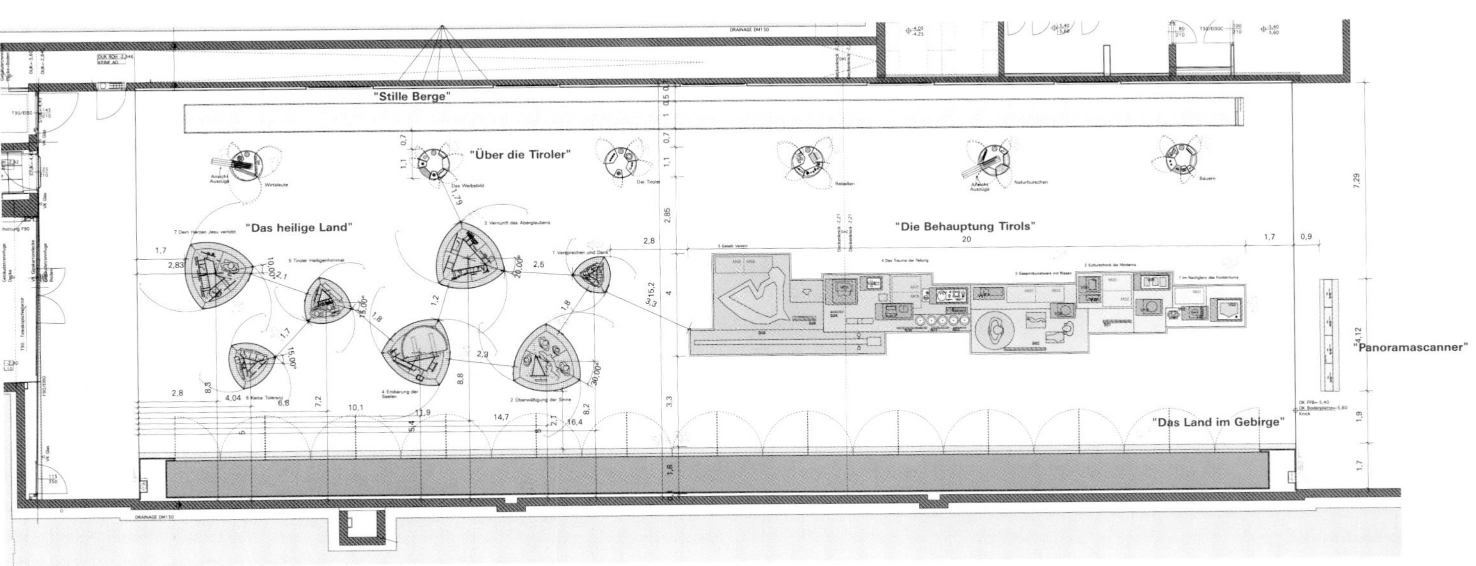

Grundriss des ersten Untergeschosses

Museum
Innsbruck

Aus der Beschäftigung mit vier unterschiedlichen Dimensionen – Politik, Religion, Natur und Tiroler Typen – gewannen Prof. HG Merz und sein Team vier verschiedene Gestaltungsideen, deren Umsetzungen in Form, Material und Erscheinung als architektonische Interpretationen der Themen zu verstehen sind.
Das »Land im Gebirge« bildet die umfassende Klammer des Raums: Auf der linken Seite steht eine über 40m lange, imposante Vitrine, in der eine Fülle an Gegenständen aus der Bergwelt Tirols – vom überfahrenen Bieber über Heilige Wässer bis zum Winterzauber – in alphabetischer Reihenfolge präsentiert wird.

Kleine Monitore, auf denen historische sowie aktuelle Bildserien und Filme über das Leben in den Bergen zu bewundern sind, ergänzen das Programm. Gegenüber der Vitrine kann man den Ausblick auf fünf scheinbar unberührte Tiroler Berge genießen, auf denen alle Spuren der Zivilisation verschwunden sind.

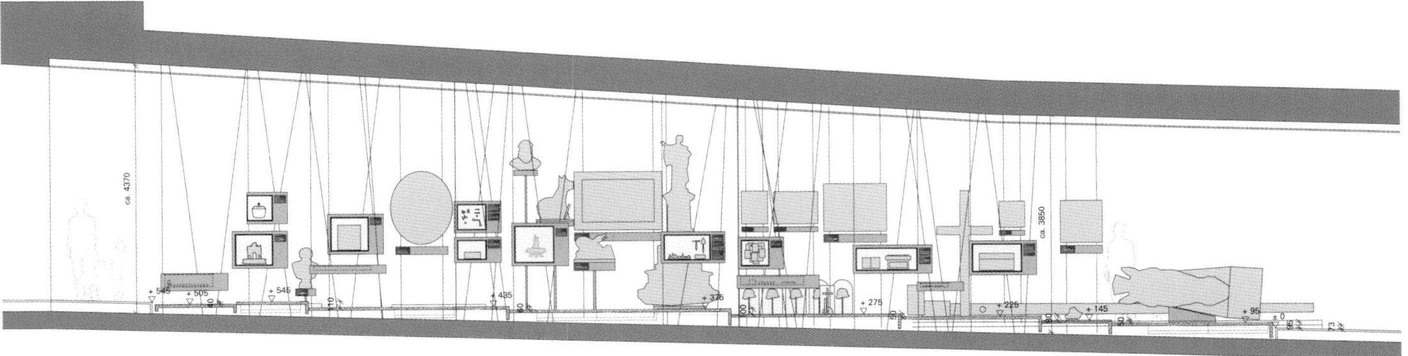

Systemschnitt
»Die Behauptung Tirols«

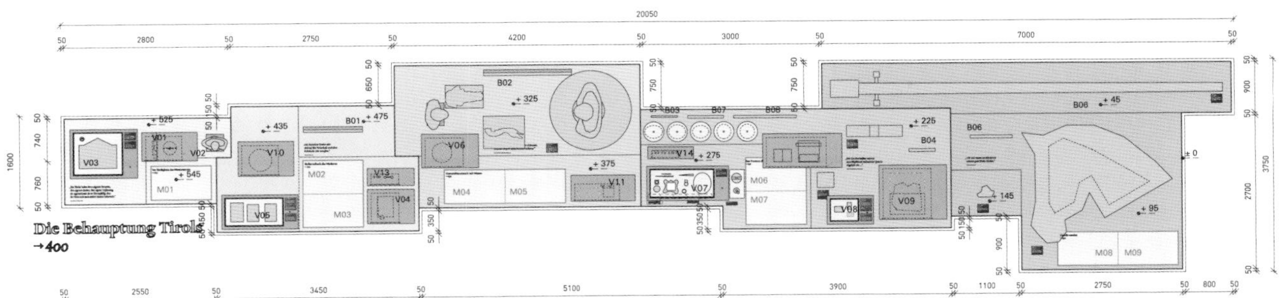

Aufsicht
»Die Behauptung Tirols«

Museum
Innsbruck

Das »Heilige Land« erscheint in mächtigen Vitrinen, die sich über einem Kreisbogendreieck vom Boden bis zur Decke erstrecken, mit gebogenen Spezialgläsern, Messingprofilen und Exponaten, die vor schweren, barock glänzenden Vorhängen zu schweben scheinen.

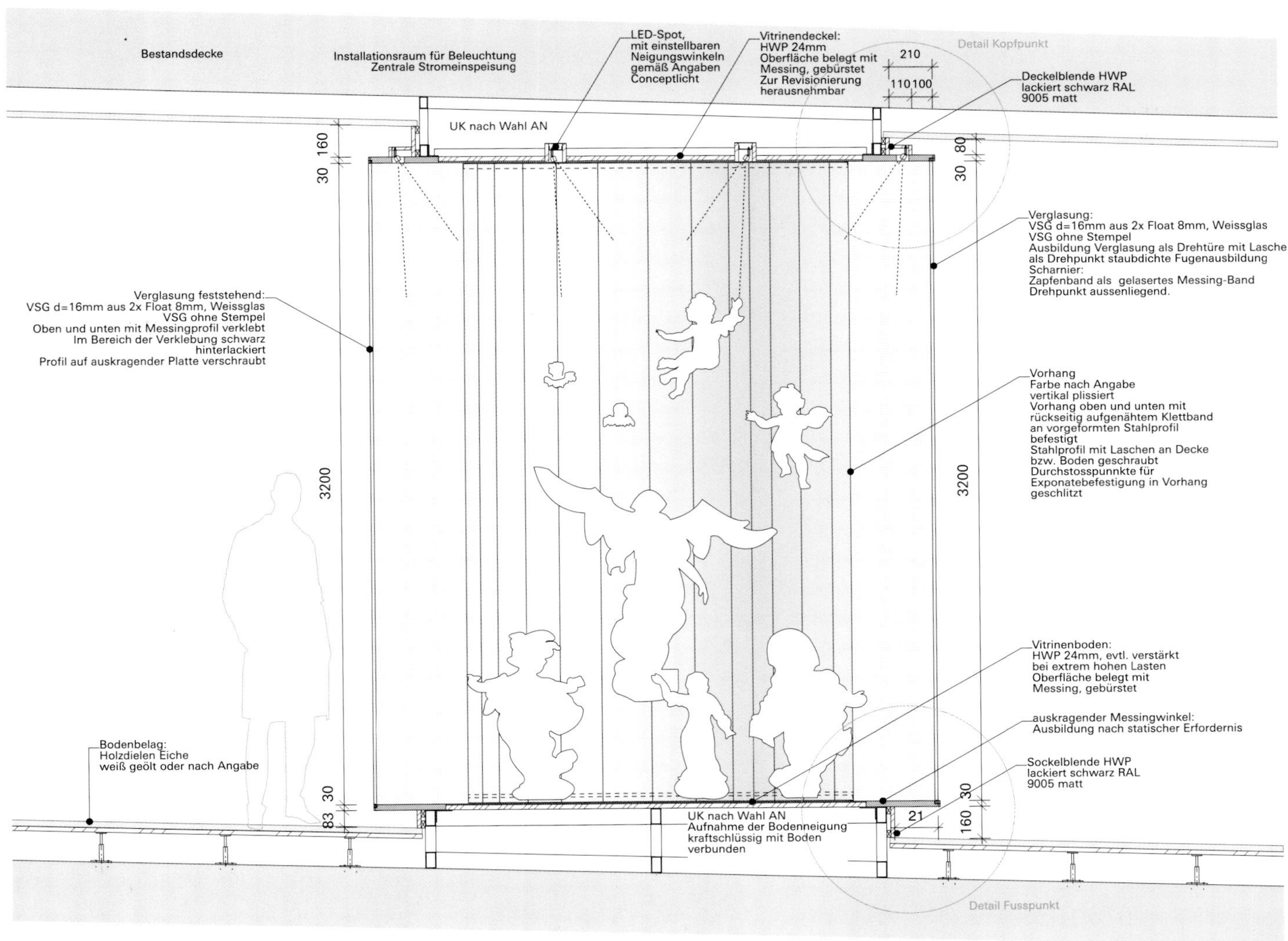

Schnitt durch eine Vitrine im »Heiligen Land«

Museum
Innsbruck

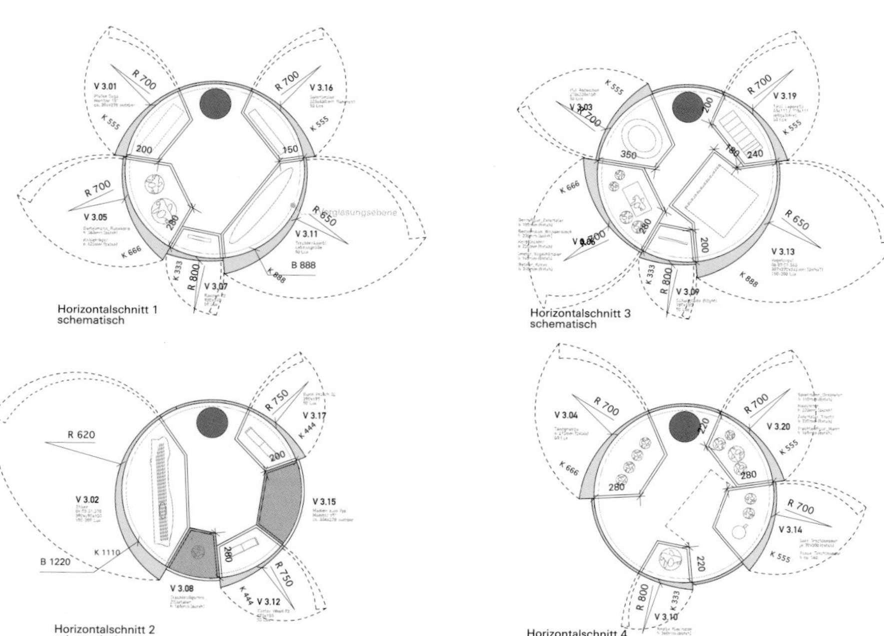

Horizontalschnitte durch die Einbauten des Raums »Über die Tiroler«

»Über die Tiroler« erfährt man so einiges an den fünf kantigen Säulen, die wie mächtige Bäume im Raum stehen. Hinter kleinen und großen Türen gibt es die Wesenszüge von sechs exemplarischen Tirolern, dargestellt anhand von Objekten und Filmsequenzen, zu entdecken.

Der dritte und letzte Akt der durchquert die Geschichte der Kaiserjäger und findet seinen Abschluss in einer interaktiven Auseinandersetzung mit dem Kontinent und der politischen Einheit: »Nach Krieg: Europa«.

Hotelsanierung
St. Gallen

Mit dem Umbau des Hotels wurden die Rezeption und das Restaurant in das Erdgeschoss verlegt, um die Außenwirkung zu erhöhen. Das Gestaltungskonzept mit den freien Formen der farblich abgesetzten und indirekt beleuchteten Deckenuntersicht setzt starke Akzente und spiegelt den Zeitgeist der Fünfziger- und Sechzigerjahre wider.

Das Hotel Dom wurde Anfang der Sechzigerjahre als modernes Altstadthotel gebaut. Typisch für Stadthotels aus dieser Zeit ist, dass im Erdgeschoss einst Verkaufsläden untergebracht waren und erst in den oberen Geschossen die eigentliche Hauptnutzung stattfand. So zeugen auch heute noch zahlreiche Restaurants auf erster Etage von dieser Tradition. Nach der Übernahme des Hotels durch den »förderraum«, einem Verein für Menschen mit Behinderungen, wurde dieses Prinzip verlassen. Im Jahre 2005 erfuhr das Hotel eine Modernisierung, ein erdgeschossiges Restaurant mit großzügigem Frühstücksraum wurde errichtet. Auch die Rezeption verlegte man in das Erdgeschoss, um eine größere Präsenz zu erlangen. In den letzten Jahren machten sich die ausgedienten Wasserleitungen allerdings immer stärker bemerkbar, die gesamte Haustechnik war sanierungsbedürftig. Um die Hotelzimmer entsprechend zu erneuern und auch die Infrastruktur auf den neusten Stand der Technik zu bringen, wurde 2010 das Schweizer Büro Markus Alder Architekten beauftragt, den Umbau in Angriff zu nehmen. Die aktuellen Anforderungen an ein 3-Sterne-Hotel sollten in der Planung berücksichtigt werden. Aus wirtschaftlichen Gründen wurde die originale Raumstruktur mit kleinen Zimmern beibehalten. Zusätzlich strebte man Komfortverbesserungen im Bereich des Wärme- und Schallschutzes sowie Maßnahmen zur notwendigen Erdbebenertüchtigung an. Für die Umbauten und Erweiterungen im Erdgeschoss wurde ein Gestaltungskonzept gewählt, das den Zeitgeist der Fünfziger- und Sechzigerjahre aufleben lässt. Restaurant und Rezeption erhielten Deckenspiegel, die an die Formensprache dieser Zeit erinnern und mit ihren freien Formen sowie der farblich abgesetzten, indirekt beleuchteten Deckenuntersicht starke Akzente setzen. Die Zimmergestaltung führt das Prinzip ausdrucksstarker farbiger Wand- und Deckenflächen fort. Individuelle Einbauten in Bad und Schlafraum sowie die Türnischen im Flur sind durch eine linienförmige Beleuchtung hervorgehoben. Mit der Erneuerung der Gästezimmer wurde das Thema Kunst im Hotel neu konzipiert. Das »Museum im Lagerhaus« (naive Kunst und Art Brut) von St. Gallen erstellte hierfür ein Konzept, in dem jeder Korridor des Hotels mit einem persönlichen Thema ausgestattet ist. Ein »Einstiegszitat« an der Rezeption stimmt den kunstinteressierten Gast auf die Kunst im Hotel ein, während Zitate an den Brandabschlüssen der Korridore auf das jeweilige Thema dort verweisen. Jedes Zimmer ist außerdem mit einem individuellen Bild ausgestattet, Bildertitel und Künstlername sind auf den Zimmertüren vermerkt und verleihen dem Gast zusätzliche Orientierung und Identität.

Adresse: Hotel Dom,
Webergasse 22, 9000 St. Gallen

Bauherr: »förderraum«
für Menschen mit Behinderungen

Architektur:
Markus Alder Architekten GmbH,
St. Gallen

Bauleitung: Roland Ammann
Architekten GmbH, St. Gallen

Konzept-, Planungs- und Realisierungsphase: 2010–2011

Bruttogeschossfläche: 2340 m²
Erneuerung 1. Etappe: 750 m²
Erneuerung 2. Etappe: 780 m²

Baukosten: 4.700.000 Euro (total)

Fotograf: Jürg Zürcher, St. Gallen
Peter Ruggle, St. Gallen (Zimmer)

Hotelsanierung
St. Gallen

Gestalterisches Vorbild für die Hotelzimmer ist der Paravent – ein mobiler Sichtschutz und Raumteiler. Durch die geschwungene Form des Trennelements und den bewussten Einsatz von frischen Farben wurde versucht, die kleinen, eher gedrängten Räume optisch wie funktional zu vergrößern. Für den Betrieb sind neben Einbettzimmern, Grandlit-Zimmer für zwei Personen und Doppelbettzimmer mit zwei getrennten Betten erforderlich.

Auch die Sanitärzellen wurden so konzipiert, dass auf möglichst geringem Raum alle Anforderungen der Gäste erfüllt werden können. Klapp- und Schiebewände ermöglichen die Abtrennung einer Duschkabine, ohne den Raum in funktionaler Hinsicht einzuschränken beziehungsweise zu verkleinern.

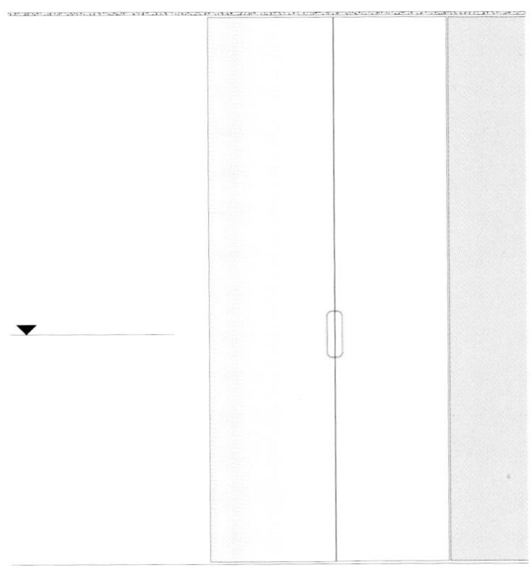

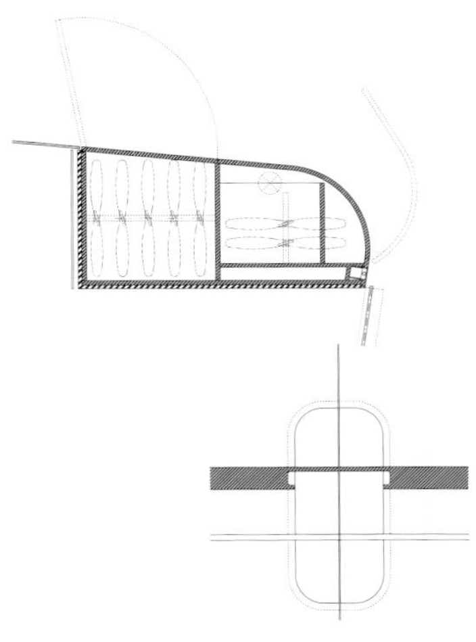

Detailplanung des Paravents

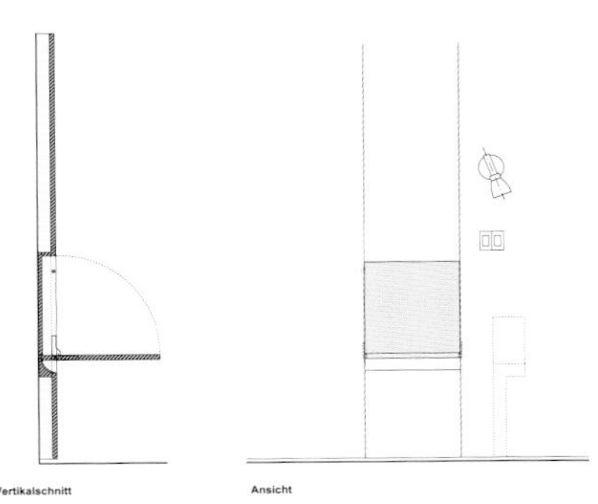

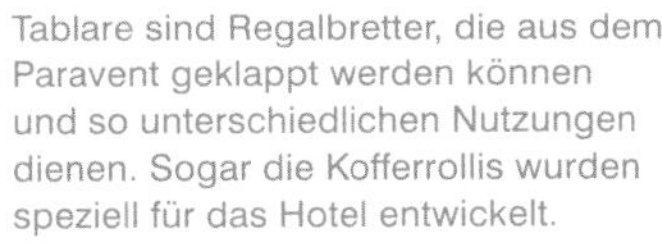

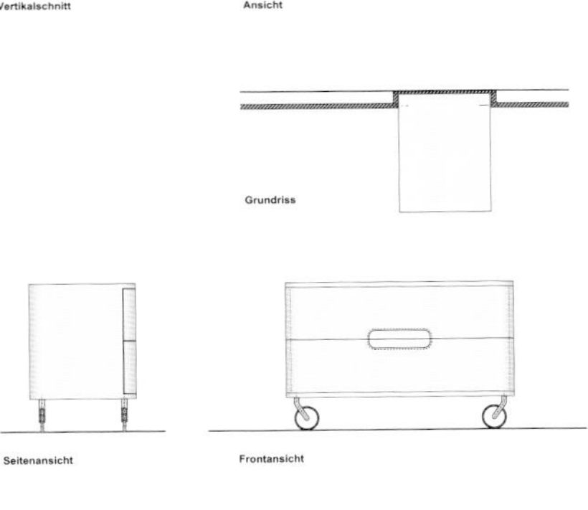

Detailplanung der Kofferrollis

Tablare sind Regalbretter, die aus dem Paravent geklappt werden können und so unterschiedlichen Nutzungen dienen. Sogar die Kofferrollis wurden speziell für das Hotel entwickelt.

Hotelsanierung
St. Gallen

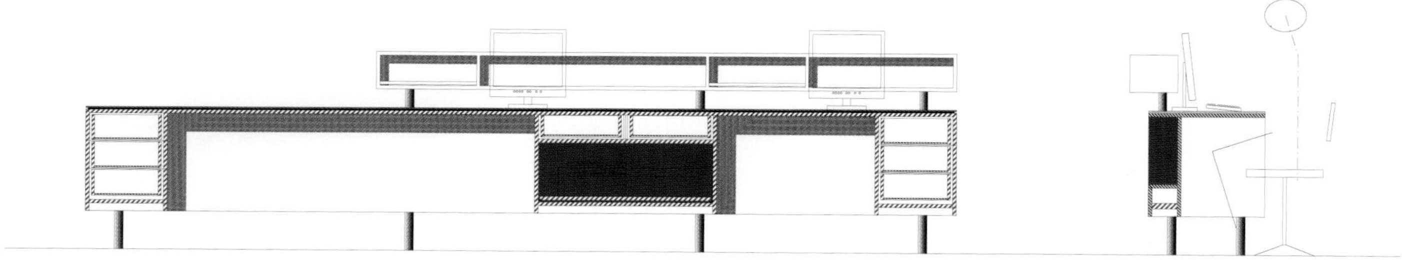

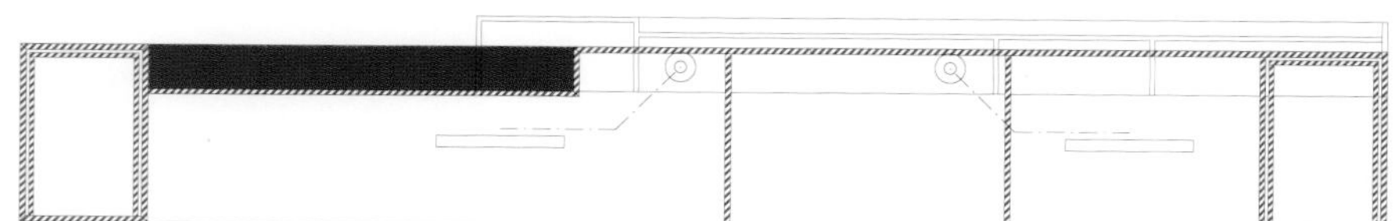

Detailplanung der Rezeptionsmöbel

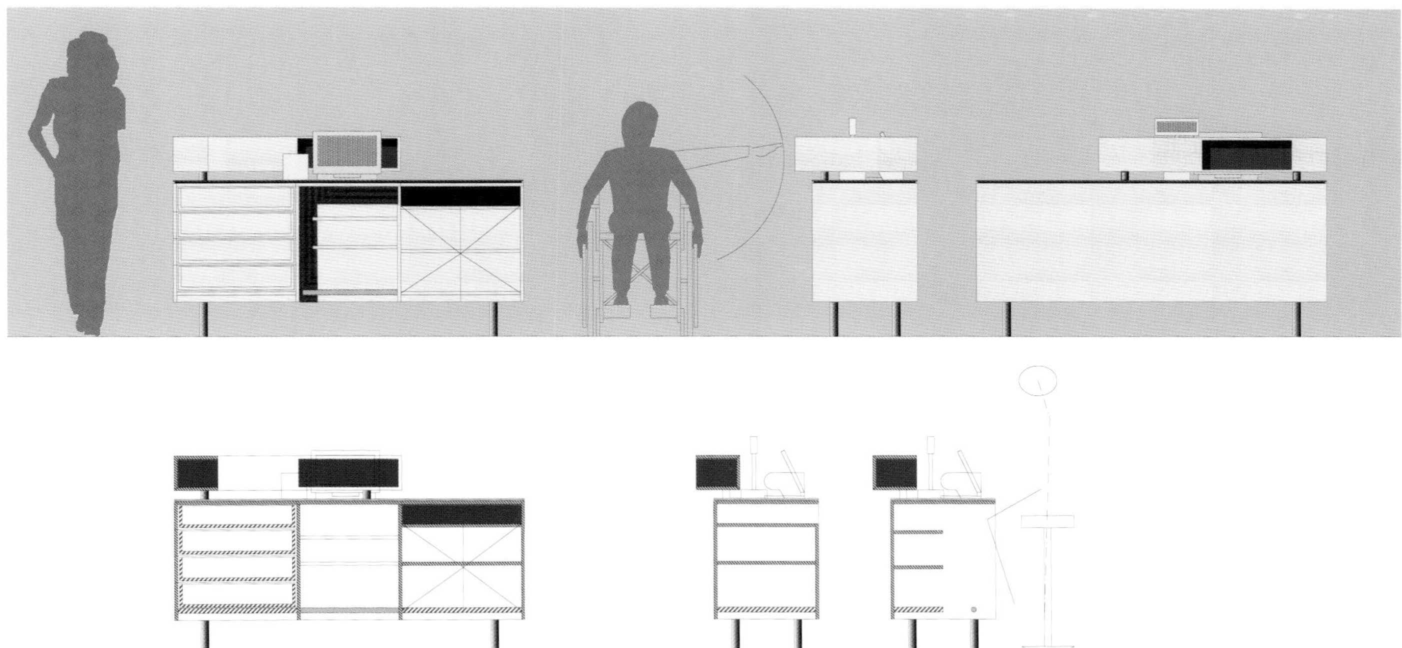

Detailplanung der Kassenmöbel

Poppodium / Konzerthaus
Hilversum

Der rote Bodenbelag der Haupttreppenanlage ist ein kennzeichnendes Element des Innenraums, das in einem starken Kontrast zu den Wänden aus Glas und Metall steht.

Unter dem Namen »Sovereign Center and Sovereign Performing Arts« hat sich das Poppodium als Ort und Ikone für Musikveranstaltungen in Hilversums prominenter Lage etabliert. Das von Frits van Dongen Architekten entworfene Gebäude liegt direkt in der Innenstadt, in fußläufiger Entfernung zum Bahnhof und den Hauptverkehrstraßen und ist bereits vom Zug aus deutlich sichtbar. Die Ansicht zum Koninginneweg ist als Hauptfassade des Gebäudes und somit als Visitenkarte konzipiert worden. Das Raumprogramm ist durch zwei Funktionsbereiche geprägt, das Auditorium und das Musikcafé. Beide Räume weisen eine Atmosphäre auf, die den jeweiligen Nutzungen angepasst ist. So ist das Hauptauditorium hauptsächlich geschlossen und das Café möglichst offen geplant. Weitere Nebenfunktionen wie Proberäume, Umkleidebereiche, Arbeitsplätze, ein Foyer und Erschließungsflächen sind ebenso im Gebäude untergebracht. Ziel des Entwurfs war es, die Erschließungs- und Nebenflächen als Pufferzonen um das Auditorium und das Musikcafe ÅL zu zonieren, sodass auf effiziente Weise ein konstruktiver Schallschutz für die Umgebung realisiert werden konnte. Die Grundrissgestaltung im Inneren nach dem Prinzip der »box within a box«, lieferte gleichzeitig die von außen ablesbare Form. Ergebnis dieses Ansatzes sind drei verschiedene Gebäudebereiche:

- Eingangs- und Foyerbereich am Koninginneweg,
- Hauptauditorium und
- kleines Auditorium mit Musikcafe ÅL.

Diese drei Hauptnutzungen sind an der Glasfassade des Foyers ablesbar, während die Servicezone mit Nebenfunktionen, Lager- und Umkleidebereichen an der Seite oberhalb der Ladezonen angeordnet sind. Die geradlinige Haupttreppe durchquert das gesamte Gebäude und ermöglicht es Nutzern den Innenraum aus verschiedenen Perspektiven wahrzunehmen. Der rote Bodenbelag, der diese Treppe begleitet, steht in einem deutlichen Kontrast zu den Bodenbelägen der einzelnen Geschosse sowie der Wandoberflächen, die von grünen und silbernen Farben dominiert werden. Die Verwendung der Materialien Glas und Metall unterstützt den kristallinen, scharfkantigen Charakter des Gebäudes auf selbstverständliche Art und Weise.

Adresse: Koninginneweg 44, 1211 Hilversum

Bauherr: Gemeinde Hilversum, Amt für soziale Entwicklung

Architektur: Frits van Dongen, de Architekten Cie., Amsterdam

Bauleitung: DHV, Zaandam
Team: Rob van Houten, Simon Mündler, Agnes Mandeville, Jan-Willem Baijense, Gabrikele Pitacco (Wettbewerb), Rob van Houten, Henk de Haas, Roel van Gaans, René Konijn (Durchführung)

Konzept-, Planungs- und Realisierungsphase: 2008–2010

Bruttogeschossfläche: 3.250 m²

Baukosten: 8.500.000 Euro

Fotograf: Jeroen Musch, Amsterdam

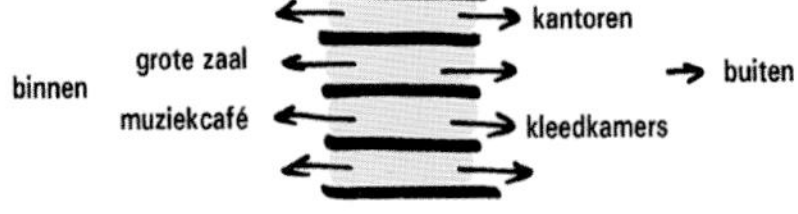

Poppodium / Konzerthaus
Hilversum

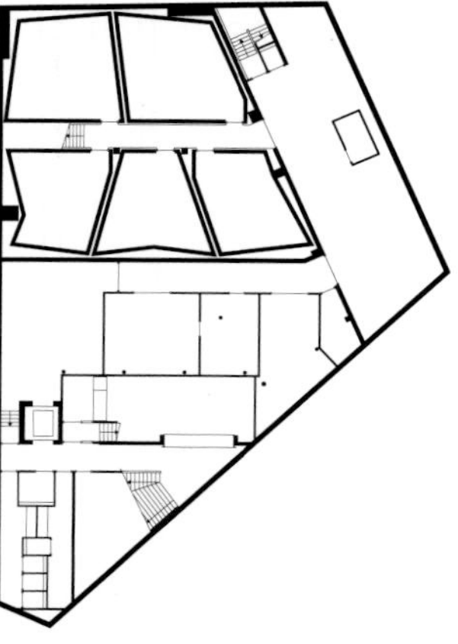

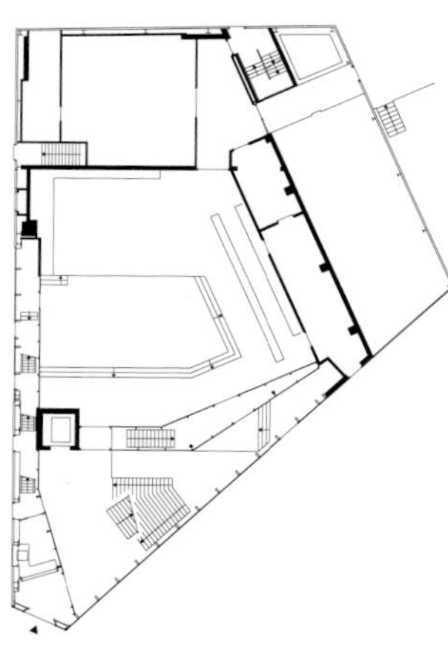

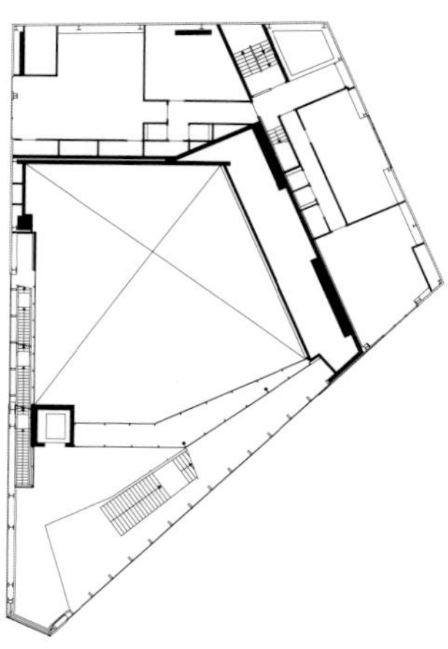

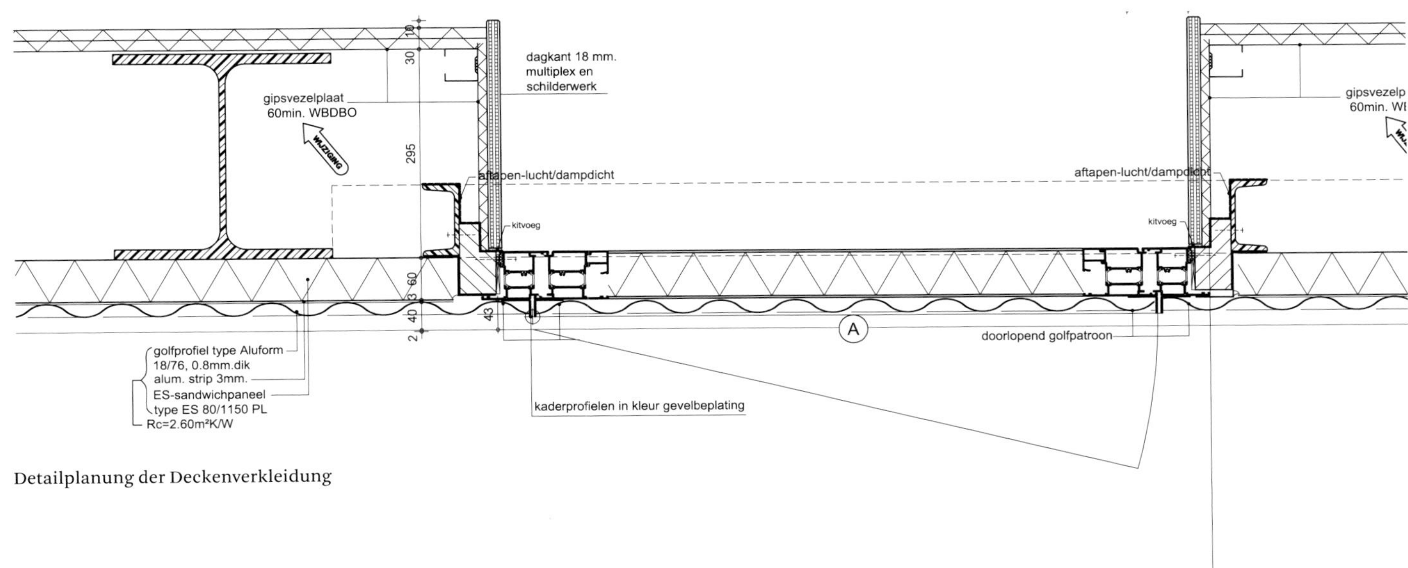

Detailplanung der Deckenverkleidung

Die Stahlkonstruktion des Gebäudes wurde mit Gipsplatten verkleidet, um die erforderlichen Brandschutzbedingen zu erfüllen. Hierzu wurden spezielle Detaileinbauten etwa für Installationen oder Öffnungen und zur Formgebung entwickelt und umgesetzt.

Vertikalschnitt durch Haupt- und Nebenräume

Poppodium / Konzerthaus
Hilversum

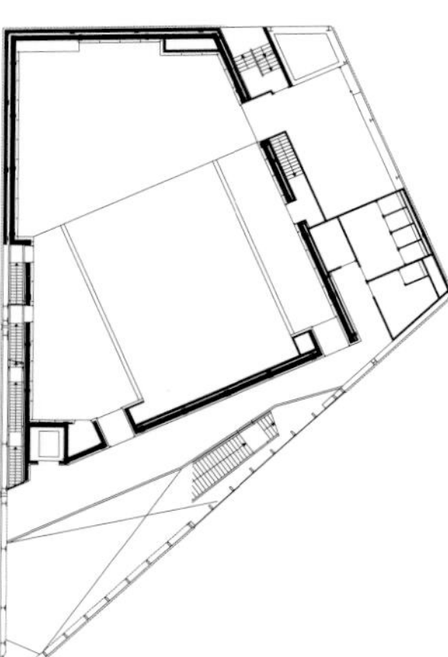

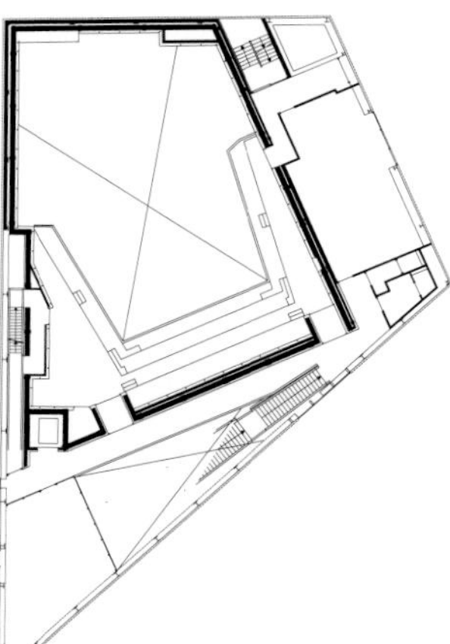

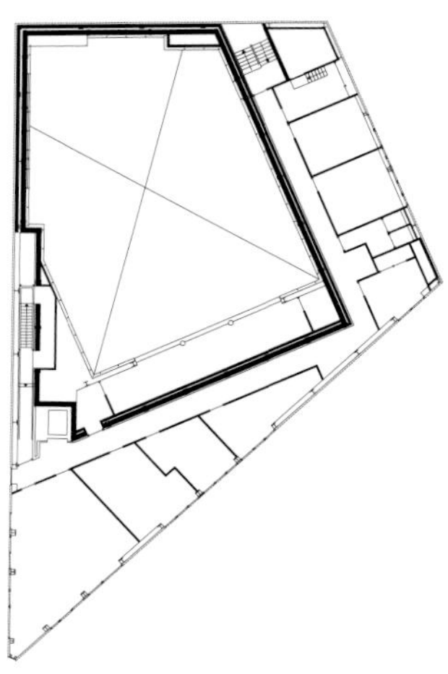

Die Innenwandelemente sind Metall-Glas-Konstruktionen mit einem industriellen Erscheinungsbild. Besondere Beachtung verdienen die geneigten Detailanschlüsse der Wände an Fußboden und Decke.

Die unterschiedlichen Anschlusswinkel am Fußpunkt führen bei der Verglasung und den Sandwichelementen zu verschiedenen Detailkonstruktionen.

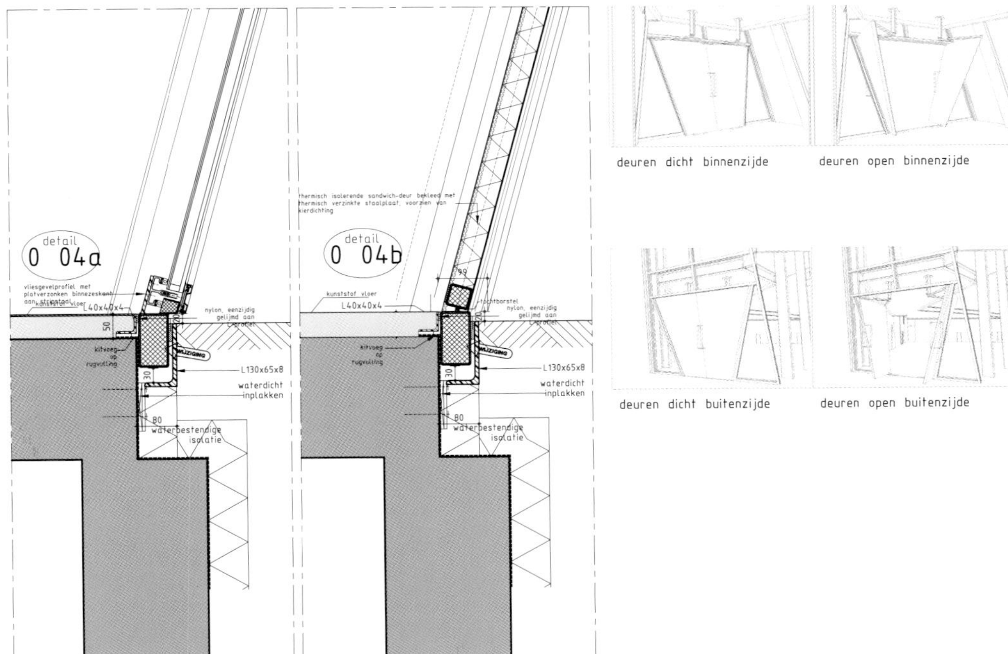

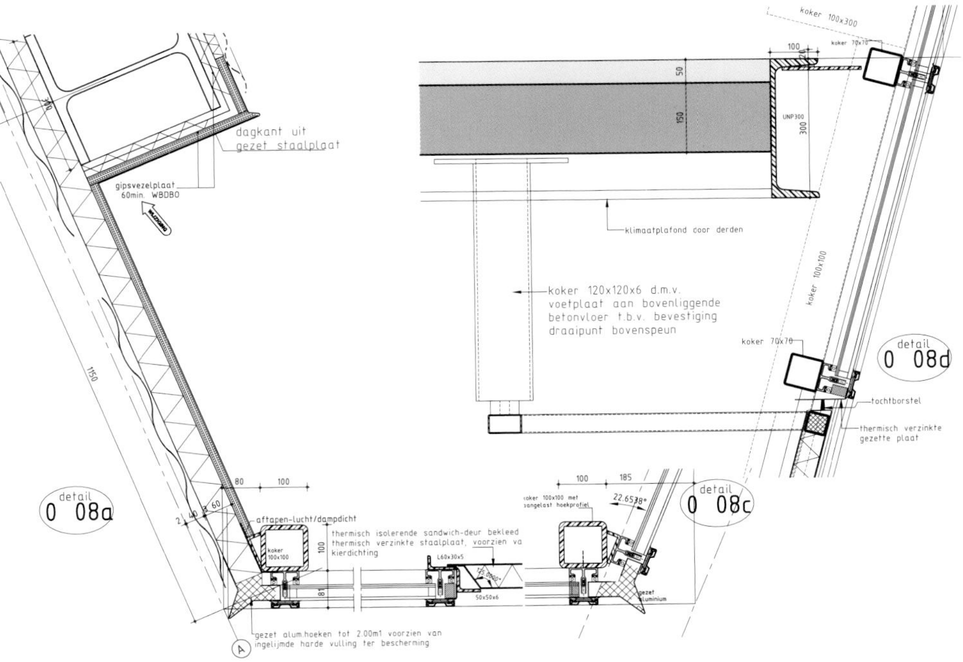

Detailplanung der Bauteilanschlüsse (Wandelemente)

Ausstellungs- und Verkaufsräume
Rheda-Wiedenbrück

Mit dem neuen Verbindungsbau zwischen den bestehenden Ausstellungsräumen wurde ein zentraler Eingang geschaffen, an den gemeinschaftlich genutzte Bereiche wie ein Schulungsraum, Cafeteria und Küche sowie Sanitärräume anschließen.

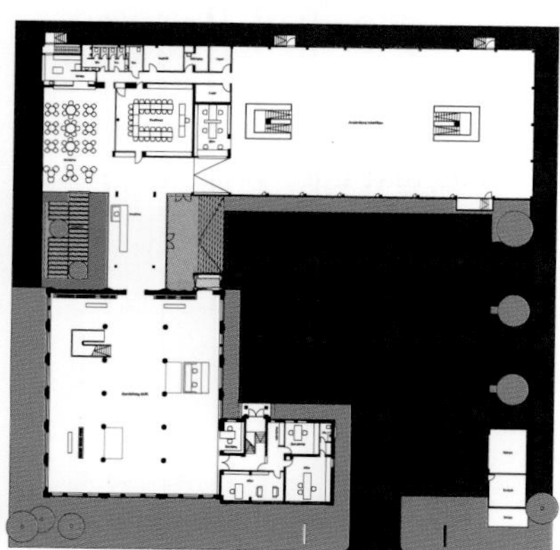

Anfang der Siebzigerjahre erwarb die Firma Interlübke das Grundstück, auf dem eine ehemalige Tütenfabrik mit einem Kontorhaus – beide aus dem Jahre 1925 – stehen. 1974 ließ das Unternehmen dort ein neues Ausstellungs- und Bürogebäude errichten, das direkt an die alte Fabrikhalle anschloss. Seit 2006 wurden die bestehenden Altbauten nicht mehr genutzt, weshalb ein Abriss der stark renovierungsbedürftigen Gebäude erwogen wurde, der allerdings durch ein neues Konzept verhindert werden konnte. Da die mit Interlübke kooperierende Firma Cor im benachbarten Stadtteil Rheda ohnehin Erweiterungsbedarf hatte, entschied man sich die dortige Ausstellung in die leer stehenden Industriegebäude nach Wiedenbrück auszulagern. So entstanden insgesamt 3.000 m^2 Ausstellungsfläche für beide Firmen: Im alten Kontorhaus der Tütenfabrik sind nun Räume für die Geschäftsleitung, die innenarchitektonische Planungsabteilung und Konfererenzräume untergebracht. Die zentrale bauliche Maßnahme bildete der Abriss des bestehenden Verbindungsbaus zum Altbau. Vom Hamburger Büro kräling_lübke wurde ein zusätzliches Gebäude geplant, das einen zentralen Eingangsbereich schafft, an den gemeinschaftlich genutzte Bereiche wie ein Schulungsraum, Cafeteria und Küche sowie Sanitärbereiche anschließen. Der schmale Baukörper ermöglicht zudem einen nutzbaren bepflanzten Innenhof mit Wasserfläche, durch den sogar der hintere Lagerbereich des Ausstellungsgebäudes aus den Siebzigerjahren Tageslicht erhält. Bei der Renovierung der Gebäude wurde besonderer Wert auf die Gestaltung der Decke gelegt. Diese nimmt in den zurückspringenden Bereichen Beleuchtung, Lautsprecher und Lüftungsschlitze auf; ihre Profilierung wirkt sich positiv auf die Raumakustik aus. Die Ausstellung der Firma Cor in der alten Tütenfabrik wird durch kräftige Stützen und in Kopfbänder auslaufende Betonunterzüge geprägt. Für die Erschließung des Obergeschosses wurden ein neues Treppenhaus eingebaut und zwei Deckenöffnungen vorgesehen, um die beiden Etagen optisch miteinander zu verbinden. Das Farbkonzept der Gebäudeteile unterstützt das jeweilige Erscheinungsbild der beheimateten Marken und die Dualität des Gebäudeensembles. Die profilierte Fassade des Altbaus ist heute wieder ablesbar.

Adresse: Hauptstraße 74, 33378 Rheda-Wiedenbrück

Bauherr: COR Sitzmöbel, Helmut Lübke & Co.KG, Rheda-Wiedenbrück

Architektur: kräling_lübke, Hamburg

Projektleitung: kräling_lübke, Hamburg
Bauleitung: Uwe Schnittka Architekt, Rheda-Wiedenbrück
Team: Katrin Witte

Konzept-, Planungs- und Realisierungsphase: 2006–2008

Bruttogeschossfläche: 3.364 m^2

Baukosten: 6.500.000 Euro (inklusive Außenanlagen)

Fotograf: Frank Springer, Bielefeld

Ausstellungs- und Verkaufsräume
Rheda-Wiedenbrück

Der neue gläserne Eingangsbereich mit Empfangstresen verbindet als schmaler Baukörper die beiden Ausstellungsbereiche der Firmen Cor und Interlübke. Die dahinter liegende Freifläche wird als bepflanzter Innenhof mit einer Wasserfläche genutzt.

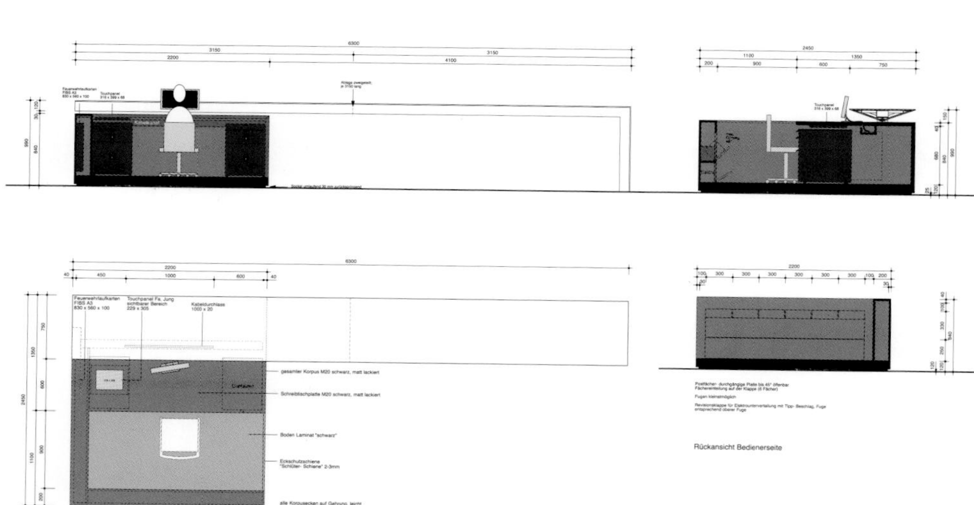

Detailplanung des Empfangstresens

Die Dualität des Gebäudeensembles wird durch das Farbkonzept unterstützt. In den Ausstellungsbereichen wird das jeweilige Erscheinungsbild der beiden Marken (bei Cor in Weiß und bei Interlübke in Anthrazit) umgesetzt. Zudem erhalten die beiden Geschosse durch zwei Deckenöffnungen und ein Treppenhaus eine stärkere Verbindung.

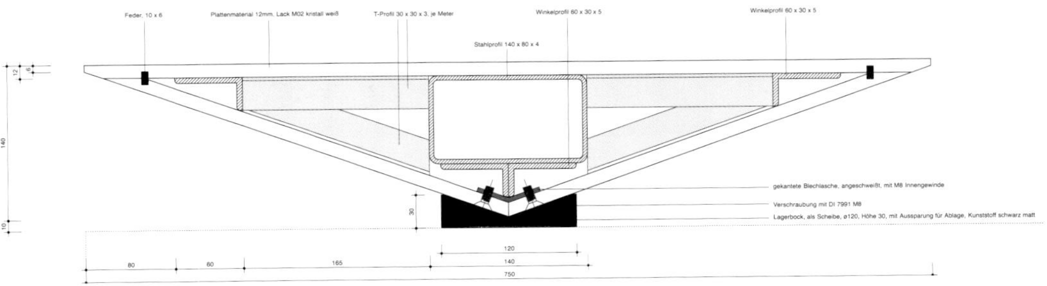

Detailplanung der Deckenbeleuchtung

Bundesministerium
Berlin

Die polygonale Form des Atriums wird durch die kontrastierende Farbgebung der Wand-, Boden- und Deckenflächen sowie das umlaufende Lichtband verstärkt.

Der von Anderhalten Architekten geplante Erweiterungsbau des Bundesministeriums für Ernährung, Landwirtschaft und Verbraucherschutz (BMELV) befindet sich unweit vom Brandenburger Tor und der Straße Unter den Linden. Der Neubau wurde an das vorhandene Dienstgebäude angrenzend als langgestrecktes, sechsgeschossiges Gebäude parallel zur Französischen Straße errichtet. Die im Blockinnenbereich gelegenen, historischen Baukörper wurden in einem zweiten Bauabschnitt saniert und umgebaut. Das 2010 fertiggestellte Gebäude folgt der städtebaulichen Grundstruktur der Friedrichstadt und besetzt das leicht konische Grundstück als gebrochener, orthogonaler Baukörper. Die amorphe innere Gebäudestruktur setzt sich in der äußeren Kontur als dynamischer Schwung fort. Die Grundbewegung des Baukörpers steht in einem Wechselspiel zu den überlagernden Fassadenelementen – eine subtile Plastizität entsteht.
Der skulptural ausgeformte Neubau mit Brüstungsbändern aus polygonalen Natursteinplatten (Olivin-Basalt), Lärchenholzfenstern und langen Glasbändern kontrastiert mit den historischen Gebäuden und dem neobarocken Hauptgebäude. Er bildet eine eigene Typologie am Rande der Friedrichstadt mit ihrem rigiden Blockraster. Das Projekt weist durch sein energetisches Konzept und Decken mit integrierter Kerntemperierung einen zukunftsweisenden sparsamen Energieverbrauch auf. Zudem wurden in großem Umfang Materialien aus nachwachsenden Rohstoffen wie etwa Holz und Lehmputz verwendet. Zentrales Element des Innenraums ist das über fast die gesamte Länge reichende Atrium. Überdeckt von einer hölzernen Sheddach-Konstruktion, versorgt es alle sechs Geschosse mit Tageslicht. Da sich das Atrium durch den unterschiedlich ausgebildeten polygonalen Verlauf über die Geschosse hinweg einmal aufweitet und dann wieder verengt, entstehen auf jeder Etage minimal anders geformte Erschließungsflächen für die dort angelegten Büroräume. Im Erdgeschoss ist der zentrale Innenraum nicht mehr Luftraum, sondern wird durch vertikale Verglasungen abgetrennt und als innenliegender Garten gestaltet, in dem geschichtete Steinplatten ein Bodenrelief bilden. Farblich setzen sich im Atrium die roten Bodenbeläge und die ockerfarbenen Wandflächen von den weißen Decken- und Brüstungsflächen ab. Sie korrespondieren mit der linearen Gestaltung der Bandfassade, was durch die in den Decken eingelassenen Lichtbänder noch verstärkt wird. In den Büros und Konferenzräumen sind die zum Flur liegenden Schrankwände mit Holzoberflächen ausgeführt, ebenso wie die Fensterrahmen und Brüstungsverkleidungen in der Fassade.

Adresse: Wilhelmstraße 54, 10117 Berlin

Bauherr: Bundesministerium für Verkehr, Bau und Stadtentwicklung (BMVBS), vertreten durch das Bundesamt für Bauwesen und Raumordnung (BBR)

Architektur: Anderhalten Architekten, Berlin

Projektleitung: Wolfgang Schöning
Team: Daniel Hoewekamp, Saskia Hoffmann, Nils Schülke, Anna Schroedter, Matthias Rempen, Kerstin Schumacher, Jürgen Ernst, Laura Fogarasi, Nils Schülke, Andrea Dradin, Andreas Brass

Konzept-, Planungs- und Realisierungsphase: 2004–2010

Bruttogeschossfläche: 4.600 m² + 2.200 m²

Baukosten: 34.900.000 Euro

Fotograf: Werner Huthmacher, Berlin

Die dynamisch geschwungene Kontur des Baukörpers korrespondiert mit der polygonalen Form des Atriums.

Bundesministerium
Berlin

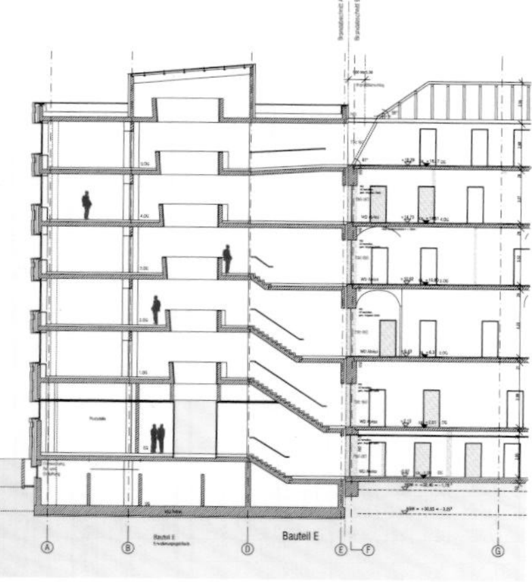

Der Schnitt zeigt die sich über die Geschosse aufweitende Öffnung des Atriums. Im Erdgeschoss wird die Öffnung durch vertikale Glaswände geformt, die einen innenliegenden Garten bilden.

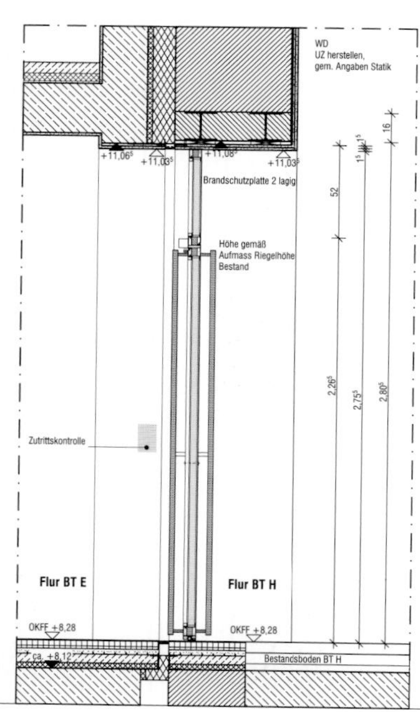

Im Gegensatz zu der unterschiedlichen und farbigen Materialität in den Erschließungsfluren der Obergeschosse, finden im Erdgeschoss Holz, Glas und Naturstein Verwendung.

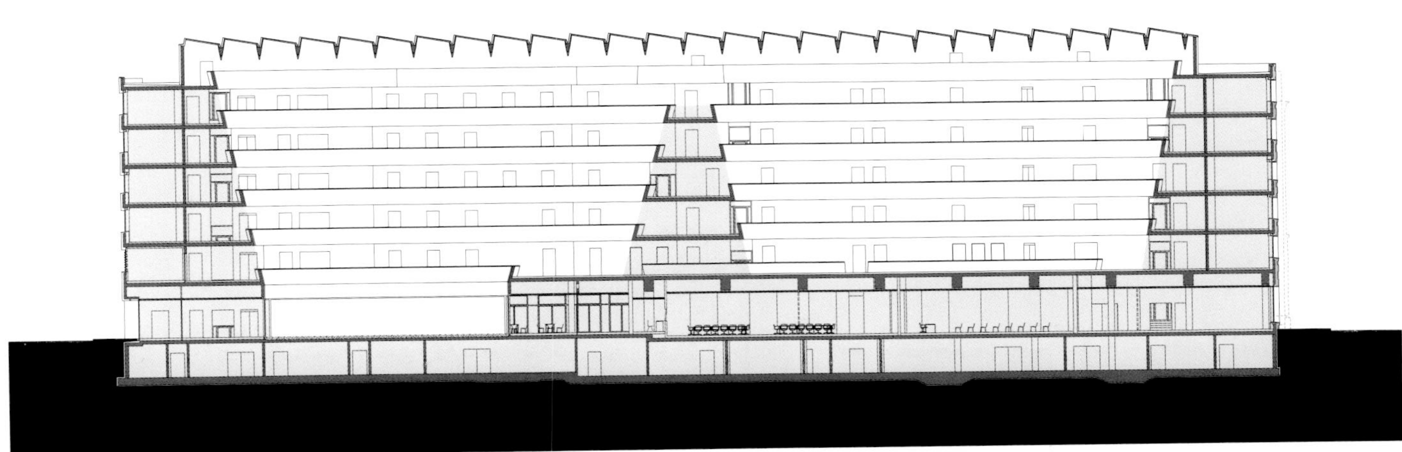

Bundesministerium
Berlin

In den Büro- und Konferenzräumen dominieren Materialien aus nachwachsenden Rohstoffen wie Holz an den Längswänden und in Form von Einbauschränken, als Brüstungsverkleidung oder als Rahmenmaterial der Fenster.

Durch die farbliche Absetzung der Boden- und Wandflächen wird der polygonale Verlauf der Brüstungen und damit die Großform des Atriums zusätzlich verstärkt.

Bundesministerium
Berlin

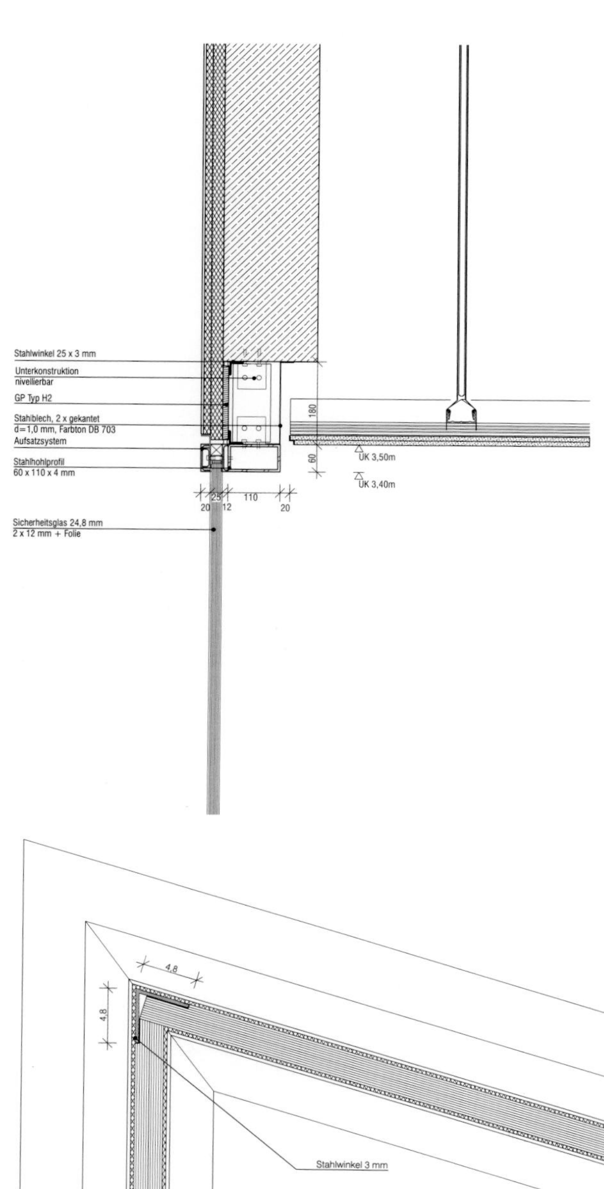

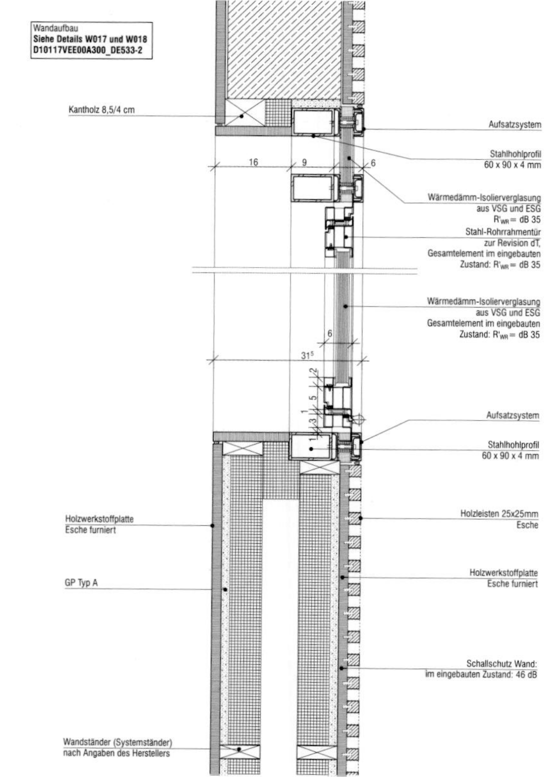

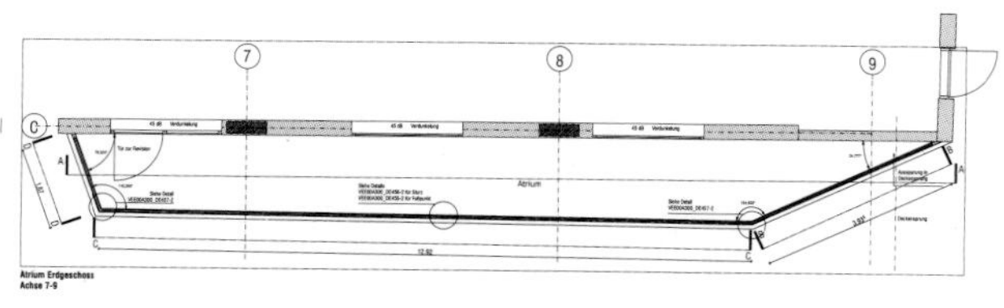

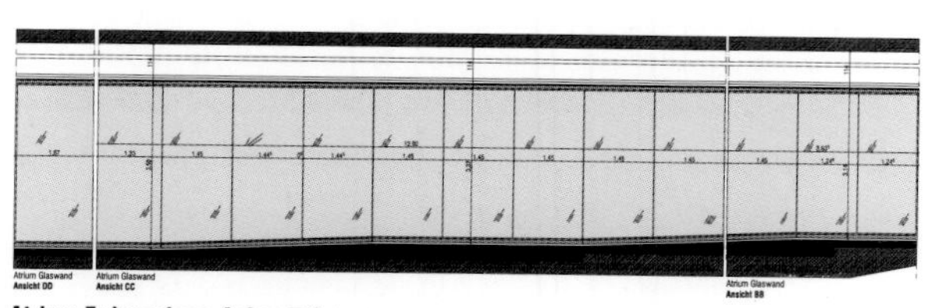

Atrium Erdgeschoss Achse 7-9

Die geschosshohen Glaswände trennen das Atrium im Erdgeschoss von den Flurbereichen und Konferenzräumen ab. Die Glasscheiben sind aus einfachem Verbundsicherheitsglas (VSG) oder als VSG in einer Isolierverglasung gefertigt und auf allen vier Seiten linienförmig in Stahlprofilen gelagert.

Der obere Abschluss der Glaswände ist je nach Nutzung unterschiedlich. Im Bereich der Konferenzräume sind raumseitig Rollos als Sichtschutz angebracht. Die abgehängten Decken reichen bis an den oberen Rand der Verglasung und lassen lediglich das Montageprofil sichtbar, das für den Austausch der Verglasungen benötigt wird.

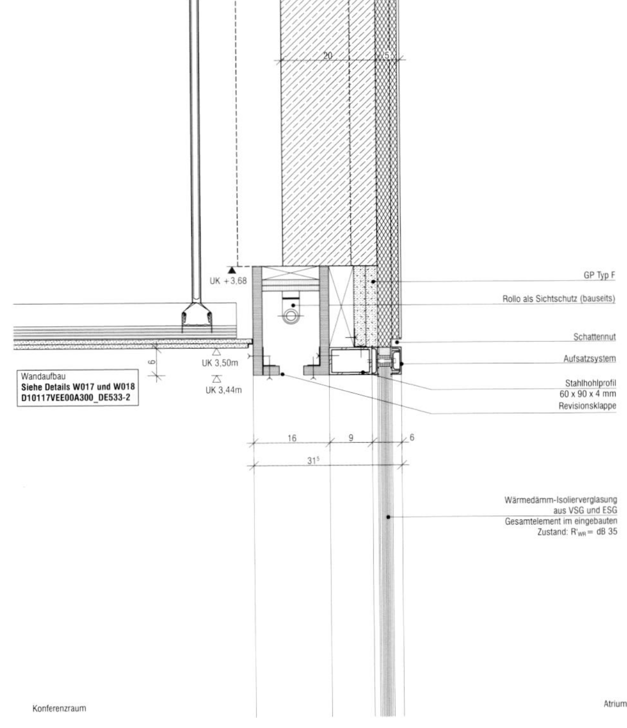

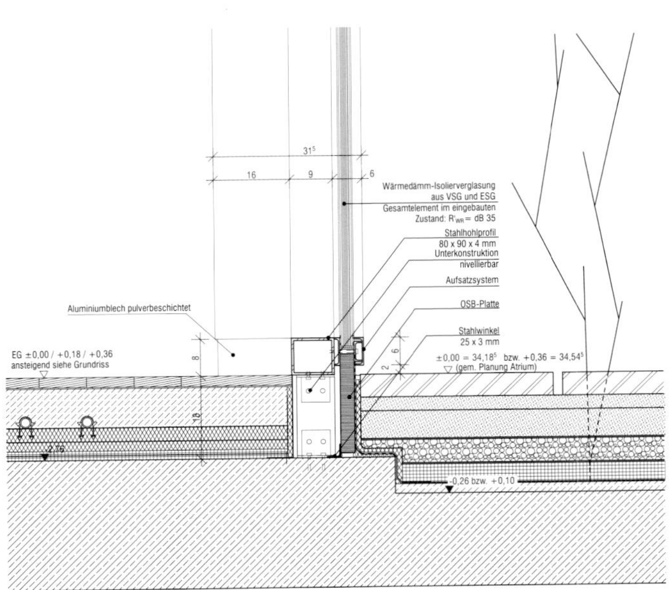

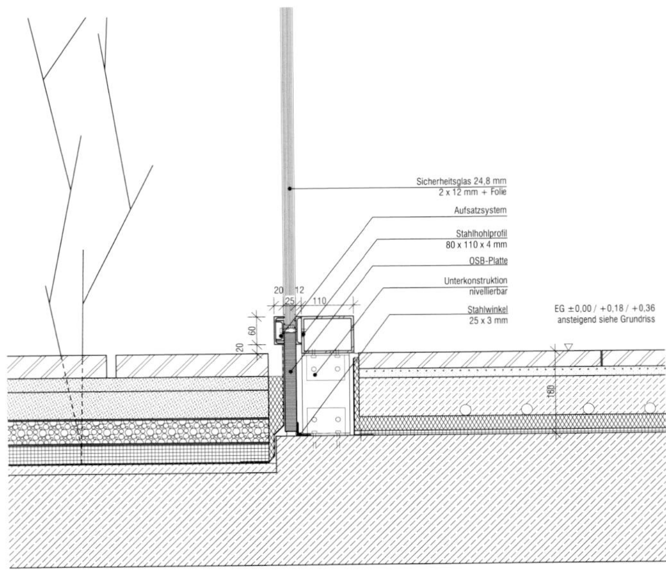

Anhang

Anhang

Ausgewählte Literatur

Allgemein

Bauordnung für das Land Nordrhein-Westfalen (BauO NRW), Fassung 1. März 2000, Änderung 29. April 2005.

Cheret, Peter (Hrsg.): Handbuch und Planungshilfe Baukonstruktion, Berlin 2010.

Deplazes, Andrea (Hrsg.): Architektur konstruieren. Vom Rohmaterial zum Bauwerk, Basel 2005.

Dierks, Klaus; Schneider, Klaus-Jürgen; Wormuth, Rüdiger: Baukonstruktion, Düsseldorf 2002.

DIN 18025-1 Wohnungen für Rollstuhlbenutzer, Ausgabe 1992-12.

DIN 18025-2 Barrierefreie Wohnungen, Ausgabe 1992-12.

DIN 18040-1 Barrierefreies Bauen. Planungsgrundlagen. Teil 1: Öffentlich zugängliche Gebäude, Ausgabe 2010-10

DIN 18040-2 Barrierefreies Bauen. Planungsgrundlagen. Teil 2: Wohnungen, Ausgabe 2011-09.

Fanslau-Görlitz, Dirk; Pfeiffer, Martin; Simon u.a.: Atlas Bauen im Bestand. Katalog für nachhaltige Modernisierungslösungen im Wohnungsbau, Köln 2008.

Feddersen, Eckhard; Lüdtke, Insa: Entwurfsatlas Wohnen im Alter, Basel 2011.

Fischer, Joachim; Meuser, Philipp (Hrsg.): Barrierefreie Architektur. Handbuch und Planungshilfe. Alten- und behindertengerechtes Planen und Bauen im 21. Jahrhundert, Berlin 2009.

Gaststättenverordnung (GastV), Berlin, Fassung 10. September 1971.

Hausladen, Gerhard; Tichelmann, Karsten: Ausbau Atlas. Intergrale Planung, Innenausbau, Haustechnik, Basel 2009.

Hestermann, Ulf; Rongen, Ludwig; Neumann, Dietrich; Weinbrenner, Ulrich: Frick / Knöll Baukonstruktionslehre 1, Wiesbaden 2010.

Hestermann, Ulf; Rongen, Ludwig; Neumann, Dietrich: Frick / Knöll Baukonstruktionslehre 2, Wiesbaden 2009.

Jäger, Frank Peter (Hrsg.): Alt & Neu – Entwurfshandbuch Bauen im Bestand, Boston / Basel 2010.

Musterverordnung über den Bau und Betrieb von Versammlungsstätten (Muster-Versammlungsstättenverordnung – MVStättV), Fassung Juni 2005.

Verordnung über Arbeitsstätten (Arbeitsstättenverordnung - ArbStättV), Fassung 12. August 2004.

1 Einführung

Abercrombie, Stanley: Abercrombies Interior Design. Innenraumgestaltung. Eine Einführung, Basel / Berlin / Boston 1992.

Bachelard, Gaston: Poetik des Raumes, München 1975.

Blocher, Jutta; Schricker, Rudolf: Innenarchitektur in Deutschland, Leinfelden-Echterdingen 2002.

Buchanan, Richard: Wicked Problems in Design Thinking, in: Design Issues, vol. 8, no. 2, Spring, Boston 1992.

Caan, Shashi: Rethinking Design and Interiors. Human Being in the Built Environment. London 2011.

Dangschat, Jens: Raum als Dimension sozialer Ungleichheit und Ort als Bühne der Lebensstilisierung? Zum Raumbezug sozialer Ungleichheit und von Lebensstilen, in: Schwenk, Otto G. (Hrsg.): Lebensstil zwischen Sozialstrukturanalyse und Kulturwissenschaft, Opladen 1996.

Eames, Charles and Ray: India-Report, Ahmedabad, National Institute of Design (NID), 1958 / 1997.

Gibson, James Jerome: The ecological approach to visual perception, Boston 1979.

Hall, Edward T.: Die Sprache des Raumes, Berlin 1994.

International Federation of Interior Architects / Designers: IFI DFIE Interiors Declaration, Montreal 2011.

König, Katharina: Architektur- und Raumwahrnehmung, Dissertation, Universitat Padernborn, 2012 (in Vorbereitung).

Loos, Adolf: Ins Leere gesprochen, Wien 1987.

Massey, Anne: Interior Design of the 20th Century, London 2001.

Mumford, Lewis: Vom Blockhaus zum Wolkenkratzer. Eine Studie über die amerikanische Architektur und Zivilisation, Berlin 1997.

Nefiodow, Leo A.: Der sechste Kondratieff, St. Augustin 2007.

Pevsner, Nikolaus: Architektur und Design. Von der Romantik zur Sachlichkeit, München 1971.

Pfammatter, Ulrich: Die Erfindung des modernen Architekten, Basel 1997.

Pottgiesser, Uta: Interior Design as an Academic Discipline in Germany, in: Journal of Interior Design 36(4), Hoboken 2011.

Raynaud, Patrick: Histoire de l'Ecole nationale superieure des arts decoratifs (1766–1941), Paris 2004.

Romero-Tejedor, Felicidad; Jonas, Wolfgang (Hrsg.): Positionen zur Designwissenschaft, Kassel 2010.

Schittich, Christian (Hrsg.): Im Detail: Innenräume – Raum, Licht, Material, Basel / Berlin / Boston 2002.
Semper, Gottfried: Kleine Schriften, Mittenwald 1979.
UN-HABITAT: The Challenge of Slums: Global Report on Human Settlements, Nairobi 2003.

2 Bauphysik, Bauökologie, Baubiologie

BBR im Auftrag des BMVBW: Leitfaden Nachhaltiges Bauen, Berlin 2001.
DIN 4102 Teil 1–18 Brandverhalten von Baustoffen und Bauteilen, verschiedene Ausgaben 1977–2011.
DIN 4108 Teil 1–10 Wärmeschutz im Hochbau, verschiedene Ausgaben 2001–2011.
DIN 4108 Beiblatt 2 Wärmeschutz und Energie-Einsparung in Gebäuden. Wärmebrücken. Planungs- und Ausführungsbeispiele, Ausgabe 2006-03.
DIN 4109 Schallschutz im Hochbau, Ausgabe 1989-11, Änderung DIN 4109 / A1, Ausgabe 2001-01.
DIN 4109 Beiblatt 1: Ausführungsbeispiele und Rechenverfahren, Ausgabe 1989-11, Änderung DIN 4109 Beiblatt 1 / A1, Ausgabe 2003-09.
DIN 4109 Beiblatt 2: Hinweise für Planung und Ausführung. Vorschläge für einen erhöhten Schallschutz. Empfehlungen für den Schallschutz im eigenen Wohn- oder Arbeitsbereich, Ausgabe 1989-11.
Fritsch, Manfred: Handbuch gesundes Bauen und Wohnen, München 1996.
Pistohl, Wolfram: Handbuch der Gebäudetechnik, Düsseldorf 2007.
Verordnung über energiesparenden Wärmeschutz und energiesparende Anlagentechnik bei Gebäuden (Energieeinsparverordnung – EnEV), Fassung 2009.

3+4 Material und Fügung

DIN 18180 Gipsplatten. Arten und Anforderungen, Ausgabe 2007.
DIN 18181 Gipsplatten im Hochbau. Verarbeitung, Ausgabe 2008.
DIN 18202 Toleranzen im Hochbau. Bauwerke, Ausgabe 2005-10.
DIN EN 520 Gipsplatten. Begriffe, Anforderungen und Prüfverfahren, Ausgabe 2009.
DIN EN 622–1 Faserplatten. Anforderungen, Teil 1, Ausgabe 2003.
DIN EN 12859 / A1 Gips-Wandbauplatten, Ausgabe 2011.
DIN EN 13986 Holzwerkstoffe zur Verwendung im Bauwesen, Ausgabe 2010.
DIN EN 15283-1 Faserverstärkte Gipsplatten. Begriffe, Anforderungen und Prüfverfahren. Teil 1: Gipsplatten mit Vliesarmierung, Ausgabe 2012.
Hegger, Dieter; Auch-Schwelk, Volker; Fuchs, Matthias u.a.: Baustoffatlas, München 2005.
Herzog, Thomas; Krippner, Roland; Lang, Werner: Fassaden Atlas, München 2004.
Moholy-Nagy, László: Von Material zu Architektur, Mainz 2001.
Natterer, Julius; Winter, Wolfgang; Herzog, Thomas u.a.: Holzbau Atlas, Basel 2003.
Pell, Ben (Hrsg.): Modulierte Oberflächen. Ornament und Technologie in der Gegenwartsarchitektur, Basel 2010.
Peters, Sascha: Materialrevolution – Nachhaltige und multifunktionale Materialien für Design und Architektur, Basel 2011.
Pfeifer, Günter; Ramcke, Rolf; Achtziger, Joachim: Mauerwerk Atlas, Base 2001.
Sauer, Christiane: Made of... Neue Materialien für Architektur und Design, Berlin 2010.
Schittich, Christian (Hrsg.): Im Detail. Material im Innenraum. Ästhetik, Technik, Oberflächen, München 2008.
Stattmann, Nicola (Hrsg.): Handbuch Material-Technologie, Ludwigsburg 2003.
Vollenschaar, Dieter (Hrsg.): Wendehorst Baustoffkunde, Wiesbaden 2004.

5 Wände

Becker, Klausjürgen; Pfau, Jochen; Tichelmann, Karsten: Trockenbauatlas, Köln 2003.
DIN 4103-1 Nichttragende innere Trennwände. Anforderungen, Nachweise, Ausgabe 1984-07.
DIN 4242 Glasbaustein-Wände. Ausführung und Bemessung, Ausgabe 1979-01.
DIN 18340 VOB Vergabe- und Vertragsordnung für Bauleistungen. Teil C: Allgemeine Technische Vertragsbedingungen für Bauleistungen (ATV). Trockenbauarbeiten, Ausgabe 2010-04.
DIN 18363 VOB Vergabe- und Vertragsordnung für Bauleistungen. Teil C: Allgemeine Technische Vertragsbedingungen für Bauleistungen (ATV). Maler- und Lackiererarbeiten Beschichtungen, Ausgabe 2010-04.

DIN 18366 VOB Vergabe- und Vertragsordnung für Bauleistungen. Teil C: Allgemeine Technische Vertragsbedingungen für Bauleistungen (ATV). Tapezierarbeiten, Ausgabe 2010-04.
DIN EN 235 Wandbekleidungen. Begriffe und Symbole, Ausgabe 2002-04.
DIN EN 998-1 Festlegungen für Mörtel im Mauerwerksbau. Teil 1: Putzmörtel, Ausgabe 2010-12.
DIN EN 1051 Glas im Bauwesen. Glassteine und Betongläser. Teil 1: Begriffe und Beschreibungen, Ausgabe 2003-04.
DIN EN 12057 Natursteinprodukte. Fliesen. Anforderungen, Ausgabe 2005-01.
DIN EN 1469 Natursteinprodukte. Bekleidungsplatten. Anforderungen, Ausgabe 2005-02.
DIN EN ISO 4618 Beschichtungsstoffe. Begriffe, Ausgabe 2007-03.
DIN V 18550 Putz und Putzsysteme. Ausführung, Ausgabe 2005-04.
Scherer, Robert: Fußböden, Wandbeläge und Deckenverkleidungen, Leipzig 2003.

6 Deckenbekleidungen und Unterdecken

DIN 18168 Gipsplatten-Deckenbekleidungen und Unterdecken, Ausgabe 2007-04.
VDI 3755 Schalldämmung und Schallabsorption abgehängter Unterdecken, Ausgabe 2000-02.

7 Böden

DIN 18352 VOB Vergabe- und Vertragsordnung für Bauleistungen. Teil C: Allgemeine Technische Vertragsbedingungen für Bauleistungen (ATV). Fliesen- und Plattenarbeiten, Ausgabe 2010-04.
DIN 18353 VOB Vergabe- und Vertragsordnung für Bauleistungen. Teil C: Allgemeine Technische Vertragsbedingungen für Bauleistungen (ATV). Estricharbeiten, Ausgabe 2010-04.
DIN 18354 VOB Vergabe- und Vertragsordnung für Bauleistungen. Teil C: Allgemeine Technische Vertragsbedingungen für Bauleistungen (ATV). Gussasphaltarbeiten, Ausgabe 2010-04.
DIN 18356 VOB Vergabe- und Vertragsordnung für Bauleistungen. Teil C: Allgemeine Technische Vertragsbedingungen für Bauleistungen (ATV). Parkettarbeiten, Ausgabe 2010-04.
DIN 18365 VOB Vergabe- und Vertragsordnung für Bauleistungen. Teil C: Allgemeine Technische Vertragsbedingungen für Bauleistungen (ATV). Bodenbelagsarbeiten, Ausgabe 2010-04.
DIN 18367 VOB Vergabe- und Vertragsordnung für Bauleistungen. Teil C: Allgemeine Technische Vertragsbedingungen für Bauleistungen (ATV). Holzpflasterarbeiten, Ausgabe 2010-04.
DIN 18560 Teil 1 -7 Estriche im Bauwesen, verschiedene Ausgaben 2009–2012.
DIN EN 1264-1 Raumflächenintegrierte Heiz- und Kühlsysteme mit Wasserdurchströmung. Teil 1: Definitionen und Symbole, Ausgabe 2011-09.
DIN EN 12825 Doppelböden, Ausgabe 2002-04.
DIN EN 13213 Hohlböden, Ausgabe 2001-12.
DIN EN 13318 Estrichmörtel und Estriche. Begriffe, Ausgabe 2000-12.
DIN EN 13756 Holzfußböden. Terminologie, Ausgabe 2003-04.
DIN EN 13813 Estrichmörtel, Estrichmassen und Estriche. Estrichmörtel und Estrichmassen. Anforderungen, Ausgabe 2003-01.
DIN EN 14411 Keramische Fliesen und Platten. Begriffe, Klassifizierung, Gütemerkmale und Kennzeichnung, Ausgabe 2007-03.
DIN EN 14904: Sportböden. Mehrzweck-Sporthallenböden. Anforderungen, Ausgabe 2006-06.
DIN EN ISO 24011 Elastische Bodenbeläge. Spezifikation für Linoleum mit und ohne Muster, Ausgabe 2012-04.
DIN EN ISO 10874 Elastische, textile und Laminat-Bodenbeläge. Klassifizierung, Ausgabe 2012-04.
VDI 3762 Schalldämmung von Doppel- und Hohlböden, Ausgabe 2012.

8 Türen

DIN 6834 Strahlenschutztüren für medizinisch genutzte Räume, Ausgabe 1973-09.
DIN 15306 Aufzüge. Personenaufzüge für Wohngebäude. Baumaße, Fahrkorbmaße, Türmaße, Ausgabe 2002-06.
DIN 15309 Aufzüge. Personenaufzüge für andere als Wohngebäude sowie Bettenaufzüge. Baumaße, Fahrkorbmaße, Türmaße, Ausgabe 2002-12.
DIN 18093 Feuerschutzabschlüsse. Einbau von Feuerschutztüren in massive Wände aus Mauerwerk oder Beton. Ankerlagen, Ankerformen, Einbau, Ausgabe 1987-06.
DIN 18095 Teil 1- 3 Türen. Rauchschutztüren, verschiedene Ausgabe 1999–2009.
Müller, Rüdiger: Das Türenbuch. Umfangreiches Fachwissen rund um die Tür, Leinfeld-Echterlingen 2002.

Peukert, Martin: Gebäudeausstattung. System, Produkte, Materialien, München 2004.
Reitmayer, Ulrich: Holztüren und Holztore, Stuttgart 1987.
Zietz, Gerhard: Türen und Fensterbau, Leipzig 1977.

9 Treppen, Rampen und Erschließungssysteme

Diehl, Wolfgang: Scala – Moderner Treppenbau. Holz - Stahl - Glas, Karlsruhe 2002.
DIN 18065 Gebäudetreppen. Begriffe, Messregeln, Hauptmaße, Ausgabe 2011-06.
DIN EN 81-1 Sicherheitsregeln für die Konstruktion und den Einbau von Aufzügen. Teil 1: Elektrisch betriebene Personen- und Lastenaufzüge, Ausgabe 2010-06.
Drexel, Thomas: Neue Treppen. Konstruktion und Design, München 2000.
Technische Regeln für die Bemessung und Ausführung punktförmig gelagerter Verglasungen (TRPV), Fassung August 2006.
Technische Regeln für Verwendung von linienförmig gelagerten Verglasungen (TRLV), Fassung August 2006.
Technische Regeln für die Verwendung von absturzsichernden Verglasungen (TRAV), Fassung Januar 2003.

10 Bäder und Sanitär

DIN 18022 Küchen, Bäder und WCs im Wohnungsbau, Ausgabe 1967 (gestrichen).
DIN 18195 Teil 1–10 Bauwerksabdichtungen, verschiedene Ausgaben 2009–2011.
Hebel, Dirk: Bad ohne Zimmer. Architektur und Intimität, Basel 2005.
Laasch, Thomas; Laasch, Erhard: Haustechnik. Grundlagen – Planung – Ausführung, Vieweg 2009.
Muster-Richtlinie über brandschutztechnische Anforderungen an Leitungsanlagen (MLAR), Fassung 2005-11.
VDI 6000-2 Ausstattung von und mit Sanitärräumen. Wohnungen, Ausgabe 2008-02.
VDI 6000-3 Ausstattung von und mit Sanitärräumen. Arbeitsstätten und Arbeitsplätze, Ausgabe 2007-11.
VDI 6000-3 Ausstattung von und mit Sanitärräumen. Versammlungsstätten und Versammlungsräume, Ausgabe 2011-06.
Wellpott, Edwin; Bohne, Dirk: Technischer Ausbau von Gebäuden, Stuttgart 2006.

11 Einbauten und Einbaumöbel

Heisel, Joachim P.: Planungsatlas, Berlin 2003.
Nutsch, Wolfgang; Eckard, Martin (Hrsg.): Holztechnik Fachkunde, Leinfeld- Echterdingen 2005.
Nutsch, Wolfgang: Handbuch der Konstruktion, Stuttgart 2006.
McMorrough, Julia: Materials, Structures, Standards, Gloucester 2006.

Anhang

Bildnachweis

Seite 10 Nationalbibliothek, Paris: Étienne-Louis Boullée, Quelle: bnf1785 GNU FreeLicence.
Seite 10 Eiffelturm, Paris: Gustave Eiffel, Quelle: GNU Free Licence.
Seite 14 Kristallpalast, London: Joseph Paxton, Quelle: Phrood GNU Free Licence.
Seite 15 Victoria and Albert Museum, Quelle: Victoria and Albert Museum,
Seite 15 Quelle: http://collectionSeitevam.ac.uk/item/O59258/sofa/ und Museum no. 25-°©Đ-1852.
Seite 16 Haus Steiner, Wien: Adolf Loos, Foto: Juan Diez del Corral, Quelle: http://edificioslhd.blogspot.de/2010/06/36-la-casa-steiner-adolf-loos-1910.html.
Seite 17 beide: Maison de Verre, Paris: Pierre Charreau, Foto: Pierre Charreau.
Seite 21 Detmolder Schule für Architektur und Innenarchitektur, Detmold, Foto: Dirk Schelpmeier / HS OWL.
Seite 21 Blush I, Berlin: wiewiorra hopp Gesellschaft von Architekten mbH, Foto: Frank Hülsbömer.
Seite 22 Detmolder Schule für Architektur und Innenarchitektur, Detmold, Foto: Dirk Schelpmeier / HS OWL.
Seite 22 Serie Log, Naoto Fukasawa, Quelle: http://www.designyearbook.com/2009/08/log-furniture-by-naoto-fukasawa.html.
Seite 23 Hotel Ellington, Berlin: Reuter Schoger Architekten, Foto: Ellington Hotel Berlin.
Seite 24 Hotel Ellington, Berlin: Reuter Schoger Architekten, Foto: Ellington Hotel Berlin.
Seite 25 beide oben: Perception Lab, Detmold, Foto: Dirk Schelpmeier / HS OWL.
Seite 25 Materialbibliothek Detmolder Schule für Architektur und Innenarchitektur, Detmold, Foto: Carsten Wiewiorra.
Seite 27 Eames House, Los Angeles: Charles Eames, Foto: Uta Pottgiesser.
Seite 27 Bailey House, Los Angeles: Pierre Koenig, Foto: Uta Pottgiesser.
Seite 29 Megacity, Tokyo, Foto: Ian Muttoo, GNU Free Licence.
Seite 29 Smog in Cairo, Foto: Sturm58 GNU FreeLicence.
Seite 30 Nagoya Hill Shopping Mall, Nagoya, Quelle: www.arrakeen.ch.
Seite 30 Kohona Shopping mall, Jakarta, Quelle: www.free-photoSeitebizz.
Seite 31 New York, Fotos: Uta Pottgiesser.
Seite 34 Wohnsiedlung Pruitt-Igoe, Missouri, USA: Minoru Yamasaki, Quelle: Cadastral GNU FreeLicence, Yassie GNU FreeLicence.
Seite 36 Map, universally designed, Tokyo, Foto: Avenafatua GNU FreeLicence.
Seite 36 Bath room, universally designed, Quelle: www.proudtobuild.fultonhomes GNU FreeLicence.
Seite 37 Guggenheim Museum, New York: Frank Lloyd Wright, Foto: Robert A. Baron.
Seite 38 Fabrikgebäude, Hamburg, Foto: Alexander Zippel.
Seite 38 Industriebrache Fürstenstraße, Chemnitz, Foto: Uli 1109.
Seite 39 Quelle: Flachglas Wernberg GmbH.
Seite 40 Postproductionagentur, Berlin: wiewiorra hopp Gesellschaft von Architekten mbH, Foto: wha.
Seite 40 Friedrichstadtapotheke, Berlin: wiewiorra hopp Gesellschaft von Architekten mbH, Quelle: Roland Schmidt.
Seite 40 beide unten: Neues Museum, Berlin: Umbau David Chipperfield Architects, Foto: Carsten Wiewiorra.
Seite 41 beide links: Umbau Schlachthöfe Abasto de Buenos Aires, Foto: Uta Pottgiesser.
Seite 41 beide rechts: Neues Museum, Berlin: Umbau David Chipperfield Architects, Foto: Christina Kautz.
Seite 58 Baunetz Besprechungsraum, Berlin: wiewiorra hopp Gesellschaft von Architekten mbH, Foto: wha.
Seite 62 Wandzeichnung, Maria Hinze, Plattenpalast, Berlin: wiewiorra hopp Gesellschaft von Architekten mbH, Foto: Jan Christian Krauspe.
Seite 62 Installation, Maik Teriete, Plattenpalast, Berlin: wiewiorra hopp Gesellschaft von Architekten mbH, Foto: Christian Rose.
Seite 66 Foto: Anika Buschieweke, Silke Steinberg.
Seite 66 Fassadenbekleidung Laborgebäude, Detmold, Foto: Bernd Benkel.
Seite 67 oben und mitte: Quelle: Xella International GmbH.
Seite 69 Foto: Carsten Wiewiorra.
Seite 71 Lunos, Berlin: wiewiorra hopp Gesellschaft von Architekten mbH, Foto: Tobias Wille.
Seiten 73–74 Materialbibliothek, Detmold, Fotos: Anna Tscherch.
Seite 78 Tischlerei Lücking Innenausbau, Berlin, Foto: Carsten Wiewiorra.
Seite 78 Hotelumbau, Verbier: Yasmine Mahmoudieh, The Royle Studios, Foto: Oliver Maier.
Seiten 78–82 Materialbibliothek, Detmold, Fotos: Anna Tscherch.
Seite 82 unten: Fotos: Thomas Heweling.
Seite 83 Materialbibliothek, Detmold, Foto: Anna Tscherch.
Seite 84 Foto: Marcel Bilow.
Seite 84 Quelle: Egger Lightweight.network – EGGER, Rehau, Hettich.
Seite 85 Quelle: Xella International GmbH.
Seite 87 Postproductionagentur, Berlin: wiewiorra hopp Gesellschaft von Architekten mbH, Foto: wha.
Seite 87 Quelle: Korn, Arthur: Glas im Bau und als Gebrauchsgegenstand, Berlin 1999.
Seite 88 Foto: Carsten Wiewiorra.
Seite 91–94 Materialbibliothek, Detmold, Fotos: Anna Tscherch.
Seite 96 Quelle: Xella International GmbH.
Seiten 98–101 Materialbibliothek, Detmold, Fotos: Anna Tscherch.
Seite 101 Mitte: Detmolder Schule für Architektur und Innenarchitektur, Detmold, Foto: Anna Tscherch.
Seite 101 unten: Materialbibliothek, Detmold, Foto: Anna Tscherch
Seite 103 Materialbibliothek, Detmold, Foto: Anna Tscherch.
Seite 103 Blush II, Berlin: wiewiorra hopp Gesellschaft von Architekten mbH, Foto: Frank Hülsbömer.
Seite 104 Materialbibliothek, Detmold, Foto: Anna Tscherch.
Seite 104 Apotheke am Kurfürstendamm, Berlin: wiewiorra hopp Gesellschaft von Architekten mbH, Foto: Christian Rose.
Seiten 104–105 Materialbibliothek, Detmold, Foto: Anna Tscherch.
Seite 105 Mitte: Wohnloft, Hamburg: GRAFT Gesellschaft von Architekten mbH, Foto: Graft.
Seite 105 unten: Materialbibliothek, Detmold, Foto: Anna Tscherch.
Seite 108 Flughafen Hongkong: Norman Foster, Foto: Carsten Wiewiorra.
Seite 110 Mountain Wohnhaus, Kopenhagen, Dänemark: BIG Bjarke Ingels Group, Foto: Anna Hopp.
Seite 113 Penthouse Safari, Berlin: wiewiorra hopp Gesellschaft von Architekten mbH, Foto: Tobias Wille.
Seite 116 Foto: Dirk Schelpmeier.
Seite 121 Lunos, Berlin: wiewiorra hopp Gesellschaft von Architekten mbH, Foto: Tobias Wille.
Seite 127 Quelle: Lindner AG, Arnstorf.
Seite 128 Quelle: DORMA Huppe Raumtrennsysteme GmbH + Co. KG.
Seite 129 Detmolder Schule für Architektur und Innenarchitektur, Detmold, Foto: Anna Tscherch.
Seite 131 Blush I, Berlin: wiewiorra hopp Gesellschaft von Architekten mbH, Foto: Frank Hülsbömer.
Seite 132 Foto: Anna Tscherch.
Seite 133 Apotheke am Kurfürstendamm, Berlin: wiewiorra hopp Gesellschaft von Architekten mbH, Foto: Christian Rose.
Seite 133 Plattenpalast, Berlin: wiewiorra hopp Gesellschaft von Architekten mbH, Foto: wha.
Seite 137 Präsidentinnenpalast Brasilia, Brasilien: Oscar Niemeier, Foto: Carsten Wiewiorra.
Seite 137 Kolumba, Köln: Peter Zumthor, Foto: Carsten Wiewiorra.
Seite 138 Lunos, Berlin: wiewiorra hopp Gesellschaft von Architekten mbH, Foto: Tobias Wille.
Seite 139 Museum Brandhorst, München: Sauerbruch Hutton, Foto: Anna Hopp.
Seite 139 Wohnung Da Silva, Berlin: wiewiorra hopp Gesellschaft von Architekten mbH, Foto: wha.

Seite 141 Fotos: Carsten Wiewiorra.
Seite 141 unten rechts: Quelle: Knauf Gips KG.
Seite 144 Flughafen Peking, China: Norman Foster, Foto: Carsten Wiewiorra.
Seite 144 Foto: Carsten Wiewiorra.
Seite 152 Foto: Carsten Wiewiorra.
Seite 154 Hotelsanierung, Sankt Gallen: Markus Alder Architekten GmbH, Foto: Jürg Zürcher.
Seite 154 Friedrichstadtapotheke, Berlin: wiewiorra hopp Gesellschaft von Architekten mbH, Foto: Tobias Wille.
Seite 155 Flughafen Hongkong, China: Norman Foster, Foto: Carsten Wiewiorra.
Seite 161 Kolumba, Köln: Peter Zumthor, Fotos: Carsten Wiewiorra.
Seite 162 Sporthalle, Detmold: schmersahl | biermann | prüßner, Foto: Carsten Wiewiorra.
Seite 165 Detmolder Schule für Architektur und Innenarchitektur, Detmold, Foto: Anna Tscherch.
Seite 168 Quelle: Knauf Gips KG.
Seite 169 Wohnung Merlin, Berlin: wiewiorra hopp Gesellschaft von Architekten mbH, Foto: wha.
Seite 173 Fotos: Carsten Wiewiorra.
Seite 175 Quelle: Lindner AG, Arnstorf.
Seite 178 Kinder- und Jugendbetreuung Shelf, Berlin: wiewiorra hopp Gesellschaft von Architekten, Foto: wha.
Seite 178 Lunos, Berlin: wiewiorra hopp Gesellschaft von Architekten mbH, Foto: Tobias Wille.
Seite 179 Kinder- und Jugendbetreuung Shelf, Berlin: wiewiorra hopp Gesellschaft von Architekten mbH, Foto: wha.
Seite 182 Friedrichstadtapotheke, Berlin: wiewiorra hopp Gesellschaft von Architekten mbH, Foto: Tobias Wille.
Seite 182 Wohnbebauung am Fjord, Vejle, Dänemark: Henning Larsen Architects, Foto: Anna Hopp.
Seite 183 Foto: Anika Buschieweke, Silke Steinberg.
Seite 183 beide unten: Quelle: Lindner AG, Arnstorf
Seite 184 Lunos Berlin: wiewiorra hopp architekten, Foto: Tobias Wille.
Seite 184 Quelle: Dinesen.
Seite 184 Wohnhaus im Hansaviertel, Berlin: wiewiorra hopp Gesellschaft von Architekten, Foto: Carsten Wiewiorra.
Seite 187 Quelle: Ruckstuhl AG.
Seite 191 Sporthalle, Detmold: schmersahl | biermann | prüßner, Foto: Carsten Wiewiorra.
Seite 192 Quelle: Hamberger Sportboden.
Seite 193 Quelle: Guller, Thomas: Carlo Scarpa Architektur, Stuttgart 1986.
Seite 193 Foto: Carsten Hagen.
Seite 195 Detmolder Schule für Architektur und Innenarchitektur, Detmold, Foto: Anna Tscherch.
Seite 195 Friedrichstadtapotheke, Berlin: wiewiorra hopp Gesellschaft von Architekten mbH, Foto: Tobias Wille.
Seite 196 Quelle: Frahm, Klaus: Carlo Scarpa, Köln 1993.
Seite 196 Wohnung Da Silva, Berlin: wiewiorra hopp Gesellschaft von Architekten mbH, Foto: wha.
Seite 212 Schwarzer Laubfrosch, Bad Waltersdorf, Österreich: Splitterwerk, Foto: Paul Ott.
Seite 213 Wohnung Da Silva, Berlin: wiewiorra hopp Gesellschaft von Architekten mbH, Foto: wha.
Seite 213 Friedrichstadtapotheke, Berlin: wiewiorra hopp Gesellschaft von Architekten mbH, Foto: Tobias Wille.
Seite 213 Lunos, Berlin: wiewiorra hopp Gesellschaft von Architekten mbH, Foto: Tobias Wille.
Seite 213 Hotelsanierung, Sankt Gallen, Schweiz: Markus Alder Architekten GmbH, Foto: Jürg Zürcher.
Seite 216 Foto: Anne Lambert.
Seite 220 Foto: Carsten Wiewiorra.
Seite 227 Wohnung Merlin, Berlin: wiewiorra hopp Gesellschaft von Architekten mbH, Foto: wha.
Seite 227 Detmolder Schule für Architektur und Innenarchitektur, Detmold, Foto: Anna Tscherch.
Seite 227 Kolumba, Köln: Peter Zumthor, Foto: Carsten Wiewiorra.
Seite 227 W50, Berlin: wiewiorra hopp Gesellschaft von Architekten mbH, Foto: Matthias Koensgen.
Seite 228 Kunstmuseum Stuttgart: Hascher Jehle Architektur, Foto: Anna Hopp.
Seite 229 Hotel National Brasilia, Oscar Niemeier, Foto: Carsten Wiewiorra.
Seite 231 Royal Pacific Hotel, Hongkong, Foto: Carsten Wiewiorra
Seite 234 Hotelumbau, Verbier: Yasmine Mahmoudieh, The Royle Studios, Foto: Oliver Maier.
Seite 237 Hotelumbau, Verbier: Yasmine Mahmoudieh, The Royle Studios, Foto: Oliver Maier.
Seite 237 Townhouse, Berlin: wiewiorra hopp Gesellschaft von Architekten mbH, Foto: wha.
Seite 238 W50, Berlin: wiewiorra hopp Gesellschaft von Architekten mbH, Foto: Matthias Koensgen.
Seite 244 Wohnung Merlin, Berlin: wiewiorra hopp Gesellschaft von Architekten mbH, Foto: wha.
Seite 246 Quelle: Franz Kaldewei GmbH & Co. KG.
Seite 246 Quelle: Dallmer GmbH & Co. KG.
Seite 246 Townhouse, Berlin: wiewiorra hopp Gesellschaft von Architekten mbH, Foto: wha.
Seite 248 Fotos: Joachim Hopp.
Seite 250 Fotos: Carsten Wiewiorra.
Seite 254 Penthouse, Berlin: wiewiorra hopp Gesellschaft von Architekten mbH, Foto: Tobias Wille.
Seite 256 Quelle: Interlübke, Gebr. Lübke GmbH & Co. KG, Rheda-Wiedenbrück.
Seite 256 Haus der Gegenwart, München: Allmann, Sattler, Wappner Architekten, Quelle: www.sz-magazin.de.
Seite 257 Cyliax Loft, Berlin: wiewiorra hopp Gesellschaft von Architekten mbH, Foto: wha.
Seite 257 W50, Berlin: wiewiorra hopp Gesellschaft von Architekten mbH, Foto: Matthias Koensgen.
Seite 260 Friedrichstadtapotheke, Berlin: wiewiorra hopp Gesellschaft von Architekten mbH, Foto: Tobias Wille.
Seite 133 Apotheke am Kurfürstendamm, Berlin: wiewiorra hopp Gesellschaft von Architekten mbH, Foto: Christian Rose.
Seite 261 Cyliax Loft, Berlin: wiewiorra hopp Gesellschaft von Architekten mbH, Foto: wha.
Seite 261 Lunos, Berlin: wiewiorra hopp Gesellschaft von Architekten mbH, Foto: Tobias Wille.
Seite 262 Hotelumbau, Verbier: Yasmine Mahmoudieh, The Royle Studios, Foto: Oliver Maier.
Seite 263 Penthouse Safari, Berlin: wiewiorra hopp Gesellschaft von Architekten mbH, Foto: Tobias Wille.
Seite 266 Quelle: Interlübke, Gebr. Lübke GmbH & Co. KG, Rheda-Wiedenbrück.
Seite 267 Interlübke, Rheda-Wiedenbrück, Foto: Carsten Wiewiorra.

Die Reihenfolge der Bilder ist seitenweise von links oben nach rechts unten zu lesen. Im Bildnachweis nicht genannte Grafiken und Pläne stammen von den Autoren dieses Buchs.

Anhang

Index

Die *Deutsche Nationalbibliothek* verzeichnet diese Publikation in der *Deutschen Nationalbibliografie*; detaillierte bibliografische Daten sind im Internet über *http://dnb.d-nb.de* abrufbar.

ISBN 978-3-86922-155-7 (Hardcover)
ISBN 978-3-86922-270-7 (Softcover)

Lektorat
Stefanie Villgratter

Gestaltung
Nicole Wolf

Druck
Tiger Printing (Hongkong) Co., Ltd.
Shenzhen / China

Danksagung

Die Publikation wurde von der Detmolder Schule für Architektur und Innenarchitektur, Hochschule Ostwestfalen-Lippe University of Applied Sciences unterstützt. Allen Firmen sei für das zur Verfügung gestellte Material und die inhaltlichen Anregungen gedankt.
Wir danken außerdem Christine Aengeneyndt und Julia Kirch für die Mitarbeit bei der Konzeption des Buchs sowie wiewiorra hopp Gesellschaft für Architekten mbH für Bilder und Detailzeichnungen aktueller Projekte.
Besonderer Dank für die aktive Mitarbeit bei der Recherche und den Zeichnungen gilt den Studentinnen Tanja Hardes, Urszula Kuczma, Daniele Rolim Marques, Kathrin Morawietz und Ludmilla Schneider.